KOREANISCHES
POLIZEIRECHT

제3판

경찰행정법

홍정선 저

박영사

제 3 판 머리말

[1] 「경찰행정법」을 전문학술적인 경찰법 책으로 변모시키기 위하여 제 3 판에서는 제 2 판의 내용 중 행정법총론에서 다루는 부분 등을 과감하게 삭제하거나 대폭 축소하였다. 동시에 전문적인 내용들을 추가하였다. 이 점이 제 3 판의 가장 큰 특징이다. 저자로서는 「경찰행정법」을 더욱더 전문학술적인 책으로 발전시키는 데 애쓰려고 한다.

[2] 「경찰행정법」과 별도로 경찰행정법 전반을 다루는 책으로 「기본 경찰행정법」을 박영사를 통해 금년 초에 출간하였다. 이 책은 경찰행정 관련학과의 경찰행정법 기본강의 교재로 개발한 것이다. 경찰승진시험 등을 준비하는 이들이 활용하기도 좋을 것이다. 이 책에서는 행정법총론의 관련 부분도 다룬다. 따라서 이 책의 독자는 따로 행정법총론을 마련하지 않아도 좋을 것이다.

[3] 학교로부터 지난해 상반기 연구년을 허락받아 독일 베를린에 소재한 자유베를린대학 법학부 도서관에서 독일 경찰법 문헌 등을 접할 수 있는 소중한 기회를 가졌다. 이 기회를 활용하여 이 책에서 참고했던 독일문헌의 내용을 가능한 한 최신판으로 업데이트하려고 하였고, 또한 새로운 문헌의 내용을 담으려고 하였다.

[4] 이 책에서 언급되는 법률은 2012.11.30. 현재 시행중인 것까지 반영하였다. 대법원판례는 2012.10.15.자 판례공보에 게재된 것까지, 헌법재판소결정례는 2012.10.에 선고된 결정례까지 반영하였다. 국내문헌도 가능한 한 신판까지 반영하려고 하였으나, 모든 문헌을 반영하기는 어려웠다.

[5] 머리말을 쓸 기회를 이용하여 저자가 금년 초에 박영사를 통해 펴낸 「기본 행정법」을 소개하고 싶다. 「기본 행정법」은 법과대학 · 로스쿨의 행정법 기본강의 교재로 개발한 것이다. 「기본 행정법」에서는 행정법 전반(행정법총

론, 행정법각론, 행정구제법)이 비교적 쉽게 기술되고 있으므로, 독자들이 행정법 전반을 체계적으로 이해하는 데 많은 도움을 줄 것이다. 혼자서 행정법 전반을 공부하고자 하는 이들에게도 유용할 것이라 믿는다.

[6] 끝으로, 이 책을 펴내는 데 여러 분의 도움이 있었기에 감사를 표하고자 한다. 먼저, 원고를 비판적으로 검토해준 단국대학교 법과대학의 홍강훈 교수에게 감사를 표한다. 홍 교수에게 학문하는 즐거움이 늘 함께하기를 기원한다. 이 책을 출간해주신 박영사 안종만 회장님, 편집과 교정을 맡아준 문선미 대리님에게 감사한다.

2013년 1월 1일
우거에서
홍 정 선 씀

머 리 말

질서와 평화의 단체로서 국가공동체에 경찰작용이 불가피한 것이라면, 경찰의 조직과 작용에 관한 행정법인 경찰법(경찰행정법)을 학문적으로 체계화하는 것은 행정법학자들에게 부과된 과제일 것이다. 저자로서는 그러한 과제를 조금이나마 해결하고자 본서(本書)를 출간하고자 한다. 그러나 천학비재(淺學菲才)의 저자이기에 본서가 독자들에게 얼마나 도움이 될 것인지는 의문이다. 본서의 문제점에 대한 독자들의 충고를 진실로 기대한다. 본서의 미비를 앞으로 계속 보완하는 것은 저자에게 주어진 새로운 과제일 것이다.

한편, 본서의 특징은 다음과 같다.

첫째, ① 본서를 다섯 개의 장[제 1 장(경찰법서설) · 제 2 장(경찰조직법) · 제 3 장(경찰작용법) · 제 4 장(경찰쟁송법) · 제 5 장(제주자치경찰특례 · 특별경찰법)]으로 구성하였다. ② 경찰기관법(협의의 경찰조직법)만을 경찰조직법으로 구성하는 것이 일반적인 방법이라 말할 수도 있겠지만, 본서는 경찰기관법과 경찰공무원법을 합하여 제 2 장 경찰조직법으로 구성하였다. 저자는 이러한 구성이 경찰행정법의 전체 체계를 보다 용이하게 이해하고 접근하는데 도움이 된다고 보고 있다. ③ 경찰에 관한 쟁송법이 통상의 행정쟁송법과 구별되는, 경찰법에 고유한 영역은 아니지만, 경찰행정에 관한 공법의 전체를 체계화한다는 의미에서 경찰쟁송법을 제 4 장에서 다루었다. ④ 경찰법학이 발전하면, 경찰행정법이론서도 일반경찰행정법(경찰행정법총론)이론서와 특별경찰행정법(경찰행정법각론)이론서로 구성되어야 할 것이다. 그런데 본서는 일반경찰행정법(경찰행정법총론)이론서이므로, 특별수권조항을 중심대상으로 하는 특별경찰행정법(경찰행정법각론)이론서의 준비를 위한 하나의 시도로서 특별수권조항들을 제 5 장에 모았다.

둘째, 국내문헌들을 많이 참고하려고 하였지만, 경찰행정법에 관한 국내문헌들은 많지 않았다. 그럼에도 참고하지 못한 문헌이나 자료가 있다면, 그것은 저자의 준비가 소홀한 탓이다.

셋째, 외국문헌으로는 주로 독일문헌을 참고하였다. 일제강점기 등을 포함하여 연혁적(沿革的)으로 볼 때, 우리나라의 경찰행정법은 독일경찰행정법에 많은 영향을 받았다고 보았고, 따라서 우리의 경찰행정법의 온전한 이해를 위해서는 독일경찰행정법의 비교가 의미를 가진다고 보았기 때문이다.

넷째, 법률은 2007년 1월 1일 현재를 기준으로 하였다. 위험방지에 관한 조항을 갖고 있는 모든 법률들을 본서의 대상으로 하려고 하였다. 그러나 우리나라의 모든 법률을 분석하여 위험방지에 관한 조항들을 모두 찾아낸다는 것은 결코 용이한 일이 아니기 때문에, 본서에 반영하지 못한 법률도 있을 것이다.

다섯째, 판례는 2006년 12월 20일자 헌법공보와 2006년 12월 15일자 판례공보에 실린 것까지 중요하다고 판단되는 것을 모두 반영하려고 하였다.

권위주의가 사라지고 민주주의가 착실하게 뿌리를 내려가고 있는 오늘날, 우리에게는 법치행정, 즉 법률에 의한 행정의 심화가 강하게 요청된다. 행정일선에서 국민들에 대하여 공권력을 직접 행사하는 경찰의 경우에는 더욱더 강하게 요청된다. 법치경찰의 발전을 통해 우리의 민주주의는 분명히 발전할 것이다. 본서가 법치경찰의 발전에 조금이라도 도움이 되었으면 하는 것이 저자의 소박한 바람이다.

이제 본서의 출간에 도움을 주신 분들에게 감사를 표하고자 한다. 먼저 연구비를 지원해 준 연세대학교에 감사한다. 이에 이 저서는 2003학년도 연세대학교 학술연구비의 지원에 의하여 이루어진 것임을 밝혀 둔다. 그리고 본서의 원고를 꼼꼼히 점검해 준 김기홍, 진석원 그리고 김정환 법학석사에게 감사한다. 세 분 모두 학문하는 즐거움이 함께하기를 기원한다. 본서를 기꺼이 출간해 주신 박영사 안종만 회장님께 감사하며, 편집과 교정을 맡아 준 김선민 차장님과 서무를 아무 말 없이 묵묵히 처리해 준 조성호 차장님께도 감사한다.
우리나라의 법과대학에서 경찰행정법이 독립된 강좌로 개설되는 날이 오기를 기대하면서 ……

2007년 2월 5일

우거에서

홍 정 선 씀

차　　례

제 1 장　경찰법서설

제 2 장 경찰조직법

제 3 장 경찰작용법

제 4 장 경찰상 국가책임(손해배상과 손실보상)과 사인의 비용상환

제 5 장 제주자치경찰특례

법령약어

1. 본문에서 법령의 인용시 한글의 약어로 표기한다.
2. 본문에서 아래에 없는 법령은 원래의 명칭으로 인용한다.
3. 법령의 내용은 2013년 1월 1일을 기준으로 한다.

[국내법령]

감염법	감염병의 예방 및 관리에 관한 법률
경공법	경찰공무원법
경비법	경비업법
경찰법	경찰법
경응법	경찰직무응원법
경직법	경찰관직무집행법
공개법	공공기관의 정보공개에 관한 법률
공위법	공중위생관리법
공포법	법령 등 공포에 관한 법률
교공법	교육공무원법
국공법	국가공무원법
국배법	국가배상법
국세법	국세기본법
국징법	국세징수법
농재법	농어업재해대책법
도교법	도로교통법
민소법	민사소송법
민원법	민원사무처리에 관한 법률
법조법	법원조직법
소방법	소방기본법
수산법	수산업법
식품법	식품위생법
연금법	공무원연금법
외토법	외국인토지법
윤리법	공직자윤리법

자재법	자연재해대책법
절차법	행정절차법
정보법	공공기관의 개인정보보호에 관한 법률
정조법	정부조직법
제국법	제주특별자치도 설치 및 국제자유도시 조성을 위한 특별법
조사법	행정조사기본법
조처법	조세범처벌절차법
주민법	주민등록법
지공법	지방공무원법
지자법	지방자치법
질서법	질서위반행위규제법
집시법	집회 및 시위에 관한 법률
청경법	청원경찰법
총포법	총포 · 도검 · 화약류 등 단속법
출입법	출입국관리법
토상법	공익사업을 위한 토지 등의 취득 및 보상에 관한 법률
행소법	행정소송법
행심법	행정심판법
행집법	행정대집행법
헌재법	헌법재판소법
형소법	형사소송법

경공령	경찰공무원임용령
경징령	경찰공무원징계령
공임령	공무원임용령
구 사무정	구 사무관리규정
임탁정	행정권한의 위임 및 위탁에 관한 규정
장비정	경찰장비의 사용기준 등에 관한 규정
지임령	지방공무원임용령
행운정	행정업무의 효율적 운영에 관한 규정

[외국법령]

SPolG	Saarländisches Polizeigesetz(독일 자르란트 경찰법률)
MEPolG	Musterentwurf(1986. 3. 12) eines einheitlichen Polizeigesetzes des Bundes und der Länder in der Fassung des Vorentwurfs zur Änderung des MEPolG(1977. 11. 25)(독일의 연방과 란트의 단일경찰법률 표준초안)

주요참고문헌

＊기타의 참고문헌(단행본 · 논문 등)은 본문에서 표기한다.

[국내문헌]

김철수	헌법학(上)(下), 박영사, 2009.
김남진	경찰행정법, 경세원, 2004.
김남현 · 이운주 · 정경선	경찰행정법, 경찰공제회, 2000.
김남진 · 김연태	행정법(Ⅱ), 법문사, 2009.
김도창	일반행정법(하), 청운사, 1993.
김동희	행정법(Ⅱ), 박영사, 2012.
김성수	개별행정법, 법문사, 2004.
김용덕	한국제도사연구, 일조각, 1992.
김재광	경찰관직무집행법의 개선방안에 관한 연구, 한국법제연구원, 2003.
김철용	행정법(Ⅱ), 박영사, 2009.
김형중	한국고대경찰사, 수서원, 1990.
류지태 · 박종수	행정법신론, 박영사, 2009.
박균성	행정법론(하), 박영사, 2012.
박윤흔 · 정형근	최신행정법강의(하), 박영사, 2009.
박평준 · 박창석	경찰행정법, 고시연구사, 2005.
서재근	민간경비의 육성과 방범능력 증대방안연구, 한국형사정책연구원, 1991.
서정범(역)	독일경찰법론(Schenke, Wolf-Rüdiger), 세창출판사, 2003.
서정범 · 김연태 · 이기춘	경찰법연구, 세창출판사, 2009.
석종현	일반행정법(하), 삼영사, 2005.
신현기	자치경찰론, 웅보출판사, 2004.
유상현	한국행정법(하), 환인출판사, 1996.
유상현 · 설계경	경찰행정법, 법률출판사, 2008.
윤세창 · 이호승	행정법(하), 박영사, 1994.

이광윤 · 강현호 행정작용법론, 법문사, 2002.
이기호 경찰활동과 무기사용에 관한 연구, 한국형사정책연구원, 1993.
이상규 신행정법론(하), 법문사, 1996.
정하중 행정법각론, 법문사, 2005.
조연홍 한국행정법원론(하), 형설출판사, 2005.
천병태 특별행정법, 삼영사, 1997.
최영규 경찰행정법, 법영사, 2005.
최정일 행정법Ⅱ, 박영사, 2009.
치안정책연구소 유럽형 자치경찰제도 모델분석, 2005.
한견우 · 최진수 현대행정법강의, 신영사, 2009.
한귀현(역) 일본경찰법(宮田三郎 著), 한국법제연구원, 2003.
허경미 경찰행정법, 법문사, 2003.
홍정선 행정법원론(상), 박영사, 2012.
홍정선 행정법원론(하), 박영사, 2012.

[외국문헌]

Beital/Führing/Petersen−Thrö/Rbrecht, Polizeirecht(Sachsen−Anhalt), 2003.
Berner/Köhler, Polizeiaufgabengesetz, 16. Aufl., 2000.
Brandt/Schlabach, Polizeirecht, 1987.
Drew/Wacke/Vogel/Maretns, Gefahrenabwehr: Allgemeines Polizeirecht(Ordnungsrecht) des Bundes und der Länder, 9. Aufl., 1986.
Fisher, Michael, Unterlassner Hilfeleistung und Polizeipflichtigkeit, 1989.
Friauf, Karl Heinlich, Polizei− und Ordnungsrecht, in: Schmidt-Aßmann Eberhard (Hrsg.), Besonderes Verwaltungsrecht, 11. Aufl., 1999.
Gallwas/Mössle, Bayerisches Polizei− und Sicherheitsrecht, 2. Aufl., 1996.
Giemulla/Jaworsky/Müller − Uri, Verwaltungsrecht, 7. Aufl., 2004.
Götz, Volkmar, Allgemeines Polizei− und Ordnungsrecht, 14. Aufl., 2008.
Gusy, Christoph, Polizeirecht, 6. Aufl., 2006.
Gusy, Christoph, Polizei- und Ordnungsrecht, 8. Aufl., 2011.
Habermehl, Kai, Polizei− und Ordnungsrecht, 2. Aufl., 1993.
Heise/Riesel, Musterentwurf eines einheitlichen Polizeigesetzes, 2. Aufl., 1978.
Hensen, Peter, Allgemeines Verwaltungsrecht der Polizei, 2003.
Ipsen, Jörn, Niedersächsisches Gefahrenabwehrrecht, 3. Aufl., 2004.
Knemeyer, Franz− Ludwig, Polizei− und Ordnungsrecht, 11. Aufl., 2007.

Kowalczyk, Anneliese Datenschutz im Polizeirecht, 1989.

Krüger, Ralf, Polizeilicher Schußwaffengebrauch, 1971.

Kugelmann, Dieter, Polizei- und Ordnungsrecht, 2006.

Kugelmann, Dieter, Polizei- und Ordnungsrecht, 2. Aufl., 2011.

Lambiris, Andreas, Klassische Standardbefugnisse im Polizeirecht, 2002.

Lisken/Denninger, Handbuch des Polizeirecht, 4. Aufl., 2007.

Mandelartz, Herbert/Helmut, Sauer/Strube, Bernhard(Mandelartz/Helmut/Strube), Saarländisches Polizeigesetz, Kommentar für Studium und Praxis, 2002.

Melcher, Kurt, Die Geschichte der Polizei, 1926.

Pausch, Wolfgang, Polizei- und Ordnungsrecht in Hessen, 3. Aufl., 2002.

Pewes/Söllner/Tölle, Polizei- und Ordnungsrecht, 2009.

Pieroth/Schlink/Kniesel, Polizei- und Ordnungsrecht, 4. Aufl., 2007.

Pieroth/Scklink/Kniesel, Polizei- und Ordnungsrecht mit Versammlungsrecht, 6. Aufl., 2010.

Prümm/Sigrist, Allgemeines Sicherheits- und Ordnungsrecht, 1997.

Reichert/Ruder/Fröhler, Polizeirecht, 5. Aufl., 1997.

Schenke, Wolf-Rüdiger, Polizei- und Ordnungsrecht, 5. Aufl., 2007.

Schenke, Wolf-Rüdiger, Polizei- und Ordnungsrecht, 7. Aufl., 2011.

Schenke, Wolf-Rüdiger/Schenke, Ralf Peter, Polizei- und Ordnungsrecht, in: Steiner(Hrsg.), Besonderes Verwaltungsrecht, 8. Aufl., 2006.

Schmidbauer/Steiner/Roese, Bayerisches Polizeiaufgabengesetz, Kommentar, 1999.

Schmidt, Rolf, Besonderes Verwaltungsrecht Ⅱ, 10. Aufl., 2006.

Schmidt, Rolf, Bremisches Polizeigesetz, 1. Aufl., 2006.

Schmidt-Aßmann Eberhard(Hrsg.), Besonderes Verwaltungsrecht, 13. Aufl., 2006.

Schmidt-Aßmann Eberhard(Hrsg.), Besonderes Verwaltungsrecht, 11. Aufl., 1999.

Schmitt Glaeser/Horn, Verwaltungsprozeßrecht, 15. Aufl., 2000.

Schoch, Friedrich, Polizei- und Ordnungsrecht, in: Schmidt-Aßmann Eberhard(Hrsg.), Besonderes Verwaltungsrecht, 14. Aufl., 2008.

Scholler/Broß, Grundzüge des Polizei- und Ordnungsrecht in der Bundesrepublik Deutschland, 4. Aufl., 1993.

Schultes, Stefan, Die Polizeipflicht von Hoheitsträgern, 1984.

Steiner(Hrsg.), Besonderes Verwaltungsrecht, 8. Aufl., 2006.

Tettinger/Erbguth/Mann, Besonderes Verwaltungsrecht, 9. Aufl., 2007.

Thewes, Wilfred, Rettings- oder Todesschuss, 1988.

Trawnicek/Lpuschitz, Das Neue österreichische Sicherheitspolizeigesetz, 3. Aufl., 2000.

Ule, C. H., Streik und Polizei, 1972.

Vieth, Willi., Rechtsgrundlage der Polizei- und Ordnungsrecht, 1974.

Wagner, Wolfgang, Die Polizeipflicht von Hoheitsträgern, 1971.

Wehr, Matthias, Polizeirecht, 2008.

Wolf/Stephan, Polizeigesetz für Baden-Württemberg, 5. Aufl., 1999.

Wolff/Bachof/Stober/Kluth, Verwaltungsrecht Ⅰ, 12. Aufl., 2007.

Würtenberger/Heckman, Polizeirecht in Baden-Württemberg, 6. Aufl., 2005.

제 1 장 경찰법서설

제1절 경찰법의 관념

위험의 발생을 예방하거나 이미 발생된 장해(교란)의 제거를 통해 공공의 안녕과 질서를 보호하려는 국가작용을 경찰이라 부른다. 경찰은 어떠한 국가에서도 필수적이고 기본적인 국가기능의 하나를 구성한다.[1] 왜냐하면 개인과 공동체를 위험으로부터 보호하는 것은 질서와 평화의 단체로서 국가의 본질적인 내용의 하나를 이루는 것이기 때문이다.[2] 요컨대 경찰의 기능은 바로 위험의 방지이다. 19세기 자유주의국가관에서는 내외의 적으로부터 안전을 보장한다는 것이 최상의 국가임무이었으나 오늘날에 와서는 그 밖에 경제적 · 사회적 · 문화적 기타 모든 생활영역에서 국가에 의한 형성이 또한 중요한 국가임무로 나타나고 있다. 이러한 새로운 임무는 현대의 과학기술의 도움을 받아 이루어지고 있는데, 그 과학기술은 동시에 새로운 위험요소를 갖기도 하는바, 따라서 경찰에 대한 새로운 검토가 당연히 요청된다. 경찰기능의 구체적인 내용은 시대에 따라 변한다. 아울러 공공의 안녕이나 질서를 위협하는 위험의 방지는 기본권보장에 이바지하기도 하면서 기본권보장과 긴장관계에 놓이기도 하는바, 실질적 법치국가의 실현과 관련하여 경찰 · 경찰법에 대한 검토는 중요한 과제일 수밖에 없다.

---

1) Schoch, in: Schmidt-Aßmann(Hrsg.), Besonderes Verwaltungsrecht(13. Aufl.), Rn. 20.

2) Friauf, Polizei- und Ordnungsrecht, in: Schmidt-Aßmann(Hrsg.), Besonderes Verwaltungsrecht, Rn. 2.

제 1 항 경찰의 개념과 종류

Ⅰ. 경찰개념의 유형

경찰개념은 형식적 의미, 제도적 의미(조직상 의미), 그리고 실질적 의미로 사용된다.[1] 형식적 경찰개념은 실질적 의미의 경찰작용인가의 여부를 불문하고 제도적 의미의 경찰에 의해 수행되는 모든 활동을 대상으로 한다. 제도적 경찰개념은 어떠한 행정청이 경찰행정청에 속하는가를 대상으로 한다. 실질적 경찰개념은 국가작용의 내용(성질) 내지 목적을 대상으로 한다. 실질적 경찰개념은 어떠한 국가기관이 이러한 작용을 수행하는가의 문제와는 무관하다.

1. 형식적 의미의 경찰

(1) 개 념

형식적 의미의 경찰이란 실질적인 성질을 불문하고 제도적 의미의 경찰이 관장하는 모든 사무를 말한다.[2] 형식적 의미의 경찰은 입법자가 경찰에 부여한 모든 사무를 의미하는바, 그 내용이 무엇인가를 가리지 않는다. 형식적 의미의 경찰개념이 필요한 것은 제도적 의미의 경찰이 위험방지임무 외에 법규상 부여된 그 밖의 다른 행정활동(예: 청소년보호 등 복지활동 · 범죄수사 등)도 수행하고 있기 때문이다. 따라서

---

1) 일설은 경찰의 개념을 제도적(조직적) 의미의 경찰, 형식적 의미의 경찰 및 실질적 의미의 경찰로 구분하는 저자의 입장에 대하여 "전자가 조직으로서의 경찰을 가리키는 데 비하여 후 2자는 모두 작용으로서의 경찰을 가리킨다는 점에서 3자를 같은 차원에서 논의하는 것은 논리적이라 하기 어렵다"고 한다(최영규, 경찰행정법, 3쪽). 생각건대 ① 경찰개념이 실제상으로는 경찰청과 그 소속기관이라는 국가조직의 관점에서도 사용되고(제도적 또는 조직적 의미의 경찰), 경찰기관인 경찰청과 그 소속기관의 권한의 관점에서도 사용되고(형식적 의미의 경찰), 또한 위험방지라고 하는 국가작용의 성질의 관점에서도 사용되고(실질적 의미의 경찰) 있는바, 개념파악은 실제에 바탕을 두어야 하고, ② 권한의 관점에서 사용되는 형식적 의미의 경찰개념이 제도적 경찰개념의 연장선상에서 검토될 수도 있으므로(즉, 권한은 조직의 문제영역에 놓이기도 하므로) 형식적 의미의 경찰개념이 오로지 작용으로서의 경찰에 속한다고 단언하기는 어렵고, ③ 경찰 개념을 조직으로서의 경찰과 작용으로서의 경찰로 2분하는 방법과 제도적 또는 조직적 의미의 경찰, 형식적 의미의 경찰, 그리고 실질적 의미의 경찰로 3분하는 것은 접근방법의 상이의 문제이지 논리상의 당부의 문제는 아니다. 따라서 일설의 지적은 경찰개념에 대한 접근방법론에 대한 편견에 기인한 것으로 보인다. 저자와 같은 입장으로 류지태 · 박종수, 행정법신론, 929쪽.

2) Götz, Allgemeines Polizei- und Ordnungsrecht, § 2 Rn. 14; Knemeyer, Polizei- und Ordnungsrecht, Rn. 25; Schenke, Polizei- und Ordnungsrecht, Rn. 16.

형식적 의미의 경찰개념은 실정법에 의한 경찰권의 확대를 뜻한다고 볼 수 있다.[1] 행정조직법정주의의 원리에 비추어 경찰은 다만 법률이 정한 바에 따라 임무를 수행하여야 하기 때문에 경찰사무의 근거와 한계는 법률이 정한 바에 따른다고 할 것이므로 형식적 경찰개념은 제도적 의미의 경찰의 사무범위와 관련하여 중요한 의미를 갖는다.

(2) 국가경찰에 관한 현행법의 내용

(가) 개 관

① 정부조직법 제29조 제 4 항은 “치안에 관한 사무를 관장하기 위하여 행정안전부장관소속으로 경찰청을 둔다”고 규정하는바, 정부조직법은 경찰청의 사무로 치안에 관한 사무를 규정하고 있다. ② “경찰청의 조직 · 직무범위 그 밖에 필요한 사항은 따로 법률로 정한다”는 정부조직법 제29조 제 5 항에 따른 경찰법 제 3 조는 국가경찰의 임무로 “1. 국민의 생명 · 신체 및 재산의 보호, 2. 범죄의 예방 · 진압 및 수사, 3. 경비 · 요인경호 및 대간첩작전수행, 4. 치안정보의 수집 · 작성 및 배포, 5. 교통의 단속과 위해의 방지, 6. 그 밖의 공공의 안녕과 질서유지”를 규정하고 있다. ③ 경찰관직무집행법 제 2 조는 경찰법 제 3 조에서 정한 국가경찰의 임무를 그대로 경찰관의 직무로 규정하고 있다. 경찰의 사무를 단순화해서 말한다면, 경찰법령이 제도적 의미의 경찰에 부여한 사무는 위험방지와 범죄수사를 축으로 한다. 이 두 가지 사무를 경찰의 이중기능이라 부를 수 있다.[2]

(나) 기타 공공의 안녕과 질서유지

경찰관직무집행법 제 2 조 제 6 호에서 규정된 “기타 공공의 안녕과 질서유지”란 동 조항의 앞 부분에서 규정된 “국민의 생명 · 신체 및 재산의 보호, 범죄의 예방 · 진압 및 수사, 경비 · 요인경호 및 대간첩작전수행, 치안정보의 수집 · 작성 및 배포, 교통의 단속과 위해의 방지”의 사무가 아닌 사무로서 제도적 의미의 경찰이 아닌 다른 행정청이 처리하여야 할 공공의 안녕과 질서유지의 사무(즉, 특별경찰사무로서 건축경찰, 어업경찰, 보건경찰 등)에 속하지 않는 사무를 뜻하는 것으로 보아야 한다.

---

1) 그러나 제도적 의미의 경찰의 권한을 제한하는 입법례하에서는 오히려 제도적 경찰이 갖는 권한의 축소를 가져온다. 예컨대 독일 헤쎈(Hessen)에서 보는 바와 같이 위험방지(경찰)의 사무를 담당하는 기구로 위험방지행정청과 경찰행정청을 설치하게 되면, 당연히 경찰행정청의 권한축소는 불가피하다(Pausch, Polizei– und Ordnungsrecht in Hessen, Kapital Ⅰ, 2).

2) Pausch, Polizei– und Ordnungsrecht in Hessen, Kapital Ⅳ, 1.1 참조.

한편, 경찰행정청이 아닌 다른 행정청이 처리하여야 할 공공의 안녕과 질서유지의 사무가 적기에 시행되지 아니하여 공공의 안녕과 질서에 급박한 위험이 야기될 때에는 경찰이 개입할 수 있는 제도의 모색도 필요하다.[1)]

(다) 위험방지사무가 아닌 사무

경찰법과 경찰관직무집행법이 규정하는 경찰의 직무 중 위험방지사무가 아닌 사무로 범죄의 수사와 대간첩작전수행을 볼 수 있다.

1) 범죄의 수사 범죄수사는 성질상 사법경찰작용에 속한다. 범죄수사가 사법작용이라고 하여도 위험방지작용인 행정경찰과 무관한 것이 아니다. 위험의 현실화가 범죄에 해당하면 바로 수사대상이 되기 때문이다. 한편, 경찰법과 경찰관직무집행법이 범죄수사를 경찰의 임무로 규정하고 있으나, 수사에 관한 일반법이라 할 형사소송법은 "수사관, 경무관, 총경, 경정, 경감, 경위는 사법경찰관으로서 모든 수사에 관하여 검사의 지휘를 받는다"고 규정하는바(형소법 제196조 제1항), 경찰의 수사는 검사의 지휘하에 놓이는 제한을 받는다.

2) 대간첩작전 대간첩작전은 국가의 안전에 대한 위험을 가져오는 간첩의 수색과 체포를 위한 작전이므로 군사사무의 성질을 갖는다. 경찰의 대간첩작전은 일반적으로 군에 의한 대간첩작전의 보조적 의미를 갖는다고 본다. 경찰관서의 장은 대간첩작전수행상 또는 소요사태의 진압을 위하여 필요하다고 인정되는 상당한 이유가 있을 때에는 대간첩작전지역 또는 경찰관서 · 무기고 등 국가중요시설에 대한 접근 또는 통행을 제한하거나 금지할 수 있다(경직법 제5조 제2항).

(라) 직접강제의 지원

비경찰행정기관이 직접강제를 필요로 하지만, 그 행정기관이 직접강제의 능력을 갖지 못하고, 아울러 다른 방법으로 직접강제를 실현할 수 없어서 직접강제가 이루어지지 아니한다면, 행정목적의 실현은 어렵다. 이러한 경우, 비경찰행정기관의 요청이 있을 때에 경찰기관이 집행을 지원하게 하는 것도 필요하다. 직접강제의 지원을 직무조항에서 형식적 경찰권한으로 규정하고 아울러 자세한 개별조항을 둘 필요가 있다.[2)] 직접강제의 지원의 입법에는 행정응원에 적용되는 원칙들이 활용될 수 있을 것이다. 직접강제의 지원의 경우에 사인에 대

---

1) Berner/Köhler, Polizeiaufgabengesetz, Art. 3, S. 45(3.1) 참조.

2) 개별 조항에는 직접강제지원의 요건과 요청절차(긴급한 경우와 그러하지 아니한 경우의 구분), 직접강제지원요청에 대한 거부사유, 지원에 소요되는 비용 등이 규정되어야 할 것이다. 입법례로 바이에른 국립경찰직무법 제50조, 제51조, 제52조 등을 볼 수 있다.

한 침해가 필요하다고 하여도, 사인에 대한 침해는 권한규정이 있는 경우에만 가능하다. 여기에서도 직무조항과 권한조항은 구분되어야 한다.[1)]

(마) 경찰서비스

경찰은 예컨대 교통정보의 제공이나 인명구조, 어린이교통안전교육 등의 사무도 행한다. 이러한 경찰서비스로 인해 경찰작용도 복리작용을 행한다고 말하기는 어렵다. 왜냐하면 이러한 경찰서비스는 기본적으로 위험으로부터의 보호를 위한 것이지, 적극적으로 개인의 권익을 향상 · 증대시키는 것을 직접적인 목적으로 한다고 말하기는 어렵기 때문이다.

(3) 제주자치도 자치경찰에 관한 현행법의 내용

제주특별자치도 설치 및 국제자유도시 조성을 위한 특별법은 제주자치경찰단이 처리하는 사무(자치경찰사무)로 ① 주민의 생활안전활동에 관한 사무(생활안전을 위한 순찰 및 시설 운영, 주민참여 방범활동의 지원 및 지도, 안전사고 및 재해재난 등으로부터의 주민보호, 아동 · 청소년 · 노인 · 여성 등 사회적 보호가 필요한 자에 대한 보호 및 가정 · 학교폭력 등의 예방, 주민의 일상생활과 관련된 사회질서의 유지 및 그 위반 행위의 지도 · 단속), ② 지역교통활동에 관한 사무(교통안전 및 교통소통에 관한 사무, 교통법규위반 지도 · 단속, 주민참여 지역교통활동의 지원 및 지도), ③ 공공시설 및 지역행사장 등의 지역경비에 관한 사무, ④ 「사법경찰관리의 직무를 행할 자와 그 직무범위에 관한 법률」에서 자치경찰공무원의 직무로 규정하고 있는 사법경찰관리의 직무를 규정하고 있다(제국법 제108조).

2. 제도적 의미의 경찰

(1) 개 념

제도적 의미의 경찰개념은 행정조직법상 경찰행정기관의 조직과 관련된다. 말하자면 제도적 의미의 경찰이란 조직법상 경찰이라 불리는 조직에 속하는 행정기관의 전체 체계를 말한다.[2)] 제도적 의미의 경찰의 범위는 정부조직법과 경찰법령에서 정해진다.[3)] 정부조직법 제29조 제 4 항은 "치안에 관한 사무를 관

1) 직무규정과 권한규정에 관해서는 「경찰작용의 법적 근거」 부분에서 상론한다.

2) Knemeyer, Polizei- und Ordnungsrecht, Rn. 26. 한편, 국내학자에 따라서는 형식적 의미의 경찰을 제도적 의미의 경찰과 동일한 개념으로 사용하기도 한다(박균성, 행정법론(하), 534쪽; 박윤흔 · 정형근, 최신행정법강의(하), 288쪽). 물론 이러한 견해는 본서가 사용하는 제도적 의미의 경찰개념을 경찰개념의 한 유형으로 다루지 아니한다.

3) 연방국가인 독일의 경우, 제도적 의미의 경찰은 분리시스템과 단일시스템의 두 가지 형태가 있다. 분리시스템은 위험방지사무를 일반행정기관인 위험방지행정청(Verwaltungsbehörden des Gefahrenabwehr: Hamburg, Niedersachsen, Sachsen-Anhalt), 질서청(Ordnungsbehörden: Berlin, Brandenburg, Mecklenburg-Vorpommern, Nordrhein-Westfalen, Rheinland-Pfalz, Schleswig-Holstein), 안전청(Sicherheitsbehörden), 위험방지청(Gefahrenabwehrbehörden)으로 하여금 관장하도록 하고, 경찰(Polizei)은 다만 긴급사태에 있어서의 위험방지, 범죄행위와 질서위반행위에

장하기 위하여 행정안전부장관소속으로 경찰청을 둔다"고 하였는바, 경찰청과 그 소속기관(지방경찰청, 경찰서 등)의 총체가 바로 제도적 의미의 경찰에 해당한다. 제도적 의미의 경찰은 조직상 의미의 경찰이라 부르기도 한다. 한편, 제주특별자치도 설치 및 국제자유도시 조성을 위한 특별법(제국법)(2006. 7. 1 시행)의 시행과 더불어 제주특별자치도에 자치경찰제가 도입되었으므로, 제주자치도의 자치경찰조직도 제도적 의미의 경찰의 한 부분이 되었다.

⑵ 우리나라 경찰제도의 발전

㈎ 고려시대까지

고려시대에 이르기까지 경찰기능은 각 행정업무에 포괄되어 분리되지 아니한 상태에 있었다. 삼국시대나 고려시대에는 치안유지사무가 군부나 일반행정기관이 담당하였다. 중앙에서는 병부가 경찰권을 행사하였고, 지방에서는 주, 군, 현의 행정관이 경찰권을 행사하였다.[1] 달리 말한다면 이 시기에는 일반행정사무, 경찰사무, 군사사무가 일체를 이루고 있었다.

㈏ 조선시대

고려시대와 마찬가지로 중앙에서는 병조, 형조 및 한성부 등이 국가작용의 일환으로 경찰사무를 수행했고, 지방에서는 관찰사, 부사, 군수, 현령, 현감 등이 경찰권을 행사하였다. 성종 때 포도청이 생겼고 중종 39년 무렵에 정식으로 제도화되어 갑오경장까지 전문적 경찰기관이었다. 특히 영조 20년(1741년) 속대전의 편찬과 더불어 포도청은 정비된 경찰기관이 되었다. 말하자면 포도청은 다른 국가기관으로부터 독립된 경찰기관이었다. 포도청은 도둑과 거짓말하는 무리들을 체포하고 야간순찰업무를 담당하였다. 포도청은 서울과 각 지방의 감영과 군위에 설치되었다. 포도청이 근대적인 경찰기관은 아니었지만, 포도청이 일반행정기관으로부터 분리되어 있었다는 점에는 의의가 있다.[2]

대한 수사상 협력, 강제집행의 원조 기타 법률이 부과하는 사무만을 관장하는 제도이다. 분리시스템은 2차 대전 후 영국과 미국의 점령지역에서 이루어진 탈경찰화의 산물이다. 단일시스템은 제도적 의미의 경찰이 위험방지사무를 전반적으로 관장하는 제도이다. 단일시스템을 취하는 란트(Baden-Württemberg, Bremen, Saarland, Sachsen)는 분리시스템을 취하는 란트보다 많은 수의 경찰기관을 갖고 있다. 그러나 실제상 두 시스템 사이의 차이는 좁다고 한다. 왜냐하면 단일시스템을 취하는 란트도 프로이센경찰법상 구분에 따라 경찰조직을 행정경찰과 집행경찰, 경찰정(경찰행정청)과 경찰집행기관(집행경찰)으로 구분하고 있기 때문이라 한다(Schenke, Polizei- und Ordnungsrecht, Rn. 14f.).

1) 김형중, 한국고대경찰사, 20쪽 요약; 신현기, 자치경찰론, 42쪽.

2) 김형중, 한국고대경찰사, 22-23쪽 요약; 신현기, 자치경찰론, 44쪽.

(다) 갑오경장 이후

우리나라에서 근대적 의미의 경찰제도는 갑오경장(1894년, 고종 31년)부터이다. 경찰이란 용어도 이 때부터 나타났다. 고종 31년에 포도청이 폐지되고, 의정부관제(議政府官制)에 의해 내무아문 소속하에 경무청이 설치되었다. 경무청은 국민을 보호하고, 건강을 보호하고, 순찰하는 것 외에 사법사무와 감옥사무를 직무로 하였다. 1895년 3월 칙령 제53호의 발포로 내부(內部)가 경찰사무를 장리하는 근대적인 경찰제도가 마련되었다.[1)]

(라) 오 늘 날

일제 강점으로부터 벗어난 후 1948년에 내무부장관 소속하에 치안국, 시·도에 경찰국, 지역에 경찰서가 설치되었다. 1953년 12월에 경찰관직무집행법(법률 제299호)이 제정되었다. 1974년 12월에 정부조직법의 개정을 통해 치안국을 치안본부로 개편하였다. 1990년 12월 정부조직법 개정을 통해 내무부장관 소속의 보조기관에서 내무부장관 소속의 행정청으로서 외청인 경찰청으로 개편되었다. 그 후 내무부는 행정자치부 등을 거쳐 행정안전부로 개편되었다. 한편, 2006년 7월 제주특별자치도 설치 및 국제자유도시 조성을 위한 특별법의 제정을 통해 제주특별자치도에 자치경찰제도가 도입되었다. 종전까지 우리나라에서 경찰사무는 국가사무였고, 지방경찰은 국가의 기관위임사무이었는데, 제주특별자치도에 자치경찰제도가 도입됨으로써 우리의 경찰제도도 새로운 변화를 경험하게 되었다.

3. 실질적 의미의 경찰

(1) 개 념

실질적 의미의 경찰은 국가활동의 내용상의 성질을 기준으로 한 것이다. 독일이나[2)] 우리나라의 지배적인 견해에 따르면, 경찰이란 "공공의 안녕(공적 안전)과 공공의 질서(공적 질서)를 위협하는 위험으로부터 개인이나 공중을 보호하거나, 공공의 안녕이나 공공의 질서에 대한 장해(교란)의 제거를 목적으로 하는 국가적 활동"으로 이해된다. 이와 관련하여 경찰은 ① 소극적인 작용(이 점에서 적극적 목적의 복리작용과 구분된다), ② 사회목적적인 작용(이 점에서 국가목적적인 작용인 군정·재정작용과 구분된다), ③ 권력적인 작용(이 점에서 비권력적인 복리작용과 기본적으로 구분

1) 김형중, 한국고대경찰사, 23-24쪽 요약; 신현기, 자치경찰론, 45쪽.

2) 독일 경찰법률은 경찰의 의의를 명시적으로 규정하고 있다(MEPolG(독일 단일경찰법률표준초안) 제 1 조, SPolG(독일 자르란트주 경찰법) 제 1 조 등).

된다)으로 이해되고 있다. 실질적 의미의 경찰의 동의어로 위험방지라는 용어가 사용되기도 한다.[1] 이러한 작용이 국민의 권리를 침해하는 경우에는 헌법 제37조 제 2 항에 의하여 법적 근거를 요한다. 실질적 의미의 경찰은 제도적 의미의 경찰에 의해서만 수행되는 것은 아니고, 그 밖의 다른 행정기관에 의해서도 수행된다. 실질적 의미의 경찰개념은 오랫동안의 역사적 발전과정의 결과로써 나타난 것이다.[2)3)] 우리의 경우, 실질적 경찰개념은 경찰법 제 3 조 제 6 호와 경찰관직무집행법 제 2 조 제 6 호에서 "공공의 안녕과 질서유지"라는 용어로 표현되고 있다. 용례상 공공의 안녕과 공공의 안전 내지 공적 안전은 동의어로 이해된다.[4]

---

1) Ipsen, Niedersächsisches Gefahrenabwehrrecht, Rn. 8.

2) Schenke, Polizei- und Ordnungsrecht, Rn. 2. 한편, 고대 페르시아 · 이집트 · 그리스 · 로마와 근대의 서구(독일 · 영국 · 프랑스 · 러시아)에서 경찰의 발전에 관해서는 K. Melcher, Die Geschichte der Polizei, 1926 참조.

3) 일설은 "① 경찰개념을 광의로 이해하게 되면 사실상 모든 행정기관이 경찰작용을 부분적으로 수행하는 것이 되고, 결과적으로 모든 행정기관이 경찰기관(협의의 행정경찰기관)이라는 결과가 된다. 그렇다면 경찰은 하나의 고유한 행정영역이 아니라 단지 모든 행정영역에 있어서 행정기관이 수행하는 직무의 일부일 뿐이라고 하여야 한다.… ② 협의의 행정경찰 개념을 인정하고 이를 실질적 의미의 경찰개념에 포함되는 것으로 보는 한, 규제행정과 협의의 행정경찰은 대부분 중복되는 것으로 보아야 한다.… ③ 국가기관의 활동근거와 요건 · 절차에 관한 실정법이 거의 완비된 오늘날, 각 기관의 활동영역과 권한은 법규에 규정되어, 법규의 미비를 보충하기 위하여 실질적 의미의 경찰개념을 원용할 필요성은 거의 없어졌다.…"고 하면서 실질적 경찰개념의 필요성에 대하여 의문을 제기하고 있다(최영규, 경찰행정법, 14쪽). 그러나 ① 실질적 경찰개념은 국가기관을 중심으로 한 개념이 아니라 국가작용의 체계적인 이해를 위해 국가작용의 성질(소극적 위험방지)을 전제로 파악된 개념이라는 점, 동일한 성질의 국가작용은 반드시 동일한 기관에 의해 처리되어야 하는 것은 아니라는 점(예: 청소년보호사무는 국가뿐만 아니라 지방자치단체도 처리하며, 주차단속은 제도적 의미의 경찰기관 외에 시장 · 군수 · 구청장도 행한다), 상이한 기관에 의해 처리된다고 하여도 사무의 성질이 동일하다면 동일한 원리에 따라 규율되어야 한다는 점, 경찰청과 소속기관이 행하는 위험방지사무는 그 자체가 기본적으로 독립적인 사무이지만, 협의의 행정경찰은 행정영역별로 그 행정이 갖는 특별한 행정목적의 달성을 위하여 부수적으로 나타나는 위험방지작용인바 양자간에 상대적인 차이가 있다는 점, ② 규제행정에서 말하는 규제의 내용이 위험방지작용이 아니라면 모르되, 규제의 내용이 위험방지작용이라면, 규제행정은 바로 경찰행정인바, 규제행정이라고 이름을 붙인 그 자체가 문제있다는 점, ③ 실질적 경찰개념은 실정법의 미비를 보완하는 의미도 갖지만, 실정법의 체계적인 이해를 위해서도 필요하다는 점, 말하자면 경찰법상 실질적 경찰개념에 적용되는 헌법원리는 개별 실정법률(예: 건축법상 허가제)의 해석 · 적용에도 적용되어야 한다는 점을 고려할 때 실질적 경찰개념은 경찰법의 체계를 구성하는 기본개념으로서 여전히 중요한 의미를 갖는다고 보아야 한다. 경찰권에 대한 민주적 통제가 용이한 오늘날에는 제도적 의미의 경찰의 권한의 축소라는 의미가 아니라, 국가작용의 체계적인 이해를 위해서 실질적 경찰개념은 여전히 의미를 갖는다고 보아야 한다.

4) 일본 경찰법 제 2 조 제 1 항은 "공공의 안전과 질서유지"라는 용어를 사용하고 있다. 일본 경찰법에서 말하는 공공의 안전과 우리의 경찰법 제 3 조와 경찰관직무집행법 제 2 조 제 6 호에서 말하는 공공의 안녕은 동의어로 볼 것이다.

	실질적 의미의 경찰행정	군사행정	복리행정
목 적	공공의 안녕과 질서유지	국가의 안전의 유지	인간다운 삶의 보장
방 향	사회목적적 행정	국가목적적 행정	사회목적적 행정
성 질	소극적 위험방지 작용	소극적 안전보장 작용	적극적 복리증진 작용
수 단	권력작용(명령 · 강제)중심	권력작용(명령 · 강제)중심	비권력작용(급부)중심
권 력	일반통치권	일반통치권	일반통치권
대 상	국민, 외국인	군인 · 군무원	국민, 외국인

(2) 서구에서 실질적 경찰개념의 발전

경찰이라는 개념은 처음부터 고정된 내용을 갖고 있었던 것이 아니다. 그것은 오랫동안 발전을 거치면서 이루어진 개념이다. 따라서 경찰개념의 이해를 위해 그 사적 발전과정을 살펴볼 필요가 있다. 이하에서 우리의 경찰법에 영향을 미친 구주대륙, 특히 독일의 경우를 보기로 한다.

(가) 고대 그리스 · 로마 시대

경찰이라는 용어는 Police · Polizei라는 용어에서 온 것으로 이해되고 있는데, Police · Polizei라는 용어는 그리스의 Politeia라는 말에서 유래한다.[1] Politeia란 근원적으로 국가의 헌법, 국가기능의 공동행사, 국가기능의 공동작용 등을 뜻하였다. 고대 로마에서도 Politia라는 말은 공화국의 헌법과 그것을 수행하는 일반적인 행정활동으로 이해되었다.

(나) 15세기

독일에서는 15세기에 처음으로 Polizey라는 말이 나타났는데 그것은 ① 공동체의 양호한 질서상태(Zustand guter Ordnung des Gemeinwesens), ② 공동체의 양호한 질서상태의 창설 · 유지를 위한 활동을 뜻하였다.[2] 이 시기까지만 하여도 국가활동의 종류에 대한 구분이 나타나지 않았다.

(다) 18세기

1) 내무행정으로서의 경찰　　경찰개념의 발전으로 17세기에 이르러서는 외무 · 재정 · 사법으로부터 경찰개념이 분리 · 발전되었고, 18세기에는 경찰은 내무행정을 뜻하게 되었다. 부연한다면, 이 시기의 개념으로서 공동체의 양호한 질서상태(경찰)란 위험방지뿐만 아니라 복지사무까지도 포함하는 개념이었

1) Knemeyer, Polizei- und Ordnungsrecht, Rn. 2.
2) Knemeyer, Polizei- und Ordnungsrecht, Rn. 2.

다.[1] 이 때문에 이 시기의 경찰이란 오늘날의 내무행정으로 이해된다.

2) 경찰국가 18세기 절대국가에서 법상으로 경찰은 무제한의 작용영역이라는 점이 특징적이었다.[2] 군주는 신민의 복지를 위해 주권의 외연으로서 자신의 판단, 즉 자유로운 재량에 따라 일반적인 경제적 · 사회적 관계의 촉진을 위해 활동을 할 수 있었고, 아울러 법적 근거 없이 임의적으로 신민의 권리를 침해할 수 있는 무제한의 권한을 가졌던 것이다(복지경찰). 그리고 법원은 행정사건에 대하여 재판권을 갖지 못하였다. 요컨대 경찰권은 신민에 대한 절대적인 지배권의 총괄개념이었다. 그리고 경찰권은 외무 · 국방 · 재무 · 사법을 제외한 내무행정 전체에 대한 국가권력을 의미하였던 것이다. 행정사에 있어서 절대국가는 경찰국가(Polizeistaat)로 불리기도 한다.

3) 프로이센 일반란트법 18세기 후반에 이르러 경찰의 임무는 현저한 위험의 방지에 대한 배려이며, 복지의 촉진은 경찰의 고유한 임무가 아니라는 해명이 나타난다.[3] 이러한 사고는 그 후에 프로이센 일반란트법에 반영되었다. 1794년 프로이센 일반란트법(Das Allgemeine Landrecht für Preußischen Staaten)은 위험방지영역에서 자유로운 국가적인 침해권을 처음으로 제한하게 되었다. 동법 제10조 제 2 항 제17호는 "공적 평온 · 안전과 질서의 유지를 위해, 그리고 공중이나 개인에게 놓이는 위험의 방지를 위해 행하는 필요한 작용은 경찰의 직무이다"라고 규정하였다. 이로써 경찰의 임무는 위험방지작용으로 제한되었다.[4] 그러나 그 후 프랑스혁명의 이념과 실제에 대한 반동으로서 이러한 규정은 실현되지 않고 소위 과거의 복지경찰이 회복되었다.[5]

(라) 19세기

19세기 독일의 시민적 자유법치국가시기에 남독일에서는 경찰관련법률들이 제정되고, 프로이센에서는 판례에[6] 의한 프로이센 일반란트법의 구체화를

1) Friauf, Polizei- und Ordnungsrecht, in: Schmidt-Aßmann(Hrsg.), Besonderes Verwaltungsrecht, Rn. 6; Knemeyer, Polizei- und Ordnungsrecht, Rn. 6.

2) Friauf, Polizei- und Ordnungsrecht, in: Schmidt-Aßmann(Hrsg.), Besonderes Verwaltungsrecht, Rn. 6; Götz, Allgemeines Polizei- und Ordnungsrecht, § 2 Rn. 8.

3) Johann Stephan Püttner, Institutiones juris Germanici, 1770; Knemeyer, Polizei- und Ordnungsrecht, § 2 Rn. 6.

4) Friauf, Polizei- und Ordnungsrecht, in: Schmidt-Aßmann(Hrsg.), Besonderes Verwaltungsrecht, Rn. 6.

5) Drew/Wacke/Vogel/Martens, Gefahrenabwehr: Allgemeines Polizeirecht, S. 5.

6) 1882년 프로이센 상급행정법원은, 1879년 3월 10일 베를린의 Kreuzberger라는 언덕에 있는 전

통해 경찰의 임무가 위험방지에 있음을 분명히 하였다고 한다.[1] 아울러 경찰의 개념은 그 임무를 수행하는 행정청의 종류 여하를 불문하고 모든 위험방지임무로 이해되었다. 그리하여 경찰개념은 건축경찰 · 어업경찰 · 보건위생경찰 · 시장경찰 · 집회경찰 등으로 세분되어 사용되게 되었다.

(마) 20세기

1931년 프로이센 경찰행정법률(Preußes Polizeiverwaltungsgesetz von 1931) 제14조는 "경찰행정청은 현행법의 범위 내에서 의무에 합당한 재량에 따라 공적 안전이나 질서를 위협하는 공공이나 개인에 대한 위험을 방지하기 위해 필요한 처분을 행하여야 한다. 그 밖에 경찰행정청은 법률로써 특별히 자신에게 부여된 임무를 수행하여야 한다"고 하여 오늘날의 경찰의 임무를 규정하였다. 한편 1933년 이래 나치시대에 와서는 위험의 유무를 불문하고 경찰은 독일민족공동체의 보호를 목적으로 모든 질서임무를 수행하였다. 그것은 완전한 억압의 도구였고, 동시에 법률적합성의 원칙으로부터 해방되어 있었다. 그리고 무엇보다 정치경찰인 비밀국가경찰(Geheime Staatspolizei, Gestapo)은 제한과 통제가 없었다. 그것은 자유와 생명의 주재자였던 것이다. 제 2 차대전 후 연합국의 주도하에 경찰의 탈나치화 · 민주화 · 탈군국주의화 · 분권화가 추구되었고, 특히 제도적 경찰개념과 관련하여 또 한번 경찰개념의 축소가 이루어졌다. 즉 "경찰=통일적인 제복을 입은 경찰"이라는 등식이 시도되었다. 이러한 경찰개념은 집행경찰과 주로 관련된 것이지만, 이러한 개념으로 인해 경찰개념의 내용은 일반시민이 평범하게 생각하는 경찰에 접근하게 되었다.

(바) 21세기

지난 세기의 경찰의 임무는 구체적인 위험의 방지작용(예방적 작용)과 범죄행위의 추적을 통한 계속되는 위험의 현실화의 방지작용이었다(억제적 작용). 그러나 지난 세기의 말부터 일반적으로 존재하는 위험에 대한 사전대비가 경찰의 중요한 과제로 부각되었다. 이러한 현상은 1983년에 나타난 독일연방헌법재판소의 국세조사법판결이 계기가 되었다. 말하자면 위험에 관련된 각종 정보의 수집 · 활용의 중요

승기념비에 대한 조망과 그 곳에서 시내에 대한 조망의 방해를 방지하기 위해 주변의 건축물의 높이를 제한하는 것을 내용으로 하는 베를린 경찰청장의 경찰명령이 위험방지가 아니라 복지적인 결정이고, 이것은 1794년 프로이센일반란트법 제 2 부 제17장 제10조에 위반하여 무효라고 하였다. 이것이 소위 크로이쯔베르그판결(Kreuzberg-Urteil)이다.

1) Götz, Allgemeines Polizei- und Ordnungsrecht, § 2 Rn. 7.

성과 그에 관한 법적 근거와 통제의 문제가 부각되고 있다. 그리하여 최근에는 경찰법영역에서 구체적인 위험의 현실화의 방지로부터 한 걸음 더 나아가서 사후에 구체적으로 될 위험을 사전에 방지하는 경찰상 사전대비가 인적 정보문제와 관련하여 또 하나의 경찰사무의 유형(제3의 유형)으로 자리를 차지하고 있다.[1] 이러한 경찰상 사전대비의 원칙(polizeiliches Vorsorgeprinzip)은 경찰개념의 변화를 의미하며, 아울러 21세기의 중요문제로서 다루어지게 될 것으로 보인다.

(3) 위험방지-위험대비-잔여위험의 개념

독일법상 위험개념과 관련하여 Gefahrenabwehr, Risikovorsorge, Restrisiko 등 다양한 용어가 사용되고 있다. ① 위험방지(Gefahrenabwehr)란 구체적인 위험의 방지를 내용으로 하는 개념이다. 전통적 경찰개념의 중심요소이다. ② 위험대비(Risikovorsorge)란 (구체적인) 위험(Gefahren)으로 발전할 수 있는 위험(Risken)에 대한 대응적인 조정작용이다. 위험대비는 구체적 위험의 전 단계와 관련된 개념이다. 위험대비는 현재 존재하지 아니하는 위험(Gefahren)을 대상으로 한다. 따라서 위험대비는 구체적 위험을 전제로 하는 전통적 위험방지를 능가하는 개념이라 한다. 위험대비는 특별법이 있는 경우에 가능한데, 그것은 환경법과 기술상 안전법 — 특히 임미시온보호법과 원자력법 — 에서 나타나고 있다고 한다.[2] ③ 단순한 도로교통에의 참여가 위험하여도(riskant), 경찰은 개입할 수 없고,[3] 인과관계가 학문상 불분명하고, 경험상으로도 극복되지 아니한 경우(예: 어떤 물질에 발암성분이 있는지의 여부가 불분명한 경우)에는 위험(Risiken)이 존재하여도 일반 경찰법상 위험(Gefahr)이 아니다.[4] 이러한 위험을 잔여위험(Restrisiko)이라 부른다. 잔여위험에 대하여 특별법이 특별한 규정을 두고 있다면, 그것은 위험대비의 문제가 된다.

용례상 Gefahr는 손해발생의 개연성(Wahrscheinlichkeit)을 갖는 위험을 뜻하는 개념으로 보인다. 여기서 개연성이란 생활경험상 판단에 의할 때, 어떠한 행위나 상태가 방해를 받지 아니하고 진전되면 멀지 아니한 시점에 경찰상 보호이익에 피해를 가져올 크고 작은 가능성을 말한다. Risiko는 손해발생의 단

---

1) Knemeyer, Polizei- und Ordnungsrecht, Rn. 14.

2) Lisken/Denninger, Handbuch des Polizeirecht, 4. Aufl., 2007, E. 13; Pieroth/Schlink/Kniesel, Polizei- und Ordnungsrecht mit Versammlungsrecht, 5. Aufl., 2008, § 4 Rn. 6; Udo Di Fabio, Gefahr, Vorsorge, Risiko: Die Gefahrenabwehr unter dem Einfluß des Vorsorgeprinzips, Jura 1966 Heft 11, S. 570.

3) Gusy, Polizei- und Ordnungsrecht(8.Aufl.), § 3 Rn. 110.

4) Götz, Allgemeines Polizei- und Ordnungsrecht, 14. § 6 Rn. 9.

순한 가능성(bloße Möglichkeit)을 갖는 위험을 뜻하는 개념으로 보인다. Risiko와 abstrakte Gefahr(추상적 위험)는 같은 의미로 사용되기도 한다.[1] Risiko는 일반적으로 승인된 법적 개념은 아니라 한다.[2]

위험이라는 용어를 인간생활에 불행한 결과를 가져오는 것과 관련되는 개념으로 전제할 때, Gefahrenabwehr와 Risikovorsorge는 위험의 시간적 선후 관계,[3] 위험의 구체성과 추상성, 위험의 현실화의 가능성 등에 차이가 있지만, 그 차이는 상대적일 뿐 본질적인 것은 아니라는 점, 위험대비도 광의의 위험방지의 한 종류로 볼 수 있다는 점 등을 고려하여 이 책에서는 Gefahr와 Risiko를 특별히 구별하지 않고 모두 위험이라는 용어로 표현하기로 한다. 물론 위험개념을 위험방지-위험대비-잔여위험의 3단계로 구분하는 것은 위험의 제어를 위한 경찰권발동의 가능성과 관련하여 의미가 있다고 본다. 다만 3단계의 구분은 입법자들의 결단에 의해 정해질 사항이다.[4]

Ⅱ. 실질적 경찰개념의 분석과 의미

1. 실질적 경찰개념의 요소

실질적 경찰개념을 "공공의 안녕과 공공의 질서를 위협하는 위험으로부터 개인이나 공중을 보호하거나, 공공의 안녕과 공공의 질서에 대한 장해(교란)의 제거를 통해 피해(가치감소)의 방지를 목적으로 하는 국가적 활동(국가작용)"으로 이해할 때, 실질적 경찰개념은 ① 공공의 안녕(공적 안전), ② 공공의 질서(공적 질서),[5] ③

1) Matthias Wehr, Allgemeines Gefahrenabwehrrecht, 2008, § 3B Rn. 94.

2) Wolfgang Kahl, Risikosteuerung durch Verwaltungsrecht: Ermöglichung oder Begrenzung von Innovation?, DVBl. 2003, 1107.

3) Wolfgang Kahl, Risikosteuerung durch Verwaltungsrecht: Ermöglichung oder Begrenzung von Innovation?, DVBl. 2003, 1108.

4) Wolfgang Kahl, Risikosteuerung durch Verwaltungsrecht: Ermöglichung oder Begrenzung von Innovation?, DVBl. 2003, 1109.

5) ① 공적 안전(공공의 안녕)과 공적 질서를 구분하는 견해도 있고(김남진, 경찰행정법, 18쪽; 김동희, 행정법Ⅱ, 197쪽; 류지태 · 박종수, 행정법신론, 939쪽; 박균성, 행정법론(하), 544쪽; 한견우 · 최진수, 현대행정법강의, 776쪽), ② 양자를 일원적으로 파악하여 단순히 '공공의 안녕과 질서'로 파악하는 견해도 있다(박윤흔 · 정형근, 최신행정법강의(하), 290쪽; 이광윤 등, 행정작용법론, 4쪽). 저자는 종전부터 ①의 입장을 취하고 있다. 그 이유는 경찰행정법의 근거조항인 헌법 제37조 제 2 항에서 표현된 "질서유지"라는 개념을 넓은 의미로 이해하고, 그것을 공공의 안녕과 공공의 질서(협의의 의미)의 의미를 내포하는 개념으로 보았기 때문이다. 다만 본서 초판부터는 경찰관직무집행법 제 2 조 제 6 호에 유의하면서 저자가 종래 사용하였던 '공적 안전'이라는 개념을 '공공의 안녕'으로, '공적 질서'를 '공공의 질서'로 바꾸어 사용한다.

위험, ④ 장해, ⑤ 피해(가치감소)를 개념요소로 갖는다고 말할 수 있다. 현행 경찰법은 공공의 안녕과 공공의 질서를 기본개념으로 하고 있다(경찰법 제3조 제6호; 경직법 제2조 제6호). 이러한 개념들은 일반행정법상 불확정법개념에 해당되며 구체화를 요하는 것으로서 그 의미의 해석이 용이하지 않다. 불확정개념의 해석에는 판단여지가 인정될 뿐, 재량이 인정될 수는 없다. 이하에서 위의 개념요소를 살펴보기로 한다.

(1) 공공의 안녕(공적 안전)

공공의 안녕(öffentliche Sicherheit)이란 일반적으로 객관적인 법질서, 즉 국가의 법질서, 국가와 국가의 여러 기관의 존속과 기능, 그리고 개인의 주관적 권리와 법익(생명·건강·자유·명예와 재산)의 무사온전성·불가침성을 뜻하는 것으로 이해된다.[1] 따라서 공공의 안녕의 개념은 공동체의 법익의 보호뿐만 아니라, 개인적 법익의 보호까지 포함하는 개념이다. 법익이란 모든 이익을 말하는 것이 아니라, 법질서에 의해 형성되고 구체화되고 보호되는 이익을 말한다.[2] 안전 그 자체는 법익이 아니다. 그것은 법익이 있어야 할 상태를 의미한다.[3] 이하에서 양자를 나누어서 살펴보기로 한다.

공공의 안녕
- 개인의 이익 —— 자유·명예·생명·건강·재산
- 공동체 이익 —— 국가의 존속·기능·기관, 법질서

㈎ 개인의 법익

1) 내 용 개인적 법익의 온전성이 공공의 안녕의 한 부분을 구성한다는 것은 경찰작용이 공공을 위해서 뿐만 아니라 개인의 보호를 위해서도 수행됨을 뜻한다.[4] 경찰법상 보호되는 개인의 이익에는 물질적인 것과 정신적인

---

1) Friauf, Polizei- und Ordnungsrecht, in: Schmidt-Aßmann(Hrsg.), Besonderes Verwaltungsrecht, Rn. 33; Götz, Allgemeines Polizei- und Ordnungsrecht, § 4 Rn. 3; Gusy, Polizei- und Ordnungsrecht(8.Aufl.), § 3 Rn. 79; Ipsen, Nieder-sächsisches Gefahrenabwehrrecht, Rn. 84; Knemeyer, Polizei- und Ordnungsrecht, Rn. 100; Pieroth/Schlink/Kniesel, Polizei- und Ordnungsrecht, §8 Rn. 3f.; Schenke/Schenke, in: Steiner (Hrsg.), Besonderes Verwaltungsrecht(8. Aufl.), Rn. 30; Schmidbauer/Steiner/Roese, Bayerisches Polizeiaufgabengesetz, Kommentar, Art.11, Rn. 57; Tettinger, Besonderes Verwaltungsrecht/1, Rn. 440ff.; Schenke, Polizei- und Ordnungsrecht, Rn. 53. 한편, 실정법상 공공의 안녕에 대한 이러한 내용의 정의규정의 예로 브레멘경찰법률(Bremisches Polizeigesetz) 제 2 조 제 2 호에서 볼 수 있다.

2) Gusy, Polizei- und Ordnungsrecht(8.Aufl.), § 3 Rn. 80.

3) Gusy, Polizei- und Ordnungsrecht(8.Aufl.), § 3 Rn. 80.

4) Lisken/Denninger, Handbuch des Polizeirecht, 4. Aufl., E. Rn. 27; Schenke, Polizei- und Ordnungsrecht, § 3 Rn. 53.

것이 모두 포함된다. 재산영역에 대한 침해로부터 개인을 보호하는 것이 경찰의 기본적인 임무이나, 정신적 침해로부터 보호하는 것도 또한 중요하다. 오늘날에 있어서는 현실적인 생활방식이 가져오는 많은 위험(예: 소음·쓰레기 등)과 관련하여 사람의 건강의 보호가 특별히 중요한 문제로 되고 있다.

2) 제 한 개인적 법익의 경찰상 보호에는 두 가지의 제한이 따른다.[1] 먼저, ① 사권(예: 채권)은 기본적으로 경찰이 아니라 민사법원에 의해 보호된다. 여기에서 민사작용과 경찰작용은 구분된다. 경찰에 의한 보호는 경찰의 보호 없이는 사권실현이 불가능하거나 매우 곤란한 경우(예: 도주중인 채무자발견 시 그 채무자의 주소확인)에 예외적으로만 가능하고,[2] 그것도 일시적으로만 가능하고[3] 종국적인 결정은 행할 수 없다. 물론 그 위험은 사법상 위법한 것이어야 한다. ② 공공의 안녕은 공공성을 요소로 하는 것이므로 개인적인 법익 보호는 공익과 관련되는 범위 안에서 경찰법상 보호된다. 즉 관계자의 사익을 위한 것이라면 경찰에 의한 개입은 인정되지 아니한다. 일반적으로 개인의 생명 · 건강 · 자유는 공익성을 가지나 재산은 그러하지 않은 것으로 본다. 요컨대 개인의 이익이 공중에 관계되고 이로써 그 이익침해의 방지가 공익에 합당할 때에만 경찰의 개입은 가능한 것이다.[4] 스스로 자신의 이익을 침해하는 행위도 그것이 제 3 자나 공중에게 위험을 가져오는 것(예: 피부병환자의 공중목욕탕에의 출입)이 아니면 경찰의 개입은 정당화될 수 없다.[5] 한편 개인이 자신의 개성과 무관한 공중의 대표자인 경우에는 공익과 관련된다고 본다. 또한 불특정다수인의 개인적 법익이 위협을 받으면 그것은 공익과 관련된다고 할 수 있다.

(나) 공동체의 법익

공동체법익의 보호는 국가 · 국가기관의 존속 · 기능의 보장과 공동체법질서의 보호를 뜻한다. 그 의미를 나누어서 살펴보기로 한다.

---

1) Schenke, Polizei- und Ordnungsrecht, Rn. 54.

2) 독일의 연방과 란트의 단일경찰법률 표준안(Musterentwurf eines einheitlichen Polizeigesetzes des Bundes und Länder in der Fassung des Vorentwurfs zur Änderung des MEPolG) 제 1 조 제 2 항(법원에 의한 보호가 적시에 실현될 수 없거나 경찰상 구조 없이는 권리의 실현이 불가능하거나 현저히 어려운 경우에만 경찰은 이 법률에 따라 사권을 보호할 수 있다).

3) Götz, Allgemeines Polizei- und Ordnungsrecht, § 4 Rn. 24; Reichert/Ruder/Fröhler, Polizeirecht, 5. Aufl., Rn. 116f.; Drew/Wacke/Vogel/Maretns, Gefahrenabwehr: Allgemeines Polizeirecht (Ordnungsrecht) des Bundes und der Länder, S. 238.

4) Friauf, Polizei- und Ordnungsrecht, in: Schmidt-Aßmann(Hrsg.), Besonderes Verwaltungsrecht (11. Aufl.), Rn. 35; Schenke, Polizei- und Ordnungsrecht, Rn. 56.

5) Pausch, Polizei- und Ordnungsrecht in Hessen, Kapital Ⅳ, 3.5.

1) 국가 · 국가기관의 존속 · 기능보장 국가기관이란 국회 · 정부 · 법원과 지방자치단체 및 이들에 속하는 모든 공적 기관을 뜻한다. 국회 · 정부 · 법원, 그 밖의 공적 기관의 질서에 적합한 활동을 위법하게 방해하는 것으로부터 경찰상의 보호와 그러한 기관들이 스스로 자신의 기능수행의 방해를 방지하기 위해 행하는 고유의 권한의 행사는 구분되어야 한다.[1] 후자의 권한으로 공법상 가택권(Hausrecht)과 질서권(Ordnungsgewalt)이 있다. ① 공법상 가택권은 정규적인 행정활동과정을 보장하기 위해 공공기관의 건물 내에서의 출입과 체재에 대해 결정하는 권한으로서 그것은 공물의 공용지정으로 근거가 주어지고 공물주체에 의해 행사된다. ② 질서권은 공공시설의 방해없는 이용의 보장, 공적 행위의 방해 없는 과정의 보장을 위한 것이고, 그것은 공법적인 영조물권력의 한 구성부분이며 그 시설의 책임자의 운영권의 한 부분이다. 질서권은 출입에 권한이 있거나, 출입이 허가되었거나 또는 사실상 존재하는 이용자 · 참여자에 대해서만 문제된다. 이러한 질서권이 경찰권과 동일시되는 경우로 국회의장이 갖는 경찰권이 있다. 일반적으로 공공기관이나 그 책임자가 갖는 질서권은 경찰권의 행사가 아니므로, 그 관청들은 자신을 위협하는 위험의 방지를 위해 스스로 경찰법에 근거하여 행위할 수는 없다. 이것은 경찰법상 권한 질서에 반하기 때문이다. 그리고 국가나 그 기관을 비판으로부터 보호하는 것은 경찰법상 사무가 아니다. 비판은 헌법상 보호된다(언론자유 등). 단, 예외적으로 개별법상 기본권보호를 위해 보호가 가능할 수는 있다.[2]

2) 공동체 법질서의 보호 ① 공동체 법질서 또는 객관적 법질서의 개념 속에 모든 성문법규정이 포함되나 단순한 행정규칙은 이에 포함되지 아니한다. 그런데 사법규범의 보호는 개인적 법익의 문제로서 다루어지는 것인바, 여기서는 공법규정의 보장에 의미가 놓인다.[3] ② 범죄행위 · 질서위반행위의 방지는 공공의 안녕에 기여한다.[4] 이 때문에 경찰은 이를 위한 임무를 수행한다(예방적 법익보호). 말하자면 범죄행위의 예방은 위험방지임무영역에 포함된다(경직법 제2조 제2호). 그러나 범죄수사의 경우에는 일반적으로 사정이 다르다. 그것은 이미 공공의

---

1) Götz, Allgemeines Polizei- und Ordnungsrecht, § 4 Rn. 40; Lisken/Denninger, Handbuch des Polizeirecht, 4. Aufl., E. I, Rn. 9.

2) Gusy, Polizei- und Ordnungsrecht(8.Aufl.), § 3 Rn. 88.

3) Friauf, Polizei- und Ordnungsrecht, in: Schmidt-Aßmann(Hrsg.), Besonderes Verwaltungsrecht, Rn. 38; Götz, Allgemeines Polizei- und Ordnungsrecht(12. Aufl.), Rn. 113f.; Schenke/Schenke, in: Steiner(Hrsg.), Besonderes Verwaltungsrecht(8. Aufl.), Rn. 32.

4) Ipsen, Niedersächsisches Gefahrenabwehrrecht, Rn. 94.

안녕을 파괴한 행위의 조사이다. 여기에서 경찰작용과 형사작용은 구분된다. ③ 한편 특정의 전문지식이 요구되는 특정의 위험방지임무(예: 카르텔감독 · 은행감독 · 보험감독 등)는 제도적 의미의 경찰이 아닌 행정기관으로 하여금 수행하게 하는 제한이 있다(예: 경제상 위험방지목적을 위해 독점규제 및 공정거래에 관한 법률 제 3 조 제 1 항에 따라 독과점적 시장구조가 장기간 유지되고 있는 상품이나 용역의 공급 또는 수요시장에 대하여 경쟁을 촉진하기 위한 시책을 수립 · 시행하여야 하는 공정거래위원회, 통화신용과 관련된 위험방지목적 등을 위해 한국은행법 제28조에 따라 통화신용정책에 관한 의결권을 갖는 금융통화운영위원회 등).

(2) 공공의 질서

(가) 의 의

공공의 질서(Öffentliche Ordnung)란 독일에서는 전통적으로 헌법질서 안에서 건전한 공동생활을 위한 필수적인 전제로서의 지배적인 사회관 · 윤리관의 준수에 관한 모든 규율의 총괄개념으로 이해되고 있다.[1] 달리 말한다면 그 준수가 공동생활에 불가피한 것으로 여겨지는 공동체의 일체의 불문의 규율이라 할 수 있다.[2] 하여간 공공의 질서는 공공의 안녕에 대한 보충적인 개념으로 볼 수 있다. 따라서 여기서 말하는 모든 규율이란 공공의 안녕에서 보장되는 법규범을 제외한 불문의 행위규범을 의미한다.[3] 그것은 공동체의 가치상황을 나타내는 관습과 도덕을 의미한다. 이러한 공공의 질서의 개념은 프로이센상급행정재판소로부터 나온 것으로 이해되고 있다.[4]

(나) 한 계

공공의 질서는 법상 인정되고 보호되는 것인 만큼, 헌법과 법률에 위반되는 가치는 결코 공공의 질서의 내용이 될 수 없다. 이런 이유에서 공공의 질서의 판단기준은 헌법이다. 따라서 헌법이 보장하는 기본권의 범위 내에서 이루어지는 행위는 공공의 질서에 문제를 가져오지 아니한다. 공공의 질서는 공공의 안녕으로 보호되는 법익의 침해와 함께 문제되기도 한다(예: 부랑민은 공적 안전(건강)의 보호뿐만 아니라 공적 질서에도 문제를 가져온다). 그렇다고 모든 공법규정위반이 공공의 질서의 침해를 가져오는 것은

---

1) Friauf, Polizei– und Ordnungsrecht, in: Schmidt–Aßmann(Hrsg.), Besonderes Verwaltungsrecht, Rn. 39; Götz, Allgemeines Polizei– und Ordnungsrecht, § 5 Rn. 121; Gusy, Polizeirecht, 8. Aufl., § 3 Rn. 96; Knemeyer, Polizei– und Ordnungsrecht, Rn. 102; Kugelmann, Polizei– und Ordnungsrecht(2.Aufl.), 5. Kapitel, Rn. 76; Pausch, Polizei– und Ordnungsrecht in Hessen, Kapital Ⅳ, 4; Schenke/Schenke, in: Steiner(Hrsg.), Besonderes Verwaltungsrecht(8. Aufl.), Rn. 40; Schenke, Polizei– und Ordnungsrecht, § 3 Rn. 63; Schmidbauer/Steiner/Roese, Bayerisches Polizeiaufgabengesetz, Kommentar, Art. 11, Rn. 71; Tettinger/Erbguth/Mann, Besonderes Verwaltungsrecht, Rn. 452.

2) Ipsen, Niedersächsisches Gefahrenabwehrrecht, Rn. 111.

3) Lisken/Denninger, Handbuch des Polizeirecht, 4. Aufl., E. Rn. 35.

4) Lisken/Denninger, Handbuch des Polizeirecht, 4. Aufl., E. Rn. 35.

아니다. 공공의 질서를 이렇게 새기는 한, 그것은 시간적 · 장소적인 면에 강한 의존관계를 가진다. 즉 공공의 질서는 동적인 개념이다.

(다) 상반된 시각

다원적인 민주국가에서는 상이한 가치관의 존재가 전제되는 것인바, 지배적인 사회관 · 윤리관은 설정하기가 곤란하며, 따라서 공공의 질서의 관점에서는 경찰행정청이 어떠한 행위도 할 수 없다는 견해도 있다.[1] 공공의 질서의 개념에 대한 전통적인 견해는 국민의 자유는 헌법상 법률의 유보의 원리에 따라 의회가 제정한 법률에 의해서만 제한될 수 있다는 논리와 조화되지 않는다는 비판론도 있다.[2] 이러한 부정적 입장에서 보면 공공의 질서는 경찰개입의 법적 근거가 아니다. 그러나 독일연방행정재판소는 공공의 질서를 가치충족을 요하는 불확정개념으로서 법치국가에서 요구되는 명확성을 충분히 갖는 개념으로 이해한다.[3] 독일연방헌법재판소도 동 개념이 오랜 기간 동안 내용 · 목적 · 범위에 관한 판례와 학설에 의해 정밀하게 되었고, 의미가 분명하게 되었으며, 또한 법적 용어로서 확고하게 되었으므로, 경찰법상 일반조항으로서 동 개념의 적용을 의심할 필요가 없다는 입장이다.[4] 공공의 질서의 문제로 처리되는 사항이 있다면, 그리고 이를 개별 법률로 규정하게 된다면, 실질적 경찰개념의 요소로서 공공의 질서의 개념을 둘러싼 논쟁은 그 의미가 약화될 것이다.

(라) 공공의 질서 개념과 관련된 사례

1) 자 살 자살은 자살을 정당한 것으로 보지 않는 사회질서에 대한 침해이며 또한 최상위의 법익침해(자살을 인간존엄과 가치의 실현의 한 방식으로 볼 수도 없으며, 동시에 자살에의 권리를 인정할 수도 없다)인바, 그것은 공공의 질서에 대한 침해가 되며, 이의 방지는 경찰의 임무로 볼 수 있다. 우리나라의 경찰법은 이를 경찰의 임무로 규정하고 있다(경직법 제4조 제1항 제1호).

2) 동 성 애 성적 문제는 인간생활의 기본기능으로 이해된다. 동성애가 공공의 질서에 대한 침해라고 단언하기는 어렵다. 동성애에 대한 인식이 긍정적으로 변화하고 있는 것이 우리 사회의 상황인 것으로 보인다. 나라에 따라서는 동성애가 인정되기도 한다(예: 독일 · 네덜란드 등). 물론 이들 국가에서도 미성년자의 경

1) Götz, Allgemeines Polizei- und Ordnungsrecht, § 5 Rn. 16; Pieroth/Schlink/Kniesel, Polizei- und Ordnungsrecht, § 8 Rn. 50 참조. 한편, 이에 대한 비판으로 Schenke/Schenke, in: Steiner(Hrsg.), Besonderes Verwaltungsrecht(8. Aufl.), Rn. 42.

2) Pieroth/Schlink/Kniesel, Polizei- und Ordnungsrecht, § 8 Rn. 50.

3) BVerwGE, DVBl 1970, 504.

4) BVerfGE, 54, 143, 144f.

우에는 동성애가 금지된다.

3) **이성간의 동거** 성년자들인 이성간의 동거의 경우에는 다소 문제가 있다. 우리의 과거의 일반적인 가치관은 이것을 반사회적인 것으로 보았다고 생각되는데, 실제상으로는 관대하게 보아온 것이 아닌가 판단된다. 그리고 오늘날에 있어서도 우리의 사회인식은 그러하다고 말할 수 있을 것이며, 또한 법리상으로도 이를 공공의 질서에 반하는 것으로 보기는 곤란할 것이다. 헌법이 혼인제도 · 가족제도를 보호하지만 그렇다고 혼인제도가 강제적인 것은 아니기 때문이다. 그리고 미혼성년자간의 성적 관계의 자유 또한 헌법 제10조의 한 내용이라고 하기는 곤란할지라도 그것에 반한다고 보기도 어려울 것이다. 요컨대 미혼성년자의 이성간의 동거는 성문법에 정함이 없는 한, 경찰이 개입할 수 있는 공공의 질서에 반하는 것이라고 보기는 곤란하다, 독일의 경우 이러한 동거는 포기될 수 없는 행위규범의 침해로 보지 아니한다.[1] 그렇지만 미성년자들의 경우는 사정이 다르다고 볼 것이다.

4) **옷을 입지 않는 행위** ① 1970년대 잠시 나타났던 스트리킹(streaking)(나체로 도로를 질주하는 행위)은 공공의 질서에 반하는 행위이다. 전통적인 우리의 이해는 도로상에서 옷을 입는 것이다. 나체주의자들은 폐쇄된 공간을 이용하면 될 것이다. ② 해수욕장이나 수영장에서 남자가 상의를 입지 않는 것은 문제없으나 여자가 입지 않는 경우는 문제될 수 있다. 그러나 이 경우도 남자의 경우와 같이 경찰의 개입이 문제되는 것은 아니라 볼 것이다. 그러나 경범죄처벌법 제 1 조 제41호를[2] 근거로 경찰의 개입이 가능하다는 주장도 가능할 것이다.

5) **기 타** 이 밖에도 노약자를 조롱하는 행위, 종교행사에 참여하는 자에 대한 조롱행위, 스트립쇼 등은 공적 질서에 반하는 행위라고 본다. 폐쇄된 장소에서 이루어지는 스와핑이나 핍쇼의 경우에는 의문이 있다.

(3) 위 험

(가) 위험의 개념

위험은 경찰법상 중심에 놓이는 개념이다. 위험 그 자체는 공적 안전과 다

---

1) Drew/Wacke/Vogel/Martens, Gefahrenabwehr: Allgemeines Polizeirecht, S. 253.

2) 경범죄처벌법 제 1 조 (경범죄의 종류) 다음 각 호의 1에 해당하는 사람은 10만원 이하의 벌금, 구류 또는 과료의 형으로 벌한다.
41. (과다노출) 여러 사람의 눈에 뜨이는 곳에서 함부로 알몸을 지나치게 내놓거나 속까지 들여다 보이는 옷을 입거나 또는 가려야 할 곳을 내어 놓아 다른 사람에게 부끄러운 느낌이나 불쾌감을 준 사람

른 독립의 경찰상 보호이익이 아니다. 그것은 보호이익이 있어야 할 상태일 뿐이다.[1] 위험이 존재하지 아니하면, 경찰은 법익보호에 권한을 갖지 아니한다. 경찰법상 위험(Gefahr)이란 의미충족을 필요로 하는 불확정개념이다.[2] 경찰법상 위험이란 일반적인 생활경험상 판단에 의할 때, 어떠한 행위나 상태가 방해를 받지 아니하고 진전되면 멀지 아니한 시점에 경찰상 보호이익(공공의 안녕과 질서)에 피해를 가져올 충분한 개연성(Wahrscheinlichkeit)이 있는 상황을 말한다.[3] 위험의 존부는 손해(피해)의 발생과 직결된다. 피해발생의 개연성은 이론상 확실성과 단순한 가능성 사이에서 존재한다. 구체적인 개연성의 정도는 개별 법령상 규정된 위험의 내용(예: 현저한 위험, 긴급한 위험, 현재의 위험, 중대한 위험, 생명 · 신체에 대한 위험)에 따라 상이하다. 위험의 유무의 판단은 과학적인 인식이나 경험과학에 의한다. 경찰의 개입은 대부분 구체적 위험과 관련한다. 그러나 경찰은 구체적인 위험을 가져올 수 있는, 일반적으로 존재하는 위험에 대하여 개입하기도 한다(예: 특정범죄사에 대한정보수집). 그러나 이러한 경우의 경찰의 개입도 개인의 권리에 침해를 가져오는 것이라면, 법적 근거가 필요하다.

(나) 위험의 단계

중요성 · 개연성 · 강도에 따라 위험에 관한 경찰의 활동은 위험의 탐색, 위험의 대비, 위험의 방지, 그리고 장해(교란)의 제거의 4단계로 나눌 수 있다.[4]

1) 위험의 탐색 위험의 탐색(Gefahrensuche)이란 위험의 유무의 확인을

---

1) Gusy, Polizei- und Ordnungsrecht(8.Aufl.), § 3 Rn. 109.

2) 용어의 사용방식이 다양하다. ① '위해(Gefahr) = 위험 + 장해'로 사용하는 견해(김도창, 일반행정법론(하), 290쪽; 박윤흔 · 정형근, 최신행정법강의(하), 292쪽; 최영규, 경찰행정법 8쪽), ② '위해 = 위험(Gefahr) + 장해(Störungs)'로 사용하는 견해(김남진 · 김연태, 행정법(Ⅱ), 249쪽; 조연홍, 한국행정법원론(하), 374쪽; 최영규, 경찰행정법, 8쪽), ③ 위험(Gefahr)과 장해(Störungs)로 구분하되 상위개념을 특별히 사용하지 아니하는 견해(정하중, 행정법각론, 225쪽), ④ 위해(Gefahr)와 장해(Störungs)로 구분하되 상위개념을 특별히 사용하지 아니하는 견해(김성수, 경찰행정법, 465, 469쪽; 류지태 · 박종수, 행정법신론, 930쪽; 박균성, 행정법론(하), 545쪽; 석종현, 일반행정법(하), 244쪽) 등이 있다. 저자는 '광의의 위험 = 위험 + 장해'의 방식을 취한다. 장해도 위험의 일종으로 보기 때문이다. ①과 ②는 외국어표기상의 차이가 있을 뿐, 내용상 차이는 없어 보인다.

3) Berner/Köhler, Polizeiaufgabengesetz, Art. 2, S. 9; Friauf, Polizei- und Ordnungsrecht, in: Schmidt-Aßmann(Hrsg.), Besonderes Verwaltungsrecht(11. Aufl.), Rn. 45; Gusy, Polizeirecht, 8. Aufl., § 3 Rn. 108; Hensen, Allgemeines Verwaltungsrecht der Polizei, Rn. 183; Götz, Allgemeines Polizei- und Ordnungsrecht, § 6 Rn. 143; Knemeyer, Polizei- und Ordnungsrecht, Rn. 87; Lisken/Denninger, Handbuch des Polizeirecht, 4. Aufl., E. Rn. 39; Pausch, Polizei- und Ordnungsrecht in Hessen, Kapital Ⅳ, 2.1.1; Tettinger/Erbguth/Mann, Besonderes Verwal-tungsrecht, Rn. 462.

4) Brandt/Schlabach, Polizeirecht, S. 44.

위한 것이다(예: 도로 순찰활동). 이러한 활동에는 위험의 존재가 문제되지 아니한다.

2) **위험의 대비** 위험의 대비(Gefahrenvorsorge)란 위험방지의 전단계로서 손해의 발생이 충분히 예견되는 것은 아니지만, 그렇다고 그것이 완전히 배제되는 것도 아닌 경우를 말한다. 이러한 단계에서 경찰은 임의로 개인의 자유와 권리를 침해할 수 없다. 이 단계에서는 위험으로 나아가는 사실상태에 대한 대비가 문제일 뿐이다. 그런데 위험의 대비와 다음에 보는 위험의 방지가 반드시 엄격하게 구분되는 것은 아니다. 위험의 대비와 관련하여서는 추상적인 위험이 중심에 놓인다.

3) **위험의 방지** 위험의 방지(Gefahrenabwehr)란 개인이나 공공에 대하여 위협을 가하는 위험을 방지하는 것을 말한다. 이것이 경찰의 전통적인 임무이다. 범죄예방활동이 이의 전형적인 예에 해당한다.

4) **장해(교란)의 제거** 장해란 경찰상 보호이익에 대한 모든 침해(손해)를 말한다. 장해의 개념은 법익에 피해가 이미 발생하였고 아울러 그 피해가 계속하여 존속함을 전제로 한다. 따라서 장해(교란)의 제거(Störungsbeseitigung)란 손해가 이미 발생한 바 있고, 그 손해를 진압 · 해소하기 위한 것을 말한다. 장해가 현실화되면, 그것은 방지될 수 없고 다만 제거될 수 있을 뿐이다. 이미 현실화된 위험으로부터(예: 도로상에 유조차가 전복 · 파손되어 도로에 기름이 유출된 경우) 또 다른 위험이 생겨난다면, 또 다른 위험의 발생을 방지하기 위해 이미 발생한 장해는 제거되어야 하기 때문에 장해의 제거가 문제되는 것이다. 따라서 장해의 제거는 위험방지의 한 형태이다. 이것 역시 경찰의 전통적인 임무이다. 장해의 제거는 시간적 관점에서는 가장 긴급한 형식이다.[1)]

(다) 위험의 유형(구체적 위험 · 추상적 위험)

1) **구체적 위험** 구체적 위험(konkrete Gefahr)이란 특정의 개별적인 사실관계에서 나오는 위험으로서[2)] 경찰의 관점에서 객관적 · 이성적인 사실상태의 평가에 의할 때, 현 상태나 행위가 아무런 방해 없이 계속 진행하면 가까운 장래에 관련 보호이익에 손해(피해)가 발생할 충분한 가능성(개연성)이 있는 사

1) Gusy, Polizeirecht, Rn. 103.

2) Mandelartz/Helmut/Strube, Saarländisches Polizeigesetz, Kommentar für Studium und Praxis, § 8.4; Pausch, Polizei- und Ordnungsrecht in Hessen, Kapital Ⅳ, 2.1.3; Pieroth/Schlink/Kniesel, Polizei- und Ordnungsrecht, § 4 Rn. 9; Schmidbauer/Steiner/Roese, Bayerisches Polizeiaufgabengesetz, Art. 2 Rn. 11ff.

실상태를 말한다(예: 만취자가 운전하려는 경우).[1] 그 개연성이 고도이어야만 하는 것은 아니다.[2] 위험유무의 판단은 미래에 있을 사건의 경과에 대한 예측을 필요로 한다. 예측은 객관적인 척도에 따라야 하고, 그 판단의 시점은 경찰상 처분을 행할 때이다.[3] 다만 규범위반은 법질서를 준수하지 아니함으로써 구체적인 위험을 가져온다는 것을 기억할 필요가 있다. 구체적 위험은 개별적인 경우에 존재한다.

2) **추상적 위험** 추상적 위험(abstrakte Gefahre)이란 일반적 · 추상적 사실관계에서 추론되는 위험을 말한다.[4] 말하자면 일반추상적인 사실상태가 갖는 위험성을 말한다. 추상적 위험은 사고(思考)에 의한 일반화를 통해 구성된다. 일반적으로 위험한 사실상태가 인식 가능한 개별경우에 피해를 가져올 만한 것이면 구체적인 위험이 있는 것이고, 그것을 가져올 만한 것이 아니면 위험의 구체성은 없고 추상적인 위험이 있을 뿐이다. 이러한 경우에는 경찰상 개별처분은 불가능하고 다만 경찰상 법규명령이 발령될 수 있을 뿐이다. 개인의 자유에 대한 경찰상 침해는 구체적 위험이 있는 경우에 가능하지만, 개인의 권리를 침해하지 아니하는 경찰작용은 추상적 위험의 존재만으로 가능하다.[5]

㈑ 구별을 요하는 개념

1) **잠재적 위험** 잠재적 위험(latente Gefahr)이란 현재 그 자체로서는 위험하지 않으나, 사후의 외부적인 상황의 개입으로 인해 경찰상 보호이익에 대한 위협을 가져오는 경우에 있어서의 위험을 말한다(예: 돼지축사만 있었으나 사후에 주민의 증가로 인해 돼지축사가 주민의 건강을 침해하는 악취발생의 근원이 된 경우). 잠재적 위험 그 자체는 침해를 가능하게 하는 경찰상 위험은 아니다.[6] 독일에 있어서 이러한 잠재적 위험의 개념은 더 이상 경찰법상의 개념으로 이해하지 아니하고,[7] 환경법 · 공간계획의 문제로 다루는 것으로 보인다.[8]

---

1) Brandt/Schlabach, Polizeirecht, S. 111; Götz, Allgemeines Polizei- und Ordnungsrecht, § 3 S. 12; Knemeyer, Polizei- und Ordnungsrecht, Rn. 88; Schenke, Polizei- und Ordnungsrecht, § 3 Rn. 69; Vogel/Martens, Gefahrenabwehr, S. 220; Schenke, Polizei- und Ordnungsrecht, Rn. 69. 한편, 실정법상 구체적 위험에 대한 이러한 내용의 정의규정의 예로 니데작센위험방지법(Nieders chsisches Gefahrenabwehrgesetz) 제 2 조 제 1 호, 제 2 조 제 2 호에서 볼 수 있다.
2) Ipsen, Niedersächsisches Gefahrenabwehrrecht, Rn. 121; Drew/Wacke/Vogel/Martens, Gefahrenabwehr: Allgemeines Polizeirecht, S. 220.
3) Friauf in, Münch(Hrsg.), Besonderesverwaltungsrecht, S. 222.
4) Pausch, Polizei- und Ordnungsrecht in Hessen, Kapital Ⅳ, 2.1.3; Schmidbauer/Steiner/Roese, Bayerisches Polizeiaufgabengesetz, Art. 2, Rn. 10ff., Art. 11, Rn. 44.
5) Schenke, Polizei- und Ordnungsrecht, Rn. 71.
6) Knemeyer, Polizei- und Ordnungsrecht, Rn. 93, 99; Pausch, Polizei- und Ordnungsrecht in Hessen, Kapital Ⅳ, 2.1.11.
7) Drew/Wacke/Vogel/Martens, Gefahrenabwehr: Allgemeines Polizeirecht, S. 224.
8) Tettinger/Erbguth/Mann, Besonderes Verwaltungsrecht, Rn. 473.

2) 외관상 위험 외관상 위험(Anscheinsgefahr)이란 객관적으로 위험이 없다고 하여도, 경찰이 상황을 이성적으로 판단하는 시점에 위험이 존재하는 것으로 판단되는 경우를 말한다(예: 거주자가 아니라 거주자가 켜놓은 라디오에서 나오는 구호요청이 거주자의 요청으로 판단되는 경우). 말하자면 사후적으로 모든 상황을 평가할 때에 경찰이 부작위하였다고 하여도 아무런 피해가 발생하지 않았을 경우의 위험을 말한다. 경찰의 판단시점을 기준으로 의무에 합당하게 올바른 판단을 할 때에 피해발생이 논리필연적이라고 판단되면, 외관상 위험을 방지하기 위한 경찰의 개입은 적법하다.[1)] 외관상 위험 역시 경찰상 위험이므로[2)] 비례원칙에 따라 사실관계가 명백해지면 관련처분을 즉시 폐지하여야 한다.[3)] 객관적으로 인정되는 위험의 외관에 대한 경찰의 개입은 적법하다는 견해도 있다.[4)]

3) 추측상 위험 추측상 위험(Putativgefahr, Scheingefahr)이란 충분한 객관적인 근거 없이 단순히 주관적으로 위험이 있다고 판단하는 경우의 위험을 말한다. 추측상 위험은 경찰권의 발동을 가져올 수 있는 위험에 해당하지 아니한다.[5)] 말하자면 추측상 위험은 경찰상 의미의 위험에 속하지 아니한다. 따라서 추측상 위험을 방지하기 위한 경찰의 개입은 위법하다.[6)] 추측상 위험은 오상위험[7)] 또는 허구위해로 불리기도 한다.[8)]

4) 위험에 대한 의심 위험이란 장래 피해발생의 개연성을 의미하지만, 위험에 대한 의심(Gefahrenverdacht)이란 경찰이 개입할 수 있는 위험한 상황이 현재에 존재하는가의 여부에 대한 의심을 말한다.[9)] 말하자면 위험에 대한 의심

---

1) Knemeyer, Polizei- und Ordnungsrecht, Rn. 95; Mandelartz/Helmut/Strube, Saarländisches Polizeigesetz, Kommentar für Studium und Praxis, § 8.6; Pausch, Polizei- und Ordnungsrecht in Hessen, Kapital Ⅳ, 2.1.8; Schenke/Schenke, Steiner(Hrsg.), Besonderes Verwaltungsrecht(8. Aufl.), Rn. 163; Schmidbauer/Steiner/Roese, Bayerisches Polizeiaufgabengesetz, Kommentar, Art. 11, Rn. 41.

2) Ipsen, Niedersächsisches Gefahrenabwehrrecht, Rn. 154; Schenke, Polizei- und Ordnungsrecht, Rn. 81.

3) Drew/Wacke/Vogel/Martens, Gefahrenabwehr: Allgemeines Polizeirecht, S. 226.

4) 김남진 · 김연태, 행정법(Ⅱ), 265쪽.

5) Ipsen, Niedersächsisches Gefahrenabwehrrecht, Rn. 159; Pausch, Polizei- und Ordnungsrecht in Hessen, Kapital Ⅳ, 2.1.10; Schenke, Polizei- und Ordnungsrecht, Rn. 82.

6) BVerwGE 45, 51, 58; 49, 36, 42; Drew/Wacke/Vogel/Martens, Gefahrenabwehr: Allgemeines Polizeirecht, S. 226; Knemeyer, Polizei- und Ordnungsrecht, Rn. 98; Mandelartz/Helmut/Strube, Saarländisches Polizeigesetz, Kommentar für Studium und Praxis, §8.9; Schenke/Schenke, in: Steiner(Hrsg.), Besonderes Verwaltungsrecht(8. Aufl.), Rn. 58; Schoch, Polizei- und Ordnungsrecht, in: Schmidt-Aßmann(Hrsg.), Besonderes Verwaltungsrecht(13. Aufl.), Rn. 94.

7) 김남진 · 김연태, 행정법(Ⅱ), 265쪽; 김성수, 개별행정법, 467쪽.

8) 김성수, 개별행정법, 467쪽.

9) Knemeyer, Polizei- und Ordnungsrecht, Rn. 96.

은 주어진 상황의 미래발전에 대한 예측이 아니라 현재의 사실상황에 관련한다.[1] 위험에 대한 의심이 있는 경우, 경찰이 어떻게 대응하여야 하는가에 관해 통일된 견해는 없다.[2] 생각건대 위험에 대한 의심이 있는 경우에도 기본적으로는 위험방지의 필요성이 인정되어야 한다.[3] 왜냐하면 위험에 대한 의심이 있는 경우를 일반적인 경우와 달리 다룰 합리적인 이유는 없기 때문이다. 다만 비례원칙의 관점에서 사실상태에 대하여 보다 정확한 해명이 가능하기 전까지는 효과적인 법익보호를 위하여 허용하는 범위 안에서 잠정적인 처분만이 가능하다고 보아야 한다.[4] 위험에 대한 의심을 위험의 혐의라고도 한다.[5]

(4) 장해(교란)

(개) 의 의

경찰작용은 위험이 있는 경우뿐만 아니라 위험이 현실화되어 피해(가치)가 직접적이고도 객관적으로 감소되고 있는 경우에도 이루어진다.[6] 후자의 경우를 경찰상 장해 또는 교란이라 부른다. 장해로 인하여 새로운 위험이 발생하는 것은 방지되어야 하기 때문에 장해 역시 위험의 한 종류라 볼 수 있다.[7] 따라서 경찰상 위험과 장해를 구별하여 다루어야 할 특별한 이유는 없다.[8] 좁은 의미의 위험방지를 위해 도입되는 처분은 예방적이지만, 장해의 제거를 위해 도입되는 처분은 진압적이면서 동시에 예방적이다. 형법위반행위가 장해를 가져온다면, 경찰은 위험방지를 위해 개입할 수 있을 뿐만 아니라 범죄수사를 위해서도 개입할 수 있다.

(나) 성 질

좁은 의미의 위험의 방지를 위해 도입되는 처분이 예방적인 것과 달리 장해의 극복을 위하여 도입되는 처분은 진압적이다.[9] 말하자면 위험예방은 예방

1) Friauf, Polizei- und Ordnungsrecht, in: Schmidt-Aßmann(Hrsg.), Besonderes Verwaltungsrecht, Rn. 52.
2) Schenke, Polizei- und Ordnungsrecht, Rn. 83.
3) Mandelartz/Helmut/Strube, Saarländisches Polizeigesetz, Kommentar für Studium und Praxis, § 8.7; Schoch, Polizei- und Ordnungsrecht, in: Schmidt-Aßmann(Hrsg.), Besonderes Verwaltungsrecht(13. Aufl.), Rn. 97.
4) Brandt/Schlabach, Polizeirecht, S. 115.
5) 김남진 · 김연태, 행정법(Ⅱ), 265쪽; 서정범(역), 독일경찰법, 옆번호 59.
6) Pausch, Polizei- und Ordnungsrecht in Hessen, Kapital Ⅳ, 2.2; Schenke, Polizei- und Ordnungsrecht, Rn. 92.
7) Lisken/Denninger, Handbuch des Polizeirecht, 4. Aufl., E. Rn. 15.
8) 본서, 21쪽 각주 2)을 보라.
9) Schenke, Polizei- und Ordnungsrecht, Rn. 92.

적인 것이나 장해제거는 진압적이다. 물론 예방적인 의미도 갖는다. 만약 장해가 형법에 대한 침해로부터 야기된 것이라면, 경찰은 공적 안전을 위한 경찰법뿐만 아니라 범죄수사를 위해서도 활동할 수 있다. 공적 안전을 위한 경찰법상 작용이 범죄행위의 예방을 목적으로 하는데 반하여 범죄수사를 위한 처분은 사법적인 형벌절차를 가능하게 하고 준비하는데 의미가 있다.

(5) 피해(가치의 감소)

(가) 의 의

피해란 경찰상 보호법익의 감소, 즉 사실상 존재하는 생활상 이익이 비정상적이고도 외부적인 영향에 의거하여 중대하게 침해되는 것을 말한다.[1] 경찰상 보호법익은 사실상의 상태와 관련되는 것이므로 법익의 감소에는 소극적인 감소(기대이익의 감소)는 포함되지 아니한다. 법익의 감소는 현재적이어야 한다. 이익이나 가치의 증대를 위해 경찰권이 발동될 수는 없다.

(나) 단순 불이익 · 부담 · 불편과 구별

단순한 불이익 · 부담 또는 불편은 여기서 말하는 피해에 해당하지 않는다. 그런데 단순한 불이익 · 부담 또는 불편과 경찰의 개념요소 중의 하나인 피해의 구분은 시간과 장소에 따라 다르다(주간에는 단순한 소음일지라도 야간에는 건강이라는 타인의 법익에 대한 침해를 뜻할 수 있다).[2] 요컨대 경찰개념상 피해(불이익)에는 강도가 요구된다. 오늘날의 공동생활상 아주 빈번히 누구에게나 나타나는 단순한 불이익부담행위는 여기에서 말하는 피해에 해당하지 아니한다. 이것은 가치판단의 문제이다. 그 판단은 시기와 장소에 따라 다르다. 요컨대 경찰상 보호되는 것은 생활이익의 통상의 상태이다.[3] 특별한 상황(예: 특히 민감한 성격의 소유자인 경우)에서만 가능한 불이익은 여기에서 말하는 피해에 해당하지 아니한다.

(다) 외부영향

경찰개념에 본질적인 피해, 즉 법익의 감소는 외부의 영향으로부터 야기되는 것이어야 한다. 외부에는 인간에 의한 것 외에 자연에 의한 것도 포함된다(예: 해일 · 범람 · 산사태 · 눈사태 · 번개에 의한 화재). 통상적으로 인간에 의한 피해가 문제된다. 경찰법은 무엇보다도 인간에 의한 위험의 극복을 위해 발전되었다. 한편, 보호법익의 감소가

1) Habermehl, Polizei- und Ordnungsrecht, Rn. 63.
2) Schenke, Polizei- und Ordnungsrecht, Rn. 74.
3) Drew/Wacke/Vogel/Maretns, Gefahrenabwehr: Allgemeines Polizeirecht, S. 223.

물건의 속성에 기인하거나 자연적인 성질에 따른 것이라면(예: 물건의 부패) 위험과 무관하다. 그러나 그것이 다른 법익에 침해를 가져오는 경우에는(예: 부패된 물건의 판매를 통한 개인의 건강의 침해) 경찰상 보호법익에 대한 피해일 수 있다.[1]

(라) 피해발생의 개연성(가능성)

1) 개연성의 의의 위험의 발생에는 피해발생의 가능성을 필요로 한다. 그 가능성을 피해발생의 개연성(Wahrscheinlichkeit)이라 부른다. 경찰행정청이 사실 상태나 법적 상태에 대하여 객관적 · 이성적으로 보아서 자신의 개입이 없으면 피해가 발생할 수 있을 것이라고 판단되면, 피해의 개연성은 존재한다고 말할 수 있다.[2] 개연성의 정도는 경찰상 보호되는 이익의 의미, 발생가능한 피해의 범위에 따라 다르다. 절대적인 명확성이 요구되는 것은 아니다. 말하자면 개연성은 확실성과 단순한 가능성 사이에 존재한다.[3] 한편, 피해발생의 개연성은 가까운 장래에 피해발생의 가능성이 있을 것을 요구한다. 즉 시간적인 근접성이 요구된다.

2) 개연성의 유형 피해발생의 개연성은 개별법에서 위험의 형태에 따라 급박한 위험(피해발생에 강화된 개연성이 요구되는 경우), 현재의 위험(위험이 현실화되고 있거나 현실화되려는 경우), 중대한 위험(국가의 존립, 개인의 생명 등 중요한 법익에 위험이 있는 경우), 공동의 위험(피해가 불특정 다수인과 관련되는 경우), 직접 존재하는 위험(피해발생의 개연성이 아니라 확실성으로 판단될 수 있는 경우) 등을 볼 수 있다.

2. 실질적 경찰개념의 의미

(1) 경찰법과 실질적 경찰개념

경찰법학(경찰행정법학)은 위험방지에 기여하는 모든 국가작용을 포괄하는 실질적 경찰개념을 기초로 한다. 전통적으로 실질적 경찰개념은 예방적인 작용인 「위험의 방지」와 진압적인 작용인 「위험이 현실화된 상태인 장해(교란)의 제거」를 축으로 하였기 때문에 경찰법도 당연히 예방작용과 진압작용을 기본적인 연구대상으로 하였다. 그러나 근래에는 이러한 양대 작용 외에 제 3 의 영역으로서 위험예방 이전 단계로서 위험예방을 위한 사전활동(Vorfeldtätigkeit)이 경찰법의 연구대상이 되고 있다.[4] 개인정보의 수집 · 관리 등의 작용이 이에 해당한

1) Schenke, Polizei– und Ordnungsrecht, Rn. 76.
2) Friauf in Münch(Hrsg.), Besonderesverwaltungsrecht, S. 223; Drew/Wacke/Vogel/Martens, Gefahrenabwehr: Allgemeines Polizeirecht, S. 223.
3) Tettinger/Erbguth/Mann, Besonderes Verwaltungsrecht, Rn. 465.
4) Knemeyer, Polizei– und Ordnungsrecht, Rn. 71.

다. 요컨대 위험의 발생을 저지하거나 현재로서는 구체적인 위험이 아니지만 장래 현실화될 수 있는 위험을 극복하는 위험의 예방을 위한 사전대비도 위험방지에 포함된다.[1] 그러나 형사소추 그 자체는 위험방지에 해당하지 아니한다. 한편, 경우에 따라서는 실질적 경찰작용인 위험방지사무가 복지사무를 수행하는 행정기관에 부과되기도 한다(예: 건축법은 건축물의 기능과 미관을 향상시키는 건축상 복지행정에 관한 권한 외에 건축상 위험방지를 도모하기 위한 건축상 경찰행정에 관한 권한(예: 동법 제11조의 건축허가권)도 건축행정청에 부여하고 있다).

(2) 위험방지영역의 다양성

실질적 의미의 경찰개념, 즉 모든 위험방지작용을 경찰이라고 하게 되면, 위험방지가 요구되는 다양한 개별적인 행정영역에 경찰이라는 접미어의 활용으로써 많은 종류의 하위경찰개념을 구성할 수 있게 된다(예: 건축경찰 · 소방경찰 · 영업경찰 · 청소년경찰 · 어업경찰 · 보건경찰 · 시장경찰 · 도량형경찰 · 식품위생경찰 · 집회경찰 · 결사경찰 등).

(3) 실질적 경찰개념의 유형

학자에[2] 따라서는 실질적 의미의 경찰개념을 최광의 · 광의 · 협의로 나누어 정의하기도 한다. 즉 ① 협의의 경찰이란 보안경찰(일반경찰)을 의미하고, ② 광의의 경찰이란 보안경찰 외에 협의의 행정경찰(특별경찰)을 포함하는 개념을 의미하며, ③ 최광의의 경찰이란 보안경찰 · 협의의 행정경찰 외에 규제행정 · 정서행정을 포함하는 개념으로 이해하고 있다. 행정법학자들은 경찰개념을 광의로 새기는 것이 일반적인 것으로 보인다. 본서에서 말하는 실질적 경찰개념 역시 위의 ②의 개념에 상응한다. 한편 규제행정 · 정서행정이 광의의 경찰개념과 본질적으로 상이한 것인지는 의문이다.

(4) 실질적 경찰개념의 중요성

경찰개념은 경찰법의 해석과 적용에 있어서 중요한 의미를 갖는다. 왜냐하면 위험방지임무가 존재하는 경우, 특별법이 특별히 정하고 있는 것이 아닌 한 일반경찰법이 적용될 수 있기 때문이다. 예컨대 건축행정청의 건축경찰상의 임무는 개념적으로나 본질적으로 경찰임무와 같다. 이 때 건축관계법이 규정하는 한에 있어서는 건축행정청의 작용이 우선하며(즉, 건축행정청이 경찰의 한 부분으로서 경찰행정청으로 작용하며), 일반경찰법의 적용은 배제되고, 건축관계법이 규정하고 있지 않은 경우에만 일반경찰의 개입이 허용된다. 이 때 일반경찰의 개입이 허용되기 위한 제 1 의 전제가 경찰

1) Schenke, Polizei- und Ordnungsrecht, Rn. 10.
2) 김도창, 일반행정법론(하), 288쪽.

작용이어야 하는바, 이 때문에 경찰개념의 정립은 중요한 문제가 된다.

3. 전통적 견해의 실질적 경찰개념론에 대한 비판

(1) 전통적 견해의 태도

전통적 견해는 실질적 의미의 경찰을 「사회공공의 안녕질서 유지(즉, 일반 공안유지)를 위한 일반통치권에 의거한 권력적 명령 · 강제작용」[1] 또는 「직접 사회공공의 안녕과 질서를 유지하기 위하여, 일반통치권에 의거하여, 국민에게 명령 · 강제하여 그 자연적 자유를 제한하는 작용」[2]으로 정의한다. 그리고 실질적 경찰개념을 ① 경찰의 목적, ② 경찰의 수단, ③ 경찰권의 기초로 구분하여 분석한다. ①과 관련하여서는 경찰의 목적으로서 사회공공의 안녕, 사회공공의 질서유지, 위해의 예방과 제거 등의 소극목적을 논급하고 아울러 다른 국가행정작용(국가목적적 행정, 복리행정, 사법작용)과의 구별을 논급한다. ②와 관련하여서는 경찰작용의 권력성, 자연적 자유의 제한, 경찰작용의 구체적 수단(경찰하명 · 경찰허가 · 경찰면제, 경찰강제, 준법률행위적 행정행위 및 비권력적 행위) 등을 논급한다. ③과 관련하여서는 경찰권의 기초로서 일반통치권에 관해 논급한다. 전통적 견해가 상기 ①을 실질적 의미의 경찰개념의 요소로 파악하는 것은 정당하지만, ②와 ③을 경찰개념의 요소로 파악하는 것은 정당하지 않다. 아래에서 검토한다.

(2) 전통적 견해에 대한 비판

(가) 경찰의 수단 부분(상기 ②의 부분)에 대한 검토

ⓐ 전통적 견해가 주장하듯이[3] 경찰작용에는 종래부터 비권력적 수단도 있어 왔다는 점, ⓑ 현대국가에서는 예방경찰의 중요성이 종전보다 강조되어야 하는바, 예방경찰의 수단으로 조사작용이 보다 많이 개발 · 활용되어야 하며, 아울러 인권보장의 중요성이 종전보다 강조되어야 하는바 조사작용 중에서도 비권력적 조사작용이 보다 많이 개발 · 활용되어야 한다는 점, ⓒ 학문으로서 경찰법학상 개념의 정립은 가능한한 정치하여야 한다고 볼 때, 권력적 수단만을 개념요소로 하고 비권력 수단을 개념요소에서 배제하는 것은 경찰행정법학의 논리적 온전성에 문제를 야기시킨다는 점 등에 비추어 경찰작용의 권력성을 개념요소의 하나로 구성하는 것은 문제가 있다.[4] 경찰수단의 권력성의 문제는

1) 김도창, 일반행정법론(하), 290쪽; 박균성, 행정법론(하), 535쪽.
2) 대표적으로 박윤흔 · 정형근, 최신행정법강의(하), 290쪽; 박평준 · 박창석, 경찰행정법, 27쪽.
3) 박윤흔 · 정형근, 최신행정법강의(하), 296쪽; 박평준 · 박창석, 경찰행정법, 31쪽.
4) 정하중, 행정법각론, 223쪽.

경찰개념이 아니라 경찰상 행위형식론에서 다루는 것이 보다 논리적이다.

(나) **경찰권의 기초 부분**(상기 ③의 부분)**에 대한 검토**

대한민국의 주권은 국민에게 있고, 모든 권력은 국민으로부터 나온다(헌법 제1조 제2항). 따라서 전통적 견해가 말하는 일반통치권이 국민으로부터 나오는 권력이 아닐 수 없는바, 일반통치권에 근거를 두지 아니한 국가작용이나 지방자치단체의 작용은 예상할 수가 없다. 이와 관련하여 전통적 견해가[1] "경찰은 일반통치권에 기초를 둔 작용이므로 특별권력관계에 있어서 특별권력에 의한 명령·강제작용은 경찰이 아니다. 예컨대 국회의 질서를 유지하기 위하여 의장이 행하는 명령·강제작용(국회법 제143조)인 의원경찰이나, 법정의 질서를 유지하기 위하여 재판장이 행하는 명령·강제작용(법원조직법 제58조)인 법정경찰은 경찰이 아니다"라 하고 있는데, 이에 대해서 보면, ⓐ 전통적 견해가 말하는 특별권력관계란 종래의 특별권력관계(종래의 특별권력관계론은 더 이상 인정될 수 없다)가 아니라 특별법에 근거를 둔 특별한 행정법관계라고 본다고 하여도, 그 특별법 역시 헌법 제1조 제2항에 근거를 둔 것이라는 점, ⓑ 따라서 전통적 견해가 국회의장이나 재판장의 질서유지 내지 위험방지작용을 일반통치권에 근거를 둔 작용이 아닌 것으로 본 것은 타당하지 않다는 점, ⓒ 국회의장이 행하는 명령·강제작용이나 재판장이 행하는 명령·강제작용이 모두 질서유지 내지 위험방지라는 점에서 성질상 차이가 없음에도 불구하고 국회의장이나 재판장의 질서유지 내지 위험방지작용을 실질적 경찰개념에서 제외하는 것은 실질적 의미의 경찰개념은 국가작용의 성질을 표준으로 한다는 전통적 견해의 자기논리에 반하는 것이 된다는 점 등에서 비추어 볼 때, 경찰권의 기초로서 일반통치권을 실질적 경찰개념의 요소로 구성하는 것은 정당하지 않다.

Ⅲ. 경찰의 종류

1. 행정경찰과 사법경찰

(1) 의 의

행정경찰이란 본래적인 의미의 경찰을 말하는바, 그것은 공공의 안녕과 질서의 유지를 위한 행정작용을 말한다. 한편 사법경찰이란 사법사무인 범죄의 수사작용을 말한다. 사법경찰은 형사사법작용의 일부이므로 실질적 의미의 경

1) 박윤흔·정형근, 최신행정법강의(하), 299쪽; 박평준·박창석, 경찰행정법, 33쪽.

찰작용에 해당하지 아니한다.[1] 다만 실정법은 검사의 지휘하에 사법경찰관리로 하여금 구속영장을 집행하고 수사를 하도록 하고 있는바(형소법 제81조, 제196조), 사법경찰작용은 형식적 의미의 경찰작용에 해당한다. 따라서 제도적 의미의 보통경찰기관(제도적 의미의 경찰)은 양자의 임무를 모두 수행하는 셈이다. 그러나 양자는 적용법규를 달리하는 까닭에 구분되어야 한다. 본서의 중심연구대상은 물론 행정경찰이다.

(2) 행정경찰작용인 위험방지와 사법경찰작용인 범죄수사의 구별

(가) 구별의 필요성

형사소송법과 경찰법은 유사한 수권규정을 갖는다. 예컨대 주거출입은 범죄수사를 위해서도 필요하고 위험방지를 위해서도 필요하다. 주거출입의 요건이 양자에 유사할지라도 법적 효과(예: 누가 주거출입의 처분에 대하여 책임을 지는가, 주거권자의 권리보호의 방법은 어떠한가) 등에 차이가 난다. 따라서 구분의 어려움에도 불구하고 양자는 구분되어야 한다. 먼저 양자는 권한의 근거가 다르고, 행위의 성격과 책임주체 그리고 권리보호의 방식도 다르다.

(나) 권한의 법적 근거

경찰은 위험방지작용 외에 범죄수사작용도 한다. 양자는 목적이 다르다. 경찰이 위험방지목적을 수행하는 경우에는 경찰법상 처분을 하여야 하고, 범죄수사작용을 수행하는 경우에는 형사소송법에 따라야 한다.

(다) 행위의 성격

경찰의 범죄수사는 이미 저질러진 범죄행위를 전제로 한다. 경찰처분은 진압적이다. 왜냐하면 이미 이루어진 범죄를 밝혀내어야 하기 때문이다. 그러나 위험방지영역에서 처분은 예방적이다. 그것은 법익에 대한 침해를 방지하기 위한 것이기 때문이다.

---

1) 유길준은 서유견문(1895)에서 "무릇, 경찰의 근본취지는 국가의 치안을 유지하는 것을 도우며, 개명한 진보를 지켜 나아가는 데에 있다. 따라서 법제의 질서를 파괴하여 사회의 안녕을 방해하는 자를 없이 하고, 평온한 기풍에 장애를 주거나 화해와 우호에 손상되는 자를 억제하여, 민생의 복지와 안녕에 관계되는 모든 사항을 그 직제의 관장사무로 하고 있기 때문에, 이 일의 중대함이 여기 있다 할 것이다. 이제 경찰제도를 두 종류로 나누어 본다면, 첫째는 행정경찰이고, 둘째는 사법경찰인 것이다. 행정경찰이란 편의한 곳에 설치하여 재앙이나 폐해를 미연에 방지하여 국민들로 하여금 죄에 빠지지 않도록 하는 것이며, 사법경찰은 이미 일어난 범죄에 대하여 수사하여 죄인을 체포하고 신문하여 국민의 근심과 재난을 제거하는 취지로 설치하는 것이다. 그러므로 행정경찰의 힘이 미치지 못한 때에는 사법경찰이 담당하게 되어, 이 둘의 관계가 머리칼 한가닥도 허용치 않을 만큼 밀접한 곳이다"라 하였다(유길준, 김태준역, 서유견문[전편], 박영문고, 1976, 281-282쪽).

(라) 행위의 책임주체

경찰의 범죄수사는 검사의 지휘하에 이루어진다. 이에 대한 법적 책임은 원칙적으로 검찰이 진다. 범죄수사의 경우, 특별한 경우에는 법원의 영장이 필요하다. 헌법상 주거의 수색에는 영장이 필요하다. 한편, 경찰의 위험방지는 경찰이 독자적으로 행한다. 이에 대한 법적 책임은 경찰이 진다.

(마) 이중적 행위

경찰처분에는 위험방지의 목적과 아울러 범죄수사의 목적을 가진 이중기능적 처분도 있다(예: 방화혐의자의 주택에 CCTV를 설치한 경우, 한편으로는 범죄행위의 증거를 수집하는 형사소송법상 행위의 성질도 갖고, 다른 한편으로 더 이상의 방화행위를 예방하는 경찰법상 의미도 갖는다). 이러한 경우에는 경찰법상 권능을 행사할 것인지, 형사소송법상 권능을 행사할 것인지, 아니면 양법 모두의 권능을 행사할 것인지의 어려운 문제가 있다. 이러한 경우에는 처분의 목적과 중점에 따라 판단하여야 할 것이다.[1] 현장의 경찰관의 의사가 중요한 것이 아니다. 그러나 실제의 상황에서 판단이 매우 어려운 경우에는 경찰관에게 선택의 자유가 있다고 볼 것이다.

(바) 권리보호

특별한 규정이 없는 한, 예방적 처분은 행정법원의 심사대상이지만, 진압적 처분은 형사법원의 심사대상이 된다.

2. 국가경찰과 지방자치단체경찰

(1) 의 의

국가경찰이란 국가사무로서의 경찰사무를 수행하기 위해 국가가 설치 · 유지하는 경찰을 말하고,[2] 지방자치단체경찰이란 지방자치단체사무로서의 경찰사무를 수행하기 위해 지방자치단체가 설치 · 유지하는 경찰을 말한다.[3] 지방자

1) Kugelmann, Polizei- und Ordnungsrecht, 1 Kapital, Rn. 58; Wehr, Polizeirecht, Rn. 236; Schoch, Polizei- und Ordnungsrecht, in: Schmidt-Aßmann(Hrsg.), Besonderes Verwaltungsrecht(14. Aufl.), Rn. 11f.

2) 유럽대륙의 경우, 경찰작용은 예로부터 국가의 권한영역에 속해 왔다(Drew/Wacke/Vogel/Martens, Gefahrenabwehr: Allgemeines Polizeirecht, S. 46f.; W. Rudolf, Polizei gegen Hoheitsträger, 1965, S. 6). 그것은 국가가 내적 안전에 대한 책임을 지며, 또한 내적 안전을 보장해야 할 주체이기 때문이었다. 이를 경찰권의 단일성의 원칙이라 부르기도 한다. 따라서 유럽의 경우에 경찰임무가 지방자치단체나 지방자치단체의 장에 위임되어 수행될 수 있을지라도 그것은 자치경찰이 아니라 여전히 국가경찰로 이해된다(경찰권의 국가독점).

3) 용례상 지방자치단체경찰과 지방경찰은 구별할 필요가 있다. 지방경찰이란 지방에 설치되는 국가경찰을 말한다(경찰법 제 4 장). 말하자면 지방경찰은 국가의 지방경찰을 의미한다.

치단체경찰을 자치체경찰이라고도 한다.[1)]

(2) 입 법 례

입법례에 따라서는 국가경찰을 원칙으로 하는 경우(예: 독일)도 있고,[2)] 국가경찰 외에 지방자치단체경찰을 두는 경우(예: 미국)도 있다.[3)] 우리나라의 경우, 제주특별자치도 설치 및 국제자유도시 조성을 위한 특별법(2006. 7. 1 시행)의 시행과 더불어 제주특별자치도에 자치경찰제가 도입되었다.[4)]

---

1) 최영규, 경찰행정법, 18쪽.

2) 독일의 경우, Bayern에서는 예외적으로 자치경찰이 자치행정의 한 부분으로 헌법상 보장되고 있다(Bayern헌법 제83조 1 항). 이에 따라 모든 게마인데(시 · 읍 · 면)는 자치사무의 범위 안에서 경찰사무를 관장하기 위해 자치경찰을 설치할 권리를 가지며(Bayern게마인데경찰법 제 5 조 1 항), 게마인데경찰의 설치는 게마인데의 자치사무에 속하고(Bayern게마인데경찰법 제 6 조), 게마인데경찰사무는 지역법(Ortsrecht, 게마인데의 조례와 규칙)위반을 방지하고, 게마인데의 지시하에 게마인데의 자치사무에 속하는 행정사무에 협력하는 것 등이다(Bayern게마인데경찰법 제 7 조)(Schmidbauer/Steiner/Roese, Bayerisches Polizeiaufgabengesetz, Art.1, Rn. 32ff.). Bayern에서 도로교통사무는 게마인데사무가 아니다. 그것은 국가사무로서 게마인데에 위임되고 있다(Schmidbauer/Steiner/Roese, Bayerisches Polizeiaufgabengesetz, Art.1, Rn. 35).

3) 서구유럽을 비교법적으로 볼 때, 일반경찰사무를 국가경찰이 수행하는 국가(여기에도 ① 내무부장관 소속의 국가경찰이 수행하는 형태, ② 법무부장관 소속의 국가경찰이 수행하는 형태, 그리고 ③ 기타의 경우로 구분해 볼 수 있다)와 ④ 국가경찰과 아울러 자치체경찰이 동시에 수행하는 국가로 구분해 볼 수 있다. ①의 유형으로 영국(내무부장관 소속의 국가경찰) · 룩셈부르크(내무부장관 소속의 행정경찰) · 벨기에(내무부장관 소속의 지방경찰) · 핀란드(내무부장관 소속의 질서경찰) · 네덜란드(내무부장관 소속의 지방경찰) · 오스트리아(연방내무부장관 소속의 연방경찰) · 포르투갈(내무부장관 소속의 보호경찰) · 스웨덴(내무부장관에 해당하는 시민장관(Zivilminister)소속의 단일의 국가경찰)을 볼 수 있고, ②의 유형으로 덴마크(법무부장관 소속의 단일의 국가경찰) · 아일랜드(법무부장관 소속의 국가 경찰) · 아이슬란드(법무부장관 소속의 국가경찰)를 볼 수 있고, ③의 유형으로 노르웨이(경찰법무장관소속의 국립경찰) · 그리스(공질서장관 소속의 단일의 국가경찰) · 스위스(칸톤 소속의 국가경찰과 시경찰)를 볼 수 있고, ④의 유형으로 프랑스(내무부장관 소속의 국립경찰과 시장 소속의 시경찰) · 이탈리아(내무부장관 소속의 국가경찰 외에 지방자치단체 소속의 지자체경찰은 도로교통사무, 시장경찰, 영업경찰, 건축경찰 보건경찰사무를 수행) · 스페인(내무부장관 소속의 국가경찰과 자치권을 갖는 지방자치단체의 자치경찰)을 볼 수 있다(Lisken/Denninger, Handbuch des Polizeirecht, 3. Aufl., N. Rn. 1ff.).

4) 우리나라에서 자치경찰의 도입에 관한 본격적 논의는 1998년 2월 김대중정부의 출범과 더불어 시작되었다. 1997년 12월 대통령선거에서 김대중후보는 자치경찰제도의 도입을 공약하였다. 그러나 5년의 임기가 끝날 때까지 아무런 구체적인 성과가 나타나지 않았다. 2002년 12월 당시 노무현대통령 후보도 자치경찰제의 도입을 공약하였고, 노무현정부는 2003년 7월에 자치경찰실시계획에 관한 로드맵을 발표하였다. 그리고 2004. 1. 16 법률 7060호로 제정되었던 지방분권특별법은 "국가는 지방행정과 치안행정의 연계성을 확보하고 지역특성에 적합한 치안서비스를 제공하기 위하여 자치경찰제도를 도입하여야 한다"는 규정을 두었다(동법 제10조 제 3 항). 동일한 내용은 2008. 5. 30. 시행(유효기간 5년)에 들어간 지방분권촉진에 관한 특별법 제11조 제 3 항에 다시 규정되었다. 그리고 제주특별자치도 설치 및 국제자유도시 조성을 위한 특별법이 2006. 2. 21. 제정되고 2006. 7. 1.부터 발효됨으로써 제주도에 자치경찰제가 도입되었다. 1980년 이후 자치경찰제 도입 논의에 관해 최우용, "자치경찰제 도입을 위한 법적 과제," 지방자치법학, 통권 제 5 호, 76쪽 이하 참조.

⑶ 자치경찰제의 전면적 도입 여부

㈎ 긍 정 론

자치경찰제의 전면적인 도입을 주장하는 견해는 ① 각 지역에 적합한 경찰조직을 갖출 수 있다는 점, ② 지역을 잘 아는 경찰공무원에 의한 수준 높은 서비스제공이 가능하다는 점, ③ 자치경찰은 국가의 정치권력의 간섭으로부터 자유로울 수 있다는 점, ④ 자치경찰제는 경찰권력의 분권화에 기여한다는 점 등을 논거로 한다.[1)]

㈏ 부 정 론

전면적인 도입을 반대하는 견해는 경찰작용의 상당부분은 광역적으로 이루어져야 하는데 자치경찰제로는 광역적인 경찰수요에 부응하기 어렵다는 점, 자치경찰이 토착세력과 결탁하여 부패하면 바로잡기 어렵다는 점, 자치경찰이 단체장과 결탁하는 경우에는 정상적인 경찰작용을 기대하기 어렵다는 점, 재정자립도가 낮은 지방자치단체는 고유한 자치경찰을 유지하기가 용이하지 않다는 점 등을 논거로 한다.

㈐ 사 견

지방분권강화는 지방화시대의 요청이며, 경찰권의 분권화 역시 지방화시대의 요청임을 고려할 때, 자치경찰제를 도입하는 것이 필요하다. 다만, 자치경찰제의 도입을 반대하는 견해가 제기하는 문제점을 보완하는 작업이 병행되어야 할 것이다. 한편, 자치경찰제를 도입하는 경우에도 광역지방자치단체장의 소속으로 자치경찰을 둘 것인가에 관계없이 적어도 기초지방자치단체의 장의 소속으로 자치경찰을 설치하여 근거리 경찰을 실현하는 것이 지방자치제의 취지에 합당할 것이다.

⑷ 외국 자치경찰의 예

㈎ 프 랑 스

프랑스에서는 경찰이 지방사무였으나 1934년에 국가경찰로 통합되었고, 다시 1999년에 자치경찰이 부활되었다고 한다. 프랑스에서는 주로 인구 2만 이하의 기초자치정부 수준에서 국가경찰(국립경찰+군인경찰)의 권한을 침해하지 않는 범위 안에서 공공질서 유지 및 기초정부의 조례이행 등 제한적 경찰업무

---

1) 송희춘 "자치경찰제의 필요성과 도입방안에 관한 연구," 지방자치법학, 통권 제 3 호, 173쪽; 최우용, "자치경찰제 도입을 위한 법적 과제," 지방자치법학, 통권 제 5 호, 75쪽.

를 수행한다. 자치경찰의 최고책임자는 자치정부의 대표자이면서 국가의 보통지방행정기관의 장의 지위를 갖는 시장에게 속한다.[1] 달리 말한다면, 자치시경찰은 일부 자치단체에 존재하고 그 창설은 시 당국의 권한이며, 시장의 감독하에 있으며, 동시에 이를 구성하는 경찰관은 지방공무원의 지위를 가진다.[2] 자치경찰은 질서유지, 공공의 평온, 공공의 안전, 순찰, 거동수상자의 직무상 질문, 임의동행 등의 사무를 수행한다.[3]

(나) 스 페 인

스페인은 단일국가로서 중앙집권국가도 아니고 연방제 구조를 갖고 있지 않지만, 자치분권을 통한 지역중심의 연방제형태에 가까운 지방자치를 실시한다. 스페인 헌법 제149조 제 1 항 제29호a에는 국회가 정하는 법률(현재 이에 관한 법률로 경찰조직법이 있다)의 범위 내에서 각 자치주는 경찰력을 창설할 수 있다는 내용이 있다. 현행 법령상 주민 5천명 이상의 기초지방자치단체는 자치경찰을 조직할 수 있고, 민선주지사가 자치주경찰권의 임면권을 가지며, 기초자치경찰의 책임자는 시장이며, 시장이 임명하는 자치경찰의 장이 직접 지휘한다. 기초자치경찰은 공공장소의 치안유지, 도시지역에서의 차량과 주민에 대한 교통질서의 유지 등을 기본업무로 한다.[4]

(다) 이탈리아

이탈리아헌법 제 5 조는 "이탈리아 민주공화국은 지방자치를 인정하고 발전시킨다. 국가에 의존하는 서비스들에 대하여 최대한의 행정분권을 시행해야 하고 국회법률의 원칙과 방법에 맞추어 자치권과 지방분권화 요구를 시행해야 한다"고 규정하고 아울러 제114조에서 자치정부의 종류로 기초자치정부, 도정부, 광역시정부, 지역정부를 규정하고 있다. 도지사경찰 등도 있지만, 이탈리아에서 기본적으로 자치경찰 운영은 기초지방정부의 시장이 책임자이다. 기초자치경찰은 영업규제, 교통단속, 공공안전 등을 기본업무로 한다.[5]

---

1) 유럽형 자치경찰제도 모델분석, 치안정책연구소(2005)에서 요약.
2) 프랑스자치경찰연구자료, 경찰혁신기획단 자치경찰추진팀, 2004, 7쪽.
3) 유럽형 자치경찰제도 모델분석, 치안정책연구소(2005)에서 요약.
4) 유럽형 자치경찰제도 모델분석, 치안정책연구소(2005)에서 요약.
5) 유럽형 자치경찰제도 모델분석, 치안정책연구소(2005)에서 요약.

3. 보안경찰(일반경찰)과 협의의 행정경찰(특별경찰)

보안경찰(Sicherheitspolizei)이란 일반적인 공공의 안녕과 질서의 유지를 위한 행정작용을 말한다. 보안경찰은 '일반적인 공공의 안녕과 질서의 유지' 그 자체가 독립적인 경찰작용을 말한다. 그것은 제도적 의미의 경찰에 의해 이루어진다. 그러나 경우에 따라서는 행정영역별로 그 행정이 갖는 특별한 행정목적의 달성을 위하여 경찰작용이 나타나기도 하는데(예: 산림경찰 · 어업경찰 · 보건경찰 등), 이러한 작용을 협의의 행정경찰(Verwaltungspolizei)이라 부른다.[1] 협의의 행정경찰은 각 주무부장관 등의 소관 하에 수행된다. 일반적으로 경찰이란 보안경찰을 말한다. 보안경찰은 일반경찰, 협의의 행정경찰은 특별경찰로 부르기도 한다. 본서는 보안경찰과 협의의 행정경찰이라는 용어 대신에 일반경찰과 특별경찰이라는 용어를 사용한다.[2]

4. 광의의 경찰과 협의의 경찰

일설은[3] 전통적 견해가 보안경찰과 협의의 행정경찰을 포함하여 새기는 실질적 경찰개념을 광의의 경찰이라 부르면서, 일설이[4] 보안경찰만으로 이해하는 실질적 경찰개념을 협의의 경찰로 부르기도 한다(광의의 실질적 의미의 경찰=보안경찰(협의의 실질적 의미의 경찰)+협의의 행정경찰).

5. 예방경찰과 진압경찰

예방경찰(Präventive Polizei)이란 공공의 안녕과 질서의 유지를 위해 위험을 사전에 방지하기 위하여 이루어지는 경찰작용을 말하고, 진압경찰(Repressive Polizei)이란 위험이 현실화되어 장해가 생긴 경우에 공공의 안녕과 질서의 회복

---

1) 일설은 "협의의 행정경찰은 그 대부분이 적극목적을 위한 권력적 작용인 규제작용 내지 그 본체가 되는 급부작용에 융화시켜 볼 수 있는 것들이라는 점에서 보안경찰에 대한 개념으로서 협의의 행정경찰을 따로이 인정할 실익은 매우 희박하다"고 한다(이상규, 신행정법론(하), 289쪽; 박윤흔 · 정형근, 최신행정법강의(하), 300쪽). 그러나 국가공동체에서 발생할 수 있는 모든 종류의 위험과 그에 대한 방지에 대한 체계적인 학문적 접근이 필요하다는 점, 위험이 규제 내지 복리와 융화된다고 하여도, 규제와 복리에 결합된 위험을 분리하는 것이 불가능한 것만은 아니고 아울러 각 위험마다 성질이 다르므로 각 위험을 비교하는 것이 학문적 관점에서 필요하다는 점에서 특별경찰(협의의 행정경찰)의 개념을 경시하는 것은 동의하기 어렵다. 요컨대 제도적 의미의 경찰기관의 권한의 관점이 아니라 국가작용의 체계화의 관점에서 특별경찰(협의의 행정경찰)의 개념은 여전히 의미를 갖는다.

2) 본서와 같은 입장으로 김성수, 개별행정법, 457쪽.

3) 최영규, 경찰행정법, 13쪽.

4) 김도창, 일반행정법(하), 289쪽; 석종현, 일반행정법(하), 243, 251쪽.

을 위한 경찰작용을 말한다. 예방경찰은 행정경찰의 한 내용이 되며, 진압경찰은 행정경찰의 의미(예: 기존의 장해에 의해 야기되는 또 다른 장해의 방지) 외에 사법경찰의 의미(예: 범인의 체포)도 갖는다. 진압경찰을 오로지 사법경찰의 의미로만 파악하는 것은 오늘날의 시각에서는 바람직하지 않다.

6. 평시경찰과 비상경찰

평시경찰은 평상시에 있어서 일반경찰법규에 근거하여 제도적 의미의 경찰에 의해 이루어지는 경찰작용을 말하고, 비상경찰이란 천재 · 지변이나 전쟁 등의 국가의 비상시에 특별한 경찰법규에 근거하여 특별한 경찰기관에 의해 이루어지는 경찰작용을 말한다(예: 비상계엄 · 긴급명령 · 위수령 등이 발령된 경우).

7. 일반경찰과 청원경찰

일반경찰이란 제도적 의미의 경찰에 의해 이루어지는 일반적인 경찰작용 또는 제도적 의미의 경찰을 말하고, 청원경찰이란 청원경찰법에 의해 이루어지는 경찰을 말한다. 통상 경찰이란 일반경찰을 의미한다.

8. 보통경찰과 고등경찰

보통경찰이란 개인의 안전을 보호하는 경찰을 말하고, 고등경찰은 국가의 안전을 보호하는 경찰을 말한다(예: 정치적 집회, 정치범의 감시, 선거운동단속). 이러한 구분은 일제강점기하에서 사용되었고, 오늘날에는 사용되지 아니한다.

제 2 항 경찰법의 의의와 종류

Ⅰ. 경찰법의 의의

1. 경찰법의 개념

경찰법의 개념은 경찰개념에 좌우된다. 경찰의 개념을 위험방지에 기여하는 국가활동으로 이해한다면,[1] 경찰법(Polizeirecht)은 당연히 위험방지법(Das

1) Knemeyer, Polizei– und Ordnungsrecht, Rn. 1.

Recht der Gefahrenabwehr), 즉 위험방지에 타당한 법원칙과 법규범의 총체로 정의될 수 있다.[1] 한편, 용례상 독일의 일부 란트에서 보는 바와 같이 제도적 의미의 경찰의 권능을 제한하고, 그 권능을 질서행정청으로 하여금 수행하게 하는 경우에 제도적 의미의 경찰행정청에 의해 수행되는 위험방지활동을 경찰법의 대상으로 구성하고, 질서행정청에 의해 이루어지는 위험방지활동을 질서법의 대상으로 구성하기도 한다.[2] 양자 모두 본래적 의미의 경찰작용임은 물론이다. 요컨대 경찰이라 불리는 국가작용의 내용·형식과 범위에 관한 성문·불문의 법규의 전체가 경찰법이다.

2. 경찰법의 필요성

경찰법이 필요한 이유는 헌법에서 찾을 수 있다. 헌법상 기본권은 국민 개개인에게 자신의 삶을 자신이 원하는 바대로 영위할 수 있는 권리를 부여한다. 그러나 무제한의 기본권행사는 타인의 기본권과의 관계에서 충돌을 가져오게 된다. 따라서 이러한 충돌을 방지하기 위해서는 국가가 개인의 생활에 구체적으로 개입하지 않을 수 없는바, 이러한 작용의 하나가 바로 경찰이다. 이와 관련하여 헌법은 제37조 제 2 항에서 질서유지를 위해 기본권을 제한할 수 있음을 규정하고 있는바, 이것은 명문으로 경찰작용의 필요성을 나타내고 있는 것이 된다. 그렇다고 위험극복을 위한 경찰의 권능은 무제한이 아니다. 그것은 국민의 기본권, 비례원칙 기타 성문법규에 의해 제한을 받는다.

3. 경찰법의 성격

(1) 특별행정법으로서 경찰법

경찰법은 특별행정법의 한 부분이다. 경찰법은 행정법의 이론과 실제의 핵심영역 중의 한 부분을 구성한다. 비례원칙 등 적지 아니한 행정법상 일반원칙은 경찰법에 관한 판례나 성문법을 통해 발전되었다.

(2) 경찰법과 헌법

공공의 안녕과 질서의 확보를 위한 임무와 권능, 그리고 이에 필요한 조직

1) Schoch, Friedrich, in: Schmidt-Aßmann(Hrsg.), Besonderes Verwaltungsrecht(13. Aufl.) Rn. 1. 독일의 란트 중 분리시스템을 취한 란트의 경우, 경찰법은 제도적 의미의 경찰이 관장하는 위험방지활동을 경찰법의 대상으로 하고, 다른 행정청(예: 질서행정청)에 의한 위험방지활동은 질서법(Ordnungsrecht)의 대상이 된다.

2) Schenke/Schenke, in: Steiner(Hrsg.), Besonderes Verwaltungsrecht(8. Aufl.), Rn. 13.

에 관한 법으로서의 경찰법은 헌법의 특별한 영향하에 놓인다. 경찰법은 헌법의 지배, 즉 기본권의 지배하에 놓인다. 경찰법의 개념을 구성하는 공공의 안녕 · 공공의 질서 · 위험 · 장해 등의 불확정개념은 헌법이 예상하는 인간상에 대한 고려 없이는 논의될 수도 없고 해석될 수도 없다. 경찰법과 헌법과의 관계는 뒤에서 보다 자세히 살핀다.

(3) 경찰법과 형사법

경찰은 위험방지, 장해의 제거뿐만 아니라 관련 법률에 의거하여 범죄의 수사에도 참여하여야 하기 때문에 경찰법은 형사법과도 관련을 갖는다. 형사법상 구성요건은 위험방지를 위한 예방적이거나 진압적인 행위를 위한 전제요건일 뿐만 아니라 범죄수사상의 처분을 위한 전제요건이기도 하다. 따라서 형사법은 당연히 경찰조직법 · 경찰권한법과도 관련을 맺는다.

(4) 경찰법과 법철학 · 사회철학

경찰법과 관련하여 법철학 · 사회철학이 도외시되어서는 아니 된다. 특히 경찰법상 강제는 공권력의 표현임을 의미하는데, 그 공권력과 관련하여 권력의 정당성, 권력의 국가독점, 권력의 목적과 근거 등은 법철학 · 국가철학 그리고 일반국가론의 대상이기도 한 점을 기억할 필요가 있다.

Ⅱ. 경찰법의 종류

1. 일반경찰법과 특별경찰법

일반경찰법이란 위험방지에 관한 일반규정 · 일반법원칙을 총괄하는 개념이다. 특별경찰법이란 특별법상으로 규정된 실질적 경찰관련법(소위 협의의 행정경찰법)을 말한다. 건축법상의 경찰규정, 영업법상의 경찰규정, 환경보호법상의 경찰규정, 집회 및 시위에 관한 법률상의 경찰규정 등이 특별경찰법에 해당한다. 일반경찰법과 특별경찰법 사이에서는 특별경찰법이 우선한다. 특별경찰법이 없는 경우에 적용되는 것이 일반경찰법(소위 보안경찰에 관한 법)이다. 경찰법과 경찰관직무집행법이 일반경찰법의 기본적인 법이다. 경찰법상 일반원칙도 일반경찰법에 속한다.[1] 오늘날에 있어서는 위험방지의 실제상 특별법으로 규율되는 특수한 위험방지임무가 특별법으로 독립성을 갖지 못하는 일반적 종류의 위험방지임무보다 본질

1) Schenke/Schenke, in: Steiner(Hrsg.), Besonderes Verwaltungsrecht(8. Aufl.), Rn. 14.

적으로 보다 중요한 의미를 갖는 것으로 여겨지기도 한다.[1] 현재로서는 제도적 의미의 경찰이 담당하는 임무 중 사법경찰임무 외에 특별한 전문적인 위험방지 임무를 찾아보기 어렵다.

2. 실질적 경찰법과 형식적 경찰법

실질적 경찰법이란 위험방지라는 국가임무와 그 임무수행을 위한 권한을 갖는 경찰관청에 관한 경찰법을 말한다. 형식적 경찰법이란 경찰관청의 임무 · 권한 · 조직에 관한 법 외에 경찰작용의 형식까지 포함하는 개념이다.

제 3 항 경찰법의 해석과 적용

Ⅰ. 경찰법의 해석

1. 종 류

경찰법의 전통적 해석방법으로 ① 의미론적이고 당해 법문의 관점에서 일상의 용어가 갖는 의미를 기초로 한 문리적 해석, ② 개념내용을 밝히는 논리적 해석, ③ 규범내용의 역사적 발전과정의 관점에서 행하는 역사적 해석, ④ 규범의 의미 · 목적을 객관적 입장에서 밝히는 목적론적 해석, ⑤ 전체법질서의 관점에서 행하는 비교법적 해석이 있다.

2. 특 징

상기의 해석방법을 따른다고 하여도 특히 침익적 사항을 내용으로 하는 경찰법의 해석에 있어서는 제한이 따른다고 보아야 한다. 즉, 그 해석은 엄격하여야 하고, 유추해석이나 확장해석은 원칙적으로 허용되지 않는다고 보아야 한다. 그러나 수익적 사항을 내용으로 하는 경찰법의 해석에는 확장해석이나 유추해석을 부인할 이유가 없다.

---

1) Götz, Allgemeines Polizei- und Ordnungsrecht, § 1 Rn. 6ff.

Ⅱ. 경찰법의 적용

1. 일반경찰법의 보충성

특별법과 일반법의 관계에서 특별법이 우선 적용되는 것과 같이 특별경찰법과 일반경찰법의 관계에서도 특별경찰법이 우선 적용된다. 특별경찰법이 적용되는 한에 있어서는 일반경찰법률이 적용될 여지가 없다고 본다. 다만, 특별경찰법이 없거나 미비한 경우에는 일반경찰법이 적용된다. 말하자면 위험방지를 위한 일반경찰법은 특별한 위험방지를 위한 특별경찰법과의 관계에서 보충적인 지위에 놓인다.

2. 경찰법의 해석기준

일반경찰법에 우선하여 특별경찰법이 적용된다고 하여도 특별경찰법상 불확정개념(위험 · 공공의 안녕과 질서)의 해석에는 일반경찰법상의 개념해석에서 출발해야 한다. 이 때문에 일반경찰법률은 특별경찰법의 해석의 기준으로 기능한다.

제2절 경찰법과 헌법

제 1 항 경찰법과 헌법의 관계

Ⅰ. 헌법의 구체화법으로서 경찰법

1. 헌법상 사무로서 경찰

헌법의 지도목표인 인간의 존엄과 가치, 기본권, 그리고 민주국가와 법치국가 등의 보호는 경찰작용의 필요성의 근거이자 동시에 경찰작용의 한계를 이룬다.[1] 따라서 경찰작용(위험방지작용)은 헌법상 요구되는 국가임무이다. 경찰상 위험방지는 국가의 의무이자 민주법치국가에서 포기할 수 없는 기본적 기능이다.[2] 한편, 우리 헌법은 위험방지에 관해 명시적으로, 그리고 포괄적으로 규정하는 바가 없다. 그럼에도 헌법 제10조 등으로부터 기본권 보호의무, 그리고 헌법 제37조 제 2 항에서 말하는 질서유지의 개념에 비추어 보아도 경찰작용이 헌법상 요구되는 국가작용임에는 의문이 없다.

2. 헌법에 적합한 경찰법

경찰의 조직과 작용에 관한 법인 경찰법은 국가의 최상위의 법인인 헌법에 반할 수 없을 뿐만 아니라 헌법의 목적(인간의 존엄과 가치)을 실천하는데 봉사하여야 한다. 헌법은 모든 국민에게 인간으로서의 존엄과 가치를 보장하기 위해 모든 국가작용에 대하여 법치주의를 따를 것을 요구한다. 경찰작용도 당연히 법치주의를 따라야 하며, 예외일 수가 없다. 오히려 경찰작용에서는 권력행사 내지 인권에 대한 침해와 상당한 관련을 가지므로 법치주의를 보다 엄격하게 준수할 것을 요구한다. 요컨대 경찰법은 헌법에 적합한 것이어야 한다.

---

1) Gusy, Polizei- und Ordnungsrecht(8.Aufl.), § 3 Rn. 72.

2) Würtenberger/Heckman, Polizeirecht in Baden-Württemberg, Rn. 23.

Ⅱ. 법치주의와 경찰법

1. 법치주의의 의의

법치주의란 형식적 의미로는 국가가 국민의 자유와 권리를 제한하거나, 국민에게 새로운 의무를 부과하는 때에는 국회가 제정한 법률에 의하거나 법률에 근거가 있어야 하며, 또 법률은 국민만이 아니고 국가권력의 담당자도 규율한다는 원리를 말한다. 따라서 형식적 의미로는 모든 국가권력의 행사가 법률로써 예측이 가능한 국가를 법치국가라고 부른다. 한편 실질적 의미로는 정의의 이념에 근거하고 정의의 실현을 추구하는 국가원리를 말한다. 헌법상 법치주의는 양자의 개념을 모두 포함하는 것으로 이해된다.[1)]

2. 법치행정과 경찰법

행정의 영역에서 법치주의의 반영이 법치행정이다. 법치행정이란 행정은 법률의 근거하에서 법률의 기속을 받으면서 행해져야 하며, 이에 위반하여 개인에게 피해가 생기면 이에 대해 사법적인 구제가 주이지는 법원리를 말한다. 법치행정은 행정의 자의로부터 개인을 보호하고 아울러 행정작용의 예견가능성을 보장하고자 하는 데 있다. 이러한 법치행정은 경찰행정의 경우에 전형적으로 적용된다. 법치주의 내지 법치행정과 관련하여 경찰법의 영역에서 특히 ① 행정의 법률적합성의 원칙과 경찰, ② 비례원칙과 경찰, ③ 기본권과 경찰, ④ 재량과 경찰에 관한 검토가 중요하다. 이하에서 살피기로 한다.

제 2 항 행정의 법률적합성의 원칙과 경찰

Ⅰ. 행정의 법률적합성의 원칙

1. 의 의

행정의 법률적합성의 원칙이란 공권력 앞에서 개인의 보호를 위한 법치행정의 주된 내용을 구성하는 원칙으로서 전체 공행정은 합헌적 법률에 따라 수

1) 자세한 것은 졸저, 행정법원론(상), 옆번호 130 이하 참조.

행되어야 함을 의미한다. 법률은 국회에서 정해지므로 행정의 법률적합성의 원칙은 민주원리의 한 표현이기도 하다. O. Mayer는 법률에 의한 행정의 내용으로 법률의 법규창조력, 법률의 우위, 법률의 유보를 언급하였다

2. 법률의 법규창조력

(1) 의 의

원래 법률의 법규창조력이란 국민의 대표기관인 국회만이 국민을 구속하는 규범인 법률을 만들 수 있음을 전제로, 국민의 대표기관인 국회가 만든 법률이라는 명칭을 가진 국가의 의사만이 국민을 구속한다는 것을 뜻하였다. 법률이 법규창조력을 갖는다는 것은 오늘날에도 원칙적으로 인정되고 있다. 입법권이 국회에 속한다는 것(헌법 제40조)과 법규명령의 발령에 법률의 근거를 요하는 것(헌법 제75조, 제95조)은 법률의 법규창조력을 전제로 한 것이다.

(2) 의미의 변화

오늘날에는 의회제정법률 외에 행정법의 일반원칙이나 관습법도 법규성을 가지며, 심지어는 행정규칙에도 법규성이 인정되는 경우가 있고, 예외적이기는 하나 법률적 효력을 갖는 명령을 행정권이 발할 수 있는 경우도 인정되는바(예: 긴급명령 · 긴급재정경제명령), 이제는 법률만이 법규창조력을 갖는다고 말할 수는 없다. 이러한 연유로 나라(독일)에 따라서는 행정의 법률적합성의 원칙의 내용으로 '법률의 법규창조력'을 들지 않는 이론서도 많이 나타나고 있다.

3. 법률의 우위의 원칙

(1) 의 의

법률의 우위란 "국가의 행정은 합헌적 절차에 따라 제정된 법률에 위반되어서는 아니 된다"는 것을 의미한다. 물론 그 법률의 내용은 헌법에 합치되는 것이어야 한다. 그리고 그 법률에는 헌법, 국회제정의 형식적 의미의 법률, 법률의 위임에 따른 법규명령, 행정법의 일반원칙 등이 포함된다. 특히 법률의 우위의 원칙은 집행권은 법률을 개정할 수 있는 권능을 갖지 아니한다는 것을 내포한다. 법률의 우위의 원칙은 헌법 제107조 제2항에 의해 보장되고 있다.

(2) 적용범위

법률의 우위의 원칙은 행정의 전영역에 적용된다. 수익적 행위인가, 침익

적 행위인가를 가리지 않는다. 조직상의 행위인가도 가리지 않는다. 법률의 우위의 원칙은 공법형식의 국가작용뿐만 아니라 사법형식으로 이루어지는 국가작용에도 적용된다. 법률의 우위의 원칙에 특별한 제약이 가해지는 경우도 있다(예: 국가긴급권의 경우).

(3) 위 반

법률의 우위의 원칙에 반하는 행정작용은 위법하지만, 그 효과는 한 마디로 말할 수 없다. 헌법과 법률에 반하는 행정입법은 달리 정함이 없는 한 무효이고, 행정행위는 하자의 중대성과 명백성 여하에 따라 무효 또는 취소의 대상이 되고, 공법계약은 특별한 경우에 무효가 되고, 기타의 경우에는 유효 또는 해제될 수 있다. 그리고 위반행위로 개인에게 손해가 발생한다면 국가는 경우에 따라 손해배상책임을 진다.

4. 법률의 유보의 원칙

(1) 의 의

행정의 법적 구속으로서 법률의 유보란 "국가의 행정은 법적 근거를 갖고서 이루어져야 한다"는 것을 의미한다. 법률의 우위의 원칙은 소극적으로 기존 법률의 침해를 금지하는 것이지만, 법률의 유보의 원칙은 적극적으로 행정기관이 행위를 할 수 있게 하는 법적 근거의 문제이므로 적극적 의미의 법률적합성의 원칙이라고도 한다. 법률의 우위의 원칙은 법의 단계질서의 문제이지만, 법률의 유보의 원칙은 입법과 행정 사이의 권한의 문제이다.

(2) 근 거

이론상 법률의 유보는 헌법상 기본원리인 민주주의원리 · 법치주의원리 · 기본권보장원리의 결합에서 나온다. 또한 헌법상 위임입법의 법리에 따라 형식적 의미의 법률로 수권이 이루어지면, 수권에 근거한 법규명령도 행정의 근거가 된다.

(3) 범 위

헌법에서 입법사항으로 규정되고 있지 아니하는 행정영역에서 법률의 유보가 적용되는가의 여부는 불분명하다. 말하자면 법률의 우위의 원칙은 모든 행정영역에 적용되지만, 법률유보의 원칙의 적용범위는 불분명하다. 이에 관해서는 침해유보설(개인의 자유와 재산에 대한 침해는 법률의 근거를 요한다는 견해) · 전부유보설(모든 행정작용은 법률에 근거해야 한다는 견해) · 중요사항유보설(기본적인 규범영역에서 모든 중요한 결정은 적어도 입법자 스스로가 법률로 정하여야 한다는 견해)이 있다. 중요사항유보설이 일반적으로 지지되고 있고, 판례의 입장이기도 하다.[1] 본질유보설 또는 본질성설이라고도 한다.

(4) 위 반

법률의 유보의 원칙에 반하는 행정작용은 위법하지만, 그 효과는 한 마디로 말할 수 없다. 헌법과 법률에 반하는 행정입법은 달리 정함이 없는 한 무효이고, 행정행위는 하자의 중대성과 명백성 여하에 따라 무효 또는 취소의 대상이 되고, 공법계약은 특별한 경우에 무효가 되고, 기타의 경우에는 유효 또는 해제될 수 있다. 그리고 위반행위로 개인에게 손해가 발생한다면 국가는 경우에 따라 손해배상책임을 진다.

5. 경찰행정에의 적용

행정의 법률적합성의 원칙은 당연히 경찰행정에도 적용된다. 행정의 법률적합성의 원칙은 경찰조직에 적용될 뿐만 아니라 경찰작용에도 적용된다. 말하자면 어떠한 경찰조직이나 작용도 헌법이나 법률 등 법규에 위반할 수도 없으며, 특히 침해적인 경찰행정의 경우에는 법적 근거를 필요로 한다. 이하에서 경찰의 법적 근거문제를 경찰조직과 경찰작용으로 나누어서 살펴보기로 한다.

---

1) 헌재 1998. 5. 28, 96헌가1(우리 헌법 제40조는 "입법권은 국회에 속한다"라고 규정하면서, 아울러 제75조는 "대통령은 법률에서 구체적으로 범위를 정하여 위임받은 사항과 법률을 집행하기 위하여 필요한 사항에 관하여 대통령령을 발할 수 있다," 제95조는 "국무총리 또는 행정각부의 장은 소관사무에 관하여 법률이나 대통령령의 위임 또는 직권으로 총리령 또는 부령을 발할 수 있다"고 각 규정함으로서 행정기관으로의 위임입법을 인정하고 있는데, 우리 헌법 제40조의 의미는 적어도 국민의 권리와 의무의 형성에 관한 사항을 비롯하여 국가의 통치조직과 작용에 관한 기본적이고 본질적인 사항은 반드시 국회가 정하여야 한다는 것이다); 헌재 1999. 5. 27, 98헌바70(오늘날 법률유보원칙은 단순히 행정작용이 법률에 근거를 두기만 하면 충분한 것이 아니라, 국가공동체와 그 구성원에게 기본적이고도 중요한 의미를 갖는 영역, 특히 국민의 기본권실현과 관련된 영역에 있어서는 국민의 대표자인 입법자가 그 본질적 사항에 대해서 스스로 결정하여야 한다는 요구까지 내포하고 있다(의회유보원칙). 그런데 텔레비전방송수신료는 대다수 국민의 재산권 보장의 측면이나 한국방송공사에게 보장된 방송자유의 측면에서 국민의 기본권실현에 관련된 영역에 속하고, 수신료금액의 결정은 납부의무자의 범위 등과 함께 수신료에 관한 본질적인 중요한 사항이므로 국회가 스스로 행하여야 하는 사항에 속하는 것임에도 불구하고 한국방송공사법 제36조 제 1 항에서 국회의 결정이나 관여를 배제한 채 한국방송공사로 하여금 수신료금액을 결정해서 문화관광부장관의 승인을 얻도록 한 것은 법률유보원칙에 위반된다).

Ⅱ. 경찰조직과 법적 근거

1. 행정조직법정주의

우리 헌법은 여러 조문에서 행정조직을 법률로써 정하도록 하여(헌법 제96조, 제100조, 제90조 제3항, 제91조 제3항, 제92조 제2항, 제93조 제2항) 행정조직법정주의를 택하고 있다. 헌법의 이러한 태도는 ① 행정조직은 그 자체가 국민의 권리·의무에 직접 관계가 없다고 하여도 행정조직의 존재목적은 행정권의 행사에 있고, 따라서 행정기관의 설치여부·권한 등은 바로 국민생활에 지대한 영향을 미치고, ② 행정기관의 설치·운영은 일반국민에게 상당한 경제적 부담을 가하게 되는바, 결국 행정조직의 문제는 국가의 형성유지에 중요한 사항이 되고, 따라서 이를 국회에 유보시킬 필요가 있다고 본 것에 기인한다(중요사항유보설). 한편, 개념상 정부조직에 관한 기본적인 사항을 법률로 정하지 아니하는 형식을 행정조직비법정주의라 부른다.

2. 경찰조직법

(1) 국가경찰

국가경찰조직에 관한 법적 근거 중 기본적인 법률로 헌법 제96조에 근거한 정부조직법 제29조 제4항(치안에 관한 사무를 관장하기 위하여 행정안전부장관소속으로 경찰청을 둔다), 제5항(경찰청의 조직 직무범위 그 밖에 필요한 사항은 따로 법률로 정한다)과 정부조직법 제29조 제5항에 근거한 경찰법이 있다. 경찰법은 "치안에 관한 사무를 관장하게 하기 위하여 행정안전부장관소속하에 경찰청을 둔다(경찰법 제2조 제1항)"고 하고, 아울러 "경찰청의 사무를 지역적으로 분담 수행하게 하기 위하여 특별시장·광역시장 및 도지사 소속하에 지방경찰청을 두고, 지방경찰청장소속하에 경찰서를 둔다(경찰법 제2조 제2항)"고 규정하고 있다. 한편, 정부조직법 제3조 제1항은 "중앙행정기관에는 소관사무를 수행하기 위하여 필요한 때에는 특히 법률로 정한 경우를 제외하고는 대통령령으로 정하는 바에 따라 지방행정기관을 둘 수 있다"고 규정하고 있으므로 개별 경찰서의 설치는 대통령령(직제)으로 정하게 된다.

(2) 자치경찰

제주자치도에 설치되는 자치경찰조직에 관한 법적 근거로 제주특별자치도 설치 및 국제자유도시 조성을 위한 특별법이 있다. 동법 제106조 제1항은

"자치경찰사무를 처리하기 위하여 제주자치도에 자치경찰단을 둔다"고 하고, 동법 제107조 제 1 항은 "자치경찰단장은 도지사가 임명하며, 도지사의 지휘·감독을 받는다"고 규정하고 있다.

Ⅲ. 경찰작용과 법적 근거

1. 법률유보의 원칙의 적용

"국민의 모든 자유와 권리는 국가안전보장·질서유지 또는 공공복리를 위하여 필요한 경우에 한하여 법률로써 제한할 수 있으며, 제한하는 경우에도 자유와 권리의 본질적인 내용을 침해할 수 없다"는 헌법 제37조 제 2 항에 근거하여 침익적인 경찰작용을 위해서는 반드시 법률의 근거가 필요하다.

2. 경찰상 법률유보의 방식

경찰작용의 법률유보의 방식에는 법기술상 ① 일반경찰법상 일반조항(개괄조항)에 의한 일반수권의 방식, ② 일반경찰법상 특별조항에 의한 특별수권의 방식, ③ 특별경찰법상 특별조항에 의한 특별수권의 방식이 있다. 우리의 법제상 ②와 ③이 인정되고 있음은 의문이 없다. 문제는 ①의 경우가 인정되는가의 여부이다. 경찰상 법률유보의 방식에 관해 자세한 것은 제 3 장 제 1 절에서 살핀다.

제 3 항 비례원칙과 경찰

Ⅰ. 비례원칙의 관념

1. 개 념

경찰법상 비례원칙이란 경찰행정의 목적과 그 목적을 실현하기 위한 수단의 관계에서 그 수단은 목적을 실현하는 데에 적합하고 또한 최소침해를 가져오는 것이어야 할 뿐만 아니라, 아울러 그 수단의 도입으로 인해 생겨나는 침해가 의도하는 이익·효과를 능가하여서는 아니 된다는 원칙을 말한다.[1] 비례

1) 용어사용방식이 통일되어 있지 않다. 넓은 의미의 비례원칙을 과잉금지(Übermaßverbot)라 부르기도 하고(Ipsen, Niedersächsisches Gefahrenabwehrrecht, Rn. 283; Lisken/Denninger,

원칙은 행정의 목적과 그 목적을 실현하기 위한 수단의 관계는 이성적인 관계이어야 함을 뜻한다. 비례원칙은 빈번히 "대포로 참새를 쏘아서는 아니 된다"는 표현에 비유되기도 한다. 비례원칙은 경찰의 처분(수단)이 이행가능함을 전제로 한다. 법적으로나 사실상으로 불가능한 것은 경찰처분(경찰수단)의 대상일 수가 없기 때문이다.

2. 법적 근거

비례원칙의 헌법적 근거는 헌법 제37조 제 2 항이다. 헌법 제37조 제 2 항에서 말하는 '필요한 경우'란 바로 (광의의) 비례원칙(적합성의 원칙+필요성의 원칙+상당성의 원칙)을 뜻하는 것으로 해석되기 때문이다.[1] 비례원칙은 헌법적 지위의 원칙으로서[2] 행정법의 일반원칙의 하나이므로[3] 개별 법률에 비례원칙에 관한 명시적인 규정이 없다고 하여도 비례원칙은 모든 경찰영역에 당연히 적용된다.[4] 한편, 경찰관직무집행법 제 1 조 제 2 항은 "이 법에 규정된 경찰관의 직권은 그 직무수행에 필요한 최소한도 내에서 행사되어야 하며 이를 남용하여서는 아니 된다"고 하여 비례원칙을 명시적으로 규정하고 있다. 판례도[5] 물론 비례원칙을 인정하고 있다.

Handbuch des Polizeirecht, 4. Aufl., F. Rn. 152; Prümm/Sigrist, Allgemeines Sicherheits- und Ordnungsrecht, Rn. 60; Schenke/Schenke, in: Steiner(Hrsg.), Besonderes Verwaltungsrecht, Bd., Ⅱ., Rn. 200; Tettinger/Erbguth/Mann, Besonderes Verwaltungsrecht, Rn. 539), 최소침해의 원칙과 좁은 의미의 비례원칙을 합하여 과잉금지라 부르기도 한다(Götz, Allgemeines Polizei- und Ordnungsrecht, Rn. 320). 과잉금지원칙을 법률상 규정된 목적에 구속과 넓은 의미의 비례원칙(적합성의 원칙, 필요성의 원칙과 협의의 비례원칙)을 포함하는 의미로 사용하는 경우도 있다(Gusy, Polizei- und Ordnungsrecht(8.Aufl.), § 6 Rn. 397).

1) 오스트리아연방안전경찰법 제29조는 비례원칙을 포괄적으로 규정하지 아니하고 적합성의 원칙과 필요성의 원칙 그리고 상당성의 원칙으로 나누어서 규정하고 있다.

2) Schoch, Polizei- und Ordnungsrecht, in: Schmidt-Aßmann(Hrsg.), Besonderes Verwaltungsrecht(13. Aufl.), Rn. 105. 한편, 독일 경찰법률은 비례원칙을 명시적으로 규정하고 있다(MEPolG(독일 단일경찰법률표준초안) 제 2 조, SPolG(독일 자르란트주 경찰법) 제 2 조 등).

3) Götz, Allgemeines Polizei- und Ordnungsrecht, §11, Rn. 12; Knemeyer, Polizei- und Ordnungsrecht, Rn. 285; Schenke/Schenke, in: Steiner(Hrsg.), Besonderes Verwaltungsrecht(8. Aufl.), Rn. 201ff.

4) Berner/Köhler, Polizeiaufgabengesetz, Art. 4, S. 49(4.1) 참조.

5) 대판 2003. 3. 14, 2002다57218(경찰관은 범인의 체포 또는 도주의 방지, 타인 또는 경찰관의 생명·신체에 대한 방호, 공무집행에 대한 항거의 억제를 위하여 필요한 때에는 최소한의 범위 안에서 가스총을 사용할 수 있으나, 가스총은 통상의 용법대로 사용하는 경우 사람의 생명 또는 신체에 위해를 가할 수 있는 이른바 위해성 장비로서 그 탄환은 고무마개로 막혀 있어 사람에게 근접하여 발사하는 경우에는 고무마개가 가스와 함께 발사되어 인체에 위해를 가할 가능성이 있으므로, 이를 사용하는 경찰관으로서는 인체에 대한 위해를 방지하기 위하여 상대방과 근접한 거리에서 상대방의 얼굴을 향하여 이를 발사하지 않는 등 가스총 사용시 요구되는 최소한의 안전수칙을 준수함으로써 장비 사용으로 인한 사고 발생을 미리 막아야 할 주의의무가 있다).

3. 전통적 견해

과거 우리의 전통적 견해는 경찰비례의 원칙을 경찰권발동요건과 경찰권발동효과의 양면에 적용되는 원칙으로 설명하였고, 이를 따르는 견해도 적지 않다.[1] 그러나 이러한 논리방식은 정당하지 않다. 왜냐하면 비례원칙은 목적(공공의 안녕·공공의 질서)과 수단(예: 보호조치·위험발생방지)의 관계를 규율하는 법원칙이고, 동시에 비례원칙은 경찰권발동요건이 구비된 후에 수단의 도입여부 및 도입수단의 종류와 관련하여 적용되는 법원칙이기 때문이다. 경찰권발동요건의 구비여부는 경찰법령상 규정하는 요건의 구비여부에 대한 인식의 문제일 뿐이다. 따라서 비례원칙은 경찰권발동의 효과와 관련을 갖는다고 보아야 한다.[2]

Ⅱ. 비례원칙의 내용

1. 적합성의 원칙

(1) 의 의

적합성의 원칙(Der Grundsatz der Geeignetheit des Mittels)이란 경찰목적을 위해 도입되는 수단은 추구하는 목표(위험방지)의 달성에 법적으로나 사실상으로 유용한 것이어야 한다는 원칙을 말한다.[3] 수단의 적합성의 원칙에 따라 위험극복에 적합한 수단만을 도입할 수 있다. 경찰법규상 수단의 적합성이라는 요구가 없다고 하여도 법문상 '필요한' 또는 '적합한' 처분이라는 표현에서 적합성의 원칙을 읽을 수 있다. 유용한 수단 또는 적합한 수단이라는 것은 위험방지에 가능한 수단이라는 것을 전제한다.[4] 수단이 가능하여야 한다는 것은 사실상

1) 김도창, 일반행정법론(하), 312쪽; 김철용, 행정법(Ⅱ), 275쪽; 박윤흔·정형근, 최신행정법강의(하), 326쪽; 석종현, 일반행정법(하), 265쪽; 윤세창·이호승, 행정법(하), 147쪽; 이광윤, 행정작용법, 28쪽; 류지태·박종수, 행정법신론, 961쪽.

2) 최영규, 경찰행정법, 190쪽.

3) Pieroth/Schlink/Kniesel, Polizei- und Ordnungsrecht, §10, Rn. 15; Würtenberger/Heckman, Polizeirecht in Baden-Württemberg, Rn. 523; Schoch, Polizei- und Ordnungsrecht, in: Schmidt-Aßmann(Hrsg.), Besonderes Verwaltungsrecht(13. Aufl.), Rn. 106.

4) 독일의 일반적인 견해는 광의의 비례원칙의 내용을 적합성의 원칙, 필요성의 원칙과 상당성의 원칙으로 구성하면서, 처분의 가능성의 문제를 적합성의 문제로 본다(Knemeyer, Polizei- und Ordnungsrecht, Rn. 280; Würtenberger/Heckman, Polizeirecht in Baden-Württemberg, Rn. 523). 그러나 비례원칙의 내용을 가능성의 원칙, 적합성의 원칙, 필요성의 원칙과 상당성의 원칙으로 설명하는 견해도 있고(Prümm/Sigrist, Allgemeines Sicherheits- und Ordnungsrecht, Rn. 64f.), 가능성의 문제를 비례원칙과 별개의 문제로 다루는 경우도 있다(Habermehl, Polizei- und Ordnungsrecht, Rn. 106f.).

으로도 가능하여야 하고, 법적으로도 가능하여야 함을 뜻한다.[1] 법적으로도 가능하다는 것은 법적으로 허용된다는 것을 말한다.

(2) 판 단

적합여부 내지 적합성의 판단은 행위시에 경찰행정청의 관점에서 위험극복과 관련한 합리적인 판단에 의한다.[2] 이러한 판단은 재량문제가 아니다. 개별처분에서 선택된 수단이 적합한 것인가 또는 아닌가의 여부는 법적 문제로서 사법심사의 대상이 된다.

(3) 내 용

수단의 적합성은 위험상태의 완전한 제거를 가져오는 것만을 요구하는 것은 아니다. 일부제거의 효과를 가져오는 것이라도 좋다.[3] 그 수단이 위험의 방지나 제거에 부적합한 것이 아니면 족하다. 위험의 감소나 제한을 목표로 하는 처분도 허용된다.[4] 경제적 이유에서 처분의 상대방이 처분을 받을 입장에 있지 않다는 것이 처분의 부적합성을 뜻하는 것은 아니다.[5] 사실상 또는 법상 불가능한 것, 허용되지 않는 것을 내용으로 하는 수단은 부적합한 것이 된다.[6] 그리고 목적이 없거나 목적에 반하는 처분도 적합하지 않고 따라서 허용될 수 없다. 한편 이미 도입된 수단이 사후에 부적합한 것이라 판단되어도 판단 당시에 이성적인 판단에 따른 것이라면 경찰처분의 적법성은 문제되지 아니한다.[7] 그리고 이미 도입된 수단이 사후에 유용성이 없는 것으로 판단되면, 그리고 그 수단으로 인해 개인의 권리가 계속적으로 침해되면 결과제거청구권의 관점에서 그 침해를 제거 또는 폐지해야 할 경찰상의 의무가 생겨난다.

2. 최소침해의 원칙(필요성의 원칙)

(1) 의 의

최소침해의 원칙(Der Grundsatz des geringsten Eingriffs)이란 목표달성을 위해 채택된 수단은 많은 적합한 수단 중에서 개인이나 공공에 최소한의 침해를 가

1) Pieroth/Schlink/Kniesel, Polizei- und Ordnungsrecht, § 10 Rn. 18f.
2) Mandelartz/Helmut/Strube, Saarländisches Polizeigesetz, Kommentar für Studium und Praxis, § 2.3.
3) Drew/Wacke/Vogel/Martens, Gefahrenabwehr: Allgemeines Polizeirecht, S. 420.
4) Schenke/Schenke, in: Steiner(Hrsg.), Besonderes Verwaltungsrecht(8. Aufl.), Rn. 203.
5) Mandelartz/Helmut/Strube, Saarländisches Polizeigesetz, Kommentar für Studium und Praxis, § 2.7.
6) Götz, Allgemeines Polizei- und Ordnungsrecht, § 11 Rn. 22.
7) Schenke/Schenke, in: Steiner(Hrsg.), Besonderes Verwaltungsrecht(8. Aufl.), Rn. 203.

져오는 것이어야 한다는 원칙을 말한다.[1] 경찰상 최소침해의 원칙으로 인해 경찰행정청은 위험이나 장해의 극복을 위한 많은 수단 중에서 반드시 공공과 위험극복을 위해 경찰처분이 가해지는 자에게 예측상 최소의 침해를 가져오는 수단을 선택하여야 한다.[2] 예컨대 영업활동에 따르는 위험이 부관을 통해 예방될 수 있다면 부관을 통해 예방되어야 할 것이고, 영업금지를 통해 이루어질 수는 없다. 최소침해의 원칙은 경미한 수단의 원칙 또는 필요성의 원칙이라고도 한다.

(2) 판단과 내용

최소침해의 여부에 대한 판단에는 기본적으로 객관적인 관찰방법이 적용되어야 한다. 한편 객관적으로 보아 관계자의 권리에 중대한 침해를 가져오는 수단이 도입되는 경우, 그 관계자는 마찬가지로 적합한 특정의 다른 수단의 도입을(그것이 마찬가지로 침해를 가져올지라도) 주장할 수 있을 것이다.[3]

3. 좁은 의미의 비례원칙(상당성의 원칙)

(1) 의 의

좁은 의미의 비례원칙(Der Grundsatz der Verhältnismäßigkeit im engeren Sinne)이란 경찰상 목표달성을 위해 적용하고자 하는 수단으로부터 나오는 침해가 목적하는 효과를 능가하여서는 아니 된다는 원칙을 말한다.[4] 경찰행정청이 필요한 모든 수단이나 모든 대가를 치르고서라도 사인의 권리보호임무를 수행한다면, 그것은 좁은 의미의 비례원칙에 반하는 것이 된다. 좁은 의미의 비례원칙은 상당성의 원칙이라고도 한다.

(2) 판단과 내용

침해로 인한 효과의 비교(이익형량)는 경찰행정청이 특정수단의 선택을 결정할 시점에서 이성적으로 하게 된다. 그리고 그 판단에는 침해되는 대상의 실질이 고려되어야 한다. 예컨대 위법건축물에 대하여 경찰상 철거처분을 하려고 하면, 형식적 위법(예: 무허가건축)을 이유로 하는 것이 아니라 실질적 위법(예: 건축법상 안전에 관한 요건

1) Pieroth/Schlink/Kniesel, Polizei- und Ordnungsrecht, § 10 Rn. 25; Würtenberger/Heckman, Polizeirecht in Baden-Württemberg, Rn. 523; Schoch, Polizei- und Ordnungsrecht, in: Schmidt-Aßmann(Hrsg.), Besonderes Verwaltungsrecht(13. Aufl.), Rn. 107.

2) Drew/Wacke/Vogel/Martens, Gefahrenabwehr: Allgemeines Polizeirecht, S. 422; Götz, Allgemeines Polizei- und Ordnungsrecht, § 11 Rn. 24; Knemeyer, Polizei- und Ordnungsrecht, Rn. 291.

3) Schenke/Schenke, in: Steiner(Hrsg.), Besonderes Verwaltungsrecht(8. Aufl.), Rn. 205.

4) Pieroth/Schlink/Kniesel, Polizei- und Ordnungsrecht, §10, Rn. 30; Schoch, Polizei- und Ordnungsrecht, in: Schmidt-Aßmann(Hrsg.), Besonderes Verwaltungsrecht(13. Aufl.), Rn. 108.

사항의 결여)을 이유로 하여 경찰처분(철거처분)을 할 수 있을 것이다. 경찰의 개입이 없는 경우에 나타나는 피해보다 경찰의 개입으로 나타나는 피해가 보다 크다면, 그러한 경찰개입은 상당성의 원칙에 반하는 것이 된다.

4. 3원칙의 상호관계

적합성의 원칙, 필요성의 원칙, 그리고 좁은 의미의 비례원칙은 단계구조를 이룬다. 즉 많은 적합한 수단 중에서도 필요한 수단만이, 필요한 수단 중에서도 상당성 있는 수단만이 선택되어야 한다. 달리 말하면, 필요성의 원칙은 다수의 적합한 수단이 있는 경우에 문제되고, 상당성의 원칙은 필요한 수단이 있는 경우에 문제된다.[1] 만약 가능성도 동일하고, 적합성도 동일한 정도이고, 최소침해성도 동일한 정도이고, 상당성도 동일한 정도의 수단이 여러 개 존재한다면, 이 중에서의 선택은 경찰의 자유로운 판단에 의한다. 이러한 경우에 있어서 경찰의 선택의 자유는 진정한 의미의 재량에 해당한다.[2]

Ⅲ. 비례원칙의 위반

비례원칙에 반하는 경찰상 명령 · 처분 등은 위헌 · 위법을 면할 수 없다.[3] 비례원칙에 위반되는 경찰상 행정행위는 항고소송의 대상이 되며, 경우에 따라서는 국가의 손해배상책임을 발생시킨다.

Ⅳ. 시간상 과잉금지

1. 의 의

입법례에[4] 따라서는 "경찰처분은 목적이 달성될 때까지 또는 그 처분으로

1) Ipsen, Niedersächsisches Gefahrenabwehrrecht, Rn. 289ff.; 최영규, 경찰행정법, 193쪽.

2) Knemeyer, Polizei- und Ordnungsrecht, Rn. 315.

3) 헌재 2011. 6. 30, 2009헌마406(불법 · 폭력 집회나 시위가 개최될 가능성이 있다고 하더라도 이를 방지하기 위한 조치는 개별적 · 구체적인 상황에 따라 필요최소한의 범위에서 행해져야 하는 것인바, 서울광장에서의 일체의 집회는 물론 일반인의 통행까지 막은 것은 당시 상황에 비추어 볼 때, 필요한 최소한의 조치였다고 보기 어렵고, 가사 그 필요성이 있더라도 몇 군데 통로를 개설하거나 또는 집회의 가능성이 적거나 출근 등의 왕래가 빈번한 시간대에는 통행을 허용하는 등 덜 침해적인 수단을 취할 수 있었음에도 모든 시민의 통행을 전면적으로 통제한 것은 침해를 최소화한 수단이라고 할 수 없으므로 과잉금지원칙을 위반하여 기본권을 침해하였다).

4) Bayern경찰직무법 제 4 조 제 2 항; Niedersachsen위험방지법 제 3 조 제 3 항; Nordrhein-Westfalen 경찰법 제 2 조 제 3 항 등.

달성될 수 없다는 것이 판명되는 때까지만 허용된다"는 것을 비례원칙의 한 부분으로 규정하기도 한다. 이것을 시간상 과잉금지(Das Verbot des zeitlichen Übermaß)라 부른다.[1] 이러한 원칙은 「경찰처분은 위험의 방지, 장해의 제거에 그 목적이 있다」는 점에서 나온다. 따라서 위험이 방지되거나, 그 처분으로는 방지될 수 없다는 것이 판명되면, 경찰은 더 이상 그 처분을 행할 수 없다는 것은 당연한 요청이다.

2. 내 용

경찰처분의 효과가 부분적으로 나타나기만 하여도 더 이상의 처분은 허용되지 않는다. 처분은 단지 목적이 달성되지 않은 경우에만 도입될 수 있다. 목적이 달성되었거나 목적이 달성될 수 없다면, 처분은 더 이상 허용되지 아니한다.[2] 이것은 시간상 과잉금지의 문제이며, 이것은 특히 계속효를 갖는 처분에서 문제된다 시간상 과잉이 있게 되면 관계자는 처분의 폐지를 청구할 수 있고, 그것이 거부되면 거부처분의 취소를 구하는 소송을 제기할 수도 있을 것이다. 목적을 달성하였는가의 여부에 대한 판단은 법적 문제가 된다.[3]

제 4 항 기본권과 경찰

Ⅰ. 기본권의 지위

1. 기본권과 경찰법의 관계

헌법의 구체화법으로서 경찰법은 헌법의 목표에 봉사하여야 한다. 헌법은 중용의 인격주의에 입각하여 개인가치의 실현을 가장 기본적인 목표로 삼고 있다. 따라서 경찰법도 당연히 인간의 존엄과 가치, 행복추구권의 보장과 실현에 초점을 두고 구성되어야 한다. 말하자면 기본권은 경찰법을 제한한다. 한편, 경찰법상 경찰작용은 공공의 안녕이나 질서에 대한 위험을 방지하여 공익을 보

1) Drew/Wacke/Vogel/Martens, Gefahrenabwehr: Allgemeines Polizeirecht, S. 423f.; Knemeyer, Polizei- und Ordnungsrecht, Rn. 310ff.; 독일연방과란트의단일경찰법표준초안 제 2 조 제 3 항.

2) Mandelartz/Helmut/Strube, Saarländisches Polizeigesetz, Kommentar für Studium und Praxis, § 2.12.

3) Knemeyer, Polizei- und Ordnungsrecht, Rn. 310.

장하는 데 뜻이 있으나, 그것은 개인에 대한 기본권침해를 수반하는 경우가 적지 않다. 말하자면 경찰법은 기본권을 제약한다. 따라서 「기본권은 경찰법을 제약한다」는 것과 「경찰법은 기본권을 제약한다」는 것의 조화가 중요하다.

2. 기본권 우선의 원칙

경찰이 위험방지사무와 관련하여 보호하여야 할 모든 이익은 동등한 것이 아니다. 명시적인 규정은 없지만, 위험방지의 직무를 수행함에 있어서 경찰은 사람의 생명이나 건강의 보호를 다른 법익의 보호보다 우선하여야 한다.[1] 위험방지작용을 위해 이루어질 수 있는 사람에 대한 침해는 다만 다른 방법으로는 목적달성을 기대하기 어렵거나 또는 다른 방법의 도입이 비례원칙에 어긋나는 경우에 한정되어야 할 것이다.[2]

Ⅱ. 개별적 유보

1. 일 반 론

경찰작용에는 기본권보호(방어권으로서의 기본권)와 그 제한이 중요한 문제가 된다. ① 기본권은 법질서의 기본을 이룬다. 경찰은 기본권을 존중하여야 할 뿐만 아니라 그것을 보호할 의무를 지고 있다(헌법 제10조). ② 제 3 자의 기본권의 보호 또는 헌법이 지향하는 가치질서 등과 관련하여 기본권은 제한될 수도 있다. 기본권의 제한은 헌법 자체가 직접 규정할 때도 있으나(헌법유보), 법률로 하게 함이 일반적이다(법률유보). 후자의 경우에도 일반적 유보(헌법 제37조 제 2 항)와 개별적 유보가 있다. 개별적인 유보의 경우를 몇 가지 살펴보기로 한다.

2. 언론의 자유

언론의 자유와 관련하여 검열제는 금지된다(헌법 제21조 제 2 항).[3] 표현물체(예: 책 · 잡지 · 신문 · 플래카드 ·

---

1) 입법례로 오스트리아연방안전경찰법 제28조 참조.

2) 입법례로 오스트리아연방안전경찰법 제28a조 참조.

3) 헌재 2006. 10. 26, 2005헌가14(헌법 제21조 제 1 항과 제 2 항은 모든 국민은 언론 · 출판의 자유를 가지며, 언론 · 출판에 대한 허가나 검열은 인정되지 아니한다고 규정하고 있다. 여기서의 검열은 행정권이 주체가 되어 사상이나 의견 등이 발표되기 이전에 예방적 조치로서 그 내용을 심사, 선별하여 발표를 사전에 억제하는, 즉 허가받지 아니한 것의 발표를 금지하는 제도를 뜻한다. … 여기서 말하는 검열은 그 명칭이나 형식에 구애됨이 없이 실질적으로 위에서 밝힌 검열의 개념에 해당되는 모든 것을 그 대상으로 하는 것이다. 그러나 검열금지의 원칙은 모든 형

(삐라 · 레코드 등)의 내용상 위험은 내용제한법으로 방지될 수 없고, 경찰법규에 따른 경찰상 위험방지를 근거로 방지될 수 있다.

3. 재 산 권

재산권의 내용과 한계는 법률로 정한다(형성유보)(헌법 제23조 제 1 항). 내재적 한계 내에서 이루어지는 경찰상 침해에 대하여 재산권자는 수인하여야 한다. 내재적 제한 내의 침해인지 아니면 특별한 희생을 가져오는 침해인지의 여부의 판단은 용이하지 아니하다. 그 기준으로 특별희생설에[1] 대한 검토가 필요하다.

4. 집회의 자유

집회의 자유와 관련하여 허가제는 금지된다(헌법 제21조 제 2 항). 집회의 자유에 대한 침해 없이 공공의 안녕과 질서를 확보하는 것이 경찰의 의무이다. 옥외집회의 경우는 공공의 안녕과 질서상 특별규율이 가해진다. 민주법치국가에서 집회권이 경찰법의 대상이라는 것은 집회, 특히 도로상 집회가 개개의 경우에 공공의 안녕과 질서에 위험(예: 집회참가자의 신체침해, 교통참여자의 신체침해, 교통의 방해 등)을 가져올 수 있다는 데서 나온다. 그런데 집회자유와 도로사용 중 어느 것이 우선하는가의 문제는 이익형량의 문제이다. 집회의 자유로부터 나오는 도로사용의 권리가 특별한 권리로는 보이지 않는다. 그것은 도로를 일반적으로 사용하는 권리와 같은 것이다. 따라서 시위를 함에 있어 도로를 사용하는 경우에도, 그것은 경찰의 포괄적인 교통질서임무하에 놓이게 된다(집회법보다 도로법이 우선). 집회법에는 도로의 특별사용에 관한 규정이 없다.

태의 사전적인 규제를 금지하는 것이 아니고, 단지 의사표현의 발표여부가 오로지 행정권의 허가에 달려있는 사전심사만을 금지하는 것을 뜻한다. 그러므로 검열은 일반적으로 허가를 받기 위한 표현물의 제출의무, 행정권이 주체가 된 사전심사절차, 허가를 받지 아니한 의사표현의 금지 및 심사절차를 관철할 수 있는 강제수단 등의 요건을 갖춘 경우에만 이에 해당하는 것이다); 헌재 1996. 10. 4, 93헌가12, 91헌바10(병합)(구 음반및비디오물에관한법률(1999. 2. 8. 법률 제5925호 음반 · 비디오물및게임물에관한법률 부칙 제 2 조로 폐지) 및 같은 법 시행령, 같은 법 시행규칙이 비디오물제작업자에 대하여 일정한 시설을 갖추어 문화체육부장관에게 등록할 것을 명하는 것은 비디오물산업의 건전한 육성 · 발전을 촉진하고 국민의 문화생활 및 정서생활에 이바지하며, 비디오물제작에 필수적인 기본시설을 갖추지 못함으로써 발생하는 폐해방지 등을 위하여 주무 행정관청이 비디오물제작업자의 실태를 파악해서 이를 건전하게 육성하고, 공공의 이익과 질서유지에 합당하게 지속적으로 유지, 발전하도록 하기 위한 것이므로, 위 법률조항이 과잉금지의 원칙에 위반하는 등 자의적인 입법을 하지 아니한 이상 예술의 자유나 언론 · 출판의 자유를 본질적으로 침해하였다고 할 수는 없다).

1) 특별희생설에 대해서는 졸저, 행정법원론(상), 옆번호 2048 이하 참조.

5. 노동쟁의

파업권은 근로조건개선을 위해서 인정되는 것이고, 노동법상 정당한 쟁의에 대하여 경찰법상 개입은 불가하다. 노동법 위반의 경우에도 위반사항의 관할관청이 노동행정청인 한 제도적 의미의 경찰의 개입은 원칙적으로 불가하다. 경찰은 다만 ① 비노동쟁의(폭력 등 범죄행위)로 말미암아 공공의 안녕에 대한 장해가 있을 때에는 일반원칙에 따라 개입이 가능할 것이다. ② 병원 · 생활배려를 위한 기업(전력 · 가스 · 물 등) · 교통기관 등의 종사자에 의한 파업이 있는 경우, 그리고 그 파업이 공공의 안녕에 위험을 가져오는 경우에는 쟁의중인 자의 직장복귀명령 아닌 다른 적합한 조치를 취하여야 할 것이다.

6. 예술의 자유

모든 국민은 예술의 자유를 가진다(헌법 제22조 제1항). 그러나 그 자유는 무제한으로 인정될 수 없다. 도로예술이 예술의 자유를 실현하는 방법의 하나라고 할지라도 도로예술을 위해 허가 없는 임의적인 도로사용이 허용될 수는 없다.

7. 종교의 자유

국가의 법과 종교의 법이 충돌하는 경우, 종교행위 역시 경찰의 대상이 된다고 보아야 한다. 예컨대 종교를 빙자하여 생명을 침해하는 경우에는 경찰이 개입하여야 하고, 붕괴위험이 있는 예배당에서의 예배는 금지되어야 한다.

8. 직업선택의 자유

모든 국민은 직업선택의 자유를 가진다(헌법 제15조). 그러나 그 자유는 무제한으로 인정될 수 없다. 산업안전 등을 이유로 일정직업의 종사에 허가제가 요구될 수도 있고, 신고제가 요구될 수도 있다.

Ⅲ. 경찰인권위원회의 설치문제

인권의 보장과 보호에 관해 경찰청장에 자문하는 경찰인권위원회의 설치를 검토할 필요가 있다. 위원들이 어느 누구의 지시나 명령에도 구속되지 아니하는 직무상 독립성을 가지면서, 어느 경찰기관도 방문할 수 있고, 경찰에 구금

되고 있는 자를 만날 수도 있도록 하는 경찰인권위원회의 설치를 검토할 필요가 있을 것이다.[1]

제 5 항 정보와 경찰

Ⅰ. 정보상 자기결정권(자기정보결정권, 정보자기결정권)

위험방지는 그에 관한 정보를 전제로 한다. 정보의 수집은 경찰의 핵심적인 활동 중의 한 부분이다.[2] 말하자면 경찰은 일반공중에 대한 구체적인 위험을 방지 또는 예방하기 위해 잠재적인 범행자나 증인 같은 제 3 자의 인적 자료를 필요로 한다. 인적 관련자료를 수집 · 가공 · 관리하는 것은 경찰의 실제이다. 이러한 현상은 비교적 오래된 일이다. 다만 그 수집 · 관리 등이 완전한 자동기계(컴퓨터)에 의한다는 점이 과거와 다른 오늘날의 특징이다. 컴퓨터에 의한 자료의 처리와 보관은 급속히 증대하고 있다. 이와 관련하여 사인의 정보상 자기결정권에 대한 검토가 필요하다. 한편, 「경찰이 정보에 관한 사무를 수행한다는 것」과 「경찰이 정보사무로 개인의 기본권을 침해하기 위해서는 법적 근거가 필요하다는 것」은 구분되어야 한다. 이것은 경찰상 정보의 영역에서도 임무규정과 권한규정은 구분되어야 함을 뜻한다. 실제상 논의의 중점은 권한규정에 놓인다.

1. 일 반 론

(1) 의 의

개인은 누구나 자신에 관한 정보를[3] 관리하고, 통제하고, 외부로 표현함

1) 입법례로 오스트리아연방안전경찰법 제15조 내지 제15a조.

2) Schmidt, Besonderes Verwaltungsrecht Ⅱ, Rn. 127.

3) 헌재 2005. 7. 21, 2003헌마282(개인정보자기결정권의 보호대상이 되는 개인정보는 개인의 신체, 신념, 사회적 지위, 신분 등과 같이 개인의 인격주체성을 특징짓는 사항으로서 그 개인의 동일성을 식별할 수 있게 하는 일체의 정보라고 할 수 있고, 반드시 개인의 내밀한 영역이나 사사(私事)의 영역에 속하는 정보에 국한되지 않고 공적 생활에서 형성되었거나 이미 공개된 개인정보까지 포함한다. 또한 그러한 개인정보를 대상으로 한 조사 · 수집 · 보관 · 처리 · 이용 등의 행위는 모두 원칙적으로 개인정보자기결정권에 대한 제한에 해당한다); 헌재 2005. 5. 26, 99헌마513.

에 있어 스스로 결정할 수 있는 권리를 가진다고 볼 때, 이러한 권리를 정보상 자기결정권, 자기정보결정권 또는 개인정보자기결정권이라 한다.[1] 정보상 자기결정권이라는 표현은 독일의 연방헌법재판소판결(BVerfGE 65, 1ff.)에서 유래한다.[2] 정보상 자기결정권 내지 인적 자료보호는 헌법적 지위를 갖는다.[3]

(2) 법적 근거

(가) 헌 법

정보상 자기결정권의 헌법적 근거로 사생활의 비밀과 자유를 보장하는 헌법 제17조가 있다. 동 조항은 개개인에게 인적 자료의 사용과 교부에 관해 스스로 결정할 수 있는 권리까지 보장하는 규정이다. 판례의 입장도 같다.[4] 헌법재판소의 입장은 다소 다르다.[5]

---

1) 헌재 2005. 5. 26, 99헌마513, 2004헌마190(병합)(개인정보자기결정권은 자신에 관한 정보가 언제 누구에게 어느 범위까지 알려지고 또 이용되도록 할 것인지를 그 정보주체가 스스로 결정할 수 있는 권리, 즉 정보주체가 개인정보의 공개와 이용에 관하여 스스로 결정할 권리를 말하는 바, 개인의 고유성, 동일성을 나타내는 지문은 그 정보주체를 타인으로부터 식별가능하게 하는 개인정보이므로, 시장 · 군수 또는 구청장이 개인의 지문정보를 수집하고, 경찰청장이 이를 보관 · 전산화하여 범죄수사목적에 이용하는 것은 모두 개인정보자기결정권을 제한하는 것이다); 헌재 2005. 7. 21, 2003헌마282.

2) 독일연방헌법재판소는 1983년 12월 15일 국세조사법판결(BVerfGE 65, 1ff.)에서 ① 현대의 정보처리시스템하에서 공공기관에 의한 개인정보의 무제한의 수집 · 저장 · 사용 및 제 3 자에의 교부로부터 개인이 보호되어야 함은 일반적 인격권의 내용을 이룬다. ② 개인은 자신의 인적 자료의 교부나 사용에 대해 원칙적으로 스스로 결정할 권리, 즉 정보상 자기결정권을 가진다. ③ 이러한 권리의 제한은 중대한 공익상의 요구에 의해, 그리고 합헌적인 법률에 의해서만 가능하다. 물론 이러한 제한의 경우, 그 내용은 명확하고 또한 비례원칙을 준수하는 것이어야 한다고 판시하였다.

3) A. Kowalczyk, Datenschutz im Polizeirecht, 1989, S. 10ff.

4) 대판 1998. 7. 24, 96다42789(헌법 제10조는 "모든 국민은 인간으로서의 존엄과 가치를 가지며, 행복을 추구할 권리를 가진다. 국가는 개인이 가지는 불가침의 기본적 인권을 확인하고 이를 보장할 의무를 진다"고 규정하고, 헌법 제17조는 "모든 국민은 사생활의 비밀과 자유를 침해받지 아니한다"라고 규정하고 있는바, 이들 헌법 규정은 개인의 사생활 활동이 타인으로부터 침해되거나 사생활이 함부로 공개되지 아니할 소극적인 권리는 물론, 오늘날 고도로 정보화된 현대사회에서 자신에 대한 정보를 자율적으로 통제할 수 있는 적극적인 권리까지도 보장하려는 데에 그 취지가 있는 것으로 해석된다).

5) 헌재 2005. 5. 26, 99헌마513, 2004헌마190(개인정보자기결정권의 헌법상 근거로는 헌법 제17조의 사생활의 비밀과 자유, 헌법 제10조 제 1 문의 인간의 존엄과 가치 및 행복추구권에 근거를 둔 일반적 인격권 또는 위 조문들과 동시에 우리 헌법의 자유민주적 기본질서 규정 또는 국민주권원리와 민주주의원리 등을 고려할 수 있으나, 개인정보자기결정권으로 보호하려는 내용을 위 각 기본권들 및 헌법원리들 중 일부에 완전히 포섭시키는 것은 불가능하다고 할 것이므로, 그 헌법적 근거를 굳이 어느 한두 개에 국한시키는 것은 바람직하지 않은 것으로 보이고, 오히려 개인정보자기결정권은 이들을 이념적 기초로 하는 독자적 기본권으로서 헌법에 명시되지 아니한 기본권이라고 보아야 할 것이다); 헌재 2005. 7. 21, 2003헌마282.

(나) 법 률

개인정보의 보호를 위한 일반법으로 '개인정보 보호법'이 있으며, 경찰작용과 관련하여 경찰법 제 3 조 및 경찰관직무집행법 제 2 조 제 3 호를 볼 수 있다. 경찰작용에 개인정보 보호법이 적용됨은 물론이다. 이 밖에도 정보통신망이용촉진 및 정보보호 등에 관한 법률 · 형법 · 통신비밀보호법 · 통계법 · 가족관계의 등록 등에 관한 법률 등에서도 단편적으로 개인의 정보보호에 관한 규정을 두고 있다. 행정절차법도 비밀누설금지 · 목적 외 사용금지 등을 규정하고 있다(절차법 제37조 제 6 항).

(3) 제한의 방향

개인의 정보상 자기결정권은 한계가 없는 것이 아니다. 공동체관련성과 공동체구속성에 근거하여 개인의 정보상 자기결정권은 공동체의 이익을 위해 제한될 수 있다. 예방경찰상 개인의 정보상 자기결정권에 대한 제한은 대체로 다음의 3가지 방향에서 이루어진다. 첫째, 관계자에 대한 정보의 확보라는 의미의 정보수집(자료수집)의 면에서 이루어진다.[1] 둘째, 인적 관련 정보의 저장 · 변경 · 교부 · 폐기라는 의미의 정보의 처리(자료처리)의 면에서 이루어진다.[2] 셋째, 인적 자료의 활용(이용)이라는 의미의 정보이용(자료이용)의 면에서 이루어진다.[3]

---

1) 헌재 2005. 5. 26, 99헌마513, 2004헌마190(병합)(주민등록법 제17조의8 제 2 항 본문은 주민등록증의 수록사항의 하나로 지문을 규정하고 있을 뿐 "오른손 엄지손가락 지문"이라고 특정한 바가 없으며, 이 사건 시행령조항에서는 주민등록법 제17조의8 제 5 항의 위임규정에 근거하여 주민등록증발급신청서의 서식을 정하면서 보다 정확한 신원확인이 가능하도록 하기 위하여 열 손가락의 지문을 날인하도록 하고 있는 것이므로, 이를 두고 법률에 근거가 없는 것으로서 법률유보의 원칙에 위배되는 것으로 볼 수는 없다).

2) 헌재 2005. 5. 26, 99헌마513, 2004헌마190(병합)(공공기관의개인정보보호에관한법률 제10조 제 2 항 제 6 호는 컴퓨터에 의하여 이미 처리된 개인정보뿐만 아니라 컴퓨터에 의하여 처리되기 이전의 원 정보자료 자체도 경찰청장이 범죄수사목적을 위하여 다른 기관에서 제공받는 것을 허용하는 것으로 해석되어야 하고, 경찰청장은 같은 법 제 5 조에 의하여 소관업무를 수행하기 위하여 필요한 범위 안에서 이를 보유할 권한도 갖고 있으며, 여기에는 물론 지문정보를 보유하는 것도 포함된다. 따라서 경찰청장이 지문정보를 보관하는 행위는 공공기관의개인정보보호에관한법률 제 5 조, 제10조 제 2 항 제 6 호에 근거한 것으로 볼 수 있고, 그 밖에 주민등록법 제17조의8 제 2 항 본문, 제17조의10 제 1 항, 경찰법 제 3 조 및 경찰관직무집행법 제 2 조에도 근거하고 있다).

3) 헌재 2005. 5. 26, 99헌마513, 2004헌마190(병합)(경찰청장이 보관하고 있는 지문정보를 전산화하고 이를 범죄수사목적에 이용하는 행위가 법률의 근거가 있는 것인지 여부에 관하여 보건대, 경찰청장은 개인정보화일의 보유를 허용하고 있는 공공기관의개인정보보호에관한법률 제 5 조에 의하여 자신이 업무수행상의 필요에 의하여 적법하게 보유하고 있는 지문정보를 전산화할 수 있고, 지문정보의 보관은 범죄수사 등의 경우에 신원확인을 위하여 이용하기 위한 것이므로, 경찰청장이 지문정보를 보관하는 행위의 법률적 근거로서 거론되는 법률조항들은 모두 경찰청장이 지문정보를 범죄수사목적에 이용하는 행위의 법률적 근거로서 원용될 수 있다).

(4) 제한의 한계

모든 국민은 공익을 위해 정보상 자기결정권을 제한하는 국가의 침해를 어느 정도 수인해야 한다. 왜냐하면 개인은 사회공동체 내부에서 자기를 발현하고 타인과의 소통 속에 인격을 실현하는 존재이기 때문이다. 여기에서 개인의 정보상 자기결정권은 한계를 갖는다. 그런데 이 한계는, 즉 개인의 정보상 자기결정권의 침해는 법률로 정해져야 한다(법률유보사항). 한편, 개인의 정보상 자기결정권을 제한하는 법률은 헌법질서에 따른 것이어야 한다. 그러한 법률은 헌법상 한계를 갖는다. 그 한계는 형식적인 것과 실질적인 것으로 구분할 수 있다.[1)]

(가) 형식적 한계

① 정보상 자기결정권을 제한하는 법상의 근거는 제한의 전제요건과 범위를 분명히 하는 것이어야 하고 아울러 개인이 인식할 수 있는 것이어야 한다. 규범의 명료성 · 명확성의 요구는 법치국가의 명령이다(명확성). ② 관련 개인의 인식과 관찰, 법적 명료성, 관련공무원의 적용가능성을 위해 자료의 수집 · 활용은 경찰법에서 규정되어야 한다. 공행정 내부의 어떠한 영역에서 자신의 인적자료가 필요한가를 개인은 알아야 한다(관할관청의 특정). 그 밖에 ③ 법률의 일반적 성립요건을 갖추어야 한다.

(나) 실질적 한계

정보상 자기결정권을 제한하는 법률은 비례원칙에 따라야 하고, 정보상 자기결정권의 본질적 내용을 준수하여야 하고 또한 인간의 존엄과 가치를 존중하여야 한다.

2. 개인정보 보호에 관한 원칙

(1) 개인정보수집상 원칙

개인정보처리자는 개인정보의 처리 목적을 명확하게 하여야 하고 그 목적에 필요한 범위에서 최소한의 개인정보만을 적법하고 정당하게 수집하여야 한다(정보법 제3조 제1항). 이 원칙은 같은 법 제16조 제 1 항 등에서 구체화되고 있다.

(2) 개인정보처리상 원칙

개인정보처리자는 개인정보의 처리 목적에 필요한 범위에서 적합하게 개인

---

1) A. Kowalczyk, Datenschutz im Polizeirecht, 1989, S. 28ff.

정보를 처리하여야 하며, 그 목적 외의 용도로 활용하여서는 아니 된다(정보법 제3조 제2항). 이 원칙은 같은 법 제18조 제 1 항에서 구체화되고 있다. 개인정보처리자는 개인정보의 익명처리가 가능한 경우에는 익명에 의하여 처리될 수 있도록 하여야 한다(정보법 제3조 제7항). 개인정보처리자는 정보주체의 사생활 침해를 최소화하는 방법으로 개인정보를 처리하여야 한다(정보법 제3조 제6항).

⑶ 개인정보관리상 원칙

개인정보처리자는 개인정보의 처리 목적에 필요한 범위에서 개인정보의 정확성, 완전성 및 최신성이 보장되도록 하여야 한다(정보법 제3조 제3항). 개인정보처리자는 개인정보의 처리 방법 및 종류 등에 따라 정보주체의 권리가 침해받을 가능성과 그 위험 정도를 고려하여 개인정보를 안전하게 관리하여야 한다(정보법 제3조 제4항).

⑷ 정보주체권리의 보장원칙

개인정보처리자는 개인정보 처리방침 등 개인정보의 처리에 관한 사항을 공개하여야 하며, 열람청구권 등 정보주체의 권리를 보장하여야 한다(정보법 제3조 제5항).

3. 보호대상 개인정보

⑴ 보호대상 개인정보의 주체(보호대상자)

개인정보 보호법상 "개인정보"란 「살아 있는 개인」에 관한 정보를 말한다(정보법 제2조 제1호). 따라서 사자(死者)나 법인은 보호대상정보의 주체가 아니다. 요컨대 사자나 법인의 정보는 개인정보 보호법의 보호대상이 아니다.

⑵ 보호대상 개인정보의 처리자(개인정보처리자)

개인정보 보호법상 개인정보처리자란 업무를 목적으로 개인정보파일을 운용하기 위하여 스스로 또는 다른 사람을 통하여 개인정보를 처리하는 공공기관(국회, 법원, 헌법재판소, 중앙선거관리위원회의 행정사무를 처리하는 기관, 중앙행정기관(대통령 소속 기관과 국무총리 소속 기관을 포함한다) 및 그 소속 기관, 지방자치단체, 그 밖의 국가기관 및 공공단체 중 대통령령으로 정하는 기관), 법인, 단체 및 개인 등을 말한다(정보법 제2조 제5호).

| 참고 |

개인정보처리자에 공공기관과 사인(민간)이 있음으로 인해 개인정보 보호법상 나타날 수 있는 법관계는 아래와 같이 다양하다.

(1) 개인정보처리자와 정보보호대상자 간의 법률관계
1) 공공기관인 개인정보처리자와 정보보호대상자 사이(공법관계)
2) 사인인 개인정보처리자와 정보보호대상자 사이(사법관계)
(2) 감독기관으로서 국가(행정안전부장관)와 개인정보처리자 간의 법률관계
1) 행정안전부장관과 공공기관인 개인정보처리자 사이(공법관계)
2) 행정안전부장관과 사인인 개인정보처리자 사이(공법관계)

(3) 보호대상 개인정보의 의미

개인정보 보호법상 "개인정보"란 살아 있는 개인에 관한 정보로서 성명, 주민등록번호 및 영상 등을 통하여 개인을 알아볼 수 있는 정보(해당 정보만으로는 특정 개인을 알아볼 수 없더라도 다른 정보와 쉽게 결합하여 알아볼 수 있는 것을 포함한다)를 말한다(정보법 제2조 제1호). 정보에는 성명 · 생년월일 · 연령 · 가족관계등록부의 등록기준지 · 가족상황 · 교육수준 · 직업 · 종교 · 취미 · 지문 · 사진 · 수입 · 재산 · 보험 · 납세상황 · 차량 · 은행거래 등을 포함한다고 본다. 이러한 정보의 작성 등이 수기에 의한 것인지, 아니면 컴퓨터에 의한 것인지 등은 문제되지 아니한다. 일반적으로 접근할 수 있는 정보도 당연히 보호의 대상이 된다.

| 참고 | 지문정보의 특성(헌재 2005. 5. 26, 99헌마513, 2004헌마190(병합))

1. 지문날인제도의 연혁

주민등록법은 시 · 군의 주민을 등록하게 함으로써 주민의 거주관계를 파악하고 상시로 인구의 동태를 명확히 하여 행정사무의 적정하고 간이한 처리를 도모할 목적으로 1962. 5. 10. 법률 제1067호로 제정된 이래, 2004. 3. 22. 법률 제7201호로 최종 개정되기까지 모두 13차례에 걸쳐 개정되었다. 지문날인제도는 주민등록법 제정당시부터 있었던 것은 아니고, 1968. 5. 29. 법률 제2016호로 주민등록법이 개정되어 주민등록증제도가 도입되면서 주민등록증의 발급과 관련하여 비로소 도입된 것이다. 지문날인제도의 법적 근거는 1968. 9. 16. 대통령령 제3585호로 개정된 주민등록법시행령 제32조 제 2 항에서 "주민등록증의 발급을 받고자 하는 자는 그 자신이… 별지 제33호 서식에 의한 주민등록증발급신청서와 주민등록용지에 무인한다"라고 규정함으로써 양손 무지지문을 날인하도록 한 것이 처음이다. 이에 이르기까지의 입법과정상 논의를 살펴보면, 앞서 본 주민등록제도 일반에 관한 입법목적 외에도 치안상 필요한 특별한 경우에는 신원이나 거주관계를 확인하기 위하여 주민등록증을 제시하도록 함으로써 간첩이나 불순분자를 용이하게 식별 색출하여 반공태세를 강화하고 행정상 주민등록증을 활용할 수 있도록 하여 행정능률과 주민의 편의를 도모한다는 점이 입법목적으로 고려되었음을 알 수 있다. 따라서 주민등록증제도, 나아가 지문날인제도의 입법목적으로는, 주민의 거주관계 파악 및

행정사무의 적정, 간이한 처리라는 주민등록제도 일반에 관한 입법목적 외에도 치안유지나 국가안보가 보다 적극적으로 고려된 것이고, 이러한 입법목적에는 날인된 지문의 범죄수사목적상 이용도 포함됨은 자명하다 할 것이다. 그리고 1975. 8. 26. 대통령령 제7759호로 주민등록법시행령이 개정되면서 주민등록증발급신청서에 열 손가락 지문을 날인하도록 한 이래 오늘에 이르고 있다.

한편, 1997. 12. 17. 법률 제5459호로 개정된 주민등록법은 21세기 정보화시대에 대비하여 종전의 주민등록증 대신 주민카드로 갱신 발급하도록 하는 내용을 담고 있었으나, 1999. 5. 24. 법률 제5987호로 개정된 주민등록법에서 국민의 프라이버시권을 침해할 우려가 있고 막대한 비용을 필요로 한다는 이유로 전자주민카드사업은 보류되었다. 주민등록법에 '지문'이라는 표현이 사용됨으로써 지문날인제도가 법률에 명시적 근거를 갖게 된 것은 위 1997. 12. 17. 개정법 제17조의8 제 2 항에서 주민카드에 수록할 사항 중의 하나로 지문을 규정하면서부터이고, 그 후 위 1999. 5. 24. 개정법 제17조의8 제 2 항 본문에서 "주민등록증에는 성명 · 사진 · 주민등록번호 · 주소 · 지문 · 발행일 · 주민등록기관을 수록한다"라고 하여 주민등록증에 수록할 사항 중의 하나로 지문을 규정한 이래 오늘에 이르고 있다.

2. 지문의 특성

지문은 손가락 끝마디 안쪽에 있는 피부의 무늬 또는 그것이 어떤 물건에 남긴 흔적을 말한다. 지문정보는 만인부동(萬人不同), 종생불변(終生不變)의 특징을 지니고 있어 개인의 고유성, 동일성을 나타내는 중요한 정보이므로 가장 정확하고 효율적인 사람의 신원확인수단의 하나로 사용되고 있는바, 다음과 같은 특성을 가진다.

첫째, 지문정보는 개인의 동일성을 확인할 수 있는 하나의 징표일 뿐 종교, 학력, 병력, 소속 정당, 직업 등과 같이 정보주체의 신상에 대한 인격적 · 신체적 · 사회적 · 경제적 평가가 가능한 내용이 담겨 있지 아니하므로, 그 자체로는 타인의 평가로부터 단절된 중립적인 정보라고 할 수 있다.

둘째, 지문정보는 누구나 손쉽게 정보주체를 확인할 수 있는 성명, 사진, 주민등록번호 등과는 달리 일반인의 경우 지문정보의 내용을 가지고 정보주체를 파악하는 것이 거의 불가능하고, 이에 대한 전문적인 감식능력이 있는 경우에만 그 정보주체의 확인이 가능하다.

셋째, 지문정보는 지문을 직접 날인하는 방법에 의하여 생성되기 때문에 정보주체로부터 정보수집자에게로 전달되는 과정에서 정보의 내용이 실제 내용과 다르게 왜곡될 염려가 없는 객관적인 정보이다.

개인정보자기결정권은 정보주체로 하여금 개인정보의 공개와 이용을 스스로 통제하도록 함으로써 타인에게 형성될 정보주체의 사회적 인격상에 대한 결정권을 정보주체에게 유보시킨다는 의미를 갖고 있는바, 지문정보는 위와 같은 특성으로 인하여 그러한 결정권을 제약하는 요소로 작용할 여지가 매우 작다.

특히 주민등록증발급신청서에 날인되어 있는 지문정보는 정보주체가 지문날인 시 지문정보의 수집 및 처리가 이루어지리라는 것을 쉽사리 예상할 수 있는 특징을 갖고 있다.

4. 개인정보의 처리

(1) 개인정보의 수집, 이용, 제공 등

개인정보 보호법은 이와 관련하여 개인정보의 수집 · 이용(정보법 제15호), 개인정보의 수집 제한(정보법 제16호), 개인정보의 제공(정보법 제17호), 개인정보의 이용 · 제공의 제한(정보법 제18호), 개인정보를 제공받은 자의 이용 · 제공 제한(정보법 제19호), 정보주체 이외로부터 수집한 개인정보의 수집 출처 등 고지(정보법 제20호), 개인정보의 파기(정보법 제21호) 등을 규정하고 있다.

(2) 개인정보의 처리 제한

개인정보 보호법은 이와 관련하여 민감정보의 처리 제한(정보법 제23호), 고유식별정보의 처리 제한(정보법 제24호), 영상정보처리기기의 설치 · 운영 제한(정보법 제25호), 업무위탁에 따른 개인정보의 처리 제한(정보법 제26호), 영업양도 등에 따른 개인정보의 이전 제한(정보법 제27호) 등을 규정하고 있다.

| 참고 |

▣ 개인정보 보호법 제25조(영상정보처리기기의 설치 · 운영 제한) ① 누구든지 다음 각 호의 경우를 제외하고는 공개된 장소에 영상정보처리기기를 설치 · 운영하여서는 아니 된다.

1. 법령에서 구체적으로 허용하고 있는 경우
2. 범죄의 예방 및 수사를 위하여 필요한 경우
3. 시설안전 및 화재 예방을 위하여 필요한 경우
4. 교통단속을 위하여 필요한 경우
5. 교통정보의 수집 · 분석 및 제공을 위하여 필요한 경우

② 누구든지 불특정 다수가 이용하는 목욕실, 화장실, 발한실(發汗室), 탈의실 등 개인의 사생활을 현저히 침해할 우려가 있는 장소의 내부를 볼 수 있도록 영상정보처리기기를 설치 · 운영하여서는 아니 된다. 다만, 교도소, 정신보건 시설 등 법령에 근거하여 사람을 구금하거나 보호하는 시설로서 대통령령으로 정하는 시설에 대하여는 그러하지 아니하다.

(3) 동의를 받는 방법

개인정보 보호법은 개인정보처리자가 정보주체로부터 동의를 받는 방법과

관련하여 사항별 구분 동의(정보법 제22조 제1항), 동의 요부의 구분(정보법 제22조 제2항), 홍보 · 판매 권유와 동의(정보법 제22조 제3항), 14세 미만 아동(정보법 제22조 제5항) 등을 규정하고 있다.

5. 정보주체의 권리

(1) 권리의 유형

정보주체는 자신의 개인정보 처리와 관련하여 ① 개인정보의 처리에 관한 정보를 제공받을 권리(통지를 받을 권리), ② 개인정보의 처리에 관한 동의 여부, 동의 범위 등을 선택하고 결정할 권리(동의권), ③ 개인정보의 처리 여부를 확인하고 개인정보에 대하여 열람(사본의 발급을 포함한다. 이하 같다)을 요구할 권리(열람청구권), ④ 개인정보의 처리 정지, 정정 · 삭제 및 파기를 요구할 권리(정정 · 삭제 · 파기청구권), ⑤ 개인정보의 처리로 인하여 발생한 피해를 신속하고 공정한 절차에 따라 구제받을 권리(손해배상청구권, 쟁송제기권)를 가진다(정보법 제4호). 열람청구권은 같은 법 제35조에서, 정정 · 삭제청구권은 같은 법 제36조에서, 처리정지요구권은 같은 법 제37조에서 구체화되고 있다.

(2) 열람청구권

(가) 의 의

개인정보처리자가 처리하는 자신의 개인정보에 대한 열람을 해당 개인정보처리자에게 요구할 수 있다(정보법 제35조 제1항). 공공기관에 대한 열람청구권은 개인적 공권으로 보장된다. 제 1 항에도 불구하고 정보주체가 자신의 개인정보에 대한 열람을 공공기관에 요구하고자 할 때에는 공공기관에 직접 열람을 요구하거나 대통령령으로 정하는 바에 따라 행정안전부장관을 통하여 열람을 요구할 수 있다(정보법 제35조 제2항).

(나) 개인정보처리자의 조치

개인정보처리자는 제 1 항 및 제 2 항에 따른 열람을 요구받았을 때에는 대통령령으로 정하는 기간 내에 정보주체가 해당 개인정보를 열람할 수 있도록 하여야 한다. 이 경우 해당 기간 내에 열람할 수 없는 정당한 사유가 있을 때에는 정보주체에게 그 사유를 알리고 열람을 연기할 수 있으며, 그 사유가 소멸하면 지체 없이 열람하게 하여야 한다(정보법 제35조 제3항).

(다) 열람의 제한

개인정보처리자는 다음 각 호(1. 법률에 따라 열람이 금지되거나 제한되는 경우, 2. 다른 사람의 생명 · 신체를 해할 우려가 있거나 다른 사람의 재산과 그 밖의 이익을 부당하게 침해할 우려가 있는 경우, 3. 공공기관이 다음 각 목(가. 조세의 부과 · 징수 또는 환급에 관한 업무, 나. 「초 · 중등교육법」 및 「고등교육법」에 따른 각급 학교, 「평생교육법」에 따른 평생교육시설, 그 밖의 다른 법률에 따라 설치된 고등교육기관에서의 성적 평가 또는 입학자 선발에 관한 업무, 다. 학력 · 기능 및 채용에 관한 시험, 자격 심사에 관한 업무, 라. 보상금 · 급부금 산정 등에 대하여 진행 중인 평가 또는 판단에 관한 업무, 마. 다른 법률에 따라 진행 중인 감사 및 조사에 관한 업무)의 어느 하나에 해당하는 업무를 수행할 때 중대한 지장을 초래하는 경우)의 어느 하나에 해당하는 경우에는 정보주체에게 그 사유를 알리고 열람을 제한하거나 거절할 수 있다(정보법 제35조 제 4 항).

(3) 정정 · 삭제청구권

(가) 의 의

제35조에 따라 자신의 개인정보를 열람한 정보주체는 개인정보처리자에게 그 개인정보의 정정 또는 삭제를 요구할 수 있다. 다만, 다른 법령에서 그 개인정보가 수집 대상으로 명시되어 있는 경우에는 그 삭제를 요구할 수 없다(정보법 제36조 제 1 항).

(나) 개인정보처리자의 조치

개인정보처리자는 제 1 항에 따른 정보주체의 요구를 받았을 때에는 개인정보의 정정 또는 삭제에 관하여 다른 법령에 특별한 절차가 규정되어 있는 경우를 제외하고는 지체 없이 그 개인정보를 조사하여 정보주체의 요구에 따라 정정 · 삭제 등 필요한 조치를 한 후 그 결과를 정보주체에게 알려야 한다(정보법 제36조 제 2 항). 개인정보처리자가 제 2 항에 따라 개인정보를 삭제할 때에는 복구 또는 재생되지 아니하도록 조치하여야 한다(정보법 제36조 제 3 항). 개인정보처리자는 정보주체의 요구가 제 1 항 단서에 해당될 때에는 지체 없이 그 내용을 정보주체에게 알려야 한다(정보법 제36조 제 4 항). 개인정보처리자는 제 2 항에 따른 조사를 할 때 필요하면 해당 정보주체에게 정정 · 삭제 요구사항의 확인에 필요한 증거자료를 제출하게 할 수 있다(정보법 제36조 제 5 항).

(4) 처리정지요구권

(가) 의 의

정보주체는 개인정보처리자에 대하여 자신의 개인정보 처리의 정지를 요구할 수 있다. 이 경우 공공기관에 대하여는 제32조에 따라 등록 대상이 되는 개인정보파일 중 자신의 개인정보에 대한 처리의 정지를 요구할 수 있다(정보법 제37조 제 1 항).

(나) 개인정보처리자의 조치

개인정보처리자는 제 1 항에 따른 요구를 받았을 때에는 지체 없이 정보주체의 요구에 따라 개인정보 처리의 전부를 정지하거나 일부를 정지하여야 한다. 다만, 다음 각 호(1. 법률에 특별한 규정이 있거나 법령상 의무를 준수하기 위하여 불가피한 경우, 2. 다른 사람의 생명 · 신체를 해할 우려가 있거나 다른 사람의 재산과 그 밖의 이익을 부당하게 침해할 우려가 있는 경우, 3. 공공기관이 개인정보를 처리하지 아니하면 다른 법률에서 정하는 소관 업무를 수행할 수 없는 경우, 4. 개인정보를 처리하지 아니하면 정보주체와 약정한 서비스를 제공하지 못하는 등 계약의 이행이 곤란한 경우로서 정보주체가 그 계약의 해지 의사를 명확하게 밝히지 아니한 경우)의 어느 하나에 해당하는 경우에는 정보주체의 처리정지 요구를 거절할 수 있다(정보법 제37조 제2항). 개인정보처리자는 제 2 항 단서에 따라 처리정지 요구를 거절하였을 때에는 정보주체에게 지체 없이 그 사유를 알려야 한다(정보법 제37조 제3항). 개인정보처리자는 정보주체의 요구에 따라 처리가 정지된 개인정보에 대하여 지체 없이 해당 개인정보의 파기 등 필요한 조치를 하여야 한다(정보법 제37조 제4항).

(5) 권리행사의 방법 및 절차

(가) 대리인에 의한 권리행사

정보주체는 제35조에 따른 열람, 제36조에 따른 정정 · 삭제, 제37조에 따른 처리정지 등의 요구(이하 "열람등 요구"라 한다)를 문서 등 대통령령으로 정하는 방법 · 절차에 따라 대리인에게 하게 할 수 있다(정보법 제38조 제1항).

(나) 14세 미만 아동의 경우

만 14세 미만 아동의 법정대리인은 개인정보처리자에게 그 아동의 개인정보 열람등 요구를 할 수 있다(정보법 제38조 제2항).

(다) 개인정보처리자의 권리와 의무

개인정보처리자는 열람등 요구를 하는 자에게 대통령령으로 정하는 바에 따라 수수료와 우송료(사본의 우송을 청구하는 경우에 한한다)를 청구할 수 있다(정보법 제38조 제3항). 개인정보처리자는 정보주체가 열람등 요구를 할 수 있는 구체적인 방법과 절차를 마련하고, 이를 정보주체가 알 수 있도록 공개하여야 한다(정보법 제38조 제4항). 개인정보처리자는 정보주체가 열람등 요구에 대한 거절 등 조치에 대하여 불복이 있는 경우 이의를 제기할 수 있도록 필요한 절차를 마련하고 안내하여야 한다(정보법 제38조 제5항).

(6) 개인정보 유출 통지를 받을 권리

개인정보처리자는 개인정보가 유출되었음을 알게 되었을 때에는 지체 없이 해당 정보주체에게 다음 각 호(1. 유출된 개인정보의 항목, 2. 유출된 시점과 그 경위, 3. 유출로 인하여 발생할 수 있는 피해를 최소화하기 위하여 정보주체가 할 수 있는 방법 등에 관한 정보, 4. 개인정보처리자의 대응조치 및 피해 구제절차, 5. 정보주체에게 피해가 발생한 경우 신고 등을 접수할 수 있는 담당부서 및 연락처)의 사실을 알려야 한다(정보법 제34조 제1항). 이 조항은 정보주체의 사익보호를 목적으로 한다고 볼 것이므로, 이 조항에 의하여 정보주체는 개인정보 유출 통지를 받을 권리를 갖는다.

6. 권리보호

(1) 손해배상(국가배상)

정보주체는 개인정보처리자가 이 법을 위반한 행위로 손해를 입으면 개인정보처리자에게 손해배상을 청구할 수 있다. 이 경우 그 개인정보처리자는 고의 또는 과실이 없음을 입증하지 아니하면 책임을 면할 수 없다(정보법 제39조 제1항). 한편, 개인정보처리자가 이 법에 따른 의무를 준수하고 상당한 주의와 감독을 게을리하지 아니한 경우에는 개인정보의 분실 · 도난 · 유출 · 변조 또는 훼손으로 인한 손해배상책임을 감경받을 수 있다(정보법 제39조 제2항).

(2) 분쟁조정

(가) 의 의

분쟁조정이란 소송절차에 앞서서 개인정보와 관련한 분쟁을 조정하는 절차를 말한다. 분쟁조정절차는 필요적 전치절차가 아니다. 분쟁조정을 원하는 자가 제기하는 임의적 전치절차이다. 개인정보처리자가 국가 · 지방자치단체이고 분쟁조정사항이 행정심판의 대상에 해당하면, 정보주체는 분쟁조정 대신 행정심판법에 따라 행정심판을 제기할 수도 있다. 개인정보에 관한 분쟁의 조정(調停)을 위하여 개인정보 분쟁조정위원회(이하 "분쟁조정위원회"라 한다)를 둔다(정보법 제40조 제1항).

(나) 집단분쟁조정

국가 및 지방자치단체, 개인정보 보호단체 및 기관, 정보주체, 개인정보처리자는 정보주체의 피해 또는 권리침해가 다수의 정보주체에게 같거나 비슷한 유형으로 발생하는 경우로서 대통령령으로 정하는 사건에 대하여는 분쟁조정위원회에 일괄적인 분쟁조정(이하 "집단분쟁조정"라 한다)을 의뢰 또는 신청할 수 있다(정보법 제49조 제1항).

(3) 행정소송

(가) 의 의

개인정보처리자가 국가 · 지방자치단체인 경우, 정보주체는 행정소송법이 정하는 바에 따라 따라 국가 · 지방자치단체의 처분을 다투는 행정소송을 제기할 수도 있다. 이 경우의 행정소송은 주관적 소송의 형태가 된다.

(나) 개인정보 단체소송

1) 의 의 　개인정보 보호법은 개인정보 단체소송을 규정하고 있다. 개인정보 단체소송이란 일정한 단체가 자신의 고유한 권리침해나 구성원의 권

리침해를 다투는 것이 아니라 일반적인 정보주체의 권리침해를 다투는 소송을 말한다. 개인정보 단체소송은 객관적 소송의 성격을 갖는다. 개인정보 단체소송은 「정보처리자의 권리침해 행위의 금지 · 중지를 구하는 소송」인데, 이러한 소송유형은 행정소송법상 규정된 바 없다.

2) 원 고 다음 각 호의 어느 하나에 해당하는 단체는 개인정보처리자가 제49조에 따른 집단분쟁조정을 거부하거나 집단분쟁조정의 결과를 수락하지 아니한 경우에는 법원에 권리침해 행위의 금지 · 중지를 구하는 소송(이하 "단체소송"라 한다)을 제기할 수 있다(정보법 제51호). 단체소송의 원고는 변호사를 소송대리인으로 선임하여야 한다(정보법 제53호).

1. 「소비자기본법」 제29조(① 다음 각 호(1. 제28조(소비자단체의업무 등) 제 1 항 제 2 호 및 제 5 호의 업무를 수행할 것, 2. 물품 및 용역에 대하여 전반적인 소비자문제를 취급할 것, 3. 대통령령이 정하는 설비와 인력을 갖출 것, 4. 「비영리민간단체지원법」 제 2 조 각 호의 요건을 모두 갖출 것)의 요건을 모두 갖춘 소비자단체는 대통령령이 정하는 바에 따라 공정거래위원회 또는 지방자치단체에 등록할 수 있다)에 따라 공정거래위원회에 등록한 소비자단체로서 다음 각 목(가. 정관에 따라 상시적으로 정보주체의 권익증진을 주된 목적으로 하는 단체일 것, 나. 단체의 정회원수가 1천명 이상일 것, 다. 「소비자기본법」 제29조에 따른 등록 후 3년이 경과하였을 것)의 요건을 모두 갖춘 단체.

2. 「비영리민간단체 지원법」 제 2 조(이 법에 있어서 "비영리민간단체"라 함은 영리가 아닌 공익활동을 수행하는 것을 주된 목적으로 하는 민간단체로서 다음 각호 1. 사업의 직접 수혜자가 불특정 다수일 것, 2. 구성원 상호간에 이익분배를 하지 아니할 것, 3. 사실상 특정정당 또는 선출직 후보를 지지 · 지원할 것을 주된 목적으로 하거나, 특정 종교의 교리 전파를 주된 목적으로 설립 · 운영되지 아니할 것, 4. 상시 구성원수가 100인 이상일 것, 5. 최근 1년 이상 공익활동실적이 있을 것, 6. 법인이 아닌 단체일 경우에는 대표자 또는 관리인이 있을 것)의 요건을 갖춘 단체를 말한다)에 따른 비영리민간단체로서 다음 각 목(가. 법률상 또는 사실상 동일한 침해를 입은 100명 이상의 정보주체로부터 단체소송의 제기를 요청받을 것, 나. 정관에 개인정보 보호를 단체의 목적으로 명시한 후 최근 3년 이상 이를 위한 활동실적이 있을 것, 다. 단체의 상시 구성원수가 5천명 이상일 것, 라. 중앙행정기관에 등록되어 있을 것)의 요건을 모두 갖춘 단체.

3) 피 고 단체소송의 피고인 개인정보처리자에는 국가 · 지방자치단체와 기타 공공단체, 그리고 사인 즉, 모든 개인정보처리자가 포함된다.

4) 관할법원(전속관할) 단체소송의 소는 피고의 주된 사무소 또는 영업소가 있는 곳, 주된 사무소나 영업소가 없는 경우에는 주된 업무담당자의 주소가 있는 곳의 지방법원 본원 합의부의 관할에 전속한다(정보법 제52조 제 1 항). 제 1 항을 외국사업자에 적용하는 경우 대한민국에 있는 이들의 주된 사무소 · 영업소 또는 업무담당자의 주소에 따라 정한다(정보법 제52조 제 2 항). 개인정보처리자가 국가 · 지방자치단체와 기타 공공단체인 경우에 개인정보 단체소송은 공법적 성격의 분쟁임에도 민사법원의 관할에 놓인다는 점이 특징적이다.

5) 소송허가 단체소송을 제기하는 단체는 소장과 함께 다음 각 호(1. 원고 및 그 소송대리인, 2. 피고, 3. 정보주체의 침해된 권리의 내용)의 사항을 기재한 소송허가신청서를 법원에 제출하여야 한다(정보법 제54조 제 1 항). 제 1 항에 따른 소송허가신청서에는 다음 각 호(1. 소제기단체가 제51조 각 호의 어느 하나에 해당하는 요건을 갖추고 있음을 소명하는 자료, 2. 개인정보처리자가 조정을 거부하였거나 조정결과를 수락하지 아니하였음을 증명하는 서류)의 자료를 첨부하여야 한다(정보법 제54조 제 2 항).

6) 확정판결의 효력 원고의 청구를 기각하는 판결이 확정된 경우 이와 동일한 사안에 관하여는 제51조에 따른 다른 단체는 단체소송을 제기할 수 없다. 다만, 다음 각 호(1. 판결이 확정된 후 그 사안과 관련하여 국가 · 지방자치단체 또는 국가 · 지방자치단체가 설립한 기관에 의하여 새로운 증거가 나타난 경우, 2. 기각판결이 원고의 고의로 인한 것임이 밝혀진 경우)의 어느 하나에 해당하는 경우에는 그러하지 아니하다(정보법 제56조).

7) 적용법률 단체소송에 관하여 이 법에 특별한 규정이 없는 경우에는 「민사소송법」을 적용한다(정보법 제57조 제 1 항). 제55조에 따른 단체소송의 허가결정이 있는 경우에는 「민사집행법」 제 4 편에 따른 보전처분을 할 수 있다(정보법 제57조 제 2 항). 단체소송의 절차에 관하여 필요한 사항은 대법원규칙으로 정한다(정보법 제57조 제 3 항).

7. 경찰법 · 경찰관직무집행법과 정보상 자기결정권

(1) 규정내용

경찰법 제 3 조 제 4 호는 "치안정보의 수집 · 작성 및 배포"를 국가경찰의 임무로 규정하고 있고, 경찰관직무집행법 제 2 조 제 4 호는 "치안정보의 수집 · 작성 및 배포"를 경찰관의 직무로 규정하고 있다.

(2) 임무규정으로서의 한계

경찰에 의한 인적 정보의 수집 · 관리 · 활용의 상당부분은 정보상 자기결정에 대한 침해의 성질을 갖는다고 볼 것인데, 이에 대한 법적 근거가 문제된다. 형사소송법은 범죄의 수사 · 예방에 관한 정보의 수집 · 관리 · 활용의 일반법일 뿐, 경찰의 일반적 위험방지활동을 위한 정보의 수집 · 관리 · 활용의 일반법이라 보기는 어렵다. 경찰관직무집행법도 인적 정보의 수집 · 관리 · 활용의 일반법으로서는 미흡하다. 왜냐하면 비록 동법 제 2 조 제 4 호가 치안정보의 수집 · 작성 · 배포를 경찰관의 직무로 규정하고 있지만, 동 조항은 임무규정(직무규정)일 뿐 개인의 정보상 자기결정권을 침해할 수 있는 권한규정은 아니기 때문이다.[1)]

---

1) 독일의 경우, 1983년의 국세조사법판결(BVerfGE 65, 1) 전까지는 인적 정보의 수집 · 처리 · 활용이 비침해적 행위로 이해되었고, 따라서 임무조항(직무조항)을 근거로 인적 정보를 수집 · 처리 · 활용할 수 있는 것으로 보았다. 다만 강제수단이 따르는 정보수집(예: 수색)에는 권한규범이 필요한 것으로 보았다. 그러나 동 판결 후에는 인적 정보의 수집 · 처리 · 활용이 정보상 자기결정권에 대한 침해로 이해되고 있으며, 따라서 각 란트는 경찰의 인적 정보의 수집 · 처리 · 활용을 위한 권한규범을 마련하였다(Götz, Allgemeines Polizei- und Ordnungsrecht, § 7 Rn. 9).

(3) 입법적 보완

경찰법이 갖는 광범위한 위험방지작용의 특성을 고려하여, 경찰상 인적 정보의 수집 · 관리 · 활용에 관한 사항 등을 경찰관직무집행법의 개정을 통해 동법에서 규정하는 것이 바람직하다. 동법의 개정에는 권한규정으로서 경찰상 인적 정보의 수집 · 관리 · 정정 · 활용 · 폐기 등에 관한 규정 및 정보수집의 대상(사람의 행동, 물건의 상태 등) · 방법(일반원칙, 장기관찰을 통한 정보수집, 주거에서 기계장치를 통한 수집, 감독자를 통한 수집 등) · 한계(저장기간이나 이용기간의 제한 등) 등을 자세히 규정하여야 할 것이다.[1] 뿐만 아니라 위험방지사무의 수행이나 공익에 대한 중대한 침해의 방지 등을 위해 경찰이 인적 관련정보를 사인에게 교부할 수 있다는 것도 내용으로 규정할 필요가 있을 것이다.[2]

Ⅱ. 정보상 협력

1. 조 회

경찰관서의 장은 직무수행에 필요하다고 인정되는 상당한 이유가 있을 때에는 국가기관 또는 공공단체 등에 대하여 직무수행에 관련된 사실을 조회할 수 있다(경직법 제8조 제1항 본문). 다만 긴급을 요할 때에는 소속경찰관으로 하여금 현장에 출장하여 당해 기관 또는 단체의 장의 협조를 얻어 그 사실을 확인할 수 있다(경직법 제8조 제1항 단서). 이 조항은 임무규정이 아니라 권한규정이다. 이 조항에 의한 사실의 조회제도는 행정기관 사이에서의 정보상 협력의 한 방식에 해당한다. 물론 조회에 응하는 기관은 법령이 정하는 범위 내에서 당해 기관이 수집 · 관리하고 있는 정부에 한하여 협력할 수 있을 뿐이다. 한편, 본 조항에서 말하는 공공단체의 의미는 분명하지 아니하다. 그러나 입법취지에 비추어 일체의 공법상 기관 외에 국가나 지방자치단체에 의해 설립된 사법상 기관도 포함된다고 본다. 사인에 의한 순수한 사법상 단체는 이에 포함된다고 보기 어렵다.

2. 행정응원

경찰은 '다른 행정청이 관리하고 있는 문서 · 통계 등 행정자료가 직무수

---

1) 이와 관련하여 1986년에 보완된 독일의 연방과 란트의 단일경찰법률표준초안의 제8a조에서 제8d조, 그리고 제10a에서 10h조까지는 중요 참고자료가 될 수 있을 것이다.

2) 입법례로 바이에른국가경찰직무법(Gesetz über die Aufgaben und Befugnisse der Bayerischen Staatlichen Polizei, Polizeiaufgabengesetz) 제41조 등을 볼 수 있다.

행을 위하여 필요한 경우'에 행정응원을 요청할 수 있다(절차법 제8조 제1항 제4호). 이 조항은 경찰의 정보상 협력의 근거이지만, 경찰은 이 조항에 근거하여 개인에 관한 모든 정보를 요구할 수는 없다. 이 규정은 임무규정(직무규정)이지 권한규정은 아니다. 경찰이 개인의 정보상 자기결정권을 침해하는 정보에 관하여 다른 행정기관에 협력을 구하기 위해서는 경찰관직무집행법에 의하거나, 아니면 개인의 권리보호를 전제하고 나타나는 다른 특별규정(권한규정)에 의하여야 한다.[1] 행정절차법은 개인의 정보상 자기결정권에 대한 침해를 가져오지 아니하는 범위 내에서만 경찰의 정보상 협력의 근거로서 적용될 수 있다고 볼 것이다.

3. 입법상 보완

(1) 경찰기관 상호간 인적 정보의 제공

경찰사무의 수행을 위해 필요한 것인 한, 경찰기관 사이에서는 인적 정보를 상호 제공할 수 있다는 일반조항이 필요하다.[2] 물론 인적 관련정보를 제공하는 경찰기관의 판단에 의할 때 그 정보가 교부받는 경찰기관의 경찰사무의 수행에 필요한 것이어야 할 것이다. 한편, 형사소추에 권한을 갖는 기관에 대한 인적 정보의 제공은 형사소송절차에 관한 법에서 규정하는 것이 바람직하고, 일반경찰법에서 규정하는 것은 바람직하지 않다.

(2) 비경찰행정기관의 경찰기관에 대한 인적 정보의 제공

(가) 경찰기관의 요청에 따른 인적 정보의 제공

위험방지사무의 수행을 위해 필요한 경우, 경찰기관이 비경찰행정기관에 인적 정보의 제공을 요청하면, 특별한 사유가 없는 한 정보를 제공하게 하는 규정도 필요할 것이다. 이러한 규정에는 ① 인적 관련정보를 교부하는 행정기관(A)은 정보교부를 요청하는 행정기관(B)이 자신(B)의 관장사무의 범위 내에서 교부를 요청한 것인지를 심사할 수 있다는 점, ② 정보교부의 요청이 있으면 자동적으로 정보를 제공하게 되는 경우에는 정보교부를 요청하는 기관(B)이 정보요청의 적법성에 대하여 책임을 부담한다는 점, ③ 교부된 정보는 교부된 목적의 범위 내에서만 사용될 수 있다는 점, ④ 교부된 정보가 사인의 사생활상의 비밀이나 직입상의 비밀에 해당하는 경우에는 교부받은 기관(B)은 비밀을

---

1) Tettinger/Erbguth/Mann, Besonderes Verwaltungsrecht, Rn. 433.

2) 이에 관한 입법례로 바이에른국가경찰직무법(Gesetz über die Aufgaben und Befugnisse der Bayerischen Staatlichen Polizei, Polizeiaufgabengesetz) 제40조 제1항 등.

준수하여야 한다는 점 등을 내용으로 하여야 할 것이다.[1]

(나) 비경찰기관의 자발적 판단에 따른 인적 정보의 제공

비경찰행정기관이 경찰기관의 위험방지사무 수행에 필요하다고 판단되는 자료를 경찰기관에 교부할 수 있다는 규정도 필요할 것이다. 이러한 규정에는 비경찰행정기관으로부터 교부받은 정보가 위험방지사무와 관계가 없거나 위험방지사무에 더 이상 의미를 갖지 아니하면 경찰기관은 이를 폐기하여야 한다는 내용 등도 포함되어야 할 것이다.

| 참고 | 독일경찰법과 정보

1. 근래 독일의 경찰법률들은 연방헌법재판소의 인구조사판결(Volkszählungsurteil)에 뿌리를 둔 자기정보결정권(정보상 자기결정권)과 관련하여 경찰상 정보의 수집과 처리(저장, 가공, 이용, 교부, 폐기, 수정 등)에 관한 포괄적인 규정을 두고 있다. 정보수집의 원칙으로 "정보는 관계자로부터 직접 수집하여야 한다"는 것과 "정보수집에는 법적 근거가 있어야 한다"는 것이 시인되고 있다. 정보수집의 주요 수단은 질문이다. 질문은 전통적인 경찰상 정보획득수단이다. 각종 집회와 위험한 장소에서는 사진촬영과 녹음의 방법이 규정되기도 한다. 위헌의 논란이 있지만 비디오카메라에 의한 감시가 도입되기도 한다. 기계적인 수단의 활용을 통한 관찰은 사실행위일 뿐 그 자체가 행정행위는 아닌 것으로 이해된다. 인적 정보의 저장과 이용 등은 경찰사무의 수행을 위해 필요한 범위 안에서만 인정되고 있다. 정보수집의 목적은 경찰목적을 위해서만 허용된다. 형사절차에서 요구되었던 정보의 경찰목적에의 사용, 위법하게 수집된 자료의 폐기 등에 관한 규정도 있다.

2. 자르란트경찰법은 정보와 관련하여 경찰상 정보처리에 관한 원칙(제25조), 정보수집(제26조), 사진촬영과 녹음(제27조), 정보수집의 특칙(제28조), 통제를 위한 통지(제29조), 정보의 저장 · 변경과 이용(제30조), 특별목적의 정보이용(제31조), 정보교부에 관한 일반규정(제32조), 경찰행정청간의 정보교부(제33조), (일반)행정청 등에 대한 정보의 교부(제34조), 자동화된 소환절차(제35조), 정보의 조정(제36조), 정보조정의 특칙(제37조), 정보의 수정 · 폐기 등(제38조), 자료활용기준(제39조), 통지를 받을 권리와 문서열람권(제40조) 등의 조항을 두고 있다.

3. 자르란트경찰법 제25조를 옮겨본다. ① 경찰은 본법에서 정한 목적을 위하여 인적 정보를 수집 · 저장 · 교부 · 수정 · 폐기 또는 이용할 수 있다. 자료와 문서의 경우에도 같다(제1항). ② 인적 정보는 당사자로부터 수집되어야 한다(직접성의 원칙). 다만 경찰사무의 수행이 중대하게 어려워지거나 위태롭게 되는 경우에는 다른 행정청이나 공공기관 또는 제3자로부터 수집될 수 있다(제2항). ③ 인적 정보는 공개적

---

1) Berner/Köhler, Polizeiaufgabengesetz, Art. 39, S. 335ff. 참조.

으로 수집되어야 한다. 경찰상 처분으로서 인정될 수 없는 정보수집은 다만 다른 방법으로 경찰사무의 수행이 중대하게 위태롭게 되거나 또는 당사자에게 상당한 이익이 되는 경우에만 가능하다(제3항). ④ 당사자의 동의를 얻어 인적 정보를 가공하고자 하면, 가공하고자 하는 목적을 명확히 하고 또한 당사자에게 통지하여야 한다. 다른 목적을 위한 가공은 허용되지 아니한다(제4항). ⑤ 인적 정보를 당사자 또는 제 3 자로부터 수집하고자 하면, 당사자나 제 3 자의 신청에 따라 또는 임의로 정보수집의 법적 근거를 알려야 한다. 제11조 제 1 항 제 3 문에서 제 6 문을 준용한다(제5항).

4. 정보의 문제는 정보의 수집(Datenerhebung)과 정보의 관리(Datenverarbeitung)로 나눌 수 있다. 정보의 관리는 계속적인 이용을 위한 저장(Speichern), 내용상의 개조인 변형(Verändern), 제 3 자에의 교부(Übermitteln), 저장된 자료의 계속적인 사용에 제한을 가하는 것을 목적으로 하는 폐쇄(Sperren), 저장된 자료의 폐기(Löschen), 이용(Nutzen)을 내용으로 한다.

제 6 항 판단여지 · 재량과 경찰

Ⅰ. 경찰행정의 자유와 구속

1. 경찰법령의 해석 · 적용

(1) 법규의 적용과정

경찰은 법집행기관으로서 경찰법령이 정한 바에 따라 경찰행정을 수행한다. 그런데 경찰법규는 일반적으로 요건부분과 효과부분으로 구성된다. 따라서 경찰법령의 적용은 ① 먼저 문제되는 생활관계를 확정하고, ② 그 생활관계가 특정 경찰법령의 구성요건에 해당하는가의 여부를 아울러 확정하고(이 과정을 포섭이라 부른다), ③ 다음으로 그에 대하여 어떠한 효과를 부여할 것인가를 결정하는 과정을 거치게 된다.

(2) 내용의 불확정과 효과의 선택

경찰법령을 분석해 보면, 요건부분을 확정적으로 정해둔 경우도 있고(예: 도로교통법 제22조 제 1 항(앞지르기 금지의 시기 및 장소)의 '앞차의 좌측에 다른 차가 앞차와 나란히 가고 있는 경우'라는 부분), 불확정적으로 정해둔 경우도 있으며(예: 경찰관 직무집행법 제 3 조 제 1 항의 "경찰관은 수상한 거동 기타 주위의 사정을 합리적으로 판단하여 어떠한 죄를 범하였거나 범하려 하고 있다고 의심할 만한 상당한 이유가 있는 자 또는 이미 행하여진 범죄나 행하여지려고 하는 범죄행위에 관하여 그 사실을 안다고 인정되는 자를 정지시켜 질문할 수 있다"에서 '경찰관은 수상한 거동 기타 주위의 사정을 합리적으로 판단하여 어떠한 죄를 범하였거나 범하려 하고 있다고 의심할 만한 상당한 이유가 있는 자 또는 이미 행하여진 범죄나 행하여지려고 하는 범죄행위에 관하여 그 사실을 안다고 인정되는 자를' 이라는 부분), 또한 효과부분도 구속적(기속적)으로 정해둔 경우도 있고(예: 도로교통법 제22조

(제1항 중 '그 앞차를 앞지르지 못한다' 라는 부분), 선택적(재량적)으로 정해둔 경우(예: 경찰관직무집행법 제3조 제1항 중 '질문할 수 있다' 라는 부분)도 있다.

2. 불확정개념과 재량개념

요건부분이 불확정적이거나 효과부분이 선택적인 경우는 경찰에 대한 법적 구속이 다소 완화된 것으로 볼 수 있다. 종래에는 이러한 경우에 경찰행정청에 재량이 인정되는 것으로 보았다. 그러나 오늘날에는 요건부분에는 재량성을 인정하지 아니하는 견해가 증대하고 있다. 이러한 견해는 법치국가원리상 법령의 구성요건은 객관적인 것으로서 요건구비여부의 판단은 예견이 가능하여야 한다는 점에 근거한다. 물론 효과의 면에서 재량성을 인정하는 점에 이견은 없다. 이하에서도 요건에서의 불확정개념과 효과에서의 재량성의 문제를 구분하여 살피기로 한다.

Ⅱ. 불확정개념과 판단여지(요건의 면에서 경찰의 자유와 법적 구속)

1. 불확정개념의 의의

불확정개념이란 공공의 안전 · 공적 질서 · 위험 등의 용어와 같이, 그 의미내용이 일의적인 것이 아니라 다의적인 것이어서 진정한 의미내용의 확정이 구체적 상황에 따라 그때그때 판단되어지는 개념을 말한다. 불확정개념이 도입될 수밖에 없는 이유는 ① 모든 경우를 구체적으로 나열하는 것이 불가능한 바 추상적으로 규정할 수밖에 없고, ② 정치 · 기술 · 도덕 등의 변화에도 불구하고 법은 영속성을 가져야 하고, ③ 법률의 경우 국회를 통과시키기 위해 정치과정상 타협으로서 애매모호한 표현을 사용하기도 하기 때문이다. 불확정개념은 불확정법개념 또는 불확정법률개념이라고도 한다.

2. 불확정개념의 종류

종래 불확정개념에는 경험적 개념(예: 주간 · 야간 · 쓰레기 · 음료수 · 차량)과 규범적 개념(예: 공공복지 · 공익 · 신뢰성 · 필요성 · 공적 안전 · 공적질서)의 두 종류가 있다고 설명되었다. 그러나 양자의 구분이 반드시 가능한지는 의문이며(예: 질병 · 문화재), 불확정개념을 경험적 개념과 규범적 개념으로 구분하였던 취지는 사법심사대상의 폭을 넓히기 위한 것이었다. 말하자면 규범적 개념의 경우에는 사법심사가 비교적 어려울지라도 경험적 개념의 경우는 사법심사의 대상이 되어야 함을 주장하기 위한 데 있었다.

3. 법개념으로서의 불확정개념

독일의 경우에 과거에는 재량과 판단여지 사이에 구분이 없었으며 판단의 여지를 재량의 한 형태로 보았으나, 오늘날에는 일반적으로 양자를 동일시하지 아니한다. 불확정개념의 해석은 그 개념의 법적 내용의 파악이기 때문에 법적 문제이다. 따라서 입법자가 불확정개념을 사용하여 구성요건을 정하였을 때, 구체적 상황하에서 그 의미는 다의적인 것이 아니고 법률의 의미에서 하나의 정당한 의미만이 있을 뿐이다. 불확정개념의 해석은 다수의 행위 중에서의 선택이 아니라, 사실관계의 평가를 통해 법률이 의도하는 정당한 결정을 발견하기 위한 인식작용이다.

4. 사법심사의 대상성

불확정개념의 해석 · 적용은 특정한 사실관계가 요건에 해당하는가의 여부에 대한 인식의 문제로서의 법적 문제이기 때문에 그것은 원칙적으로 사법심사의 대상이 되어야 한다. 그러나 구체적인 경우 무엇이 하나의 정당한 해석인가와 관련하여 어려운 문제가 생긴다. 왜냐하면 동일한 불확정개념을 적용함에 있어 법을 적용하는 기관마다 서로 다른 결정을 할 수도 있기 때문이다. 이 때문에 행정기관에 대해 불확정개념의 해석 · 적용시 어느 정도 자유로운 판단의 여지를 인정할 것인가의 문제가 나타난다. 바꾸어 말하면 불확정개념의 의미내용은 법원이 최종적으로 결정하는 것이 원칙이지만, 예외적으로 행정청도 최종적인 결정자가 될 수 있는가의 문제가 나타난다. 이와 관련하여 판단여지의 문제가 나타난다.

5. 판단여지

(1) 판단여지설

불확정개념의 적용에는 하나의 정당한 결론만이 있는 것이고, 불확정개념은 당연히 사법심사의 대상이지만, 불확정개념과 관련하여 사법심사가 되지 아니하는 행정청의 평가영역 · 결정영역이 있고, 법원은 다만 행정청이 그 영역의 한계를 준수하였는가의 여부만을 심사할 뿐이라는 견해가 있다. 이러한 견해를 판단여지설이라 부른다. 그리고 그 한계영역을 판단여지라 부른다. 판단여지설은 ① 불확정개념은 상이한 평가가 가능하다는 점, ② 규범논리적 근거에서 하나의 정당한 해결책만이 있는 것은 아니라는 점, ③ 행정청은 많은 전문지식 및 경험을 보유하며, 구체적인 행정문제에 보다 접근되어 있다는 점, ④ 어떠한 결정은 대체할 수도 반복할 수도 없다는 점, ⑤ 고유한 국가권력으로서 행정권에도 사법에 대응하여 고유한 책임영역이 주어져야 한다는 점을 논거로 한다.

(2) 적용영역

독일의 판례상 인정된 판단여지로는 ① 시험평가결정(예: 고등학교졸업시험, 사법시험 · 의사시험 등 국가시험), ② 학교영역에서 시험유사의 결정(예: 유급결정 · 특별교육필요성심사결정), ③ 공무원법상 평가(예: 상관에 의한 부하공무원의 근무평가, 시보공무원평가, 공무원임용시 적성 · 능력의 평가), ④ 전문가와 이익대표자로 구성되는 독립위원회의 결정(예: 인사평가위원회 평가, 독립의 전문감정위원회에 의한 건축사자격평가, 청소년유해도서의 해당여부의 평가, 보호대상문화재의 해당여부의 평가), ⑤ 특히 환경법과 경제법영역에서 미래의 사실관계에 대한 고려하에서의 예측적 결정과 위험의 평가(예: 예측적 결정의 경우로서 택시업지원자의 기능능력과 택시신규허가를 통한 공공의 교통상의 이익의 침해에 대한 평가, 위험의 평가의 경우로 원자력작업장운영시의 위협에 대한 사전대비의 평가), ⑥ 특히 행정정책적인 종류의 불확정개념과 관련한 결정(예: 공무원의 전보를 위해 근무상의 필요성을 평가하기 위한 기준으로서의 행정청의 인사계획) 등을 볼 수 있다.

(3) 판단여지상의 하자

판단여지가 존재하는 경우에도 ① 절차규정이 준수되었는가, ② 정당한 사실관계에서 출발하였는가, ③ 일반적으로 승인된 평가의 척도(예: 평등원칙)가 침해되지 않았는가의 여부는 사법심사의 대상이 된다는 것이 판단여지설의 내용이기도 하다.

(4) 판단여지의 인정여부

판단여지의 인정여부에 관해 학설은 나뉘고 있다. ① 판단여지를 인정하는 긍정설이 증대하고 있다. ② 부정설은 판단여지를 재량문제로 본다. ③ 판례는 판단여지를 재량문제로 보고 있다.[1)]

---

1) 대판 2005. 7. 14, 2004두6181(국토의계획및이용에관한법률에서 정한 도시지역 안에서 토지의 형질변경행위를 수반하는 건축허가는 건축법 제 8 조 제 1 항의 규정에 의한 건축허가와 국토의계획및이용에관한법률 제56조 제 1 항 제 2 호의 규정에 의한 토지의 형질변경허가의 성질을 아울러 갖는 것으로 보아야 할 것이고, 같은 법 제58조 제 1 항 제 4 호, 제 3 항, 같은법시행령 제56조 제 1 항 [별표 1] 제 1 호 (가)목(3), (라)목(1), (마)목(1)의 각 규정을 종합하면, 같은 법 제56조 제 1 항 제 2 호의 규정에 의한 토지의 형질변경허가는 그 금지요건이 불확정개념으로 규정되어 있어 그 금지요건에 해당하는지 여부를 판단함에 있어서 행정청에게 재량권이 부여되어 있다고 할 것이므로, 같은 법에 의하여 지정된 도시지역 안에서 토지의 형질변경행위를 수반하는 건축허가는 결국 재량행위에 속한다).

(5) 사 견

전문적인 공행정의 수행과 관련하여 개념파악이나 이해에 미묘한 차이가 나타날 수 있고, 그 미묘한 차이가 판단여지임을 고려할 때, 판단여지설과 판단여지의 개념은 인정할 필요가 있다. 다만 권력분립원리와 기본권은 충분한 사법적 통제를 요구한다는 점, 그리고 법의 적용에 대한 최종결정권은 원칙적으로 법원이 가져야 한다는 점 등을 고려할 때 판단여지는 제한된 범위에서만 인정되어야 한다. 판단여지의 광범위한 인정은 법의 불안정성을 가져올 것이다. 달리 말한다면 불확정개념에 대한 행정청의 해석이 법원의 해석으로 대체될 수 있다고 하여도 불확정개념의 해석에 최종적인 결정권은 법원에 놓인다고 볼 것이다.[1] 판단여지는 사법심사에서의 문제이지 행정심판에서 문제는 아니다.

Ⅲ. 행정재량(효과의 면에서 경찰의 자유와 법적 구속)

1. 재량행위의 관념

(1) 재량행위의 의의

경찰법령은 법령상의 구성요건에서 정한 전제요건이 충족될 때 행정청이 선택할 수 있는 법효과를 다수 설정하고 있는 경우도 적지 않다. 이 때 특정효과의 선택·결정권은 경찰행정청에 부여된 것이 된다. 여기서 경찰행정청에 수권된 그리고 합목적성의 고려하에 이루어지는 선택과 결정의 자유가 재량(행위재량·행정재량)이고, 재량에 따른 행위가 재량행위이다. 재량은 경찰작용에 탄력성을 부여한다.[2] 재량행위에 대비되는 개념은 기속행위이다.[3]

(2) 의무에 합당한 재량

재량행사는 행정의 고유영역에 속한다. 그렇다고 재량행사가 행정청의 임의나 자의를 의미하는 것은 아니다. 그것은 입법의 취지·목적·성질과 헌법질서의 구속하에, 그리고 당해 처분에 관련된 본질적인 관심사에 대한 고려하에

---

1) Ipsen, Niedersächsisches Gefahrenabwehrrecht, Rn. 259; BVerwGE 15, 207(208); 24, 60; 35, 92.

2) Prümm/Sigrist, Allgemeines Sicherheits- und Ordnungsrecht, Rn. 70.

3) 대판 2004. 11. 12, 2003두12042(도로교통법 제78조 제 1 항 단서 제 8 호의 규정에 의하면, 술에 취한 상태에 있다고 인정할 만한 상당한 이유가 있음에도 불구하고 경찰공무원의 측정에 응하지 아니한 때에는 필요적으로 운전면허를 취소하도록 되어 있어 처분청이 그 취소 여부를 선택할 수 있는 재량의 여지가 없음이 그 법문상 명백하므로, 위 법조의 요건에 해당하였음을 이유로 한 운전면허취소처분에 있어서 재량권의 일탈 또는 남용의 문제는 생길 수 없다).

행사되어야 한다. 따라서 경찰상 재량은 언제나 의무에 합당한 재량이다.[1] 의무에 합당한 재량은 법에 구속된 재량이라고도 한다. 순수한 의미의 자유재량은 법치국가에서 있을 수 없다.[2] 재량행사가 만약 의무에 합당한 것이 아니라면 재량하자가 있는 것이 된다.

(3) 법정주의와 편의주의

(가) 범죄수사와 법정주의

형사소송법상 검사는 범죄의 혐의가 있다고 사료하는 때에는 범인, 범죄사실과 증거를 수사하여야 한다(형소법 제195조). 형사소송법은 "수사할 수 있다"가 아니라 "수사하여야 한다"고 규정하고 있으므로 형사소송법상 범죄수사에는 법정주의(Legalitätsprinzip)가 적용된다. 요건구비시 법정주의에서는 경찰의 개입이 법적 의무이지만, 편의주의에서는 재량에 따라 개입 여부, 개입 정도를 정한다. 두 원칙은 추상적으로 규정되는 것이 아니고 개별법에서 구체적으로 규정된다.

(나) 위험방지와 편의주의

위험방지를 위한 경찰법은 대체로 "할 수 있다"는 규정형식을 취하는바(예: 경직법 제3조 제1항의 불심검문, 제4조의 보호조치, 제5조의 위험발생의 방지 등), 경찰법상 위험방지에는 편의주의(Opportunitätsprinzip)가 원칙적으로 적용된다.[3] 예컨대 어떠한 처분이 경찰상 허용되는 것인지, 허용되는 많은 처분 중에서 어떠한 처분을 선택할 것인지, 많은 위험을 동시에 예방할 것인지, 아니면 순차적으로 할 것인지 등에 관하여 경찰은 선택의 자유를 갖는다. 이러한 편의주의는 위험방지법(경찰법)상 원칙으로 이해된다.[4]

---

1) Mandelartz/Helmut/Strube, Saarländisches Polizeigesetz, Kommentar für Studium und Praxis, § 3.1. 한편, 경찰재량이 의무에 합당한 재량임을 명시적으로 규정한 입법례로 MEPolG(독일 단일경찰법률표준초안) 제3조 제1항; SPolG(독일 자르란트주 경찰법) 제3조 제1항 등을 볼 수 있다; Lisken/Denninger, Handbuch des Polizeirecht, 4. Aufl., E. Rn. 126.

2) 대판 1990. 8. 28, 89누8255(자유재량에 있어서도 그 범위의 넓고 좁은 차이는 있더라도 법령의 규정뿐만 아니라 관습법 또는 일반적 조리에 의한 일정한 한계가 있는 것으로서 위 한계를 벗어난 재량권의 행사는 위법하다고 하지 않을 수 없으므로, 대학교 총장인 피고가 해외근무자들의 자녀를 대상으로 한 교육법시행령 제71조의2 제4항 소정의 특별전형에서 외교관, 공무원의 자녀에 대하여만 획일적으로 과목별 실제 취득점수에 20%의 가산점을 부여하여 합격사정을 함으로써 실제 취득점수에 의하면 충분히 합격할 수 있는 원고들에 대하여 불합격처분을 하였다면 위법하다).

3) Ipsen, Niedersächsisches Gefahrenabwehrrecht, Rn. 254; Mandelartz/Helmut/Strube, Saarländisches Polizeigesetz, Kommentar für Studium und Praxis, § 2.2; Knemeyer, Polizei- und Ordnungsrecht, Rn. 54; Schoch, Polizei- und Ordnungsrecht, in: Schmidt-Aßmann(Hrsg.), Besonderes Verwaltungsrecht(13. Aufl.), Rn. 101.

4) Knemeyer, Polizei- und Ordnungsrecht, Rn. 128; Pausch, Polizei- und Ordnungsrecht in Hessen, Kapital Ⅳ, 1.2.2.

편의주의는 당연히 의무에 합당한 재량에 따른 것이어야 한다. 말하자면 경찰은 위험방지를 위한 개입여부나 개입방법을 의무에 합당한 재량에 따라 판단하여야 한다.[1] 경찰법상 편의주의와 재량은 동일한 법적 사실관계를 표현하는 것으로 이해된다.[2] 편의주의로 인해 경찰은 경찰수단을 탄력적으로 활용할 수 있다.

2. 재량행위와 기속행위의 구별

(1) 구별필요성

(가) 논리상 구별필요성

양자를 구별하는 것은 행정소송상 그 이유가 있다. 즉 경찰의 처분이 경찰에 부여된 재량영역 내에서 이루어진 것이라면 적법한 것으로서 법원은 그러한 처분을 존중하여야 하지만, 재량영역을 벗어난 것이라면 위법한 것으로서 법원에 의한 통제가 가능하다. 그러나 기속행위는 법원의 전면적인 통제하에 놓인다.

(나) 실정법상 구별필요성

우리의 실정법상 재량조항이 사법심사에서 제외됨을 선언하는 규정은 보이지 않는다. 그런데 행정심판법은 행정심판청구사항을 위법 또는 부당한 처분으로 규정하지만(행심법 제1조), 행정소송법은 행정소송대상을 위법한 처분만으로 규정하고 있는바(행소법 제1조), 이는 행정소송법이 일정한계 내의 재량위반(부당한 재량행사)은 위법행위가 아님을 전제로 한 것으로 해석되고, 또한 행정소송법이 재량권일탈 · 재량권남용의 처분등을 취소소송의 대상으로 규정하고 있는 것도 행정소송법이 기속행위와 재량행위의 구별을 전제로 한 것으로 해석된다(행소법 제27조). 판례도 같은 입장이다.[3]

(다) 입 법 례

재량행위와 기속행위의 구별은 "행정청의 자유재량에 속하는 사항은 행정

1) 대판 2008. 4. 24, 2006다32132(범죄의 예방 · 진압 및 수사는 경찰관의 직무에 해당하며 그 직무행위의 구체적 내용이나 방법 등이 경찰관의 전문적 판단에 기한 합리적인 재량에 위임되어 있으므로, 경찰관이 구체적 상황하에서 그 인적·물적 능력의 범위 내에서의 적절한 조치라는 판단에 따라 범죄의 진압 및 수사에 관한 직무를 수행한 경우, 경찰관에게 그와 같은 권한을 부여한 취지와 목적, 경찰관이 다른 조치를 취하지 아니함으로 인하여 침해된 국민의 법익 또는 국민에게 발생한 손해의 심각성 내지 그 절박한 정도, 경찰관이 그와 같은 결과를 예견하여 그 결과를 회피하기 위한 조치를 취할 수 있는 가능성이 있는지 여부 등을 종합적으로 고려하여 볼 때, 그것이 객관적 정당성을 상실하여 현저하게 불합리하다고 인정되지 않는다면 그와 다른 조치를 취하지 아니한 부작위를 내세워 국가배상책임의 요건인 법령 위반에 해당한다고 할 수 없다).

2) Lisken/Denninger, Handbuch des Polizeirecht, 4. Aufl., E. Rn. 124.

3) 대판 2001. 2. 9, 98두17593(행정행위가 그 재량성의 유무 및 범위와 관련하여 이른바 기속행위 내지 기속재량행위와 재량행위 내지 자유재량행위로 구분된다고 할 때, 그 구분은 당해 행위의 근거가 된 법규의 체재 · 형식과 그 문언, 당해 행위가 속하는 행정 분야의 주된 목적과 특성,

재판소의 관할에 속하지 아니한다"는 재량조항을 둔 오스트리아 행정재판소설치법(1875년)에서 비롯된 것이고, 그 후 여러 입법례가 이를 따랐다.

(2) 구별기준

(가) 판 례

판례는 관련법령에 대한 종합적인 판단을 전제로 하여 재량행위와 기속행위를 구분하여야 한다는 것을 기본적인 기준으로 하면서,[1] 효과재량설(수익적 행위는 재량행위이고, 침익적 행위는 기속행위라는 견해)을 보충적인 기준으로 활용한다.[2] 그런데 후자의 경우에 판례는 왜 수익적인 행위는 재량행위이어야 하는가에 관해 언급하는 바가 없다. 여기에 판례의 문제점이 있다. 한편, 판례는 공익성을 구별기준으로 들기도 한다.[3]

(나) 사 견

법문의 표현이 분명한 경우에는 문제가 없다. 문제는 법문의 표현이 불분

당해 행위 자체의 개별적 성질과 유형 등을 모두 고려하여 판단하여야 하고, 이렇게 구분되는 양자에 대한 사법심사는, 전자의 경우 그 법규에 대한 원칙적인 기속성으로 인하여 법원이 사실인정과 관련 법규의 해석 · 적용을 통하여 일정한 결론을 도출한 후 그 결론에 비추어 행정청이 한 판단의 적법 여부를 독자의 입장에서 판정하는 방식에 의하게 되나, 후자의 경우 행정청의 재량에 기한 공익판단의 여지를 감안하여 법원은 독자의 결론을 도출함이 없이 당해 행위에 재량권의 일탈 · 남용이 있는지 여부만을 심사하게 되고, 이러한 재량권의 일탈 · 남용 여부에 대한 심사는 사실오인, 비례 · 평등의 원칙 위배, 당해 행위의 목적 위반이나 동기의 부정 유무 등을 그 판단 대상으로 한다); 대판 2005. 7. 14, 2004두6181.

1) 대판 2008. 5. 29, 2007두18321(어느 행정행위가 기속행위인지 재량행위인지 나아가 재량행위라고 할지라도 기속재량행위인지 또는 자유재량에 속하는 것인지의 여부는 이를 일률적으로 규정지을 수는 없는 것이고, 당해 처분의 근거가 된 규정의 형식이나 체재 또는 문언에 따라 개별적으로 판단하여야 한다).

2) 대판 2005. 4. 28, 2004두8910(개인택시운송사업면허는 특정인에게 권리나 이익을 부여하는 행정행위로서 법령에 특별한 규정이 없는 한 재량행위이고, 그 면허에 필요한 기준을 정하는 것 역시 행정청의 재량에 속하는 것이므로 그 기준이 객관적으로 보아 합리적이 아니라든가 타당하지 아니하여 재량권을 남용한 것이라고 인정되지 아니하는 이상 행정청의 의사는 가능한 한 존중되어야 한다); 대판 2005. 4. 12, 2004두10883(주택건설촉진법 제33조에 의한 주택건설사업계획의 승인은 상대방에게 권리나 이익을 부여하는 효과를 수반하는 이른바 수익적 행정처분으로서 법령에 행정처분의 요건에 관하여 일의적으로 규정되어 있지 아니한 이상 행정청의 재량에 속한다).

3) 대판 2002. 6. 28, 2001두10028(마을버스운송사업면허의 허용 여부는 사업구역의 교통수요, 노선결정, 운송업체의 수송능력, 공급능력 등에 관하여 기술적 · 전문적인 판단을 요하는 분야로서 이에 관한 행정처분은 운수행정을 통한 공익실현과 아울러 합목적성을 추구하기 위하여 보다 구체적 타당성에 적합한 기준에 의하여야 할 것이므로 그 범위 내에서는 법령이 특별히 규정한 바가 없으면 행정청의 재량에 속하는 것이라고 보아야 할 것이고, 마을버스 한정면허시 확정되는 마을버스 노선을 정함에 있어서도 기존 일반노선버스의 노선과의 중복 허용 정도에 대한 판단도 행정청의 재량에 속한다고 할 것이며, 노선의 중복 정도는 마을버스 노선과 각 일반버스노선을 개별적으로 대비하여 판단하여야 한다).

명할 뿐만 아니라 관련법령에 대한 종합적인 판단도 용이하지 아니한 경우이다. 이러한 경우에는 국가의 최고법인 헌법상 최상위의 조항인 헌법 제10조와 제37조 제 2 항 및 행정행위의 내용 · 성질에서 그 기준을 찾아야 한다. 즉 '기본권의 최대한 보장'이라는 헌법상 명령과 행정행위의 '공익성'을 재량행위와 기속행위의 구분기준으로 하여야 한다. 따라서 기본권의 보장이 보다 강하게 요청되는 경우에는 사인의 기본권실현에 유리하게 판단하고, 공익실현이 보다 강하게 요청되는 경우에는 공익실현에 유익하도록 판단하여야 한다고 본다.

3. 결정재량과 선택재량

(1) 일 반 론

모든 종류의 위험의 방지를 위한 수단을 법률에서 개별적으로 확정해두는 것은 불가능하다. 오히려 경찰이 각종 위험에 탄력적으로 대응토록 하기 위해 경찰에 재량권을 부여하는 것이 효율적일뿐만 아니라 불가피하다.[1] 그런데 위험방지의 영역에서 경찰행정청에게 부여되는 재량은 두 단계로 구성된다. 즉 행위를 할 것인가의 여부(Ob)에 대한 재량(경찰이 행위를 할 것인지, 아니면 부작위할 것인지의 재량)과 어떠한 방식(Wie)으로 행위할 것인가의 재량(많은 적법한 수단들 중에서 그 어느 것을 선택할 수 있는 재량)이 그것이다.[2] 전자를 결정재량(Entschließungsermessen), 후자를 선택재량(Auswahlermessen)이라 부른다. 그런데 결정재량의 경우보다 선택재량의 경우에 재량의 폭이 좁다. 왜냐하면 선택재량에서는 통상 '필요한' 처분이라는 제한을 가져오기 때문이다.[3] 여기서 말하는 필요성은 그 때마다의 상황에 따라 판단할 수밖에 없을 것이다. 다만 필요성의 판단에는 침해받는 이익, 발생가능한 손해의 중대성의 고려와 아울러 비례원칙이 준수되어야 한다. 그리고 위험발생에 대한 경찰의무자의 관련성도 또한 고려되어야 한다. 경찰행정청에 부여된 재량영역 내에서 이루어지는 경찰행정청의 행위는 적법하고, 법원에서도 존중된다. 여기서 경찰의 재량영역이란 일반행정법의 기본원칙에 따라 정해진다. 따라서 법원은 다만 재량하자의 경우에만 개입할 수 있을 뿐이다.

---

1) Ipsen, Niedersächsisches Gefahrenabwehrrecht, Rn. 257.

2) Götz, Allgemeines Polizei- und Ordnungsrecht, § 11 Rn. 2; Ipsen, Niedersächsisches Gefahrenabwehrrecht, Rn. 257; Schenke, Polizei- und Ordnungsrecht, Rn. 94.

3) Friauf, Polizei- und Ordnungsrecht, in: Schmidt-Aßmann(Hrsg.), Besonderes Verwaltungsrecht, Rn. 59.

결정재량 ⟶	경찰이 관여할 것인가에 관한 재량
선택재량 ⟶	경찰이 누구에게 관여할 것인가에 관한 재량
	경찰이 어떠한 수단으로 관여할 것인가에 관한 재량

(2) 결정재량

(가) 의 의

결정재량이란 법령상 수권의 내용에 따라 어떠한 처분을 할 것인가 아니할 것인가의 재량을 말한다. 공공의 안녕과 질서에 대한 위험이 있는 경우, 경찰행정청은 행위를 할 것인가의 여부를 결정하여야 한다. 경우에 따라서는 공공의 안녕과 질서에 대한 위험이나 장해가 있는 경우에 아무런 행위를 하지 않는 것이 적법한 것일 수도 있다.

(나) 영으로의 재량수축

특별히 중요한 법익(예: 생명·건강·자유)이 직접적으로 위험에 처하거나 중대한 피해의 발생이 불가피한 경우에 영으로의 재량수축이 이루어진다.[1] 말하자면 공공의 안녕과 질서에 대한 위험이나 장해가 손해를 가져오는 것이 명백하고 또한 그 손해가 경찰이 참을 수 있는 한계를 능가하는 특별한 경우에는 경찰행정청의 재량영역이 축소되어 특정행위를 하는 것만이 적법한 것이 된다. W. Jellinek는 일반사회관념에 따라 경찰이 개입해야만 할 때, 그 한계가 나타나는 것이라 하였고,[2] 이에 대하여 일반사회관념이란 결코 규범력을 갖는 것이 아니라는 지적도 있다.[3] 생각건대 그것은 위협받는 법익의 가치, 위험의 강도, 경찰작용이 가져오는 위험성 등과 관련된다고 할 것이다. 그 밖에 재량축소는 평등원칙으로부터 나오는 행정의 자기구속의 원칙의 관점에서도 나온다.

(3) 선택재량

(가) 의 의

선택재량이란 법령상 허용되는 많은 가능한 처분 중에서 어떠한 처분을 할 것인가의 재량을 말한다. 경찰행정청이 개입을 결정하더라도 그것이 오로지 특정의 경찰처분의 도입만을 의미하지는 않는다는 것이 일반적이다. 대개의 경

1) Mandelartz/Helmut/Strube, Saarländisches Polizeigesetz, Kommentar für Studium und Praxis, § 3.5; F. Schoch, Polizei- und Ordnungsrecht, in: E.Schmidt-Aßmann/F.Schoch(Hrsg.) Besonderes Verwaltungsrecht(14. Aufl.), 2 Kap., Rn. 110.

2) W. Jellinek, Verwaltungsrecht, 1931, § 20, Ⅲ2b.

3) Schenke/Schenke, in: Steiner(Hrsg.), Besonderes Verwaltungsrecht, Bd., Ⅱ., Rn. 70.

우, 위험의 극복을 위해 상이한 여러 수단이 고려의 대상이 된다. 또한 처분의 상대방의 선택도 선택재량의 대상이 될 수 있다.[1)]

(나) 한 계

선택재량에 있어서는 과잉금지가 법적 한계를 구성한다. 이와 관련하여 다음의 지적이 필요하다. ① 장해가 장해자(장해를 야기한 자)뿐만 아니라 비장해자(장해를 야기하지 아니한 자)에 의해서도 제거될 수 있다고 하더라도, 반드시 경찰상 처분은 장해자에 대해 이루어져야 한다. 즉 장해자와 비장해자 사이에는 결코 선택재량이 존재하지 아니한다. ② 위험방지에 관해 다수장해자가 책임이 있는 경우에는 장해자 사이에서 선택은 경찰의 재량에 놓인다. ③ 위험방지를 위해 비장해자 사이에 경찰상의 처분이 주어져야 하는 경우에 경찰은 비장해자 사이에 선택재량을 갖는다. 이러한 재량행사에도 역시 위험의 신속하고도 효과적인 극복이라는 합목적적인 관점이 결정적이다.

(4) 경제성의 형량과 재량

결정재량인가 선택재량인가를 불문하고 재량권의 행사에 경제성의 형량이 최상위의 기준인가의 문제가 있다. 경찰상 위험방지를 위한 처분의 선택에 경제적 관점만이 결정적인 역할을 할 수는 없다고 볼 것이다. 한정된 자원을 가진 국가에서 자원의 최적이용은 중대한 요청이지만, 그렇다고 국가의 자원절약 또는 경찰의 업무량 경감을 우선시 하는 가운데 이루어지는 경찰상 침해작용이 반드시 적법한 것이라고 보기 어렵다.

4. 재량구속(재량하자)[2)]

(1) 재량의 내적 구속

재량행사의 목적은 정당한 결정을 내리는데 있다. 재량은 완전한 자유를

---

1) Brandt/Schlabach, Polizeirecht, 1987, S. 182.

2) 대판 2008. 4. 24, 2006다32132(범죄의 예방 · 진압 및 수사는 경찰관의 직무에 해당하며 그 직무행위의 구체적 내용이나 방법 등이 경찰관의 전문적 판단에 기한 합리적인 재량에 위임되어 있으므로, 경찰관이 구체적 상황하에서 그 인적 · 물적 능력의 범위 내에서의 적절한 조치라는 판단에 따라 범죄의 진압 및 수사에 관한 직무를 수행한 경우, 경찰관에게 그와 같은 권한을 부여한 취지와 목적, 경찰관이 다른 조치를 취하지 아니함으로 인하여 침해된 국민의 법익 또는 국민에게 발생한 손해의 심각성 내지 그 절박한 정도, 경찰관이 그와 같은 결과를 예견하여 그 결과를 회피하기 위한 조치를 취할 수 있는 가능성이 있는지 여부 등을 종합적으로 고려하여 볼 때, 그것이 객관적 정당성을 상실하여 현저하게 불합리하다고 인정되지 않는다면 그와 다른 조치를 취하지 아니한 부작위를 내세워 국가배상책임의 요건인 법령 위반에 해당한다고 할 수 없다).

뜻하는 것이 아니다. 재량은 공익성 · 정당성 · 합목적성 · 경제성의 요구에 따라야 한다. 이러한 내적 구속위반은 행정소송이 아니라 행정심판의 대상이 된다.

(2) 재량의 외적 구속

(가) 의 의

재량행사에는 목적과 범위에 제한이 따른다. 이러한 제한을 위반하는 재량행사는 하자있는 것이 되고(재량하자), 법원의 통제의 대상이 된다. 재량하자에는 재량권의 일탈 · 재량권의 불행사 · 재량권의 남용의 경우가 있다.[1)]

(나) 재량권의 일탈

재량권의 일탈이란 법령상 주어진 재량의 한계를 벗어난 재량행사를 말한다(예: 법령이 정한 최고한도금액을 초과하는 액수의 과태료부과). 재량권의 일탈은 바로 법령위반을 뜻하는 것이기도 하다.

(다) 재량권의 불행사

재량권의 불행사란 행정청이 자신에게 부여된 재량권을 행사하지 아니한 경우를 말한다. 재량권의 불행사에는 재량권을 전혀 행사하지 아니하는 경우와 재량권을 충분히 행사하지 아니한 경우가 있다. 재량권불행사의 행위가 하자있는 행위가 되는 것은 재량권의 충분한 행사 그 자체는 행정청의 의무이기 때문이다. 재량의 불행사는 재량결여 또는 재량권미달이라고도 한다.

(라) 재량권의 남용

재량권의 남용이란 법령상 주어진 재량권의 범위 내에서(이 점에서 재량권의 일탈이 아니다) 재량권이 고려되었으나(이 점에서 재량권의 불행사가 아니다) 잘못된 방향으로 사고되어 재량결정이 이루어진 경우를 말한다. 재량남용의 사유로 다음을 볼 수 있다.

1) 평등위반의 재량행사 헌법 제11조는 평등원칙을 규정하고 있다. 이것은 행정재량의 경우에도 타당한 것이다. 특별한 근거 없이 동일한 사항에서 동일한 결정(행정의 자기구속)이 이루어지지 않는 경우에 재량하자가 있는 것이 된다. 평등원칙에 근거한 행정의 자기구속의 원칙도 한계를 갖는다. 말하자면 ① 행정의 자기구속은 지금까지의 재량행사가 적법한 것임을 전제로 하는 것이며, 불법의 평등이 주장될 수는 없고, 또한 ② 행정의 자기구속은 합리적인 특별한 사유가

1) 대판 2006. 12. 21, 2006두16274(경찰공무원이 그 단속의 대상이 되는 신호위반자에게 먼저 적극적으로 돈을 요구하고 다른 사람이 볼 수 없도록 돈을 접어 건네주도록 전달방법을 구체적으로 알려주었으며 동승자에게 신고시 범칙금 처분을 받게 된다는 등 비위신고를 막기 위한 말까지 하고 금품을 수수한 경우, 비록 그 받은 돈이 1만 원에 불과하더라도 위 금품수수행위를 징계사유로 하여 당해 경찰공무원을 해임처분한 것은 징계재량권의 일탈 · 남용이 아니다).

있는 경우에 종전과 다른 새로운 결정을 행하는 것을 방해하는 것이 아니다.

2) 비례원칙위반 비례원칙은 재량에 대한 객관적인 제한기준이므로 재량행사를 위한 형량에서 반드시 고려되어야 한다. 비례원칙을 침해하는 재량결정은 당연히 하자있는 행위가 된다.

3) 비이성적인 형량 이것은 수권의 목적이나 입법의 취지에 비추어 도저히 허용될 수 없는, 인정될 수 없는 방식으로 재량결정이 이루어진 경우를 말한다. 이 때 재량행사가 적법하기 위해서는 그것이 비이성적인 것이 아니라는 이유만으로는 족하지 않다. 그것은 이성적인 것이어야 한다. 그 결과는 일반에 합리적인 것이어야 한다.

5. 무하자재량행사청구권

경찰작용은 기본적으로 공익을 위한 것이고, 재량행위에 속한다. 따라서 개인은 경찰에 대하여 특정한 행위를 요구할 수 있는 개인적 공권을 갖지 아니한다. 말하자면 과거에는 경찰의 작용은 공익을 위한 것이므로 개인적 공권과 거리가 멀다고 보았다. 그러나 오늘날 지배적 견해는 공공의 안녕과 질서에 대한 위험이 개인의 법익침해를 가져오는 경우에 개인적 공권이 나온다고 본다. 오늘날의 견해는 기본권으로부터 나오는 보호의무로부터 개인적 공권을 도출한다.[1] 요컨대 공적 안전이나 공적 질서에 대한 위험이 개인의 법익침해를 가져오는 경우, 관련경찰법령이 사익보호성을 가진다고 볼 수 있는 때에는 사인은 하자 없는 경찰권의 발동을 요구할 수 있는 권리인 무하자재량행사청구권을 갖는다.[2]

| 참고 |

독일의 경우, 과거의 지배적 견해에 의하면, 경찰작용은 오로지 공익의 실현을 위한 것이므로 개인의 주관적 권리는 그러한 경찰작용과 별개였다. 그러나 기본법에서 여러 기본권을 보장하는 바에서 보듯이 국가에 대한 개인의 지위의 변화와 함께 오늘날의 지배적 견해에 의하면, 공적 안전과 질서에 대한 위험이 개인의 법익의 침해를 가져오는 경우에는 주관적인 권리(개인적 공권)를 인정한다. 이러한 주관적 권리의 인정은 기본권에 내재하는 국가의 보호의무로부터 나온다고 설명한다.[3]

---

1) Schenke, Polizei- und Ordnungsrecht, § 3 Rn. 104.
2) Götz, Allgemeines Polizei- und Ordnungsrecht, § 11 Rn. 35.
3) Schenke, Polizei- und Ordnungsrecht, Rn. 104.

이러한 주관적인 권리를 가진 자는 독일 행정법원법 제113조 제5항 제2문이 정하는 지령소송(Bescheidungsklage)으로 경찰의 개입을 위한 재량하자 없는 재량결정청구권(무하자재량행사청구권)을 갖는다(형식적 주관적 공권). 재량이 영으로 수축된 경우라면 사인은 특정의 경찰작용을 구하는 청구권을 갖는다(실질적 주관적 공권).

6. 영으로의 재량축소

(1) 의 의

특별히 예외적인 경우에는 재량의 모든 외적 제한을 준수할 때, 단지 하나의 결정만이 정당한 것이 되는 경우도 있게 된다. 이러한 경우를 이론은 영으로의 재량축소(Ermessensreduzierung auf Null) 또는 재량수축(Ermessensschrumpfung)이라 부른다.[1] 영으로의 재량축소에는 장해나 위험에 고도의 강도가 요구된다. 그렇지 않으면 특별히 중대한 위험이 있어야 한다.

(2) 개입의무

재량권이 영으로 수축되는 경우에는 편의주의의 예외가 된다. 말하자면 재량권이 영으로 수축되면, 경찰은 반드시 개입하여야 한다. 달리 말한다면 의무에 합당한 재량행사가 따를 때, 특정한 결정 외에 아무런 다른 결정도 그 위험이나 장해제거에 적합한 것이 아니라고 한다면, 경찰에 그 특정한 결정을 행할 의무, 즉 개입의무가 발생한다.[2] 개입의무는 생명이나 신체 또는 중대한 재산상의 가치가 문제되거나 위험의 강도가 상당할 때에 주로 문제된다.[3] 개입의무(Pflicht zum Einschreiten)와 관련하여 개입청구권(Anspruch auf Einschreiten)(후술한다)과 국가배상청구권이 문제된다.[4] 이러한 경우에 해당하는지의 여부는 비례원칙에

1) 영으로의 재량축소(재량수축)는 독일의 판례상 인정되고 있다(BVerfGE 11, 95, 97).

2) Lisken/Denninger, Handbuch des Polizeirecht, 4. Aufl., F. Rn. 133; 대판 1998. 5. 8. 선고 97다54482(경찰관의 주취운전자에 대한 권한 행사가 관계 법률의 규정 형식상 경찰관의 재량에 맡겨져 있다고 하더라도, 그러한 권한을 행사하지 아니한 것이 구체적인 상황하에서 현저하게 합리성을 잃어 사회적 타당성이 없는 경우에는 경찰관의 직무상 의무를 위배한 것으로서 위법하게 된다); 대판 1996. 10. 25, 95다45927(관할 파출소의 경찰관들이 위 피해자의 신고에 따라 위 소외 1을 데려가 정신병원에 입원시키는 등 위 경찰관직무집행법의 규정이 정한 긴급구호 등의 조치를 취하고, 그가 퇴원하자 그로 하여금 정신병원에 입원하여 장기치료를 받는 데 도움이 되도록 생활보호대상자 시정의뢰를 하는 등 그 나름대로의 조치를 취한 이상, 더 나아가 위 경찰관들이 위 소외 1에 의한 범행가능성을 막을 수 있을 만한 다른 조치를 취하지 못하였다고 하더라도, 이를 현저하게 불합리한 긴급구호권한 불행사로서 법령에 위반된다고 하기는 어렵다).

3) Berner/Köhler, Polizeiaufgabengesetz, Art. 5, S. 53(5.2).

4) 대판 2004. 9. 23, 2003다49009(윤락녀들이 윤락업소에 감금된 채로 윤락을 강요받으면서 생활하고 있음을 쉽게 알 수 있는 상황이었음에도, 경찰관이 이러한 감금 및 윤락강요행위를 제지

따라 판단한다.[1] 경찰의 부작위가 국가배상법이 정하는 요건을 구비하는 경우에는 국가는 당연히 국가배상책임을 부담한다.

(3) 개입청구권

(가) 의 의

위험방지법인 경찰법은 객관적인 법이다. 경찰법은 공공의 안녕과 질서의 확보를 위해 경찰권을 발동할 수 있는 요건을 규정하고 있다. 과거에는 경찰상 위험방지를 위한 일반조항이나 특별조항은 다만 공익을 위한 작용만을 규정한 것으로 보았다. 이 때문에 재량권을 부여하는 법규범은 다만 공익에 기여하는 것이지 관계된 사익에 기여하는 것으로 보지 않았다.[2] 이러한 전제하에서는 사인이 하자 없는 재량결정을 구할 권리를 가질 수가 없었다. 그러나 오늘날에는 위험방지를 위한 경찰상 일반조항이나 특별조항은 기본권으로부터 나오는 국가적 보호의무를 사인에 대하여 실천하는데 기여하는 것으로 이해되고 있다. 이 때문에 경찰상 수권조항은 개인의 법익을 위협하는 위험의 방지와 관련하는 한, 사인보호의 성격도 갖는다고 본다. 달리 말한다면 국가가 권력을 독점하기 때문에 개인의 자유보호와 공공의 이익을 위해 권력적 수단을 발동할 의무를 갖는다. 경찰권의 발동은 국가의 독자적인 판단에 따라 이루어지지만, 예외적으로 사인이 경찰에 다른 사인에 대하여 경찰권의 발동을 요구할 수 있는 권리(개입청구권)를 갖게 된다. 그 요건은 다음과 같다.

(나) 성립요건

1) **특정 행위의무의 존재** 사인이 경찰의 개입을 청구할 수 있는 권리를 갖는지의 여부 내지 그러한 권리의 전제요건은 경찰상 개입에 관한 주관적 권리가 존재하는가의 문제에 의존한다. 경찰관직무집행법상 경찰에는 재량권이 부여되어 있으므로, 경찰은 의무에 합당한 재량에 따라 권한을 행사하면 되는 것이지, 반드시 어떠한 행위를 하여야 할 의무를 부담하지는 아니한다. 따라서 통상적으로는 경찰개입청구권은 존재하지 아니한다. 다만, 경찰의 재량영역이 영으

하거나 윤락업주들을 체포 · 수사하는 등 필요한 조치를 취하지 아니하고 오히려 업주들로부터 뇌물을 수수하며 그와 같은 행위를 방치한 것은 경찰관의 직무상 의무에 위반하여 위법하므로 국가는 이로 인한 정신적 고통에 대하여 위자료를 지급할 의무가 있다); Lisken/Denninger, Handbuch des Polizeirecht, 4. Aufl., F. Rn. 133.

1) Kugelmann, Polizei- und Ordnungsrecht(2. Aufl.), 5. Kapitel, Rn. 193.

2) Würtenberger/Heckman, Polizeirecht in Baden-Württemberg, Rn. 498.

로 축소되는 경우에는 예외적으로 경찰의 개입청구권이 존재할 수 있다.[1] 말하자면 단 하나의 결정 내지 개입만이 하자 없는 재량행사일 경우에 그러하다.

2) 사익보호성의 존재 ① 경찰에 개입의무가 있다고 하여 개인이 사법적(소송상)으로 경찰에 개입을 청구할 수 있는 권리를 갖는 것은 아니다. 왜냐하면 사인에게 일반적인 법률집행청구권은 인정되지 아니하기 때문이다. 독일의 이론은[2] 주관적 공권으로서 개입청구권은 관련 법규가 개인적 이익을 보호하도록 규정하고 있는 경우에만 인정된다고 본다.[3] 이러한 경우에 개인에게 주어지는 권리가 소위 행정개입청구권이다(예: A당전당대회에 참여하는 자는 A당전당대회반대데모대의 폭력적인 공격이 있는 경우, 생명 · 신체에 대한 구체적인 위험에 직면하고 있는바, 경찰의 개입만이 유일한 해결책으로서 하자 없는 재량행사로 판단되므로, 전당대회참여자는 경찰에 대하여 보호청구권 또는 개입청구권을 갖는다).[4] 말하자면 공적 안전의 보호이익에는 사인의 이익(생명 · 건강 · 자유)도 포함되므로, 경찰이 개인의 이익을 보호하여야만 하는 경우라면, 사인은 경찰의 보호의무에 상응하는 보호청구권을 갖는다.[5] 달리 말한다면 경찰의 임무규정에서 특정한 경우 개인적 이익이 보호되도록 규정되어 있다면, 경찰의 그러한 개인보호의무에 상응하여 개인적 보호청구권이 나온다고 표현되기도 한다.[6]

(다) 요건종합

상기 두 요건을 중심으로 하여 정리해 본다면, 경찰의 개입청구권은 ① 위험의 정도나 범위가 상당하고, ② 경찰상 권한규정의 보호목표가 공공의 복지뿐만 아니라 개인의 안전을 위한 것이어야 하며, ③ 위협을 받는 개인의 법익이 헌법상 가치질서에 비추어 볼 때 상당한 것이어야 한다(예: 생명 · 신체의 온전성, 자유). ④ 경찰의 개입이 객관적으로 가능하여야 하고, ⑤ 경찰이 상위의 임무를 수행하여

---

1) 대판 1998. 5. 26, 98다11635(가해자가 피해자를 살해하기 직전까지 오랜 기간에 걸쳐 원한을 품고 집요하게 피해자를 괴롭혀 왔고, 이후에도 피해자의 생명 · 신체에 계속 위해를 가할 것이 명백하여 피해자의 신변이 매우 위험한 상태에 있어 피해자가 살해되기 며칠 전 범죄신고와 함께 신변보호를 요청하고 가해자를 고소한 경우, 범죄신고와 함께 신변보호요청을 받은 파출소 소속 경찰관들이나 고소장 접수에 따라 피해자를 조사한 지방경찰청 담당경찰관은 사태의 심각성을 깨달아 수사를 신속히 진행하여 가해자의 소재를 파악하는 등 조치를 취하고, 피해자에 대한 범죄의 위험이 일상적인 수준으로 감소할 때까지 피해자의 신변을 특별히 보호해야 할 의무가 있다).

2) Drew/Wacke/Vogel/Martens, Gefahrenabwehr, Allgemeines Polizeirecht, S. 100f.

3) Mandelartz/Helmut/Strube, Saarländisches Polizeigesetz, Kommentar für Studium und Praxis, § 3.7; Tettinger/Erbguth/Mann, Besonderes Verwaltungsrecht, Rn. 549.

4) Götz, Allgemeines Polizei- und Ordnungsrecht, § 11 Rn. 38f.

5) Knemeyer, Polizei- und Ordnungsrecht, Rn. 131.

6) Knemeyer, Polizei- und Ordnungsrecht, Rn. 132.

야 하는 경우가 아니어야 하며, ⑥ 경찰의 개입이 비례원칙에 따른 이익형량의 관점에서 보아 명령되는 경우에 인정된다고 본다.[1)]

1) Gusy, Polizei- und Ordnungsrecht(8.Aufl.), § 6 Rn. 396; Schmidbauer/Steiner/Roese, Bayerisches Polizeiaufgabengesetz, Kommentar, Art. 11, Rn. 128.

제 2 장　경찰조직법

제1절 경찰기관법

제1항 경찰기관법의 관념

Ⅰ. 경찰기관법의 개념

1. 행정의 주체

주권은 국민에게 있고 모든 권력은 국민으로부터 나오기 때문에 민주헌법국가에서 근원적인 행정의 주체는 국민이다. 이러한 의미의 행정주체를 국법상 행정주체의 개념이라 부른다. 그런데 행정현실의 면에서 볼 때 국민 모두가 행정의 주체로서 행정을 담당할 수 없음은 자명하다. 이 때문에 나타나는 것이 행정조직법상 행정주체의 개념이다.

2. 경찰기관법(협의의 경찰조직법)

행정사무를 수행하고 또한 행정사무수행을 위해 필요한 권리·의무를 가진 독자적인 임무의 수행자로서 공법에 근거한 권리의 주체를 행정조직법상 행정주체라 부르고, 행정주체의 조직에 관한 법의 총체를 행정조직법이라 부른다. 여기에는 행정기관 자체에 관한 법(행정기관법), 행정기관의 인적 요소에 관한 법(공무원법), 행정기관의 물적 요소에 관한 법(공물법), 행정기관의 인적 요소와 물적 요소의 결합에 관한 법(영조물법), 행정기관의 기업에 관한 법(공기업법) 등이 포함된다. 이러한 의미의 행정조직법을 광의의 행정조직법이라 부르고, 광의의 행정조직법 중 행정기관법을 협의의 행정조직법이라 부른다.[1] 행정기관법에는 국가의 행정기관법과 지방자치단체의 행정기관법을 포함한다. 이러한 용어례에 따라 본서에서는 경찰조직법을 경찰기관법(협의의 경찰조직법)과 경찰공무원법으로 나누어서 살피기로 한다.

---

1) 김도창, 일반 행정법론(하), 45쪽.

Ⅱ. 경찰조직법정주의(경찰기관법정주의)

1. 의 의

① 행정조직은 그 자체가 국민의 권리 · 의무에 직접 관계가 없다고 하여도 행정조직의 존재목적은 행정권의 행사에 있고, 따라서 행정기관의 설치여부 · 권한 등은 바로 국민생활에 지대한 영향을 미치고, ② 행정기관의 설치 · 운영은 일반국민에게 상당한 경제적 부담을 가하게 되므로, 결국 행정조직의 문제는 국가의 형성유지에 중요한 사항이 되는바(중요사항유보설), 헌법은 행정각부 등의 조직을 법률로써 정하도록 규정하고 있다(헌법 제96조, 제100조, 제90조 제3항, 제91조 제3항, 제92조 제2항, 제93조 제2항). 이를 행정조직법정주의라 부른다. 행정조직법정주의는 행정기관법정주의라 부를 수 있다. 행정기관법정주의는 행정기관법의 영역에서 법치주의원리의 반영 · 실현을 뜻한다. 행정기관법정주의의 원칙상 경찰기관도 당연히 법률로 정하여야 한다.

2. 의미의 약화

헌법에 따른 국가행정조직의 기본법인 정부조직법은 조직상 구체적인 사항의 상당부분을 대통령령으로 정하도록 규정함으로 인해, 실제상 행정조직법정주의의 의미는 상당히 퇴색되고 있다. 예컨대 개별 경찰관서는 정부조직법에서 직접 규정되고 있지 아니하므로 정부조직법 제3조 제1항(중앙행정기관에는 소관사무를 수행하기 위하여 필요한 때에는 특히 법률로 정한 경우를 제외하고는 대통령령으로 정하는 바에 의하여 지방행정기관을 둘 수 있다)에 근거하여 대통령령에 의해 설치되고 있다. 논자에 따라서는 정부조직법의 이러한 태도가 행정의 기동성 · 탄력성 · 능률성의 확보를 위해 필요하다고 주장할 수도 있을 것이다.

제 2 항 경찰기관의 종류

Ⅰ. 경찰기관의 관념

1. 경찰기관의 의의

행정주체는 공법인이다. 행정주체는 법인이기에 그 자체로 권리능력을 갖지만 행위능력을 갖는 것은 아니다. 이 때문에 현실적으로 행정을 실현가능하게 하기 위하여 행정주체는 일정한 행정기구를 두어 이로 하여금 자신의 임무를 수행하도록 한다. 이 때 그 행정기구의 작용은 바로 행정주체의 작용으로 귀속되며, 여기서 그 행정기구가 바로 행정주체의 기관이고, 행정기관 중 경찰사무를 수행하는 기관이 비로 경찰기관이다.

2. 경찰기관의 법인격성

논리적으로 보아 경찰기관에는 인격성이 인정될 수 없다. 왜냐하면 경찰기관은 권한을 갖는 것이지 주관적인 권리를 갖는 것은 아니기 때문이다. 권리는 행정주체에 관련되는 문제이다. 바꾸어 말하면 경찰기관은 경찰조직규범에 의해 행정주체의 임무를 담당하는 현실적인 주체로서, 경찰기관이 행하는 행위는 자신을 위한 것이 아니라 바로 행정주체인 국가를 위한 것이기 때문에 경찰기관은 권리능력을 갖는 것이 아니다.[1)] 한편 실정법은 행정기관을 법률관계의 일방당사자로 규정하는 경우가 있는데(예: 행정소송법 제13조 제 1 항, 행정심판법 제17조 제 1 항), 이러한 경우에는 예외적으로 경찰행정청이 인격을 갖는다고 말할 수도 있다. 그러나 엄밀히 말한다면, 이 경우에도 경찰행정청은 인격을 갖는다고 할 수는 없다. 왜냐하면 경찰행정청의 소송행위 내지 심판행위의 법적 효과의 귀속주체는 당해 경찰행정청이 아니라 국가나 지방자치단체이기 때문이다. 따라서 이러한 경우 행정기관은 인격의 소유자가 아니라 인격의 소유자에 유사한 취급을 받는다고 하는 것이 보다 합리적이다.

3. 경찰기관의 종류

경찰기관에는 경찰행정관청(법상 주어진 권한의 범위 내에서 행정주체의 경찰에 관한 의사를 결정하고 이를 외부에 대하여 표시하는 권한을 가진 경찰기관),[2)] 경찰의결기관(경찰상 의사결정 권만을 갖는 기관), 경찰보조기관(경찰행정관청의 보조를 임무로 하는 기관. 예: 차장 · 실장 · 국장 · 과장), 경찰보좌기관(정책의 기획이나 계획의 입안 · 연구조사를 통하여 행정청이나 보조기관을 보좌하는 기관. 예: 담당관), 경찰집행기관(경찰행정청의 명을 받아 경찰행정청이 발한 의사를 집행하여 경찰행정상 필요한 상태를 실현하는 기관) 등이 있다.

---

1) 대판 1987. 4. 28, 86누93(서울국제우체국장은 우편사업을 담당하는 국가의 일개 기관에 불과할 뿐으로서 법률상 담세능력이 있다거나 책임재산을 가질 수 있다고 볼 수 없어 관세법상의 납세의무자가 될수 없으므로 위 우체국장에 대한 이 사건 관세부과처분은 관세의 납세의무자가 될 수 없는 자를 그 납세의무자로 한 위법한 처분으로서 그 하자가 중대하고도 명백하여 당연무효라고 할 것이다) 참조.

2) 전통적으로 국가행정기관 중 의사기관을 행정관청 또는 행정청으로, 지방자치단체의 의사기관을 행정청으로 부르며, 양자를 합하여 행정청으로 부르기도 한다.

Ⅱ. 국가경찰행정관청

1. 의의와 종류

국가경찰행정관청(Polizeibehörden)이란 위험방지임무에 관한 국가의사를 결정하고 이를 외부에 표시할 수 있는 권한을 가진 기관을 의미한다. 경찰행정관청은 법률로서 경찰의 직무와 권한이 부여된 행정관청이라 정의할 수도 있다.[1] 경찰행정관청을 경찰행정청이라 부르기도 한다. 경찰행정관청은 다시 일반경찰행정관청(일반경찰행정청)과 특별경찰행정관청(특별경찰행정청)으로 구분된다. ① 일반경찰행정관청이란 일반경찰법(보안경찰법)상 행정관청(행정청)을 말한다. 일반경찰행정관청은 보통경찰관청이라고도 한다.[2] 법령상 특별경찰행정관청의 권한으로 규정된 것이 아닌 위험방지사무는 일반경찰행정관청의 경찰사무에 속한다(경직법 제2조 제5호 참조). 일반경찰행정관청은 ⓐ 중앙경찰관청과[3] ⓑ 지방경찰관청으로 구분된다. 지방경찰관청으로는 경찰법에 따른 지방경찰청장 · 경찰서장 · 해양경찰서장이 있다. ② 특별경찰행정관청이란 특정의 전문영역에서 경찰상의 권한을 가진 행정기관으로서 조직상 일반경찰행정청에 속하지 아니하는 행정청을 의미한다. 말하자면 특별경찰법(협의의 행정경찰법)상의 경찰기관을 말한다. 특별경찰행정관청을 협의의 행정경찰관청이라 부르기도 한다.

2. 국가일반경찰행정관청

(1) 국가중앙경찰관청

㈎ 경찰청장

1) 지　　위　　치안에 관한 사무를 관장하게 하기 위하여 행정안전부장관

---

1) Gusy, Polizeirecht, Rn. 36.

2) 김남진, 경찰행정법, 23쪽; 류지태 · 박종수, 행정법신론, 931쪽; 박균성, 행정법론(하), 538쪽; 박윤흔 · 정형근, 최신행정법강의(하), 303쪽; 박평준 · 박창석, 경찰행정법, 71쪽; 이광윤 등, 행정작용법론, 10쪽; 이상규, 신행정법론(하), 294쪽; 정하중, 행정법각론, 228쪽; 최정일, 행정법Ⅱ, 275쪽.

3) 경찰법상 행정안전부장관의 지위와 관련하여 넓은 의미에서 경찰관청이라고 하는 견해(박윤흔 · 정형근, 최신행정법강의(하), 304쪽; 김성수, 개별행정법, 526쪽; 류지태 · 박종수, 행정법신론, 932쪽; 이광윤, 행정작용법, 9쪽)와 경찰관청이 아니라는 견해(김남진, 경찰행정법, 23쪽; 최영규, 경찰행정법, 52쪽)가 있다. 경찰행정청을 행정조직법상 행정관청개념에 근거하여 위험방지임무에 관한 국가의사를 결정하고 이를 외부에 표시할 수 있는 권한을 가진 기관으로 정의하는 한 행정안전부장관을 경찰관청이라 하기 어렵다. 다만 경찰행정청에 대한 감독기관이라는 의미에서 경찰관청이라 부르는 것은 가능할 것이다.

소속하에 설치되는 경찰청의 장(경찰청장)이 중앙경찰관청이다(정조법 제29조 제 4 항; 경찰법 제 2 조 제 1 항). 경찰청장은 치안총감으로 보한다(경찰법 제11조 제 1 항). 경찰청장은 경찰위원회의 동의를 얻어 행정안전부장관의 제청으로 국무총리를 거쳐 대통령이 임명한다(경찰법 제11조 제 2 항). 경찰청장은 국가경찰에 관한 사무를 총괄하고 경찰청 업무를 관장하며 소속공무원 및 각급 국가경찰기관의 장을 지휘 · 감독한다(경찰법 제11조 제 3 항). 경찰청장의 임기는 2년으로 하고, 중임할 수 없다(경찰법 제11조 제 5 항). 경찰청장이 직무를 집행하면서 헌법이나 법률을 위배하였을 때에는 국회는 탄핵 소추를 의결할 수 있다(경찰법 제11조 제 6 항).

2) **비상시 지위**　　경찰청장은 전시 · 사변, 천재 · 지변 그 밖에 이에 준하는 국가비상사태, 대규모의 테러 또는 소요사태가 발생하였거나 발생할 우려가 있어 전국적인 치안유지를 위하여 긴급한 조치가 필요하다고 인정할 만한 충분한 사유가 있는 경우에는 제 2 항의 규정에 따라 제주특별자치도의 자치경찰공무원을 직접 지휘 · 명령할 수 있다. 다만, 제주특별자치도 지역 단위의 치안유지를 위하여 필요한 경우에는 제주특별자치도지방경찰청장이 지휘 · 명령할 수 있다(경찰법 제25조 제 1 항).

3) **보조기관**　　경찰청장의 보조기관으로서 치안정감으로 보하는 차장을 두는데, 차장은 경찰청장을 보좌하며, 경찰청장이 부득이한 사유로 직무를 수행할 수 없을 때에는 그 직무를 대행한다(경찰법 제12조 제 1 항 · 제 2 항). 경찰청차장 밑에 보조기관으로 국장 또는 부장 및 과장이 있고(경찰법 제13조 제 1 항), 보좌기관으로 경찰청장 · 차장 · 국장 또는 부장 밑에 정책의 기획이나 계획의 입안 및 연구조사를 통하여 그를 직접 보좌하는 담당관을 둘 수 있다(경찰법 제13조 제 2 항).

4) **부속기관**　　경찰청장의 부속기관으로 경찰대학(국가치안부문에 종사할 경찰간부가 될 자에게 학술을 연마하고 심신을 단련시키기 위한 교육훈련과 치안에 관한 이론 및 정책연구에 관한 사무를 관장한다), 경찰교육원(경찰공무원 및 경찰간부후보생에 대한 교육훈련을 관장한다)와 중앙경찰학교(경찰공무원(전투경찰순경을 포함한다)으로 임용될 자(경찰간부후보생을 제외한다)에 대한 교육훈련을 관장한다), 경찰병원(경찰업무를 행하는 기관에 근무하는 공무원 및 그 가족과 경찰교육기관에서 교육을 받고 있는 자와 전투경찰순경의 질병진료에 관한 사무를 관장한다)등이 있다(경찰청과 그 소속기관 직제 제17조, 제27조, 제31조).

(나) 해양경찰청장

1) **지　　위**　　해양에서의 경찰 및 오염방제에 관한 사무를 관장하기 위하여 국토해양부장관 소속하에 해양경찰청을 둔다(정조법 제37조 제 3 항). 해양경찰은 해양에서의 경찰사무를 전반적으로 관장하므로 일반경찰로 볼 것이며, 특별경찰(협의의 행정경찰)로 볼 것은 아니다. 해양경찰청의 장 역시 중앙경찰관청의 지위를 갖는다. 해양경찰청에 청장(해양경찰청장) 1명을 두되, 청장은 경찰공무원으로 보한

다(정조법 제37조 제4항). 해양경찰청장은 치안총감으로 보한다(해양경찰청과 그 소속기관 직제 제4조). 해양에서의 경찰사무가 종전에는 경찰청의 소관이었으나, 1996년 8월 8일 정부조직법의 개정(법률 제5153호)시에 해양수산부의 신설과 동시에 해양수산부장관 소속으로 해양경찰청을 설치하면서부터 해양경찰청의 소관사무가 되었다.

2) 보조기관 해양경찰청장의 보조기관으로 차장을 둔다. 해양경찰청 차장은 치안정감으로 보한다(해양경찰청과 그 소속기관 직제 제5조). 또한 보조기관으로 운영지원과장 · 경비안전국장 · 정보수사국장 · 장비기술국장 및 해양오염방제국장이 있다(해양경찰청과 그 소속기관 직제 제6조).

3) 부속기관 해양경찰청장의 부속기관으로 해양경찰학교(소속공무원(전투경찰순경을 포함한다)의 교육훈련 및 해양경찰업무와 관련된 기관 · 단체가 위탁하는 교육훈련을 관장한다), 해양경찰정비창(함정의 정비 및 수리에 관한 사무를 관장한다)등이 있다(해양경찰청과 그 소속기관 직제 제16조, 제29조).

(2) 국가지방상급경찰관청

(가) 지방경찰청장

1) 지 위 경찰청의 사무를 지역적으로 분담 · 수행하게 하기 위하여 서울특별시장 · 광역시장 및 도지사 소속으로 지방경찰청을 둔다(경찰법 제2조 제2항). 지방경찰청에 지방경찰청장을 두며, 지방경찰청장은 치안정감 · 치안감 · 경무관으로 보한다(경찰법 제14조 제1항). 지방경찰청장은 경찰청장의 지휘 · 감독을 받아 관할구역의 국가경찰사무를 관장하고 소속 공무원 및 소속 국가경찰기관의 장을 지휘 · 감독한다(경찰법 제14조 제2항).

2) 소속과 지휘 · 감독 지방경찰청장은 지방 상급의 경찰행정기관이다. 그런데 현행 지방경찰청장의 지위에 관한 경찰법의 규정태도에는 의문이 있다. 경찰법은 지방경찰청장의 소속과 지휘 · 감독의 체계를 달리하고 있다. 말하자면 경찰법은 지방경찰청장을 광역지방자치단체의 장의 소속으로 하면서, 업무상으로는 경찰청장의 지휘 · 감독을 받게 한 점이다. 지방경찰청장의 소속과 지휘 · 감독의 체계를 달리해야 할 합리적인 이유를 찾아보기 어렵다.[1] 하여간 경

1) 그 이유로 지방에 있어서 경찰사무도 행정사무의 일환으로서 시 · 도지사의 통할하에 다른 행정과의 협의 · 조정을 거쳐 처리되어야 함을 나타내는 것이고, 또한 지방경찰을 자치경찰제로 전환하는 경우를 대비한 것이라는 지적도 있다(행정개혁위원회, 행정개혁에 관한 건의, 1989. 7, 179쪽; 김동희, 행정법(Ⅱ), 205쪽; 박윤흔 · 정형근, 최신행정법강의(하), 304쪽; 정하중, 행정법각론, 229쪽). 그러나 해양경찰사무나 환경사무 등과 달리 경찰사무만이 반드시 시 · 도지사의 통할하에 다른 행정과의 협의 · 조정을 거쳐 처리되어야 한다는 것은 이해하기 어렵고, 또한, 지방경찰청장을 시 · 도지사 소속하에 두는 것이 자치경찰제로의 전환에 무엇을 대비하기 위한 것인지 이해하기 어렵다. 사실은 과거에 지방자치단체로부터 재정지원을 확보하기 위했던

찰법의 이러한 규정태도를 이유로 현재 광역지방자치단체의 장을 상급의 지방경찰행정청이라고 하기는 어렵다. 경찰법제정 전까지는 광역지방자치단체의 장이 상급의 지방경찰행정청으로 이해되었다.

3) **보조기관** 보조기관으로 지방경찰청에 차장을 둘 수 있다(경찰법 제15조 제1항). 차장은 지방경찰청장을 보좌하여 소관 사무를 처리하고 지방경찰청장이 부득이한 사유로 직무를 수행할 수 없을 때에는 그 직무를 대행한다(경찰법 제15조 제2항).

4) **직 할 대** 지방경찰청장은 행정안전부령이 정하는 범위 내에서 차장(지방경찰청에 복수차장을 두는 경우에는 제1차장, 지방경찰청에 차장을 두지 아니하는 경우에는 지방경찰청장) 밑에 직할대를 둘 수 있다(경찰청과 그 소속기관 직제 제42조 제1항). 직할대의 장은 특정한 경찰사무에 관하여 지방경찰청장 또는 지방경찰청 차장(복수차장을 두는 경우에는 제1차장)을 보좌한다(경찰청과 그 소속기관 직제 제42조 제2항).

㈏ 지방해양경찰청장

1) **지 위** 해양경찰청장의 관장사무를 분장하기 위하여 해양경찰청장 소속으로 지방해양경찰청을 둔다(해양경찰청과 그 소속기관 직제 제2조 제2항). 지방해양경찰청에 청장 1명을 둔다(해양경찰청과 그 소속기관 직제 제24조 제1항). 지방해양경찰청장은 해양경찰청장의 명을 받아 소관사무를 통할하고, 소속 공무원을 지휘·감독한다(해양경찰청과 그 소속기관 직제 제24조 제3항).

2) **직 무** 지방해양경찰청은 관할해양에서의 경찰 및 오염방제에 관한 사무를 수행한다(해양경찰청과 그 소속기관 직제 제22조).

⑶ 국가지방하급경찰관청

㈎ 경찰서장

1) **지 위** 경찰청의 사무를 지역적으로 분담하여 수행하게 하기 위하여 지방경찰청장 소속으로 경찰서를 둔다(경찰법 제2조 제2항 본문).[1] 경찰서에 경찰서장을[2] 두며, 경찰서장은 경무관, 총경 또는 경정으로 보한다(경찰법 제17조 제1항). 경찰서장은 지방경찰청장의 지휘·감독을 받아 관할구역 안의 소관사무를 관장하고 소속공무원을 지휘·감독한다(경찰법 제17조 제2항).

2) **지구대와 파출소** 경찰서장 소속으로 지구대 또는 파출소를 두고, 그 설치기준은 치안수요·교통·지리 등 관할구역의 특성을 고려하여 행정안전부령으로 정한다. 다만, 필요한 경우에는 출장소를 둘 수 있다(경찰법 제17조 제3항). 지방경찰청장은 경찰서장의 소관사무를 분장하기 위하여 행정안전부령이 정하는 바에 따라

것으로 보인다.

1) 대판 1989. 10. 13, 88다카33039(경찰서 및 산하파출소는 국가의 특별지방행정기관이다).

2) 대판 1992. 2. 25, 91다12356(경찰서장은 국가공무원이다).

경찰청장의 승인을 얻어 지구대 또는 파출소를 둘 수 있다(경찰청과 그 소속기관 직제 제44조 제1항). 지방경찰청장은 임시로 필요한 때에는 출장소를 둘 수 있다(경찰청과 그 소속기관 직제 제44조 제2항). 경찰관직무집행법 제3조 제2항이 정하는 경찰관서의 장인 지구대장과 파출소장, 그리고 출장소장은 경찰관직무집행법 제8조 제2항에 근거하여 사실조회를 할 수 있으나, 이것만으로 지구대장과 파출소장, 그리고 출장소장이 행정청이라고 단언하기 어렵다.

(나) 해양경찰서장

1) 지 위 지방해양경찰청장 소속으로 해양경찰서를 둔다(해양경찰청과 그 소속기관 직제 제2조 제2항). 해양경찰서에 서장 1명을 둔다(해양경찰청과 그 소속기관 직제 제27조 제1항). 서장은 총경으로 보한다(해양경찰청과 그 소속기관 직제 제27조 제2항). 서장은 지방해양경찰청장의 명을 받아 소관사무를 통할하고, 소속 공무원을 지휘 · 감독한다(해양경찰청과 그 소속기관 직제 제27조 제3항).

2) 파출소 · 출장소 지방해양경찰청장은 해양경찰서장의 소관 사무를 분장하기 위하여 국토해양부령으로 정하는 바에 따라 해양경찰서장 소속으로 파출소를 둘 수 있다(해양경찰청과 그 소속기관 직제 제28조 제1항). 지방해양경찰청장은 임시로 필요한 때에는 해양경찰서장 소속으로 출장소를 둘 수 있다(해양경찰청과 그 소속기관 직제 제28조 제2항). 파출소장과 출장소장을 행정청으로 보기 어렵다.

3. 국가특별경찰행정관청

(1) 조 직

특별경찰행정청의 조직과 임무는 관련 특별법에서 규정되고 있다. 특별경찰행정청은 일반적으로 각 주무부장관(행정안전부 장관 포함), 외청의 장, 특별행정기관의 장, 지방자치단체의 장으로 이루어진다. 경우에 따라서는 주무부장관(행정안전부 장관 포함), 외청의 장, 특별행정기관의 장의 권한이 지방자치단체의 장에게 위임되기도 한다. 수임의 범위 안에서 지방자치단체의 장은 국가기관으로서의 지위를 갖는다. 위임의 범위 안에서 주무부장관 등은 지방자치단체의 장을 지휘 · 감독한다. 한편, 국가특별경찰행정관청 중 특수한 경우로 국가정보원장과 비상시의 경찰인 계엄사령관을 볼 수 있고, 위수사령관과 관련하여서는 논란이 있다.

(2) 종 류

특별경찰행정청의 종류는 다양하다. 예시해 본다면 다음과 같다. ① 산림경찰의 경우에 산림청장, ② 보건위생경찰의 경우에 보건복지부장관, ③ 영업경찰의 경우에 행정안전부장관 · 지식경제부장관 등, ④ 상공경찰의 경우에 지식경제부장관, ⑤ 수의경찰의 경우에 보건복지부장관, ⑥ 출입국경찰의 경우에 법무부장관, ⑦ 관세경찰의 경우에 관세청장, ⑧ 항공경찰의 경우에 국토해양부장관, ⑨ 항만 · 해운경찰의 경우에 국토해양부장관, ⑩ 군경찰의 경우에 국방부장관(평상시에는 병사의 안전, 비상시인 전쟁과 계엄선포의 경우는 국민의 보호), ⑪ 청소년경찰의 경우에 보건복지부장관 · 행정안전부장관 등을 들 수 있다.

(3) 특수경찰

(가) 국가정보원장

국가정보원(국정원)은 대통령 소속으로 두며, 대통령의 지시 · 감독을 받는다(국가정보원법 제2조). 국정원은 다음 각 호(1. 국외 정보 및 국내 보안정보[대공, 대정부전복, 방첩, 대테러 및 국제범죄조직]의 수집 · 작성 및 배포, 2. 국가 기밀에 속하는 문서 · 자재 · 시설 및 지역에 대한 보안 업무. 다만, 각급 기관에 대한 보안감사는 제외한다., 3. 「형법」 중 내란(內亂)의 죄, 외환(外患)의 죄, 「군형법」 중 반란의 죄, 암호 부정사용의 죄, 「군사기밀 보호법」에 규정된 죄, 「국가보안법」에 규정된 죄에 대한 수사, 4. 국정원 직원의 직무와 관련된 범죄에 대한 수사, 5. 정보 및 보안 업무의 기획 · 조정)의 직무를 수행한다(국가정보원법 제3조 제1항). 국정원의 사무는 사법사무와 경찰사무가 혼재되어 있다. 위험방지사무를 수행하는 범위 안에서 국정원장은 경찰행정청의 성격을 갖는다. 원장은 국회의 인사청문을 거쳐 대통령이 임명하며, 차장 및 기획조정실장은 원장의 제청으로 대통령이 임명한다(국가정보원법 제7조 제1항). 원장은 정무직으로 하며, 국정원의 업무를 총괄하고 소속직원을 지휘 · 감독한다(국가정보원법 제7조 제2항).

(나) 계엄사령관

대통령은 전시 · 사변 또는 이에 준하는 국가비상사태에 있어서 병력으로써 군사상의 필요에 응하거나 공공의 안녕질서를 유지할 필요가 있을 때에는 법률이 정하는 바에 의하여 계엄을 선포할 수 있다(헌법 제77조 제1항). 계엄은 비상계엄과 경비계엄으로 한다(헌법 제77조 제2항). 비상계엄의 선포와 동시에 계엄사령관은 계엄지역의 모든 행정사무와 사법사무를 관장한다(계엄법 제7조 제1항). 경비계엄의 선포와 동시에 계엄사령관은 계엄지역의 군사에 관한 행정사무와 사법사무를 관장한다(계엄법 제7조 제2항). 계엄사령관은 행정사무 중 위험방지사무와 관련하는 한 경찰행정청의 성격을 갖는다. 계엄지역의 행정기관(정보 및 보안업무를 관장하는 기관을 포함한다) 및 사법기관은 지체없이 계엄사령관의 지휘 · 감독을 받아야 한다(계엄법 제8조 제1항). 계엄사령관이 계엄지역의 행정기관 및 사법기관을 지휘 · 감독할 때 그 지역이 1개의 행정구역에 국한될 때에는 당해 구역의 최고책임자를 통하여 하고, 2개 이상의 행정구역에 해당될 때에는 해당 구역의 최고책임자 또는 주무부처의 장(법원의 경우에는 법원행정처장)을 통하여 하여야 한다

(계엄법 제8조 제2항). 계엄사령관은 현역 장관급 장교 중에서 국방부장관이 추천한 사람을 국무회의의 심의를 거쳐 대통령이 임명한다(계엄법 제5조 제1항).

㈐ 위수사령관

1) 지 위 육군 군대가 영구히 1지구에 주둔하여 당해 지구의 경비, 육군의 질서 및 군기의 감시와 육군에 속하는 건축물 기타 시설물의 보호에 임하는 것을 위수라 한다(위수령 제1조). 위수근무를 행하게 하기 위하여 위수지역에 위수사령관을 둔다(위수령 제2조 제1항). 위수사령관은 재해 또는 비상사태에 있어서 치안유지에 대한 조치에 관하여 그 지구를 관할하는 시장 · 군수 및 경찰서장에게 협의하여야 한다(위수령 제10조). 위수사령관은 미리 재해 또는 비상사태에 있어서의 육군에 속하는 제반건축물 기타 시설의 보호 및 경비에 관한 조치를 준비하여 두어야 한다(위수령 제11조). 위수사령관은 재해 또는 비상사태에 즈음하여 서울특별시장 · 광역시장 또는 도지사로부터 병력출동의 요청을 받았을 때는 육군 참모총장에게 상신하여 그 승인을 얻어 이에 응할 수 있다(위수령 제12조 제1항). 전항의 경우에 사태가 긴급하여 육군참모총장의 승인을 기다릴 수 없을 때에는 즉시 그 요청에 응할 수 있다. 다만, 위수사령관은 지체없이 이를 육군참모총장에게 보고하여야 한다(위수령 제12조 제2항).

2) 성 격 서울특별시장 · 광역시장 또는 도지사의 병력출동요청에 따른 위수근무는 일종의 행정응원에 해당한다고 할 것이나,[1] 행정절차법 제8조에서 규정된 행정응원과는 성격이 다르다. 한편, 위수사령관은 위수령이 정한 권한을 요청기관의 통제 없이 독자적으로 행사한다는 관점에서 위험방지사무(치안유지사무)와 관련하는 한 특별경찰행정청의 성질을 갖는다. 위수령에 따른 병력출동은 행정응원의 일종일 뿐이며 위수사령관은 특별경찰행정청이 아니라는 견해도 있다.[2]

3) 위헌여부 재해 또는 비상사태시에 위수령에 근거하여 병력을 출동시키는 것이 헌법에 적합한 것인가의 문제가 있다. 각군의 소속으로 필요한 부대와 기관을 설치할 수 있다(국군조직법 제15조 제1항). 제1항의 부대와 기관의 설치에 필요한 사항은 법률이나 대통령령으로 정한다(국군조직법 제15조 제2항 본문). 따라서 위수근무를 수행하는 부대의 조직은 대통령령으로 정할 수 있는바, 위수부대의 조직 그 자체

---

1) 김동희, 행정법(Ⅱ), 208쪽; 박윤흔 · 정형근, 최신행정법강의(하), 309쪽; 석종현, 일반행정법(하), 262쪽; 이상규, 신행정법론(하), 301쪽; 정하중, 행정법각론, 232쪽.

2) 최영규, 경찰행정법, 65쪽.

는 위헌이 아니다. 한편, "병력에 의한 일반 공안의 유지는 헌법상 계엄하에 국한됨이 원칙이라고 할 수 있음에 비추어, 위수령의 효력은 헌법과의 관계에서 문제되는 점이 많다"는 지적도 있다.[1)]

위수근무가 오로지 경비 및 순찰로써 행해진다면(위수령 제14조 제1항 참조), 위헌의 문제가 야기되지 아니할 것이지만, 경우에 따라서는 병기를 사용할 수도 있다(위수령 제15조 제1항). 병기사용은 국민의 생명 · 신체에 대한 침해를 가져올 수도 있으므로, 위수령 중에서 병기사용에 관한 조항은 헌법 제37조 제2항에 비추어 반드시 법률의 근거가 필요하다. 위수령 제12조에 따른 병력출동은 행정응원의 일종으로서 경찰관직무집행법이 정한 활동을 할 수 있다고 하여도[2)] 경찰관직무집행법상 무기사용에 관한 조항을 위수활동하는 병력의 무기사용의 근거로 보기는 어렵다. 따라서 현재로서 대통령령인 위수령 중에서 병기사용에 관한 조항은 위헌으로 볼 것이다.[3)] 위수령을 법률로 대체하는 것[4)] 등의 입법적인 보완이 필요하다.

4. 국가일반경찰행정청과 국가특별경찰행정청과의 관계

특별법이 일반법에 우선한다는 논리에 비추어 특별법에 근거하는 특별경찰행정청의 권한영역 내에서는 기본적으로 일반법에 근거하는 일반경찰행정청이 활동할 수는 없다. 즉, 특별경찰행정청의 권한이 우선한다. 특별경찰행정청에 권한이 없는 경우에 비로소 일반경찰행정청이 관련법령에 따라 활동하게 된다.

Ⅲ. 국가경찰 의결기관 · 자문기관

1. 경찰위원회

(1) 경찰위원회의 지위

경찰행정에 관하여 제9조 제1항 각 호(1. 국가경찰의 인사 · 예산 · 장비 · 통신등에 관한 주요 정책 및 국가경찰 업무 발전에 관한 사항, 2. 인권보호와 관련되는 국가경찰의 운영 · 개선에 관한 사항, 3. 국가경찰 임무 외에 다른 국가기관으로부터의 업무협조 요청에 관한 사항, 4. 제주특별자치도의 자치경찰에 대한 국가경찰의 지원 · 협조 및 협약체결의 조정 등에 관한 주요 정책사항, 5. 그 밖에 행정안전부장관 및 경찰청장이 중요하다고 인정하여 위원회의 회의에 부친 사항)의 사항을 심의 · 의결하기 위하여 행정안전부에 경찰위

---

1) 이상규, 신행정법론(하), 300쪽.
2) 김남진, 경찰행정법, 31쪽.
3) 김성수, 개별행정법, 532쪽; 유상현 · 설계경, 경찰행정법, 48쪽; 최영규, 경찰행정법, 66쪽.
4) 김남진 · 김연태, 행정법(Ⅱ), 259쪽; 김성수, 개별행정법, 532쪽; 정하중, 행정법각론, 233쪽; 허경미, 경찰행정법, 40쪽.

원회를 둔다(경찰법 제5조 제1항). 경찰위원회는 조직법상 의미에서의 행정관청이 아니라 의결기관에 해당한다. 경찰위원회는 대외적으로 의사를 표시하는 기관은 아니기 때문이다. 따라서 경찰위원회를 중앙경찰관청이라 부르기 어렵다.

(2) 경찰위원회의 조직

위원회는 위원장 1명을 포함한 7명의 위원으로 구성하되, 위원장 및 5명의 위원은 비상임으로 하고, 1명의 위원은 상임으로 한다(경찰법 제5조 제2항). 제2항에 따른 위원 중 상임위원은 정무직으로 한다(경찰법 제5조 제3항). 위원은 행정안전부장관의 제청으로 국무총리를 거쳐 대통령이 임명한다(경찰법 제6조 제1항). 위원의 임기는 3년으로 하며, 연임할 수 없다. 이 경우 보궐위원의 임기는 전임자의 임기의 남은 기간으로 한다(경찰법 제7조 제1항).

2. 치안행정협의회

(1) 치안행정협의회의 지위

지방행정과 치안행정의 업무조정과 그 밖에 필요한 사항을 협의 · 조정하기 위하여 시·도지사(제주특별자치도지사는 제외한다) 소속으로 치안행정협의회를 둔다(경찰법 제16조 제1항). 치안행정협의회의 조직 · 운영과 그 밖에 필요한 사항은 대통령령으로 정한다(경찰법 제16조 제2항). 협의회는 다음 사항(1. 지역안정 및 질서유지에 관한 사항, 2. 민방위 및 재해대책 운영에 관한 사항, 3. 질서확립운동등 지역사회운동의 효율적 추진에 관한 사항, 4. 지역주민과 경찰간의 협조 및 요망사항, 5. 기타 지방행정과 치안행정간 상호지원에 관한 사항과 시 · 도지사 및 지방경찰청장이 회의에 부치는 사항)을 협의한다(치안행정협의회규정 제2조). 치안행정협의회의 협의내용은 법적 구속력을 갖지 아니한다. 치안행정협의회는 자문기관의 성질을 갖는다.

(2) 치안행정협의회의 조직

협의회는 위원장을 포함한 위원 9인으로 구성한다(치안행정협의회규정 제3조 제1항). 위원장은 서울특별시 · 직할시 또는 도의 부시장 또는 부지사가 되고, 위원은 다음 각호(1. 시 · 도소속 공무원 중 서울특별시장 · 직할시장 또는 도지사(이하 "시 · 도지사"라 한다)가 임명하는 자 2인, 2. 지방경찰청소속 경찰공무원 중 지방경찰청장의 추천으로 시 · 도지사가 임명하는 자 3인, 3. 지방행정과 치안행정에 관한 학식과 경험이 있는 자로서 지방경찰청장의 의견을 들어 시 · 도지사가 위촉하는 자 3인)의 자가 된다(치안행정협의회규정 제3조 제2항). 제2항 제3호의 위원의 임기는 2년으로 한다(치안행정협의회규정 제3조 제3항).

3. 경찰공무원인사위원회

(1) 경찰공무원인사위원회의 지위

경찰공무원의 인사에 관한 중요 사항에 대하여 경찰청장 또는 해양경찰청장의 자문에 응하게 하기 위하여 경찰청 및 해양경찰청에 경찰공무원인사위원회(이하 "인사위원회"라 한다)를 둔다(경공법 제4조 제1항). 경찰인사위원회는 자문기관이다. 경찰인사위원회의 자문에 경찰청장과 해양경찰청장은 구속되지 아니한다.

(2) 경찰공무원인사위원회의 기능

인사위원회는 다음 각 호(1. 경찰공무원의 인사행정에 관한 방침과 기준 및 기본계획, 2. 경찰공무원의 인사에 관한 법령의 제정·개정 또는 폐지에 관한 사항, 3. 그 밖에 경찰청장 또는 해양경찰청장이 인사위원회의 회의에 부치는 사항)의 사항을 심의한다.

(3) 경찰공무원인사위원회의 구성

경찰공무원인사위원회는 위원장을 포함한 5인 이상 7인 이하의 위원으로 구성한다(경공령 제9조 제1항). 위원장은 경찰청 및 해양경찰청 인사담당국장이 되고, 위원은 경찰청 및 해양경찰청소속 총경 이상의 경찰공무원 중에서 경찰청장 또는 해양경찰청장이 임명한다(경공령 제9조 제2항). 위원장은 인사위원회를 대표하며, 인사위원회의 사무를 총괄한다(경공령 제10조 제1항).

Ⅳ. 국가경찰집행기관

1. 의 의

국가경찰집행기관(Polizeivollzugsdienst)이란 경찰행정관청이 명한 사항을 현장에서 현실적으로 직접 수행하는 경찰기관을 말한다. 이를 집행경찰(Vollzugspolizei)이라 부르기도 한다.

2. 종 류

국가경찰집행기관은 그 임무의 내용의 상이에 따라 ① 제복을 착용하고 무기를 휴대하는 것을 특징으로 하면서 일반경비에 임하는 경비경찰(경공법 제20조), ② 긴급한 상황에 대처하는 기동경찰(경응법 제4조), ③ 해양경비사무를 집행하는 해양경찰(해양경찰청과 그 소속기관 직제 제3조, 제31조, 제32조), ④ 간첩침투거부 등을 위한 전투경찰(전투경찰대 설치법 제1조)(전투경찰은 대간첩작전과 경비임무를 담당하는 작전경찰과 치안보조업무를 담당하는 의무경찰로 구분된다),[1] ⑤ 특별경찰행정관청에 소속하면서 그 관청의 소관사무를 집행하는 공무원, ⑥ 군인·군무원의 범죄예방 등에 관한 사무를 집행하는 헌병인 병(군사법원법 제46조 제1항), ⑦ 비상사태시 출병하는 군인(헌법 제77조; 계엄법 제1조; 위수령 제12조) 등으로 구분할 수 있다.

1) 헌재 1996. 6. 13, 94헌마118, 93헌바39(병합)(전투경찰대설치법에 의한 전투경찰순경은 국가배상법 제2조 제1항 단서의 경찰공무원에 해당한다).

3. 집행의 원조

현행 경찰법령상 집행경찰에 관한 일반적인 규정은 없을 뿐만 아니라 집행기관의 집행의 원조에 관한 일반적 규정도 없다. 입법례에 따라서는 집행의 원조에 관한 규정을 두는 경우도 있다.[1]

Ⅴ. 제주자치도 자치경찰기관

1. 자치경찰행정청(자치경찰단장)

제주자치도의 자치경찰단의 자치경찰단장이 자치경찰행정청이 된다. 자치경찰단장은 도지사가 임명하며, 도지사의 지휘·감독을 받는다(제국법 제107조 제1항). 자치경찰단장은 자치총경으로 보한다. 다만, 도지사는 필요하다고 인정하는 경우에는 개방형직위로 지정하여 운영할 수 있다(제국법 제107조 제2항).

2. 자치경찰의결기관(치안행정위원회)

제주자치도의 지방행정과 치안행정의 업무 협조 및 제2항 각 호의 사항의 심의·의결을 위하여 도지사 소속하에 치안행정위원회를 둔다(제국법 제113조 제1항). 치안행정위원회는 다음 각 호(1. 제110조 제1항의 규정에 의한 국가경찰과 자치경찰간 사무분담 및 사무수행방법에 관한 사항, 2. 제111조의 규정에 의한 자치경찰활동에 관한 목표의 수립 및 평가에 관한 사항, 3. 자치경찰의 운영에 대한 지원에 관한 사항, 4. 그 밖에 자치경찰의 운영에 관하여 치안행정위원회의 위원장이 부의하는 사항)의 사항을 심의·의결한다(제국법 제113조 제2항).

3. 자치경찰집행기관(자치경찰공무원)

자치경찰집행기관이란 자치경찰행정청이 명한 사항을 현장에서 현실적으로 수행하는 경찰기관을 말한다. 현장에 나서는 자치경찰공무원의 전체를 의미한다. 제주자치도의 도지사는 소속 자치경찰공무원의 임명·휴직·면직과 징계를 행하는 권한을 가진다(제국법 제126조).

---

1) SPolG(독일 자르란트주 경찰법) 제41조 ① 집행경찰은 직접강제가 가능하지만 관련 행정청이 필요한 집행력을 행사할 수 없거나 다른 방법으로 처분을 시행할 수 없는 경우에 그 행정청의 요청에 따라 집행원조(Vollzugshilfe)를 할 수 있다. ② 집행경찰은 집행의 종류와 방식에 대해서만 책임을 진다. 그 밖의 사항에 대해서는 직무원조(Amtshilfe)의 원칙들이 적용된다. ③ 직무원조의 의무는 여전히 적용된다.

Ⅵ. 소방기관

1. 의 의

화재의 예방 · 경계 · 진압, 재난 · 재해 그 밖의 위급한 상황에서의 구조 · 구급활동 등을 내용으로 하는 소방사무는 위험방지사무, 즉 경찰사무의 한 부분이지만, 소방기관은 일반경찰기관으로부터 분리되어 있다. 소방사무는 소방기본법에서 규정되고 있다.

2. 소방행정청

(1) 소방방재청장

소방, 방재, 민방위 운영 및 안전관리에 관한 사무를 관장하기 위하여 행정안전부장관소속으로 소방방재청을 둔다(정조법 제29조 제6항). 소방방재청에 청장 1명과 차장 1명을 두되, 청장은 정무직 또는 소방공무원으로 하고, 차장은 소방공무원 또는 고위공무원단에 속하는 별정직국가공무원으로 보한다. 이 경우 청장과 차장 중 1명은 소방공무원으로 보하여야 한다(정조법 제29조 제7항). 소방방재청장은 국가의 행정관청의 지위를 갖는다. 소방방재청장의 관장사무를 지원하기 위하여 소방방재청장소속하에 중앙소방학교 · 중앙민방위방재교육원 및 중앙119구조대를 둔다(소방방재청과 그 소속기관 직제 제2조).

(2) 시·도지사, 소방본부장

① 지방자치법은 지역의 화재예방 · 경계 · 진압 · 조사 및 구조 · 구급에 관한 사무를 자치사무로 규정하고 있다(지자법 제9조 제2항 제6호 나목). 시 · 도지사는 관할 지역의 특성을 고려하여 제 1 항에 따른 종합계획(국가의 소방업무에 관한 5개년 종합계획)의 시행에 필요한 세부계획을 매년 수립하고 이에 따른 소방업무를 성실히 수행하여야 한다(소방법 제6조 제2항).
② 특별시 · 광역시 또는 도에서 화재의 예방 · 경계 · 진압 · 조사 및 구조 · 구급 등의 업무를 담당하는 부서의 장(소방법 제2조 제4호)인 소방본부장은 조직법상으로는 시·도지사의 보조기관이지만, 소방기본법상 규정된 권한(예: 소방법 제12조)을 행사하는 범위 인에서는 행정청의 성질을 갖는다. 소방업무를 수행하는 소방본부장 또는 소방서장은 그 소재지를 관할하는 특별시장 · 광역시장 · 도지사 또는 특별자치도지사(이하 "시 · 도지사"라 한다)의 지휘와 감독을 받는다(소방법 제3조 제2항).

(3) 소방서장

특별시 · 광역시 · 특별자치시 · 도 또는 특별자치도(이하 "시 · 도"라 한다)는 그 관할구역의 소방업무를 담당하게 하기 위하여 해당 시 · 도의 조례로 소방서를 설치한다. 소방서를 폐지하거나 통합하는 경우에도 또한 같다(지방소방기관 설치에 관한 규정 제 5 조 제 1 항). 소방서에는 서장 1명을 둔다(동 규정 제 6 조 제 1 항 제 1 문). 서장은 특별시장 · 광역시장 · 특별자치시장 · 도지사 또는 특별자치도지사의 명을 받아 소관 사무를 총괄하고, 소속 공무원을 지휘 · 감독한다(동 규정 제 6 조 제 2 항 제 1 문). 소방서장은 소방과 관련하여 각종의 처분권한을 갖는다(소방법 제12조 등). 소방서장은 행정청이다. 소방업무를 수행하는 소방본부장 또는 소방서장은 그 소재지를 관할하는 특별시장 · 광역시장 · 도지사 또는 특별자치도지사(이하 "시 · 도지사"라 한다)의 지휘와 감독을 받는다(소방법 제 3 조 제 2 항).

3. 소방집행기관

소방집행기관으로 소방대가 있다. 소방대란 화재를 진압하고 화재, 재난 · 재해, 그 밖의 위급한 상황에서 구조 · 구급 활동 등을 하기 위하여 다음 각 목(가. 「소방공무원법」에 따른 소방공무원, 나. 「의무소방대설치법」 제 3 조에 따라 임용된 의무소방원, 다. 제37조에 따른 의용소방대원)의 사람으로 구성된 조직체를 말한다(소방법 제 2 조 제 5 호). 이 밖에도 119구조 · 구급에 관한 법률에 따른 119구조대와 119구급대를 볼 수 있다.

(1) 소방공무원

소방공무원은 소방행정청의 지휘 · 감독하에 화재를 진압하고 화재, 재난 · 재해 그 밖의 위급한 상황에서의 구조 · 구급활동 등을 하는 공무원을 말한다.[1)] 소방공무원에는 국가소방공무원(소방총감 · 소방정감 · 소방감 · 소방준감 · 소방정 · 소방령 · 소방경 · 소방위 · 소방장 · 소방교 · 소방사)과 지방소방공무원(지방소방정감 · 지방소방감 · 지방소방준감 · 지방소방정 · 지방소방령 · 지방소방경 · 지방소방위 · 지방소방장 · 지방소방교 · 지방소방사)이 있다(괄호안은 소방공무원의 계급)(소방공무원법 제 2 조). 국가소방공무원의 임용은 다음의 구분(1. 소방령 이상의 국가소방공무원은 소방방재청장의 제청으로 국무총리를 경유하여 대통령이 임용한다. 다만, 소방준감 이하의 국가소방공

---

1) 헌재 2005. 9. 29, 2004헌바53(소방공무원과 경찰공무원은 업무의 내용이 서로 다르고, 그로 인해 업무수행중에 노출되는 위험상황의 성격과 정도에 있어서도 서로 동일하다고 볼 수 없다. 더욱이 경찰공무원의 경우에는 전쟁이 발생하거나 이에 준하는 상황이 발생하는 경우 군인과 마찬가지로 고도의 위험을 무릅쓰고 부여된 업무를 수행할 것이 기대되므로 정책적인 배려에서 예우법은 군인이나 경찰공무원이 직무수행중 사망한 경우에는 순직군경으로 예우하도록 하고 있다. 그리고 그 동안 국가는 소방공무원이 국가유공자로 예우를 받게 되는 대상자의 범위 등을 국가의 재정능력, 전체적인 사회보장의 수준과 국가에 대한 공헌과 희생의 정도 등을 감안하여 합리적인 범위 내에서 단계적으로 확대해 왔다. 그렇다면 국가에 대한 공헌과 희생, 업무의 위험성의 정도, 국가의 재정상태 등을 고려하여 화재진압, 구조 · 구급 업무수행 또는 이와 관련된 교육훈련 이외의 사유로 직무수행중 사망한 소방공무원에 대하여 순직군경으로서의 보훈혜택을 부여하지 않는다고 해서 이를 합리적인 이유없는 차별에 해당한다고 볼 수 없다).

무원에 대한 전보·휴직·직위해제·강등·정직 및 복직은 소방방재청장이 행한다. 2. 소방경이하의 국가소방공무원은 소방방재청장이 임용한다)에 의하여 행한다(소방공무원법 제5조 제1항). 지방소방공무원은 시·도지사가 임용한다(소방공무원법 제5조 제2항).

(2) 의무소방대

화재의 경계·진압과 재난·재해발생시 구조·구급활동 등 소방업무를 보조하기 위하여 대통령령이 정하는 소방기관의 장 소속하에 의무소방대를 둔다(의무소방대설치법 제1조). 의무소방대의 대원은 제3조의 규정에 의하여 임용된 의무소방원과 소방공무원법에 의한 소방공무원으로 구성한다(의무소방대설치법 제2조 제1항). 의무소방대의 편성과 조직에 관한 사항은 소방방재청장이 정한다(의무소방대설치법 제2조 제2항). 의무소방원은 병역법 제25조 제1항 제1호의 규정에 의하여 전환복무된 자 중에서 이를 임용한다(의무소방대설치법 제3조 제1항). 병역법 제25조 제1항 제1호의 규정에 의하여 전환복무대상자가 될 의무소방원임용예정자는 18세 이상인 자(현역병으로 징집이 결정된 자를 제외한다) 중에서 대통령령이 정하는 바에 의하여 소방방재청장이 국방부장관에게 추천한다(의무소방대 설치법 제3조 제2항).

(3) 의용소방대

소방본부장이나 소방서장은 소방업무를 보조하게 하기 위하여 특별시·광역시·시·읍·면에 의용소방대를 둔다(소방법 제37조 제1항). 의용소방대는 그 지역의 주민가운데 희망하는 사람으로 구성하되, 그 설치·명칭·구역·조직·임면·정원·훈련·검열·복제·복무 및 운영 등에 관하여 필요한 사항은 시·도의 조례로 정한다(소방법 제37조 제2항). 의용소방대의 운영과 처우 등에 대한 경비는 그 대원의 임면권자가 부담한다(소방법 제37조 제3항). 의용소방대원은 비상근으로 한다(소방법 제38조 제1항). 소방본부장이나 소방서장은 소방업무를 보조하게 하기 위하여 필요한 때에는 의용소방대원을 소집할 수 있다(소방법 제38조 제2항). 제2항에 따라 소집된 의용소방대원은 소방본부장 또는 소방서장의 지휘와 감독을 받아 소방업무를 보조한다(소방법 제38조 제3항). 의용소방대원이 소방업무 및 소방 관련 교육·훈련을 수행하였을 때에는 시·도의 조례로 정하는 바에 따라 수당을 지급한다(소방법 제39조 제1항). 의용소방대원이 소방업무 및 소방 관련 교육·훈련으로 인하여 질병에 걸리거나 부상을 입거나 사망하였을 때에는 시·도의 조례로 정하는 바에 따라 보상금을 지급한다(소방법 제39조 제2항).

(4) 119구조대·119구급대

(가) 119구조대

소방방재청장·소방본부장 또는 소방서장(이하 "소방방재청장등"이라 한다)은 위급상황에서 요구조자의 생명 등을 신속하고 안전하게 구조하는 업무를 수행하기 위하여 대통령령으로 정하는 바에 따라 119구조대를 편성하여 운영하여야 한다(119구조 · 구급에 관한 법률 제 8 조 제 1 항). 119구조대란 탐색 및 구조활동에 필요한 장비를 갖추고 소방공무원으로 편성된 단위조직을 말한다(119구조 · 구급에 관한 법률 제 2 조 제 2 호). 구조란 화재, 재난 · 재해 및 테러, 그 밖의 위급한 상황에서 외부의 도움을 필요로 하는 사람(이하 "요구조자"라 한다)의 생명, 신체 및 재산을 보호하기 위하여 수행하는 모든 활동을 말한다(119구조 · 구급에 관한 법률 제 2 조 제 1 호).

(나) 119구급대

소방방재청장등은 위급상황에서 발생한 응급환자를 응급처치하거나 의료기관에 긴급히 이송하는 등의 구급업무를 수행하기 위하여 대통령령으로 정하는 바에 따라 119구급대를 편성하여 운영하여야 한다(119구조 · 구급에 관한 법률 제10조 제 1 항). 119구급대란 구급활동에 필요한 장비를 갖추고 소방공무원으로 편성된 단위조직을 말한다(119구조 · 구급에 관한 법률 제 2 조 제 2 호). 구급이란 응급환자에 대하여 행하는 상담, 응급처치 및 이송 등의 활동을 말한다(119구조 · 구급에 관한 법률 제 2 조 제 3 호).

제 3 항 경찰기관의 권한

Ⅰ. 권한의 관념

1. 권한의 의의

경찰기관의 권한이란 조직의 단일체로서 경찰기관이 갖는 사무의 범위 내지 그 사무수행에 필요한 각종의 권능과 의무의 총체를 말한다. 달리 말한다면 경찰기관의 권한이란 경찰기관이 국가를 위하여, 그리고 국가의 행위로써 유효하게 사무를 처리할 수 있는 능력 또는 사무의 범위라 할 수 있다. 직무권한이라는 용어가 사용되기도 한다. 경찰이 개인의 권리침해를 위해서는 조직법상 권한 외에 개인의 권리에 대한 침해를 가능하게 하는 수권규범이 필요하다. 말하자면 경찰기관에 특정의 권한이 주어져 있다고 하여도 경찰기관의 소관사무의 수행에 필요하다고 여겨지는 모든 수단이 수권되어 있는 것은 아니다.

2. 권한의 성질

경찰기관의 권한은 그 권한이 부여된 경찰기관만이 행사할 수 있고 다른 행정관청은 행사할 수 없다. 한편 경찰기관의 권한행사는 그 권한이 부여된 경찰기관의 의무이기도 하다. 주어진 권한이 재량적인 것이라 하여도 재량행사 자체는 있어야 한다는 의미에서 재량권의 행사 역시 의무적이다.

3. 권한의 충돌

(1) 의 의

특정의 경찰기관은 자신의 권한범위 내에서만 행위를 할 수 있을 뿐, 다른 경찰기관의 권한을 행사할 수 없다. 이와 관련하여 적극적 · 소극적 권한충돌의 문제가 있다. 적극적 권한충돌이란 하나의 사무수행에 다수의 경찰기관이 권한을 갖는 경우를 말하고, 소극적 권한충돌이란 어떠한 경찰기관도 권한을 갖지 않는 경우를 말한다.

(2) 해결방법

① 동일한 행정주체내부에서 경찰기관의 관할이 분명하지 아니하는 경우에는 당해 경찰기관을 공동으로 감독하는 상급경찰기관이 그 관할을 결정한다(절차법 제6조 제2항). 한편 ② 상이한 행정주체소속의 경찰기관간의 충돌의 경우에는 공동의 감독청(절차법 제6조 제2항 제1문), 만약 공동의 감독청이 없다면 각각의 감독청간의 협의로 해결할 수도 있다(절차법 제6조 제2항 제2문).

Ⅱ. 권한의 내용

1. 사물적 권한

① 사물적 권한이란 경찰기관이 수행해야 할 일정의 임무범위를 말한다(예: 경찰법 제3조가 정하는 국가경찰의 임무로서 1. 국민의 생명 · 신체 및 재산의 보호, 2. 범죄의 예방 · 진압 및 수사, 3. 경비 · 요인경호 및 대간첩작전수행, 4. 치안정보의 수집 · 작성 및 배포, 5. 교통의 단속과 위해의 방지, 6. 그 밖의 공공의 안녕과 질서유지의 사무). 경찰기관의 권한은 법령에서 정해진다. 특별법이 일반법에 우선한다는 원칙에 따라 특별경찰기관의 권한이 일반경찰기관의 권한에 우선한다. ② 사물적 권한규정의 위반은 경찰작용의 위법을 가져온다. 사물적 권한규정에 반하는 행정행위는 원칙적으로 무효가 된다.[1)]사물적 권한에 반하는 법규명령(경찰명령)

---

1) 대판 1997. 5. 16, 97누2313(운전면허에 대한 정지처분권한은 경찰청장으로부터 경찰서장에게 권한위임된 것이므로 음주운전자를 적발한 단속 경찰관으로서는 관할 경찰서장의 명의로 운전면허정지처분을 대행처리할 수 있을지는 몰라도 자신의 명의로 이를 할 수는 없다 할 것이므로, 단속 경찰관이 자신의 명의로 운전면허행정처분통지서를 작성 교부하여 행한 운전면허정지처분은 비록 그 처분의 내용 · 사유 · 근거 등이 기재된 서면을 교부하는 방식으로 행하여졌다고

은 무효이다. 한편, 경찰집행기관은 집행작용에 대해서 사물적 권한을 갖는다. 여기서 집행작용이란 법규나 경찰행정청의 명령의 직접적인 수행을 뜻한다.

2. 지역적 권한

(1) 의 의

① 지역적 권한이란 경찰기관이 자신의 사물적 권한을 행사할 수 있는 공간상의 영역을 말한다. 지역적 권한은 동급의 경찰기관 사이에서 문제된다(예: 경찰법 제14조 제1항이 규정하는 지방경찰청장의 관할구역의 국가경찰사무관장권). ② 지역적 권한을 침해하는 행정행위나 법규명령의 효과는 사물적 권한의 경우와 같다.

(2) 관할구역

(가) 의 의

① 하급경찰행정청의 지역적 권한(관할구역)은 세분되어 있다. 각 경찰서장은 자신의 관할구역에 놓이는 위험이나 장해를 제거 또는 방지하게 된다. ② 관할구역의 판단에 장해자의 주소지나 거소가 결정적인 것은 아니다. 오히려 경찰상 보호해야 하는 이익이 침해되거나 위협을 받는 지역이 기준이 된다.

(나) 구 분

① 경찰청장은 육상에서의 경찰사무를 관장하고, 해양경찰청장은 해양에서의 경찰사무를 관장한다(해양경찰청과 그 소속기관 직제 제3조). ② 삼권분립의 원칙상 국회에서의 경찰작용은 정부가 아니라 국회에 의해 이루어진다. 국회에서의 위험방지와 관련하여 국회의장은 국회법에 의거하여 일종의 경찰권인 경호권(국회법 제143조)을 갖는다. 회기중 국회의 질서를 유지하기 위하여 의장은 국회 안에서 경호권을 행한다(국회법 제143조). 국회의 경호를 위하여 국회에 경위를 둔다(국회법 제144조 제1항). 의장은 국회의 경호를 위하여 필요한 때에는 국회운영위원회의 동의를 얻어 일정한 기간을 정하여 정부에 대하여 필요한 국가경찰공무원의 파견을 요구할 수 있다(국회법 제144조 제2항). 경위와 파견된 국가경찰공무원은 의장의 지휘를 받아 경위는 회의장건물 안에서, 국가경찰공무원은 회의장건물 밖에서 경호한다(국회법 제144조 제3항). 한편, 국회의장은 국회법에 의거하여 일종의 경찰권인 가택권(국회법 제151조, 제152조)도 갖는다. 국회의장의 가택권은 국회의사당이 국가의 재산이라는 데서 나오는 권리이다. ③ 삼권분립의 원칙상 법원에서의 경찰작용은 정부가 아니라 법원에 의해 이루어진다.

하더라도 권한 없는 자에 의하여 행하여진 점에서 무효의 처분에 해당한다).

법정의 질서유지는 재판장이 이를 행한다(법조법 제58조 제 1 항). 재판장은 법정에 있어서의 질서유지를 위하여 필요하다고 인정할 때에는 개정전후를 불문하고 관할경찰서장에게 국가경찰공무원의 파견을 요구할 수 있다(법조법 제60조 제 1 항). 제 1 항의 요구에 의하여 파견된 국가경찰공무원은 법정내외의 질서유지에 관하여 재판장의 지휘를 받는다(법조법 제60조 제 2 항).

(3) 경찰상 공조

계속되는 위험이 있음에도 관할구역의 경찰기관이 적절한 시기에 필요한 조치를 취할 수 없다면, 이웃하는 구역에 관할권을 가진 경찰기관이 잠정적으로 필요한 처분을 하여야 한다. 이것을 경찰상 공조라 부른다.

(4) 예 외

하나의 경찰상의 임무가 다수 경찰기관의 관할구역에 걸치는 경우에는 임무의 합목적적인 수행을 위해서 그 임무가 단일하게 수행되는 것이 필요하다. 이러한 경우에는 지역적 권한이 기본적으로 관련 경찰기관의 상급기관에 놓인다고 볼 것이다. 그 밖에 법규가 달리 정하고 있거나 또는 긴급을 요하는 경우에는 관할구역의 제한이 완화된다.

3. 심급상 권한

① 심급상 권한이란 사물적 권한을 가진 상·하의 경찰기관 사이에서 분배된 사무의 범위를 말한다(예: 경찰법 제11조 제 3 항이 규정하는 경찰청장의 국가경찰사무의 통할권). 이것은 상급경찰기관과 하급경찰기관 사이의 사무배분의 문제이다. ② 심급상 권한을 준수하지 않은 경찰기관의 행위는 위법한 것이 된다. 사물적으로 무권한인 경찰기관의 행위와 달리 심급상 무권한의 경찰기관이 발한 행정행위는 원칙적으로 유효하되 취소될 수 있고, 예외적으로 무효가 된다. 그러나 심급상 무권한의 경찰기관에 의해 발해진 법규명령은 무효이다. ③ 권한을 가진 경찰기관이 적기에 위험방지에 대처하지 못하는 경우에 감독청이 위험방지에 직접 나설 수 있는가의 문제가 있다. 이에 관한 특별한 명문의 규정은 보이지 아니한다. 생각건대 이러한 경우에는 심급상 권한을 가진 기관이 적기에 위험방지에 대처할 수 없음을 즉시 직근 상급기관에 보고토록 하고, 보고를 받은 상급경찰기관이 필요한 처분을 하도록 하는 명시적 규정을 두는 것이 필요하다. 이러한 입법례도 있다.[1)]

1) 예컨대 Baden-Württtember경찰법 제67조 등.

Ⅲ. 권한의 행사

1. 권한행사의 방식

경찰행정기관은 자기에게 주어진 권한을 자기 스스로 법이 정한 바에 따라 행사하는 것이 원칙이다. 그러나 예외적으로는 업무처리의 효율성이나 기관구성자의 사고 등을 이유로 다른 기관으로 하여금 권한을 행사하게 하는 경우도 있다. 이를 권한의 대행이라 한다. 이에는 권한의 위임과 권한의 대리가 있다. 경찰행정기관의 권한의 위임과 대리의 의미는 일반 행정조직법상 권한의 위임과 대리의 의미와 같다.[1)]

2. 권한행사의 효과

경찰기관이 자기에게 주어진 권한의 범위 내에서 행한 행위는 바로 행정주체인 국가 또는 지방자치단체의 행위로서 효력을 발생시킨다. 그리고 일단 발생한 효력은 경찰기관구성자의 변동이나 당해 경찰기관의 폐지·변동에 영향을 받지 않는다. 그 권한이 법적인 행위인가, 사실상의 행위인가를 가리지 않는다.

3. 관할이송

경찰기관이 그 관할에 속하지 아니하는 사안을 접수하였거나 이송받은 경우에는 지체 없이 이를 관할경찰기관에 이송하여야 하고, 그 사실을 신청인에게 통지하여야 한다(절차법 제 6 조 제 1 항 제 1 문). 경찰기관이 접수 또는 이송받은 후 관할이 변경된 경우에도 또한 같다(절차법 제 6 조 제 1 항 제 2 문).

4. 하자 있는 권한행사

만약 경찰기관이 자기에게 주어지지 않은 권한을 행사하면, 무권한의 행위로서 행정행위의 경우에는 무효 또는 취소가, 법규명령의 경우에는 무효가 된다. 행정행위에 있어서 권한을 초과한 행위나 권한소멸 후의 행위는 무권한의 행위이긴 하나, 경우에 따라서 표현대리의 법리(민법 제126조, 제129조)를 유추하여 유효한

1) 권한의 위임과 대리에 관해 자세한 것은 졸저, 행정법원론(하), 옆번호 57 이하 참조.

행위로 보아야 할 때도 있다. 무권한의 행위로 권익을 침해당한 자는 국가를 상대로 행정쟁송을 제기하거나 손해배상을 청구할 수 있다.

제 4 항 경찰기관간의 관계

Ⅰ. 국가경찰기관 상호간의 관계

1. 상·하 경찰기관 상호간의 관계

(1) 권한의 감독관계

(가) 감독의 의의

경찰조직은 경찰작용의 통일적인 수행을 위해 상명하복을 주된 특징으로 하는 상하기관의 계층적 통일체이다. 여기서 하급경찰기관의 권한행사가 합법성·합목적성을 확보할 수 있도록 하기 위해 상급경찰기관이 하급경찰기관에 대하여 행하는 여러 종류의 지도적 내지 통제적 작용을 권한의 감독이라 한다.

(나) 감독권의 근거

일반적으로 말해 하급경찰기관의 경찰작용마다 법적 근거가 있어야만 상급경찰기관이 감독권을 갖는 것은 아니다. 그러한 것은 실제상 곤란할 뿐만 아니라 계층적 조직체로서의 경찰조직의 원리에도 합당하지 않기 때문이다. 그러나 상급경찰기관이 하급경찰기관에 대해 일반적으로 감독권을 갖는다는 감독권 자체에 대한 법적 근거는 필요하다. 현행법상 근거로는 경찰법 제11조 제 3 항(경찰청장은 국가경찰에 관한 사무를 통할하고 경찰청의 업무를 관장하며 소속 공무원 및 각급 경찰기관의 장을 지휘·감독한다), 제14조 제 2 항(지방경찰청장은 경찰청장의 지휘·감독을 받아 관할구역의 국가경찰사무를 관장하고 소속 공무원 및 소속 국가경찰기관의 장을 지휘·감독한다), 제17조 제 2 항(경찰서장은 지방경찰청장의 지휘·감독을 받아 관할구역의 소관 사무를 관장하고 소속 공무원을 지휘·감독한다)을 볼 수 있다.

(다) 감독의 종류

감독의 성질에 따라 하급경찰기관의 권한행사가 위법·부당한 것이 되지 않도록 방지하기 위하여 하급경찰기관의 권한행사 이전에 이루어지는 예방적 감독과 이미 위법·부당하게 이루어진 하급경찰기관의 권한행사를 사후에 시정하기 위해 이루어지는 교정적 감독, 감독의 내용에 따라 행정작용의 적법성의 통제만을 위한 법규감독, 적법성의 통제뿐만 아니라 행정작용의 합목적성의 통제까지 포함하는 전문감독, 근무규칙준수에 대한 감독인 근무감독으로 나눌 수 있다.

㈃ 감독의 방법

1) 감 시 권 감시권이란 하급경찰기관이 행하는 권한행사의 상황을 파악하기 위하여 상급경찰기관이 하급경찰기관의 사무를 감시하거나(행정감사규정 제5조, 제6조), 하급경찰기관으로 하여금 사무처리의 내용을 정기적으로 또는 수시로 보고하게 하는 권한을 말한다. 감시권의 행사는 사전예방적인 것이 일반적이나 사후교정적인 경우도 있다. 감시권은 특별한 법적 근거를 요하는 것이 아니다.

2) 훈 령 권

a) 의 의 훈령이란 상급관청이 하급관청의 권한행사를 지휘하기 위하여 발하는 명령을 말한다. 훈령을 발할 수 있는 권한이 훈령권이다. 훈령권은 지휘권이라고도 한다. 훈령은 예방적 수단으로도 교정적 수단으로도 활용되나 전자의 경우가 일반적이다. 한편 훈령은 상·하관청간의 문제이므로 상급공무원이 부하공무원에게 발하는 공무원간의 문제인 직무명령(국공법 제57조; 지공법 제49조)과는 구별된다. 훈령은 상급기관구성자의 변경에 불구하고 효력을 가지나 직무명령은 그러하지 않다. 훈령은 하급관청의 소관사무와 관련되나, 직무명령은 공무원 개인의 직무와 관련을 맺는다. 훈령은 동시에 직무명령으로서의 기능을 가질 수도 있다(일반적 견해).

b) 근 거 훈령권이 법령상 명문으로 규정되는 경우도 있으나(예: 정조법 제11조 제1항, 제16조 제1항, 제22조 제3항; 지자법 제119조), 그렇다고 반드시 명문의 근거가 있어야만 훈령권이 인정되는 것은 아니다. 말하자면 훈령권은 감독권의 당연한 작용의 하나가 된다.

c) 종 류 행정업무의 효율적 운영에 관한 규정은 하급기관에 대하여 일정한 사항을 지시하는 형식(즉, 광의의 훈령)을 협의의 훈령(상급기관이 하급기관에 대하여 장기간에 걸쳐 그 권한의 행사를 일반적으로 지시하기 위하여 발하는 명령)·지시(상급기관이 직권 또는 하급기관의 문의에 의하여 하급기관에 개별적·구체적으로 발하는 명령)·예규(행정사무의 통일을 기하기 위한 반복적 행정사무의 처리기준)·일일명령(당직·출장·시간외근무·휴가 등 일일업무에 관한 명령)의 네 가지로 구분하여 규정하고 있다(행운정 제4조; 구 사무정 제7조 제2호; 구 사무관리규정시행규칙 제3조 제2호). 법적 성질에 있어서 이들간에 차이가 없고, 효력상 우열도 없다.

d) 법적 성질 훈령은 행정조직내부에서의 작용으로 하급관청을 구속할 뿐 일반국민을 구속하는 것은 아니라는 것이 통설·판례의 입장이다.[1] 말하

---

1) 대판 1994. 8. 9, 94누3414(국민의권익보호를위한행정절차에관한훈령(1989. 11. 17. 국무총리훈령 제235호)은 상급행정기관이 하급행정기관에 대하여 발하는 일반적인 행정명령으로서 행정기관 내부에서만 구속력이 있을 뿐 대외적인 구속력을 가지는 것이 아니다).

자면 통설과 판례는 훈령을 행정규칙과 같은 것으로 본다. 통설에 따르면 훈령 위반은 위법이 아니므로 훈령위반행위의 효력은 적법하고 다만 훈령위반자에게는 징계책임이 부과될 수 있을 뿐이다.

e) 요 건 훈령이 유효한 행위로서 하급관청을 구속하기 위해서는 다음의 요건을 갖추어야 한다. 훈령의 절차는 중요한 요건이 아니다. ① 훈령의 주체는 훈령권 있는 상급관청이어야 한다. ② 훈령의 상대방은 훈령권 있는 관청의 지휘를 받을 수 있는 관청이어야 한다. ③ 훈령사항은 하급관청의 권한에 속하는 사항으로서 직무상 하급관청의 독립적인 권한에 속하는 사항이 아니어야 한다. ④ 훈령사항은 또한 적법하고 공익에 적합한 것이어야 한다.

f) 효 과 상기의 요건에 부합하는 훈령이 발해지면 하급관청은 훈령에 구속되고 훈령에 복종해야 한다. 만약 복종하지 않으면 징계의 문제가 따른다. 그러나 불복종시 상급관청이 하급관청의 권한을 대집행할 수는 없다. 왜냐하면 훈령은 권한행사의 지휘만을 내용으로 하는 것일 뿐이기 때문이다. 하급관청의 훈령위반행위의 효과에 관해서는 이미 본대로 아무런 영향을 받지 아니한다.

g) 심 사 훈령의 효과와 관련된 문제로서 하급관청은 무조건 상급관청의 훈령에 복종하여야 하는가의 문제가 있다. 전통적 견해는 이에 대해 훈령이 중대하고 명백한 하자가 있어 당연무효가 되는 경우가 아닌 한 내용을 심사할 수 없다고 한다. 형식적 · 실질적 요건이 객관적으로 위법함이 명백하면 복종을 거부해야 한다는 견해도 같다. 생각건대 상기요건 중 형식적 요건인 ① · ② · ③ 요건은 하급관청이 쉽사리 심사할 수 있을 것이고, 실질적 요건인 ④ 요건은 통설에 따르면 된다. 요컨대 통설이 타당하다.

h) 경 합 내용이 서로 모순되는 둘 이상의 훈령이 경합하는 경우, 하급관청이 따라야 할 훈령은 다음의 기준에 따라야 할 것이다. 첫째, 훈령행정청이 모두 주관상급청이 아니라면 주관쟁의의 방법에 따라야 하고, 둘째, 훈령행정청 중에 주관상급관청이 있으면 주관상급관청의 훈령에 따라야 하고, 셋째, 훈령행정청이 모두 주관상급관청이라면 직근상급관청의 훈령에 따라야 한다(일반적 견해).

3) 인 가 권 하급경찰기관이 특정한 권한을 행사함에 있어서 미리 상급경찰기관의 승인을 받아야 하는 경우가 있는데, 이 때 상급경찰기관이 갖는 권한이 인가권이다. 승인권이라 부르기도 한다.[1] 개념상 인가권의 행사는 예방

1) 최영규, 경찰행정법, 85쪽.

감독적인 수단의 하나가 된다. 여기서 인가는 행정조직법상 행정내부의 문제이며, 행정행위로서의 인가와 다르다. 인가권은 ① 법령에서 명시적으로 규정될 수도 있고, ② 상급경찰기관이 필요하다고 판단할 때 하급경찰기관에 인가받을 것을 지시하는 경우도 있다. 후자의 경우 인가권의 남용이 문제될 수도 있다. 다만, 전자의 경우 인가는 행위의 유효요건이 되며, 요구되는 인가를 거치지 않고 한 행위는 경우에 따라서 무효가 될 수 있다.

4) **취소권 · 정지권** 하급경찰기관의 위법 · 부당한 행위를 취소하거나 정지하는 상급경찰기관의 권한을 취소권 · 정지권이라 한다. 취소나 정지는 상급경찰기관의 직권에 의할 수도 있고, 행정심판에 의할 수도 있다. 취소권 · 정지권은 성질상 교정적 감독수단의 하나이다. 취소는 영속적으로 효과를 제거하는 경우이며, 정지는 일시적으로 효과를 무력화시키는 것을 말한다. 문제는 상급경찰기관이 하급경찰기관의 행위를 취소 · 정지하기 위해서 특별한 법령의 근거를 요하는가 아니면 요하지 않는가의 여부이다. 법령의 근거를 요한다는 견해도 있으나, 취소 · 정지의 대상이 되는 행위가 위법 · 부당한 행위임을 감안한다면, 개별적인 법령의 근거가 없이도 감독권의 당연한 작용으로 상급경찰기관은 직접 취소 · 정지할 수 있다고 보는 것이 타당하다. 정부조직법 제11조 제2항과 제16조 제2항, 지방자치법 제169조에 취소 · 정지에 관한 명시적 규정이 있다. 따라서 논의의 실익은 별로 없어 보인다.[1] 하여간 불요설을 취한다고 하여도 행정실무적으로는 감독청이 먼저 취소 · 정지를 명하는 절차를 거치는 것이 바람직할 것이다.

5) **주관쟁의결정권** 하급경찰기관 사이에 권한의 분쟁이 있는 경우, 상급경찰기관은 그 분쟁을 해결하고 결정하는 권한을 갖는바, 이를 주관쟁의결정권이라고 한다. 권한분쟁의 해결 또한 예방적 감독수단의 하나이다. 주관쟁의에는 서로 권한이 있다는 적극적 권한쟁의와 서로 권한이 없다는 소극적 권한쟁의가 있다. 해결기준으로 행정청의 관할이 분명하지 아니하는 경우에는 당해 행정청을 공통으로 감독하는 상급행정청이 그 관할을 결정하며, 공통으로 감독하는 상급행정청이 없는 경우에는 각 상급행정청의 협의로 그 관할을 결정한다(절차법 제6조 제2항). 그래도 해결되지 아니하면 국무회의의 심의를 거쳐(헌법 제89조 제10호) 최종적으로는 대통령이 결정하여야 할 것이다.

1) 김남진, 경찰행정법, 55쪽.

(2) 권한의 대행관계

권한의 대행관계란 하급경찰기관이 상급경찰기관의 권한을 대신 행사하는 관계를 말한다. 대행관계에는 권한의 위임관계와 권한의 대리관계가 있다.

2. 대등 경찰기관 상호간의 관계

(1) 권한의 상호존중관계(주관쟁의)

대등경찰기관간에 있어서 경찰기관은 다른 경찰기관의 권한을 존중하고 침범하지 못한다. 경찰기관의 권한은 경찰기관 스스로가 정하는 사항이 아니라 법령상 정해지는 것이기 때문이다. 경찰기관 사이에 권한에 관해 분쟁이 있는 경우, 이를 해결하고 결정하는 절차를 주관쟁의라 부른다.

(2) 권한의 상호협력관계

(가) 협　　의

어떠한 사항이 둘 이상의 경찰기관의 권한에 관련되면, 그 사항은 관련 있는 경찰기관간의 협의에 따라 결정되고 처리된다. 관련의 형태로는 ① 어떠한 사항이 둘 이상의 경찰기관의 공동관할에 속하는 경우와 ② 어떠한 사항이 특정경찰기관(주관경찰기관)의 관할에 속하나 다른 경찰기관(관계경찰기관)이 관계를 갖는 경우가 있을 수 있다. ①의 경우는 관련경찰기관이 대등하게 협의하고 공동의 명의로 표시될 것이며, ②의 경우는 주관경찰기관과 관계경찰기관이 협의를 하되 주관경찰기관의 명의로 표시될 것이다. 협의가 없이 이루어지면 ①의 경우는 언제나 무효가 될 것이고, ②의 경우는 반드시 무효가 되는 것은 아니다.

(나) 사무의 위탁(촉탁)

사무의 위탁이란 권한의 위임의 한 종류로서 대등경찰기관간에 이루어지는 권한의 위임을 말한다. 사무의 위탁은 법령의 근거를 요한다. 위탁을 받은 경찰기관은 위탁을 거부할 수 없다.

(다) 행정응원

행정응원이란 행정사무의 처리를 위해 다른 행정기관으로부터 인력이나 장비 또는 전문지식의 도움을 받는 것을 말한다. 행정응원에 관한 일반조항으로 행정절차법 제 8 조가 있고, 특별법으로 경찰직무 응원법 등이 있다.

1) 경찰직무 응원법상 경찰응원

a) 응원경찰관 파견요청과 직권파견 ① 지방경찰청장 또는 지방해양경찰관서의 장은 돌발사태를 진압하거나 공공질서가 교란되었거나 교란될 우려가 현저한 지역(이하 "특수지구"라 한다)을 경비할 때 그 소관 경찰력으로는 이를 감당하기 곤란하다고 인정할 때에는 응원을 받기 위하여 다른 지방경찰청장이나 지방해양경찰관서의 장 또는 자치경찰단을 설치한 제주특별자치도지사에게 경찰관 파견을 요구할 수 있다(경응법 제1조 제1항). 한편, ② 경찰청장이나 해양경찰청장은 돌발사태를 진압하거나 특수지구를 경비할 때 긴급한 경우에는 지방경찰청장, 소속 경찰기관의 장 또는 지방해양경찰관서의 장에게 다른 지방경찰청 또는 지방해양경찰관서의 경찰관을 응원하도록 소속 경찰관의 파견을 명할 수 있다(경응법 제1조 제2항).

b) 파견경찰관의 지위와 이동근무 ① 제 1 조에 따라 파견된 경찰관은 파견받은 지방경찰청 또는 지방해양경찰관서의 경찰관으로서 직무를 행한다(경응법 제2조). ② 지방경찰청장이나 지방해양경찰관서의 장은 경호, 이동 승무, 물품 호송 등에 특히 필요한 경우에는 그 소속 경찰관으로 하여금 다른 지방경찰청 또는 지방해양경찰관서의 구역에서 직무를 수행하게 할 수 있다(경응법 제3조). ③ 제 1 조와 제 3 조에 따라 파견된 경찰관과 제 4 조에 따른 기동대는 파견 목적 이외의 직무를 수행할 수 없다(경응법 제8조).

c) 경찰기동대의 편성 경찰청장이나 해양경찰청장은 돌발사태를 진압하거나 특수지구를 경비하도록 하기 위하여 특히 필요할 때에는 경찰관으로 경찰기동대(이하 기동대라 한다)를 편성하여 필요한 지역에 파견할 수 있다(경응법 제4조). 기동대에 대장을 두되 대장은 경무관 또는 총경 중에서 경찰청장이나 해양경찰청장이 임명한다. 단, 필요에 따라 경찰청 또는 해양경찰청의 과장인 총경으로 하여금 대장을 겸하게 할 수 있다(경응법 제6조). 대장은 경찰청장이나 해양경찰청장의 명을 받아 기동대의 업무를 맡아 처리하며 소속경찰관(이하 대원이라 한다)을 지휘 · 감독한다(경응법 제7조).

2) 행정절차법상 행정응원[1)]

a) 행정응원의 요청 행정청은 다음 각 호(1. 법령등의 이유로 독자적인 직무 수행이 어려운 경우, 2. 인원 · 장비의 부족 등 사실상의 이유로 독자적인 직무 수행이 어려운 경우, 3. 다른 행정청에 소속되어 있는 전문기관의 협조가 필요한 경우, 4. 다른 행정청이 관리하고 있는 문서(전자문서를 포함한다. 이하 같다) · 통계 등 행정자료가 직무 수행을 위하여 필요한 경우, 5. 다른 행정청의 응원을 받아 처리하는 것이 보다 능률적이고 경제적인 경우)의 어느 하나에 해당하는 경우에는 다른 행정청에 행정응원을 요청할 수 있다(절차법 제8조 제1항). 행정응원은 해당 직무를 직접 응원할 수 있는 행

---

1) 일설은 행정절차법상 행정응원을 광의의 행정응원이라 부르기도 한다(김남진, 경찰행정법, 58쪽).

정청에 요청하여야 한다(절차법 제8조 제3항).

b) 행정응원요청의 거부 제 1 항에 따라 행정응원을 요청받은 행정청은 다음 각 호(1. 다른 행정청이 보다 능률적이거나 경제적으로 응원할 수 있는 명백한 이유가 있는 경우, 2. 행정응원으로 인하여 고유의 직무 수행이 현저히 지장받을 것으로 인정되는 명백한 이유가 있는 경우)의 어느 하나에 해당하는 경우에는 응원을 거부할 수 있다(절차법 제8조 제2항). 행정응원을 요청받은 행정청은 응원을 거부하는 경우 그 사유를 응원을 요청한 행정청에 통지하여야 한다(절차법 제8조 제4항).

c) 행정응원의 법관계 ① 행정응원을 위하여 파견된 직원은 응원을 요청한 행정청의 지휘 · 감독을 받는다. 다만, 해당 직원의 복무에 관하여 다른 법령등에 특별한 규정이 있는 경우에는 그에 따른다(절차법 제8조 제5항). ② 행정응원에 드는 비용은 응원을 요청한 행정청이 부담하며, 그 부담금액 및 부담방법은 응원을 요청한 행정청과 응원을 하는 행정청이 협의하여 결정한다(절차법 제8조 제6항).

Ⅱ. 국가경찰기관과 제주자치도 자치경찰기관간의 관계

1. 감독관계

(1) 필 요 성

국가의 경찰기관과 지방자치단체의 경찰기관 사이에는 상 · 하관계가 나타나지 않는다. 왜냐하면 두 기관은 법인격을 달리하는 행정주체에 속하기 때문이다. 그러나 지방자치단체의 경찰작용도 국가행정의 한 부분을 구성한다고 볼 수 있으므로, 모든 경찰작용은 전체로서 조화를 이루어야 한다. 이 때문에 법령은 국가의 경찰기관에 직무감독권을 부여하기도 한다. 이러한 범위 안에서 감독관계가 성립된다.

(2) 지방자치법

지방자치법은 국가의 지방자치단체에 대한 감독권에 관해 일반적인 규정을 두고 있다. 따라서 지방자치법상 국가의 감독권에 관한 규정은 당연히 제주자치도 자치경찰에도 적용된다. 다만 제주특별자치도 설치 및 국제자유도시 조성을 위한 특별법은 "행정안전부장관은 자치경찰사무와 관련하여 「지방자치법」 제169조의 규정에 의한 시정명령을 하고자 하는 때에는 미리 경찰위원회의 의견을 들어야 한다(제국법 제123조 제1항). 행정안전부장관은 자치경찰사무와 관련한 도의회의 의결에 대하여 「지방자치법」 제172조의 규정에 의한 재의를 요구하고자 하는 때에는 미리 경찰위원회의 의견을 들어야 한다(제국법 제123조 제2항)"는 특칙(시정명령)을 두고 있다.

2. 상호존중과 협력관계

국가경찰기관과 제주자치도자치경찰기관 사이에도 권한의 상호존중관계와 권한의 상호협력관계는 그대로 적용된다. 그 내용의 예로 다음을 볼 수 있다.

(1) 국가경찰과 제주자치도자치경찰간 사무분담의 협약

제주특별자치도 설치 및 국제자유도시 조성을 위한 특별법 제108조의 규정에 불구하고 동항 제1호 내지 제3호의 사무를 처리함에 있어서 국가경찰과 자치경찰간의 사무분담 및 사무수행방법은 도지사와 제주자치도지방경찰청장이 협약으로 정하고 이를 공표하여야 한다. 이 경우 도지사는 미리 제113조의 규정에 의한 치안행정위원회의 의견을 들어야 한다(제국법 제110조 제1항). 제1항의 규정에 의한 국가경찰과 자치경찰간의 사무분담 및 사무수행의 방법에 관한 기준 및 협약의 공표에 관하여 필요한 사항은 도조례로 정한다. 이 경우 제주자치도지방경찰청장의 의견을 들어야 한다(제국법 제110조 제5항).

(2) 상호협조와 상호이용

국가경찰과 자치경찰은 치안행정의 연계성을 확보하고 지역특성에 맞는 치안서비스를 제공하기 위하여 자치경찰사무의 범위 안에서 필요한 정보와 기술을 제공하는 등 상호 협조하여야 한다(제국법 제119조 제1항). 국가경찰과 자치경찰은 직무수행을 위하여 필요한 범위 안에서 유·무선의 통신망과 시설물을 상호 이용할 수 있다(제국법 제119조 제2항).

(3) 재정지원

국가는 제주자치도가 자치경찰을 설치 · 운영하는데 필요한 경비를 지원할 수 있다(제국법 제122조).

제 5 항 사인과 경찰

Ⅰ. 공무수탁사인

1. 의 의

법률이나 법률에 근거한 행위로 특정의 공적인 임무를 자기의 이름으로 수행하도록 공적 권한이 주어진 사인(자연인 또는 법인)을 공무수탁사인이라 한다. 경찰의 영역에서도 예외적으로 경찰권이 사인에게 부여되기도 한다(경찰상 공무수탁사인). 공무수탁사인은 수탁사인 또는 국가적 공권이 부여된 사인이라고도 한다. 공무수탁사인은 국가배상법상 공무원에 해당한다.

2. 구별개념

① 사법상 계약에 의하여 단순히 경영위탁을 받은 사인은 공무수탁사인이 아니다(예: 경찰과의 계약에 의해 단순히 주차위반차량을 견인하는 민간사업자, 쓰레기 수거인의 쓰레기 수거는 위탁계약의 범위 안에서 독립적으로 하지만, 쓰레기 수거는 공법적인 것이 아니고 행정사법적 또는 사법적인 것이다). 또한 ② 행정의 보조자(예: 사고현장에서 경찰의 부탁에 의해 경찰을 돕는 자. 행정의 보조자는 독립적이 아니라 경찰의 지시에 따라 행동한다), ③ 제한된 공법상 근무관계에 있는 자(예: 국립대학의 시간강사. 시간강사는 독립적으로 행위하나 행정의 주체는 아니다)도 공무수탁사인이 아니다. 그리고 ④ 공적 의무가 부과된 사인(예: 소득세원천징수의무자)도 공권을 행사하는 것이 아니므로 공무수탁사인이 아니다.

3. 유 형

경찰상 공무수탁사인에는 법률에서 직접 경찰권이 부여되는 경우도 있고, 법률에 근거한 행정행위를 통해 경찰권이 부여되는 경우도 있다. 전자의 경우로 항공안전 및 보안에 관한 법률 제22조 제 1 항(기장이나 기장으로부터 권한을 위임받은 승무원 또는 승객의 항공기 탑승 관련 업무를 지원하는 항공운송사업자 소속 직원 중 기장의 지원요청을 받은 사람은 다음 각 호[1. 항공기의 안전을 해치는 행위, 2. 인명이나 재산에 위해를 주는 행위, 3. 항공기 내의 질서를 어지럽히거나 규율을 위반하는 행위]의 어느 하나에 해당하는 행위를 하려는 사람에 대하여 그 행위를 저지하기 위한 필요한 조치를 할 수 있다)에 따른 비행기의 기장, 선원법 제 6 조에 따른 선장, 민영교도소 등의 설치 · 운영에 관한 법률 제 3 조 제 1 항에 따라 교정업무를 수행하는 교정법인 또는 민영교도소 등을 볼 수 있고, 후자의 경우로 정부조직법 제 6 조 제 3 항 또는 지방자치법 제104조 제 3 항을 근거로 하여 행정행위를 통해 사인에게 위험방지목적의 어업감시 · 사냥감시 · 삼림감시 등의 임무를 부여하는 행위가 가능할 것이다.

4. 법률관계

(1) 국가와의 관계

공무수탁사인의 지위에 관해 규율하는 일반법은 없다. 공무수탁사인의 일반적인 지위는 학설과 판례가 정리하여야 한다. ① 위탁자인 국가 또는 지방자치단체와 공무수탁사인의 관계는 공법상 위임관계에 해당한다. ② 공행정임무수행을 위하여 공권을 부여받은 사인은 관계법령에 따라 의사결정을 자신의 책임하에 하게 된다. 공무수탁사인은 수탁사무의 수행권 외에 위탁자에 대하여 비용청구권을 가지며, 경영의무를 진다. ③ 공무수탁사인은 당연히 위임자인 국가 또는 지방자치단체의 감독하에 놓인다. 국가의 감독은 행정기관에 대한 감독의 경우와 마찬가지로 수탁사무수행의 합목적성이나 적법성에 미친다.

(2) 국민과의 관계

공무수탁사인은 외부관계에서 독립의 행정주체로서 나타난다. 공무수탁사인은 행정절차법 제2조 제1호의 의미에서 행정청이다. 공무수탁사인은 자신의 권한의 범위 안에서 행정행위를 발령할 수도 있고, 수수료를 징수할 수도 있고, 기타 공법상 행위를 할 수도 있다. 공무수탁사인의 결정은 행정기관의 결정과 동일한 것이 된다(민원법 제3조 참조). 한편 공무수탁사인이 임무수행과 관련하여 사인의 권리를 침해하면, 침해당한 자는 행정심판(행심법 제2조 제4호)이나 행정소송(행소법 제2조 제2항)을 제기할 수도 있다.

Ⅱ. 청원경찰

1. 관 념

(1) 개 념

청원경찰이란 다음 각 호(1. 국가기관 또는 공공단체와 그 관리하에 있는 중요 시설 또는 사업장, 2. 국내 주재(駐在) 외국기관, 3. 그 밖에 행정안전부령으로 정하는 중요 시설, 사업장 또는 장소)의 어느 하나에 해당하는 기관의 장 또는 시설·사업장 등의 경영자가 경비(이하 "청원경찰경비"(청원경찰경비)라 한다)를 부담할 것을 조건으로 경찰의 배치를 신청하는 경우 그 기관·시설 또는 사업장 등의 경비(警備)를 담당하게 하기 위하여 배치하는 경찰을 말한다(청경법 제2조).

(2) 취 지

청원경찰을 두는 것은 국가의 예산이 뒷받침되지 못하는 영역에 국가의 감독과 사업주 등의 부담하에 위험방지사무를 처리함으로써 국가경찰의 미비를 보충하고자 함에 있다. 제 3 공화국 출범 이후 경제개발이 급속히 진전됨에 따라 한정된 경찰인력으로 늘어나는 산업시설의 경비활동을 감당할 수 없어 1962년 4월 3일 법률 제1049호로 청원경찰법을 제정함으로써 청원경찰제도가 시행되었다.[1)]

2. 배치와 폐지

(1) 배 치

청원경찰을 배치받으려는 자는 대통령령으로 정하는 바에 따라 관할 지방경찰청장에게 청원경찰 배치를 신청하여야 한다(청경법 제 4 조 제 1 항). 지방경찰청장은 제 1 항의 청원경찰 배치 신청을 받으면 지체 없이 그 배치 여부를 결정하여 신청인에게 알려야 한다(청경법 제 4 조 제 2 항). 지방경찰청장은 청원경찰 배치가 필요하다고 인정하는 기관의 장 또는 시설 · 사업장의 경영자에게 청원경찰을 배치할 것을 요청할 수 있다(청경법 제 4 조 제 3 항).

(2) 폐 지

청원주는 청원경찰이 배치된 시설이 폐쇄되거나 축소되어 청원경찰의 배치를 폐지하거나 배치인원을 감축할 필요가 있다고 인정하면 청원경찰의 배치를 폐지하거나 배치인원을 감축할 수 있다. 다만, 청원주는 「경비업법」에 따른 특수경비원을 배치할 목적으로 청원경찰 배치를 폐지하거나 배치인원을 감축할 수 없다(청경법 제10 조의5 제 1 항). 제 1 항에 따라 청원주가 청원경찰을 폐지하거나 감축하였을 때에는 청원경찰 배치 결정을 한 경찰관서의 장에게 알려야 하며, 그 사업장이 제 4 조 제 3 항에 따라 지방경찰청장이 청원경찰의 배치를 요청한 사업장일 때에는 그 폐지 또는 감축 사유를 구체적으로 밝혀야 한다(청경법 제10 조의5 제 2 항).

3. 임 용

(1) 신분의 취득

청원경찰은 청원주가 임용하되, 임용을 할 때에는 미리 지방경찰청장의

1) 서재근, 민간경비의 육성과 방범능력 증대방안 연구, 8쪽.

승인을 받아야 한다(청경법 제5조 제1항). 국가공무원법 제33조 각 호의 어느 하나에 해당하는 사람은 청원경찰로 임용될 수 없다(청경법 제5조 제2항).[1] 청원경찰의 임용자격·임용방법·교육 및 보수에 관하여는 대통령령으로 정한다(청경법 제5조 제3항).[2] 청원경찰의 복무에 관하여는 국가공무원법 제57조(복종의 의무), 제58조 제1항(직장이탈금지), 제60조(비밀엄수의 의무), 제66조 제1항(집단행위의 금지) 및 경찰공무원법 제18조(거짓보고 등의 금지)를 준용한다(청경법 제5조 제4항).[3] 판례는 국가나 지방자치단체에 근무하는 청원경찰의 근무관계는 고용계약관계가 아니라 공법상 근무관계로 본다.[4]

(2) 신분의 상실

청원경찰은 형의 선고·징계처분 또는 신체상·정신상의 이상으로 직무를 감당하지 못할 때를 제외하고는 그 의사에 반하여 면직되지 아니한다(청경법 제10조의4 제1항).

---

1) 대판 1995. 9. 15, 95누6496(청원경찰법 제5조 제2항에 의하면 국가공무원법 제33조 제1항 각 호의 1에 해당하는 자는 청원경찰로 임용될 수 없다고 규정하고 있고 국가공무원법 제33조 제1항은 임용결격사유를 규정하면서 그 제5호에서 금고 이상의 형의 선고유예를 받은 경우에 그 선고유예기간중에 있는 자를 들고 있으며, 청원경찰법시행령 제15조에 의하면 청원경찰이 다음 각 호의 1에 해당할 때에는 당연퇴직된다고 규정하면서 그 제1호에서 법 제5조 제2항에 의한 임용결격사유에 해당된 때를 들고 있는데, 이들 각 규정은 임용결격사유에 해당하는 자를 청원경찰직무로부터 배제함으로써 그 직무수행에 대한 국민의 신뢰, 청원경찰직에 대한 신용 등을 유지하고 그 직무의 정상적인 운영을 확보하기 위한 것이므로, 이것을 청원경찰임용결격사유 및 당연퇴직사유로 한 입법자의 의사결정은 수긍이 간다).

2) 대판 2002. 2. 8, 2000두4057(청원경찰법 제5조 제1항, 제3항, 제11조, 구 청원경찰법시행령(1999. 9. 30. 대통령령 제16562호로 개정되기 전의 것) 제16조 제1항 등의 규정을 종합하면, 청원주는 청원경찰이 인원의 감축으로 과원이 되었을 때에는 직권으로 면직시킬 수 있는바, 지방자치단체의 장이 청원주인 경우 그 면직처분은 재량행위라 할 것이므로, 지방자치단체의 장이 합리적이고 공정한 기준에 의하여 면직대상자를 선정하고 그에 따라 면직처분을 하였다면 일응 적법한 재량행사라 할 것이나, 그 기준이 평등의 원칙에 위배되는 등 비합리적이고 불공정하다면 그에 따른 면직처분은 재량권의 일탈·남용으로서 위법하다).

3) 대판 1996. 6. 28, 95다24074(청원경찰의 복무에 관하여 경찰공무원에 관한 규정을 준용하도록 규정하고 있는 청원경찰법 제5조 제4항에 따른 같은법시행령 제10조에 의하면 청원경찰의 복무에 관하여 공무원복무규정 제14조 내지 제19조를 준용하도록 되어 있고, 한편 경찰공무원복무규정 제20조는 경찰공무원의 복무에 관하여 그 영에서 규정한 사항 외에는 공무원복무규정을 적용한다고 되어 있으며 공무원복무규정 제14조 내지 제19조는 공무원의 휴가에 관하여 근로기준법과는 달리 연가·병가·공가로 세분하여 별도의 규정을 두고 있는 터이므로, 결국 청원경찰의 경우 휴가에 관하여는 공무원복무규정 제14조 내지 제19조가 우선적으로 적용되고 근로기준법 소정의 휴가에 관한 규정은 그 적용이 배제된다).

4) 대판 1993. 7. 13, 92다47564(국가나 지방자치단체에 근무하는 청원경찰은 국가공무원법이나 지방공무원법상의 공무원은 아니지만, 다른 청원경찰과는 달리 그 임용권자가 행정기관의 장이고, 국가나 지방자치단체로부터 보수를 받으며, 산업재해보상보험법이나 근로기준법이 아닌 공무원연금법에 따른 재해보상과 퇴직급여를 지급받고, 직무상의 불법행위에 대하여도 민법이 아닌 국가배상법이 적용되는 등의 특질이 있으며 그 외 임용자격, 직무, 복무의무 내용 등을 종합하여 볼 때, 그 근무관계를 사법상의 고용계약관계로 보기는 어려우므로 그에 대한 징계처분의 시정을 구하는 소는 행정소송의 대상이지 민사소송의 대상이 아니다).

청원주가 청원경찰을 면직시켰을 때에는 그 사실을 관할경찰서장을 거쳐 지방경찰청장에게 보고하여야 한다(청경법 제10조의4 제 2 항).[1] 한편, 청원경찰이 다음 각 호(1. 제 5 조 제 2 항에 따른 임용결격사유에 해당될 때, 2. 제10조의5에 따라 청원경찰의 배치가 폐지되었을 때, 3. 나이가 60세가 되었을 때. 다만, 그 날이 1월부터 6월 사이에 있으면 6월 30일에, 7월부터 12월 사이에 있으면 12월 31일에 각각 당연 퇴직된다)의 어느 하나에 해당할 때에는 당연 퇴직된다(청경법 제10조의6).[2]

4. 지 위

(1) 직 무

청원경찰은 제 4 조 제 2 항에 따라 청원경찰의 배치 결정을 받은 자(이하 "청원주"라 한다)와 배치된 기관 · 시설 또는 사업장 등의 구역을 관할하는 경찰서장의 감독을 받아 그 경비구역만의 경비를 목적으로 필요한 범위에서 경찰관직무집행법에 따른 경찰관의 직무를 수행한다(청경법 제 3 조).

(2) 제복착용과 무기휴대

청원경찰은 근무 중 제복을 착용하여야 한다(청경법 제 8 조 제 1 항). 지방경찰청장은 청원경찰이 직무를 수행하기 위하여 필요하다고 인정하면 청원주의 신청을 받아 관할 경찰서장으로 하여금 무기를 대여하여 지니게 할 수 있다(청경법 제 8 조 제 2 항). 청원경찰의 복제와 무기 휴대에 관하여 필요한 사항은 대통령령으로 정한다(청경법 제 8 조 제 3 항).

(3) 직권남용 금지 등

청원경찰이 직무를 수행할 때 직권을 남용하여 국민에게 해를 끼친 경우에는 6개월 이하의 징역이나 금고에 처한다(청경법 제10조 제 1 항). 청원경찰 업무에 종사하는

---

1) 대판 2002. 2. 8, 2000두4057(청원경찰법 제 5 조 제 1 항, 제 3 항, 제11조, 구 청원경찰법시행령 제16조 제 1 항 등의 규정을 종합하면, 청원주는 청원경찰이 인원의 감축으로 과원이 되었을 때에는 직권으로 면직시킬 수 있는바, 지방자치단체의 장이 청원주인 경우 그 면직처분은 재량행위라 할 것이므로, 지방자치단체의 장이 합리적이고 공정한 기준에 의하여 면직대상자를 선정하고 그에 따라 면직처분을 하였다면 일응 적법한 재량행사라 할 것이나, 그 기준이 평등의 원칙에 위배되는 등 비합리적이고 불공정하다면 그에 따른 면직처분은 재량권의 일탈 · 남용으로서 위법하다).

2) 헌재 2011. 10. 25, 2011헌마85(청원경찰의 임면관계는 기본적으로 사법관계이지만, 청원경찰법은 청원경찰이 일정한 장소적 한계 내에서는 공무원인 경찰관과 동일하게 국가기관 등의 경비 및 공안업무를 부여받은 수임자라는 사실을 고려하여, 일반 근로자와 달리 청원경찰을 공무원과 유사하게 처우하여 신분보장이나 사회보장 등에 있어 일반 사기업체에 근무하는 근로자보다 두터운 보호를 하고 있으므로, 이와 같이 그 신분에 있어 특별한 법적 보호를 받고 있는 청원경찰에게는 이에 부합하는 특별한 책임이 요구된다. 따라서 이 사건 법률조항이 위와 같이 공공적 성격이 강한 청원경찰 업무의 공정한 수행 및 청원경찰에 대한 국민의 신뢰 제고 등을 위하여 청원경찰이 자격정지의 형을 선고받은 경우 일반 근로자와는 달리 당연퇴직되도록 규정하고 있는 것은 앞서 본 바와 같은 사정에 비추어 합리적 이유가 있는 차별에 해당한다. 그러므로 이 사건 법률조항은 청구인의 평등권을 침해하지 않는다).

사람은 형법이나 그 밖의 법령에 의한 벌칙의 적용에 있어서는 공무원으로 본다(청경법 제10조 제2항).[1]

(4) 징 계

청원주는 청원경찰이 다음 각 호(1. 직무상의 의무를 위반하거나 직무를 태만히 한 때, 2. 품위를 손상하는 행위를 한 때)의 어느 하나에 해당하는 때에는 대통령령으로 정하는 징계절차를 거쳐 징계처분을 하여야 한다(청경법 제5조의2 제1항).[2] 청원경찰에 대한 징계의 종류는 파면, 해임, 정직, 감봉 및 견책으로 구분한다(청경법 제5조의2 제2항). 청원경찰의 징계에 관하여 그 밖에 필요한 사항은 대통령령으로 정한다(청경법 제5조의2 제3항).

5. 비용부담

(1) 청원경찰경비

청원주는 다음 각 호(1. 청원경찰에게 지급할 봉급과 각종 수당, 2. 청원경찰의 피복비, 3. 청원경찰의 교육비, 4. 제7조에 따른 보상금 및 제7조의2에 따른 퇴직금)의 청원경찰경비를 부담하여야 한다(청경법 제6조 제1항). 국가기관 또는 지방자치단체에 근무하는 청원경찰의 보수는 다음 각 호(1. 재직기간 15년 미만: 순경, 2. 재직기간 15년 이상 30년 미만: 경장, 3. 재직기간 30년 이상: 경사)의 구분에 따라 같은 재직기간에 해당하는 경찰공무원의 보수를 감안하여 대통령령으로 정한다(청경법 제6조 제2항). 청원주의 제1항 제1호에 따른 봉급 · 수당의 최저부담기준액(국가기관 또는 지방자치단체에 근무하는 청원경찰의 봉급 · 수당은 제외한다)과 같은 항 제2호 및 제3호에 따른 비용의 부담기준액은 경찰청장이 정하여 고시(告示)한다(청경법 제6조 제3항).

---

1) 대판 1986. 1. 28, 85도2448 · 356(청원경찰관법 제3조, 경찰관직무집행법 제2조 규정에 비추어 보면 군 도시과 단속계 요원으로 근무하고 있는 청원경찰관이 허가 없이 창고를 주택으로 개축하는 것을 단속하는 것은 그의 정당한 공무집행에 속한다고 할 것이므로 이를 폭력으로 방해하는 행위는 공무집행방해죄에 해당된다).

2) 대판 2011. 11. 10, 2011두13767(지방국토관리청장 산하 국도유지관리사무소 소속 청원경찰로서 과적차량단속업무를 담당하던 갑이 건설장비 대여업자에게서 과적단속을 피할 수 있는 이동단속반의 위치정보 등을 알려달라는 청탁을 받고 이를 알려준 대가로 6회에 걸쳐 190만 원의 뇌물을 받아 직무상 의무를 위반하고 품위를 손상하였다는 이유로 지방국토관리청장이 파면처분을 한 사안에서, 이는 갑이 권한을 악용하여 과적단속을 피할 수 있도록 이동과적단속차량의 위치를 알려주고 대가로 금전을 수수한 것으로서 이에 대하여 엄격한 징계를 가하지 않을 경우 이러한 단속업무를 수행하는 청원경찰의 공정하고 엄정한 단속을 기대하기 어렵게 되고, 일반 국민 및 함께 근무하는 청원경찰들에게 법적용의 공평성과 청원경찰의 청렴의무에 대한 불신을 불러일으킬 수 있으며, 금품제공자의 지위, 금품수수 액수, 횟수, 방법 등에 비추어 청원경찰징계규정에서 파면사유로 규정한 '비위의 도가 중하고 고의가 있는 경우'에 해당하므로, 파면처분은 갑의 직무 특성과 비위 내용 및 성질, 징계양정 기준, 징계 목적 등에 비추어 객관적으로 명백히 부당한 것으로서 사회통념상 현저하게 타당성을 잃었다고 볼 수 없다).

(2) 보 상 금

청원주는 청원경찰이 다음 각 호(1. 직무수행으로 인하여 부상을 입거나, 질병에 걸리거나 또는 사망한 경우, 2. 직무상의 부상 · 질병으로 인하여 퇴직하거나, 퇴직 후 2년 이내에 사망한 경우)의 어느 하나에 해당하게 되면 대통령령으로 정하는 바에 따라 청원경찰 본인 또는 그 유족에게 보상금을 지급하여야 한다(청경법 제7조).

(3) 퇴 직 금

청원주는 청원경찰이 퇴직할 때에는 근로자퇴직급여 보장법에 따른 퇴직금을 지급하여야 한다. 다만, 국가기관이나 지방자치단체에 근무하는 청원경찰의 퇴직금에 관하여는 따로 대통령령으로 정한다(청경법 제7조의2).

(4) 청원경찰의 불법행위에 대한 배상책임

청원경찰(국가기관이나 지방자치단체에 근무하는 청원경찰은 제외한다)의 직무상 불법행위에 대한 배상책임에 관하여는 민법의 규정을 따른다(청경법 제10조의2).

6. 감 독

청원주는 항상 소속 청원경찰의 근무 상황을 감독하고, 근무 수행에 필요한 교육을 하여야 한다(청경법 제9조의3 제1항). 지방경찰청장은 청원경찰의 효율적인 운영을 위하여 청원주를 지도하며 감독상 필요한 명령을 할 수 있다(청경법 제9조의3 제2항).[1)]

Ⅲ. 용역경비

1. 관 념

(1) 의 의

경비업법은 시설경비업무(경비를 필요로 하는 시설 및 장소에서의 도난 · 화재 그 밖의 혼잡 등으로 인한 위험발생을 방지하는 업무) · 호송경비업무(운반중에 있는 현금 · 유가증권 · 귀금속 · 상품 그 밖의 물건에 대하여 도난 · 화재 등 위험발생을 방지하는 업무) · 신변보호업무(사람의 생명이나 신체에 대한 위해의 발생을 방지하고 그 신변을 보호하는 업무) · 기계경비업무(경비대상시설에 설치한 기기에 의하여 감지 · 송신된 정보를 그 경비대상시설 외의 장소에 설치한 관제시설의 기기로 수신하여 도난 · 화재 등 위험발생을 방지하는 업무) · 특수경비업

1) 헌재 2010. 2. 25, 2008헌바160 전원재판부(헌법상 법치주의의 한 내용인 법률유보의 원칙은 국민의 기본권 실현에 관련된 영역에 있어서 국가 행정권의 행사에 관하여 적용되는 것이지, 기본권규범과 관련 없는 경우에까지 준수되도록 요청되는 것은 아니라 할 것인데, 청원경찰은 근무의 공공성 때문에 일정한 경우에 공무원과 유사한 대우를 받고 있는 등으로 일반 근로자와 공무원의 복합적 성질을 가지고 있지만, 그 임면주체는 국가 행정권이 아니라 청원경찰법상의 청원주로서 그 근로관계의 창설과 존속 등이 본질적으로 사법상 고용계약의 성질을 가지는바, 청원경찰의 징계로 인하여 사적 고용계약상의 문제인 근로관계의 존속에 영향을 받을 수 있다 하더라도 이는 국가 행정주체와 관련되고 기본권의 보호가 문제되는 것이 아니어서 여기에 법률유보의 원칙이 적용될 여지가 없으므로, 그 징계에 관한 사항을 법률에 정하지 않았다고 하여 법률유보의 원칙에 위반된다 할 수 없다).

무(공항(항공기를 포함한다) 등 대통령령이 정하는 국가중요시설의 경비 및 도난 · 화재 그 밖의 위험발생을 방지하는 업무)의 전부 또는 일부를 도급받아 행하는 영업을 경비업이라 부르고 있다(경비법 제2조 제1호).[1)]

(2) 취 지

경비업은 위험방지에 관한 일정 사무를 사인으로 하여금 수행하게 하는 제도이다. 사인에 의한 위험방지가 국가적으로 허용되는 전제는 「모든 사람은 자기의 법익을 보호할 권리를 가지며, 헌법상 허용되는 사적 자치의 원리에 근거하여 제 3 자로 하여금 자기의 법익을 보호할 수 있는 권리를 가진다」는 데 있다.[2)] 국가경찰과 사적인 안전요원은 법적으로 상이한 위험방지사무를 수행한다. 그러나 국가의 권력독점의 사고에 비추어볼 때, 법적으로 국가경찰과 사적인 안전요원 사이의 책임분담은 인정될 수 없다.[3)] 경비업의 인정은 경찰사무(위험방지사무)가 오로지 국가에 의해서만 수행되는 것이 아니라 사인에 의해서도 수행됨을 뜻하는 것이 된다. 그것은 사회기능의 분화와 경비수요의 급증에 대한 경찰인력의 부족, 과중한 근무시간과 업무량, 경찰장비의 노후화 등에[4)] 대한 보완의 의미를 가지며, 국가예산의 절감에도 기여한다. 한편, 헌법상 가치질서에 비추어 볼 때, 개인의 안전을 보장하는 것은 국가의 핵심영역에 속한다. 따라서 국가가 이 핵심영역을 타자에게 이양하는 것은 자신을 포기하는 것이 될 것이다.[5)] 예컨대 범죄예방활동은 민간경비로 하여금 수행하도록 할지라도 범인의 체포나 범죄의 수사는 국가경찰이 수행하여야 할 것이며, 여기에 민간경비와 국가경찰의 역할에 근원적인 차이가 있다. 그러나 어떠한 경찰사무를 민간경비에게 위탁할 수 없는 핵심영역인지를 구체적으로 말하는 것은 어렵다. 예컨대, 법률로 경비회사로 하여금 교통감시에 나서게 한다고 할 때, 감시의 범위를 어떻게 할 것인지를 결정하는 것은 용이하지 않을 것이다. 경비업은 특

---

1) 우리나라에서 민간경비는 1960년대 미8군부대의 경비를 담당하면서 출발하여 경비업법이 제정된 1976년부터 본격적으로 체계를 잡기 시작하였고, 2005년에는 2,515개 업체에 122,327명의 경비원이 종사하고 있었고(2006 경찰백서, 경찰청), 2007년 9월 현재에는 2,749개 업체에 128,730명이 종사하고 있다고 한다(조선일보 2007. 9. 11, A11).

2) Schoch, Polizei- und Ordnungsrecht, in: Schmidt-Aßmann(Hrsg.), Besonderes Verwaltungsrecht (13. Aufl.), Rn. 27.

3) Schoch, Polizei- und Ordnungsrecht, in: Schmidt-Aßmann(Hrsg.), Besonderes Verwaltungsrecht (13. Aufl.), Rn. 30.

4) 서재근, 민간경비의 육성과 방범능력 증대방안 연구, 37쪽; F. Schoch, Polizei- und Ordnungsrecht, in: E.Schmidt-Aßann/ F.Schoch(Hrsg.) Besonderes Verwaltungsrecht(14. Aufl.), 2 Kap., Rn. 25.

5) Schmidbauer/Steiner/Roese, Bayerisches Polizeiaufgabengesetz, Art.1, Rn. 29.

히 미국에서 먼저 발전을 보이고 있는 제도로 보인다.[1)]

(3) 성 격

경비업자는 국가권력(고권)을 갖지 아니한다. 경비업자에 속한 자는 다만 경비를 요청한 자의 권리를 행사할 수 있을 뿐이다. 개인의 안전은 매매될 수 있는 상품이 아니다.[2)] 개인의 안전은 금전수단을 통해 확보될 수 있을 뿐이다.

	민간경비	국가경찰
목 적	사익 보호	공익 및 사익 보호
역 할	범죄예방	범죄예방과 범죄진압
주 체	민간 영리기업	국가(경찰)
대 상	고객(사인, 국가 · 지방자치단체)	국민, 국가 · 지방자치단체
법률관계의 근거	경비계약	법령
권 력	권력 미보유	권력 보유
권한의 근거	위탁자의 사권(私權)	통치권(경찰권)
재 원	자본금과 경비료	세금
인 력	사인인 경비원	경찰공무원

2. 경비업의 허가와 취소

(1) 허 가

경비업을 영위하고자 하는 법인은 도급받아 행하고자 하는 경비업무를 특정하여 그 법인의 주사무소의 소재지를 관할하는 지방경찰청장의 허가를 받아야 한다. 도급받아 행하고자 하는 경비업무를 변경하는 경우에도 또한 같다(경비법 제4조 제1항). 제 1 항의 규정에 의한 허가를 받고자 하는 법인은 대통령령이 정하는 경비인력 · 자본금 · 시설 및 장비를 갖추어야 한다(경비법 제4조 제2항). 경비업은 법인이 아니면 이를 영위할 수 없다(경비법 제3조). 제 4 조 제 1 항의 규정에 의한 경비업 허가의 유효기간은 허가받은 날부터 5년으로 한다(경비법 제6조). 경비업을 허가제로 한 것은 경비업의 내용이 기본권의 보장과 제한에 관련되고 있다는 점에 기인한다.

(2) 허가의 취소

허가관청은 경비업자가 ① 허위 그 밖의 부정한 방법으로 허가를 받은 때,

1) 서재근, 민간경비의 육성과 방범능력 증대방안 연구, 49쪽.

2) Schmidbauer/Steiner/Roese, Bayerisches Polizeiaufgabengesetz, Art.1, Rn. 29.

② 제7조(경비업자의 의무) 제5항의 규정에 위반하여 허가받은 경비업무 외의 업무에 경비원을 종사하게 한 때, ③ 제7조 제8항의 규정에 위반하여 경비업 및 경비관련업 외의 영업을 한 때, ④ 정당한 사유없이 허가를 받은 날부터 1년 이내에 경비 도급실적이 없거나 계속하여 1년 이상 휴업한 때, ⑤ 정당한 사유없이 최종 도급계약 종료일의 다음 날부터 1년 이내에 경비 도급실적이 없을 때, ⑥ 영업정지처분을 받고 계속하여 영업을 한 때 중 하나에 해당할 때에는 그 허가를 취소한다. 다만 ⑦ 이 법 또는 이 법에 의한 명령에 위반한 때에는 그 허가를 취소하거나 6월 이내의 기간을 정하여 영업의 전부 또는 일부에 대하여 영업정지를 명할 수 있다(경비법 제19조 제1항).

3. 경비업자의 의무

(1) 업무수행범위

경비업자는 경비대상시설의 소유자 또는 관리자의 관리권의 범위 안에서 경비업무를 수행하여야 하며, 다른 사람의 자유와 권리를 침해하거나 그의 정당한 활동에 간섭하여서는 아니된다(경비법 제7조 제1항). 경비업자는 경비업무를 성실하게 수행하여야 하고, 도급을 의뢰받은 경비업무가 위법 또는 부당한 것일 때에는 이를 거부하여야 한다(경비법 제7조 제2항). 경비업자는 불공정한 계약으로 경비원의 권익을 침해하거나 경비업의 건전한 육성과 발전을 해치는 행위를 하여서는 아니된다(경비법 제7조 제3항).

(2) 비밀누설금지

경비업자의 임·직원이거나 임·직원이었던 자는 다른 법률에 특별한 규정이 있는 경우를 제외하고는 그 직무상 알게 된 비밀을 누설하거나 다른 사람에게 제공하여 이용하도록 하는 등 부당한 목적을 위하여 사용하여서는 아니된다(경비법 제7조 제4항).

4. 감 독

경찰청장 또는 지방경찰청장은 경비업무의 적정한 수행을 위하여 경비업자 및 경비지도사를 지도·감독하며 필요한 명령을 할 수 있다(경비법 제24조 제1항). 지방경찰청장 또는 관할 경찰관서장은 소속 경찰공무원으로 하여금 관할구역 안에 있는 경비업자의 주사무소 및 출장소와 경비원배치장소에 출입하여 근무상황 및 교육훈련상황 등을 감독하며 필요한 명령을 하게 할 수 있다(경비법 제24조 제2항 제1문). 이 경우

출입하는 경찰공무원은 그 권한을 표시하는 증표를 관계인에게 내보여야 한다(경비법 제24조 제2항 제2문).

5. 용역경비의 문제상황

(1) 용역경비의 현황

오늘날 용역경비업은 호황을 누리는 것으로 보인다. 경비업무는 시설경비업무 · 호송경비업무 · 신변보호업무 · 기계경비업무 · 특수경비업무 외에 각종 행사의 안전업무 등에까지 확대되고 있다. 용역경비업자들에 의한 경비업무는 사인뿐만 아니라 국가나 지방자치단체까지 확대되고 있다. 용역경비업자의 사인을 위한 경비업무는 한편으로는 경찰에 의한 보호에 흠결이 있다는 문제점을 가지고, 또 한편으로는 사인에게는 안전을 위한 비용이 증대된다는 문제점을 갖는다. 제복을 입은 경비원을 보면, 외관상 공무원으로 보이기도 한다.

(2) 보호의 목표

경찰에 의한 위험방지와 용역경비업자에 의한 위험방지는 법적으로 다르다. 양자는 모두 안전을 보호하지만, 법익의 보호목표가 다르다. 경찰은 공익의 관점에서 공적 안전을 보호한다. 그리고 공적 안전의 요소로서 사익을 보호한다. 그러나 용역경비는 위탁자인 사인의 사익을 보호한다. 그러한 범위 안에서 공익이 보호되는 효과를 갖는다. 용역경비원들은 위탁자들의 권리와 이익을 지키는데 의무를 진다.[1]

(3) 용역경비권의 법적 성격

용역경비업자는 공법적 지위를 갖지 아니한다. 용역경비업자는 공공의 안녕을 위해 제3자에 대하여 아무런 권한도 갖지 아니한다. 용역경비업자는 다만 위탁자에게 속하는 사권(私權)을 행사할 수 있을 뿐이다. 그러한 사권으로 민법상 방해제거청구권과 방해예방청구권, 형법상 긴급피난권이나 정당방위권을 들 수 있다.[2] 이러한 규정들은 경비원들의 활동의 전제요건이자 한계를 정하는 것으로 볼 수도 있다.

(4) 용역경비의 헌법적 근거

국가가 권력을 독점한다는 시각에서는 「사인에 의한 용역경비가 헌법적으

---

1) Gusy, Polizeirecht, Rn. 161.
2) Gusy, Polizeirecht, Rn. 162.

로 허용되는 한계는 어느 정도인가」라는 물음에 대하여 부정적인 입장을 취할 것이다. 생각건대 헌법은 용역경비업을 전면적으로 금지하고 있지 않다. 용역경비업의 인정여부 및 인정범위는 입법자가 정할 사항이다. 입법자가 그것을 정할 때에는 공적 안전에 대한 책임은 국가의 본질적 임무라는 사항을 전제로 하여야 할 것이다.

Ⅳ. 경찰작용의 민영화

작은 정부의 경향과 맞물려 경찰영역에서도 민영화가 문제이다. 예컨대, ① 민영화처분을 통한 국가의 법적 후퇴(예: 철도공사, 도시교통공사의 민영화), ② 안전사무의 민간에 형식적 이전(예: 물건보호, 대단위 행사보호), ③ 경찰의 사실상 민영화(예: 사람보호, 교통보호, 공공 교통공간 감시) 등은 연구과제이다.

생각건대 공공의 안녕과 질서의 보장은 현행법상 국가의 과제로서 국가(포괄적인 법질서이자 평화의 질서)의 권력독점 하에 놓인다. 따라서 국가의 위험방지사무의 실질적 민영화는 헌법상 불가능하다. 그러나 국가의 권력독점을 국가의 물리적인 힘의 행사의 가능성 내지 독점으로 이해하지 않고, 국가만이 법적 평화를 위해 법률과 법을 활용할 수 있는 법정립독점, 법집행독점으로 이해한다면,[1] 헌법상 민간위탁의 형식으로 위험방지의 강한 기능적 민영화도 가능하다고 볼 수 있을 것이다.

1) F. Schoch, Polizei- und Ordnungsrecht, in: E.Schmidt-Aßann/F.Schoch(Hrsg.), Besonderes Verwaltungsrecht(14. Aufl.), 2 Kap., Rn. 26.

제2절 경찰공무원법

제1항 일 반 론

Ⅰ. 경찰공무원법의 관념

1. 경찰공무원법의 의의

경찰공무원법이란 경찰행정을 행하는 인적 요소인 경찰공무원의 법관계를 규율하는 법규의 총괄개념이다. 경찰공무원법은 경찰공무원을 대상으로 한다. 경찰공무원법은 국가경찰조직 또는 지방자치단체경찰조직의 내부관계를 중심으로 한다. 경찰공무원법과 경찰기관법은 구분된다. 왜냐하면 경찰공무원은 경찰공무원법을 통해 국가나 지방자치단체의 경찰기관 그 자체가 아니라 경찰기관의 구성자로서 나타나고, 다만 외부적으로는 그 경찰기관에 의해 대표되기 때문이다.

2. 경찰공무원법의 법원

(1) 국가경찰공무원

"국가경찰공무원의 임용·교육훈련·복무·신분보장 등에 관한 사항은 따로 법률로 정한다"는 경찰법(제23조 제2항)에 의거하여 "국가경찰공무원의 책임 및 직무의 중요성과 신분 및 근무조건의 특수성에 비추어 경찰공무원의 임용, 교육훈련, 복무, 신분보장 등에 관하여 국가공무원법에 대한 특례를 규정함을 목적"으로 경찰공무원법이 제정되어 있다(경공법 제1조). 여기서 경찰공무원이란 제도적 의미의 국가경찰에 소속하는 공무원을 말한다. 이 밖에도 국가경찰공무원법의 법원으로 경찰공무원임용령, 경찰공무원승진임용규정, 경찰공무원징계령, 경찰공무원교육훈련규정, 경찰공무원복무규정, 경찰복제 등이 있다.

(2) 제주자치도 자치경찰공무원

제주자치도 자치경찰공무원에 관해서는 제주특별자치도 설치 및 국제자유도시 조성을 위한 특별법이 규정하고 있다. 제주특별자치도 설치 및 국제자유도시 조성을 위한 특별법은 경찰공무원법의 여러 규정을 준용하고 있다(제국법 제137조 제2항).

Ⅱ. 민주적 경찰공무원제도

1. 국민전체의 봉사자

공무원은 국민전체의 봉사자이다(헌법 제7조 제1항 제1문). 공무원이 국민전체의 봉사자라는 것은 공무원의 근무관계가 공평무사한 직무수행의무의 원칙에 따라 정해져야 한다는 것을 의미한다. 경찰공무원은 법령에 의해 정해진 직무범위 안에서 자신의 지식과 기술을 활용하여 충실한 법의 집행자로서 직무를 수행하여야 한다.

2. 국민에 대한 책임

공무원은 국민에 대하여 책임을 진다(헌법 제7조 제1항 제2문). 국민의 수임자로서, 국민전체의 봉사자로서 경찰공무원이 자기에게 주어진 책무를 수행함에 있어 문제를 야기한 경우, 당해 공무원에 대하여 책임을 묻는 것은 민주적 경찰공무원제의 중요한 내용이다. 경찰공무원에 대한 책임추궁의 방식으로 징계책임·변상책임·형사책임 등이 있다.

3. 공무담임의 평등

헌법 제25조(모든 국민은 법률이 정하는 바에 의하여 공무담임권을 가진다)에 근거하여 모든 국민은 주권자로서 경찰공무원이 될 수 있다.[1)] 경찰공무원이 될 수 있는 권리는 모든 국민에게 평등

---

1) 헌재 2006. 2. 23, 2005헌마403(헌법 제25조는 "모든 국민은 법률이 정하는 바에 의하여 공무담임권을 가진다"고 하여 공무담임권을 기본권으로 보장하고 있다. 공무담임권이란 입법부, 집행부, 사법부는 물론 지방자치단체 등 국가, 공공단체의 구성원으로서 그 직무를 담당할 수 있는 권리를 말한다. 여기서 직무를 담당한다는 것은 모든 국민이 현실적으로 그 직무를 담당할 수 있다고 하는 의미가 아니라, 국민이 공무담임에 관한 자의적이지 않고 평등한 기회를 보장받음을 의미하는바, 공무담임권의 보호영역에는 공직취임의 기회의 자의적인 배제뿐 아니라, 공무원 신분의 부당한 박탈까지 포함되는 것이다. 공무담임권은 선거직공무원을 비롯한 모든 국가기간의 공직에 취임할 수 있는 권리이므로 여러 가지 선거에 입후보해서 당선될 수 있는

하게 보장된다. 경찰공무원이 되고자 하는 자는 무엇보다 한국인이어야 한다(경공법 제7조 제2항 제1호). 그리고 우리의 헌법질서를 긍정하는 자이어야 한다.

Ⅲ. 직업공무원제도

1. 관 념

헌법 제7조 제2항(공무원의 신분과 정치적 중립성은 법률이 정하는 바에 의하여 보장된다)은 직업공무원제도를 채택하고 있다. 직업공무원제도란 정권교체에 관계없이 행정의 일관성과 독자성을 유지하기 위해 헌법과 법률에 의해 공무원의 신분, 즉 공무원의 임용이 공무원 개인의 능력이나 업적에 따라 보장되는 공무원제도를 말한다. 이는 공직의 영속성과 전문성의 확보에 기여한다. 경찰공무원도 당연히 직업공무원제도의 적용을 받는다.

2. 신분의 보장

경찰공무원의 신분보장은 엽관주의의 폐단을 방지하고, 국민전체의 봉사자로서 경찰공무원이 공무에 전념할 수 있게 하고 아울러 공무의 영속성을 확보하고자 하는 데 있다. 이와 관련하여 국가공무원법(제68조)과 지방공무원법(제60조)은 "공무원은 형의 선고·징계처분 또는 이 법이 정하는 사유에 의하지 아니하고는 그 의사에 반하여 휴직·강임 또는 면직을 당하지 아니한다. 다만 1급 공무원은 그러하지 아니하다"라고 하여 신분보장을 선언하고 있다. 다만 경찰공무원 중 치안총감과 치안정감에 대하여는 국가공무원법 제68조를 적용하지 아니한다(경공법 제30조 제1항 제2문).

피선거권을 포함하는 개념이다); 헌재 2005. 4. 28, 2004헌마219(공무담임권은 원하는 경우에 언제나 공직을 담당할 수 있는 현실적인 권리가 아니라 공무담임의 기회를 보장하는 성격을 갖는 것으로서 선거에 당선되거나 또는 공직채용시험에 합격하는 등 일정한 공무담임에 필요한 요건을 충족하는 때에만 그 권리가 구체화되고 현실화되기 때문에 입법자는 이러한 공무담임의 전제조건으로서 각종 공직선거의 내용과 절차, 선거권·피선거권 등 공직선거에 참여할 수 있는 권리 또는 자격을 구체적으로 정하는 권한과 책임을 진다. 따라서 국회의원으로 낭선될 권리로서 피선거권을 누구에게, 어떤 조건으로 부여할 것인지는 입법자가 그의 입법형성권의 범위 내에서 스스로 정할 사항이지만, 이 때에도 헌법이 피선거권을 비롯한 공무담임권을 기본권으로 보장하는 취지와 대의민주주의 통치질서에서 선거가 가지는 의미와 기능이 충분히 고려되어야 한다는 헌법적인 한계가 있다).

3. 정치적 중립성

정치적 중립성이란 정치적 활동의 금지를 의미한다.[1] 금지되는 정치적 활동의 구체적인 내용은 입법자가 형성하여야 할 사항이다(국공법 제65조, 제66조; 지공법 제57조, 제58조). 한편, 정치적 중립성을 이유로 경찰공무원의 일반적인 정치적 자유권(특히 정치적 표현의 자유)이 무조건 부인될 수는 없다. 경찰공무원의 정치적 중립이란 필요한 최소한의 범위 내에서의 정치행위의 제한이라는 의미로 새겨야 한다.

4. 성적주의

성적주의(Merit System)란 정치세력에 의한 간섭 없이 개인의 성적을 기초로 하여 인사행정이 이루어지는 원칙을 말한다. 우리의 입법자도 이러한 원칙을 채택하고 있다. 즉 각종의 법률이 "공무원의 임용은 시험성적 · 근무성적 그 밖의 능력의 실증에 의하여 행한다"고 규정하고 있다(예: 국공법 제26조, 지공법 제25조, 경공법 제11조 1항, 교공법 제10조). 이러한 성적주의는 신규채용뿐만 아니라 승진의 경우에도 적용된다.

Ⅳ. 경찰공무원과 기본권

1. 기본권의 보장

경찰공무원에게도 일반국민과 마찬가지로 모든 기본권이 보장된다. 그 밖에 기본권유사의 각종 권리가 보장된다. 그러나 헌법 제 7 조 제 2 항은 공무의 온전한 수행을 위하여 공무원의 기본권의 제한을 예정하고 있다.[2] 한편 특별권

---

1) 헌재 2004. 3. 25, 2001헌마710(헌법재판소는 1995. 5. 25. 선고한 91헌마67 결정에서 공무원에 대한 정치적 중립성의 필요성에 관하여, "공무원은 국민전체에 대한 봉사자이므로 중립적 위치에서 공익을 추구하고(국민전체의 봉사자설), 행정에 대한 정치의 개입을 방지함으로써 행정의 전문성과 민주성을 제고하고 정책적 계속성과 안정성을 유지하며(정치와 행정의 분리설), 정권의 변동에도 불구하고 공무원의 신분적 안정을 기하고 엽관제로 인한 부패 · 비능률 등의 폐해를 방지하며(공무원의 이익보호설), 자본주의의 발달에 따르는 사회경제적 대립의 중재자 · 조정자로서의 기능을 적극적으로 담당하기 위하여 요구되는 것(공적 중재자설)"이라고 하면서, 공무원의 정치적 중립성 요청은 결국 위 각 근거를 종합적으로 고려하여 "공무원의 직무의 성질상 그 직무집행의 중립성을 유지하기 위하여 필요한 것"이라고 판시한 바 있다).

2) 헌재 2012. 3. 29, 2010헌마97(공무원은 공직자인 동시에 국민의 한 사람이기도 하므로, 공무원은 공인으로서의 지위와 사인으로서의 지위, 국민전체에 대한 봉사자로서의 지위와 기본권을 향유하는 기본권주체로서의 지위라는 이중적 지위를 가진다. 따라서 공무원이라고 하여 기본권이 무시되거나 경시되어서는 안 되지만, 공무원의 신분과 지위의 특수성상 공무원에 대해서는 일반 국민에 비해 보다 넓고 강한 기본권 제한이 가능하게 된다. 특히 선거관리위원회는 민주주의의 근간이 되는 선거와 투표, 정당 사무에 대한 관리업무를 행하는 기관이라는 점에서 선

력관계라는 이름으로 법적 근거없이 경찰공무원의 기본권을 제한할 수는 없다. 경찰공무원의 기본권 역시 법적으로 보장되는 것이므로, 그 제한도 역시 법률에 근거하여야 한다(헌법 제37조 제 2 항).

2. 기본권의 제한

① 경찰공무원은 법률이 정한 바에 따라 정당가입이나 정치활동이 제한되며(헌법 제 7 조 제 2 항), ② 경찰공무원은 국가배상에서 이중배상이 금지되며(헌법 제29조 제 2 항), ③ 법률로 인정된 자를 제외하고는 노동조합결성 · 단체교섭 및 단체행동을 할 수 없다(헌법 제33조 제 2 항). ④ 이 밖에 헌법 제37조 제 2 항에 의거, 법률로써 경찰공무원의 기본권에 제한이 가해질 수도 있다.

3. 기본권의 특징

경찰공무원 · 소방공무원의 의무는 경찰공무원 · 소방공무원의 생명권 · 신체의 불가침권과 충돌관계에 놓이는 것이 아닌가의 여부가 문제된다. 그러나 경찰공무원 · 소방공무원이 갖는 직무상의 생명 · 건강의 위험은 국가에 의한 침해가 아니라, 오히려 사적 자치에 근거를 둔 고용관계에서와 같이 일정 유형의 직업상의 위험을 당사자인 공무원이 자유로이 선택하였다는 점에 특징이 있다.

제 2 항 경찰공무원의 법관계의 발생 · 변경 · 소멸

Ⅰ. 경찰공무원의 법관계의 관념

1. 의 의

경찰공무원의 법관계는 기본적으로 자연인인 경찰공무원과 임용주체의 지위를 갖는 공법상 법인(예: 국가 또는 제주특별자치도) 사이에 존재하는 공법상 근무관계 · 공법상 성실관계이다. ① 공무원관계는 소위 특별권력관계가 아니다. 그것은 특별한 행정법관계이다. 공무원관계는 공법관계로 형성된다. ② 경찰공무원의 근무관계는 영속적인 근무태세, 완전한 임무수행을 특징적인 내용으로 한다. ③ 경찰

관위 공무원은 다른 어떤 공무원보다도 정치적으로 중립적인 입장에 서서 공정하고 객관적으로 직무를 수행할 의무를 지닌다).

공무원은 성실하고 도덕적이고 국가적 이념에 충실한 근무를 하여야 한다. 그렇다고 무한정의 충성이 요구되는 것은 아니다. 그것은 윤리적 근무관계이다. 한편, 경찰사무를 수행하는 지위에서의 경찰공무원은 기본권의 주체가 아니라 기본권의 수범자일 뿐이다.[1)]

2. 임용주체로서의 국가 또는 지방자치단체

(1) 의 의

경찰공무원의 법관계는 인적 고권을 가진 국가 또는 지방자치단체의 존재를 전제로 한다. 국가 또는 지방자치단체인 제주특별자치도는 법인으로서 임용주체가 된다. 법인의 기관이나 그 법인을 위한 기관구성자가 임용주체인 것은 아니다. 국가나 제주특별자치도는 시원적인 임용주체이다. 물론 지방자치단체인 제주특별자치도의 인적 고권은 국가에 의해 통제될 수 있고, 국가로부터 협력을 받을 수도 있다.

(2) 임용권자

(가) 국가경찰공무원

① 총경 이상의 경찰공무원은 경찰청장 또는 해양경찰청장의 추천에 의하여 행정안전부장관 또는 국토해양부장관의 제청으로 국무총리를 거쳐 대통령이 임용한다. 다만, 해양경찰청장은 국토해양부장관의 제청으로 국무총리를 거쳐 대통령이 임명하고, 총경의 전보 · 휴직 · 직위해제 · 강등 · 정직 및 복직은 경찰청장 또는 해양경찰청장이 행한다(경공법 제6조 제1항). ② 경정 이하의 경찰공무원은 경찰청장 또는 해양경찰청장이 임용한다. 다만, 경정에의 신규채용 · 승진임용 및 면직은 경찰청장 또는 해양경찰청장의 제청으로 국무총리를 거쳐 대통령이 행한다(경공법 제6조 제2항). ③ 경찰청장 또는 해양경찰청장은 대통령령이 정하는 바에 의하여 경찰공무원의 임용에 관한 권한의 일부를 소속기관의 장과 지방경찰청장 또

1) 헌재 2009. 3. 24, 2009헌마118(일반적으로 청구인과 같은 경찰공무원은 기본권의 주체가 아니라 국민 모두에 대한 봉사자로서 공공의 안전 및 질서유지라는 공익을 실현할 의무가 인정되는 기본권의 수범자라 할 것이다. 그런데 벌금미납자에 대하여 검사가 발부한 형집행장은 구속영장과 동일한 효력이 있고(형사소송법 제474조 제2항) 경찰서 유치장은 "구속된 자 또는 신체의 자유를 제한하는 판결 또는 처분을 받은 자를 수용하는 시설"이므로(경찰관직무집행법 제9조), 위와 같이 검사가 발부한 형집행장에 의하여 검거된 벌금미납자의 신병에 관한 업무는 국가 조직영역 내에서 수행되는 공적과제 내지 직무영역에 대한 것이다. 따라서 이러한 직무를 수행하는 청구인은 국가기관의 일부 또는 그 구성원으로서 공법상의 권한을 행사하는 공권력 행사의 주체일 뿐, 기본권의 주체라 할 수 없으므로 이 사건에서 청구인에게 헌법소원을 제기할 청구인적격을 인정할 수 없다 할 것이다).

는 지방해양경찰관서의 장에게 위임할 수 있다(경공법 제6조 제3항).

㈏ 제주자치도 자치경찰공무원

제주특별자치도의 도지사는 소속 자치경찰공무원의 임명·휴직·면직과 징계를 행하는 권한을 가진다(제국법 제126조). 자치경찰단장은 도지사가 임명하며, 도지사의 지휘·감독을 받는다(제국법 제107조 제1항).

⑶ 인사위원회

㈎ 국가경찰

국가경찰공무원의 인사에 관한 중요사항에 관하여 경찰청장 또는 해양경찰청장의 자문에 응하기 위하여 경찰청 및 해양경찰청에 경찰공무원인사위원회(이하 "인사위원회"라 한다)를 둔다(경공법 제4조 제1항). 인사위원회의 구성 및 운영에 관하여 필요한 사항은 대통령령으로 정한다(경공법 제3조 제2항). 인사위원회는 다음 각 호(1. 경찰공무원의 인사행정에 관한 방침과 기준 및 기본계획, 2. 경찰공무원의 인사에 관한 법령의 제정·개정 또는 폐지에 관한 사항, 3. 그 밖에 경찰청장 또는 해양경찰청장이 인사위원회의 회의에 부치는 사항)의 사항을 심의한다(경공법 제5조).

㈏ 제주자치도 자치경찰

제주특별자치도 설치 및 국제자유도시 조성을 위한 특별법 제128조의 규정에 의한 자치경찰공무원의 인사에 관한 사항을 심의·의결하기 위하여 자치경찰공무원인사위원회(자치경찰인사위원회)를 둔다(제국법 제127조 제1항). 자치경찰인사위원회는 ① 자치경찰공무원 충원계획의 사전심의, ② 자치경찰공무원 각종 임용시험의 실시, ③ 도지사의 요구에 의한 자치경찰공무원의 보직관리기준 및 승진·전보임용기준의 사전의결, ④ 자치경찰공무원 승진임용의 사전심의, ⑤ 도지사의 요구에 의한 자치경찰공무원의 징계의결, ⑥ 도지사가 도의회에 제출하는 자치경찰공무원의 인사와 관련된 조례안 및 규칙안의 사전심의, ⑦ 자치경찰단장의 개방형직위의 지정 및 운영에 관한 사항, ⑧ 그 밖에 도지사가 자치경찰공무원의 인사에 관하여 부의하는 사항을 관장한다(제국법 제128조).

3. 임용의 상대방으로서 경찰공무원

⑴ 경찰공무원의 임용자격(능력요건)

㈎ 국가경찰공무원

국가경찰공무원은 신체 및 사상이 건전하고, 품행이 방정한 자 중에서 임용한다(경공법 제7조 제1항). 특히 공무에 대한 국민의 신뢰확보를 위해[1] 경찰공무원에 대

1) 대판 1997. 7. 8, 96누4275(국가공무원법 제33조 제1항, 제69조 및 경찰공무원법 제7조 제2

하여 다음의 능력요건을 요구한다. 즉, 다음 각 호(1. 대한민국 국적을 가지지 아니한 사람, 2. 「국적법」 제11조의2 제 1 항에 따른 복수국적자, 3. 금치산자 또는 한정치산자, 4. 파산선고를 받고 복권되지 아니한 사람, 5. 자격정지 이상의 형(刑)을 선고받은 사람, 6. 자격정지 이상의 형의 선고유예를 선고받고 그 유예기간 중에 있는 사람, 7. 징계에 의하여 파면 또는 해임처분을 받은 사람)[1]의 어느 하나에 해당하는 사람은 경찰공무원으로 임용될 수 없다(경공법 제 7 조 제 2 항).[2] 이러한 능력요건이 결여된 임용은 무효가 된다. 국가의 과실은 문제되지 아니한다.[3] 판례는 공무원법관계는 국가의 임용이 있는 때에 설정되는 것이라는 전제

항, 제21조가 일정한 유죄판결을 받은 자 등을 국가공무원(경찰공무원 포함)에 임용될 수 없도록 정함과 동시에 국가공무원(경찰공무원 포함)으로 임용된 후에 임용결격자에 해당하게 된 자가 당연퇴직되도록 정하고 있는 것은 그러한 자로 하여금 국가의 공무를 집행하도록 허용한다면 그 공무는 물론 국가의 공무 일반에 대한 국민의 신뢰가 손상될 우려가 있으므로 그러한 자를 공무의 집행에서 배제함으로써 공무에 대한 국민의 신뢰를 확보하려는 것을 목적으로 하는 것이다).

1) 대판 2011. 11. 10, 2010두1446(구 경찰공무원법 제 7 조 제 2 항 제 6 호(이하 '이 사건 법률조항'이라 한다)가 징계에 의하여 파면 또는 해임의 처분을 받은 사람을 경찰공무원 임용의 결격사유라고 정한 것이 과잉금지원칙에 위배되어 공무담임권에 대한 과도한 제한이라고 할 수 없다. 또한 임용결격사유를 규정함에 있어서 다른 법률보다 경찰공무원법의 규정이 다소 강화되어 있더라도 합리적 이유 없는 자의적인 차별이라고 볼 수 없다. 따라서 이 사건 법률조항이 헌법상 과잉금지의 원칙이나 평등의 원칙에 위배되거나 공무담임권을 부당하게 침해한다고 할 수 없다); 헌재 2010. 9. 30, 2009헌바122(공무원의 임용결격사유에 대한 규정은 공무원의 직무를 수행하기에 부적격한 자를 그 직무로부터 사전에 배제함으로써 공무원직에 대한 국민의 신뢰를 유지하고 직무의 정상적인 운영을 확보하기 위한 것이다. 특히 경찰공무원은 국민의 생명 · 신체와 재산에 대한 보호, 범죄의 예방과 수사를 주된 임무로 하는바, 그러한 경찰공무원 직무의 성격상 고도의 직업적 윤리성이 요청된다. 그런데 해임은 파면과 더불어 중징계 중 하나로서 그 행위에 대한 비난가능성이 크며, 징계절차를 거쳐 해임처분을 받은 이상 당해 직무의 수행이 부적절하다고 판단된 것으로 볼 수 있다. 따라서 위와 같은 경찰공무원직의 특수성과 중요성을 고려할 때 이 사건 법률조항은 과잉금지원칙에 위배되어 공무담임권에 대한 과도한 제한이라고 할 수 없다).

2) 대판 1996. 2. 27, 95누9617(경찰공무원으로 임용된 후 70일 만에 선고받은 형이 사면 등으로 실효되어 결격사유가 소멸된 후 30년 3개월 동안 사실상 공무원으로 계속 근무를 하였다고 하더라도 그것만으로는 임용권자가 묵시적으로 새로운 임용처분을 한 것으로 볼 수 없고, 임용당시 결격자였다는 사실이 밝혀졌는데도 서울특별시 경찰국장이 일반사면령 등의 공포로 현재 결격사유에 해당하지 아니한다는 이유로 당연퇴직은 불가하다는 조치를 내려서 그 후 정년퇴직시까지 계속 사실상 근무하도록 한 것이 임용권자가 일반사면령의 시행으로 공무원자격을 구비한 후의 근무행위를 유효한 것으로 추인하였다거나 장래에 향하여 그를 공무원으로 새로 임용하는 효력이 있다고 볼 수 없을 뿐만 아니라, 1982. 당시 경장이었던 그의 임용권자는 당시 시행된 경찰공무원법 및 경찰공무원임용령의 규정상 서울특별시장이지 경찰국장이 아니었음이 분명하여, 무효인 임용행위를 임용권자가 추인하였다거나 장래에 향하여 공무원으로 임용하는 새로운 처분이 있었던 것으로 볼 수 없다).

3) 대판 2005. 7. 28, 2003두469(경찰공무원법에 규정되어 있는 경찰관임용 결격사유는 경찰관으로 임용되기 위한 절대적인 소극적 요건으로서 임용 당시 경찰관임용 결격사유가 있었다면 비록 임용권자의 과실에 의하여 임용결격자임을 밝혀내지 못하였다 하더라도 그 임용행위는 당연무효로 보아야 한다); 대판 1998. 1. 23, 97누16985(당연무효인 임용행위에 의하여 공무원의 신분을 취득할 수는 없으므로, 임용 결격자가 공무원으로 임용되어 사실상 근무하여 왔다고 하더라도 적법한 공무원으로서의 신분을 취득하지 못한 자로서는 공무원연금법 소정의 퇴직급여 등을 청구할 수 없으며, 임용 결격사유가 소멸된 후에 계속 근무하여 왔다고 하더라도 그 때부터

하에 공무원임용결격사유가 있는지의 여부는 채용후보자명부에 등록한 때가 아닌 임용당시에 시행되던 법률을 기준으로 하여 판단하여야 한다는 입장이다.[1] 또한 요건의 결여는 당연퇴직사유가 된다(경공법 제21조).[2]

㈏ 제주자치도 자치경찰공무원

제주자치도 자치경찰공무원의 임용자격(능력요건)에 관해서는 경찰공무원법 제 7 조가 준용된다(제국법 제137조 제 1 항). 따라서 그 내용은 국가경찰공무원의 경우와 동일하다.

(2) 경찰공무원의 종류(국가의 경찰공무원과 지방자치단체의 경찰공무원)

경찰공무원에는 국가공무원인 국가경찰공무원과 제주자치도 자치경찰공무원이 있다. 국가경찰공무원은 국가에 의해 임명된다. 국가경찰공무원은 국가사무로서 경찰사무를 수행하며 보수 기타 경비는 국가가 부담하는 것이 원칙이다. 국가공무원법상 국가경찰공무원은 특정직 공무원으로 분류되고 있다. 한편, 제주자치도 자치경찰공무원은 제주자치도에 의해 임명된다(제국법 제126조). 제주자치도 자치경찰공무원은 자치사무로서 경찰사무를 수행하며 보수 기타 경비는 제주자치도가 부담한다.

(3) 경찰공무원의 계급

국가경찰공무원의 계급은 치안총감, 치안정감, 치안감, 경무관, 총경, 경

무효인 임용행위가 유효로 되어 적법한 공무원의 신분을 회복하고 퇴직급여 등을 청구할 수 있다고 볼 수 없다).

1) 대판 1987. 4. 14, 86누459(국가공무원법에 규정되어 있는 공무원임용결격사유는 공무원으로 임용되기 위한 절대적인 소극적 요건으로서 공무원관계는 국가공무원법 제38조, 공무원임용령 제11조의 규정에 의한 채용후보자 명부에 등록한 때가 아니라 국가의 임용이 있는 때에 설정되는 것이므로 공무원임용결격사유가 있는지의 여부는 채용후보자 명부에 등록한 때가 아닌 임용당시에 시행되던 법률을 기준으로 하여 판단하여야 한다).

2) 대판 1997. 7. 8, 96누4275(경찰공무원이 재직중 자격정지 이상의 형의 선고유예를 받음으로써 경찰공무원법 제 7 조 제 2 항 제 5 호에 정하는 임용결격사유에 해당하게 되면, 같은 법 제21조의 규정에 의하여 임용권자의 별도의 행위(공무원의 신분을 상실시키는 행위)를 기다리지 아니하고 그 선고유예 판결의 확정일에 당연히 경찰공무원의 신분을 상실(당연퇴직)하게 되는 것이고, 나중에 선고유예기간(2년)이 경과하였다고 하더라도 이미 발생한 당연퇴직의 효력이 소멸되어 경찰공무원의 신분이 회복되는 것은 아니며, 한편 직위해제처분은 형사사건으로 기소되는 등 국가공무원법 제73조의2 제 1 항 각 호에 정하는 귀책사유가 있을 때 당해 공무원에게 직위를 부여하지 아니하는 처분이고, 복직처분은 직위해제사유가 소멸되었을 때 직위해제된 공무원에게 국가공무원법 제73조의2 제 2 항의 규정에 의하여 다시 직위를 부여하는 처분일 뿐, 이들 처분들이 공무원의 신분을 박탈하거나 설정하는 처분은 아닌 것이므로, 임용권자가 임용결격사유의 발생 사실을 알지 못하고 직위해제되어 있던 중 임용결격사유가 발생하여 당연퇴직된 자에게 복직처분을 하였다고 하더라도 이 때문에 그 자가 공무원의 신분을 회복하는 것은 아니다).

정, 경감, 경위, 경사, 경장, 순경으로 구분한다(경찰법 제23조 제1항; 경공법 제2조).[1] 제주자치도 자치경찰공무원의 계급은 자치총경, 자치경정, 자치경감, 자치경위, 자치경사, 자치경장, 자치순경으로 구분한다(제국법 제125조).

(4) 경찰공무원의 경과

(가) 의 의

국가경찰공무원은 그 직무의 종류에 따라 경과에 의하여 구분할 수 있다(경공법 제3조 제1항). 경과의 구분에 관하여 필요한 사항은 대통령령으로 정한다(경공법 제3조 제2항). 총경 이하의 경찰공무원은 일반경과 · 수사경과 · 보안경과 · 특수경과(해양경과 · 운전경과 · 항공경과 · 정보통신경과)로 구분한다(경찰공무원임용령 제3조 제1항 본문). 다만, 수사경과 및 보안경과는 경정 이하 경찰공무원으로, 특수경과 중 운전경과는 경사 이하 경찰공무원으로 한다(경찰공무원임용령 제3조 제1항 단서). 임용권자 또는 임용제청권자는 경찰공무원을 신규채용할 때에 경과를 부여하여야 한다(경찰공무원임용령 제3조 제2항).

[경과별 직무의 종류(경찰공무원임용령 시행규칙 제19조)]

일반경과	기획 · 감사 · 경무 · 생활안전 · 교통 · 경비 · 작전 · 정보 · 외사 기타의 직무로서 수사경과 · 보안경과 및 특수경과에 속하지 아니하는 직무
수사경과	범죄수사에 관한 직무
보안경과	보안경찰에 관한 직무
특수경과 항공경과	경찰항공기의 운영 · 관리에 관한 직무
해양경과	해양경찰에 관한 직무
정보통신경과	경찰정보통신의 운영 · 관리에 관한 직무
운전경과	경찰차량의 운전 및 정비에 관한 직무

(나) 전 과

① 경과는 변경될 수 있다. 경과의 변경을 전과라 한다(경공령 제2조 제3호). 전과는 일반경과에서 수사경과 · 보안경과 또는 특수경과 전과하는 것에 한하여 인정한다. 다만, 정원감축 등으로 인하여 부득이한 경우에는 보안경과 · 수사경과 · 정보통신경과 또는 운전경과에서 일반경과로 전과하는 것을 인정할 수 있다

1) 2003년 1월 기준으로 전체 경찰관은 91,592명이고, 이 중에서 경사 이하가 86.2%, 총경 이상 5% 미만이었다고 한다(제1기 경찰혁신위원회 백서, 경찰청, 10쪽).

(경공령시행규칙 제27조 제 1 항). ② 전과 또는 특기의 변경은 다음 각호(1. 현재의 경과 또는 특기분야에서는 업무 수행 능력이 현저히 부족하나 다른 경과 또는 특기분야에서는 더욱 발전할 수 있다고 인정되는 자, 2. 보충을 요하는 경과 또는 특기에 필요한 직무교육을 이수한 자, 3. 변경하고자 하는 경과 또는 특기분야와 관련된 자격증 소지자, 4. 변경하고자 하는 경과 또는 특기와 관련된 분야의 시험(국가에서 시행하는 시험에 한한다)에 합격한 자)의 1에 해당하는 자에 한한다(경공령시행규칙 제28조 제 1 항). ③ 그러나 다음 각호(1. 현재의 경과 및 특기분야에서 1년을 경과하지 아니한 자, 2. 특수경과 또는 전문특기분야에 근무할 것을 조건으로 채용된 자로서 5년을 경과하지 아니한 자)의 1에 해당하는 자는 전과 및 특기의 변경을 할 수 없다. 다만, 제 1 항 제 3 호에 해당하는 경우에는 예외로 한다(경공령시행규칙 제28조 제 2 항).

Ⅱ. 경찰공무원의 법관계의 발생

1. 의 의

(1) 임용과 임명

임용이란 ① 넓게는 신규채용 · 승진임용 · 전직 · 전보 · 겸임 · 파견 · 강임 · 휴직 · 직위해제 · 정직 · 복직 · 면직 · 해임 및 파견을 의미하기도 하고, ② 좁게는 신규채용 · 승진임용 · 강임 · 전직 · 전보를 의미하기도 하며, ③ 가장 좁게는 공무원관계를 처음으로 발생시키는 신규채용행위로서의 임명행위를 뜻하기도 한다. 한편 임명이란 좁게는 공무원신분의 신규설정행위를 뜻하나, 넓게는 면직을 포함하는 의미로 사용되기도 한다. ④ 본서에서는 임용은 넓은 의미로, 임명은 좁은 의미로 사용하기로 한다. 따라서 임용이란 공무원법관계의 발생 · 변경 · 소멸의 원인이 되는 모든 행위를 지칭하며, 임명이란 공무원법관계 발생원인의 하나를 뜻하는 것이 된다.

(2) 보직과 임명

(가) 의 의

임명은 공무원신분의 설정행위이나, 보직은 공무원의 신분을 가진 자에게 일정한 직위를 부여하여 일정한 직무를 담당하도록 명하는 행위를 말한다. 임명과 보직은 논리상 동시에 이루어지는 경우도 있고 그러하지 않은 경우도 있다. 전자는 임관과 직위부여가 결합되어 있는 경우이고(예: 경찰청장에 임하는 경우), 후자는 임관(예: 총경에 임하는 행위, 임명)과 직위부여(예: ○○경찰서장에 보하는 행위, 보직)가 분리된 경우이다(예: 총경 임명 후 ○○경찰서장에 보직하는 경우). 후자의 경우는 보직행위가 없는 한 구체적인 공무담임의 내용은 성립하지 않는다. 따라서 후자와 관련하여 임용권자 또는 임용제청권자는 법령에서 따로 정하는 경우를 제외하고는 소속공무원의 직급과 직위를 고려하여 그 직급에 상응하는 직위를 부여하여야 한다(국공법 제32조의5; 지공법 제30조의5).

(나) 보직관리

임용권자 또는 임용제청권자는 법령에서 따로 정하거나 다음 각호(1. 「국가공무원법」 제43조의 규정에 의하여 별도정원이 인정되는 휴직자의 복직, 파견된 자의 복귀 또는 파면 · 해임 · 면직된 자의 복귀시에 그에 해당하는 계급의 결원이 없어 그 계급의 정원에 최초로 결원이 생길 때까지 당해 계급에 해당하는 경찰공무원을 보직없이 근무하게 하는 경우, 2. 직제의 신설 · 개폐시 2월이내의 기간 기관의 신설준비등을 위하여 보직없이 근무하게 하는 경우)의 1에 해당하는 경우를 제외하고는 소속경찰공무원에 대하여 하나의 직위를 부여하여야 한다(경공령 제22조 제1항). 경찰공무원을 보직함에 있어서는 경과 · 특기 · 교육훈련 · 근무경력 등을 고려하여 능력을 적절히 발전시킬 수 있도록 하여야 한다(경공령 제22조 제2항). 경찰공무원은 특별한 사정이 없는 한 연고지를 고려하여 보직하여야 한다(경공령 제22조 제4항). 경찰청장 또는 해양경찰청장은 「국가공무원법」 제32조의5 제2항 및 이 영이 정하는 바에 의하여 경찰공무원에 대한 보직관리기준을 정하여야 한다(경공령 제22조 제5항).

(3) 임명행위의 성질

(가) 통상적인 경찰공무원 임명행위(협력을 요하는 행정행위)

공무원의 임명행위의 성질을 둘러싸고 공법상 계약설[1] · 단독적 행정행위설[2] · 쌍방적 행정행위설[3]이 논급되는데, 이것은 경찰공무원의 경우에도 적용될 수 있다. 임용주체의 의사와 경찰공무원이 되고자 하는 자의 의사가치가 반드시 대등하다고 보기는 어렵다는 점(공법상 계약설에 대한 비판), 경찰공무원이 되고자 하는 자의 의사는 필수적인 것이므로 도외시 될 수 없다는 점(단독적 행정행위설에 대한 비판)에서 쌍방적 행정행위설이 타당하다. 그러나 쌍방적이란 용어는 계약을 연상시키는바, 협력을 요하는 행위라고 부르는 것이 바람직하다. 보직행위는 물론 국가의 일방적인 행위이다. 한편, 임명행위에 있어서 경찰공무원이 되고자 하는 자의 신청이나 동의가 결여되었다면, 그러한 임명행위는 무효가 된다. 경찰공무원의 임명행위에 대한 법적 분쟁은 항고소송의 대상이 된다.

(나) 계약직 경찰공무원 임명행위(공법상 계약)

국가공무원법 제2조 제3항 제2호는 특수경력직 공무원의 한 종류로서 계약직 공무원을 "국가와 채용계약에 의하여 일정한 기간 동안 전문지식 · 기술이 요구되거나 임용에 있어서 신축성 등이 요구되는 업무에 종사하는 공무원"으로 정의하고 있다. 따라서 국가와의 대등한 지위에서 이루어지는 채용계약에

---

1) 이상규, 신행정법론(하), 213쪽.
2) 한태연 · 정희채, 행정법학(상), 396쪽.
3) 김도창, 일반행정법론(하), 222쪽; 김동희, 행정법(Ⅱ), 145쪽; 류지태 · 박종수, 행정법신론, 769쪽; 박균성, 행정법론(하), 223쪽; 박윤흔 · 정형근, 최신행정법강의(하), 209쪽.

의해 경찰공무원을 임명하는 경우, 그 임명은 당연히 공법상 계약에 해당하며, 공법상 계약에는 행정절차법이 적용되지 아니한다.[1] 계약의 기초가 되는 신뢰관계가 파괴되면, 채용계약을 해지할 수 있다.[2] 계약에 의해 이루어지는 임용행위에 대한 법적 분쟁은 당사자소송의 대상이 된다.[3]

(4) 임용시기

경찰공무원은 임용장 또는 임용통지서에 기재된 일자에 임용된 것으로 본다. 다만, 사망으로 인한 면직은 사망한 다음날에 면직된 것으로 본다(경공령 제5조 제1항). 임용일자는 그 임용장이 피임용자에게 송달되는 기간 및 사무인계에 필요한 기간을 참작하여 정하여야 한다(경공령 제5조 제2항).

---

1) 대판 2002. 11. 26, 2002두5948(계약직공무원에 관한 현행 법령의 규정에 비추어 볼 때, 계약직공무원 채용계약해지의 의사표시는 일반공무원에 대한 징계처분과는 달라서 항고소송의 대상이 되는 처분 등의 성격을 가진 것으로 인정되지 아니하고, 일정한 사유가 있을 때에 국가 또는 지방자치단체가 채용계약 관계의 한쪽 당사자로서 대등한 지위에서 행하는 의사표시로 취급되는 것으로 이해되므로, 이를 징계해고 등에서와 같이 그 징계사유에 한하여 효력 유무를 판단하여야 하거나, 행정처분과 같이 행정절차법에 의하여 근거와 이유를 제시하여야 하는 것은 아니다).

2) 대판 2002. 11. 26, 2002두5948(계속적 계약은 당사자 상호간의 신뢰관계를 그 기초로 하는 것이므로, 당해 계약의 존속중에 당사자의 일방이 그 계약상의 의무를 위반함으로써 그로 인하여 계약의 기초가 되는 신뢰관계가 파괴되어 계약관계를 그대로 유지하기 어려운 정도에 이르게 된 경우에는 상대방은 그 계약관계를 막바로 해지함으로써 그 효력을 장래에 향하여 소멸시킬 수 있다고 봄이 타당하다).

3) 대판 1996. 5. 31, 95누10617(관계 법령의 규정내용에 미루어 보면 현행 실정법이 전문직공무원인 공중보건의사의 채용계약 해지의 의사표시는 일반공무원에 대한 징계처분과는 달라서 항고소송의 대상이 되는 처분 등의 성격을 가진 것으로 인정되지 아니하고, 일정한 사유가 있을 때에 관할 도지사가 채용계약 관계의 한쪽 당사자로서 대등한 지위에서 행하는 의사표시로 취급하고 있는 것으로 이해되므로, 공중보건의사 채용계약 해지의 의사표시에 대하여는 대등한 당사자간의 소송형식인 공법상의 당사자소송으로 그 의사표시의 무효확인을 청구할 수 있는 것이지, 이를 항고소송의 대상이 되는 행정처분이라는 전제하에서 그 취소를 구하는 항고소송을 제기할 수는 없다); 대판 1993. 9. 14, 92누4611(현행 실정법이 지방전문직공무원 채용계약 해지의 의사표시를 일반공무원에 대한 징계처분과는 달리 항고소송의 대상이 되는 처분 등의 성격을 가진 것으로 인정하지 아니하고, 지방전문직공무원규정 제7조 각호의 1에 해당하는 사유가 있을 때 지방자치단체가 채용계약관계의 한쪽 당사자로서 대등한 지위에서 행하는 의사표시로 취급하고 있는 것으로 이해되므로, 지방전문직공무원 채용계약 해지의 의사표시에 대하여는 대등한 당사자간의 소송형식인 공법상 당사자소송으로 그 의사표시의 무효확인을 청구할 수 있다).

2. 신규임용

(1) 일반채용

(가) 국가경찰공무원

① 경정 및 순경의 신규채용은 공개경쟁시험으로 한다(경공법 제8조 제1항). ② 경위의 신규채용은 경찰대학을 졸업한 사람 및 대통령령으로 정하는 자격을 갖추고 공개경쟁시험으로 선발된 사람(이하 "경찰간부후보생"이라 한다)으로서 교육훈련을 마치고 정하여진 시험에 합격한 사람 중에서 한다(경공법 제8조 제2항). 성적요건이 결여된 자에 대한 임용은 취소할 수 있는 행위가 된다. 다만 임용요건이 결여된 공무원이 행한 행위는 사실상 공무원의 이론에 의하여 유효한 것으로 보아야 할 경우도 있다. 그리고 그러한 자가 현실적으로 공무를 수행하였다면, 그러한 자가 받은 보수를 부당이득으로 볼 수는 없다.

(나) 제주자치도 자치경찰공무원

제주자치도 자치경찰공무원의 신규임용은 공개경쟁시험에 의하여 행한다(제국법 제129조 제1항).

(2) 특별채용

(가) 국가경찰공무원

다음 각 호(1. 퇴직한 경찰공무원을 퇴직한 날부터 2년 이내에 퇴직 시에 재직하였던 계급의 경찰공무원으로 재임용하는 경우, 2. 공개경쟁시험으로 임용하는 것이 부적당한 경우에 임용예정 직무에 관련된 자격증 소지자를 임용하는 경우, 3. 임용예정직에 상응하는 근무실적 또는 연구실적이 있거나 전문지식을 가진 사람을 임용하는 경우, 4. 「국가공무원법」에 따른 5급 공무원의 공개경쟁채용시험이나 「사법시험법」에 따른 사법시험에 합격한 사람을 경정 이하의 경찰공무원으로 임용하는 경우, 5. 「국가공무원法」 제85조에 따라 재학 중에 장학금을 받고 졸업한 사람을 임용하는 경우, 6. 섬, 외딴곳 등 특수지역에서 근무할 사람을 임용하는 경우, 7. 외국어에 능통한 사람을 임용하는 경우, 8. 제주특별자치도의 자치경찰공무원(이하 "자치경찰공무원"이라 한다)을 그 계급에 상응하는 경찰공무원으로 임용하는 경우)의 어느 하나에 해당하는 경우에는 특별채용시험으로 경찰공무원을 신규채용(이하 "특별채용"이라 한다)할 수 있다(경공법 제8조 제3항). 특별채용에 있어서는 동일한 사유에 해당하는 다수인을 제한경쟁의 방법에 의하여 채용할 수 있다(경공법 제8조 제4항).

(나) 제주자치도 자치경찰공무원

다음 각 호(1. 국가경찰공무원을 그 계급에 상응하는 자치경찰공무원으로 임용하는 경우, 2. 퇴직한 자치경찰공무원 또는 국가경찰공무원을 퇴직한 날부터 2년 이내에 퇴직시에 재직한 계급 또는 그 계급에 상응하는 계급의 자치경찰공무원으로 재임용하는 경우, 3. 공개경쟁시험에 의하여 임용하는 것이 부적당한 경우에 임용예정직무에 관련된 자격증소지자를 임용하는 경우, 4. 관광지 · 환경기초시설 · 항만 · 자연공원 · 공공청사의 경비 등에 5년 이상의 근무실적 또는 연구실적이 있거나 전문지식을 가진 자를 임용하는 경우, 5. 「지방공무원법」 제41조의 4의 규정에 의하여 재학 중 장학금을 받고 졸업한 자를 임용하는 경우, 6. 도서 · 벽지 등 특수지역에 근무할 자를 임용하는 경우, 7. 외국어에 능통한 자를 임용하는 경우)의 어느 하나에 해당하는 경우에는 특별임용시험에 의하여 자치경찰공무원을 신규임용(이하 "특별임용"이라 한다)할 수 있다(제국법 제129조 제2항). 제2항의 규정에 의한 특별임용에 있어서는 동일한 사유에 해당하는 다수인을 대상으로 제한경쟁의 방법에 의하여 임용할 수 있다(제국법 제129조 제3항). 제2항 제1호의 규정에 의하여 국가경찰공무원을 자치경찰공무원으로 임용하는 경우에는 특별임용시험을 거치지 아니할 수 있다(제국법 제129조 제4항). 제2항의 규정에 의하여 특별임용할 수 있는 자치경찰공무원의 계급, 임용예정직에 관련된 자격증의 구분, 근무실적 또는 연구실적, 전보제한 등에 관하여 필요한 사항은 도조례로 정한다(제국법 제129조 제5항).

(3) 시보임용

(가) 국가경찰공무원

1) 원 칙 경정 이하의 경찰공무원을 신규채용할 때에는 1년간 시보로 임용하고, 그 기간이 만료된 다음 날에 정규 경찰공무원으로 임용한다(경공법 제10조 제1항). 휴직기간, 직위해제기간 및 징계에 의한 정직처분 또는 감봉처분을 받은 기간은 제1항에 따른 시보임용기간에 산입하지 아니한다(경공법 제10조 제2항). 시보임용기간 중에 있는 경찰공무원이 근무성적 또는 교육훈련성적이 불량할 때에는 국가공무원법 제68조(의사에 반한 신분조치) 및 이 법 제22조(직권면직)에도 불구하고 면직시키거나 면직을 제청할 수 있다(경공법 제10조 제3항).

2) 예 외 다음 각 호(1. 경찰대학을 졸업한 사람 또는 경찰간부후보생으로서 정하여진 교육을 마친 사람을 경위로 임용하는 경우, 2. 경찰공무원으로서 대통령령으로 정하는 상위계급으로의 승진에 필요한 자격 요건을 갖추고 임용예정 계급에 상응하는 공개경쟁 채용시험에 합격한 사람을 해당 계급의 경찰공무원으로 임용하는 경우, 3. 퇴직한 경찰공무원으로서 퇴직 시에 재직하였던 계급의 채용시험에 합격한 사람을 재임용하는 경우, 4. 자치경찰공무원을 그 계급에 상응하는 경찰공무원으로 임용하는 경우)의 어느 하나에 해당하는 경우에는 시보임용을 거치지 아니한다(경공법 제10조 제4항).

(나) 제주자치도 자치경찰공무원

제주자치도 자치경찰공무원의 시보임용에 관해서는 경찰공무원법 제10조가 준용된다(제국법 제137조 제1항). 따라서 그 내용은 국가경찰공무원의 경우와 동일하다.

Ⅲ. 경찰공무원법관계의 변경

1. 다른 직위에로의 변경

(1) 상위직급에로의 변경(승진)

승진이란 하위직급에서 바로 상위직급으로 임용되는 것을 말한다. 승진명령은 행정행위의 성질을 갖는다. 승진에는 일반승진, 특별승진, 근속승진이 있다.

(가) 일반승진

1) **국가경찰공무원** 경찰공무원은 바로 아래 하위계급에 있는 경찰공무원 중에서 근무성적평정, 경력평정, 그 밖의 능력을 실증(實證)하여 승진임용한다(경공법 제11조 제 1 항). 경무관 이하 계급으로의 승진은 승진심사에 의하여 한다. 다만, 경정 이하 계급으로의 승진은 대통령령으로 정하는 비율에 따라 승진시험과 승진심사를 병행할 수 있다(경공법 제11조 제 2 항). 경찰공무원이 승진함에 있어서는 다음의 기간(총경 4년, 경정 3년, 경감 3년, 경위 2년, 경사 2년, 경장 1년, 순경 1년)이상 당해 계급에 재직하여야 한다(경찰공무원 승진임용 규정 제 5 조 제 1 항). 개인적 공권으로서 승진청구권은 존재하지 아니한다. 승진은 자격 · 능력 · 전문적 지식 등에 따라 판단될 성질의 것이며, 그 판단은 임명권자의 평가적인 인식행위로서 제한된 범위 내에서만 사법심사의 대상이 될 수 있을 것이다.

2) **제주자치도 자치경찰공무원** 자치경찰공무원의 승진은 바로 차하위 계급에 있는 자치경찰공무원 중에서 근무성적 · 경력평정 그 밖의 능력의 실증에 의한다(제국법 제131조 제 1 항). 자치경찰공무원의 승진은 승진심사에 의한다. 다만, 자치경정 이하 계급에의 승진에 있어서는 도조례가 정하는 비율에 따라 승진시험을 병행할 수 있다(제국법 제131조 제 2 항). 도지사는 자치경정 이하의 자치경찰공무원에 대하여는 도조례가 정하는 바에 의하여 계급별로 승진대상자명부를 작성하여야 한다(제국법 제131조 제 3 항). 자치경찰인사위원회는 제 3 항의 규정에 의하여 작성된 승진대상자명부의 선순위자(제 2 항 단서의 규정에 의한 승진시험에 합격한 승진후보자를 제외한다) 순으로 도조례가 정하는 범위 안에서 승진후보자를 심사 · 선발하고, 승진후보자명부에 등재하여야 한다(제국법 제131조 제 4 항). 자치경찰공무원의 승진에 필요한 계급별 최저근무연수는 대통령령으로 정한다. 다만, 계급별 최저근무연수의 기간 계산에 있어서는 휴직기간 · 직위해제기간 및 징계처분기간을 포함하지 아니한다(제국법 제131조 제 5 항). 제 5 항의 규정에 의한 계급별 최저근무연수의 산입에 관한 사항, 승진의 제한 그 밖에 승진에 관하여 필요한 사항은 도조례로 정한다(제국법 제131조 제 6 항).

(나) 특별승진

1) **국가경찰공무원** 경찰공무원으로서 다음 각 호(1. 「국가공무원법」 제40조의4 제 1 항 제 1 호부터 제 4 호까지의 규정 중 어느 하나에 해당되는 사람, 2. 전사하거나 순직한 사람, 3. 직무 수행 중 현저한 공적을 세운 사람)의 어느 하나에 해당되는 사람에 대하여는 제11조에도 불구하고 1계급 특별승진시킬 수 있다. 다만, 경위 이하의 경찰공무원으로서 모든 경찰공무원의 귀감이 되는 공을 세우고 전사하거나 순직한 사람에 대하여는 2계급 특별승진시킬 수 있다(경공법 제14조 제 1 항). 특별승진의 요건 기타 필요한 사항은 대통령령으로 정한다(경공법 제14조 제 2 항).

2) 제주자치도 자치경찰공무원 제주자치도 자치경찰공무원의 특별승진에 관해서는 경찰공무원법 제14조가 준용된다(경공법 제137조 제 1 항). 따라서 그 내용은 국가경찰공무원의 경우와 동일하다.

(다) 근속승진

1) 국가경찰공무원 경찰청장 또는 해양경찰청장은 제11조 제 2 항에도 불구하고 해당 계급에서 다음 각 호(1. 순경을 경장으로 근속승진임용하려는 경우: 해당 계급에서 5년 이상 근속자, 2. 경장을 경사로 근속승진임용하려는 경우: 해당 계급에서 6년 이상 근속자, 3. 경사를 경위로 근속승진임용하려는 경우: 해당 계급에서 7년 6개월 이상 근속자, 4. 경위를 경감으로 근속승진임용하려는 경우: 해당 계급에서 12년 이상 근속자)의 기간 동안 재직한 사람을 경장, 경사, 경위, 경감으로 각각 근속승진임용할 수 있다.

2) 제주자치도 자치경찰공무원 제131조 제 2 항에도 불구하고 해당 계급에서 일정기간 재직한 자에 대하여는 대통령령으로 정하는 바에 따라 자치경장 · 자치경사 및 자치경위로 근속승진임용을 할 수 있다(제국법 제131조의2 제 1 항).

(2) 동위직급 내의 변경(전보 · 복직)

(가) 전 보

1) 의 의 전보란 같은 직급 내에서의 보직 변경 또는 고위공무원단 직위 간의 보직 변경(제 4 조 제 2 항에 따라 같은 조 제 1 항의 계급 구분을 적용하지 아니하는 공무원은 고위공무원단 직위와 대통령령으로 정하는 직위 간의 보직 변경을 포함한다)을 말한다(국공법 제 5 조 제 6 호; 지공법 제 5 조 제 5 호)(예: A경찰서장 총경 갑을 B경찰서장으로 보하는 경우). 임용권자 또는 임용제청권자는 경찰공무원의 동일직위에서의 장기근무로 인한 직무수행의 침체현상을 방지하여 창의적이며 활력있는 직무성과의 증진을 기하도록 하는 한편, 지나치게 잦은 전보로 인한 능률저하를 방지하여 안정적인 직무수행을 기할 수 있도록 특별한 사정이 없는 한 정기적으로 전보를 실시하여야 한다(경공령 제26조 제 1 항). 전보명령은 행정행위의 성질을 갖는다. 한편, 전보는 전직(상이한 직렬의 동일직급으로 임용하는 것을 말한다. 국공법 제 5 조 제 5 호, 제28조의3; 공무원임용령 제29조, 제30조 참조)과 전과(경과의 변경을 말한다. 경공령 제 2 조 제 3 호)와 구별된다.

2) 제 한 임용권자 또는 임용제청권자는 소속공무원을 당해 직위에 임용된 날부터 1년 이내(감사업무를 담당하는 경찰공무원의 경우에는 2년 이내)에 다른 직위에 전보할 수 없다. 다만, 다음 각 호(1. 직제상의 최저단위 보조기관(담당관을 포함한다) 내에서의 전보, 2. 경찰청 및 해양경찰청과 소속기관등 또는 소속기관등 상호간의 교류를 위한 전보, 3. 기구의 개편, 직제 또는 정원의 변경으로 인한 해당 경찰공무원의 전보, 4. 당해 경찰공무원을 승진시키는 경우, 5. 특수한 기술을 가진 경찰공무원 또는 전문특기자를 당해 직무분야에 보직하는 경우, 6. 징계처분을 받은 경우, 7. 형사사건에 관련되어 수사기관에서 조사를 받고 있는 경우, 8. 경찰기동대 기타 특수임무부서와의 정기적인 교체에 의하는 경우, 9. 교육훈련기관의 교수요원으로 보직하는 경우, 10. 시보임용중인 경우, 11. 신규채용된 경찰공무원으로서 제22조 제 5 항의 규정에 의한 보직관리기준에 따라 순환보직중인 자의 전보 및 이와 관련한 전보, 12. 감사담당 경찰공무원 가운데 부적격자로 인정되는 경우)의 어느 하나에 해당하는 경우에는 그러하지 아니하다(경공령 제27조 제 1 항). 전보에 기간상 제한을 둔 것은 경찰공무원으로 하여금 일정기간 안정된 공무원 생활을 가능하게 하기 위함이다.

㈏ 복 직

복직이란 휴직 · 직위해제 또는 정직중에 있는 경찰공무원을 직위에 복귀시키는 것을 말한다(국공법 제73조 제 2 항, 제 3 항 등 참조). 복직명령은 행정행위의 성질을 갖는다.

⑶ 하위직급에로의 변경(강임 · 강등)

㈎ 강 임

1) 강임의 의의 국가공무원법상 강임이란 같은 직렬 내에서 하위 직급에 임명하거나 하위 직급이 없어 다른 직렬의 하위 직급으로 임명하거나 고위공무원단에 속하는 일반직공무원(제 4 조 제 2 항에 따라 같은 조 제 1 항의 계급 구분을 적용하지 아니하는 공무원은 제외한다)을 고위공무원단 직위가 아닌 하위 직위에 임명하는 것을 말한다(국공법 제 5 조 제 4 호; 지공법 제 5 조 제 4 호). 국가공무원법상 강임은 직제 또는 정원의 변경이나 예산의 감소 등으로 인하여 직위가 폐지되거나 강등되어 과원이 된 때 또는 본인이 동의한 경우에 나타난다. 강임명령은 행정행위의 성질을 갖는다.

2) 강임의 배제 국가경찰공무원에 대하여는 강임(국공법 제73조 4)은 적용하지 아니한다(경공법 제30조 제 1 항). 경찰공무원법 제30조 제 1 항을 제주자치도 자치경찰공무원에게 준용한다는 규정은 보이지 아니한다(제국법 제137조 제 1 항 참조).

㈏ 강 등

강등은 1계급 아래로 직급을 내리고(고위공무원단에 속하는 공무원은 3급으로 임용하고, 연구관 및 지도관은 연구사 및 지도사로 한다) 공무원 신분은 보유하나 3개월간 직무에 종사하지 못하며 그 기간 중 보수의 3분의 2를 감한다(국공법 제80조 제 1 항). 강등은 징계처분의 한 종류인 점에서(국공법 제79조) 강임과 다르다.

⑷ 이중직위의 부여(파견근무)

㈎ 파견근무의 의의

국가기관의 장은 국가적 업무의 수행 또는 그 업무수행과 관련된 행정지원이나 연수 기타 능력개발 등을 위하여 필요한 때에는 소속 공무원을 다른 국가기관 · 공공단체 · 정부투자기관, 국내외의 교육기관 · 연구기관 기타 기관에 일정기간 파견근무하게 할 수 있다(국공법 제32조의4 제 1 항; 지공법 제30조의4 제 1 항). 파견권자는 파견사유가 소멸하거나 파견목적이 달성될 가망이 없는 경우에는 그 공무원을 지체없이 원소속기관에 복귀시켜야 한다(국공법 제32조의4 제 2 항; 지공법 제30조의4 제 2 항). 파견명령은 행정행위의 성질을 갖는다.

㈏ 파견사유와 파견기간

임용권자 또는 임용제청권자는 다음 각호(1. 국가기관외의 기관 · 단체에서의 국가적사업의 수행을 위하여 특히 필요한 경우, 2. 다른 기관의 업무폭

주로 인한 행정지원의 경우, 3. 관련기관간의 긴밀한 협조를 요하는 특수업무의 공동수행을 위하여 필요한 경우, 4.「공무원교육훈련법」에 의한 교육훈련을 위하여 필요한 경우, 5.「공무원교육훈련법」에 의한 공무원교육훈련기관의 교수요원으로 선발된 경우, 6. 국제기구, 외국의 정부 또는 연구기관에서의 업무수행 및 능력개발을 위하여 필요한 경우, 7. 국내의 연구기관·민간기관 및 단체에서의 관련업무수행·능력개발이나 국가 정책수립과 관련된 자료수집 등을 위하여 필요한 경우)의 1에 해당하는 경우에는 「국가공무원법」 제32조의4의 규정에 의하여 경찰공무원을 파견할 수 있다(경공령 제30조 제 1 항). 제 1 항에 따른 파견기간은 다음 각 호(1. 제 1 항 제 1 호부터 제 3 호까지 및 제 7 호에 따른 파견기간은 2년 이내로 하되, 필요한 경우에는 총 파견기간이 5년을 초과하지 않는 범위에서 파견기간을 연장할 수 있다. 2. 제 1 항 제 4 호 및 제 6 호에 따른 파견기간은 그 교육훈련·업무수행 및 능력개발을 위하여 필요한 기간으로 한다. 3. 제 1 항 제 5 호에 따른 파견기간은 1년 이내로 하되, 필요한 경우에는 총 파견기간이 2년을 초과하지 않는 범위에서 파견기간을 연장할 수 있다)와 같다(경공령 제30조 제 2 항).

2. 무직위에로의 변경

(1) 휴 직

(가) 의 의

휴직이란 경찰공무원의 신분은 보유하게 하나 직무에는 종사하지 못하는 것을 말한다(국공법 제73조 제 1 항; 지공법 제65조 제 1 항). 휴직에는 경찰공무원 의사 여하에 불구하고 임용권자가 행하는 직권휴직(국공법 제71조 제 1 항; 지공법 제63조 제 1 항)과 경찰공무원 본인의 원에 의하여 임용권자가 행하는 의원휴직(국공법 제71조 제 2 항; 지공법 제63조 제 2 항)이 있다. 휴직처분을 행할 때에 처분권자 또는 처분제청권자는 처분의 사유를 기재한 설명서(처분사유설명서)를 교부하여야 한다. 다만 본인의 원에 의한 경우는 그러하지 아니하다(국공법 제75조; 지공법 제67조 제 1 항). 휴직명령은 행정행위의 성질을 갖는다.

(나) 직권휴직

경찰공무원이 다음 각 호(1. 신체·정신상의 장애로 장기 요양이 필요할 때, 2. 삭제, 3.「병역법」에 따른 병역 복무를 마치기 위하여 징집 또는 소집된 때, 4. 천재지변이나 전시·사변, 그 밖의 사유로 생사 또는 소재가 불명확하게 된 때, 5. 그 밖에 법률의 규정에 따른 의무를 수행하기 위하여 직무를 이탈하게 된 때, 6.「공무원의 노동조합 설립 및 운영 등에 관한 법률」 제 7 조에 따라 노동조합 전임자로 종사하게 된 때)의 어느 하나에 해당하면 임용권자는 본인의 의사에도 불구하고 휴직을 명하여야 한다(국공법 제71조 제 1 항).

(다) 의원휴직

임용권자는 경찰공무원이 다음 각 호(1. 국제기구, 외국 기관, 국내외의 대학·연구기관, 다른 국가기관 또는 대통령령으로 정하는 민간기업, 그 밖의 기관에 임시로 채용될 때, 2. 국외 유학을 하게 된 때, 3. 중앙인사관장기관의 장이 지정하는 연구기관이나 교육기관 등에서 연수하게 된 때, 4. 만 8세 이하(취학 중인 경우에는 초등학교 2학년 이하를 말한다)의 자녀를 양육하기 위하여 필요하거나 여성공무원이 임신 또는 출산하게 된 때, 5. 사고나 질병 등으로 장기간 요양이 필요한 부모, 배우자, 자녀 또는 배우자의 부모를 간호하기 위하여 필요한 때, 6. 외국에서 근무·유학 또는 연수하게 되는 배우자를 동반하게 된 때)의 어느 하나에 해당하는 사유로 휴직을 원하면 휴직을 명할 수 있다. 다만, 제 4 호의 경우에는 대통령령으로 정하는 특별한 사정이 없으면 휴직을 명하여야 한다(국공법 제71조 제 2 항). 임용권자는 제 2 항 제 4 호에 따른 휴직을 이유로 인사에 불리한 처우를 하여서는 아니 된다(국공법 제71조 제 4 항).

(라) 휴직기간

1) 원　　칙　　휴직 기간은 다음과 같다(국공법 제72조).

1. 제71조 제 1 항 제 1 호에 따른 휴직 기간은 1년(「공무원연금법」에 따른 공무상 질병 또는 부상으로 인한 휴직기간은 3년) 이내로 한다.
2. 제71조 제 1 항 제 3 호와 제 5 호에 따른 휴직 기간은 그 복무 기간이 끝날 때까지로 한다.
3. 제71조 제 1 항 제 4 호에 따른 휴직 기간은 3개월 이내로 한다.
4. 제71조 제 1 항 제 1 호에 따른 휴직 기간은 그 채용 기간으로 한다. 다만, 민간기업이나 그 밖의 기관에 채용되면 3년 이내로 한다.
5. 제71조 제 2 항 제 2 호와 제 6 호에 따른 휴직 기간은 3년 이내로 하되, 부득이한 경우에는 2년의 범위에서 연장할 수 있다.
6. 제71조 제 2 항 제 3 호에 따른 휴직 기간은 2년 이내로 한다.
7. 제71조 제 2 항 제 4 호에 따른 휴직 기간은 자녀 1명에 대하여 1년(여성공무원은 3년) 이내로 한다.
8. 제71조 제 2 항 제 5 호에 따른 휴직 기간은 1년 이내로 하되, 재직 기간 중 총 3년을 넘을 수 없다.
9. 제71조 제 1 항 제 6 호에 따른 휴직 기간은 그 전임 기간으로 한다.

2) **경찰공무원의 특례**　　「국가공무원법」 제71조 제 1 항 제 4 호의 사유로 인한 경찰공무원의 휴직기간은 같은 법 제72조 제 3 호에도 불구하고 법원의 실종선고를 받는 날까지로 한다(경공법 제23조 제 1 항). 한편, 「국가공무원법」 제71조 제 2 항 제 4 호의 사유로 인한 휴직명령은 그 경찰공무원이 원하는 경우 이를 분할하여 할 수 있다(경공령 제30조의2 제 1 항). 임용권자 또는 임용제청권자는 「국가공무원법」 제71조 제 2 항 제 4 호에 정한 사유에 해당하는 경찰공무원이 원하는 경우에는 「국가공무원법」 제26조의2에 따라 시간제근무 경찰공무원으로 지정할 수 있다(경공령 제30조의2 제 2 항). 제 2 항에 따른 시간제근무 경찰공무원의 근무시간은 「경찰공무원 복무규정」 제15조 및 제20조의 규정에 불구하고 1주당 15시간 이상 35시간 이하의 범위에서 경찰청장 또는 해양경찰청장이 정한다(경공령 제30조의2 제 3 항).

(마) 효 력

휴직 중인 공무원은 공무원의 신분은 보유하나 직무에 종사하지 못한다(국공법 제73조 제 1 항; 지공법 제65조 제 1 항). 휴직 기간 중 그 사유가 없어지면 30일 이내에 임용권자 또는 임용제청권자에게 신고하여야 하며, 임용권자는 지체 없이 복직을 명하여야 한다(국공법 제73조 제 2 항; 지공법 제65조 제 2 항). 휴직 기간이 끝난 공무원이 30일 이내에 복귀 신고를 하면 당연히 복직된다(국공법 제73조 제 3 항; 지공법 제65조 제 3 항).

(2) 직위해제

(가) 의 의

직위해제란 경찰공무원 본인에게 직위를 계속 보유하게 할 수 없는 일정한 귀책사유가 있어서 그 경찰공무원에게 직위를 부여하지 아니하는 것을 말한다(국공법 제73조의2 제 1 항; 지공법 제65조의2 제 1 항 참조). 직위해제는 휴직과 달리 본인에게 귀책사유가 있을 때에 행하는 것이므로 재제적인 성격을 갖는다.[1] 직위해제명령은 행정행위의 성질을 갖는다.

(나) 사 유

임용권자는 다음 각 호(1. 삭제, 2. 직무수행 능력이 부족하거나 근무성적이 극히 나쁜 자, 3. 파면 · 해임 · 강등 또는 정직에 해당하는 징계 의결이 요구 중인 자, 4. 형사 사건으로 기소된 자(약식명령이 청구된 자는 제외한다), 5. 고위공무원단에 속하는 일반직공무원으로서 제70조의2 제 1 항 제 2 호 및 제 3 호의 사유로 적격심사를 요구받은 자)의 어느 하나에 해당하는 자에게는 직위를 부여하지 아니할 수 있다(국공법 제73조의3 제 1 항). 직위해제 여부는 의무에 합당한 재량으로 결정하여야 한다. 한편 공무원에 대하여 제 1 항 제 2 호와 제 3 호 또는 제 4 호의 직위해제 사유가 경합하면 제 3 호 또는 제 4 호의 직위해제 처분을 하여야 한다(국공법 제73조의3 제 5 항; 지공법 제65조의2 제 5 항). 직위해제사유와 징계사유는 구별되어야 한다.[2] 한편, 판례는 새로운 직위해제사유에 기한 직위해제처분을 한 경우 그 이전에 한 직위해제처분은 이를 묵시적으로 철회하였다고 본다.[3]

---

1) 대판 2003. 10. 10, 2003두5945(구 국가공무원법(2002. 1. 19. 법률 제6622호로 개정되기 전의 것)상 직위해제는 일반적으로 공무원이 직무수행능력이 부족하거나 근무성적이 극히 불량한 경우, 공무원에 대한 징계절차가 진행중인 경우, 공무원이 형사사건으로 기소된 경우 등에 있어서 당해 공무원이 장래에 있어서 계속 직무를 담당하게 될 경우 예상되는 업무상의 장애 등을 예방하기 위하여 일시적으로 당해 공무원에게 직위를 부여하지 아니함으로써 직무에 종사하지 못하도록 하는 잠정적인 조치로서의 보직의 해제를 의미하므로 과거의 공무원의 비위행위에 대하여 기업질서 유지를 목적으로 행하여지는 징벌적 제재로서의 징계와는 그 성질이 다르다).

2) 대판 2003. 10. 10, 2003두5945(철도차량의 중수선업무를 담당하는 공무원이 정비창 내에서 직원에게 주류를 판매한 행위는 구 국가공무원법(2002. 1. 19. 법률 제6622호로 개정되기 전의 것) 상의 징계사유에 해당함은 별문제로 하고 직위해제사유에 해당한다고는 볼 수 없다).

3) 대판 2003. 10. 10, 2003두5945(행정청이 공무원에 대하여 새로운 직위해제사유에 기한 직위해제처분을 한 경우 그 이전에 한 직위해제처분은 이를 묵시적으로 철회하였다고 봄이 상당하므로, 그 이전 처분의 취소를 구하는 부분은 존재하지 않는 행정처분을 대상으로 한 것으로서 그

(다) 부가처분

임용권자는 제 1 항 제 2 호에 따라 직위해제된 자에게 3개월의 범위에서 대기를 명한다(국공법 제73조의3 제 3 항; 지공법 제65조의2 제 3 항). 임용권자 또는 임용제청권자는 제 3 항에 따라 대기 명령을 받은 자에게 능력 회복이나 근무성적의 향상을 위한 교육훈련 또는 특별한 연구과제의 부여 등 필요한 조치를 하여야 한다(국공법 제73조의3 제 4 항; 지공법 제65조의2 제 4 항).

(라) 효 과

직위가 해제되면 직무에 종사하지 못한다. 출근의무도 없다. 직위해제중 해제사유가 소멸되면 임용권자는 지체없이 직위를 부여하여야 한다(국공법 제73조의3 제 2 항; 지공법 제65조의2 제 2 항). 제73조의3 제 3 항에 따라 대기 명령을 받은 자가 그 기간에 능력 또는 근무성적의 향상을 기대하기 어렵다고 인정된 때 징계위원회(지방공무원의 경우는 인사위원회)의 동의를 얻어 임용권자는 직권으로 면직시킬 수 있다(국공법 제70조 제 1 항 제 5 호 · 제 2 항; 지공법 제62조 제 2 항).[1] 직위해제의 하자는 직권면직에 승계되지 아니한다.[2]

(3) 정 직

정직은 경찰공무원의 신분을 유지하되 직무에는 종사하지 못하는 것을 말한다. 정직기간은 1월 이상 3월 이하의 기간으로 하고 보수의 3분의 2를 감한다(국공법 제80조 제 1 항; 지공법 제71조 제 1 항). 정직은 징계처분의 하나인 점에서 휴직이나 직위해제와 성질을 달리한다.

소의 이익이 없어 부적법하다).

1) 대판 1983. 10. 25, 83누340(직권면직처분과 이보다 앞서 행하여진 직위해제처분은 그 목적을 달리한 각 별개의 독립된 처분이라 할 것이므로 본건 직권면직처분이 직위해제처분을 사유로 하였다 하더라도 일사부재리원칙에 위배되지 않는다); 대판 1984. 2. 28, 83누489(직위해제처분은 공무원에 대하여 불이익한 처분이긴 하나 징계처분과 같은 성질의 처분이라고는 볼 수 없으므로 동일한 사유에 대한 직위해제처분이 있은 후 다시 해임처분이 있었다 하여 일사부재리의 법리에 어긋난다고 할 수 없다).

2) 대판 1970. 1. 27, 68누10(직위해제처분이 있은 후 면직처분이 된 경우 전자에 대하여 소청심사청구 등 불복을 함이 없고 그 처분이 당연무효인 경우도 아닌 이상 그 후의 면직처분에 대한 불복의 행사소송에서 전자의 취소사유를 들어 위법을 주장할 수 없다).

Ⅳ. 경찰공무원법관계의 소멸

1. 당연퇴직

(1) 의 의

당연퇴직이란 임용권자의 의사와 관계없이 법이 정한 일정한 사유의 발생으로 당연히[1] 공무원관계가 소멸되는 것을 말한다.[2] 퇴직발령통지서의 발부는 퇴직의 유효요건이 아니며 사실상의 확인행위에 불과할 뿐, 행정쟁송의 대상이 되지 아니한다.[3]

(2) 사 유

(가) 결격사유의 발생

1) 국가경찰공무원 경찰공무원이 제 7 조 제 2 항 각 호(1. 대한민국국적을 가지지 아니한 자, 2. 금치산자 또는 한정치산자, 3. 파산자로서 복권되지 아니한 자, 4. 자격정지 이상의 형의 선고를 받은 자, 5. 자격정지 이상의 형의 선고유예를 받고 그 선고유예기간중에 있는 자,4) 6. 징계에 의하여 파면 또는 해임의 처분을 받은 자)의 1에 해

---

1) 헌재 2002. 9. 27, 2002두3775(당연퇴직제도는 지방공무원법뿐 아니라, 국가공무원법, 경찰공무원법 등 다수의 공무원관계법령에서 다양하게 규정하고 있는바, 그 효과는 지방공무원법 등 관계법령에 규정된 임용결격사유가 발생하는 것 자체에 의하여 법률상 당연히 퇴직하는 것이지, 공무원관계를 소멸시키기 위한 별도의 행정처분을 요하는 것이 아니다).

2) 헌재 2002. 9. 27, 2002두3775(당연퇴직제도를 두는 입법목적은 임용결격사유에 해당하는 자를 공무원의 직무로부터 배제함으로써 그 직무수행에 대한 국민의 신뢰, 공무원직에 대한 신용 등을 유지하고, 그 직무의 정상적인 운영을 확보하며, 공무원범죄를 사전에 예방하고, 공직사회의 질서를 유지하고자 함에 그 목적이 있는 것이다).

3) 대판 1983. 2. 8, 81누263(국가공무원법 제74조에 의하면 공무원이 소정의 정년에 달하면 그 사실에 대한 효과로서 공무담임권이 소멸되어 당연히 퇴직되고 따로 그에 대한 행정처분이 행하여져야 비로소 퇴직되는 것은 아니라 할 것이며 피고(영주지방철도청장)의 원고에 대한 정년퇴직 발령은 정년퇴직 사실을 알리는 이른바 관념의 통지에 불과하므로 행정소송의 대상이 되지 아니한다); 대판 1992. 1. 21, 91누2687; 대판 1994. 12. 27, 91누9244.

4) 대판 1997. 7. 8, 96누4275(경찰공무원이 재직중 자격정지 이상의 형의 선고유예를 받음으로써 경찰공무원법 제 7 조 제 2 항 제 5 호에 정하는 임용결격사유에 해당하게 되면, 같은 법 제21조의 규정에 의하여 임용권자의 별도의 행위(공무원의 신분을 상실시키는 행위)를 기다리지 아니하고 그 선고유예 판결의 확정일에 당연히 경찰공무원의 신분을 상실(당연퇴직)하게 되는 것이고, 나중에 선고유예기간(2년)이 경과하였다고 하더라도 이미 발생한 당연퇴직의 효력이 소멸되어 경찰공무원의 신분이 회복되는 것은 아니며, 한편 직위해제처분은 형사사건으로 기소되는 등 국가공무원법 제73조의2 제 1 항 각 호에 정하는 귀책사유가 있을 때 당해 공무원에게 직위를 부여하지 아니하는 처분이고, 복직처분은 직위해제사유가 소멸되었을 때 직위해제된 공무원에게 국가공무원법 제73조의2 제 2 항의 규정에 의하여 다시 직위를 부여하는 처분일 뿐, 이들 처분들이 공무원의 신분을 박탈하거나 설정하는 처분은 아닌 것이므로, 임용권자가 임용결격사유의 발생 사실을 알지 못하고 직위해제되어 있던 중 임용결격사유가 발생하여 당연퇴직된 자에게 복직처분을 하였다고 하더라도 이 때문에 그 자가 공무원의 신분을 회복하는 것은 아니다); 헌재 2004. 9. 23, 2004헌가12(경찰공무원이 자격정지 이상의 형의 선고유예를 받은 경우 공무원직에서 당연퇴직하도록 규정하고 있는 이 사건 법률조항은 자격정지 이상의 선고유예 판

당하게 된 때에는 당연히 퇴직된다. 다만, 동조 동항 제 5 호에 해당하게 된 때에는 그러하지 아니하다(경공법 제21조).

2) 제주자치도 자치경찰공무원 제주자치도 자치경찰공무원의 결격사유에 관해서는 경찰공무원법 제21조(당연퇴직)가 준용된다(제국법 제137조 제 1 항). 따라서 그 내용은 국가경찰공무원의 경우와 동일하다.

(나) 정 년

1) 정년의 의의 ① 국가경찰공무원 역시 정년에 달하면 당연퇴직한다. 국가경찰공무원의 정년에는 연령정년과 계급정년이 있다. 경찰공무원의 연령정년은 60이다(경공법 제24조 제 1 항 제 1 호). 경찰공무원의 계급정년은[1] 치안감은 4년, 경무관은 6년, 총경은 11년, 경정은 14년이다(경공법 제24조 제 1 항 제 2 호). 징계로 인하여 강등(경감으로 강등된 경우를 포함한다)된 경찰공무원의 계급정년은 제 1 항 제 2 호에도 불구하고 다음 각 호(1. 강등된 계급의 계급정

결을 받은 모든 범죄를 포괄하여 규정하고 있을 뿐만 아니라 심지어 오늘날 누구에게나 위험이 상존하는 교통사고 관련범죄 등 과실범의 경우마저 당연퇴직의 사유에서 제외하지 않고 있으므로 최소침해성의 원칙에 반한다. 또한, 오늘날 사회국가 원리에 입각한 공직제도의 중요성이 강조되면서 개개 공무원의 공무담임권 보장의 중요성은 더욱 큰 의미를 가지고 있다. 일단 공무원으로 채용된 공무원을 퇴직시키는 것은 공무원이 장기간 쌓은 지위를 박탈해 버리는 것이므로 같은 입법목적을 위한 것이라고 하여도 당연퇴직 사유를 임용결격사유와 동일하게 취급하는 것은 타당하다고 할 수 없다. 따라서 이 사건 법률조항은 헌법 제25조의 공무담임권을 침해한 위헌 법률이다).

[참고조문]

구 경찰공무원법 제21조(당연퇴직) 경찰공무원이 제 7 조 제 2 항 각호의 1에 해당하게 된 때에는 당연히 퇴직한다.

제 7 조(임용자격 및 결격사유) ② 다음 각호의 1에 해당하는 자는 경찰공무원으로 임용될 수 없다.

5. 자격정지 이상의 형의 선고유예를 받고 그 선고유예 기간중에 있는 자

[법률개정]

이 사건 법률조항은 2003. 5. 29. 다음과 같은 내용으로 개정되었다.

경찰공무원법(2003. 5. 29. 법률 제6897호로 개정된 것) 제21조(당연퇴직) 경찰공무원이 제 7 조 제 2 항 각호의 1에 해당하게 된 때에는 당연히 퇴직된다. 다만, 동조 동항 제 5 호에 해당하게 된 때에는 그러하지 아니하다.

1) 대판 2007. 2. 8, 2005두7273(국가정보원직원법 제22조 제 1 항 제 2 호, 제 3 항 등 계급정년 관련 규정의 내용 및 계급정년제도의 취지, 법률관계 안정성의 요청 등을 종합하여 볼 때, 계급정년의 적용을 받는 국가정보원 소속 공무원이 직권면직처분에 의하여 면직되었다가 그 직권면직처분이 무효임이 확인되거나 취소되어 복귀한 경우, 그 직권면직처분 때문에 사실상 직무를 수행할 수 없었던 기간 동안 승진심사를 받을 기회를 실질적으로 보장받지 못하였다고 하더라도 원칙적으로 그 직권면직기간은 계급정년기간에 포함될 것이나, 그 직권면직처분이 법령상의 직권면직사유 없이 오로지 임명권자의 일방적이고 중대한 귀책사유에 기한 것이고 그러한 직권면직처분으로 인해 줄어든 직무수행기간 때문에 당해 공무원이 상위 계급으로 승진할 수 없었다는 등의 특별한 사정이 인정되는 경우에까지 직권면직기간을 계급정년기간에 포함한다면 헌법 제 7 조 제 2 항 소정의 공무원신분보장 규정의 취지를 근본적으로 훼손하게 되므로, 그러한 경우에는 예외적으로 직권면직기간이 계급정년기간에서 제외된다고 봄이 상당하다).

년은 강등되기 전 계급 중 가장 높은 계급의 계급정년으로 한다. 2. 계급정년을 산정할 때에는 강등되기 전 계급의 근무연수와 강등 이후의 근무연수를 합산한다)에 따른다(경공법 제24조 제2항). 한편, ② 자치경찰공무원의 연령정년은 60세로 한다(제국법 제135조).

2) 정년의 연장 ① 국가경찰공무원의 경우, ⓐ 수사 · 정보 · 외사 · 보안 등 특수 부문에 근무하는 경찰공무원으로서 대통령령으로 정하는 바에 따라 지정을 받은 사람은 총경 및 경정의 경우에는 3년의 범위에서 대통령령으로 정하는 바에 따라 제1항 제2호에 따른 계급정년을 연장할 수 있다(경공법 제24조 제3항). ⓑ 경찰청장 또는 해양경찰청장은 전시 · 사변이나 그 밖에 이에 준하는 비상사태하에서는 2년의 범위에서 제1항 제2호에 따른 계급정년을 연장할 수 있다. 이 경우 경무관 이상의 경찰공무원에 대하여는 행정안전부장관 또는 국토해양부장관과 국무총리를 거쳐 대통령의 승인을 받아야 하고, 총경 · 경정의 경찰공무원에 대하여는 국무총리를 거쳐 대통령의 승인을 얻어야 한다(경공법 제24조 제4항). 한편, ② 제주자치도 자치경찰공무원의 경우, 제주특별자치도 설치 및 국제자유도시 조성을 위한 특별법에 특별한 규정이 보이지 아니한다(제국법 제137조 제1항 참조).

3) 정년일자 ① 국가경찰공무원은 그 정년에 달한 날이 1월에서 6월 사이에 있으면 6월 30일에 당연퇴직하고, 7월에서 12월 사이에 있으면 12월 31일에 당연퇴직된다(경공법 제24조 제5항). ② 제주자치도 자치경찰공무원의 경우도 같다(지공법 제66조 제5항).

(다) 기 타

경찰공무원은 사망과 임기만료 등으로 당연히 퇴직한다. 경찰공무원의 정년제를 임기제로 변경하는 것은 정당한 이유가 있는 한 적법하다.[1)]

(3) 효 과

당연퇴직사유가 발생하면 경찰공무원법관계는 당연히 소멸되고,[2)] 퇴직된

---

1) 대판 1997. 3. 14, 95누17625(1988. 5. 7. 제정 · 시행된 서울특별시 자치구의 동장임용등에관한 규칙 제11조가 종전의 정년제에다가 근무상한기간제를 추가로 규정함으로써 종전의 규칙에 따라 임용되어 근무중인 기존 동장들이 정년까지 근무할 수 있으리라고 예상하고 있던 기대와 신뢰를 침해받게 되었다고 하더라도, 그것은 입법재량의 범위 내에 있는 것으로서 직업공무원제도의 본질적 내용을 침해하거나 비례의 원칙(과잉금지의 원칙) 또는 신뢰보호의 원칙에 위반되거나 헌법 제10조(인간으로서의 존엄과 가치 및 행복추구권), 제11조 제1항(평등과 차별금지), 제15조(직업선택의 자유), 제23조(재산권의 보장), 제32조(근로의 권리), 제34조(인간다운 생활을 할 권리)의 규정들에 위배된다고 할 수 없다).

2) 대판 1995. 11. 14, 95누2036(국가공무원법 제69조에 의하면 공무원이 제33조 각 호의 1에 해당할 때에는 당연히 퇴직한다고 규정하고 있으므로, 국가공무원법상 당연퇴직은 결격사유가 있을 때 법률상 당연히 퇴직하는 것이지 공무원관계를 소멸시키기 위한 별도의 행정처분을 요하는 것이 아니며, 당연퇴직의 인사발령은 법률상 당연히 발생하는 퇴직사유를 공적으로 확인하여

자는 더 이상 경찰공무원이 아니다. 따라서 그 자가 행한 행위는 무권한의 행위가 된다. 그러나 이러한 경우에도 사실상의 공무원이론에 의거, 그러한 행위는 유효한 행위로 볼 수 있을 때도 있다.

2. 면 직

(1) 의 의

면직이란 특별한 행위로 경찰공무원법관계를 소멸시키는 것을 말한다. 특별한 행위에 의한다는 점에서 법정사유로 인한 당연퇴직과 다르다. 면직에는 공무원 자신의 원에 의한 의원면직과 그러하지 않은 강제면직이 있다.

(2) 의원면직

(가) 의 의

의원면직이란 경찰공무원 자신의 사의표시에 의거, 임용권자가 공무원관계를 소멸시키는 처분을 말한다. 그 법적 성질은 상대방의 신청을 요하는 행정행위(협력을 요하는 행정행위 또는 쌍방적 행정행위)이다. 사직의 의사표시는 정상적인 의사작용에 의한 것이어야 한다.[1)]

(나) 사직의 자유

직업선택의 자유와 관련하여 원칙적으로 경찰공무원은 사직의 자유를 가진다. 사임의 자유와 관련하여 임용권자에게 수리의무가 있는가의 문제가 있다.

알려주는 이른바 관념의 통지에 불과하고 공무원의 신분을 상실시키는 새로운 형성적 행위가 아니므로 행정소송의 대상이 되는 독립한 행정처분이라고 할 수 없다); 대판 1985. 7. 23, 84누374.

1) 대판 1997. 12. 12, 97누13962(공무원이 사직의 의사표시를 하여 의원면직처분을 하는 경우 그 사직의 의사표시는 그 법률관계의 특수성에 비추어 외부적·객관적으로 표시된 바를 존중하여야 할 것이므로, 비록 사직원제출자의 내심의 의사가 사직할 뜻이 아니었다고 하더라도 진의 아닌 의사표시에 관한 민법 제107조는 그 성질상 사직의 의사표시와 같은 사인의 공법행위에는 준용되지 아니하므로 그 의사가 외부에 표시된 이상 그 의사는 표시된 대로 효력을 발한다. 사직서의 제출이 감사기관이나 상급관청 등의 강박에 의한 경우에는 그 정도가 의사결정의 자유를 박탈할 정도에 이른 것이라면 그 의사표시가 무효로 될 것이고 그렇지 않고 의사결정의 자유를 제한하는 정도에 그친 경우라면 그 성질에 반하지 아니하는 한 의사표시에 관한 민법 제110조의 규정을 준용하여 그 효력을 따져보아야 할 것이나, 감사담당 직원이 당해 공무원에 대한 비리를 조사하는 과정에서 사직하지 아니하면 징계파면이 될 것이고 또한 그렇게 되면 퇴직금 지급상의 불이익을 당하게 될 것이라는 등의 강경한 태도를 취하였다고 할지라도 그 취지가 단지 비리에 따른 객관적 상황을 고지하면서 사직을 권고·종용한 것에 지나지 않고 위 공무원이 그 비리로 인하여 징계파면이 될 경우 퇴직금 지급상의 불이익을 당하게 될 것 등 여러 사정을 고려하여 사직서를 제출한 경우라면 그 의사결정이 의원면직처분의 효력에 영향을 미칠 하자가 있었다고는 볼 수 없다); 대판 1986. 7. 22, 86누43.

공무담임은 권리이고 자유이지 의무만은 아닌 것이므로 임용권자에게 수리의무가 있다고 볼 것이다. 다만, 사임의 의사표시가 있어도 임용권자가 수리할 때까지는 사임의 의사표시를 한 자는 여전히 경찰공무원이다. 따라서 그 자는 여전히 경찰공무원으로서 각종의 의무를 부담하며, 이에 위반하면 책임이 추궁될 수 있다.[1] 물론 임용권자는 상당한 기간 내에 수리하여야 한다.

㈐ 명예퇴직제

의원면직의 특별한 경우로 명예퇴직제가 있다. 명예퇴직이란 20년 이상 근속한 자가 정년 전에 자진하여 퇴직하는 것을 말하며,[2] 이 경우에는 예산의 범위 안에서 명예퇴직수당이 지급될 수 있다(국공법 제74조의2; 지공법 제66조의2).

(3) 강제면직

㈎ 의 의

강제면직이란 공무원 본인의 의사에 관계없이 임용권자가 일방적으로 공무원관계를 소멸시키는 처분이다. 일방적 면직이라고도 한다. 이에도 징계면직과 직권면직이 있다. 한편, 용례상 본서에서 말하는 강제면직을 직권면직으로, 직권면직을 협의의 직권면직으로 부르기도 한다.

㈏ 징계면직

징계면직이란 경찰공무원이 공무원법상 요구되는 의무를 위반할 때, 그에 대하여 가해지는 제재로서의 징계처분에 의한 파면과 해임을 의미한다. 이에 관해서는 경찰공무원의 책임문제로서 보기로 한다.

㈐ 직권면직

1) 사 유 임용권자는 경찰공무원이 다음 각 호(1. 「국가공무원법」 제70조 제1항 제3호부터3) 제5호까지의

1) 대판 1971. 3. 23, 71누7(원고가 남대문경찰서에서 순경으로 근무하던 중 1969. 11. 26.자로 제201전투경찰대 근무발령을 받고 1969. 11. 28.까지 부임토록 지시되어 있음에도 불구하고 1969. 12. 1. 부임하므로써 3일간 지연부임하였을 뿐 아니라 부임당일 가정사정을 이유로 사직원을 제출하고 사직원이 적법히 수리되어 처리하기 전인 1969. 12. 1.에 귀가하여 근무지를 무단 이탈하였다는 것인바 사실관계가 그렇다면 원고의 소위는 경찰공무원법 제38조를 위반한 행위에 해당되고, 피고가 동법 제53조 제1항 제1호 동조 제2항을 적용하여 원고를 파면에 처한 것이 무슨 징계권의 재량범위를 이탈했다든가 가혹하다고 보여지지 아니한다).

2) 대판 2001. 11. 9, 2000두2389(명예퇴직제도는 정년 이전에 퇴직하는 공무원에게 정년 이전의 퇴직으로 받게 되는 불이익, 즉 계속 근로로 받을 수 있는 수입의 상실이나 새로운 직업을 얻기 위한 비용지출 등에 대한 보상으로 명예퇴직수당을 지급함으로써 정년 이전의 퇴직을 유도하여 조직의 신진대사를 촉진하려는 제도이다).

3) 대판 2002. 9. 27, 2002두3775(국가공무원법 제70조 제1항 제3호는 직제와 정원의 개폐 또는 예산의 감소 등에 의하여 폐직 또는 과원이 되었을 때에는 임용권자는 공무원을 직권에 의하여

(규정 중 어느 하나에 해당될 때, 2. 경찰공무원으로는 부적합할 정도로 직무 수행능력이나 성실성이 현저하게 결여된 사람으로서 대통령령으로 정하는 사유에 해당된다고 인정될 때, 3. 직무를 수행하는 데에 위험을 일으킬 우려가 있을 정도의 성격적 또는 도덕적 결함이 있는 사람으로서 대통령령으로 정하는 사유에 해당된다고 인정될 때, 4. 해당 경과에서 직무를 수행하는 데 필요한 자격증의 효력이 상실되거나 면허가 취소되어 담당 직무를 수행할 수 없게 되었을 때)의 어느 하나에 해당될 때에는 직권으로 면직시킬 수 있다.

2) 징계위원회의 동의 경찰공무원법 제22조 제 1 항 제 2 호 · 제 3 호 또는 국가공무원법 제70조 제 1 항 제 5 호(제73조의3(직위해제) 제 3 항(파면 · 해임 또는 정직에 해당하는 징계의결이 요구중인 자)의 규정에 의하여 대기명령을 받은 자가 그 기간중 능력 또는 근무성적의 향상을 기대하기 어렵다고 인정된 때)의 사유로 면직시키는 경우에는 제26조에 따른 징계위원회의 동의를 받아야 한다(경공법 제22조 제 2 항).

3) 면직일자 국가공무원법 제70조 제 1 항 제 4 호의 사유로 인한 직권면직일은 휴직기간의 만료일 또는 휴직 사유의 소멸일로 한다(경공법 제22조 제 3 항).

4) 하자의 승계 국가공무원법 제70조 제 1 항 제 5 호의 사유(직위해제)로 면직되었으나 그 직위해제가 위법하지만 불가쟁력을 발생하였고 아울러 면직처분 자체는 적법하였다고 할 때, 면직된 자는 직위해제처분의 위법을 이유로 면직처분을 다툴 수 있을 것인가의 문제가 있다. 소위 하자(흠)의 승계문제이다. 판례는 부정적이나[1] 긍정적으로 보는 견해도 있다.[2] 긍정론자는 직위해제처분에 대한 쟁송제기의 기대가능성이 적은 점, 소청제기기간이 짧은 점 등을 이유로 하여 직권면직처분에 대한 가쟁성이 인정되어야 한다고 주장한다.

5) 제주자치도 자치경찰공무원의 경우 도지사는 자치경찰공무원이 다음

면직시킬 수 있다고 규정하는 한편, 1998. 2. 24. 법률 제5527호로 신설된 같은 조 제 3 항에서 임용권자는 임용형태 · 업무실적 · 직무수행능력 · 징계처분사실 등을 고려하여 면직기준을 정하도록 규정하고 있는바, 이는 합리적인 면직기준을 구체적으로 법률로 규정하여 객관적이고 공정한 기준에 의하지 아니한 자의적인 직권면직을 제한함으로써 직업공무원의 신분을 두텁게 보장하려는 데 그 취지가 있다고 할 것이므로, 위 법조항에 정해진 기준인 '임용형태 · 업무실적 · 직무수행능력 · 징계처분사실'을 고려하지 아니한 채 이와는 다른 기준을 정하여 한 면직처분은 이를 정당화할 만한 특별한 사정이 없는 한 위법하다고 보아야 한다. 국립대학교총장이 기능직공무원을 단지 '휴직자와 정년이 가까운 자'를 면직 우선 대상자로 한다는 기준만을 정하여 면직처분을 한 경우, 이는 국가공무원법 제70조 제 3 항의 규정에 반하는 위법한 처분이다).

1) 대판 1984. 9. 11, 84누191(이 사건 쟁송의 대상이 된 면직처분은 원고가 구 경찰공무원법 제50조 제 1 항 제 1 호, 제 2 호 소정의 부적격 사유가 있는 자에 해당한다 하여 직위해제처분을 받고, 그 후 3월이 경과하도록 직위를 부여받지 못하였다는 이유로 같은 제 3 항에 근거하여 받은 처분이므로 원고가 선행된 직위해제처분에 대하여 구 경찰공무원법 제52조의 규정에 따라 소청심사위원회에 심사청구를 한 바 없다면 그 직위해제처분에 설사 위법사유가 있다 하더라도 그것이 당연무효 사유가 아닌한 다툴 수 없는 것이고, 한편 구 경찰공무원법 제50조 제 1 항에 의한 직위해제처분과 같은 제 3 항에 의한 면직처분은 후자가 전자의 처분을 전제로 한 것이기는 하나 각각 단계적으로 별개의 법률효과를 발생하는 행정처분이어서 선행직위해제처분의 위법사유가 면직처분에는 승계되지 아니한다 할 것이므로 선행된 직위해제처분의 위법사유를 들어 면직처분의 효력을 다툴 수는 없다 할 것이다).

2) 김남진, 경찰행정법, 81쪽.

각 호(1.「지방공무원법」제62조 제 1 항 제 3 호 · 제 4 호 · 제 7 호 및 제 8 호의 어느 하나에 해당하는 때, 2. 자치경찰공무원으로서 부적합할 정도로 직무수행능력 또는 성실성이 현저히 결여된 자로서 도조례가 정하는 사유에 해당된다고 인정되는 때, 3. 성격 또는 도덕적 결함으로 자치경찰공무원으로서의 직무를 수행하기 곤란하다고 인정되는 자로서 도조례가 정하는 사유에 해당된다고 인정되는 때)의 어느 하나에 해당하는 때에는 직권에 의하여 이를 면직시킬 수 있다(제국법 제134조 제 1 항). 도지사는 제 1 항의 규정에 의하여 면직시킬 경우에는 미리 자치경찰인사위원회의 의견을 들어야 한다. 다만, 제 1 항 제 2 호 · 제 3 호 및「지방공무원법」제62조 제 1 항 제 7 호의 규정에 의하여 면직시킬 경우에는 당해 자치경찰인사위원회의 동의를 얻어야 한다(제국법 제134조 제 2 항).

㈑ 면직효력의 발생

판례는 면직의 효력발생도 임용의 경우와 마찬가지로 면직발령장 또는 면직통지서에 기재된 일자에 면직의 효과가 발생하여 그 날 영시(00:00)부터 공무원의 신분을 상실하는 것으로 본다.[1)]

제 3 항 경찰공무원의 법관계의 내용

Ⅰ. 경찰공무원의 권리

1. 신분상 권리[2)]

(1) 신분보유권

경찰공무원은 법이 정한 사유와 절차에 따르지 않는 한 공무원의 신분을 박탈당하지 아니할 신분보유권을 갖는다. 경찰공무원의 신분보유권은 “공무원의 신분은 법률이 정하는 바에 의하여 보장된다”는 헌법 제 7 조 제 2 항과 “공무원은 형의 선고 · 징계처분 또는 이 법에 정하는 사유에 따르지 아니하고는 본인의 의사에 반하여 … 면직을 당하지 아니한다”는 국가공무원법 제68조에 의해 명문으로 보장되고 있다. 다만, 치안총감과 치안정감은 그러하지 아니하다

1) 대판 1985. 12. 24, 85누531(공무원임용령 제 6 조 제 1 항 본문의 규정에 의하면 공무원의 임용시기에 관하여 공무원은 임용장 또는 임용통지서에 기재된 일자에 임용된 것으로 본다고 되어 있고 이는 임용장 또는 임용통지서에 기재된 일자에 임용의 효과가 발생함을 말하는 것이므로, 임용중 면직의 경우(동령 제 2 조 제 1 호 참조)에는 면직발령장 또는 면직통지서에 기재된 일자에 면직의 효과가 발생하여 그 날 영시(00:00)부터 공무원의 신분을 상실한다).

2) 경찰공무원에게는 공무원의 노동조합 설립 및 운영 등에 관한 법률에서 규정된 노동조합설립권과 단체교섭권이 인정되지 아니하며, 공무원직장협의회의 설립 · 운영에 관한 법률에서 규정된 직장협의회설립권도 인정되지 아니한다.

(경공법 제30조 제1항 제2문). 지방공무원법도 "공무원은 형의 선고·징계 또는 이 법이 정하는 사유에 따르지 아니하고는 본인의 의사에 반하여 휴직·강임 또는 면직을 당하지 아니한다.…"고 규정하여 제주자치도 자치경찰공무원의 신분을 보장하고 있다(지공법 제60조).

(2) 직위보유권

경찰공무원은 임용되면 법령에서 따로 정하는 경우를 제외하고는 자신에게 적합한 일정한 직위를 부여받을 권리와 자기에게 부여된 직위가 법이 정한 이유와 절차에 의하지 아니하고는 박탈당하지 않을 권리, 즉 직위보유권을 갖는다(국공법 제32조의5 제1항; 지공법 제30조의5 제1항). 경찰공무원은 직위보유권을 갖는 관계로 당연히 직무를 집행할 권리와 의무를 갖는다. 직무집행권은 직위보유권의 한 내용이 된다. 직무집행권(직무수행권)을 직위보유권과 구별하여 다루는 견해도 있다.[1)]

(3) 제복착용권과 무기휴대권

경찰공무원은 제복을 착용하여야 하는데(경공법 제20조 제1항), 제복착용은 동시에 경찰공무원이 갖는 권리의 성질도 갖는다. 그리고 경찰공무원은 직무수행을 위하여 필요한 때에는 무기를 휴대할 수 있다(경공법 제20조 제2항). 무기사용은 경찰관직무집행법 제10조의4가 정한 바에 따라야 한다.[2)]

(4) 고충심사청구권(고충심사처리제도)

(가) 의 의

1) 국가경찰공무원 경찰공무원의 인사상담 및 고충을 심사하기 위하여 경찰청, 해양경찰청, 지방경찰청, 대통령령으로 정하는 경찰기관 및 지방해양

---

1) 김남진, 경찰행정법, 89쪽; 박평준·박창석, 경찰행정법 127쪽; 유상현·설계경, 경찰행정법, 113쪽; 최영규, 경찰행정법, 132쪽.

2) 대판 1996. 7. 30, 95도2408(총포·도검·화약류등단속법(1995. 12. 6. 법률 제4989호로 개정되기 전의 것, 이하 총포등단속법이라 한다) 제10조는 "누구든지 다음 각호의 1에 해당하는 경우를 제외하고는 허가 없이 총포·도검·화약류·분사기·전자충격기를 소지하여서는 아니된다"고 규정하면서, 그 제1호에서 제외 사유의 하나로 "법령에 의하여 직무상 총포·도검·화약류·분사기·전자충격기를 소지하는 경우"를 들고 있고, 한편 경찰공무원법 제20조 제2항은 "경찰공무원은 직무수행을 위하여 필요한 때에는 무기를 휴대할 수 있다"고 규정하고 있다. 그런데, 위 경찰공무원법의 규정 취지는 경찰공무원이 직무수행을 위하여 필요하다고 인정되는 경우에 한하여 무기를 휴대할 수 있다는 것뿐이지, 경찰관이라 하여 허가 없이 개인적으로 총포 등을 구입하여 소지하는 것을 허용하는 것은 아니라 할 것이다. 그러므로, 원심이 피고인의 이 사건 분사기 소지는 개인적으로('개인적으로'라는 말이 무엇을 의미하는지는 분명하지 아니하다) 이루어진 것이라고 보고 경찰공무원법 등에 의하여 허가 없이 소지할 수 있는 경우에 해당되지 아니한다고 판단한 것은 정당하다).

경찰관서에 경찰공무원 고충심사위원회를 둔다(경공법 제25조 제1항). 경찰공무원 고충심사위원회의 심사를 거친 재심청구와 경정 이상의 경찰공무원의 인사상담 및 고충심사는 국가공무원법에 의하여 설치된 중앙고충심사위원회에서 심사한다(경공법 제25조 제2항). 경찰공무원 고충심사위원회의 구성 · 심사절차 및 운영에 관하여 필요한 사항은 대통령령으로 정한다(경공법 제25조 제3항).

2) **제주자치도 자치경찰공무원** 공무원은 누구나 인사 · 조직 · 처우 등 각종 근무조건과 기타 신상문제에 대하여 인사상담이나 고충의 심사를 청구할 수 있으며, 임용권자는 이를 이유로 불이익한 처분이나 대우를 하여서는 아니 된다(지공법 제67조의2 제1항). 제 1 항의 규정에 의하여 인사상담 또는 고충심사청구를 받은 임용권자는 이를 인사위원회에 부의하여 심사하게 하거나 소속공무원으로 하여금 상담하게 하고 그 결과에 따라 고충의 해소 등 공정한 처리를 위하여 노력하여야 한다(지공법 제67조의2 제2항).

(나) 성 격

고충처리제도는 경찰공무원이 갖는 불만이나 어려움을 해소함으로써 근무의욕을 드높이고, 이로써 직무에 보다 충실을 기하게 하고자 하는 제도이다. 행정상 쟁송 또는 국가배상청구의 방법에 비해 보다 포괄적이고 광범위한 행정구제수단이다. 즉 고충처리제도는 경찰공무원이면 누구나 위법한 처분의 존재를 전제로 함이 없이 직무조건 · 신상문제 등 그 어떠한 문제에 대해서도 기간의 제약 없이 심사의 청구가 가능한 제도이다. 판례는 고충처리제도가 행정상 쟁송의 대상이 되는 처분이 아니라 한다.[1]

(5) 처분사유설명서를 교부받을 권리

(가) 의 의

공무원에 대하여 징계처분을 할 때나 강임 · 휴직 · 직위해제 또는 면직처분을 할 때에는 그 처분권자 또는 처분제청권자는 처분사유를 적은 설명서를 교부하여야 한다. 다만, 본인의 원에 의한 강임 · 휴직 또는 면직처분은 그러하지 아니하다(국공법 제75조).

---

1) 대판 1987. 12. 8, 87누657(지방공무원법 제67조의2에서 규정하고 있는 고충심사제도는 공무원으로서의 권익을 보장하고 적정한 근무환경을 조성하여 주기 위하여 근무조건 또는 인사관리 기타 신상문제에 대하여 법률적인 쟁송의 절차에 의하여서가 아니라 사실상의 절차에 의하여 그 시정과 개선책을 청구하여 줄 것을 임용권자에게 청구할 수 있도록 한 제도로서, 고충심사결정 자체에 의하여는 어떠한 법률관계의 변동이나 이익의 침해가 직접적으로 생기는 것은 아니므로 고충심사의 결정은 행정상 쟁송의 대상이 되는 행정처분이라고 할 수 없다).

(나) 취 지

처분사유설명서의 교부는 처분청으로 하여금 처분을 신중하게 하고, 정당한 이유의 제시를 통해 처분의 적법성과 정당성을 확보하고 이로서 상대방이 처분을 받아들이게 하고, 아울러 상대방으로 하여금 행정쟁송의 제기 여부를 판단할 수 있는 소재를 제공해주는 등의 의미를 갖는다. 따라서 처분사유설명서를 교부하는 것은 행정청의 단순한 서비스의 제공이 아니다. 처분사유설명서를 교부받는 것은 처분의 상대방이 갖는 개인적 공권이다.

(다) 성 질

처분사유설명서의 교부를 규정하는 국가공무원법 제75조와 처분의 이유제시를 규정하는 행정절차법 제23조(① 행정청은 처분을 하는 때에는 다음 각 호의 1에 해당하는 경우를 제외하고는 당사자에게 그 근거와 이유를 제시하여야 한다. 1. 신청내용을 모두 그대로 인정하는 처분인 경우, 2. 단순 · 반복적인 처분 또는 경미한 처분으로서 당사자가 그 이유를 명백히 알 수 있는 경우, 3. 긴급을 요하는 경우. ② 행정청은 제 1 항 제 2 호 및 제 3 호의 경우에 처분 후 당사자가 요청하는 경우에는 그 근거와 이유를 제시하여야 한다)의 관계가 문제된다. 국가공무원법 제75조가 행정절차법 제정 이전부터 있었지만, 양 규정의 취지는 동일하다고 볼 것이다. 따라서 양자는 특별법과 일반법의 관계에 놓인다고 볼 것이다.

(라) 하 자

행정절차법 제정 이전의 판례는 처분사유설명서의 교부가 처분의 효력발생요건이 아니라고 하였다.[1] 그러나 국가공무원법 제75조와 행정절차법 제23조의 규정취지가 동일하다고 볼 때, 처분사유설명서의 교부는 처분의 적법요건의 하나라 볼 것이다. 물론 처분문서에 처분사유의 기재가 있다면, 별도의 자세한 처분사유설명서의 교부는 다만 상대방에게 사실상 편익을 제공하는 의미를 갖는다. 그러나 처분문서에 처분사유의 기재가 없다면, 별도의 처분설명서의 교부는 처분의 적법요건의 의미를 갖는다.

---

1) 대판 1991. 12. 24, 90누1007(지방공무원법 제67조 제 1 항에서 임용권자가 공무원에 대하여 징계처분하게 된 처분사유설명서를 피처분자에게 교부하도록 규정하고 있는 것은 그 행정처분이 정당한 이유에 의하여 한 것이라는 것을 분명히 하고 또 피처분자로 하여금 불복이 있는 경우에 출소의 기회를 부여하는데 그 법의가 있다고 할 것이므로 그 처분사유설명서의 교부를 처분의 효력발생요건이라고 할 수 없을 뿐만 아니라 직권에 의한 면직처분을 한 경우 그 인사발령통지서에 처분사유에 대한 구체적인 적시 없이 단순히 당해처분의 법적 근거를 제시하는 내용을 기재한 데 그친 것이더라도 그러한 기재는 위 법조 소정의 처분사유설명서로 볼 수 있다고 할 것이다); 대판 1970. 1. 27, 68누10; 대판 1967. 7. 11, 67누73.

(6) 소청권 · 행정소송제기권

(가) 소 청

1) **국가경찰공무원** 행정기관 소속 공무원의 징계처분 그 밖에 그 의사에 반하는 불리한 처분이나 부작위에 대한 소청을 심사 · 결정하게 하기 위하여 행정안전부에 소청심사위원회를 둔다(국공법 제9조 제1항).

2) **제주자치도 자치경찰공무원** 공무원의 징계 기타 그 의사에 반하는 불리한 처분이나 부작위에 대한 소청을 심사 · 결정하기 위하여 시·도에 제 6 조의 규정에 의한 임용권자별로(임용권을 위임받은 자를 제외한다) 지방소청심사위원회 및 교육소청심사위원회를 둔다(지공법 제13조).

	고충처리제도	소청심사제도
행정소송과의 관계	관계가 없다	관계가 있다(행정소송의 전심절차이다)
심사의 대상	근무조건 · 처우 등 일상의 모든 신상문제가 대상이다	주로 신분상 불이익처분이 대상이다
관할행정청	복수기관(중앙인사기관의 장 · 임용권자 등)이 관장한다	소청심사위원회가 전담한다
결정의 효력(기속력)	법적 기속력을 갖지 아니한다	법적 기속력을 갖는다

(나) 행정소송

1) **국가경찰공무원** 징계처분, 휴직처분, 면직처분, 그 밖에 의사에 반하는 불리한 처분에 대한 행정소송의 경우에는 경찰청장 또는 해양경찰청장을 피고로 한다. 다만, 제 6 조 제 3 항에 따라 임용권을 위임한 경우에는 그 위임을 받은 자를 피고로 한다(경공법 제28조). 그러나 행정소송은 소청심사위원회의 심사 · 결정을 거치지 아니하면 제기할 수 없다(국공법 제16조 제 2 항).

2) **제주자치도 자치경찰공무원** 제67조(처분사유설명서의 교부 및 심사의 청구)의 규정에 의한 처분 기타 본인의 의사에 반한 불리한 처분 또는 부작위에 관한 행정소송은 심사위원회의 심사 · 결정을 거치지 아니하면 이를 제기할 수 없다(지공법 제20조의2).

2. 재산상 권리

(1) 보수청구권

(가) 보수의 의의

공무원은 국가나 지방자치단체에 대하여 보수를 청구할 권리를 가진다. 여기서 보수란 봉급과 그 밖의 각종 수당을 합산한 금액을 말한다(공보수 제4조 제1호 본문; 지보수 제3조 제1호 본문). 다만, 연봉제 적용대상 공무원은 연봉과 그 밖의 각종 수당을 합산한 금액을 말한다(공보수 제4조 제1호 단서; 지보수 제3조 제1호 단서). ① 봉급이란 직무의 곤란성과 책임의 정도에 따라 직책별로 지급되는 기본급여 또는 직무의 곤란성과 책임의 정도 및 재직기간 등에 따라 계급(직무등급이나 직위를 포함한다)별·호봉별로 지급되는 기본급여를 말한다(공보수 제4조 제2호; 지보수 제3조 제2호). ② 한편 공무원에게는 예산의 범위에서 봉급 외에 필요한 수당을 지급할 수 있다(공보수 제31조 제1항; 지보수 제30조 제1항). 「국가공무원법」 제47조·제48조 및 「공무원보수규정」 제31조에 따라 국가공무원에게 지급하는 수당과 실비변상 등에 관한 사항을 규정함을 목적으로 대통령령인 공무원수당 등에 관한 규정이 제정되었다.

(나) 보수의 성격

보수는 공무원의 노동력에 대한 반대급부의 성격과 공무원의 생활보장을 위한 생활자료의 성격을 모두 갖는다. 왜냐하면 보수의 결정에 표준생계비(생활자료의 의미) 등을 고려하고 아울러 책임의 곤란성(반대급부의 의미) 등도 고려하여야 하기 때문이다. 또한 공무원에게는 청렴의무·영리업무 및 겸직금지의무 등이 부과되는데, 이것은 보수가 생활자료임을 나타내는 간접적인 근거이다.

(다) 보수청구권의 성질

보수에 관한 분쟁해결은 민사소송에 의할 것인가 아니면 행정소송에 의할 것인가의 문제가 있다. 논리적으로 본다면 보수청구권은 공무원법관계에서 발생하는 것이므로 공법상의 권리가[1] 되어 행정상 쟁송에 의하여야 한다. 판례의 입장이기도 하다.[2] 과거의 판례는 퇴직 후의 보수청구를 금전상의 거래관계문제로 보아 민사소송으로 다룬 적도 있었다.[3]

---

1) 김도창, 일반행정법(하), 262쪽; 김남진·김연태, 행정법(Ⅱ), 225쪽; 박평준·박창석, 경찰행정법, 129쪽.

2) 대판 1991. 5. 10, 90다10766(교육부장관(당시 문교부장관)의 권한을 재위임받은 공립교육기관의 장에 의하여 공립유치원의 임용기간을 정한 전임강사로 임용되어 지방자치단체로부터 보수를 지급받으면서 공무원복무규정을 적용받고 사실상 유치원 교사의 업무를 담당하여 온 유치원 교사의 자격이 있는 자는 교육공무원에 준하여 신분보장을 받는 정원 외의 임시직 공무원으로 봄이 상당하므로 그에 대한 해임처분의 시정 및 수령지체된 보수의 지급을 구하는 소송은 행정소송의 대상이지 민사소송의 대상이 아니다).

3) 대판 1966. 9. 20, 65다2506(국회의원이 재직중 국가로부터 받게 될 세비·거마비·체류비·통신수당 등 보수금은 국회의원의 지위에 있으므로서 발생되는 것이기는 하지만, 기위 발생된 보수금을 의원직을 그만둔 후에 국고에 대하여 청구하는 법률관계는 국고에 대한 사법상의 금전채권을 청구하는 경우와 같다고 할 것이며, 그것은 민법 제163조 제1호에서 말하는 급료채권

㈑ 보수청구권의 압류와 시효

보수는 생활자료의 성격도 갖는 것이므로 임의로 포기할 수 없고, 압류에도 제한이 따른다. 보수청구권의 압류는 원칙적으로 보수금액의 2분의 1을 초과하지 못한다(민사집행법 제246조 제1항 제4호; 국징법 제33조). 과거에 판례는 보수청구권의 소멸시효는 3년이라 판시한 바 있었다.[1)]

(2) 연금청구권

㈎ 의 의

공무원이 질병 · 부상 · 폐질 · 퇴직 · 사망 또는 재해를 입으면 본인이나 유족에게 법률로 정하는 바에 따라 적절한 급여를 지급한다(국공법 제77조 제1항; 지공법 제68조 제1항). 이것이 공무원 및 그 유족의 생활안정과 복리향상을 목적으로 하는 것으로 공무원연금제도이다. 공무원연금제도는 사회보장제도의 하나이다.[2)] 공무원연금제도를 구체화하기 위해 공무원연금법 및 동 시행령 등이 제정되어 있다. 연금은 적법하게 임용된 공무원에게만 주어진다.[3)] 적법하게 임용된 공무원이 아닌 경

에 해당한다).

1) 대판 1966. 9. 20, 65다2506(예산회계법 제71조(구재정법 제58조) 제1항 제2항은 금전의 급부를 목적으로 하는 국가에 대한 권리로서 시효에 관하여 타 법률에 규정이 없는 것은 5년간 행사하지 아니할 때에는 시효로 인하여 소멸한다고 규정하고 있으므로 국가에 대한 금전채권일지라도 시효에 관하여 타법률에 5년보다도 짧은 시효규정이 있는 것은 위 예산회계법의 법조를 적용할 것이 아니라고 할 것이며, 본건에 있어서는 앞에 설시한 바와 같이 원고의 급료채권은 민법 제163조 제1호(3년)의 적용을 받는 것이므로 예산회계법의 시효의 규정은 적용되지 않는다고 할 것이다).

2) 헌재 2005. 6. 30, 2004헌바42(공무원연금제도는 공무원을 대상으로 퇴직 또는 사망과 공무로 인한 부상 · 질병 · 폐질에 대하여 적절한 급여를 실시함으로써 공무원 및 그 유족의 생활안정과 복리향상에 기여하는 데에 그 목적이 있는 것으로서(법 제1조) 연금제도 본래의 기능인 퇴직연금 외에도 기업의 퇴직금에 해당하는 일시금 및 퇴직수당, 민간의 산재보험에 해당하는 공무상 재해보상급여 기타 일반재해에 대한 각종 부조급여를 실시하는 등의 폭넓은 보장기능이 있으며 아울러 전 · 현직 공무원을 위한 다양한 후생복지프로그램도 마련하고 있다. 즉, 공무원연금제도는 공무원이라는 특수직역을 대상으로 한 노후소득보장, 근로보상, 재해보상, 부조 및 후생복지 등을 포괄적으로 실시하는 종합적인 사회보장제도이다. 따라서 공무원연금법상의 각종 급여는 기본적으로 모두 사회보장적 급여로서의 성격을 가짐과 동시에 공로보상 내지 후불임금으로서의 성격도 함께 가진다고 할 것이다. 특히 공무원연금법상 퇴직연금수급권은 경제적 가치 있는 권리로서 헌법 제23조에 의하여 보장되는 재산권으로서의 성격을 가진다고 할 수 있는데 다만, 그 구체적인 급여의 내용, 기여금의 액수 등을 형성하는 데에 있어서는 직업공무원제도나 사회보험원리에 입각한 사회보장적 급여로서의 성격으로 인하여 일반적인 재산권에 비하여 입법자에게 상대적으로 보다 폭넓은 재량이 헌법상 허용된다고 볼 수 있다).

3) 대판 2003. 5. 16, 2001다61012(공무원연금법에 의한 퇴직급여 등은 적법한 공무원으로서의 신분을 취득하여 근무하다가 퇴직하는 경우에 지급되는 것이고, 임용 당시 공무원임용결격사유가 있었다면 그 임용행위는 당연무효이며, 당연무효인 임용행위에 의하여 공무원의 신분을 취득할 수는 없으므로 임용결격자가 공무원으로 임용되어 사실상 근무하여 왔다고 하더라도 적법한 공무원으로서의 신분을 취득하지 못한 자로서는 공무원연금법 소정의 퇴직급여 등을 청구할 수

우에도 노동에 대한 대가는 지급되어야 한다.[1)]

(나) 종 류

연금에는 단기급여(공무상 요양비 · 공무상 요양일시금 · 재해부조금 · 사망조위금)와 장기급여(퇴직급여 · 장해급여 · 유족급여)가 있다(연금법 제34조, 제42조).[2)]

(다) 성 질

연금청구권의 성질에 관해서는 봉급연불설(연금은 지급이 연기된 봉급이라는 견해) · 사회보장설(연금은 퇴직공무원이나 공무원의 유족에 대한 사회보장이라는 견해) · 은혜설(연금은 은혜적으로 지급되는 것이라는 견해)로 견해가 나뉜다. 생각건대 공무원이 기여금을 납부한다는 점(봉급연불적 성격), 그리고 퇴직뿐만 아니라 질병이나 부상의 경우에도 연금이 주어진다는 점(사회보장적 성격)을 고려하면 연금은 양면적인 성격을 갖는다고 보겠다.[3)] 연금의 성질은 연금의 증감과 관련을 맺는다(예: 은혜설에 따른다면, 연금의 사후감액이 용이할 것이다).

(라) 양도 · 압류 등 금지와 시효

급여를 받을 권리는 양도, 압류하거나 담보로 제공할 수 없다. 다만, 연금인 급여를 받을 권리는 대통령령으로 정하는 금융기관에 담보로 제공할 수 있고, 「국세징수법」, 「지방세기본법」, 그 밖의 법률에 따른 체납처분의 대상으로 할 수 있다(연금법 제32조). 한편 공무원연금법상 급여를 받을 권리는 그 급여의 사유가

없고, 또 당연퇴직사유에 해당되어 공무원으로서의 신분을 상실한 자가 그 이후 사실상 공무원으로 계속 근무하여 왔다고 하더라도 당연퇴직 후의 사실상의 근무기간은 공무원연금법상의 재직기간에 합산될 수 없다); 대판 2002. 7. 26, 2001두205.

1) 대판 2004. 7. 22, 2004다10350(임용행위가 구 국가공무원법에 위배되어 당연무효임에도 계속 근무하여 온 경우, 임용시부터 퇴직시까지의 근로는 법률상 원인 없이 제공된 부당이득이므로 임금을 목적으로 계속하여 근로를 제공하여 온 퇴직자에 대하여 퇴직급여 중 적어도 근로기준법상 퇴직금에 상당하는 금액은 그가 재직기간중 제공한 근로에 대한 대가로서 지급되어야 한다).

2) 헌재 2002. 7. 18, 2000헌바57(공무원연금법상의 급여는 크게 단기급여와 장기급여로 나누어진다. 단기급여로는 공무상요양비 · 공무상요양일시금 · 재해부조금 · 사망조위금 등 4종이 있고(공무원연금법 제34조), 장기급여로는 퇴직급여 4종(퇴직연금 · 퇴직연금일시금 · 퇴직연금공제일시금 · 퇴직일시금), 장해급여 2종(장해연금 · 장해보상금), 유족급여 6종(유족연금 · 유족연금부가금 · 유족연금특별부가금 · 유족연금일시금 · 유족일시금 · 유족보상금) 및 퇴직수당 등 13종이 있다(공무원연금법 제42조). 이러한 공무원연금법상의 급여를 그 보호내용의 성격에 따라 구분해 보면, ① 퇴직이나 사망 등에 의한 소득상실시 그 소득을 보장해주는 소득보장적 성격의 퇴직급여와 유족급여, ② 민간의 법정퇴직금에 해당하는 근로보상적 성격의 퇴직수당, ③ 근로재해에 대해 보상을 해주는 재해보상적 성격의 공무상요양급여(공무상요양비 · 공무상요양일시금), 장해급여 및 유족보상금, ④ 일반재해에 대해 위로하는 차원에서 지급하는 부조적 성격의 재해부조금과 사망조위금 등으로 나누어진다).

3) 헌재 2002. 7. 18, 2000헌바57(공무원연금제도는 공무원이 퇴직하거나 사망한 때에 공무원 및 그 유족의 생활안정과 복리향상에 기여하기 위한 사회보험으로서 법상 퇴직급여나 유족급여는 후불임금의 성격만 갖는 것이 아니라 기본적으로 사회보장적 급여로서의 성격을 가지면서 공무원이 기여금을 납부한다는 점에서 후불임금과 같은 성격도 함께 가진다); 헌재 1998. 12. 24, 96헌바73.

발생한 날부터 단기급여는 3년간, 장기급여는 5년간 행사하지 아니하면 시효로 인하여 소멸한다. 다만, 순직유족급여의 경우에는 제26조에 따라 급여의 신청을 한 날부터 급여의 결정이 있는 날까지의 기간 중에는 시효가 진행되지 아니한다(연금법 제81조 제1항). 잘못 납부한 기여금을 환부받을 권리는 퇴직급여 또는 유족급여의 지급결정일부터 5년간 행사하지 아니하면 시효로 인하여 소멸한다(연금법 제81조 제2항).

(마) 권리보호

급여에 관한 결정, 기여금의 징수, 그 밖에 이 법에 따른 급여(순직유족급여는 제외한다)에 관하여 이의가 있는 자는 대통령령으로 정하는 바에 따라 공무원연금급여 재심위원회에 그 심사를 청구할 수 있다(연금법 제80조 제1항). 제 1 항의 심사 청구는 급여에 관한 결정 등이 있었던 날부터 180일, 그 사실을 안 날부터 90일 이내에 하여야 한다. 다만, 그 기간 내에 정당한 사유가 있어 심사 청구를 할 수 없었던 것을 증명한 경우에는 예외로 한다(연금법 제80조 제2항). 급여에 관한 결정, 기여금의 징수, 그 밖에 이 법에 따른 급여(순직유족급여는 제외한다)에 관하여는 「행정심판법」에 따른 행정심판을 청구할 수 없다(연금법 제80조 제4항). 한편, 급여에 관한 결정에 불복하면, 행정소송(당사자소송)을 제기할 수도 있다.[1)]

(3) 보훈을 받을 권리

경찰공무원으로서 전투나 그 밖의 직무 수행 또는 교육훈련 중 사망한 사람(공무상 질병으로 사망한 사람을 포함한다) 및 부상(공무상의 질병을 포함한다)을 입고 퇴직한 사람과 그 유족 또는 가족은 「국가유공자 등 예우 및 지원에 관한 법률」에서 정하는 바에 따라 예우를 받는다(경공법 제16조). 제주자치도 자치경찰공무원의 경우도 같다(제국법 제137조 제1항; 경공법 제16조).

(4) 실비변상청구권 · 보상청구권

공무원은 보수 외에 국회규칙, 대법원규칙, 헌법재판소규칙, 중앙선거관리위원회규칙 또는 대통령령으로 정하는 바에 따라 직무 수행에 필요한 실비(實費)변상을 받을 수 있다(국공법 제48조 제1항). 공무원이 소속 기관장의 허가를 받아 본래의

---

1) 대판 1996. 12. 6, 96누6417(구 공무원연금법(1995. 12. 29. 법률 제5117호로 개정되기 전의 것) 제26조 제 1 항, 제80조 제 1 항, 공무원연금법시행령 제19조의2의 각 규정을 종합하면, 같은 법 소정의 급여는 급여를 받을 권리를 가진 자가 당해 공무원이 소속하였던 기관장의 확인을 얻어 신청하는 바에 따라 공무원연금관리공단이 그 지급결정을 함으로써 그 구체적인 권리가 발생하는 것이므로, 공무원연금관리공단의 급여에 관한 결정은 국민의 권리에 직접 영향을 미치는 것이어서 행정처분에 해당하고, 공무원연금관리공단의 급여결정에 불복하는 자는 공무원연금급여재심위원회의 심사결정을 거쳐 공무원연금관리공단의 급여결정을 대상으로 행정소송을 제기하여야 한다).

업무 수행에 지장이 없는 범위에서 담당 직무 외의 특수한 연구과제를 위탁받아 처리하면 그 보상을 지급받을 수 있다(국공법 제48조 제2항). 교육 중인 경찰간부후보생에 대하여는 대통령령으로 정하는 바에 따라 보수와 그 밖의 실비를 지급한다(경공법 제29조).

Ⅱ. 경찰공무원의 의무

1. 관 념

(1) 의 의

국민전체의 봉사자로서 경찰공무원은 자신의 임무수행과 관련하여 각종의 의무를 진다. 경찰공무원의 의무는 자기 목적적인 것이 아니다. 그것은 경찰임무수행의 보장이란 목적을 위한 수단이다.

(2) 법적 근거

경찰공무원이 부담하는 의무는 경찰공무원이 특별권력관계에 놓이기 때문에 법적 근거 없이도 당연히 인정된다는 논리는 타당하지 않다. 경찰공무원에게 부과되는 의무도 반드시 법적 근거를 요한다. 왜냐하면 경찰공무원관계도 공법상의 법관계이고, 그 법관계는 법치주의원칙 내에서만 존재하는 것이기 때문이다.

2. 경찰관련법령상 의무

(1) 국가경찰공무원

(가) 경찰법상 의무와 이의제기

경찰공무원은 상관의 지휘 · 감독을 받아 직무를 수행하고 그 직무수행에 관하여 서로 협력하여야 한다(경찰법 제24조 제1항). 경찰공무원은 구체적 사건수사와 관련된 제1항의 지휘 · 감독의 적법성 또는 정당성 여부에 대하여 이견이 있는 때에는 이의를 제기할 수 있다(경찰법 제24조 제2항).

(나) 경찰공무원법상 의무

1) 거짓 보고 등의 금지의무 경찰공무원은 직무에 관하여 거짓으로 보고나 통보를 하여서는 아니 된다(경찰법 제18조 제1항). 경찰공무원은 직무를 게을리하거나 유기해서는 아니 된다(경찰법 제18조 제2항).

2) **지휘권 남용 등의 금지의무** 전시 · 사변, 그 밖에 이에 준하는 비상사태이거나 작전수행 중인 경우 또는 많은 인명 손상이나 국가재산 손실의 우려가 있는 위급한 사태가 발생한 경우, 경찰공무원을 지휘 · 감독하는 사람은 정당한 사유 없이 그 직무 수행을 거부 또는 유기하거나 경찰공무원을 지정된 근무지에서 진출 · 퇴각 또는 이탈하게 하여서는 아니 된다(경공법 제19조).

3) **복제 및 무기 휴대의무** 경찰공무원은 제복을 착용하여야 한다(경찰법 제20조 제1항). 경찰공무원은 직무 수행을 위하여 필요하면 무기를 휴대할 수 있다(경찰법 제20조 제2항). 휴대명령에 따른 휴대는 의무의 성질을 갖는다.

㈐ **경찰공무원 복무규정상 의무**

1) **근무시간중 음주금지의무** 경찰공무원은 근무시간중 음주를 하여서는 아니 된다. 다만, 특별한 사정이 있는 경우에는 예외로 하되, 이 경우 주기가 있는 상태에서 직무를 수행하여서는 아니 된다(경찰공무원복무규정 제9조).

2) **민사분쟁에의 부당개입금지의무** 경찰공무원은 직위 또는 직권을 이용하여 부당하게 타인의 민사분쟁에 개입하여서는 아니 된다(경찰공무원복무규정 제10조).

3) **상관에 대한 신고의무** 경찰공무원은 신규채용 · 승진 · 전보 · 파견 · 출장 · 연가 · 교육훈련기관에의 입교 기타 신분관계 또는 근무관계 또는 근무관계의 변동이 있는 때에는 소속상관에게 신고를 하여야 한다(경찰공무원복무규정 제11조).

4) **지정장소 외에서의 직무수행금지의무와 비상대기** 경찰공무원은 상사의 허가를 받거나 그 명령에 의한 경우를 제외하고는 직무와 관계없는 장소에서 직무수행을 하여서는 아니 된다(경찰공무원복무규정 제8조). 경찰기관의 장은 비상사태에 대처하기 위하여 필요하다고 인정할 때에는 소속경찰공무원을 긴급히 소집(이하 "비상소집"이라 한다)하거나 일정한 장소에 대기하게 할 수 있다(경찰공무원복무규정 제14조 제1항).

5) **여행제한의무** 경찰공무원은 휴무일 또는 근무시간 외에 2시간 이내에 직무에 복귀하기 어려운 지역으로 여행을 하고자 할 때에는 소속 경찰기관의 장에게 신고를 하여야 한다. 다만, 치안상 특별한 사정이 있어 경찰청장 또는 경찰기관의 장이 지정하는 기간중에는 소속경찰기관의 장의 허가를 받아야 한다(경찰공무원복무규정 제13조).

⑵ **제주자치도 자치경찰공무원**

자치경찰공무원은 도조례가 정하는 바에 따라 제복을 착용하되, 국가경찰공무원의 제복과 구별될 수 있도록 하여야 한다(제국법 제118조). 그리고 경찰공무원법

제19조(지휘권남용 등의 금지)가 준용된다(제국법 제137조 제1항).

3. 국가공무원법상 의무

(1) 선서의무

공무원은 취임할 때에 소속 기관장 앞에서 국회규칙, 대법원규칙, 헌법재판소규칙, 중앙선거관리위원회규칙 또는 대통령령(지방공무원의 경우는 조례)으로 정하는 바에 따라 선서하여야 한다. 다만 불가피한 사유가 있으면 취임 후에 선서하게 할 수 있다(국공법 제55조; 지공법 제47조).

[국가공무원 복무규정(별표 1)상 선서문]

선서

본인은 공직자로서 긍지와 보람을 가지고 국가와 국민을 위하여 신명을 바칠 것을 다짐하면서 다음과 같이 선서합니다.

1. 본인은 법령을 준수하고 상사의 직무상 명령에 복종한다.
1. 본인은 국민의 편에 서서 정직과 성실로 직무에 전념한다.
1. 본인은 창의적인 노력과 능동적인 자세로 소임을 완수한다.
1. 본인은 재직중은 물론 퇴직 후에라도 직무상 알게 된 기밀을 절대로 누설하지 아니한다.
1. 본인은 정의의 실천자로서 부정의 발본에 앞장선다.

(2) 법령준수의무

모든 공무원은 법령을 준수하여야 한다(국공법 제56조; 지공법 제48조). 법령준수의무는 법치국가에서 공무원이 부담하는 가장 기본적인 의무 중의 하나가 된다. 여기서 법령이란 행정법의 법원이 되는 모든 법을 말한다. 여기에는 법규명령 외에 행정규칙도 포함된다. 공무원의 법령위반행위는 그 행위의 무효 · 취소, 손해배상, 공무원 개인의 책임의 문제를 야기시킨다.

(3) 성실의무

모든 공무원은 성실히 직무를 수행하여야 한다(국공법 제56조; 지공법 제48조). 공무원에게 부과된 가장 기본적인 의무 중의 하나이다. 성실이란 자신의 임무수행에 있어서 자신의 인격과 양심에 입각하여 최선을 다하여야 함을 뜻한다.[1] 그렇다고 성실의무라는 것이 경찰공무원에게 무한정의 희생 · 헌신 · 충성을 요구하는 것은 아

1) 대판 1989. 5. 23, 88누3161(지방공무원법 제48조 소정의 성실의무는 공무원에게 부과된 가장 기본적인 중요한 의무로서 최대한으로 공공의 이익을 도모하고 그 불이익을 방지하기 위하여 전인격과 양심을 바쳐서 성실히 직무를 수행하여야 하는 것을 그 내용으로 한다).

니다. 성실의무위반 여부의 판단은 용이하지 않다, 그럼에도 그것이 정치적 · 윤리적 의무에 불과한 것이 아니라 법적 의무임에 틀림없다. 성실의무는 때와 장소를 가리지 않는다고 볼 것이다.[1)]

⑷ 복종의무

㈎ 의 의

공무원은 직무를 수행할 때 소속 상관의 직무상 명령에 복종하여야 한다(국공법 제57조; 지공법 제49조). 이는 계층적 조직체로서 행정조직의 원리상 필수적이다. 상명하복의 원칙 없이는 조직의 유지가 곤란하기 때문이다.

㈏ 소속상관

소속상관이란 당해 공무원의 직무에 관해 지휘 · 감독할 수 있는 권한을 가진 기관을 말한다. 달리 말한다면 신분상 소속상관이 아니라 직무상 소속상관을 뜻한다고 하겠다. 소속상관은 언제나 1명만을 의미하는 것은 아니다. 또한 소속상관은 행정관청일 수도 있고, 보조기관일 수도 있다.

㈐ 직무상 명령

1) 의의와 성질 ① 직무상의 명령 또는 직무명령이란 상급공무원이 부하공무원에 대해 직무상 발하는 명령을 총칭하는 개념이다. 그 내용은 개별 · 구체적일 수도 있고, 일반 · 추상적일 수도 있다(여기서 일반 · 추상적이란 내용이 일반 · 추상적이라는 것이지, 그렇다고 그것이 법규범을 뜻하는 것은 아니다). 직무상 명령은 개념상 훈령과 구별을 요한다.

	직무상 명령	훈 령
규율관계자	상하급 공무원간의 규율	상하급 관청간의 규율
신분변동	상하공무원의 신분의 변동에 따라 효력이 상실	상급관청이 폐지하지 않는 한 기관구성자의 변동에 관계 없이 효력을 지속.

한편 하급관청에 대한 훈령은 하급기관의 구성자인 공무원에게도 미치므로

1) 대판 1997. 2. 11, 96누2125(국가공무원법상 공무원의 성실의무는 경우에 따라 근무시간 외에 근무지 밖에까지 미칠 수도 있다. 전국기관차협의회가 주도하는 집회 및 철도파업은 정당한 단체행동의 범위 내에 있는 것으로 보기 어렵고, 또한 그 집회가 적법한 절차를 거쳐 개최되었고 근무시간 외에 사업장 밖에서 개최되었다고 하더라도 철도의 정상적인 운행을 수행하여야 할 철도기관사로서의 성실의무는 철도의 정상운행에 지장을 초래할 가능성이 높은 집회에 참석하지 아니할 의무에까지도 미친다고 보아, 철도기관사에 대하여 그 집회에 참석하지 못하도록 한 지방철도청장의 명령은 정당한 직무상 명령이다).

훈령은 직무명령의 성질을 갖기도 한다는 지적이 있다. 기능상 훈령이 직무상 명령과 유사한 면을 갖는 경우도 있으나, 개념상으로는 상하공무원간의 개념인 직무상 명령과 상하관청간의 개념인 훈령은 구별되어야 할 것이다. 한편, ② 직무상 명령은 하급공무원을 구속할 뿐 일반국민을 구속하는 것은 아니다. 말하자면 직무상 명령은 법규가 아니다. 직무상 명령위반은 징계사유가 된다.

2) 명령사항과 형식 ① 직무상 명령의 대상이 될 수 있는 사항은 ⓐ 상관의 권한에 속하고, 아울러 ⓑ 부하공무원의 권한에 속하는 직무에 관련 있는 사항이다.[1] 물론 ⓒ 부하공무원에게 직무상 독립이 인정되는 사항이 아니어야 한다. ⓓ 헌법, 법률 또는 상급의 명령에 반하는 것이 아니어야 한다. 한편, ② 법령상 특별한 규정이 없는 한 직무상 명령의 형식에는 제한이 없다. 구술이나 서면으로 하면 된다.

3) 경 합 둘 이상의 상관으로부터 내용이 모순되는 직무명령이 있는 경우에 직무상 명령의 경합의 문제가 생긴다. 상관 사이에 우열이 없다면 공무원 자신의 판단에 의할 것이나, 우열이 있다면 직근상관의 직무명령에 따라야 할 것이다.

㈑ 복 종

1) 의 의 적법한 직무상 명령이 있으면 공무원은 그 명령에 복종하여야 하는데, 여기서 "복종하여야 한다"는 것은 소속상관의 명령을 이행하여야 함을 의미한다. 말하자면 직무상 명령을 받은 공무원은 그 명령의 내용에 따라 작위의무 · 부작위의무 · 수인의무 · 급부의무를 이행하여야 한다.

2) 형식적 요건 직무상 명령이 상관 및 자기의 권한에 속하는가, 법정

---

1) 대판 2000. 11. 10, 2000추36(상급자가 하급자에게 발하는 직무상의 명령이 유효하게 성립하기 위하여는 상급자가 하급자의 직무범위 내에 속하는 사항에 대하여 발하는 명령이어야 하는 것인바, 검찰총장이 검사에 대한 비리혐의를 내사하는 과정에서 해당 검사에게 참고인과 대질신문을 받도록 담당부서에 출석할 것을 지시한 경우, 검찰총장의 위 출석명령은 "검찰총장은 대검찰청의 사무를 맡아 처리하고 검찰사무를 통할하며 검찰청의 공무원을 지휘 · 감독한다"고 규정한 검찰청법 제12조 제 2 항을 근거로 하고 있으나, 위 규정은 검찰총장이 직무상의 명령을 발할 수 있는 일반적인 근거규정에 불과하고, 구체적으로 그러한 직무상의 명령이 유효하게 성립하기 위해서는 하급자인 그 검사의 직무범위 내에 속하는 사항을 대상으로 하여야 할 것인데, 그 검사가 대질신문을 받기 위하여 대검찰청에 출석하는 행위는 검찰청법 제 4 조 제 1 항에서 규정하고 있는 검사의 고유한 직무인 검찰사무에 속하지 아니할 뿐만 아니라, 또한 그 검사가 소속 검찰청의 구성원으로서 맡아 처리하는 이른바 검찰행정사무에 속한다고 볼 수도 없는 것이고, 따라서 위 출석명령은 그 검사의 직무범위 내에 속하지 아니하는 사항을 대상으로 한 것이므로 그 검사에게 복종의무를 발생시키는 직무상의 명령이라고 볼 수는 없다).

의 형식과 절차를 거쳤는가의 판단은 외관상 명백하므로 부하공무원이 이를 심사할 수 있고, 따라서 만약 그 요건이 결여되었다면 부하공무원이 복종을 거부할 수 있다고 본다. 이것은 우리의 일반적 견해이기도 하다.[1)]

3) **실질적 요건** 직무상 명령의 내용상 적법성의 심사문제는 일률적으로 말할 성질이 되지 못한다. 만약 그 내용이 명백히 당연무효인 경우(예: 범죄행위의 명령)에는 심사할 수 있다고 보나,[2)] 단순위법 또는 부당의 문제가 있는 경우에는 심사할 수 없다고 보아야 한다. 왜냐하면 이 경우까지 심사할 수 있다면 법령해석에서 부하가 상관을 극복하는 권한을 갖게 되어 행정의 계층적 질서는 무너지게 될 것이기 때문이다. 한편 직무상 독립이 보장되는 공무원, 예컨대 법관·감사위원·교수와 같이 직무수행에 독립성이 인정되는 공무원의 경우에는 그 직무의 성질상 복종의무는 문제되지 아니한다.

4) **불 복 종** ① 적법한 직무상 명령, 단순위법한 직무상 명령 또는 단순히 내용상 부당한 명령에 대해서는 복종하여야 하며, 만약 이에 불복종하면 징계가 가해질 수 있다. 왜냐하면 공무원법상 공무원의 의무위반은 징계사유로 규정되고 있기 때문이다(국공법 제78조 제 1 항 제 1 호; 지공법 제69조 제 1 항 제 1 호). 그러나 ② 당연무효의 직무상 명령에 대해서는 복종을 거부하여야 하며, 만약 이에 복종하면 그 명령을 한 상관은 물론이고 그 명령을 집행한 공무원도 책임을 면할 수 없다.[3)]

(5) 직장이탈금지의무

공무원은 소속 상관의 허가 또는 정당한 사유가 없으면 직장을 이탈하지 못한다(국공법 제58조 제 1 항; 지공법 제50조 제 1 항).[4)] 이러한 의무는 근무시간뿐만 아니라 경찰행정기관의

---

1) 김남진, 경찰행정법, 100쪽; 김도창, 일반행정법론(상), 237쪽; 박윤흔·정형근, 최신행정법강의(하), 249쪽; 최영규, 경찰행정법, 143쪽.

2) 참고인으로 소환된 자에게 가혹행위를 하라는 명백히 위법·불법한 명령은 직무상 명령이 아니다(대판 1988. 2. 23, 87도2358).

3) 대판 1988. 2. 23, 87도2358(공무원이 그 직무를 수행함에 있어 상관은 하관에 대하여 범죄행위 등 위법한 행위를 하도록 명령할 직권이 없는 것이고, 하관은 소속상관의 적법한 명령에 복종할 의무는 있으나 그 명령이 참고인으로 소환된 사람에게 가혹행위를 가하라는 등과 같이 명백한 위법 내지 불법한 명령인 때에는 이는 벌써 직무상의 지시명령이라 할 수 없으므로 이에 따라야 할 의무는 없다. 설령 대공수사단 직원은 상관의 명령에 절대 복종하여야 한다는 것이 불문율로 되어 있다 할지라도 국민의 기본권인 신체의 자유를 침해하는 고문행위 등이 금지되어 있는 우리의 국법질서에 비추어 볼 때 그와 같은 불문율이 있다는 것만으로는 고문치사와 같이 중대하고도 명백한 위법명령에 따른 행위가 정당한 행위에 해당하거나 강요된 행위로서 적법행위에 대한 기대가능성이 없는 경우에 해당하게 되는 것이라고는 볼 수 없다).

4) 대판 1998. 2. 27, 97누18172(공무원이 출장중 점심시간대를 훨씬 지난 시각에 근무장소가 아닌 유원지에 들어가 함께 출장근무중이던 동료 여직원에게 성관계를 요구한 것이 직장 이탈금지에 해당한다); 대판 1991. 11. 22, 91누3666(경찰서 수사과 형사계 반장인 원고의 부하직원에 대한

장이 시간외근무를 명한 경우에도 존재한다. 그러나 공휴일 · 휴가중 · 휴직중 · 직위해제중에는 이러한 의무는 인정되지 않는다. 그러나 행정기관의 장이 공휴일근무(공무원복무규정 제11조 제 1 항)를 명한 경우는 사정이 다르다. 직장이탈금지의무는 휴가를 신청한 것만으로 면해지는 것이 아니라, 그것은 휴가신청에 대한 권한행정청의 휴가명령이 있을 때부터 면해진다.[1] 물론 이러한 의무는 소속상관의 허가가 있거나 또는 정당한 이유가 있으면, 문제되지 아니한다.

(6) 친절공정의무

공무원은 국민 전체의 봉사자로서 친절하고 공정하게 직무를 수행하여야 한다(국공법 제59조; 지공법 제51조). 친절의무는 공무원이 국민에 군림하는 자가 아니라 봉사하는 자라는 지위에서 나오는 것이며, 공정의무는 공무원이 특정 국민이 아니라 모든 국민을 위한다는 지위에서 나온다. 이것 역시 법적 의무이다.

(7) 종교중립의 의무

공무원은 종교에 따른 차별 없이 직무를 수행하여야 한다(국공법 제59조의2 제 1 항). 공무원은 소속 상관이 제 1 항에 위배되는 직무상 명령을 한 경우에는 이에 따르지 아니할 수 있다(국공법 제59조의2 제 2 항).

(8) 비밀엄수의무

(가) 의의 · 취지

공무원은 재직중은 물론 퇴직 후에도 직무상 지득한 비밀을 엄수하여야 한다(국공법 제60조; 지공법 제52조). 공무원의 비밀엄수의무는 공무원이 직무상 지득한 비밀을 엄수함으로써 행정상 비밀을 보호하고 이로써 행정상 질서를 확보함을 목적으로 한다. 따라서 공무원의 비밀엄수의무로 인해 보호되는 이익은 특정한 개인의 이익이 아니라 국민 전체의 이익이다. 공무원의 비밀엄수의무가 특정 정파의 정치적 이익의 보호를 위한 도구로 전락되어서는 아니 된다.

뇌물수수사건의 검찰수사과정에서 뇌물을 받은 사람이 원고라는 제공자의 진술에 따라 원고에게까지 수사가 확대되자, 원고가 수사를 피하기 위하여 사직원을 제출하였으나 수리도 되지 아니한 상태에서 소속상관의 허가없이 3개월여 동안 직장을 이탈하고 출근하지 아니하여 뇌물수수 등의 죄로 지명수배된 경우, 원고의 위와 같은 행위는 국가공무원법상의 직장이탈이어서 같은 법 제78조 제 1 항 제 1 호에 해당한다는 이유로 원고에 대하여 한 파면처분에 재량권을 남용 또는 일탈한 위법이 없다).

1) 대판 1996. 6. 14, 96누2521(공무원이 그 법정 연가일수의 범위 내에서 연가를 신청하였다고 할지라도 그에 대한 소속 행정기관의 장의 허가가 있기 이전에 근무지를 이탈한 행위는 특단의 사정이 없는 한 국가공무원법 제58조에 위반되는 행위로서 징계사유가 된다 할 것이다); 대판 1987. 12. 8, 87누657 · 658.

(나) 직무상 비밀

① 직무상 비밀사항이란 폐쇄된 또는 일정한 범위의 사람에게만 알려진 사실로서 그에 대한 인식이 공무수행에 요구되는 사항을 말한다. ② 직무상 비밀사항에는 「법률이 직무상 비밀로 정한 사항(예: 군사기밀보호법 제 2 조)」과 「법률이 비밀로 정한 것은 아니지만 비밀인 사항」이 있다. ③ 후자(법령이 비밀로 정한 것은 아니지만 비밀인 사항)와 관련하여 직무상 비밀사항의 판단기준으로 행정기관이 비밀로 취급하는 사항은 모두 비밀이라는 형식설과 객관적·실질적으로 보호할 가치 있는 것인가의 여부를 기준으로 비밀성을 판단하는 실질설로 나뉜다. 국민의 알 권리의 보장 및 정보공개의 원칙에 비추어 실질설이 타당하다. 판례도 실질설을 취하고 있다.[1)]

(다) 비밀의 엄수

1) 엄수의 의미 비밀을 엄수하여야 한다는 것은 비밀을 누설하지 말아야 함을 의미한다. 다만 공무원 또는 공무원이었던 자가 그 직무에 관하여 알게 된 사실에 관하여 증인이나 감정인으로서 심문을 받을 경우에는 소속기관의 장의 승인을 받은 사항에 관해서만 진술할 수 있다(형소법 제147조, 제177조; 민소법 제276조, 제305조).

2) 국회에서 증언의 경우 국회로부터 공무원 또는 공무원이었던 자가 증언의 요구를 받거나, 국가기관이 서류제출을 요구받은 경우에 증언할 사실이나 제출할 서류의 내용이 직무상 비밀에 속한다는 이유로 증언이나 서류제출을 거부할 수 없다(국회에서의증언·감정등에관한법률 제 4 조 제 1 항 본문).[2)] 다만, 군사·외교·대북관계의 국가기밀

1) 대판 1996. 10. 11, 94누7171(국가공무원법상 직무상 비밀이라 함은 국가 공무의 민주적, 능률적 운영을 확보하여야 한다는 이념에 비추어 볼 때 당해 사실이 일반에 알려질 경우 그러한 행정의 목적을 해할 우려가 있는지 여부를 기준으로 판단하여야 하며, 구체적으로는 행정기관이 비밀이라고 형식적으로 정한 것에 따를 것이 아니라 실질적으로 비밀로서 보호할 가치가 있는지, 즉 그것이 통상의 지식과 경험을 가진 다수인에게 알려지지 아니한 비밀성을 가졌는지, 또한 정부나 국민의 이익 또는 행정목적 달성을 위하여 비밀로서 보호할 필요성이 있는지 등이 객관적으로 검토되어야 한다).

2) 대판 1995. 6. 30, 93추83(공무원 또는 공무원이었던 자가 직무상 비밀에 속한다는 이유로 지방의회의 증언 또는 서류제출 요구 등을 거부할 수 없도록 규정한 조례안의 경우, 언제나 국가기밀을 공개하여야 한다는 것은 부당하고 국민의 알 권리도 헌법 제37조 제 2 항에 의하여 국가안전보장·질서유지·공공복리를 이유로 제한될 수 있다는 점에서 절대적인 권리는 아니므로, 그 규정이 목적하는 바가 국가기밀을 빙자하여 자료제출, 증언을 거부하려는 것을 막는 데 있다면, 국회에서의증언·감정등에관한법률과 같이 그것이 공개됨으로써 국가의 안전보장 등에 중대한 위험을 초래할 국가기밀의 경우에는 공개를 거부할 수 있는 예외를 합리적으로 인정하였어야 함에도, 이러한 예외를 인정함이 없이 그것이 공개됨으로써 국가의 안전보장에 중대한 영향을 미칠 국가기밀의 경우까지도 반드시 공개하도록 규정된 조례안은 이런 점에서 공무원의 비밀유지의무를 규정한 국가공무원법 제60조, 지방공무원법 제52조, 형법 제127조, 보안업무규정 제24조와 지방자치법 제36조 제 7 항, 같은법시행령 제17조의4 제 3 항에 위반된다고 볼 수밖에 없다).

에 관한 사항으로서 그 발표로 말미암아 국가안위에 중대한 영향을 미친다는 주무부장관(대통령 및 국무총리의 소속 기관에서는 당해 관서의 장)의 소명이 증언 등의 요구를 받은 날로부터 5일 이내에 있는 경우에는 그러하지 아니하다(동법 제4조 제1항 단서). 국회가 소명을 수락하지 아니할 경우에는 본회의의 의결로, 폐회중에는 해당위원회의 의결로 국회가 요구한 증언 또는 서류의 제출이 국가의 중대한 이익을 해친다는 취지의 국무총리의 성명을 요구할 수 있다(동법 제4조 제2항). 국무총리가 성명의 요구를 받은 날로부터 7일 이내에 그 성명을 발표하지 아니하는 경우에는 증언이나 서류제출을 거부할 수 없다(동법 제4조 제3항).

3) 엄수의 시기 비밀엄수의 시기는 재직중인가 또는 퇴직 후인가를 가리지 않는다.

(라) 의무의 위반

비밀엄수의무를 위반하면 징계처분을 받을 뿐만 아니라 형사처벌을 받게 된다(형법 제126조(피의사실공표죄), 제127조(공무상비밀의 누설죄)). 다만 퇴직 후에 누설하면 징계처분은 성질상 불가할 것이다. 물론 공공기관의 정보공개에 관한 법률에 따른 비밀의 공개는 비밀엄수의무의 위반에 해당하지 아니한다. 또한 실질적으로는 비밀사항이 아니어도 행정기관이 비밀로 정한 사항을 누설하면, 누설한 공무원은 형사처벌을 받지 아니하지만, 직무명령위반으로 징계처분을 받을 수는 있다.

(마) 의무의 한계

① 공무원의 비밀엄수의무는 언론기관이나 국민에 대한 행정정보의 공개를 제약한다. 이것은 국민의 알 권리와 표현의 자유에 대한 제한을 뜻한다. 이것은 공무원의 비밀엄수의무와 국민의 알 권리 사이에 충돌이 있음을 의미하는바, 양자간의 조화가 문제된다. 그런데 이러한 충돌의 문제는 공공기관의 정보공개에 관한 법률의 제정으로 인해 제도적으로 일단 해결된 셈이다. 말하자면 동 법률에 따른 정보공개는 공무원의 비밀엄수의무의 위반에 해당하지 아니한다. 문제는 동 법률의 합리적인 해석 · 운영이다. ② 공무원은 그 직무를 행함에 있어 범죄가 있다고 사료하는 때에는 고발하여야 하는바(형소법 제234조 제2항), 공무원의 고발의무와 비밀엄수의무 사이의 조화도 문제이다.

(9) 청렴의무

공무원은 직무와 관련하여 직접적이든 간접적이든 사례 · 증여 또는 향응을 주거나 받을 수 없고(국공법 제61조 제1항; 지공법 제53조 제1항), 또한 공무원은 직무상의 관계가 있든 없든 그 소속 상관에 증여하거나 소속 공무원으로부터 증여를 받아서는 아니 된다(국공법 제61조 제 2 항; 지공법 제53조 제 2 항). 청렴의무도 넓게는 품위유지의무의 내용이 되나 현행 공무원법은 이를 별도로 규정하고 있다. 청렴의무 위반은 징계사유가[1] 될 뿐만 아니라 경우에 따라서는 형법상 뇌물에 관한 죄를 구성할 수도 있다(형법 제129조 내지 제135조).

(10) 영예의 제한

경찰공무원이 외국 정부로부터 영예나 증여를 받을 경우에는 대통령의 허가를 받아야 한다(국공법 제62조; 지공법 제54조).

(11) 품위유지의무

공무원은 직무의 내외를 불문하고 그 품위가 손상되는 행위를 하여서는 아니 된다(국공법 제63조; 지공법 제55조). 여기서 품위손상행위란 국가의 권위[2] · 위신 · 체면 · 신용 등에 영향을 미칠 수 있는 공무원의 불량하거나[3] 불건전한 행위를[4] 말한다(예: 축첩 · 도박 · 마약이나 알콜 중독).[5] 경찰공무원은 근무시간중 음주를 하여서는 아니 된다.[6] 다만,

---

1) 대판 1999. 3. 9, 98두18145(설날 며칠 뒤 부하 경찰관을 통하여 관내 업소 경영자로부터 금 80만 원을 교부받은 파출소장에 대한 해임처분이 재량권을 일탈 · 남용한 것이 아니다); 대판 1998. 11. 10, 98두12017(교도소 수용자에게 반입이 금지된 일용품 등을 전달하여 주고 그 가족 등으로부터 금품 및 향응을 제공받은 교도관에 대한 해임처분이 적법하다).

2) 대판 2002. 9. 27, 2000두2969(감사원 공무원이 허위의 사실을 기자회견을 통하여 공표한 것이 감사원의 명예를 실추시키고 공무원으로서 품위를 손상한 행위로서 국가공무원법이 정하는 징계사유에 해당된다).

3) 대판 1999. 10. 8, 99두6101(교통사고를 일으켜 피해자 2인에게 각 전치 2주의 상해를 입히고 약 296,890원 상당의 손해를 입히고도 구호조치 없이 도주한 수사 담당 경찰관에 대한 해임처분이 재량권의 범위를 일탈 · 남용한 것이 아니다); 대판 1996. 7. 12, 96누3302(원고는 광주 동부경찰서 대의파출소 소속 경찰관으로서 1994. 9. 9. 02:00경부터 03:00경까지 사이에 소외 A와 함께 112 순찰차 근무중 도박현장에 출동하라는 무선통보를 받고 광주 동구 궁동에 있는 해태호프라는 술집에 출동하여 소외 B 등이 화투로 도박을 한 사실을 인지하고서도 이를 묵인하여 준 뒤 위 B가 위 A에게 건네주는 돈 200,000원을 위 A와 함께 수수한 사실은 직무와 관련하여 금품을 수수한 것으로서 국가공무원법 제78조 제 1 항 제 1, 2 호 소정의 징계사유에 해당한다).

4) 대판 1999. 4. 27, 99두1458(원고는 아무런 변제 대책도 없이 위와 같이 과다한 채무를 부담하였고, 대출금의 상당 부분을 자녀의 해외 어학연수비 등 교육비와 생활비 등에 무절제하게 소비하였으며, 동료경찰관에게 위와 같은 채무 부담 사실을 알리지도 않고 대출보증을 하도록 하거나 대출을 받아 자신에게 대출금을 빌려주도록 하여 그들의 월급이 압류되게 하는 등 피해를 입히고 있고, 원고가 위 채무에 대한 변제능력이 없으며, 기타 경찰관의 공익적 지위와 위와 같은 과다 채무를 부담한 상태에서는 정상적인 복무를 기대하기 어려운 점 등 제반 사정을 종합하여 볼 때, 원고가 22년간 경찰관으로 근무하면서 수회 표창을 받았고, 형사처벌이나 징계처분을 받은 사실이 없이 근무하여 온 점과 채무의 일부를 변제한 사정 등 원고 주장의 제반 정상을 참작하더라도, 이 사건 해임처분이 원고의 직무의 특성과 비위의 내용 및 성질, 징계의 목적 등에 비추어 객관적으로 명백하게 부당한 것으로 사회통념상 현저하게 타당성을 잃어 징계 재량권의 범위를 일탈하였거나 남용한 것이라고 할 수 없다).

5) 대판 1999. 11. 26, 98두6951(원고는 1978. 5. 27. 경찰공무원으로 임용되어 1996. 5. 3.부터 부산지방경찰청 남부경찰서 소속 파출소장으로 근무하여 왔는데, 피고는 원고가 부산 사상구 감전

특별한 사정이 있는 경우에는 예외로 하되, 이 경우 주기가 있는 상태에서 직무를 수행하여서는 아니 된다(경찰공무원복무규정 제9조). 품위유지의무는 직무집행중뿐만 아니라 직무집행과 관계없이도 존재하며, 만약 이에 위반하면 역시 징계사유가 된다(국공법 제78조; 지공법 제69조).[1]

⑿ 영리 업무 금지의무 및 겸직 금지의무

공무원은 공무 외에 영리를 목적으로 하는 업무에 종사하지 못하며, 소속기관장의 허가 없이 다른 직무를 겸할 수 없다.[2] 공무원의 직무상의 능률의 저

동에 있는 주점 1의 업주 소외 1과 친분관계가 있음을 기화로 ① 1995. 5. 21. 위 업소가 퇴폐영업으로 단속되자 관할 파출소장 소외 2에게 '소외 1과 잘 아는 사이이므로 사건을 잘 처리해 달라' 고 청탁하고, ② 같은 해 6. 21. 위 소외 1의 처남 소외 3이 경영하는 주점 2이 퇴폐영업으로 단속되자 위 소외 2에게 '자신의 입장이 곤란하므로 잘 처리해 달라. 소외 3이 수배중이니 현영업주인 그의 처를 입건하지 말고 소외 3을 입건해 달라' 고 청탁하고, ③ 1996. 6. 5. 위 주점 1이 무허가영업으로 단속되자 위 소외 2에게 '윤락행위 부분은 빼고 무허가 부분만 입건하는 방향으로 선처해 달라' 고 청탁하고, ④ 같은 달 10. 위 주점 1이 종업원의 호객행위로 단속되자 위 소외 2에게 '즉결심판에 회부되지 않도록 선처해 달라' 고 청탁하고, ⑤ 같은 달 초순경 직접 수회 전화를 하거나 찾아가서 잘 봐달라고 청탁하고, ⑥ 1997. 1. 22. 09:00경 위 주점 1이 퇴폐영업으로 단속되자 위 소외 2와 경장 소외 4에게 '아가씨만 빌려준 것이니까 한 곳으로 묶어달라. 여종업원들을 빨리 보내주도록 해주고 부녀보호소에 넘기지 않도록 해달라' 고 청탁하고 그 후 여종업원들의 신병이 인계되자 '여종업원이 맞았는데 파출소장인 소외 2가 사과하고 잘 수습하는 게 좋겠다' 고 하여 이를 거절하자 '고소당하면 너만 손해다. 서로 좋게 하라' 고 하는 등 유흥업소 유착비리 근절에 대한 상부의 명령을 위배하고 경찰관으로서의 품위를 손상시켰다는 것은 국가공무원법 제56조, 제57조, 제63조에 위배되어 같은 법 제78조 제1항 각 호 소정의 징계사유에 해당한다).

6) 대판 1997. 11. 25, 97누14637(휴게근무시간중 인근 식당에서 음주하고 혈중 알콜농도 0.10%의 음주상태에서 자기 소유 승용차를 운전하고 가다가 교차로에서 택시와 충돌하여 여러 명을 사상케 한 경찰관에 대한 징계 해임처분이 재량권의 범위를 일탈·남용한 것이 아니다); 대판 1997. 11. 14, 97누7325(경찰공무원이 혈중알콜농도 0.27%의 주취상태에서 승용차를 운전하다가 승용차 2대를 들이받고 그 차에 타고 있던 사람 4명에게 상해를 입히는 사고를 내어 벌금 3,000,000원의 약식명령을 받은 비위사실에 대하여, 그 비위의 내용과 성질 및 징계처분의 목적, 경찰공무원이 주장하는 여러 정상들을 종합하여 보면, 당해 경찰공무원에 대한 정직 2월의 징계처분은 적정하고 그것이 재량권의 범위를 일탈하거나 남용한 것이라고 볼 수 없다).

1) 대판 1998. 2. 27, 97누18172(국민으로부터 널리 공무를 수탁하여 국민 전체를 위해 근무하는 공무원의 지위를 고려할 때 공무원의 품위손상행위는 본인은 물론 공직사회에 대한 국민의 신뢰를 실추시킬 우려가 있으므로 지방공무원법 제55조는 국가공무원법 제63조와 함께 공무원에게 직무와 관련된 부분은 물론 사적인 부분에 있어서도 건실한 생활을 할 것을 요구하는 '품위유지의무' 를 규정하고 있고, 여기에서 '품위' 라 함은 주권자인 국민의 수임자로서의 직책을 맡아 수행해 나가기에 손색이 없는 인품을 말한다. 출장근무중 근무장소를 벗어나 인근 유원지에 가서 동료 여직원의 의사에 반하여 성관계를 요구하다가 그 직원에게 상해를 입히고 강간치상죄로 형사소추까지 당하게 된 경우, 당해 공무원의 이러한 행위는 사회통념상 비난받을 만한 행위로서 공직의 신용을 손상시키는 것이므로 지방공무원법 제69조 제1항 제3호 소정의 품위손상행위에 해당한다).

2) 대판 1982. 9. 14, 82누46(지방공무원법 제56조 및 영리업무의 한계 및 사실상 노무에 종사하는 지방공무원의 범위에 관한 건 제2조 제1호에 의하면 공무원으로서 겸직이 금지되는 영리업무는 영리적인 업무를 공무원이 스스로 경영하여 영리를 추구함이 현저한 업무를 의미하고 공무

하, 공무에 대한 부당한 영향, 국가의 이익과 상반되는 이득의 취득 또는 정부에 대한 불명예스러운 영향의 초래 등을 방지하기 위해 공무원에게 영리업무의 종사가 금지된다. 영리를 목적으로 하는 업무의 한계는 국회규칙, 대법원규칙, 헌법재판소규칙, 중앙선거관리위원회규칙 또는 대통령령으로 정한다(국공법 제64조; 지공법 제56조).[1)]

⒀ 정치운동 금지의무

㈎ 의 의

국민전체의 봉사자로서 공무원은 정치적 중립성을 지켜야 하는바(헌법 제7조 제2항), 이 때문에 공무원에게는 정치운동이 금지된다. 물론 예외적으로 정치운동이 허용되는 공무원(정치적 공무원)이 있다. 정치운동 금지의무의 내용은 다음과 같다.

㈏ 정당결성 등 금지

경찰공무원은 정당이나 그 밖의 정치단체의 결성에 관여하거나 이에 가입할 수 없다(국공법 제65조 제1항; 지공법 제57조 제1항). 그 한계는 국회규칙·대법원 규칙 또는 대통령령 등으로 정한다(국공법 제65조 제4항).

㈐ 선거운동금지

공무원은 선거에서 특정 정당 또는 특정인의 지지 또는 반대하기 위한 다음의 행위(① 투표를 하거나 하지 아니하도록 권유 운동을 하는 것, ② 서명운동을 기도·주재하거나 권유하는 것, ③ 문서나 도서를 공공시설 등에 게시하거나 게시하게 하는 것, ④ 기부금을 모집 또는 모집하게 하거나 공공자금을 이용 또는 이용하게 하는 것, ⑤ 타인에게 정당 기타 정치단체에 가입하게 하거나 또는 가입하지 아니하도록 권유운동을 하는 것)를 하여서는 아니된다(국공법 제65조 제2항; 지공법 제57조 제2항). 그 한계는 국회규칙, 대법원규칙, 헌법재판소규칙, 중앙선거관리위원회규칙 또는 대통령령으로 정한다(국공법 제65조 제4항).[2)]

원이 어관을 매수하여 임대하는 행위는 영리업무에 종사하는 경우라고 할 수 있다).

1) 국가공무원복무규정 제25조(영리업무의 금지) 공무원은 다음 각 호의 1에 해당하는 업무에 종사함으로써 공무원의 직무상의 능률의 저해, 공무에 대한 부당한 영향, 국가의 이익과 상반되는 이익의 취득 또는 정부에 대한 불명예스러운 영향을 초래할 우려가 있는 경우에는 이에 종사할 수 없다.

1. 공무원이 상업·공업·금융업 기타 영리적인 업무를 스스로 경영하여 영리를 추구함이 현저한 업무
2. 공무원이 상업·공업·금융업 기타 영리를 목적으로 하는 사기업체의 이사·감사·업무를 집행하는 무한책임사원·지배인·발기인 기타의 임원이 되는 것
3. 그의 직무와 관련이 있는 타인의 기업에 투자하는 행위
4. 기타 계속적으로 재산상의 이득을 목적으로 하는 업무를 행하는 것

제26조(겸직허가) ① 공무원이 제25조의 영리업무에 해당되지 아니하는 다른 직무를 겸직하고자 할 때에는 소속기관의 장의 사전허가를 받아야 한다.

② 제1항의 허가는 담당직무수행에 지장이 없는 경우에 한한다.

③ 제1항에서 "소속기관의 장"이라 함은 5급 이상 공무원의 경우에는 임용제청권자, 6급 이하 공무원 및 기능직공무원의 경우에는 임용권자를 말한다.

2) 헌재 2004. 5. 14, 2004헌나1(대통령(노무현) 탄핵심판사건)(선거에서의 공무원의 정치적 중립

(라) 다른 공무원에 대한 정치적 운동금지

공무원은 다른 공무원에게 앞의 (나)와 (다)에 위배되는 행위를 하도록 요구하거나, 정치적 행위에 대한 보상 또는 보복으로서 이익 또는 불이익을 약속하여서는 아니 된다(국공법 제65조 제 3 항; 지공법 제57조 제 3 항).

(마) 벌 칙

공무원이 위의 정치운동금지의무에 위반하면 다른 법률에 특별히 규정된 경우 외에는 1년 이하의 징역 또는 300만원 이하의 벌금에 처한다(국공법 제84조; 지공법 제82조).

(14) 집단행위의 금지

(가) 취 지

공무원은 국민전체의 이익을 위해 봉사하는 자이므로 공무원 자신의 개인적 이익을 위한 집단행동은 금지된다. 공무원인 근로자는 법률이 정하는 자에 한하여 단결권 · 단체교섭권 및 단체행동권을 가진다(헌법 제33조 제 2 항). 공무원은 노동운동이나 그 밖에 공무 외의 일을 위한 집단 행위를 하여서는 아니 된다(국공법 제66조 제 1항; 지공법 제58조 제 1 항).[1] 집단행위의 금지는 헌법에 위반되지 아니한다.[2] 다만 사실상 노무

의무는 '국민 전체에 대한 봉사자'로서의 공무원의 지위를 규정하는 헌법 제 7 조 제 1 항, 자유선거원칙을 규정하는 헌법 제41조 제 1 항 및 제67조 제 1 항 및 정당의 기회균등을 보장하는 헌법 제116조 제 1 항으로부터 나오는 헌법적 요청이다. 공선법 제 9 조는 이러한 헌법적 요청을 구체화하고 실현하는 법규정이다).

1) 대판 2005. 4. 15, 2003도2960(국가공무원법 제66조에서 금지한 '노동운동'은 헌법과 국가공무원법과의 관계 및 우리 헌법이 근로삼권을 집회, 결사의 자유와 구분하여 보장하면서도 근로삼권에 한하여 공무원에 대한 헌법적 제한규정을 두고 있는 점에 비추어 헌법 및 노동법적 개념으로서의 근로삼권, 즉 단결권, 단체교섭권, 단체행동권을 의미한다고 해석하여야 할 것이고, 제한되는 단결권은 종속근로자들이 사용자에 대하여 근로조건의 유지, 개선 등을 목적으로 조직한 경제적 결사인 노동조합을 결성하고 그에 가입, 활동하는 권리를 말한다고 할 것이며, 또한 같은 법상의 '공무 이외의 일을 위한 집단적 행위'는 공무가 아닌 어떤 일을 위하여 공무원들이 하는 모든 집단적 행위를 의미하는 것은 아니고 언론, 출판, 집회, 결사의 자유를 보장하고 있는 헌법 제21조 제 1 항, 헌법상의 원리, 국가공무원법의 취지, 국가공무원법상의 성실의무 및 직무전념의무 등을 종합적으로 고려하여 '공익에 반하는 목적을 위하여 직무전념의무를 해태하는 등의 영향을 가져오는 집단적 행위'라고 축소 해석하여야 한다); 헌재 2005. 10. 27, 2003헌바50(지방공무원법 제58조 제 1 항에서 규정하고 있는 '노동운동'의 개념은 비록 이 사건 법률에서 명백히 그 개념규정을 하고 있지는 아니하나 위 법률조항이 헌법 제33조 제 2 항에 근거하여 제정된 것이므로 위 헌법조항의 취지에 비추어 근로자의 근로조건의 향상을 위한 단결권 · 단체교섭권 및 단체행동권 등 이른바 근로3권을 기초로 하여 이에 직접 관련된 행위를 의미하는 것으로 좁게 해석하여야 함이 상당할 것이다. 마찬가지로, 위 법률조항에서 규정하고 있는 '공무 이외의 일을 위한 집단행위'의 개념도 다소 광범위하여 명확성의 원칙에 위배되지 않는가라는 의문이 있을 수 있으나 위 개념을 헌법상의 집회 · 결사의 자유와 연관시켜서 이 사건 법률의 입법취지를 고려하면, 위 개념은 모든 집단행위를 의미하는 것이 아니라 공무 이외의 일을 위한 집단행위 중 공익에 반하는 행위로 축소해석하여야 함이 상당할 것이다).

2) 대판 1990. 12. 26, 90다8916(국가공무원법 제66조 제 1 항이 헌법 제11조의 평등권조항, 헌법

에 종사하는 공무원은 예외로 한다(국공법 제66조 제 1 항 단서; 지공법 제58조 제 1 항 단서).[1] 아울러 대통령령으로 정하는 공무원에게도 이러한 의무는 없다(국공법 제 3 조 단서; 지공법 제 3 조 단서). 그러나 공무원이 한편으로는 국민전체의 봉사자이지만 다른 한편으로는 근로자이기도 한바, 일부공무원 이외의 모든 공무원에게 집단행위를 금한다는 것은 다소 문제가 있다.

(나) 소속장관의 허가

사실상 노무에 종사하는 공무원으로서 노동조합에 가입된 자가 조합 업무에 전임하려면 소속 장관(지방공무원의 경우는 소속지방자치단체의 장)의 허가를 받아야 한다(국공법 제66조 제 3 항; 지공법 제58조 제 3 항). 그리고 허가에는 필요한 조건을 붙일 수 있다(국공법 제66조 제 4 항; 지공법 제58조 제 4 항).

(다) 벌 칙

공무원이 집단행위금지의무에 위반하면 다른 법률에 특별히 규정된 경우 외에는 1년 이하의 징역 또는 300만원 이하의 벌금에 처한다(국공법 제84조; 지공법 제82조).

4. 공직자윤리법상 의무

(1) 공직자의 재산등록의무

대통령 · 국무총리 · 국무위원 · 국회의원 등 국가의 정무직공무원, 총경(자치총경을 포함한다) 이상의 경찰공무원과 소방정 및 지방소방정 이상의 소방공무원 등 공직자윤리법 제 3 조가 정하는 자는 ① 본인, ② 배우자(사실상의 혼인관계에 있는 사람을 포함한다), ③ 본인의 직계존속 · 직계비속(다만, 혼인한 직계비속인 여자와 외증조부모, 외조부모, 외손자녀 및 외증손자녀는 제외한다)의 일정한 재산(소유 명의와 관계없이 사실상 소유하는 재산, 비영리법인에 출연한 재산과 외국에 있는 재산을 포함한다)을 등록하여야 한다(윤리법 제 4 조). 대통령, 국무총리, 국무위원, 국회의원, 국가정보원의 원장 및 차장 등 국가의 정무직공무원, 치안감 이상의 경찰공무원 및 특별시 · 광역시 · 도 · 특별자치도의 지방경찰청장 등은 본

제21조의 언론 · 출판 · 집회 · 결사의 자유 조항, 헌법 제31조 제 4 항의 교육의 자주성 등의 보장 조항, 헌법 제33조의 근로자의 단결권 등 조항이나 헌법 제37조 제 2 항의 국민의 자유와 권리의 제한조항에 위배된 위헌규정이라고는 할 수 없다고 함이 당원의 견해이다); 대판 1990. 4. 10, 90도332; 대판 1990. 6. 26, 90도957.

1) 국가공무원복무규정 제28조(사실상 노무에 종사하는 공무원) 법 제66조에 규정된 "사실상 노무에 종사하는 공무원"이라 함은 정보통신부 및 철도청 소속의 현업기관과 국립의료원의 작업현장에서 노무에 종사하는 기능직공무원 및 고용직공무원으로서 다음 각 호의 1에 해당하지 아니하는 자에 한한다.

1. 서무 · 인사 및 기밀업무에 종사하는 자
2. 경리 및 물품출납사무에 종사하는 자
3. 노무자의 감독사무에 종사하는 자
4. 보안업무규정에 의한 보안목표시설의 경비업무에 종사하는 자
5. 승용자동차 및 구급차의 운전에 종사하는 자

인과 배우자 및 본인의 직계존속 · 직계비속의 재산에 관한 등록사항과 제 6 조에 따른 변동사항 신고내용을 등록기간 또는 신고기간 만료 후 1개월 이내에 관보 또는 공보에 게재하여 공개하여야 한다(윤리법 제10조).

⑵ 선물신고의무

공무원(지방의회의원 및 교육위원을 포함한다) 또는 공직유관단체의 임직원은 외국으로부터 선물을 받거나 그 직무와 관련하여 외국인(외국단체를 포함한다)에게 선물을 받으면 지체없이 소속기관 · 단체의 장에게 신고하고 그 선물을 인도하여야 한다. 이들의 가족이 외국으로부터 선물을 받거나 그 공무원이나 공직유관단체 임직원의 직무와 관련하여 외국인에게 선물을 받은 경우에도 또한 같다(윤리법 제15조 제 1 항). 신고된 선물은 신고 즉시 국고에 귀속된다(윤리법 제16조 제 1 항).

⑶ 취업금지의무

㈎ 퇴직공직자의 취업제한

대통령령으로 정하는 직급이나 직무분야에 종사한 공무원과 공직유관단체의 임직원(이하 "취업심사 대상자"라 한다)은 퇴직일부터 2년간 퇴직 전 5년 동안 소속하였던 부서의 업무와 밀접한 관련이 있는 다음 각 호(1. 자본금과 연간 외형거래액(「부가가치세법」 제13조에 따른 공급가액을 말한다. 이하 같다)이 일정 규모 이상인 영리를 목적으로 하는 사기업체, 2. 제 1 호에 따른 사기업체의 공동이익과 상호협력 등을 위하여 설립된 법인 · 단체, 3. 연간 외형거래액이 일정 규모 이상인 「변호사법」 제40조에 따른 법무법인, 같은 법 제58조의2에 따른 법무법인(유한), 같은 법 제58조의18에 따른 법무조합, 같은 법 제89조의6 제 3 항에 따른 법률사무소(이하 "법무법인등"이라 한다), 4. 연간 외형거래액이 일정 규모 이상인 「공인회계사법」 제23조 제 1 항에 따른 회계법인, 5. 연간 외형거래액이 일정 규모 이상인 「세무사법」 제16조의3 제 1 항에 따른 세무법인)의 어느 하나에 해당하는 사기업체 등(이하 "사기업체 등"이라 한다)에 취업할 수 없다. 다만, 관할 공직자윤리위원회의 승인을 받은 때에는 그러하지 아니하다(윤리법 제17조 제 1 항).

㈏ 취업자의 해임요구

관할 공직자윤리위원회는 제17조 제 1 항을 위반하여 취업한 사람이 있는 때에는 국가기관의 장(국회는 국회사무총장, 법원은 법원행정처장, 헌법재판소는 헌법재판소사무처장, 중앙선거관리위원회는 중앙선거관리위원회사무총장. 이하 같다), 지방자치단체의 장에게 해당인에 대한 취업해제조치를 하도록 요청하여야 하며, 요청을 받은 국가기관의 장 또는 지방자치단체의 장은 해당인이 취업하고 있는 사기업체등의 장에게 해당인의 해임을 요구하여야 한다(윤리법 제19조 제 1 항). 제 1 항에 따라 해임 요구를 받은 사기업체등의 장은 지체 없이 이에 응하여야 한다. 이 경우 사기업체등의 장은 그 결과를 국가기관의 장 또는 지방자치단체의 장에게 통보하고, 국가기관의 장 또는 지방자치단체의 장은 관할 공직자윤리위원회에 통보하여야 한다(윤리법 제19조 제 2 항). 제 1 항에 따른 해임 요구에 대하여 「행정소송법」 제 3 조에 따른 행정소송을 제기한 경우에는 그 소송이 제기된 때부터 법원의 판결이 확정될 때까지 제17조 제 1 항에 따른 해당인의 취업제한 기간의 진행이 정지된다. 다만, 해당 소송을 통하여 해임 요구 처분이 취소되거나 해임 요구 처분의 효력이 없는 것으로 확인된 경우에는 그러하지 아니하다(윤리법 제19조 제3항).

5. 기 타

총경(자치총경을 포함한다) 이상의 경찰공무원과 소방정(지방소방정을 포함한다) 이상의 소방공무원은 공직자 등의 병역사항 신고 및 공개에 관한 법률에 따라 병역사항신고의무를 부담하고(동법 제2조 제9호), 모든 경찰공무원은 부패방지법 및 국민권익위원회의 설치와 운영에 관한 법률에 의거하여 법령을 준수하고 친절하고 공정하게 집무하여야 하며 일체의 부패행위와 품위를 손상하는 행위를 하여서는 아니 될 의무를 부담한다(동법 제7조).

Ⅲ. 경찰공무원의 책임

1. 징계책임(징계벌)

(1) 징계벌의 관념

(가) 징계벌의 의의

징계란 공무원이 공무원으로서 부담하는 의무를 위반하였을 때, 공무원관계의 질서유지를 위해 공무원법에 따라 당해 공무원에게 법적 제재, 즉 벌을 가하는 것을 말한다. 용례상 의무위반에 대하여 가해지는 처벌이 징계벌이고, 처벌을 받게 되는 지위를 징계책임이라고 한다.

(나) 법적 근거

징계는 기본권으로 보장되는 공무담임권에 대한 제한을 가져오는 것이므로, 헌법 제37조 제 2 항 및 헌법 제 7 조 제 2 항에 따라서 법률의 근거가 필요하다. 징계벌에 관한 현행의 실정법상 근거로 국가공무원법과 공무원징계령 등이 있다. 과거의 특별권력관계론을 근거로 징계를 할 수는 없다. 요컨대 징계벌에도 법치주의는 적용된다.

(다) 싱계벌과 형벌의 비교

징계벌도 고통 내지 불이익의 부과라는 점에서는 형벌과 같다. 그러나 그 목적과 불이익의 구체적인 내용에 있어서는 차이가 있다. 즉 ① 형벌은 국가와 일반사회공공의 질서유지를 목적으로 하나, 징계벌은 행정조직 내부에서 공무원관계의 질서유지를 목적으로 하는바, ② 형벌은 일반국민을 대상으로 하나, 징계벌은 공무원을 대상으로 하며, ③ 형벌은 인간의 신체상의 자유와 재산권의 박탈을 내용으로 하나, 징계벌은 공무원의 신분상 이익의 전부 또는 일부의 박탈을 내용으로 한다. 따라서 ④ 형벌은 공무원의 퇴직 여하에 관계가 없으나, 징계벌은 퇴직 후에는 문제되지 아니한다.

㈑ 징계벌과 형벌의 병과

양자는 목적 · 내용 등에 있어서 상이하므로, 하나의 행위(예: 뇌물수수)에 대하여 양자를 병과할 수 있다. 즉 양자의 병과는 일사부재리의 원칙(헌법 제13조 제1항)에 반하는 것이 아니다.[1] 형사재판의 결과 금고 이상의 실형을 선고받으면 당연퇴직(국공법 제69조)이 되는바, 징계벌은 무의미하다. 그러나 벌금형이나 면소 또는 무죄판결을 받는 경우에는 따로 징계절차를 개시할 수도 있다. 한편, 감사원에서 조사 중인 사건에 대하여는 제 3 항(감사원과 검찰 · 경찰, 그 밖의 수사기관은 조사나 수사를 시작한 때와 이를 마친 때에는 10일 내에 소속 기관의 장에게 그 사실을 통보하여야 한다)에 따른 조사개시 통보를 받은 날부터 징계 의결의 요구나 그 밖의 징계 절차를 진행하지 못한다(국공법 제83조 제1항). 검찰 · 경찰, 그 밖의 수사기관에서 수사 중인 사건에 대하여는 제 3 항에 따른 수사개시 통보를 받은 날부터 징계 의결의 요구나 그 밖의 징계 절차를 진행하지 아니할 수 있다(국공법 제83조 제2항).

㈒ 징계와 일사부재리

동일한 징계원인으로 거듭 징계될 수 없다는 의미에서 일사부재리의 원칙은 징계벌에도 적용된다. 다만 징계처분과 직위해제는 그 성질이 상이하므로 직위해제의 사유로 징계처분을 할 수도 있다.[2]

(2) 징계의 원인

㈎ 원인의 유형

징계의 원인은 ① 경찰공무원법과 국가공무원법 및 이러한 법률들에 따른 명령을 위반한 경우(지방공무원법과 조례 · 규칙위반), ② 직무상의 의무(다른 법령에서 공무원의 신분으로 인하여 부과된 의무포함. 예: 공직자윤리법 제22조)를 위반하거나 직무를 태만히 한 때, ③ 직무의 내외를 불문하고 그 체면 또는

1) 김남진, 경찰행정법, 113쪽; 최영규, 경찰행정법, 155쪽; 대판 1986. 12. 12, 86누59(공무원에게 징계사유가 인정되는 이상, 관련된 형사사건이 아직 유죄로 확정되지 아니하였다 하더라도 징계처분을 할 수 있음은 물론, 그 징계처분에 대한 행정소송을 진행함에도 아무런 소장이 있을 수 없다).

2) 대판 1983. 10. 25, 83누184(직위해제처분이 공무원에 대한 불이익한 처분이긴 하나 징계처분과 같은 성질의 처분이라 할 수 없으므로 동일한 사유로 직위해제 처분을 하고 다시 감봉처분을 하였다 하여 일사부재리원칙에 위배된다 할 수 없다).

위신을 손상하는 행위를 한 때(국공법 제78조 제 1 항; 지공법 제69조 제 1 항)이다. 이러한 행위에 반드시 고의나 과실이 있을 것을 요하는 것은 아니라고 본다.[1] 그렇다고 공무원의 무과실책임을 의미하는 것은 아닐 것이다. 사실 징계사유가 만약 불가항력에 기인하는 것이라면 공무원의 책임은 면제될 수밖에 없을 것이다.

(나) 원인의 발생시점

국가공무원법 제78조 제 2 항(징계에 관하여 다른 법률의 적용을 받는 공무원이 이 법의 징계에 관한 규정의 적용을 받는 공무원으로 임용된 경우에 임용 이전의 다른 법률에 따른 징계 사유는 그 사유가 발생한 날부터 이 법에 따른 징계 사유가 발생한 것으로 본다)과 제 3 항(특수경력직공무원이 경력직공무원으로 임용된 경우에 임용 전의 해당 특수경력직공무원의 징계를 규율하는 법령상의 징계 사유는 그 사유가 발생한 날부터 이 장에 따른 징계 사유가 발생한 것으로 본다)의 경우를 제외하면 징계사유는 원칙적으로 재직중에 발생한 것이어야 한다.[2]

(3) 징계의 종류

(가) 의 의

국가공무원법과 지방공무원법은 징계로 파면 · 해임 · 강등 · 정직 · 감봉 · 견책의 여섯 가지를 규정하고 있다(국공법 제79조; 지공법 제70조). ① 파면이란 공무원의 신분을 박탈하여 공무원관계를 배제하는 징계처분이다. 파면의 처분을 받은 자는 파면처분을 받은 때로부터 5년을 경과하여야만 다시 공무원에 임용될 수 있다(국공법 제33조 제 1 항 제 7 호; 지공법 제31조 제 1 항 제 7 호). 그리고 파면의 경우에는 퇴직급여 · 퇴직수당의 감액이 따른다(연금법 제64조 제 1 항). ② 해임이란 역시 공무원신분을 박탈하여 공무원관계를 배제하는 징계처분이나, 다음의 점에서 파면과 다르다. 즉 해임의 처분을 받은 자는 5년이 아니라 3년간 공무원에 임용될 수 없고(국공법 제33조 제 1 항 제 8 호; 지공법 제31조 제 1 항 제 8 호), 퇴직급여금의 감액도 없다. ③ 강등이란 1계급 아래로 직급을 내리고(고위공무원단에 속하는 공무원은 3급으로 임용하고, 연구관 및 지도관은 연구사 및 지도사로 한다) 공무원신분은 보유하나 3개월간 직무에 종사하지 못하게 하며, 이 기간중에 보수의 3분의 2를 감하는 처분이다(국공법 제80조 제 1 항; 지공법 제71조 제 1 항). ④ 정직이란 공무원

---

1) 최영규, 경찰행정법, 155쪽.

2) 대판 1990. 5. 22, 89누7368(국가공무원으로 임용되기 전의 행위는 국가공무원법 제78조 제 2 항, 제 3 항의 경우 외에는 원칙적으로 재직중의 징계사유로 삼을 수 없다 할 것이나, 비록 임용 전의 행위라 하더라도 이로 인하여 임용 후의 공무원의 체면 또는 위신을 손상하게 된 경우에는 위 제 1 항 제 3 호의 징계사유로 삼을 수 있다고 보아야 할 것인바, 원고가 장학사 또는 공립학교 교사로 임용해 달라는 등의 인사청탁과 함께 금 1,000만 원을 제 3 자를 통하여 서울시 교육감에게 전달함으로써 뇌물을 공여하였고, 그 후 공립학교 교사로 임용되어 재직중 검찰에 의하여 위 뇌물공여죄로 수사를 받다가 기소되기에 이르렀으며 그와 같은 사실이 언론기관을 통하여 널리 알려졌다면, 비록 위와 같은 뇌물을 공여한 행위는 공립학교 교사로 임용되기 전이었더라도 그 때문에 임용 후의 공립학교 교사로서의 체면과 위신이 크게 손상되었다고 하지 않을 수 없으므로 이를 징계사유로 삼은 것은 정당하다).

의 신분을 보유하되 일정기간 직무에 종사하지 못하게 하는 징계처분이다. 정직기간은 1월 이상 3월 이하이며, 이 기간중에 보수는 3분의 2가 감해진다(국공법 제80조 제1항; 지공법 제71조 제1항). ⑤ 감봉이란 1월 이상 3월 이하의 기간 보수의 3분의 1을 감하는 징계처분이다(국공법 제80조 제2항; 지공법 제71조 제2항). ⑥ 견책이란 전과에 대하여 훈계하고 회개하게 하는 징계처분이다(국공법 제80조 제4항; 지공법 제71조 제4항).[1] 징계종류의 선택은 재량적이다.[2]

㈏ 중징계와 경징계

중징계란 파면, 해임, 강등 및 정직을 말한다(경공령 제2조 제1호). 경징계란 감봉 및 견책을 말한다(경공령 제2조 제2호).

(4) 징계권자와 징계위원회

㈎ 징계권자

징계권자란 자기의 명의로 징계처분을 행하는 자를 말한다. 징계권은 임용권의 한 부분이므로 임용권자가 징계권자가 되는 것이 원칙이지만, 절차의 효율성을 위해 달리 정할 수도 있다. 경찰공무원법상 국가경찰공무원의 징계는 징계위원회의 의결을 거쳐 징계위원회가 설치된 소속기관의 장이 하되, 국가공무원법에 따라 국무총리 소속으로 설치된 징계위원회에서 의결한 징계는 경찰청장 또는 해양경찰청장이 행한다(경공법 제27조 본문). 다만, 파면·해임·강등 및 정직은 징계위원회의 의결을 거쳐 해당 경찰공무원의 임용권자가 하되, 경무관 이상의

1) 전투경찰대의 대원 중 경사·경장 또는 순경(전투경찰순경을 포함한다)에 대한 징계는 파면·해임·정직·감봉·견책·영창 및 근신으로 한다(전투경찰대설치법 제5조 제1항). 영창은 전투경찰대 또는 함정 기타의 구금장에 구금함을 말하며 그 기간은 15일 이내로 한다(전투경찰대설치법 제5조 제2항). 근신은 훈련 또는 교육을 받는 경우를 제외하고는 평상근무에 복무함을 금하고 일정한 장소에서 비행을 반성함을 말하며, 그 기간은 15일 이내로 한다(전투경찰대설치법 제5조 제3항).

2) 대판 2002. 9. 24, 2002두6620(공무원인 피징계자에게 징계사유가 있어 징계처분을 하는 경우 어떠한 처분을 할 것인지는 징계권자의 재량에 맡겨진 것이고, 다만 징계권자가 그 재량권의 행사로서 한 징계처분이 사회통념상 현저하게 타당성을 잃어 징계권자에게 맡겨진 재량권을 남용한 것이라고 인정되는 경우에 한하여 그 처분을 위법한 것이라 할 것이고, 공무원에 대한 징계처분이 사회통념상 현저하게 타당성을 잃었다고 하려면 구체적인 사례에 따라 징계의 원인이 된 비위사실의 내용과 성질, 징계에 의하여 달성하려고 하는 행정목적, 징계 양정의 기준 등 여러 요소를 종합하여 판단할 때에 그 징계 내용이 객관적으로 명백히 부당하다고 인정할 수 있는 경우라야 한다); 대판 1997. 1. 24, 96누15763(여객이 역 구내에서 유실물을 습득하였다고 신고한 물건을 보관하면서 그 내용물의 일부를 횡령한 역무원의 행위는 철도유실물취급요령에 위반될 뿐만 아니라 형사상으로도 횡령죄에 해당하고 신문에 보도되는 등으로 사회적 물의까지 따른 비위이므로, 공무원은 법령을 준수하며 성실히 직무를 수행하여야 하고 직무의 내외를 불문하고 그 품위를 손상하는 행위를 하여서는 아니된다는 국가공무원법 제56조, 제63조 등에 위반하여 철도청의 위신을 적지 않게 실추시킨 비위로서 그 비위의 도가 중하고 고의가 있는 경우에 해당한다는 이유로, 그 역무원에 대하여 한 해임처분은 재량권의 범위를 일탈한 것이 아니다).

강등 및 정직과 경정 이상의 파면 및 해임은 경찰청장 또는 해양경찰청장의 제청으로 행정안전부장관 또는 국토해양부장관과 국무총리를 거쳐 대통령이 행하고, 총경과 경정의 강등 및 정직은 경찰청장 또는 해양경찰청장이 행한다(경공법 제27조 단서).

[경찰공무원의 계급별 징계권자]

	치안총감 · 치안정감 · 치안감 · 경무관	총경 · 경정	경감 · 경위 · 경사 · 경장 · 순경
파 면	대통령	대통령	경찰청장 · 해양경찰청장
해 임	대통령	대통령	경찰청장 · 해양경찰청장
강 등	대통령	경찰청장 · 해양경찰청장	경찰청장 · 해양경찰청장
정 직	대통령	경찰청장 · 해양경찰청장	경찰청장 · 해양경찰청장
감 봉	경찰청장 · 해양경찰청장	경찰청장 · 해양경찰청장	각종 경찰기관의 장
견 책	경찰청장 · 해양경찰청장	경찰청장 · 해양경찰청장	각종 경찰기관의 장

(나) 징계위원회

① 경무관 이상의 경찰공무원에 대한 징계의결은 국가공무원법에 따라 국무총리 소속으로 설치된 징계위원회에서 한다(경공법 제26조 제1항). ② 총경 이하의 경찰공무원에 대한 징계의결을 하기 위하여 대통령령으로 정하는 경찰기관 및 해양경찰관서에 경찰공무원 징계위원회를 둔다(경공법 제26조 제2항).

(다) 제주자치도 자치경찰공무원의 경우

자치경찰공무원의 징계는 자치경찰인사위원회의 의결을 거쳐 도지사가 행한다(제국법 제136조 제1항). 징계요구를 한 도지사는 자치경찰인사위원회의 의결이 가볍다고 인정하는 때에는 그 처분을 하기 전에 당해 자치경찰인사위원회에 재의결을 요청할 수 있다. 이 경우에는 소속공무원을 대리인으로 지정할 수 있다(제국법 제136조 제2항).

(5) 징계절차

(가) 징계의 요구

경찰기관의 장은 소속 경찰공무원이 다음 각 호(1. 「국가공무원법」 제78조 제1항 각 호의 어느 하나에 해당하는 사유(이하 "징계 사유"라 한다)가 있다고 인정할 때, 2. 제2항에 따른 징계등 의결 요구 신청을 받았을 때)의 어느 하나에 해당할 때에는 지체 없이 관할 징계위원회를 구성하여 징계등 의결을 요구하여야 한다(경징령 제9조 제1항).[1] 징계의결의 요구

1) 대판 2012. 6. 28, 2011두20505(공무원징계령 제7조 제6항 제3호에 의하면, 공무원에 대한

는 기속적이다.[1] 징계종류의 선택은 재량적이다.

(나) 징계요구의 시한

1) 원 칙 징계 의결의 요구는 징계 사유가 발생한 날부터 3년(금품 및 향응 수수, 공금의 횡령 · 유용의 경우에는 5년)이 지나면 하지 못한다(국공법 제83조의2 제 1 항; 지공법 제73조의2 제 1 항). 징계 사유가 계속적으로 행하여진 일련의 행위인 경우에는 최종의 행위를 기준으로 하여야 할 것이다. 판례의 입장이기도 하다.[2]

2) 조사 · 수사의 경우 제83조 제 1 항(감사원에서 조사 중인 사건에 대하여는 제 3 항에 따른 조사개시 통보를 받은 날부터 징계 의결의 요구나 그 밖의 징계 절차를 진행하지 못한다) 및 제 2 항(검찰 · 경찰, 그 밖의 수사기관에서 수사 중인 사건에 대하여는 제 3 항에 따른 수사개시 통보를 받은 날부터 징계 의결의 요구나 그 밖의 징계 절차를 진행하지 아니할 수 있다)에 따라 징계 절차를 진행하지 못하여 제 1 항의 기간이 지나거나 그 남은 기간이 1개월 미만인 경우에는 제 1 항의 기간은 제83조 제 3 항에 따른 조사나 수사의 종료 통보를 받은 날부터 1개월이 지난 날에 끝나는 것으로 본다(국공법 제83조의2 제 2 항; 지공법 제73조의2 제 2 항).

3) 결정 · 판결의 경우 징계위원회의 구성 · 징계 의결, 그 밖에 절차상의 흠이나 징계양정의 과다를 이유로 소청심사위원회 또는 법원에서 징계처분의 무효 또는 취소의 결정이나 판결을 한 경우에는 제 1 항의 기간이 지나거나 그 남은 기간이 3개월 미만인 경우에도 그 결정 또는 판결이 확정된 날부터 3개월 이내에는 다시 징계 의결을 요구할 수 있다(국공법 제83조의2 제 3 항; 지공법 제73조의2 제 3 항).

(다) 징계위원회의 심의

징계사건의 심의에서 징계위원회(지방공무원의 경우는 인사위원회)는 징계혐의자를 출석시킴이 원칙이다(경징령 제12조 제 2 항).[3] 징계위원회는 징계혐의자에게 충분한 진술을 할 수 있는

징계의결을 요구할 때는 징계사유의 증명에 필요한 관계 자료뿐 아니라 '감경대상 공적 유무' 등이 기재된 확인서를 징계위원회에 함께 제출하여야 하고, 경찰 공무원 징계양정 등에 관한 규칙 제 9 조 제 1 항 제 2 호 및 [별표 10]에 의하면 경찰청장의 표창을 받은 공적은 징계양정에서 감경할 수 있는 사유의 하나로 규정되어 있다. 위와 같은 관계 법령의 규정 및 기록에 비추어 보면, 징계위원회의 심의과정에 반드시 제출되어야 하는 공적 사항이 제시되지 않은 상태에서 결정한 징계처분은 징계양정이 결과적으로 적정한지 그렇지 않은지와 상관없이 법령이 정한 징계절차를 지키지 않은 것으로서 위법하다).

1) 대판 2007. 7. 12, 2006도1390(지방공무원의 징계와 관련된 규정을 종합해 보면, 징계권자이자 임용권자인 지방자치단체장은 소속 공무원의 구체적인 행위가 과연 지방공무원법 제69조 제 1 항에 규정된 징계사유에 해당하는지 여부에 관하여 판단할 재량은 있지만, 징계사유에 해당하는 것이 명백한 경우에는 관할 인사위원회에 징계를 요구할 의무가 있다).

2) 대판 1986. 1. 21, 85누841(원고의 비위가 모두 소송사건에 관련하여 계속적으로 행하여진 일련의 행위라면 설사 그 중에 본건 징계의결시 2년이 경과한 것이 있다 할지라도 그 징계시효의 기산점은 위 일련의 행위 중 최종의 것을 기준하여야 한다).

3) 대판 1987. 7. 21, 86누623(교육공무원법의 위임에 의하여 제정된 교육공무원징계령 제 8 조 소정의 징계혐의자에 대한 출석통지는 징계혐의자로 하여금 징계심의 개최일을 알게 하고 동시에

기회를 부여하여야 하며(경징령 제13조 제 2 항), 그 진술의 기회를 부여하지 아니하고 한 징계의결은 무효이다(국공법 제81조 제 3 항, 제13조 제 2 항; 지공법 제18조 제 2 항).[1)]

㈑ 징계의 의결과 통보

징계등 의결 요구를 받은 징계위원회는 그 요구서를 받은 날로부터 30일 이내에 징계에 관한 의결을 하여야 한다. 다만, 부득이한 사유가 있을 때에는 해당 징계등 의결을 요구한 경찰기관의 장의 승인을 얻어 30일 이내의 범위에서 그 기간을 연장할 수 있다(경징령 제11조 제 1 항). 징계위원회는 징계등 의결을 하였을 때에는 지체 없이 징계등 의결을 요구한 자에게 의결서 정본을 보내어 통지하여야 한다(경징령 제17조).

㈒ 징계의 집행

① 징계등 의결을 요구한 자는 경징계(감봉·견책)의 징계등 의결을 통지받았을 때에는 통지받은 날부터 15일 이내에 징계등을 집행하여야 한다(경징령 제18조 제 1 항). ② 징계등 의결을 요구한 자는 중징계(파면, 해임, 강등, 정직)의 징계등 의결을 통지받았을 때에는 지체 없이 징계등 처분 대상자의 임용권자에게 의결서 정본을 보내어 해당 징계등 처분을 제청하여야 한다. 다만, 경무관 이상의 강등 및 정직, 경정 이상의 파면 및 해임 처분의 제청, 총경 및 경정의 강등 및 정직의 집행은 경찰청장 또는 해양경찰청장이 한다(경징령 제19조 제 1 항).

㈓ 하자 있는 징계

징계행위에 하자가 없어야 한다.[2)] 징계행위에 명백하고 중대한 하자가 있

자기에게 이익되는 사실을 진술하거나 증거자료를 제출할 기회를 부여하기 위한 조치에서 나온 강행규정으므로 적법한 출석통지 없이 한 징계심의 절차는 위법하다).

1) 대판 1995. 10. 13, 95누6434(단체협약에 조합원을 징계할 경우 징계위원회 개최일로부터 소정일 이전에 피징계자에게 징계회부 통보를 하도록 규정되어 있는데도 사용자가 단체협약에 규정된 여유기간을 두지 아니하고 뒤늦게 피징계자에게 징계회부되었음을 통보하는 것은 잘못이나, 피징계자가 스스로 징계위원회에 출석하여 통지절차에 대한 이의를 제기하지 아니하고 충분한 소명을 한 경우에는 그와 같은 절차상의 하자는 치유된다).

2) 대판 2008. 6. 26, 2008두6387(공무원인 피징계자에게 징계사유가 있어서 징계처분을 하는 경우 어떠한 처분을 할 것인가는 징계권자의 재량에 맡겨져 있으므로, 징계권자가 재량권의 행사로서 한 징계처분이 사회통념상 현저하게 타당성을 잃어 징계권자에게 맡겨진 재량권을 남용하였다고 인정되는 경우에 한하여 그 처분을 위법하다고 할 수 있다. 그리고 공무원에 대한 징계처분이 사회통념상 현저하게 타당성을 잃었는지 여부는 구체적인 사례에 따라 직무의 특성, 징계의 원인이 된 비위사실의 내용과 성질, 징계에 의하여 달성하려고 하는 행정목적, 징계 양정의 기준, 특히 금품수수의 경우는 수수액수, 수수경위, 수수시기, 수수 이후 직무에 영향을 미쳤는지 여부 등 여러 요소를 종합하여 판단할 때 그 징계내용이 객관적으로 명백히 부당하다고 인정할 수 있는 경우라야 한다. 한편, 대략 같은 정도의 비위를 저지른 자들에 대하여 그 구체적

다면 징계행위는 무효의 행위가 된다. 피징계자에 진술 기회를 주지 아니한 결정은 무효가 된다(국공법 제81조 제3항, 제13조 제2항). 단순위법의 하자는 취소의 사유가 된다.[1)]

⑹ 징계부가금

㈎ 징계부가금 부과 의결의 요구

제78조에 따라 공무원의 징계 의결을 요구하는 경우 그 징계 사유가 금품 및 향응 수수, 공금의 횡령·유용인 경우에는 해당 징계 외에 금품 및 향응 수수액, 공금의 횡령액·유용액의 5배 내의 징계부가금 부과 의결을 징계위원회에 요구하여야 한다(국공법 제78조2 제1항).

㈏ 징계부가금의 조정·감면

징계위원회에서 징계부가금 부과 의결을 하기 전에 금품 및 향응 수수, 공금의 횡령·유용으로 다른 법률에 따라 형사처벌을 받거나 변상책임 등을 이행한 경우(몰수나 추징을 당한 경우를 포함한다)에는 징계위원회는 대통령령으로 정하는 바에 따라 조정된 범위에서 징계부가금 부과를 의결하여야 하며, 징계부가금 부과 의결을 한 후에 형사처벌을 받거나 변상책임 등을 이행한 경우(몰수나 추징을 당한 경우를 포함한다)에는 징계위원회는 대통령령으로 정하는 바에 따라 징계부가금의 감면 등의 조치를 하여야 한다(국공법 제78조2 제2항).

㈐ 강제징수

제 1 항에 따라 징계부가금 부과처분을 받은 사람이 납부기간 내에 그 부가금을 납부하지 아니한 때에는 처분권자(대통령이 처분권자인 경우에는 처분 제청권자)는 국세 체납처분의 예에 따라 징수할 수 있다(국공법 제78조2 제3항).

⑺ 징계처분 등 불이익처분에 대한 불복(소청과 행정소송)

㈎ 소 청

1) 의 의 소청이란 공무원이 징계처분 기타 그 의사에 반한 불리한

인 직무의 특성, 금전 수수의 경우에는 그 액수와 횟수, 의도적·적극적 행위인지 여부, 개전의 정이 있는지 여부 등에 따라 징계의 종류의 선택과 양정에 있어서 차별적으로 취급하는 것은 사안의 성질에 따른 합리적 차별로서 이를 자의적 취급이라고 할 수 없어 평등의 원칙 내지 형평에 반하지 아니한다).

1) 대판 1990. 11. 27, 90누5580(징계권자가 징계처분을 함에 있어서 사실관계를 오인한 하자가 있는 경우에 그 하자가 중대하더라도 외형상 객관적으로 명백하지 않다면 그 징계처분은 취소할 수 있음에 불과하고 당연무효라고 볼 수 없는바, 징계원인사실관계의 오인이 잘못된 징계자료에 기인한 경우에 그 징계자료가 외형상 상태성을 결여하고 객관적으로 그 성립이나 내용의 진정을 인정할 수 없는 것임이 명백한 경우가 아닌 한 그 징계자료에 기인한 사실관계의 오인을 외형상 객관적으로 명백한 하자라고 보기는 어려울 것이다).

처분(예: 의원면직 · 전보 · 복직청구 · 강임 · 휴직 · 면직처분)에 대한 불복신청을 말한다(국공법 제9조 제1항; 지공법 제13조). 소청심사는 항고쟁송으로서 행정심판의 일종이다. 소청은 공무원 개인의 권익보호와 행정질서의 확립을 목적으로 한다. 징계처분에 대한 소청은 처분사유설명서를 받은 날로부터 30일 이내에 청구하여야 한다(국공법 제75조, 제76조 제1항; 지공법 제67조 제1항 · 제2항).

2) 소청심사위원회 소청사항의 심사는 합의제기관인 소청심사위원회가 행한다. ① 국가공무원법상 소청심사위원회는 행정기관 소속 공무원과 관련하여 행정안전부에 둔다(국공법 제9조 제1항 · 제2항). 행정안전부에 설치된 위원회는 상설기관이다. 한편, ② 지방공무원법은 "공무원의 징계 기타 그 의사에 반하는 불리한 처분이나 부작위에 대한 소청을 심사 · 결정하기 위하여 시 · 도에 제6조의 규정에 의한 임용권자별로(임용권을 위임받은 자를 제외한다) 지방소청심사위원회 및 교육소청심사위원회를 둔다(지공법 제18조 제1항)"고 규정하고 있다.

3) 절 차 소청심사위원회의 심사결정은 일정한 절차를 거쳐야 한다(국공법 제12조 내지 제14조 제2항 및 소청절차규정). 소청인의 진술권은 보장된다. 진술 기회를 주지 아니한 결정은 무효이다(국공법 제13조; 지공법 제18조). 위원회의 결정은 그 이유를 구체적으로 밝힌 결정서로 하여야 한다(국공법 제14조 제8항; 지공법 제19조 제7항). 소청심사위원회는 원칙적으로 소청심사청구를 접수한 날부터 60일 이내에 이에 대한 결정을 하여야 한다(국공법 제76조 제5항; 지공법 제67조 제6항).

4) 결정의 효력 제14조에 따른 소청심사위원회의 결정은 처분 행정청을 기속한다(국공법 제15조; 지공법 제20조).

5) 소청인의 보호 소청심사위원회가 징계처분을 받은 자의 청구에 따라 소청을 심사할 경우에는 원징계처분보다 무거운 징계 또는 원징계부가금 부과처분보다 무거운 징계부가금을 부과하는 결정을 하지 못한다(국공법 제14조 제6항; 지공법 제19조 제5항).[1] 이를 불이익변경금지의 원칙이라 한다. 이 원칙은 소청인에게 소청의 권리를 보장하기 위한 것이다.

---

1) 대판 2008. 10. 9, 2008두11853,11860(국가공무원법 제14조 제6항은 소청심사결정에서 당초의 원처분청의 징계처분보다 청구인에게 불리한 결정을 할 수 없다는 의미인데, 의원면직처분에 대하여 소청심사청구를 한 결과 소청심사위원회가 의원면직처분의 전제가 된 사의표시에 절차상 하자가 있다는 이유로 의원면직처분을 취소하는 결정을 하였다고 하더라도, 그 효력은 의원면직처분을 취소하여 당해 공무원으로 하여금 공무원으로서의 신분을 유지하게 하는 것에 그치고, 이때 당해 공무원이 국가공무원법 제78조 제1항 각 호에 정한 징계사유에 해당하는 이상 같은 항에 따라 징계권자로서는 반드시 징계절차를 열어 징계처분을 하여야 하므로, 이러한 징계절차는 소청심사위원회의 의원면직처분취소 결정과는 별개의 절차로서 여기에 국가공무원법 제14조 제6항에 정한 불이익변경금지의 원칙이 적용될 여지는 없다).

(나) 행정소송

1) **원처분중심주의** 소청심사위원회의 결정에 불복이 있으면 행정소송을 제기할 수 있다. 만약 소청심사위원회의 결정에 고유한 위법이 있다면, 위원회의 결정을 소의 대상으로 할 것이고, 고유의 위법이 없다면 원처분주의의 원칙에 따라 원징계처분을 소의 대상으로 하여야 한다(행소법 제19조 단서).

2) **필요적 심판전치** 공무원에 대한 불이익처분(국공법 제75조의 처분과 지방공무원법 제67조의 처분) 그 밖에 본인의 의사에 반한 불리한 처분이나 부작위에 관한 행정소송은 소청심사위원회의 심사 · 결정을 거치지 아니하면 제기할 수 없다(국공법 제16조 제1항; 지공법 제20조의2).[1)]

3) **행정소송의 피고** ① 국가경찰공무원의 경우, 징계처분, 휴직처분, 면직처분, 그 밖에 의사에 반하는 불리한 처분에 대한 행정소송의 경우에는 경찰청장 또는 해양경찰청장을 피고로 한다. 다만, 제 6 조 제 3 항에 따라 임용권을 위임한 경우에는 그 위임을 받은 자를 피고로 한다(경공법 제28조). ② 제주자치도의 자치경찰공원의 경우에는 제주특별자치도 설치 및 국제자유도시 조성을 위한 특별법에 특별한 규정이 없으므로 행정소송법 제13조 제1항(피고적격)이 정하는 바에 따라 처분청인 제주자치도의 도지사를 피고로 하여야 한다.

2. 변상책임

(1) 의 의

변상책임이란 공무원이 의무위반행위를 함으로써 국가나 지방자치단체에 재산상의 손해를 발생케 한 경우, 그에 대하여 공무원이 부담하는 재산상의 책임을 말한다. 변상책임에는 회계관계직원 등의 변상책임과 국가배상법상 변상책임의 두 가지 경우가 있다.

(2) 회계관계직원 등의 변상책임

회계관계직원 등의 책임에 관한 일반법으로 회계관계직원 등의 책임에 관한 법률이 있다. 이 법률은 국가, 지방자치단체, 그 밖에 감사원의 감사를 받

---

1) 헌재 2007. 1. 17, 2005헌바86(입법자는 행정심판을 통한 권리구제의 실효성, 행정청에 의한 자기시정의 개연성, 문제되는 행정처분의 특수성 등을 고려하여 행정심판을 임의적 전치절차로 할 것인지, 아니면 필요적 전치절차로 할 것인지를 결정하는 입법형성권을 가지고 있는데, 교원에 대한 징계처분은 그 적법성을 판단함에 있어서 전문성과 자주성에 기한 사전심사가 필요하고, 판단기관인 재심위원회의 독립성 및 공정성이 확보되어 있고 심리절차에 있어서도 상당한 정도로 사법절차가 준용되어 권리구제절차로서의 실효성을 가지고 있으며, 재판청구권의 제약은 경미한 데 비하여 그로 인하여 달성되는 공익은 크므로, 재심제도가 입법형성권의 한계를 벗어나 국민의 재판청구권을 침해하는 제도라고 할 수 없다).

는 단체 등에 적용된다(동법 제1조). ① 회계관계직원은 고의 또는 중대한 과실로[1] 법령이나 그 밖의 관계 규정 및 예산에 정하여진 바를 위반하여 국가, 지방자치단체, 그 밖에 감사원의 감사를 받는 단체 등의 재산에 손해를 끼친 경우에는 변상할 책임이 있다(동법 제4조 제1항). ② 현금 또는 물품을 출납 · 보관하는 회계관계직원은 선량한 관리자로서의 주의를 게을리하여 그가 보관하는 현금 또는 물품이 망실되거나 훼손된 경우에는 변상할 책임이 있다(동법 제4조 제2항).

(3) 국가배상법에 의한 변상책임

국가배상법상 변상책임은 ① 공무원(경찰공무원 포함)의 직무상 불법행위로 타인에게 손해를 가한 경우, 국가나 지방자치단체(제주자치도 포함)가 공무원(경찰공무원 포함)에 대위하여 책임을 지는바,[2] 이 때 공무원에게 고의나 중대한 과실이 있을 때 당해 공무원이 국가나 지방자치단체의 구상권에 응해 부담하는 변상책임(국배법 제2조 제2항)과 ② 영조물의 설치 · 관리상의 하자로 타인에게 손해를 가한 경우에 공무원(경찰공무원 포함)에게 그 원인에 대해 책임을 물을 수 있을 때,[3] 타인에게 손해를 배상한 국가나 지방자치단체에 대해[4] 당해 공무원이 부담하는 변상책임(국배법 제5조 제2항)의 두 경우가 있다.

3. 기타 책임

경찰공무원의 책임에는 행정법상 책임(징계책임 · 변상책임) 외에 형사법상 책임과 민사법상 책임도 있다.

---

1) 대판 2001. 2. 23, 99두5498(지방자치단체의 장이 지방의회의 의결을 얻어 보증채무부담행위를 하면서 충분한 담보를 확보하지 않고 지방의회의 동의를 거치지 않은 채 상환계획을 변경하여 줌으로써 지방자치단체가 그 보증채무를 대위변제하게 된 경우, 지방자치단체의 장이 중대한 과실로 법령에 위반한 행위에 해당한다).

2) 대판 2002. 2. 22, 2001다23447(강도강간의 피해자가 제출한 팬티에 대한 국립과학수사연구소의 유전자검사결과 그 팬티에서 범인으로 지목되어 기소된 원고나 피해자의 남편과 다른 남자의 유전자형이 검출되었다는 감정결과를 검사가 공판과정에서 입수한 경우 그 감정서는 원고의 무죄를 입증할 수 있는 결정적인 증거에 해당하는데도 검사가 그 감정서를 법원에 제출하지 아니하고 은폐하였다면 검사의 그와 같은 행위는 위법하다고 보아 국가는 배상책임을 진다).

3) 이에 관해 졸저 행정법원론(상), 열번호 1894 이하 참조.

4) 대판 2001. 7. 27, 2000다56822(가변차로에 설치된 신호등의 용도와 오작동시에 발생하는 사고의 위험성과 심각성을 감안할 때, 만일 가변차로에 설치된 두 개의 신호기에서 서로 모순되는 신호가 들어오는 고장을 예방할 방법이 없음에도 그와 같은 신호기를 설치하여 그와 같은 고장을 발생하게 한 것이라면, 그 고장이 자연재해 등 외부요인에 의한 불가항력에 기인한 것이 아닌 한 그 자체로 설치 · 관리자의 방호조치의무를 다하지 못한 것으로서 신호등이 그 용도에 따라 통상 갖추어야 할 안전성을 갖추지 못한 상태에 있었다고 할 것이고, 따라서 설령 적정전압보다 낮은 저전압이 원인이 되어 위와 같은 오작동이 발생하였고 그 고장은 현재의 기술수준상 부득이한 것이라고 가정하더라도 그와 같은 사정만으로 손해발생의 예견가능성이나 회피가능성이 없어 영조물의 하자를 인정할 수 없는 경우라고 단정할 수 없다).

(1) 형사상 책임

형사법상 책임은 경찰공무원이 형법 제 7 장에서 규정하는 공무원의 직무에 관한 죄 등을 범한 경우에 부담한다. 형법 제 7 장은 제122조(직무유기) · 제123조(직권남용) · 제124조(불법체포, 불법감금) · 제125조(폭행, 가혹행위) · 제126조(피의사실공표) · 제127조(공무상비밀의 누설) · 제128조(선거방해) · 제129조(수뢰, 사전수뢰) · 제130조(제 3 자뇌물제공) · 제131조(수뢰후부정처사, 사후수뢰) · 제132조(알선수뢰) · 제133조(뇌물공여등)의 죄를 규정하고 있다.

(2) 민사상 배상책임

민사상 배상책임이란 경찰공무원의 직무상 불법행위의 경우, 그 경찰공무원이 피해자인 사인에게 직접 배상책임을 부담하는 것을 말한다. 판례는 "공무원이 직무수행중 불법행위로 타인에게 손해를 입힌 경우에 국가 등이 국가배상책임을 부담하는 외에 공무원 개인도 고의 또는 중과실이 있는 경우에는 불법행위로 인한 손해배상책임을 진다고 할 것이지만, 공무원에게 경과실뿐인 경우에는 공무원 개인은 손해배상책임을 부담하지 아니한다고 해석하는 것이 헌법 제29조 제 1 항 본문과 단서 및 국가배상법 제 2 조의 입법취지에 조화되는 올바른 해석이다"라고 하고 있다.[1)]

1) 대판 1996. 2. 15, 95다38677.

제 3 장 경찰작용법

제1절 경찰작용의 법적 근거와 한계

제1항 경찰작용과 법률유보

Ⅰ. 법률유보의 원칙

위험방지가 경찰행정청의 임무라고 하여도 "경찰은 법적 근거 없이 국민에게 법적 부담을 가져오는 수단을 사용할 수 없다"는 것은 오늘날 일반적으로 승인되고 있는 법치국가의 기본원칙 중의 하나이다.[1] 우리 헌법도 제37조 제2항에서 "모든 자유와 권리는 국가안전보장·질서유지 또는 공공복리를 위하여 필요한 경우에 한하여 법률로써 제한할 수 있으며, 제한하는 경우에도 자유와 권리의 본질적인 내용을 침해할 수 없다"고 규정하고 있는바, 침해적인 경찰작용에는 당연히 법적 근거가 요구된다.[2] 법률의 구체적인 위임이 있으면 법규명령도 근거가 될 수 있다. 비상계엄이나 긴급명령이 발동되는 경우에는 그러한 명령도 법적 근거가 될 것이다. 그러나 관습법이 침해적인 경찰작용의 발동의 근거가 된다고 볼 수는 없다. 물론 수익적인 경찰작용에는 반드시 법률의 근거가 요구되는 것은 아니다.

Ⅱ. 법률유보의 방식

경찰작용의 법률유보의 방식에는 법기술상 ① 특별경찰법상 특별조항에 의한 특별수권의 방식, ② 일반경찰법상 특별조항에 의한 특별수권의 방식, ③ 일반경찰법상 일반조항(개괄조항)에 의한 일반수권의 방식이 있을 수 있다.[3] 현

---

1) Schenke, Polizei- und Ordnungsrecht, Rn. 40.

2) Schoch, Polizei- und Ordnungsrecht, in: Schmidt-Aßmann(Hrsg.), Besonderes Verwaltungsrecht (13. Aufl.), Rn. 31.

3) Friauf, Polize- und Ordnungsrecht, in: Schmidt-Aßmann(Hrsg.), Besonderes Verwaltungsrecht,

행 경찰법제상 ①의 예는 식품위생법 · 공중위생관리법 등 여러 법률에서 찾아 볼 수 있고, ②의 예는 경찰관직무집행법 제3조 이하에서 찾을 수 있다. 문제는 ③의 경우이다. 한편, 특별법은 일반법에 우선하는 것이므로, ①의 법적 근거가 ②의 법적 근거에 우선하고, ②의 법적 근거가 ③의 법적 근거에 우선한다.[1)]

제 2 항 특별경찰법상 특별수권

Ⅰ. 의 의

위험방지의 목적에 기여하는 법규는 일반경찰법 외에 특별경찰법에서 규정되기도 한다. 이를 특별경찰법에 의한 특별수권이라 부른다. 특별경찰법에 따른 위험방지는 반드시 제도적 의미의 경찰에 의해서만 수행되는 것은 아니다. 그것은 관련 주무부장관 등에 의해 수행되기도 한다. 특별경찰법이 적용되는 한, 일반경찰법의 적용은 배제된다. 말하자면 특별경찰법은 일반경찰법에 우선한다.[2)] 경찰작용의 실제상 특별경찰법에 따른 경찰작용의 범위는 매우 넓고 경시될 수 없다. 특별경찰법은 개별 행정의 목적을 달성하기 위한 부수적인 것이라는 점에서 위험방지 자체가 목적인 일반경찰법과 구별된다. 이하에서 몇몇 특별경찰법상 특별수권조항을 보기로 한다.

Ⅱ. 건강상 위험의 방지(건강경찰작용)

1. 의료로 인한 위험의 방지

모든 국민이 수준 높은 의료 혜택을 받을 수 있도록 국민의료에 필요한 사항을 규정함으로써 국민의 건강을 보호하고 증진함을 목적으로 「의료법」이 제정되어 있다. 의료법은 국민건강증진의 적극적 복리증진을 위한 규정을 갖지

Rn. 23; Giemulla/Jaworsky/Müller-Uri, Verwaltungsrecht, Rn. 654; Götz, Allgemeines Polizei- und Ordnungsrecht, § 8 Rn. 1.

1) Kugelmann, Polizei- und Ordnungsrecht(2. Aufl.), 5. Kap., Rn. 1; Pausch, Polizei- und Ordnungsrecht in Hessen, Kap. Ⅴ, 2.2. 참조.

2) Schenke, Polizei- und Ordnungsrecht, § 3 Rn. 38.

만, 동시에 건강상 위험의 방지를 위한 규정도 갖고 있다(특별수권).[1] 동법상 위험방지와 관련된 것으로 ① 의료인의 면허제(의료법 제5조 내지 제7조), ② 세탁물의 처리자의 신고(의료법 제16조 제1항), ③ 의료인의 변사체의 신고(의료법 제26조), ④ 무면허의료행위 등 금지(의료법 제27조 제1항), ⑤ 업무개시명령(의료법 제59조 제2항) 등을 볼 수 있다.

2. 약사로 인한 위험의 방지

약사에 관한 일들이 원활하게 이루어질 수 있도록 필요한 사항을 규정하여 국민보건 향상에 기여하는 것을 목적으로 「약사법」이 제정되어 있다. 약사법은 국민보건향상을 위한 적극적 복리증진을 위한 규정도 갖지만, 동시에 건강상 위험의 방지를 위한 규정도 갖고 있다. 동법상 위험방지와 관련된 것으로 ① 약사 · 한약사의 면허제(약사법 제3조 내지 제4조), ② 약국개설의 등록제(약사법 제20조 제2항), ③ 제조업의 허가제(약사법 제31조 제1항), ④ 의약품 등의 수입허가(약사법 제42조 제1항), ⑤ 의약품판매업의 허가(약사법 제45조 제1항), ⑥ 불량의약품 등에 대한 회수 · 폐기명령(약사법 제71조) 등을 볼 수 있다.

3. 전염병으로 인한 위험의 방지

국민 건강에 위해가 되는 감염병의 발생과 유행을 방지하고, 그 예방 및 관리를 위하여 필요한 사항을 규정함으로써 국민 건강의 증진 및 유지에 이바지함을 목적으로 「감염병의 예방 및 관리에 관한 법률」이 제정되어 있다. 동법상 위험방지와 관련된 것으로 ① 의사 등의 감염병 신고(동법 제11조 제1항), ② 시체의 해부명령(동법 제20조 제1항), ③ 고위험병원체의 분리 및 이동 신고(동법 제21조), ④ 예방접종(동법 제24조, 제25조), ⑤ 감염병에 관한 강제처분(동법 제42조), ⑥ 감염병 유행에 대한 방역 조치(동법 제43조) 등이 있다.

4. 식품위생으로 인한 위험의 방지

식품으로 인하여 생기는 위생상의 위해를 방지하고 식품영양의 질적 향상을 도모하며 식품에 관한 올바른 정보를 제공하여 국민보건의 증진에 이바지함을 목적으로 「식품위생법」이 제정되어 있다. 동법상 위험방지와 관련된 것으로 ① 위해식품 등의 판매 등 금지(식품법 제4조), ② 병든 동물 고기 등의 판매 등 금지(식품법 제5조), ③ 유독기구 등의 판매 · 사용금지(식품법 제8조), ④ 특정식품 등의 수입 · 판매

1) Schenke, Polizei- und Ordnungsrecht, § 3 Rn. 114.

등 금지(식품법 제21조 제1항), ⑤ 위해식품 등의 회수(식품법 제45조 제1항), ⑥ 영업의 허가제(식품법 제37조 제1항)와 신고제(식품법 제37조 제4항), ⑦ 영업자의 건강진단(식품법 제40조), ⑧ 폐기처분 등(식품법 제72조 제1항) 등이 있다.

Ⅲ. 도로 · 하천으로 인한 위험의 방지(도로경찰작용 · 하천경찰작용)

1. 도로로 인한 위험의 방지

도로망의 정비와 적정한 도로관리를 위하여 도로에 관한 계획을 수립하고 노선을 지정하거나 인정하는 데에 필요한 사항과 도로의 관리 · 시설기준 · 보전 및 비용에 관한 사항을 규정하여 교통의 발달과 공공복리의 향상에 기여함을 목적으로 「도로법」이 제정되어 있다. 도로법은 도로와 관련된 위험의 방지에 관한 규정도 갖고 있다. 동법상 위험방지와 관련된 것으로 ① 도로에 관한 금지행위(도로법 제45조), ② 접도구역의 지정(도로법 제49조 제1항), ③ 통행의 금지 · 제한(도로법 제58조 제1항), ④ 차량의 운행제한(도로법 제59조 제1항) 등이 있다.

2. 하천으로 인한 위험의 방지

하천사용의 이익을 증진하고 하천을 자연친화적으로 정비 · 보전하며 하천의 유수(流水)로 인한 피해를 예방하기 위하여 하천의 지정 · 관리 · 사용 및 보전 등에 관한 사항을 규정함으로써 하천을 적정하게 관리하고 공공복리의 증진에 이바지함을 목적으로 「하천법」이 제정되어 있다. 하천법은 하천과 관련된 위험의 방지에 관한 규정도 갖고 있다. 동법상 위험방지와 관련된 것으로 ① 홍수관리구역(하천법 제12조), ② 댐 등 설치자의 재해방지시설의 설치 등(하천법 제39조 제1항), ③ 홍수조절을 위한 조치(하천법 제41조 제1항), ④ 하천점용의 허가제(하천법 제33조 제1항) 등이 있다.

Ⅳ. 교통상 위험의 방지(교통경찰작용)

1. 도로교통상 위험의 방지

도로에서 일어나는 교통상의 모든 위험과 장해를 방지하고 제거하여 안전하고 원활한 교통을 확보함을 목적으로 「도로교통법」이 제정되어 있다. 도로교통법은 도로교통과 관련된 위험의 방지에 관한 많은 규정도 갖고 있다. 동법상 위험방지와 관련된 것으로 ① 신호 또는 지시에 따를 의무(도교법 제5조 제1항), ② 통행의 금지 및 제한(도교법 제6조 제4항), ③ 어린이 등에 대한 보호(도교법 제11조), ④ 어린이 보호구역의 지정 및 관리(도교법 제12조 제1항), ⑤ 노인보호구역의 지정 및 관리(도교법 제12조의2 제1항), ⑥ 자동차의 속도제한(도교법 제17조 제2항), ⑦ 횡단 등의 금지(도교법 제18조), ⑧ 안전거리확보(도교법 제19조 제1항), ⑨ 운전면허제(도교법 제80조), ⑩ 혈중알콜농도가 0.05퍼센트 이상의 술에 취한 상태에서의 운전금지(도교법 제44조 제1항·제4항)[1][2] 등이 있다.

2. 해상교통상 위험의 방지

(1) 선박안전법상 위험의 방지

선박의 감항성(堪航性) 유지 및 안전운항에 필요한 사항을 규정함으로써 국민의 생명과 재산을 보호함을 목적으로 「선박안전법」이 제정되어 있다. 동법상 위험방지와 관련된 것으로 ① 선박의 검사(건조검사(선박안전법 제7조)·정기검사(선박안전법 제8조)·중간검사(선박안전법 제9조)·임시검사(선박안전법 제10조)·임시항해검사(선박안전법 제11조)), ② 선박검사증서 등 미소지 선박의 항해금지(선박안전법 제17조), ③ 복원성의 유지(선박안전법 제28조), ④ 위험물의 운송(선박안전법 제41조), ⑤ 고인화성 연료유 등의 사용제한(선박안전법 제44조) 등이 있다.

(2) 선원법상 위험의 방지

선원의 직무, 복무, 근로조건의 기준, 직업안정 및 교육·훈련에 관한 사항을 정함으로써 선내질서를 유지하고, 선원의 기본적 생활을 보장·향상시키며 선원의 자질향상을 도모함을 목적으로 「선원법」이 제정되어 있다. 선원법은 위험방지에 관한 조항도 갖고 있다. 동법상 위험방지와 관련된 것으로 ① 선박

1) 대판 2006. 11. 23, 2005도7034(호흡측정기에 의한 혈중알코올 농도의 측정은 장에서 흡수되어 혈액 중에 용해되어 있는 알코올이 폐를 통과하면서 증발되어 호흡공기로 배출되는 것을 측정하는 것이므로, 최종 음주시로부터 상당한 시간이 경과하지 아니하였거나 또는 트림, 구토, 치아보철, 구강청정제 사용 등으로 인하여 입 안에 남아 있는 알코올, 알코올 성분이 있는 구강 내 타액, 상처부위의 혈액 등이 폐에서 배출된 호흡공기와 함께 측정될 경우에는 실제 혈중알코올의 농도보다 수치가 높게 나타나는 수가 있어, 피측정자가 물로 입 안 헹구기를 하지 아니한 상태에서 한 호흡측정기에 의한 혈중알코올 농도의 측정결과만으로는 혈중알코올 농도가 반드시 그와 같다고 단정할 수 없거나 호흡측정기에 의한 측정수치가 혈중알코올 농도보다 높을 수 있다는 의심을 배제할 수 없다).

2) 대판 2007. 1. 11, 2006두15035(음주운전 시각이 혈중알코올농도가 최고치를 향하여 상승하고 있는 상황에 속하는지 아니면 최고치에 이른 후 하강하고 있는 상황에 속하는지 확정할 수 없고 오히려 상승하는 상황에 있을 가능성이 농후한 경우에는, ㄱ 음주운전 시점으로부터 상당한 시간이 경과한 후 측정한 혈중알코올농도를 기초로 이른바 위드마크 공식 중 시간경과에 따른 분해소멸에 관한 부분만을 적용하여 혈중알코올농도 측정시점으로부터 역추산하여 음주운전 시점의 혈중알코올농도를 확인할 수는 없으므로, 위와 같은 경우 그러한 위드마크 공식만을 적용한 역추산 방식에 의하여 산출해 낸 혈중알코올농도 수치는 해당 운전자에 대한 운전면허취소 등 행정처분의 기준이 될 수 없다).

위험시의 조치(선원법 제11조), ② 선박충돌시의 조치(선원법 제12조), ③ 조난선박의 구조(선원법 제13조), ④ 위험물 등에 대한 조치(선원법 제23조) 등이 있다.

3. 항공교통상 위험의 방지

「국제민간항공조약」의 규정과 동 조약의 부속서로서 채택된 표준과 방식에 따라 항공기 항행의 안전을 도모하기 위한 방법을 정하고 항공시설설치 · 관리의 효율화를 기하며 항공운송사업의 질서를 확립함으로써 항공의 발전과 공공복리의 증진에 이바지함을 목적으로 「항공법」이 제정되어 있다. 항공법은 위험방지에 관한 조항도 갖고 있다. 동법상 위험방지와 관련된 것으로 ① 형식증명(항공법 제17조), ② 항공종사자의 자격제도(항공법 제26조), ③ 항공신체검사명령(항공법 제32조), ④ 항공기의 등불(항공법 제44조), ⑤ 기장의 안전의무(항공법 제50조 제1항), ⑥ 조종사의 운항자격제(항공법 제51조 제1항) 등이 있다.

Ⅴ. 건축상 위험의 방지(건축경찰작용)

건축물의 대지 · 구조 · 설비 기준 및 용도 등을 정하여 건축물의 안전 · 기능 · 환경 및 미관을 향상시킴으로써 공공복리의 증진에 이바지함을 목적으로 「건축법」이 제정되어 있다. 건축법에는 위험방지에 관한 규정도 있다. 동법상 위험방지와 관련된 것으로 ① 건축의 허가제(건축법 제11조 제1항 · 제4항), ② 구조내력 등(건축법 제48조), ③ 건축물의 내화구조 및 방화벽(건축법 제50조) 등이 있다.

Ⅵ. 영업상 위험의 방지(영업경찰작용)

영업상 경찰작용에 관해서는 여러 종류의 법률이 있다. 물론 이러한 법률들은 위험방지를 능가하는 경제의 질서기능과 지도기능도 가진다. 그리고 이러한 법률들이 예상하고 있는 위험에는 ① 시설위험(예: 유류판매업의 경우에 유류판매시설에 따르는 위험), ② 사람위험(예: 의약품판매업의 경우에 무자격판매자로 인한 위험), ③ 영업행위에 따른 위험(예: 인신매매)의 세 가지로 나눌 수 있다. 이 세 가지가 언제나 반드시 명확하게 구분되는 것은 아니다. 이하에서 영업행위에 따른 위험방지와 관련하여 살펴보기로 한다.

1. 직업소개에 따른 위험의 방지

모든 근로자가 각자의 능력을 계발 · 발휘할 수 있는 직업에 취직할 기회를 제공하고, 산업에 필요한 노동력의 충족을 지원함으로써 근로자의 직업안정을 도모하고 균형 있는 국민경제의 발전에 이바지함을 목적으로 「직업안정법」이 제정되어 있다. 직업안정법에는 직업소개에 따른 위험의 방지에 관한 조항도 있다. 동법상 위험방지와 관련된 것으로 ① 무료직업소개사업의 신고(동법 제18조 제1항), ② 유료직업소개사업의 등록(동법 제19조 제1항), ③ 연소자에 대한 직업소개의 제한(동법 제21조의3), ④ 위법한 소개의 금지(동법 제46조) 등이 있다.

2. 풍속영업에 따른 위험의 방지

풍속영업을 영위하는 장소에서의 선량한 풍속을 해하거나 청소년의 건전한 육성을 저해하는 행위 등을 규제하여 미풍양속의 보존과 청소년의 보호에 이바지함을 목적으로 「풍속영업의 규제에 관한 법률」이 제정되어 있다. 동법상 위험방지와 관련된 것으로 ① 영업자의 준수사항(동법 제3조), ② 풍속영업의 통보(동법 제4조), ③ 위반사항의 통보 등(동법 제6조) 등이 있다.

3. 사행행위에 따른 위험의 방지

건전한 국민생활을 저해하는 과도한 사행심의 유발을 방지하고 선량한 풍속을 유지하기 위하여 사행행위 관련 영업의 지도와 규제에 관한 사항, 사행행위 관련 영업 외에 투전기나 사행성 유기기구로 사행행위를 하는 자 등에 대한 처벌의 특례에 관한 사항을 규정함을 목적으로 「사행행위 등 규제 및 처벌특례법」이 제정되어 있다. 동법상 위험방지와 관련된 것으로 ① 사행행위영업의 허가제(동법 제4조 제1항), ② 사행기구제조업 등의 허가제(동법 제13조 제1항), ③ 출입 · 검사(동법 제18조), ④ 행정지도 및 시정명령 등(동법 제19조 제2항), ⑤ 폐기처분 등(동법 제20조) 등이 있다.

Ⅶ. 무기 · 폭발물 · 수렵으로 인한 위험의 방지(무기 · 폭발물 · 수렵 경찰작용)

1. 총포 · 도검 · 화약류 등으로부터 위험의 방지

총포 · 도검 · 화약류 · 분사기 · 전자충격기로 인한 위험과 재해를 미리 방지함으로써 공공의 안전을 유지하기 위하여 「총포 · 도검 · 화약류 등 단속법」이 제정되어 있다. 동법상 위험방지와 관련된 것으로 ① 제조업의 허가(총포법 제4조), ② 판매업의 허가(총포법 제6조 제1항), ③ 수출입의 허가(총포법 제9조), ④ 총포 · 도검 · 화약류 · 분사기 · 전자충격기 · 석궁의 소지허가(총포법 제12조 제1항) 등이 있다.

2. 사격 및 사격장으로부터 위험의 방지

사격과 사격장을 단속하여 공안상의 위해를 미연에 방지함을 목적으로 「사격 및 사격장 단속법」이 제정되어 있다. 동법상 위험방지와 관련된 것으로 ① 사격장의 설치허가제(동법 제6조), ② 사격의 제한(동법 제13조), ③ 사고발생의 신고(동법 제18조) 등이 있다.

3. 수렵으로 인한 위험의 방지

야생생물과 그 서식환경을 체계적으로 보호 · 관리함으로써 야생생물의 멸종을 예방하고, 생물의 다양성을 증진시켜 생태계의 균형을 유지함과 아울러 사람과 야생생물이 공존하는 건전한 자연환경을 확보함을 목적으로 「야생생물 보호 및 관리에 관한 법률」이 제정되어 있다. 동법에는 위험방지에 관한 규정도 있다. 동법상 위험방지와 관련된 것으로 ① 야생동물로 인한 피해의 예방(동법 제12조 제1항), ② 수렵장의 설정(동법 제42조 제1항), ③ 수렵면허제(동법 제44조) 등이 있다.

Ⅷ. 집회 · 시위로 인한 위험의 방지(집시경찰작용)

적법한 집회 및 시위를 최대한 보장하고 위법한 시위로부터 국민을 보호함으로써 집회 및 시위의 권리 보장과 공공의 안녕질서가 적절히 조화를 이루도록 하는 것을 목적으로 「집회 및 시위에 관한 법률」이 제정되어 있다. 동법상 위험방지와 관련된 것으로 ① 집회 및 시위의 금지(집시법 제5조 제1항), ② 옥외집회 및 시위의 신고(집시법 제6조 제1항 본문), ③ 시위의 시간상 제한(집시법 제10조),[1] 옥외집회 및 시위의 공

1) 헌법재판소는 2009년 9월 24일 "집회 및 시위에 관한 법률(2007. 5. 11. 법률 제8424호로 전부개정된 것) 제10조[제10조(옥외집회와 시위의 금지 시간) 누구든지 해가 뜨기 전이나 해가 진 후에는 옥외집회 또는 시위를 하여서는 아니 된다. 다만, 집회의 성격상 부득이하여 주최자가 질서유지인을 두고 미리 신고한 경우에는 관할경찰관서장은 질서 유지를 위한 조건을 붙여 해가 뜨기 전이나 해가 진 후에도 옥외집회를 허용할 수 있다] 중 '옥외집회' 부분 및 제23조 제1호 중 '제10조 본문의 옥외집회' 부분은 헌법에 합치되지 아니한다. 위 조항들은 2010. 6. 30을 시한으로 입법자가 개정할 때까지 계속 적용된다"고 선고하였다(헌재 2009. 9. 24, 2008헌가25). 이

간상 제한(집시법 제11조), 그리고 교통소통을 위한 제한(집시법 제12조 제2항), ④ 경찰관의 출입(집시법 제19조 제1항), ⑤ 집회 · 시위의 해산(집시법 제20조 제1항) 등이 있다.

Ⅸ. 외국인으로 인한 위험의 방지(외국인경찰작용)

대한민국에 입국하거나 대한민국으로부터 출국하는 모든 국민 및 외국인의 출입국관리와 대한민국에 체류하는 외국인의 체류관리 및 난민의 인정절차 등에 관한 사항을 규정함을 목적으로 「출입국관리법」이 제정되어 있다. 동법은 외국인에 의해 야기될 수도 있는 국가의 안전과 질서에 대한 위험을 예방하거나 제거하기 위한 조항을 갖고 있다. 동법상 위험방지와 관련된 것으로 ① 외국인의 입국사증제도(출입법 제7조 제1항), ② 입국의 금지(출입법 제11조 제1항), ③ 입국심사(출입법 제12조 제1항), ④ 외국인의 체류 및 활동범위제한(출입법 제17조), ⑤ 외국인고용의 제한(출입법 제18조 제1항), ⑥ 외국인등록제(출입법 제31조 제1항) 등이 있다.

Ⅹ. 재난으로 인한 위험의 방지(재난경찰작용)

1. 재난관리

각종 재난으로부터 국토를 보존하고 국민의 생명 · 신체 및 재산을 보호하기 위하여 국가 및 지방자치단체의 재난 및 안전관리체제를 확립하고, 재난의 예방 · 대비 · 대응 · 복구 그 밖에 재난 및 안전관리에 관하여 필요한 사항을 규정하기 위해 「재난 및 안전관리 기본법」이 제정되어 있다. 동법상 위험방지와 관련된 것으로 ① 재난의 신고와 보고(동법 제18조 제1항, 제20조 제1항), ② 재난사태 선포(동법 제36조), ③ 응급조치(동법 제37조 제1항), ④ 동원명령(동법 제39조 제1항), ⑤ 대피명령(동법 제40조), ⑥ 강제대피조치(동법 제42조 제1항), ⑦ 통행제한(동법 제43조 제1항) 등이 있다.

2. 민 방 위

적의 침공이나 전국 또는 일부지방의 안녕질서를 위태롭게 할 재난으로부터 주민의 생명과 재산을 보호하기 위하여 민방위에 관한 기본적인 사항과 민방위대의 설치 · 조직 · 편성과 동원 등에 관한 사항을 규정함을 목적으로 「민방위기

로 인해 옥외집회의 시간상 제한은 사라지게 되었다.

본법」이 제정되어 있다. 동법상 위험방지와 관련된 것으로 ① 민방위준비명령(동법 제15조), ② 민방위대(동법 제17조), ③ 민방위훈련(동법 제25조), ④ 민방위대의 동원(동법 제26조 제1항) 등이 있다.

3. 수난구호

조난된 사람과 선박 등의 수색 · 구조 · 구난 및 보호에 필요한 사항을 규정함으로써 조난사고로부터 인명과 재산보호를 목적으로 「수난구호법」이 제정되어 있다. 동법상 위험방지와 관련된 것으로 수난구호를 위한 응급조치(동법 제7조 제2항) 등이 있다.

4. 자연재해대책

태풍 · 홍수 등 자연현상으로 인한 재난으로부터 국토를 보존하고 국민의 생명 · 신체 및 재산과 주요기간시설을 보호하기 위하여 자연재해의 예방 · 복구 그 밖의 대책에 관하여 필요한 사항을 규정하기 위하여 「자연재해대책법」이 제정되어 있다. 동법상 위험방지와 관련된 것으로 ① 사전재해영향성 검토협의(동법 제4조 제1항), ② 개발사업의 사전 허가 등의 금지(동법 제7조 제2항), ③ 풍수해저감종합계획의 수립(동법 제16조 제1항), ④ 내풍설계기준의 설정(동법 제20조 제1항), ⑤ 설해예방 및 경감대책(동법 제26조 제1항), ⑥ 가뭄극복을 위한 제한 급수 · 발전(동법 제30조 제1항) 등이 있다.

5. 재해구호

이재민에 대한 구호와 의연금품의 모집절차 및 사용방법 등에 관하여 필요한 사항을 규정함으로써 이재민의 보호와 생활안정에 기여함을 목적으로 「재해구호법」이 제정되어 있다. 동법상 위험방지와 관련된 것으로 ① 응급구호 및 재해구호 상황의 보고(동법 제7조), ② 토지 또는 건물 등의 사용(동법 제9조), ③ 현장조사(동법 제10조), ④ 시설 · 물자의 우선사용 등(동법 제11조) 등이 있다.

6. 소 방

(1) 소방기본법상 위험의 방지

화재를 예방 · 경계하거나 진압하고 화재, 재난 · 재해 그 밖의 위급한 상황에서의 구조 · 구급활동 등을 통하여 국민의 생명 · 신체 및 재산을 보호함으로써 공공의 안녕질서 유지와 복리증진에 이바지함을 목적으로 「소방기본법」이 제정되어 있다. 소방기본법상 위험방지에 관한 것으로 ① 소방용수시설의 설치 및 관리 등(소방기본법 제10조 제 1 항), ② 화재의 예방조치 등(소방기본법 제12조 제 1 항), ③ 화재에 관한 위험경보(소방기본법 제14조), ④ 소방활동(소방기본법 제16조), ⑤ 소방자동차의 우선 통행 등(소방기본법 제21조), ⑥ 소방대의 긴급통행(소방기본법 제22조), ⑦ 소방활동 종사명령(소방기본법 제24조), ⑧ 강제처분 등(소방기본법 제25조 제 1 항), ⑨ 피난명령(소방기본법 제26조 제 1 항), ⑩ 위험시설 등에 대한 긴급조치(소방기본법 제27조 제 1 항) 등이 있다.

(2) 소방시설 설치 · 유지 및 안전관리에 관한 법률상 위험방지

화재, 재난 · 재해 그 밖의 위급한 상황으로부터 국민의 생명 · 신체 및 재산을 보호하기 위하여 소방시설 등의 설치 · 유지 및 소방대상물의 안전관리에 관하여 필요한 사항을 정함으로써 공공의 안녕과 복리증진에 이바지함을 목적으로 「소방시설 설치 · 유지 및 안전관리에 관한 법률」이 제정되어 있다. 동법상 위험방지와 관련된 것으로 ① 소방특별조사(동법 제 4 조 제 1 항), ② 소방특별조사 결과에 따른 조치명령(동법 제 5 조 제 1 항), ③ 건축허가 등의 동의(동법 제 7 조 제 1 항), ④ 특정소방대상물에 설치하는 소방시설 등의 유지 · 관리 등(동법 제 9 조), ⑤ 피난시설 · 방화구획 및 방화시설의 유지 · 관리(동법 제10조 제 1 항), ⑥ 소방대상물의 방염 등(동법 제12조 제 1 항), ⑦ 방염성능의 검사(동법 제13조 제 1 항), ⑧ 방염처리업의 등록(동법 제14조 제 1 항), ⑨ 특정소방대상물의 소방안전관리(동법 제20조 제 1 항, 제21조, 제22조 제 1 항, 제23조 제 1 항, 제24조 제 1 항), ⑩ 소방용품의 형식승인 등(동법 제36조 제 6 항) 등이 있다.

제 3 항 일반경찰법상 특별수권(경찰상 표준처분)

Ⅰ. 일 반 론

1. 의 의

기본적으로 위험방지에 관한 일반적인 규정으로 이루어진 경찰법을 일반경찰법이라 부른다. 현행법제상 경찰관직무집행법이 일반경찰법에 해당한다.[1] 경

1) 김남진, 경찰행정법, 147쪽; 박평준 · 박창석, 경찰행정법, 276쪽. 한편, 다수견해는 경찰관직무집행법을 경찰상 즉시강제의 일반법으로 보는 듯하다(김도창, 일반행정법(하), 340쪽; 김동희, 행정법(Ⅱ), 250쪽; 류지태 · 박종수, 행정법신론, 984쪽; 박윤흔 · 정형근, 최신행정법강의(하), 349쪽; 이상규, 신행정법론(하), 345쪽). 경찰관직무집행법은 경찰상 즉시강제작용 외에 경찰상 조사 등 다른 작용에 관한 것도 규정하고 있으므로, 일반경찰법으로 부를 수 있다. 뿐만 아니라 경찰관직무집행법에 경찰조사에 관한 조항 등이 있다고 하여 경찰관직무집행법이 경찰공무원이 수행하는 경찰작용영역에서 경찰상 즉시강제의 일반법이 아니라고 말할 수도 없다.

찰관직무집행법은 공공의 안녕과 질서의 유지를 위하여 개인의 자유영역에 대하여 빈번히 침해를 가져오는 특별구성요건을 갖고 있다. 이를 소위 표준처분(Standardmaßnahmen)이라 부른다. 표준처분은 개인의 자유에 대한 전형적·유형적 침해를 의미한다. 표준처분은 특정의 위험을 방지하기 위해 설정된 유형화된 권한조항이라 할 수 있다. 표준처분(법규정으로서의 표준처분)에 따른 개별 처분 자체를 표준처분(경찰에 의한 행위로서 표준처분)이라 부르기도 한다. 양자는 혼용되고 있다. 표준처분을 표준적 직무행위,[1] 표준적 경찰조치,[2] 표준적 경찰작용,[3] 표준조치,[4] 또는 경찰조치라[5] 부르기도 한다.

2. 성 질

(1) 행정행위와 사실행위

표준처분의 법적 성질은 이중적이다. 대개의 표준처분은 행정행위와 사실행위의 양면적 성질을 갖는다.[6] 한편으로, 표준처분은 침해적인 것으로서 상대방 등에게 작위·부작위·수인의 의무를 가져오는 행정행위의 성질을 갖는다. 또 한편으로 표준처분은 사실상의 요소(사실행위), 즉 처분의 사실상의 수행의 의미를 갖는다. 사실상의 수행은 대집행에서의 집행행위와 성질이 다르다. 표준처분의 사실상의 수행과 행정대집행은 상이하다.

| 참고 |

경찰관직무집행법 제3조 제3항에 따라 경찰관이 불심검문의 상대방에게 흉기소지 여부에 대하여 조사를 하겠다고 말하는 경우, 그것은 상대방에게 조사를 수인토록 하는 의무를 부과하는 행정행위(하명)가 된다. 이에 따라 조사가 사실상으로 이루어진다. 흉기조사의 사실상의 수행은 행정대집행에서 대집행행위와 다르다. 구별의 실익은 권리보호의 방법에 있다. 이론상 표준처분은 행정행위와 사실상의 요소로 구분된다고 하지만 전체로서 하나의 과정이므로, 표준처분의 사실상의 요소는 독립하여 취소소송의 대상이 되지 아니한다. 그러나 행정대집행에서 대집행행위는 그 자체가 항고소송의 대상이 된다.

---

1) 김남진, 경찰행정법, 147쪽.
2) 최영규, 경찰행정법, 277쪽.
3) 김성수, 개별행정법, 474쪽.
4) 김동희, 행정법(Ⅱ), 211쪽; 최정일, 행정법Ⅱ, 280쪽.
5) 박평준·박창석, 경찰행정법, 276쪽.
6) Schenke/Schenke, in: Steiner(Hrsg.), Besonderes Verwaltungsrecht(8. Aufl.), Rn. 77; Schmidt, Besonderes Verwaltungsrecht Ⅱ, Rn. 119ff.

⑵ 영장주의의 예외

표준처분에는 영장이 요구되지 아니한다.[1] 표준처분은 영장주의의 예외가 되는데, 여기에 표준처분의 또 하나의 의미가 있다.

3. 결과제거청구권

표준처분의 집행(예: 임시영치의 실행)에 의해 상대방 등에게 계속되는 침해가 있다면, 그 상대방 등은 취소소송을 통해 집행된 처분의 위법을 이유로 표준처분의 폐지를 구할 수 있으며, 폐지 후에도 위법상태가 지속된다면 결과제거청구권의 행사를 통해 위법상태의 제거를 구할 수도 있다. 예컨대 임시영치의 위법을 이유로 취소소송에서 처분으로서의 임시영치의 취소를 구할 수 있고, 취소판결이 있음에도 불구하고 임시영치가 계속된다면(즉, 경찰이 취소판결에도 불구하고 임시영치물을 반환하지 않고 있다면) 결과제거청구권의 행사를 통해 영치물의 반환을 구함으로써 위법한 결과의 제거를 도모할 수 있다. 결과제거청구권의 인정근거로 행정의 법률적합성의 원칙, 법치국가원리, 민법상 방해제거청구권 등의 유추가 언급된다.[2]

4. 유 형

경찰관직무집행법상 인정되고 있는 표준처분으로는 불심검문, 보호조치, 위험발생의 방지, 범죄의 예방과 제지, 위험방지를 위한 출입, 확인을 위한 출석요구, 경찰장비의 사용 등이 있다(경직법 제3조 내지 제8조, 제10조).[3]

5. 제주자치도 자치경찰과 경찰관직무집행법

자치경찰공무원이 자치경찰사무를 수행함에 있어서는 「경찰관직무집행법」 제 3 조(불심검문) · 제 4 조(보호조치 등) · 제 5 조(위험발생의 방지) · 제 6 조(범죄의 예방과 제지) · 제 7 조(위험방지를 위한 출입) · 제10조(경찰장비의 사용 등) · 제10조의2(경찰장구의 사용) · 제10조의3(분사기 등의 사용) · 제10조의4(무기의 사용) · 제11조(사용등록의 보관) 및 제12조(벌칙)의 규정을 준용한다(제국법 제115조 제1항). 제 1 항의 규정에 의하여 「경찰관직무집행법」을 준용함에 있어서는 ① "경찰관"은 "자치경찰공무원"으로 보며, ② 동법 제 3 조 제 2 항 전단 중 "경찰서 · 지구대 · 파출소 또는 출장소(이하 "경찰관서"라 하되, 지방해양경찰관서를 포함한다)"는 "경찰서 · 지구대 · 파출소 · 출장소 또는 자치경찰단

---

1) 이광윤 등, 행정작용법론, 17쪽.

2) 졸저, 행정법원론(상), 옆번호 2170; Schenke, Polizei- und Ordnungsrecht, Rn. 117.

3) 우리의 행정법이론서들은 이러한 수단들을 경찰상 즉시강제 · 행정조사의 문제로 다루고 있다.

사무소"로 보고, 동조 제6항 중 "경찰관서"는 "경찰서 · 지구대 · 파출소 · 출장소 또는 자치경찰단 사무소"로 보며, 동법 제4조 제1항 각 호 외의 부분 · 제3항 및 제7항 중 "경찰관서"는 각각 "자치경찰단 사무소"로 보고, 동법 제4조 제5항 및 제6항 중 "소속 경찰서장 또는 지방해양경찰관서의 장"은 각각 "도지사"로 본다(제국법 제115조 제2항).

Ⅱ. 불심검문

1. 관 념

(1) 의 의

경찰관직무집행법 제3조는 불심검문이라는 제목하에 제1항에서 질문, 제2항에서 동행요구, 제3항에서 흉기소지여부조사, 제4항 내지 제6항에서 제1항 내지 제3항과 관련된 절차에 관한 사항을 규정하고 있는바, 경찰관직무집행법 제3조의 불심검문이란 질문과 동행요구 및 흉기소지여부조사를 내용으로 하는 개념이다. 질문에 어느 정도의 신체적 접촉이 불가피하고 소지품을 검사하는 등의 사유로 즉시강제의 성질을 갖는다는 견해도 있으나[1] 그러한 불심검문은 조사를 목적으로 하는바 후술하는 바와 같이 행정조사로서 경찰조사의 성질을 갖는다.[2]

(2) 주 체

경찰관직무집행법 제3조는 불심검문의 주체로 경찰관을 규정하고 있다. 경찰관이란 경찰공무원법이 규정하는 공무원을 뜻한다.

2. 질 문

(1) 의 의

경찰관은 수상한 거동[3] 기타 주위의 사정을 합리적으로 판단하여 어떠한

---

1) 박윤흔 · 정형근, 최신행정법강의(하), 352쪽.

2) 김동희, 행정법(Ⅱ), 213쪽; 정하중, 행정법각론, 240쪽.

3) 광주지법 1999. 4. 22, 97가합9989, 98가합187(교통법규 위반 차량이 순찰차의 정지지시를 무시하고 그 추적을 피하여 과속으로 신호를 위반하면서 도주하다가 교통사고를 일으킨 경우, 교통법규 위반 차량이 정지지시를 무시하고 도주한 것은 소위 거동수상자로서 다른 어떤 범죄에 관계가 있는 것이라고 판단할 수 있는 상황으로서 추적의 필요성 및 상당성이 인정되고 또한 사고 당시는 야간으로서 인적이나 차량의 통행이 한산하여 제3자의 피해가 발생할 수 있는 구체적 위험성을 예측할 수 있었다고 볼 수 없고, 다른 순찰차량과의 공조체제 등 다른 조치를 취할

죄를 범하였거나 범하려 하고 있다고 의심할 만한 상당한 이유가 있는 자 또는 이미 행하여진 범죄나 행하여지려고 하는 범죄행위에 관하여 그 사실을 안다고 인정되는 자를 정지시켜 질문할 수 있다(경직법 제3조 제1항). 경찰관직무집행법은 이를 질문이라 부른다. 경찰관직무집행법상 질문이란 경찰관의 모든 질문이 아니라 다만 경찰관직무집행법 제3조 제1항의 목적을 위한 직무상 질문만을 뜻한다. 한편, 경찰관직무집행법 제3조 제1항의 규정내용 중 "어떠한 죄를 범하였…다고 의심할 만한 상당한 이유가 있는 자 또는 이미 행하여진 범죄…에 관하여 그 사실을 안다고 인정되는 자"에 대한 질문은 범죄사실을 인지하기 위한 사법경찰작용이라는 주장도 있으나,[1] 그것 역시 사법경찰작용 외에 새로운 범죄를 방지하기 위한 예방경찰의 성격도 동시에 갖는다고 볼 것이다.[2]

(2) 법적 성질

(가) 정 지

정지는 경찰관 앞에서 장소적 이동을 하지 아니하는 것을 말한다. 질문을 위해 정지는 불가피하게 요구된다. 질문을 위한 정지는 동시에 피질문자에게 행동의 자유의 일시정지를 가져올 수 있다. 그러나 이러한 일시정지는 침해의 경미성으로 인해 헌법 제12조가 보장하는 기본권인 신체의 자유의 침해에 해당하지 아니한다. 한편, 질문을 위한 정지의 성질은 하명에 해당하지만,[3] 이에 불응하는 경우에 대한 강제수단은 보이지 아니한다. 따라서 질문을 위해 정지를 요구하였으나, 이에 불응하여도 강제적으로 정지시킬 수는 없다.[4] 형사소송절차에 따라 강제하는 것은 별개의 문제이다. 정지를 위해 경찰관이 상대방에게 가하는 행위가 "강제적"인 행위에 해당하는지의 여부는 객관적 · 합리적으로 판단할 사항이다. 경찰관이 단순히 길을 막아서거나 팔을 가볍게 붙잡는 정도는 강제행위로 보기 어렵다.[5] 한편, 상대방의 의사에 반하는 강제수단을 예외

가능성이 희박한 점 등을 고려할 때, 경찰관의 위 추적행위는 직무를 벗어난 위법한 과잉추적으로 보기 어려우므로 피해자에 대한 국가의 손해배상책임은 인정되지 않는다).

1) 김남진, 경찰행정법, 230쪽; 김동희, 행정법(Ⅱ), 211쪽; 김성수, 개별행정법, 475쪽; 정하중, 행정법각론, 239쪽; 최영규, 경찰행정법, 278쪽.

2) 박윤흔 · 정형근, 최신행정법강의(하), 351쪽.

3) 최영규, 경찰행정법, 279쪽.

4) 최영규, 경찰행정법, 279쪽.

5) 다수견해는 이것을 허용되는 물리력행사로 보는 듯하다(김동희, 행정법(Ⅱ), 212쪽; 김성수, 개별행정법, 475쪽; 류지태 · 박종수, 행정법신론, 947쪽; 박윤흔 · 정형근, 최신행정법강의(하), 351쪽; 정하중, 행정법각론, 239쪽; 한견우 · 최진수, 현대행정법강의, 789쪽). 대판 1992. 5. 26,

적으로 행사할 수도 있다는 견해도 있다.[1)]

(나) 질 문

질문은 무엇인가를 알기 위해서 묻는 행위이다. 따라서 질문은 성질상 경찰상 조사의 성질을 갖는다.[2)] 질문은 정보수집의 성격을 갖는다. 질문은 비권력적 사실행위이다.[3)] 그리고 질문에 행정절차법상 사전통지가 필요한 것도 아니다.

(3) 판단여지와 재량

질문을 위한 요건은 많은 불확정개념으로 구성되고 있다(예: 수상한 거동, 주위 사정, 합리적으로 판단, 의심할 만한 상당한 이유). 이러한 개념은 법적 개념으로서 객관적·합리적으로 해석되어야 하지만, 경찰관에게 판단여지가 인정된다. 한편, 질문이라는 효과의 선택여부는 재량적이다. 요건의 구비여부의 결정이나 질문여부의 선택의 주체는 경찰행정청이 아니라 경찰관이다.

(4) 증표의 제시 등

질문을 하는 경찰관은 당해인에게 자신의 신분을 표시하는 증표를 제시하면서 소속과 성명을 밝히고 그 목적과 이유를 설명하여야 한다(경직법 제3조 제4항). 이것은 경찰관의 권한남용을 방지하기 위한 것이다. 이 조항에 반하는 경찰관의 직무집행행위는 당연히 위법한 직무집행행위가 된다. 한편, 경찰관이 자신의 신분을 표시하는 증표를 제시하면서 소속과 성명을 밝히고 그 목적과 이유를 설명하면, 당해인은 질문에 수인하여야 할 의무가 발생한다. 수인의무가 무한정 지속되는 것은 아니다.

(5) 질문사항

경찰관직무집행법은 질문사항에 대하여 특별히 규정하는 바가 없다. 규정의 표현형식상 범죄행위에 관한 사항은 당연히 질문사항일 것이나, 이 밖에도

91다38334(경찰관인 피고 김○○, 이○○이 원고가 임의동행요구에 응하지 않는다 하여 강제연행하려고 원고의 양 팔을 잡아끈 행위는 적법한 공무집행이라고 할 수 없으므로, 원고가 이러한 불법연행으로부터 벗어나기 위하여 원심판시와 같이 저항한 행위는 정당한 행위라고 할 것이고 이러한 행위에 무슨 과실이 있다고 할 수 없는 것이다. 원심이 불법연행에 저항한 원고의 행위를 과실상계사유와 위자료참작사유로 삼았음은 잘못이라고 하지 않을 수 없다); 대판 1999. 12. 28, 98도138(경찰관이 임의동행을 요구하며 손목을 잡고 뒤로 꺾어 올리는 등으로 제압하자 거기에서 벗어나려고 몸싸움을 하는 과정에서 경찰관에게 경미한 상해를 입힌 경우, 위법성이 결여된 행위이다).

1) 정경선, 경찰행정법, 336쪽.

2) 김철용, 행정법(Ⅱ), 294쪽; 최영규, 경찰행정법, 278쪽.

3) 박균성, 행정법론(하), 551쪽.

질문을 받는 자의 성명, 주소, 생년월일, 국적, 그리고 질문 당시의 행적 등이 질문사항이 될 수 있을 것이다. 다음에 보는 바와 같이 경찰관직무집행법상으로는 답변이 강요되지 아니하므로 경찰관직무집행법상 질문사항이 한정되지 아니하였다고 하여도 특별한 문제가 발생하지는 아니한다. 그러나 개별 특별경찰법령에서 경찰관의 질문에 답변이 강제된다면, 그러한 개별법령은 당연히 질문사항에 대하여 명확하게 규정하여야 할 것이다.

(6) 신체구속 · 답변강요의 금지

질문시 당해인은 형사소송에 관한 법률에 의하지 아니하고는 신체를 구속당하지 아니하며, 그 의사에 반하여 답변을 강요당하지 아니한다(경직법 제3조 제7항). 질문 자체에는 영장주의가 적용되지 아니하지만, 신체구속에는 당연히 영장주의가 적용된다. 경찰관직무집행법상 질문은 상대방의 임의적인 협력(답변)을 전제로 하는 제도의 성격도 갖는다.

3. 흉기소지여부의 조사

(1) 의 의

경찰관은 질문시에 흉기소지여부를 조사할 수 있다(경직법 제3조 제3항). 흉기소지여부 조사는 당해인의 신체나 소지품에 대한 검색을 전제로 한다. 신체의 조사 역시 자유의 제한이므로, 신체의 조사에는 헌법에 따라 법률상의 근거가 필요하다. 본조가 바로 그 근거조항이다. ① 일설은 "흉기의 소지여부의 조사는 실질적으로 수색에 해당하는 것임에 비추어 볼 때, 수색은 법관이 발부한 영장에 의하도록 한 헌법 제12조 제 3 항(수색 등의 영장주의)과의 관계에서 경찰관직무집행법의 위 규정에는 문제가 없지 아니하다"고 지적하고 있다.[1] ② 일설은 본조의 흉기소지여부의 조사가 헌법 제12조 제 3 항의 수색에 해당하지 아니한다고 하나,[2] 수색의 일종이 아니라고 말하기 어렵다. ③ 일설은 흉기소지여부의 조사를 임의적 조사로 보면서 "흉기의 소지여부조사에 강제조사까지 포함한다고 보면서 원칙적으로 영장이 불필요하다고 보는 견해는 설득력이 없다"고 하는데,[3] 본조가 영장주의의 예외를 규정한 것으로 본다면, 이러한 지적이 오히려 설득력이 없다고 할 수 있다. ④ 일설은 "흉기의 사용으로 다시 범죄가 행해지는 것을 방지

1) 이상규, 신행정법론(하), 351쪽.
2) 박윤흔 · 정형근, 최신행정법강의(하), 352쪽.
3) 김철용, 행정법(Ⅱ), 296쪽.

하는 의미" 등에 비추어 본 조항을 긍정적으로 본다.[1] ⑤ 생각건대 입법자는 흉기소지여부의 조사를 위험방지를 위한 예방적인 처분으로 이해하고, 아울러 그 침해가 경미하다고 보아 영장주의의 예외로서 경찰관직무집행법 제3조 제3항을 규정한 것으로 보는 것이 합리적인 해석이다. 요컨대 본조에 따른 흉기소지여부조사는 영장 없이 이루어지는 강제조사의 성격을 갖는다.

한편, 여기서 흉기란 경찰관직무집행법 제4조 제3항에서 말하는 흉기개념과 달리 위험을 야기할 수 있는 일체의 물건으로서 무기 등을 포함하는 넓은 개념이다.

(2) 방 법

(가) 일 반 론

흉기소지여부의 조사는 당해인의 신체나 소지품에 대하여 이루어진다. 신체의 조사에는 ① 관계자의 의복이나 신체상의 물건 또는 물건의 흔적을 찾는 경우(Durchsuchung)와 ② 신체의 상태 그 자체의 검사(Untersuchung)의 두 가지 경우가 있으나, 여기서 말하는 흉기소지여부의 조사는 ①의 경우에 속한다. 한편, ①의 구체적인 조사방법으로 ⓐ 소지품의 외부에서의 관찰, ⓑ 소지품에 대한 질문, ⓒ 흉기의 임의제시, ⓓ 소지품의 외부를 손으로 만지는 방법, ⓔ 당사자의 승낙 없이 피조사자의 호주머니에 손을 넣거나 가방 등을 직접 열어보는 방법 등을 생각할 수 있다. 흉기소지여부조사는 영장 없이 이루어지는 강제조사라고 볼 때, ⓐ 내지 ⓔ의 방법을 모두 활용할 수 있다.[2] 그러나 그 방법의 활용에는 비례원칙이 준수되어야 한다.[3] 한편, 학설로서는 ⓔ의 방법만 활용할 수 없다는 견해가 있다.[4]

(나) 남녀성별에 따른 차이

흉기소지여부의 조사를 위한 신체의 조사는 기본적으로 동성(同性)에 의해 이루어져야 한다. 즉, 남자에 대한 조사는 남자경찰관에 의해, 여자에 대한 조

1) 류지태 · 박종수, 행정법신론, 948쪽.
2) 류지태 · 박종수, 행정법신론, 790쪽.
3) 대판 2012. 9. 13, 2010도6203(경찰관직무집행법(이하 '법'이라 한다)의 목적, 법 제1조 제1항, 제2항, 제3조 제1항, 제2항, 제3항, 제7항의 규정 내용 및 체계 등을 종합하면, 경찰관은 법 제3조 제1항에 규정된 대상자에게 질문을 하기 위하여 범행의 경중, 범행과의 관련성, 상황의 긴박성, 혐의의 정도, 질문의 필요성 등에 비추어 목적 달성에 필요한 최소한의 범위 내에서 사회통념상 용인될 수 있는 상당한 방법으로 대상자를 정지시킬 수 있고 질문에 수반하여 흉기의 소지 여부도 조사할 수 있다).
4) 박평준 · 박창석, 경찰행정법, 284쪽; 최영규, 경찰행정법, 281쪽; 정경선, 경찰행정법, 337쪽.

사는 여자경찰관에 의해 이루어져야 한다.[1] 다만 의사에 의한 조사의 경우에는 이성(異性)에 의한 조사가 가능한 경우도 있을 것이다.

(다) 조사결과

조사결과 흉기가 발견되면, 경범죄처벌법 제 1 조(다음 각 호의 1에 해당하는 사람은 10만원 이하의 벌금, 구류 또는 과료의 형으로 벌한다) 제 2 호((흉기의 은닉휴대) 칼 · 쇠뭉둥이 등 사람의 생명 또는 신체에 중대한 해를 입히는 데 사용될 연장이나 쇠톱 등 집 그 밖의 건조물에 침입하는 데 사용될 연장을 정당한 이유 없이 숨기어 지니고 다니는 사람)로 처벌할 수 있고, 폭력행위 등 처벌에 관한 법률 제 7 조(정당한 이유 없이 이 법에 규정된 범죄에 공용될 우려가 있는 흉기 기타 위험한 물건을 휴대하거나 제공 또는 알선 한 자는 3년 이하의 징역 또는 300만원 이하의 벌금에 처한다)에 근거하여 체포 · 처벌할 수 있다.

(라) 흉기 아닌 물건

경찰관직무집행법은 경찰관은 질문시에 흉기소지여부를 조사할 수 있다고 규정하고 있다(경직법 제3조 제3 항). 법문의 표현상 흉기가 아닌 물건의 소지여부를 조사할 수는 없다. 그러나 불심검문은 수상한 거동 기타 주위의 사정을 합리적으로 판단하여 어떠한 죄를 범하였거나 범하려 하고 있다고 의심할 만한 상당한 이유가 있는 자 또는 이미 행하여진 범죄나 행하여지려고 하는 범죄행위에 관하여 그 사실을 안다고 인정되는 자를 정지시켜 질문하는 것이므로 흉기가 아닐지라도 범죄행위와 관련 있는 물건의 소지여부를 조사할 수 있도록 하는 것이 필요하다. 입법적 보완이 있어야 한다.

4. 동행요구

(1) 의 의

"질문을 하는 장소가" 당해인에게 불리하거나 교통의 방해가 된다고 인정되는 때에는 질문하기 위하여 부근의 경찰서 · 지구대 · 파출소 또는 출장소(소위 경찰관서. 지방해양경찰관서 포함)에 동행할 것을 요구할 수 있다. 이를 동행요구라 부른다. 본 조항의 동행요구에 따른 동행을 임의동행이라 부른다. 본조의 임의동행은 위험방지의 목적을 위한 경찰행정법상 제도이고, 수사목적의 임의동행은[2] 형사소송법

1) 이것을 명시한 입법례로 MEPolG(독일 단일경찰법률표준초안) 제17조 제 3 항; SPolG(독일 자르란트주 경찰법) 제17조 제 3 항 등.

2) 대판 2011. 6. 30, 2009도6717(형사소송법 제199조 제 1 항은 임의수사 원칙을 명시하고 있는데, 수사관이 수사과정에서 동의를 받는 형식으로 피의자를 수사관서 등에 동행하는 것은, 피의자의 신체의 자유가 제한되어 실질적으로 체포와 유사한데도 이를 억제할 방법이 없어서 이를 통해서는 제도적으로는 물론 현실적으로도 임의성을 보장할 수 없을 뿐만 아니라, 아직 정식 체포 · 구속단계 이전이라는 이유로 헌법 및 형사소송법이 체포 · 구속된 피의자에게 부여하는 각종 권리보장 장치가 제공되지 않는 등 형사소송법의 원리에 반하는 결과를 초래할 가능성이 크므로, 수사관이 동행에 앞서 피의자에게 동행을 거부할 수 있음을 알려 주었거나 동행한 피의

상 제도로서 양자는 목적을 달리한다.

(2) **성질**(비강제성)

경찰관의 동행요구가 있는 경우, 당해인은 경찰관의 동행요구를 거절할 수 있다(경직법 제3조 제2항). 동행요구는 당해인의 협력을 전제로 하는 비강제적인 수단이다. 임의동행인지 강제동행인지의 여부에 대한 판단은 동행한 자의 의사를 존중하면서 객관적으로 이루어져야 한다. 임의성의 판단은 평균인을 기준으로 할 것이다.[1] 경찰의 강제나 심리적 압박에 의해 동행을 승낙하고 동행하였다면, 그러한 동행은 임의동행이 아니라 강제연행으로서 불법행위가 된다.[2] 경찰관이 동행요구를 거부하는 자를 강제로 동행하게 한다면, 그것은 불법행위에 해당하며, 국가는 국가배상법에 따른 배상책임을 부담하여야 한다. 강제동행에 대항하는 행위는 공무집행방해죄를 구성하지 아니한다.[3]

(3) 요　　건

① 동행요구는 그 장소에서 질문하는 것이 당해인에게 불리하거나(예: 당해인에게 수치심을 야기시키는 경우, 추운 겨울 노상에서 질문하는 경우) 교통의 방해가 된다(예: 당해인 자체가 교통에 방해되거나, 당해인에게 많은 사람이 모여드는 경우)고 인정되는 때에 가능하다. 당해인에게 불리한지 또는 교통에 방해가 되는지의 여부에 대한 판단은 객관적 · 합리적으로 이루어져야 한다. 교통방해를 동행요구의 하나로 규정한 것은 바람직하지 않다.[4] 그러나 동행요구는 임의적인 것이므로 교통방해를 이유로 한 동행요구가 위법하다고 볼 수는 없다. 한편, 그 장소에서 질문하는 것이 경찰관에게 불리한 경우에 동행요구를 할 수는 없다. ② 동행을 요

자가 언제든지 자유로이 동행과정에서 이탈 또는 동행장소에서 퇴거할 수 있었음이 인정되는 등 오로지 피의자의 자발적인 의사에 의하여 수사관서 등에 동행이 이루어졌다는 것이 객관적인 사정에 의하여 명백하게 입증된 경우에 한하여, 동행의 적법성이 인정된다고 보는 것이 타당하다).

1) 김철용, 행정법(Ⅱ), 295쪽.

2) 대판 1992. 5. 26, 91다38334(경찰관이 임의동행요구에 응하지 않는다 하여 강제연행하려고 대상자의 양 팔을 잡아끈 행위는 적법한 공무집행이라고 할 수 없으므로 그 대상자가 이러한 불법연행으로부터 벗어나기 위하여 저항한 행위는 정당한 행위라고 할 것이고 이러한 행위에 무슨 과실이 있다고 할 수 없다).

3) 대판 1976. 3. 9, 75도3779(경찰관의 임의동행을 요구받은 피고인이 자기집 안방으로 피하여 문을 잠갔다면 이는 임의동행 요구를 거절한 것이므로 피요구자의 승낙을 조건으로 하는 임의동행하려는 직무행위는 끝난 것이고 피고인이 문을 잠근 방 안에서 면도칼로 앞가슴 등을 그어피를 보이면서 자신이 죽어버리겠다고 불온한 언사를 농하였다 하여도 이는 자해자학행위는 될지언정 위 경찰관에 대한 유형력의 행사나 해악의 고지표시가 되는 폭행 또는 협박으로 볼 수 없다).

4) 박윤흔 · 정형근, 최신행정법강의(하), 351쪽; 류지태 · 박종수, 행정법신론, 947쪽.

구하는 장소는 부근의 경찰서 · 지구대 · 파출소 또는 출장소(이하 "경찰관서"라 하되, 지방해양경찰관서를 포함한다)이지만, 상대방의 동의가 있다면 그 밖의 장소에의 동행도 가능할 것이다.[1] 경찰서 · 지구대 · 파출소 또는 출장소에의 동행이 반드시 당해인에게 유익하다고 보기는 어렵기 때문이다.

(4) 시간상 제한

경찰관의 동행요구에 따라 동행을 한 경우, 경찰관은 당해인을 6시간을 초과하여 경찰관서에 머물게 할 수 없다(경직법 제3조 제6항).[2] 6시간을 초과하여 계속 머물게 할 필요가 있다고 하여도 6시간을 초과하면 당해인을 일단 경찰관서 밖으로 내보낸 후 다시 당해인의 동의를 얻어 경찰관서에 머물게 할 수 있다. 당해인의 동의가 있다고 하여 6시간을 초과하여 계속 경찰관서에 머물게 할 수 있다고 한다면, 6시간의 제한을 둔 본 조항의 취지는 거의 몰각될 것이다. 따라서 6시간을 초과한 후 당해인을 경찰관서 밖으로 내보내지 아니한다면 그것은 불법행위에 해당한다. 6시간이 경과하기 전이라도 동행사유가 소멸되면 즉시 내보내야 한다.[3]

(5) 증표의 제시 등

질문을 하는 경찰관은 당해인에게 자신의 신분을 표시하는 증표를 제시하면서 소속과 성명을 밝히고 그 목적과 이유를 설명하여야 한다(경직법 제3조 제4항). 이것은 경찰관의 권한남용을 방지하기 위한 것이다. 이 조항에 반하는 경찰관의 직무집행행위는 당연히 위법한 직무집행행위가 된다. 한편, 경찰관이 본 조항에 위반하여 질문을 하려고 하면, 질문을 당하는 자는 본조에 근거하여 질문을 하는 경찰관에게 자신의 신분을 표시하는 증표를 제시하면서 소속과 성명을 밝히고 그 목적과 이유를 설명할 것을 요구할 수 있다고 본다. 본 조항은 질문을 당하는 자의 사익보호를 위한다는 취지도 있다고 보기 때문이다.

---

1) 박평준 · 박창석, 경찰행정법, 280쪽.

2) 독일의 경찰법상 신원확인을 위한 경우에는 12시간까지 자유제한이 가능하다(SPolG(독일 자르란트주 경찰법) 제16조 제 2 항).

3) 대판 1997. 8. 22, 97도1240(임의동행은 상대방의 동의 또는 승낙을 그 요건으로 하는 것이므로 경찰관으로부터 임의동행 요구를 받은 경우 상대방은 이를 거절할 수 있을 뿐만 아니라 임의동행 후 언제든지 경찰관서에서 퇴거할 자유가 있다 할 것이고, 경찰관직무집행법 제3조 제6항이 임의동행한 경우 당해인을 6시간을 초과하여 경찰관서에 머물게 할 수 없다고 규정하고 있다고 하여 그 규정이 임의동행한 자를 6시간 동안 경찰관서에 구금하는 것을 허용하는 것은 아니다).

(6) 친지에 고지 등

동행을 한 경우 경찰관은 당해인의 가족 또는 친지 등에게 동행한 경찰관의 신분, 동행장소, 동행목적과 이유를 고지하거나 본인으로 하여금 즉시 연락할 수 있는 기회를 부여하여야 하며,[1] 변호인의 조력을 받을 권리가 있음을 고지하여야 한다(경직법 제3조 제5항). 이 조항은 동행을 한 자의 인신보호를 위한 것으로서 경찰관의 직무상 의무를 규정하고 있다. 이 조항은 예외 없이 적용되어야 한다.[2] 경찰관이 만약 이 조항이 규정하는 직무상 의무를 불이행하면, 국가배상법상 배상책임의 문제를 가져온다. 그렇다고 이 조항의 위반이 임의동행을 위법한 것으로 만든다고 보기는 어렵다. 이 조항에서 규정하는 경찰관의 직무상 의무(동행목적 등의 고지, 연락기회부여, 변호인의 조력을 받을 권리의 고지)는 지체없이 이루어져야 한다. 그 방식은 반드시 문서로 이루어져야 하는 것은 아니고, 오히려 구두에 의한 것이 일반적일 것이다.

(7) 신체구속 · 답변강요의 금지

질문시 당해인은 형사소송에 관한 법률에 의하지 아니하고는 신체를 구속당하지 아니하며, 그 의사에 반하여 답변을 강요당하지 아니한다(경직법 제3조 제7항). 질문 자체에는 영장주의가 적용되지 아니하지만, 신체구속에는 당연히 형사소송법이 성하는 바에 따른 영장수의가 적용된다. 경찰관직무집행법상 질문은 상대방의 임의적인 협력(답변)을 전제로 하는 제도의 성격도 갖는다. 요컨대 당해인은 질문에 대하여 수인의무를 지고 정지하게 되지만, 질문에 대하여 진술의무는 부담하지 아니한다. 한편, 질문을 하는 경찰관은 당해인에게 진술을 거부할 수 있음을 반드시 알려야 하는 것은 아니다. 그렇지만 범죄의 증거를 수집할 목적으로 질문한다면 진술을 거부할 수 있음을 알려야 한다.

(8) 질문의 결과

임의동행한 후 질문한 결과 범죄를 범하였다는 사실이 밝혀진다면, 형사절차로 전환하게 될 것이다.[3] 경우에 따라서는 현행범으로 체포될 수도 있을 것

---

1) MEPolG(독일 단일경찰법률표준초안) 제15조 제 2 항; SPolG(독일 자르란트주 경찰법) 제15조 제 2 항 참조.

2) 대판 1995. 5. 26, 94다37226(긴급구속 당시에 헌법 및 형사소송법에 규정된 바와 같이 피의자에 대하여 범죄사실의 요지, 체포 또는 구속의 이유와 변호인을 선임할 수 있음을 말하고 변명할 기회를 준 후가 아니면 긴급구속할 수 없으므로, 이러한 절차를 준수하지 않고, 연행될 것을 명백히 거부하는 피의자를 강제로 연행한 것은 임의동행에 해당된다고 볼 수 없어 부당한 신체의 구속이라고 할 것이다).

3) 대판 2006. 7. 6, 2005도6810(형사소송법 제199조 제 1 항은 "수사에 관하여 그 목적을 달성하기 위하여 필요한 조사를 할 수 있다. 다만, 강제처분은 이 법률에 특별한 규정이 있는 경우에 한

이다.

5. 주민등록법상 불심검문의 특례

(1) 주민등록증의 제시요구와 제시의무

(가) 의 의

사법경찰관리가 범인을 체포하는 등 그 직무를 수행할 때에 17세 이상인 주민의 신원이나 거주관계를 확인할 필요가 있는 경우에는 주민등록증의 제시를 요구할 수 있다(주민법 제26조 제 1 항 제 1 문). 본 조항에 따른 주민등록증의 제시요구는 범인의 체포 외에 경찰관직무집행법에서 규정한 직무의 수행을 위해서도 활용될 수 있다. 따라서 경찰관직무집행법 제 3 조 제 1 항이 규정하는 불심검문을 하고자 할 때에는 본조에 따라 주민등록증의 제시를 요구할 수 있다.

(나) 제시의무

명시적인 규정은 없으나, 주민등록증의 제출을 요구받은 자는 제출의무를 진다고 볼 것이다. 왜냐하면 주민등록증의 제출 그 자체는 사인이 수인할 수 있는 경미한 침해로 볼 것이기 때문이다.

(2) 동행요구

(가) 의 의

사법경찰관리는 주민등록증의 제시를 요구하였음에도 주민등록증을 제시하지 아니하는 자로서 신원을 증명하는 증표나 그 밖의 방법에 따라 신원이나

하며, 필요한 최소한도의 범위 안에서만 하여야 한다"고 규정하여 임의수사의 원칙을 명시하고 있는바, 수사관이 수사과정에서 당사자의 동의를 받는 형식으로 피의자를 수사관서 등에 동행하는 것은, 상대방의 신체의 자유가 현실적으로 제한되어 실질적으로 체포와 유사한 상태에 놓이게 됨에도, 영장에 의하지 아니하고 그 밖에 강제성을 띤 동행을 억제할 방법도 없어서 제도적으로는 물론 현실적으로도 임의성이 보장되지 않을 뿐만 아니라, 아직 정식의 체포 · 구속단계 이전이라는 이유로 상대방에게 헌법 및 형사소송법이 체포 · 구속된 피의자에게 부여하는 각종의 권리보장 장치가 제공되지 않는 등 형사소송법의 원리에 반하는 결과를 초래할 가능성이 크므로, 수사관이 동행에 앞서 피의자에게 동행을 거부할 수 있음을 알려 주었거나 동행한 피의자가 언제든지 자유로이 동행과정에서 이탈 또는 동행장소로부터 퇴거할 수 있었음이 인정되는 등 오로지 피의자의 자발적인 의사에 의하여 수사관서 등에의 동행이 이루어졌음이 객관적인 사정에 의하여 명백하게 입증된 경우에 한하여, 그 직법성이 인정되는 것으로 봄이 상당하다. 형사소송법 제200조 제 1 항에 의하여 검사 또는 사법경찰관이 피의자에 대하여 임의적 출석을 요구할 수는 있겠으나, 그 경우에도 수사관이 단순히 출석을 요구함에 그치지 않고 일정 장소로의 동행을 요구하여 실행한다면 위에서 본 법리가 적용되어야 하고, 한편 행정경찰 목적의 경찰활동으로 행하여지는 경찰관직무집행법 제 3 조 제 2 항 소정의 질문을 위한 동행요구도 형사소송법의 규율을 받는 수사로 이어지는 경우에는 역시 위에서 본 법리가 적용되어야 한다).

거주 관계가 확인되지 아니하는 자에게는 범죄의 혐의가 있다고 인정되는 상당한 이유가 있을 때에 한정하여 인근 관계 관서에서 그 신원이나 거주관계를 밝힐 것을 요구할 수 있다(주민법 제26조 제1항 제2문).

㈏ 임 의 성

사법경찰관이 인근관서에 동행을 요구하였음에도 동행요구를 받은 자가 동행을 거부하면 사법경찰관은 동행을 강제할 수 있는가에 관하여 주민등록법에서는 언급하는 바가 없다. 생각건대 동행요구는 신체의 자유에 대한 중대한 침해라는 점, 기본권의 침해에는 헌법 제37조 제2항에 비추어 법률의 근거가 필요하다는 점, 경찰관직무집행법 제3조 제2항은 동행요구를 거부할 수 있다고 명시적으로 규정하고 있다는 점 등을 고려할 때, 주민등록법을 근거로 사법경찰관은 동행을 강제할 수 없다고 볼 것이다.

⑶ 증표의 제시 등

㈎ 의 의

사법경찰관리는 주민등록법 제26조 제1항에 따라 신원 등을 확인할 때 친절과 예의를 지켜야 하며, 정복근무중인 경우 외에는 미리 그 신원을 표시하는 증표를 지니고 이를 관계인에게 내보여야 한다(주민법 제26조 제2항). 증표제시는 경찰관의 권한남용을 방지하기 위한 것이다. 이 조항에 반하는 경찰관의 직무집행행위는 당연히 위법한 직무집행행위가 된다.

㈏ 문 제 점

주민등록법 제26조 제2항은 사법경찰관이 정복근무중일 때에는 미리 그 신원을 표시하는 증표를 내보이지 않아도 된다는 내용을 담고 있다. 정복을 착용하였다는 것 자체가 정복을 착용한 자는 사법경찰관임을 담보하는 것은 아니다. 따라서 정복을 착용하였다는 이유로 미리 그 신원을 표시하는 증표를 내보이지 않아도 된다는 것은 타당하지 않다. 다만, 급속을 요하거나 다수의 자를 상대로 신원확인 등이 이루어지는 경우에 한하여 예외적으로 미리 그 신원을 표시하는 증표를 내보이지 않아도 된다는 내용의 규정은 필요할 것이다.

6. 전투경찰대 설치법상 검문의 특례

⑴ 의 의

전투경찰대 설치법 제2조의2(전투경찰순경의 검문)는 "전투경찰순경은 임무수행상 필요하다고 인정할 때에는 경비지역 안에서 검문을 할 수 있다"고 규정하고 있다. 전투경찰순경이란 전투경찰대 설치법 제 2 조의3 제 1 항에 근거하여 「대간첩작전의 수행」을 임무로 하여 임용된 전투경찰순경과 동조 제 2 항에 의해 「치안업무의 보조」를 임무로 하여 임용된 전투경찰순경을 말한다. 따라서 전투경찰의 임무는 대간첩작전의 수행과 치안업무의 보조인 셈이다.

(2) 경찰관직무집행법과의 관계

전투경찰대의 대원인 전투경찰순경은 전투경찰대의 대장인 「경찰공무원법」에 의한 국가경찰공무원의 지휘를 받아야 한다는 점, 전투경찰대의 대원인 전투경찰순경이 보조하는 치안업무와 대간첩작전의 수행은 경찰관직무집행법상 경찰의 직무라는 점을 고려할 때, 두 법률의 관계에서 경찰관직무집행법이 일반법이라 할 것이고, 따라서 전투경찰대설치법에서 검문과 관련하여 규정되지 아니한 사항에 대해서는 경찰관직무집행법이 적용된다고 볼 것이다.

7. 자동차검문

(1) 의 의

자동차검문이란 경찰관이 일정한 장소에서 주행하고 있는 자동차를 정지시킨 후 행하는 질문을 뜻한다. 자동차검문도 질문의 한 형태로 볼 수 있다. 자동차검문에도 교통안전을 위한 검문과 범죄수사를 위한 검문이 있으나, 경찰행정법의 영역에서는 전자가 문제된다.

(2) 법적 근거

① 경찰관직무집행법 제 3 조 제 1 항이 정하는 불심검문의 요건을 구비한다면, 자동차를 정지시켜 질문할 수도 있을 것이다. 그 방법은 통상의 불심검문의 경우와 다를 바 없다. 경찰관직무집행법 제 3 조 제 1 항이 정하는 요건을 구비함이 없이 자동차검문을 한다면 위법을 면하기 어려울 것이다. 한편, ② 경찰공무원(자치경찰공무원을 제외한다)은 교통의 안전과 위험방지를 위하여 필요하다고 인정하거나 제 1 항(누구든지 술에 취한 상태에서 자동차등(「건설기계관리법」 제26조 제 1 항 단서에 따른 건설기계 외의 건설기계를 포함한다. 이하 이 조, 제45조, 제47조, 제93조 제 1 항 제 1 호부터 제 4 호까지 및 제148조의2에서 같다)을 운전하여서는 아니 된다)을 위반하여 술에 취한 상태에서 자동차 등을 운전하였다고 인정할 만한 상당한 이유가 있는 경우에는 운전자가 술에 취하였는지의 여부를 호흡조사로 측정할 수 있다(도로교통법 제44조 제 2 항 제 1 문).[1] 이러한 경우도 자동차검문의 한 경우에 해당

---

1) 헌재 2004. 1. 29, 2002헌마293(도로교통법 제41조 제 2 항 전단에 규정된 "교통안전과 위험방지

한다. 물론 운전자는 경찰공무원의 측정에 응하여야 한다(도로교통법 제44조 제2항 제2문).

(3) 일제검문

일제검문이란 도로상의 모든 차량에 대하여 일제히 이루어지는 검문을 말한다. 이에 관한 일반적인 근거규정은 없다. 다만 도로교통법 제44조 제2항 제1문이 정하는 바(음주 측정)에 따라 경찰공무원(자치경찰공무원을 제외한다)이 교통의 안전과 위험방지를 위하여 필요하다고 인정하여 이루어지는 검문은 도로상의 안전과 관련하는 범위 안에서 일제검문의 성질을 갖는다. 도로상의 안전이 아닌 다른 목적을 위한 일제검문에 관해 규정하는 일반적 규정은 찾아보기 어렵다. 경찰관직무집행법 제3조 제1항이 정하는 불심검문의 요건을 구비하지 못한 채 일제검문을 하려고 하면, 상대방의 임의적 협력을 전제로 하면서 실시하여야 할 것이다.[1] 경찰관이 차문이나 핸들을 잡거나, 엔진의 스위치를 끄거나 자동차 열쇠를 빼앗는 행위 등은 임의적 수단이라 보기 어렵다.

Ⅲ. 보호조치

1. 의 의

경찰관은 수상한 거동 기타 주위의 사정을 합리적으로 판단하여 다음 각

의 필요성"이란, 음주측정을 요구할 대상자인 당해 운전자의 운전으로 인하여 야기된 개별적·구체적인 위험방지를 위하여 필요한 경우뿐만 아니라, 잠재적 음주운전자의 계속적인 음주운전을 차단함으로써 그렇지 않았을 경우 음주운전의 피해자가 되었을지도 모를 잠재적인 교통 관련자의 위해를 방지할 가능성이 있다면 그 필요성이 충족되는 것으로 넓게 해석하여야 하고, 이러한 음주측정을 위하여, 검문지점을 설치하고 그 곳을 통행하는 불특정다수의 자동차를 정지시켜 운전자의 음주여부를 점검해 볼 수 있는 권한도 여기에 내포되어 있다고 보아야 한다. 음주운전으로 인한 피해를 예방하여야 하는 공익은 대단히 중대하며, 그러한 단속방식이 그 공익을 보호함에 효율적인 수단임에 반하여, 일제단속식 음주단속으로 인하여 받는 국민의 불이익은 비교적 경미하다. 검문을 당하는 국민의 불이익은 교통체증으로 인한 약간의 시간적 손실, 주관적·정서적 불쾌감 정도에 불과하고, 음주측정을 실시하는 경우라 할지라도 그것은 단속현장에서 짧은 시간 내에 간단히 실시되고 측정결과도 즉석에서 알 수 있는 호흡측정 방법에 의하여 실시되므로 편이성이 높다. 따라서 도로를 차단하고 불특정다수인을 상대로 실시하는 일제단속식 음주단속은 그 자체로는 도로교통법 제41조 제2항 전단에 근거를 둔 적법한 경찰작용이다. 그러나 그 경우에도 과잉금지원칙은 준수되어야 하므로, 음주단속의 필요성이 큰, 즉 음주운전이 빈발할 것으로 예상되는 시간과 장소를 선정하여야 할 것이고, 운전자 등 관련 국민의 불편이 극심한 단속은 가급적 자제하여야 하며, 전방지점에서의 사전 예고나 단시간 내의 신속한 실시 등과 같은 방법상의 한계도 지켜야 할 것이다).

1) 경찰은 "「음주운전 탐지가이드」를 지침으로 하여 음주운전 혐의가 있다고 판단되는 차량을 대상으로 음주여부를 조사하는 「선별적 단속방식」을 원칙으로 하면서 유흥가밀집지역, 교통량이 한산한 도로, 유원지 입구 등 음주운전 원천발생지역에서는 집중단속을 실시하고 있다"고 한다(2006 경찰백서, 경찰청, 323쪽).

호의 1(1. 정신착란 또는 술취한 상태로 인하여 자기 또는 타인의 생명·신체와 재산에 위해를 미칠 우려가 있는 자와 자살을 기도하는 자, 2. 미아·병자·부상자 등으로서 적당한 보호자가 없으며 응급의 구호를 요한다고 인정되는 자. 다만, 당해인이 이를 거절하는 경우에는 예외로 한다)에 해당함이 명백하며 응급의 구호를 요한다고 믿을 만한 상당한 이유가 있는 자를 발견한 때에는 보건의료기관 또는 공공구호기관에 긴급구호를 요청하거나 경찰관서에 보호하는 등 적당한 조치를 할 수 있다(경직법 제4조 제1항). 경찰관직무집행법은 이를 보호조치라 부르고 있다. 보호조치의 발동을 위해서는 구체적인 위험의 존재가 필요하다. 보호조치에는 강제보호와 임의보호가 있다. 본 조항에 따른 보호조치는 위험방지를 목적으로 하는 것이며, 범죄수사의 목적으로 활용될 수는 없다.

2. 대 상 자

(1) 강제보호(경직법 제4조 제1항 제1호)

강제보호란 보호대상자의 의사와 관계 없이 이루어지는 보호를 말한다. 강제보호는 감금을 위한 유치를 가져온다(감금유치). 강제보호는 정신착란 또는 술취한 상태로[1] 인하여 자기 또는 타인의 생명·신체와 재산에 위해를 미칠 우려가 있는 자와 자살을 기도하는 자(감금유치)를 대상으로 한다.[2] 정신착란 또는 술취한 상태에 있는 자란 모두 통상적인 의사능력·판단능력과 통제력이 상실된 상태에 있는 자들이다. 유치장소는 남자와 여자가 달라야 한다.[3]

(2) 임의보호(경직법 제4조 제1항 제2호)

임의보호란 보호대상자의 거부의 의사표시가 없는 경우에만 이루어질 수 있는 보호를 말한다. 임의보호는 보호를 위한 유치를 가져온다. 임의보호는 미아·병자·부상자 등으로서 적당한 구호자가 없으며 응급의 구호를 요한다고

---

1) 대판 1998. 5. 8, 97다54482(경찰관의 주취운전자의 방치가 구체적 상황하에서 현저히 합리성을 잃어 사회적 타당성이 없는 경우에는 경찰관의 직무상 의무의 위반으로서 위법하다).

2) 대판 1998. 2. 13, 96다28578(구 윤락행위등방지법 등 관계 규정에 의하더라도 '요보호여자'에 대한 수용보호처분은 오로지 보호지도소측에서 할 수 있도록 되어 있고, 보호지도소에서 '요보호여자'를 수용할 때까지 경찰관서에서 '요보호여자'를 경찰서 보호실에 강제로 유치할 수 있는 아무런 근거 규정이 없을 뿐 아니라, 경찰관직무집행법 제4조 제1항, 제4항의 규정에 의하면 경찰서 보호실에의 유치는 정신착란자, 주취자, 자살기도자 등 응급의 구호를 요하는 자를 24시간을 초과하지 아니하는 범위 내에서 경찰관서에서 보호조치하기 위한 경우에만 제한적으로 허용될 뿐이라고 할 것이어서, 구 윤락행위등방지법 제7조 제1항 소정의 '요보호여자'에 해당한다 하더라도 그들을 경찰서 보호실에 유치하는 것은 영장주의에 위배되는 위법한 구금에 해당한다).

3) 이러한 입법례로 MEPolG(독일 단일경찰법률표준초안) 제15조 제3항; SPolG(독일 자르란트주 경찰법) 제15조 제3항 참조.

인정되는 자(보호유치)를 대상으로 한다. 여기서 미아·병자·부상자란 모두 스스로 집이나 병원을 찾아갈 능력이 없다는 특징을 갖는다. 따라서 병약한 노인이나 임산부 등도 임의보호의 대상자가 될 수 있다. 구호자란 부양의무자만을 뜻하는 것은 아니다. 구호자란 실질적인 도움을 줄 수 있는 관계를 유지해 온 자를 중심으로 하는 개념으로 볼 것이다.

3. 성 질

(1) 자유의 침해

경찰상 유치는 헌법 제12조의 개인의 자유에 대한 침해를 뜻하므로 형식적 의미의 법률에 의해서만 허용된다. 본조가 바로 근거규정이다. 보호조치(감금유치·보호유치)는 헌법상 보장되는 자유의 제한이므로, 보호조치에 관한 경찰관직무집행법의 규정은 제한적으로 해석되어야 한다. 보호조치가 생명이나 신체 등의 보호를 위한 것임은 물론이다. 그렇다고 보호조치가 적극적으로 국민의 복리증진을 위한 수단이라고 볼 수는 없다. 한편, 보호조치는 당해인에게 수인의무를 가져오므로 법적 행위이고 순수한 사실행위는 아니다. 강제보호조치는 대인적 즉시강제의 성질을 가지며, 임의보호조치는 비권력적 사실행위의 성질을 갖는다.[1]

(2) 감금유치

경찰이 감금유치(Ingewahrsamnahme)를 할 수 있는 경우로 ① 직접 목전에 급박한 범행이나 범죄행위의 계속 또는 중대한 위험을 가진 질서위반의 계속을 방지하기 위해 불가피한 경우에, ② 다른 방법으로 공공의 안녕이나 질서에 대한 위험방지가 불가할 때, ③ 기존의 장해의 제거가 불가할 때,[2] ④ 퇴거명령의 관철을 위해 불가피한 경우를 예상할 수 있으나, 본조는 정신착란 등으로 생명·신체, 재산에 위해를 미칠 우려가 있는 경우 등에 관해서만 제한적으로 규정하고 있다. 이러한 예방적인 경찰상의 유치는 범죄수사와 관련하여 허용되는 체포·구금과 구분되어야 한다.

(3) 보호유치

건강·생명은 최상위의 법익이다. 그것의 보호를 위해서는 일시(단기간) 경

---

1) 박평준·박창석, 경찰행정법, 286쪽.

2) Drew/Wacke/Vogel/Martens, Gefahrenabwehr: Allgemeines Polizeirecht, S. 198.

찰상의 유치를 통한 자유제한도 법적으로 정당화된다. 물론 당사자가 해결능력이 없는 경우의 보호유치(Schutzgewahrsamnahme)는 유치되는 자의 고유한 보호에 기여한다.[1] 보호유치는 ① 생명 · 자유에 대한 위협으로부터 보호의 필요가 있는 경우, ② 자유의사결정을 배제하는 상태에 놓여 있거나 보호받을 수 없는 상태에 놓인 경우, ③ 위험상태를 스스로 초래한 경우에 문제된다. 본조는 바로 이러한 경우를 규정하고 있다.

(4) 재 량 성

경찰관직무집행법 제 4 조 제 1 항은 「… 적당한 조치를 취할 수 있다」고 규정하여, 보호조치를 재량행위로 규정하고 있다. 경우에 따라서는 재량권이 영으로 수축될 수도 있다.[2]

4. 구호 · 보호

(1) 보건의료기관 · 공공구호기관의 구호

(가) 긴급구호요청

경찰관은 긴급구호를 요하는 자를 발견한 때에는 보건의료기관 또는 공공구호기관에 긴급구호를 요청할 수 있다(경직법 제4조 제1항). 보건의료기관이나 공공구호기관의 의미에 관해 경찰관직무집행법에서 구체적으로 적시하는 바는 없다. 보건의료기관으로 각종 공공병원과 보건소가 있다. 제 4 항과 제 5 항에서 공공보건의료기관이라는 용어가 사용되고 있음에 비추어 사설의료기관을 보건의료기관에 포함시키기에는 무리가 있다. 해석론상 사설의료기관은[3] 주위에 공공병원과 보건소가 없는 경우에 예외적으로 제 1 항에서 말하는 보건의료기관에 해당할 수 있다고 본다. 왜냐하면 공적 의무의 수행은 공공기관에 의해 수행하는 것이 원칙이기 때문이다. 공공구호기관으로는 아동복지법 등 사회행정법에서 규정하

1) Drew/Wacke/Vogel/Martens, Gefahrenabwehr: Allgemeines Polizeirecht, S. 197.

2) 대판 1996. 10. 25, 95다45927(긴급구호권한과 같은 경찰관의 조치권한은 일반적으로 경찰관의 전문적 판단에 기한 합리적인 재량에 위임되어 있는 것이나, 그렇다고 하더라도 구체적 상황하에서 경찰관에게 그러한 조치권한을 부여한 취지와 목적에 비추어 볼 때 그 불행사가 현저하게 불합리하다고 인정되는 경우에는, 그러한 불행사는 법령에 위반하는 행위에 해당하게 되어 국가배상법상의 다른 요건이 충족되는 한, 국가는 그로 인하여 피해를 입은 자에 대하여 국가배상책임을 부담한다).

3) 대판 1994. 2. 22, 93다4472(경찰관이 응급의 구호를 요하는 자를 보건의료기관에게 긴급구호요청을 하고, 보건의료기관이 이에 따라 치료행위를 하였다고 하더라도 국가와 보건의료기관 사이에 국가가 그 치료행위를 보건의료기관에 위탁하고 보건의료기관이 이를 승낙하는 내용의 치료위임계약이 체결된 것으로는 볼 수 없다).

는 각종 기관(예: 아동보호소, 부녀보호소, 양로원, 고아원)이 있다. 공공구호기관에는 국가나 지방자치단체로부터 지원을 받는 구호기관도 포함된다고 본다.

(나) 보호의무

경찰관으로부터 긴급구호요청을 받은 보건의료기관이나 공공구호기관은 정당한 이유 없이 긴급구호를 거절할 수 없다(경직법 제4조 제2항). 정당한 이유의 유무는 객관적으로 판단되어야 한다. 객관적으로 진료가 불가능하다면 정당한 이유가 있는 것이 된다. 정당한 이유 없이 거부하면 불이익을 받을 수도 있다.[1)]

(2) 경찰관서의 보호

(가) 의 의

경찰관은 긴급구호를 요하는 자를 발견한 때에 경찰관서에 보호할 수 있다(경직법 제4조 제1항). 경찰관서에서의 보호는 보호를 요하는 사유가 소멸하기까지, 또는 보호자나 보호기관에 인계할 때까지 일시적으로 이루어질 것이다.

(나) 보호실과 유치장

긴급구호를 요하는 자를 보호하기 위하여 수용하는 공간이 보호실이다. 보호실은 유치장과 다르다. 경찰관직무집행법에는 보호실에 관한 규정이 없다. 입법적 보완이 필요하다. 긴급구호를 요하는 자의 인권보장에 관한 사항도 아울러 규정할 필요가 있다.

(다) 유 치 장

유치장은 법률이 정한 절차에 따라 체포·구속되거나 신체의 자유를 제한하는 판결 또는 처분을 받은 자(예: 현행범인으로 체포된 자, 긴급구속된 자, 즉결심판에 의해 구류형을 선고받은 자)를 수용하기 위한 경찰서 및 지방해양경찰관서 내의 공간이다(경직법 제9조).[2)] 긴급구호를 요하는 자를 유치장에 보호하는 것은 위법하다.[3)] 지방검찰청 검사장 또는 지청장은 불법체

1) 응급의료에 관한 법률 제 6 조(응급의료의 거부금지 등) ② 응급의료종사자는 업무 중에 응급의료를 요청받거나 응급환자를 발견하면 즉시 응급의료를 행하여야 하며 정당한 사유 없이 이를 거부하거나 기피하지 못한다.
제60조(벌칙) ② 다음 각 호의 어느 하나에 해당하는 사람은 3년 이하의 징역 또는 1천만원 이하의 벌금에 처한다.
1. 제 6 조 제 2 항을 위반하여 응급의료를 거부 또는 기피한 응급의료종사자

2) 대판 1993. 9. 28, 93다17546(경찰서 대용감방에 배치된 경찰관 등으로서는 감방 내의 상황을 잘 살펴 수감자들 사이에서 폭력행위 등이 일어나지 않도록 예방하고 나아가 폭력행위 등이 일어난 경우에는 이를 제지하여야 할 의무가 있음에도 불구하고 이러한 주의의무를 게을리하였다면 국가는 감방 내의 폭력행위로 인한 손해를 배상할 책임이 있다).

3) 대판 1994. 3. 11, 93도958(경찰서에 설치되어 있는 보호실은 영장대기자나 즉결대기자 등의 도주방지와 경찰업무의 편의 등을 위한 수용시설로서 사실상 설치, 운영되고 있으나 현행법상 그

포 · 구속의 유무를 조사하기 위하여 검사로 하여금 매월 1회 이상 관할수사관서의 피의자의 체포 · 구속장소를 감찰하게 하여야 한다. 감찰하는 검사는 체포 또는 구속된 자를 심문하고 관련서류를 조사하여야 한다(형사소송법 제198조의2 제1항).

(라) 피보호자에 대한 경찰장구사용

피보호자의 보호를 위하여 수갑이나 포승을 사용하는 것은 허용되지 아니한다. 다만, 정신착란 또는 술취한 상태로 인하여 자기 또는 타인의 생명 · 신체와 재산에 위해를 가하려고 하는 자, 자살을 기도하는 자, 그리고 보호사유가 소멸하기 전임에도 불구하고 경찰의 보호로부터 이탈하려고 하는 자에 대해서는 수갑이나 포승을 사용할 수도 있을 것이다.[1] 물론 경찰관직무집행법 제10조의2가 규정하는 경찰장비의 사용한도 범위 안에서만 가능할 것이다.

(3) 기타 적당한 조치

경찰관은 보호대상자를 위해 기타 적당한 조치를 할 수도 있다. 적당한 조치의 의미는 분명하지 않다. 생각건대 적당한 조치의 예로서 ① 보건의료기관 또는 공공구호기관에 긴급구호를 요청하기 전 또는 경찰관서에 보호하기 전에 시급히 요구되는 응급조치를 하거나 또는 ② 보건의료기관이나 공공구호기관 또는 경찰관서에 소속되지 아니한 민간인(예: 법정대리인 · 형제 · 교사)의 활용 등을 예상할 수 있다.

5. 보호기간

① 보건의료기관이나 공공구호기관에서의 보호기간에는 제한이 없으나, 경찰관서에서의 보호는 24시간을 초과할 수 없다(경직법 제4조 제7항). 경찰관서에서의 보호에 기간상 제한을 둔 것은 혹시 있을 수도 있는 경찰권의 남용을 방지하고 경찰의 임무를 경감시키기 위한 것이다. 만약 경찰관이 구속영장을 받음이 없이 24시간을 초과하여 경찰서 보호실에 유치하는 것은 영장주의에 위배되는 위법한 구금이다.[2] ② 24시간 이내라고 하여도 보호요건이 소멸되었다면, 소멸된

설치근거나 운영 및 규제에 관한 법령의 규정이 없고, 이러한 보호실은 그 시설 및 구조에 있어 통상 철창으로 된 방으로 되어 있어 그 안에 대기하고 있는 사람들이나 그 가족들이 출입이 제한되는 등 일단 그 장소에 유치되는 사람은 그 의사에 기하지 아니하고 일정장소에 구금되는 결과가 되므로, 경찰관직무집행법상 정신착란자, 주취자, 자살기도자 등 응급의 구호를 요하는 자를 24시간을 초과하지 아니하는 범위 내에서 경찰관서에 보호조치할 수 있는 시설로 제한적으로 운영되는 경우를 제외하고는 구속영장을 발부받음이 없이 피의자를 보호실에 유치함은 영장주의에 위배되는 위법한 구금으로서 적법한 공무수행이라고 볼 수 없다).

1) 최영규, 경찰행정법, 284쪽.

2) 대판 1995. 5. 26, 94다37226(경찰서 조사대기실이 조사대기자 등의 도주방지와 경찰업무의 편

시점부터는 보호할 수 없다. 더 이상의 보호는 위법한 것이 된다. ③ 가족 등에게 인도하는 것이 보호목적에 비추어 적절하지 않다면, 24시간 이내에는 가족 등의 요청이 있어도 인도를 거절할 수 있을 것이다.

6. 임시영치

보호조치를 하는 경우에 피구호자가 휴대하고 있는 무기 · 흉기 등 위험을 야기할 수 있는 것으로 인정되는 물건은 경찰관서에 임시영치할 수 있다(경직법 제4조 제3항). 흉기란 위험을 야기할 수 있는 것으로 인정되는 일체의 물건으로서 무기를 제외한 것을 말한다. 임시영치는 영장 없이 이루어지는 강제처분의 성격을 갖는다.[1] 임시영치는 대물적 즉시강제의 성격을 갖는다.[2] 임시영치기간은 10일을 초과할 수 없다(경직법 제4조 제7항). 영치된 물건의 소유자의 주소가 불명하다면, 영치된 물건의 반환은 불가할 것이다. 이에 관한 입법적 보완이 필요하다. 임시영치는 보상을 요하지 아니하는 재산권의 내재적 제약에 해당한다. 임치에 따라 과도한 비용이 발생하는 경우에는 비용부담에 관하여 특별한 규정을 둘 필요가 있을 것이다. 임시영치된 물건이 다른 법률에서 몰수의 대상으로 규정되어 있다면, 그 물건은 반환될 수 없다.

7. 통제(사후조치)

(1) 가족 등에 통지

경찰관이 보호조치를 한 때에는 지체없이 이를 피구호자의 가족 · 친지 기타의 연고자에게 그 사실을 통지하여야 하며,[3] 연고자가 발견되지 아니할 때에

의 등을 위한 수용시설로서 그 안에 대기하고 있는 사람들의 출입이 제한되는 시설이라면, 일단 그 장소에 유치되는 사람은 그 의사에 기하지 아니하고 일정장소에 구금되는 결과가 되므로 경찰관직무집행법상 정신착란자, 주취자, 자살기도자 등 응급의 구호를 요하는 자를 24시간을 초과하지 아니하는 범위 내에서 경찰관서에 보호조치할 수 있는 시설로 제한적으로 운영되는 경우를 제외하고는 구속영장을 발부받음이 없이 조사대기실에 유치하는 것은 영장주의에 위배되는 위법한 구금이라고 하지 않을 수 없다); 대판 1994. 3. 11, 93도958.

1) 최영규, 경찰행정법, 284쪽.

2) 박평준 · 박창석, 경찰행정법, 286쪽.

3) 대판 1994. 3. 11, 93도958(경찰관직무집행법 제 4 조 제 1 항, 제 4 항에 의하면 경찰관은 수상한 거동 기타 주위의 사정을 합리적으로 판단하여 술취한 상태로 인하여 자기 또는 타인의 생명, 신체와 재산에 위해를 미칠 우려가 있는 자에 해당함이 명백하며 응급의 구호를 요한다고 믿을 만한 상당한 이유가 있는 자를 발견한 때에는 24시간을 초과하지 아니하는 범위 내에서 동인을 경찰관서에 보호하는 등 적절한 조치를 취할 수 있으나, 이 경우에도 경찰관이 이러한 조치를 한 때에는 지체 없이 이를 피구호자의 가족, 친지 기타의 연고자에게 그 사실을 통지하여야 한다).

는 피보호자를 적당한 공중보건의료기관이나 공공구호기관에 즉시 인계하여야 한다(경직법 제4조 제4항).

(2) 경찰서장 등에 통지

경찰관이 보호조치로서 피구호자를 공중보건의료기관 또는 공공구호기관에 인계를 한 때에는 즉시 그 사실을 소속경찰서장 또는 지방해양경찰관서의 장에게 보고하여야 한다(경직법 제4조 제5항). 경찰서장 등에 대한 통지는 보호대상자의 소재파악을 용이하게 하고 강제수용시설에 무단으로 보호되는 것을 방지하는데 기여할 것이다.

(3) 감독행정청 등에 보고

경찰관으로부터 보호조치에 관해 보고를 받은 소속경찰서장 또는 지방해양경찰관서의 장은 대통령령이 정하는 바에 의하여 피구호자를 인계한 사실을 지체없이 당해 공중보건의료기관 · 공공구호기관의 장 및 그 감독행정청에 통보하여야 한다(경직법 제4조 제6항). 감독행정청이란 공중보건의료기관 · 공공구호기관의 관할 행정청(예: 시장 · 군수 · 구청장)을 말한다.

Ⅳ. 위험발생의 방지

1. 의 의

경찰관은 인명 또는 신체에 위해를 미치거나 재산에 중대한 손해를 끼칠 우려가 있는 천재, 사변, 공작물의 손괴, 교통사고, 위험물의 폭발, 광견 · 분마류 등의 출현, 극단한 혼잡 기타 위험한 사태가 있을 때에는 위험발생의 방지에 필요한 일정한 조치를 할 수 있다(경직법 제5조 제1항). 경찰관직무집행법은 이를 위험발생의 방지라 부르고 있다.

2. 조치의 요건

위험발생의 방지를 위한 조치는 인명 또는 신체에 위해를 미치거나 재산에 중대한 손해를 끼칠 우려가 있는 위험한 사태가 있을 때에 가능하다. 위험한 사태의 예로 경찰관직무집행법은 천재, 사변, 공작물의 손괴, 교통사고, 위험물의 폭발, 광견 · 분마류 등의 출현, 극단한 혼잡 등을 들고 있다. 천재는 자연재해(예: 화산폭발, 대홍수), 사변은 사회적 변란(예: 전쟁, 내란, 폭동), 공작물의 손괴는 파괴나 노후화 등으로 인한 공작물의 불안전한 상태를 뜻한다.

3. 조치의 내용

(1) 개 관

위험발생의 방지를 위해 경찰관은 ① 그 장소에 집합한 자, 사물의 관리자 기타 관계인에게 필요한 경고를 발하는 것, ② 특히 긴급을 요하는 때에는 위해를 받을 우려가 있는 자를 필요한 한도 내에서 억류하거나(출입제한) 도피시키는 것(퇴거명령), ③ 그 장소에 있는 자, 사물의 관리자 기타 관계인에게 위해방지상 필요하다고 인정되는 조치를 하게 하거나 스스로 그 조치를 할 수 있다(경직법 제5조 제1항).

(2) 경 고

경찰관은 인명과 신체, 그리고 재산의 보호를 위해 "그 장소에 집합한 자, 사물의 관리자 기타 관계인에게 필요한 경고를 발하는 것(경직법 제5조 제1항)"을 할 수 있다. 이것을 경고조치라 부르기도 한다. 사물의 관리자란 그 사물에 대한 법률상 또는 사실상 지배권을 갖고 있는 자를 말한다(예: 자동차의 운전자, 동물의 주인, 흥행사업의 주최자). 경고란 위험이 존재한다는 것을 알리고 동시에 위험에 대비하도록 하는 행위(예: 홍수로 인해 조만간 제방붕괴의 가능성이 있으니 대피를 준비하라는 통지)로서의 지도 · 권고 등을 말한다. 경고는 위험의 존재와 대비를 알리는 사실행위일 뿐, 상대방에게 법적 효과를 가져오는 행정행위는 아니다. 요컨대 경고는 비권력적 사실행위로서 경찰지도의 성격을 갖는다.[1)]

(3) 억류(출입제한) 또는 피난(퇴거명령)

(가) 의 의

경찰관은 인명과 신체, 그리고 재산의 보호를 위해 "특히 긴급을 요할 때에는 위해를 받을 우려가 있는 자를 필요한 한도 내에서 억류하거나 피난시키는 것(경직법 제5조 제1항)"을 할 수 있다. 특히 긴급을 요한다는 것은 위험에 대한 사전경고를 발할 만큼 시간적 여유가 있는 것이 아니라 위험의 현실화가 목전에 급박하다는 것을 의미한다. 필요한 한도란 억류 또는 도피시키는 것이 비례원칙에 따라야 한다는 것을 의미한다. 억류란 위험한 장소에의 출입을 막는 것을 의미하고(출입제한), 피난이란 위험한 장소로부터 떠나게 하는 것을 말한다(퇴거명령). 요컨대 위험발생의 방지를 위한 구체적인 방법으로서 경찰관은 일정한

---

1) 최영규, 경찰행정법, 287쪽.

장소로부터 떠날 것을 또는 일정한 장소를 출입하지 말 것을 명할 수 있다. 경우에 따라서는 사람을 원거리에 강제로 옮겨 놓는 것도 퇴거명령의 한 방법일 수 있을 것이다. 퇴거명령 · 출입제한은 당연히 다수인에게도 적용될 수 있다.

㈏ 성 질

퇴거명령이나 출입제한은 일반적으로 '거주이전의 자유'를 침해하는 것이 아니다. 왜냐하면 그러한 명령이나 제한은 단지 특정의 짧은 기간 동안만 제한을 가하는 것에 불과하기 때문이다. 퇴거명령이나 출입제한은 기본권인 행동의 자유에 대한 헌법상 허용되는 침해이다. 한편, 퇴거명령이나 출입제한은 행정절차법에서 규정하는 처분에 해당한다. 다수자에 대한 퇴거명령이나 출입제한은 일반처분에 해당하는 경우도 있다. 퇴거명령이나 출입제한은 경찰상 즉시강제의 성질을 갖는다.

㈐ 형 식

경찰관직무집행법은 퇴거명령이나 출입제한의 형식에 관해 명시적으로 규정하는 바가 없다. 경찰행정의 실제상 퇴거명령이나 출입제한이 서면(문서)으로 이루어지는 것은 기대하기 어렵고, 일반적으로는 구두 내지 각종 신호에 의해 이루어질 것이다.

㈑ 활 용

퇴거명령 · 출입제한은 경찰의 실제상 빈번히 활용되는 수단이다. 퇴거명령 · 출입제한은 소방이나 긴급구조활동을 방해하는 자에게도 소방법 등을 보완하는 의미에서 활용될 수 있을 것이다. 퇴거명령은 경찰관직무집행법 제 5 조 제 1 항의 상황요건을 구비하는 한, 지역적으로나 시간적으로 제한 없이 적용될 수 있다.

⑷ 기타 필요한 위험방지조치

㈎ 의 의

경찰관은 인명과 신체, 그리고 재산의 보호를 위해 "그 장소에 있는 자, 사물의 관리자 기타 관계인에게 위해방지상 필요하다고 인정되는 조치를 하게 하거나 스스로 그 조치를 하는 것(경직법 제 5 조 제 1 항 제 3 호)"을 할 수 있다. "필요하다고 인정되는 조치"는 불확정개념에 해당한다. 필요하다고 인정되는 조치에 해당하는지의 여부에 대한 판단은 객관적으로 이루어져야 한다.

(나) 조치명령

① "그 장소에 있는 자, 사물의 관리자 기타 관계인"에게 위해방지상 필요하다고 인정되는 조치명령의 내용은 경찰관직무집행법 제 5 조 제 1 항 제 2 호와 제 3 호에서 규정되지 아니한 사항으로서 위해방지에 필요한 것을 말한다(예: 위험한 상태의 제거, 시설의 폐쇄). ② 그러한 명령의 상대방은 "그 장소에 있는 자, 사물의 관리자 기타 관계인"이다. 여기에는 경찰상 위험을 야기시킨 자가 아닌 제 3 자도 포함될 수 있다. ③ 조치명령의 법적 성질은 경찰하명에 해당한다. 이러한 명령에 불응하면 경범죄처벌법 제 1 조 제36호의 적용을 받을 가능성이 많다.

(다) 직접조치

직접조치란 인명과 신체, 그리고 재산에 대한 위해방지상 필요하다고 인정되는 조치를 경찰관 스스로가 행하는 것을 말한다. 경찰관이 스스로 조치를 하는 경우는 바로 경찰에 의한 처분의 직접수행에 해당한다. 스스로 조치를 하는 것은 대체적 작위의 경우에 가능할 것이다. 파기나 압류[1] 등이 스스로 취할 수 있는 조치에 해당한다.

(라) 재 량 성

경찰관직무집행법 제 5 조는 "…을 할 수 있다"고 규정하여 경찰관에게 재량권을 부여하고 있다. 그러나 재량권도 구체적인 경우에는 영으로 수축될 수도 있다. 재량권이 영으로 수축된 경우에는 경찰관의 부작위가 위법한 것이 되고, 경우에 따라서는 국가배상책임이 인정될 수도 있다.[2]

4. 보고(통제)와 협조

경찰관이 위험발생의 방지를 위한 조치를 한 때에는 지체없이 이를 소속경찰관서의 장에게 보고하여야 한다(경직법 제5조 제3항). 보고를 받은 경찰관서의 장은 관계기관의 협조를 구하는 등 적당한 조치를 하여야 한다(경직법 제5조 제4항).

---

1) 이를 명시한 입법례로 MEPolG(독일 단일경찰법률표준초안) 제21조; SPolG(독일 자르란트주 경찰법) 제21조 등.

2) 대판 1998. 8. 25, 98다16890(경찰관직무집행법 제 5 조는 경찰관은 인명 또는 신체에 위해를 미치거나 재산에 중대한 손해를 끼칠 우려가 있는 위험한 사태가 있을 때에는 그 각 호의 조치를 취할 수 있다고 규정하여 형식상 경찰관에게 재량에 의한 직무수행권한을 부여한 것처럼 되어 있으나, 경찰관에게 그러한 권한을 부여한 취지와 목적에 비추어 볼 때 구체적인 사정에 따라 경찰관이 그 권한을 행사하여 필요한 조치를 취하지 아니하는 것이 현저하게 불합리하다고 인정되는 경우에는 그러한 권한의 불행사는 직무상의 의무를 위반한 것이 되어 위법하게 된다).

5. 대간첩작전 등의 특례

(1) 의 의

경찰관서의 장은 대간첩작전수행상 또는 소요사태의 진압을 위하여 필요하다고 인정되는 상당한 이유가 있을 때에는 대간첩작전지역 또는 경찰관서·무기고 등 국가중요시설에 대한 접근 또는 통행을 제한하거나 금지할 수 있다(경직법 제5조 제2항). 경찰관직무집행법 제5조 제2항에 따른 접근 또는 통행의 제한과 금지는 제1항에 대한 특례가 된다.

(2) 요 건

경찰관직무집행법 제5조 제2항은 대간첩작전수행상(예: 침투간첩체포 또는 분쇄) 또는 소요사태(예: 불법의 대규모시위)의 진압을 위하여 필요하다고 인정되는 상당한 이유가 있을 때에 적용된다. 접근 또는 통행을 제한하거나 금지할 수 있는 권한을 가진 자는 경찰관이 아니고 경찰관서의 장이다. 경찰관직무집행법 제5조 제1항의 경우와 다르다.

(3) 내 용

대간첩작전지역 또는 경찰관서·무기고 등 국가중요시설에 대한 접근 또는 통행을 제한하거나 금지할 수 있다. 대간첩작전지역의 범위는 관련 국가기관에서 설정하는 바에 의할 것이다. 그 범위가 과도하거나 광범위하게 설정되어서는 아니 된다. 국가중요시설은 경찰관서·무기고에 한정되지 아니한다. 이것 역시 관련 국가기관에서 설정하는 바에 의할 것이다. 그 범위 역시 과도하거나 광범위하게 설정되어서는 아니 된다.

(4) 협조요청

대간첩작전지역 또는 경찰관서·무기고 등 국가중요시설에 대한 접근 또는 통행을 제한하거나 금지를 한 경찰관서의 장은 관계기관의 협조를 구하는 등 적당한 조치를 하여야 한다(경직법 제5조 제4항).

Ⅴ. 범죄의 예방과 제지

1. 의 의

경찰관은 범죄행위가 목전에 행하여지려고 하고 있다고 인정될 때에는 이를 예방하기 위하여 관계인에게 필요한 경고를 발하고, 그 행위로 인하여 인명·신체에 위해를 미치거나 재산에 중대한 손해를 끼칠 우려가 있어 긴급을 요하는 경우에는 그 행위를 제지할 수 있다(경직법 제6조).

2. 성 질

범죄행위의 예방 그 자체도 위험방지작용으로서의 경찰작용에 해당한다. 본 조항에 따라 경찰관이 경고를 발하거나 그 행위를 제지할 수 있는 범죄행위의 종류에는 제한이 없다. 말하자면 경찰관은 본 조항에 근거하여 모든 종류의 범죄행위에 대하여 경고를 발하거나 그 행위를 제지할 수 있다. 한편, 경고는 비권력적 사실행위로서 경찰지도의 성격을 갖지만, 범죄의 제지는 대인적 즉시강제의 성질을 갖는다.

3. 요 건

(1) 상황요건

경찰관직무집행법 제6조에 의한 경찰권의 발동은 ① 목전에 행하여지려는 범죄행위를 예방하기 위한 것이거나, 또는 ② 범죄행위로 인하여 인명·신체에 위해를 미치거나 재산에 중대한 손해를 끼칠 우려가 있는 경우에 이루어진다. ①에서 목전이란 범죄행위의 실현이 급박함을 의미하고, 범죄란 근거법령을 불문하고 처벌(형벌·행정형벌)이 예정된 모든 행위를 말한다. 행정질서벌(과태료부과)이나 제재적 행정처분의 원인이 되는 행위는 여기서 말하는 범죄에 해당하지 아니한다. 예방이란 범죄의 실행을 막는 것과 범죄로 인한 피해의 발생을 방지하는 것을 의미한다. ②에서의 범죄도 ①의 경우와 같다. 중대한 손해란 불확정개념에 해당하므로 판단여지가 적용될 수 있다. 제지란 물리적 강제력 등을 활용하여 범죄행위를 실행에 옮기지 못하도록 하는 것을 말한다.

(2) 대 상 자

관계인을 대상으로 한다. 관계인이란 범죄행위를 하려고 하는 자뿐만 아니라 그 자와 관련 있는 자(예: 범죄행위의 대상자, 시설의 관리인)를 포함한다.

4. 방 법

(1) 경 고

목전에 행하여지려는 범죄행위를 예방하기 위한 경우에는 경고의 수단을 활용한다. 경고란 범죄행위로 나아가지 말 것을 통고 · 권고하는 것이다. 경고의 방법에는 특별한 제한이 없다. 구두로 할 수도 있고 경적이나 확성기사용을 통해 할 수도 있다. 경고는 사실행위이고 행정행위는 아니다.

(2) 제 지

범죄행위로 인하여 인명 · 신체에 위해를 미치거나 재산에 중대한 손해를 끼칠 우려가 있는 경우에는 제지라는 수단을 활용한다.[1] 제지란 경찰관이 신체상의 힘 또는 경찰장구를 이용하여 범죄행위를 실행에 옮기지 못하도록 하는 것을 말한다. 경찰장구의 사용은 경찰관직무집행법 제10조의2에 따라야 한다. 제지를 위해 사전에 반드시 경고를 거쳐야만 하는 것은 아니다. 제지를 위해 도입되는 수단은 비례원칙을 준수하여야 한다.

Ⅵ. 위험방지를 위한 출입

1. 의 의

경찰관은 경찰관직무집행법 제 5 조가 정하는 위험발생의 방지, 제 6 조가 정하는 범죄의 예방과 제지를 위하여 타인의 토지 · 건물 또는 선차 내에 출입하거나(경직법 제7조 제1항) 일반적인 위험방지를 위하여 흥행장 · 여관 · 음식점 · 역 기타 다수인이 출입하는 장소에 출입할 수 있다(경직법 제7조 제2항). 경찰관직무집행법은 양자를 합하여 위험방지를 위한 출입이라 부르고 있다. 경찰관직무집행법 제 7 조에 의한 출입 외에 개별 법률의 규정에 따른 출입도 있다(예: 총포 · 도검 · 화약류등단속법 제44조). 한편, 경찰관직무집행법 제 7 조에 의한 출입은 경찰상 즉시강제의 의미도 갖는다.

2. 성 질

헌법 제16조는 주거의 자유를 보장한다. 주거권은 기본권으로서 보호된다. 본조에 따라 이루어지는 주거자의 동의 없는 가택출입 · 검색은 현재의 사람의 생명 · 신체 · 자유 · 물건의 안전 등에 대한 위험방지목적으로만 가능하다. 이와 관련하여 주거의 개념을 명확히 하는 것이 필요하다. 주거개념은 넓게 해석되

1) 대판 1990. 8. 14, 90도870(집회장소 사용승낙을 하지 않은 갑대학교측의 집회저지 협조요청에 따라 경찰관들이 갑대학교 출입문에서 신고된 갑대학교에서의 집회에 참가하려는 자의 출입을 저지한 것은 경찰관직무집행법 제 6 조의 주거침입행위에 대한 사전 제지조치로 볼 수 있고, 비록 그 때문에 소정의 신고없이 을대학교로 장소를 옮겨서 집회를 하였다 하여 그 신고없이 한 집회가 긴급피난에 해당한다고도 할 수 없다).

어야 한다. 그것은 좁은 의미의 주거(예: 침실과 거실)뿐만 아니라 그 밖의 부속공간(예: 마루·창고·정원)까지도 포함한다. 그리고 헌법상 주거개념에는 그 밖에도 천막(텐트), 호텔의 객실, 학생의 기숙사도 포함된다. 근로자·경영자의 업무공간 역시 포함된다. 따라서 사법상 법인도 주거권의 주체가 될 수 있다. 요컨대 사실상 거주에 제공되는 공간은 널리 주거에 포함된다고 볼 것이다.[1)]

3. 간접출입

경찰관이 출입을 하지 아니하면서 출입의 효과를 갖는 방법들, 예컨대 사인의 토지·건물 또는 흥행장·여관·음식점 등에 대한 상시적 관찰이나 도청, 또는 망원카메라나 적외선카메라를 통한 감시는 허용되지 아니한다. 이러한 행위들은 헌법상 기본권으로 보장되는 프라이버시권에 대한 침해를 가져오기 때문에 개별 법률상 근거 없이는 허용될 수 없다. 그러한 행위들을 허용하는 법률들이 제정되는 것은 용이하지 아니할 것이다.

4. 출입의 유형

(1) 긴급출입(제7조 제1항에 따른 출입)

(가) 의 의

경찰관은 제5조(위험발생의 방지) 제1항·제2항 및 제6조(범죄의 예방과 제지) 제1항에 규정한 위험한 사태가 발생하여 인명·신체 또는 재산에 대한 위해가 절박한 때에 그 위해를 방지하거나 피해자를 구조하기 위하여 부득이하다고 인정할 때에는 합리적으로 판단하여 필요한 한도 내에서 타인의 토지·건물 또는 선차 내에 출입할 수 있다(경직법 제7조 제1항).[2)] 이러한 출입을 긴급출입이라 부른다.[3)] 긴급출입을 일반출입이라 부르기도 한다.[4)] 이 경우의 출입은 대가택 즉시강제의 성질을 갖는다.

(나) 적용범위

경찰관직무직행법 제7조 제1항에 따른 긴급출입은 다만 제5조(위험발생의 방지) 제1항·제2항 및 제6조(범죄의 예방과 제지) 제1항과 관련된 위험의 방지나 피해자의 구

---

1) Berner/Köhler, Polizeiaufgabengesetz, Art. 23, S. 213(23.3) 참조.
2) 대판 1990. 8. 14, 90도870(집회장소의 사용승낙을 하지 아니한 H대학의 집회저지요청에 의한 집회참가자의 출입지지는 경찰관직무집행법 제6조의 주거침입행위에 대한 사전제지조치에 해당한다).
3) 최영규, 경찰행정법, 291쪽; 정경선, 경찰행정법, 355쪽.
4) 박균성, 행정법론(하), 526쪽.

조를 위해서만 가능하다. 그것도 위해를 방지하거나 피해자를 구조하기 위하여 부득이하다고 인정할 때에만 출입할 수 있다. 따라서 다른 적절한 방법이 있으면 출입할 수 없다(보충성의 원칙). 제 7 조 제 1 항을 근거로 하여 범죄수사를 목적으로 출입할 수는 없다.

(다) 출 입 지

경찰관직무직행법 제 7 조 제 1 항은 "타인의 토지 · 건물 또는 선차 내에 출입할 수 있다"고 규정하고 있다. 제 7 조 제 1 항의 목적에 비추어 토지 · 건물 또는 선차는 넓게 새겨야 할 것이다. 선차에는 비행기나 선박도 포함된다고 볼 것이다. 출입하려는 시점에 타인이 반드시 토지 · 건물 또는 선차 내에 있어야 하는 것은 아니다.

(라) 출 입

출입은 타인의 토지 · 건물 또는 선차 내에 들어가는 것을 의미한다. 타인의 동의를 요하지 아니한다. 타인이 경찰관의 정당한 출입을 거부하면 공무집행방해죄에 의해 처벌될 수 있다. 한편, 제 7 조 제 1 항은 "합리적으로 판단하여 필요한 한도 내에서" 출입할 수 있다고 규정하는바, 경미한 장해제거를 위한 출입은 필요한 한도 내에 해당하지 아니한다. 출입 후에는 제 7 조 제 1 항의 목적을 달성하기 위해 동법에서 규정된 수단(예: 불심검문, 동행요구, 위험발생의 방지, 범죄의 제지)을 활용할 수 있다.

(마) 시간상 적용범위

경찰관직무직행법 제 7 조 제 2 항의 경우와 달리 제 7 조 제 1 항에 따른 출입은 시간상 제한을 받지 아니한다. 야간에도 출입이 가능하다. 긴급출입은 현재의 위험을 방지하기 위한 것이기 때문이다.

(2) 예방출입(제 7 조 제 2 항에 따른 출입)

(가) 의 의

흥행장 · 여관 · 음식점 · 역 기타 다수인이 출입하는 장소의 관리자 또는 이에 준하는 관계인은 그 영업 또는 공개시간 내에 경찰관이 범죄의 예방 또는 인명 · 신체와 재산에 대한 위해예방을 목적으로 그 장소에 출입할 것을 요구한 때에는 정당한 이유 없이 이를 거절할 수 없다(경직법 제 7 조 제 2 항). 이러한 출입을 예방출입이라 부른다.[1] 이 경우의 출입은 경찰조사의 성질을 갖는다.

1) 최영규, 경찰행정법, 292쪽; 정경선, 경찰행정법, 357쪽.

(나) 적용범위

경찰관직무직행법 제 7 조 제 1 항에 따른 긴급출입은 "제 5 조(위험발생의 방지) 제 1 항 · 제 2 항 및 제 6 조(범죄의 예방과 제지) 제 1 항에 규정한 위험한 사태가 발생하여 인명 · 신체 또는 재산에 대한 위해가 절박한 때에 그 위해를 방지하거나 피해자를 구조하기 위하여 부득이하다고 인정할 때"에 가능하지만, 제 7 조 제 2 항에 따른 예방출입의 경우에는 단순한 조사를 위해서도 출입할 수 있다. 물론 그것도 "범죄의 예방 또는 인명 · 신체와 재산에 대한 위해예방의 목적"으로 출입이 가능하다.

(다) 출 입 지

본 조항은 경찰관이 위험방지를 위해 출입할 수 있는 장소로 흥행장 · 여관 · 음식점 · 역 기타 다수인이 출입하는 장소를 규정하고 있다. 이러한 지역을 "경찰상 공개된 장소"라 부르기도 한다.[1] 흥행장 · 여관 · 음식점 · 역은 누구나 접근할 수 있는 지역이므로, 기타 다수인이 출입하는 장소도 누구나 접근할 수 있는 지역(예: 유원지, 백화점)으로 새겨야 할 것이다. 따라서 다수인이 출입한다고 하여도 불특정다수인이 아니라 한정된 특정다수인이 출입하는 지역(예: 회갑연회장, 비공개세미나장)은 이에 해당하지 아니한다.

(라) 출 입

출입은 위험방지의 목적으로 개인사업장 등에 들어가는 것을 말한다. 관리자 또는 이에 준하는 관계인은 정당한 이유가 없는 한 경찰관의 출입을 거절할 수 없다. 정당한 이유란 불확정개념이다. 정당한 이유를 나열하기는 용이하지 않으나, 경찰관직무집행법 제 7 조 제 2 항이 정하는 장소가 아니라는 주장 등이 정당한 이유에 해당될 수 있을 것이다. 한편, 정당한 이유가 없는 한 관리자 또는 이에 준하는 관계인은 경찰관의 출입에 수인의무를 진다.

(마) 시간상 적용범위

경찰관직무집행법 제 7 조 제 2 항에 따른 출입은 영업 또는 공개시간 내에 허용되고 있다. 그러나 제 7 조 제 2 항에서 규정하는 장소의 경우에도 제 7 조 제 1 항의 요건이 구비되는 경우에는 출입시간에 제한을 받지 아니한다. 달리 말한다면 이것은 제 7 조 제 1 항의 문제가 된다.

---

1) 박평준 · 박창석, 경찰행정법, 299쪽; 최영규, 경찰행정법, 292쪽.

(3) 대간첩작전검색(제7조 제3항에 따른 검색)

(가) 의 의

경찰관은 대간첩작전수행에 필요한 때에는 작전지역 안에 있어서의 제7조 제2항에 규정된 장소(다수인이 출입하는 장소) 안을 검색할 수 있다(경직법 제7조 제3항). 대간첩작전검색의 요건이 예방출입(제7조 제2항에 따른 출입)의 경우보다 많이 완화되어 있다.[1)]

(나) 내 용

본 조항에 따른 검색은 작전지역 안에 한정된다. 작전지역은 그때 그때 정해질 사항이다. 검색이란 물건이나 사람을 직접 찾는 행위 등을 말한다. 발견된 간첩을 체포하는 것도 검색에 포함된다. 본 조항에 따른 검색에는 시간상 제한이 없다. 영업시간이나 공개시간이 아니라도 가능하다. 관리자 또는 이에 준하는 관계인의 동의도 요하지 아니한다.

5. 통제(증표의 제시 등)

경찰관이 필요한 장소에 출입할 때에는 그 신분을 표시하는 증표를 제시하여야 하며, 함부로 관계인의 정당한 업무를 방해하여서는 아니 된다(경직법 제7조 제4항). 이것은 주거권자 등의 보호를 위한 것이다. 뿐만 아니라 명시적으로 규정된 것은 아닐지라도 출입시에는 출입의 목적을 알려야 할 것이다.

6. 출입과 필요한 조치

① 본조에 의한 출입 후에 강제작용이 필요한 때에는 경찰관직무집행법상의 다른 수권조항에 의한 처분이 가능하다. 한편 ② 도청기설치는 주거침입에 해당하는 것이므로, 법률에 개별적인 근거가 있는 경우에만 가능할 것이다.[2)] ③ 출입시에는 주거권자 또는 그 대리인 등에게 경찰의 활동을 지켜볼 수 있는 권리를 보장하여야 할 것이다.[3)]

7. 기타 법률에 의한 출입

개별 법률상 위험방지목적을 위해 출입을 규정하고 있는 법률로 공중위생

---

1) 이것을 문제점으로 지적하는 견해도 있다(류지태 · 박종수, 행정법신론, 953쪽).
2) Drew/Wacke/Vogel/Martens, Gefahrenabwehr: Allgemeines Polizeirecht, S. 205.
3) 이를 명시한 입법례로 MEPolG(독일 단일경찰법률표준초안) 제20조 제2항; SPolG(독일 자르란트주 경찰법) 제20조 제2항 등.

관리법 제 9 조 제 1 항(특별시장 · 광역시장 · 도지사 또는 시장 · 군수 · 구청장은 공중위생관리상 필요하다고 인정하는 때에는 …소속공무원으로 하여금 영업소 · 사무소 · 공중이용시설 등에 출입하여 공중위생영업자의 위생관리의무이행 및 공중이용시설의 위생관리실태 등에 대하여 검사하게 …할 수 있다), 마약류관리에 관한 법률 제41조(식품의약품안전청장, 시 · 도지사 또는 시장 · 군수 · 구청장은 마약류 및 원료물질의 취급을 감시하고 단속할 필요가 있다고 인정하는 때에는 관계 공무원으로 하여금 마약류취급자 및 원료물질취급자의 업무소 · 공장 · 창고 · 대마초 재배지 · 약국 · 조제장소 그 밖에 마약류 및 원료물질에 관계가 있는 장소에 출입하 …게 할 수 있다) 등을 볼 수 있다.

Ⅶ. 사실의 확인 등

1. 사실의 조회

(1) 의 의

경찰관서의 장은 직무수행에 필요하다고 인정되는 상당한 이유가 있을 때에는 국가기관 또는 공사단체 등에 대하여 직무수행에 관련된 사실을 조회할 수 있다. 다만, 긴급을 요할 때에는 소속경찰관으로 하여금 현장에 출장하여 당해 기관 또는 단체의 장의 협조를 얻어 그 사실을 확인하게 할 수 있다(경직법 제8조 제1항).

(2) 성 질

본 조항은 경찰의 직무인 범죄의 예방 · 진압 및 수사, 경비 · 요인경호 및 대간첩작전수행, 치안정보의 수집 · 작성 및 배포, 교통의 단속과 위해의 방지 기타 공공의 안녕과 질서유지를 효과적으로 수행하는데 필요한 자료를 확보하기 위한 규정이다. 본 조항에 의한 사실조회는 형사소송법상 조회(제199조(수사와 필요한 조사) ② 수사에 관하여는 공무소 기타 공사단체에 조회하여 필요한 사항의 보고를 요구할 수 있다)와 출석요구(제200조(피의자의 출석요구와 진술거부권의 고지) ① 검사 또는 사법경찰관은 수사에 필요한 때에는 피의자의 출석을 요구하여 진술을 들을 수 있다)와 성질을 달리한다.

(3) 요 건

① 사실조회의 주체는 경찰관이 아니라 경찰관서의 장이다. 경찰관서의 개념은 명백하지 아니하나, 경찰관직무집행법 제 3 조 제 2 항에서 규정하는 경찰서 · 지구대 · 파출소 또는 출장소를 포함하는 의미라고 본다.[1] ② 사실을 조회하려는 직무의 내용에는 제한이 없다. 동법 제 2 조에서 규정하는 사항에 해당하면 된다. 조회하려는 사항에도 특별한 제한이 없다. ③ 상당한 이유는 불확정개념에 해당한다. 상당한 이유의 유무에 관해서는 경찰관서의 장이 합리적으로 판단할 사항이다. ④ 조회의 방법에는 법문상 제한이 없다. 서면으로 가능하고 구두로도 가능하다. ⑤ 조회의 상대방은 국가기관 또는 공사단체 등이다.

1) 최영규, 경찰행정법, 295쪽.

"국가기관"이란 국회, 정부, 법원, 헌법재판소 등 모든 국가기관을 포함하는 개념이다. 공사단체의 의미는 명백하지 아니하지만, "공사단체 등"에서 '공사단체'란 법인인 공·사법상의 단체(지방자치단체와 각종 공·사법상 법인과 법인 아닌 단체)를 말하고, '등'이란 단체의 실질을 갖추지 못한 공동체를 총칭하는 것으로 이해된다.

(4) 효 과

① 조회를 요청받은 국가기관이나 지방자치단체는 다른 행정청이 보다 능률적이거나 경제적으로 조회에 응할 수 있는 명백한 이유가 있는 경우 또는 조회에 응함으로써 고유의 직무수행이 현저히 지장받을 것으로 인정되는 명백한 이유가 있는 경우가 아닌 한 조회에 응하여야 할 것이다(절차법 제8조 제2항 참조). 이러한 경우의 사실확인은 행정기관간의 상호협력관계의 문제가 된다. 그러나 ② 그 밖의 단체 등의 경우에는 조회에 응하여야 할 의무가 있다고 보기 어렵다. 이러한 경우의 사실확인은 비권력적 사실행위로서의 경찰조사에 해당한다.

(5) 직접확인

긴급을 요할 때에는 소속경찰관으로 하여금 현장에 출장하여 당해 기관 또는 단체의 장의 협조를 얻어 그 사실을 확인하게 할 수 있다(경직법 제8조 제1항). 당해 기관 또는 단체의 장은 사실의 조회의 경우와 마찬가지로 사실확인에 응하여야 할 것이다. 이 경우의 사실확인 역시 비권력적 사실행위로서의 경찰조사에 해당한다.[1]

2. 출석요구

(1) 의 의

경찰관은 미아를 인수할 보호자의 여부, 유실물을 인수할 권리자의 여부 또는 사고로 인한 사상자를 확인하기 위하거나 행정처분을 위한 교통사고조사상의 사실을 확인하기 위하여 필요한 때에는 관계인에게 출석을 요하는 사유·일시 및 장소를 명확히 한 출석요구서에 의하여 경찰관서에 출석할 것을 요구할 수 있다(경직법 제8조 제2항).

(2) 성 질

법문상 출석요구가 출석의무를 부과하는 행정행위인지, 아니면 단순히 사인의 협력을 구하는 사실행위인지의 여부는 불분명하다. 그러나 출석요구에 불응한

1) 박평준·박창석, 경찰행정법, 303쪽; 최영규, 경찰행정법, 286쪽.

다고 하여 이를 강제할 수 있는 수단이 없는바, 출석요구는 출석의무를 부과하는 행정행위로 보기는 어렵다. 따라서 출석요구는 경찰법상 사실행위로 볼 것이다. 한편, 개념상 예방경찰상 동일인확인은 형사소송상 동일인 확인(인정심문)과 구분된다. 사실의 확인을 위해 출석시 질문과 증명서제출을 요구할 수도 있을 것이다.

(3) 사 유

출석요구는 ① 미아를 인수할 보호자의 여부 확인, ② 유실물을 인수할 권리자의 여부 확인, ③ 사고로 인한 사상자의 확인, ④ 행정처분을 위한 교통사고조사상의 사실의 확인을 위해 필요한 때에 가능하다. 이러한 사유는 예시적인 것으로 보인다. 기술한 바와 같이 출석요구는 사인의 임의적 협력을 요하는 사실행위로서 법적 근거 없이도 출석요구를 할 수 있기 때문이다. 따라서 상기의 사유가 아닌 다른 사유로도 위험방지를 위해 출석을 요구할 수 있을 것이다.[1]

(4) 주 체

경찰관직무집행법 제8조 제2항은 "경찰관은…관계인에게…출석요구서에 의하여 경찰관서에 출석할 것을 요구할 수 있다"고 규정하고 있으므로, 법문상으로는 경찰관이 출석요구서를 보낼 수 있는 것으로 보인다. 그러나 행정권은 단일하고 통일적이어야 하므로, 경찰관이 아니라 경찰관서의 장이 출석요구서를 보낼 수 있는 것으로 이해되어야 한다. 경찰관 개개인이 보낼 수 있다면, 경찰행정의 질서에 장해가 발생할 수 있다.

(5) 상 대 방

법문상 관계인이 출석요구의 상대방이 된다. 여기서 관계인이란 ① 미아를 인수할 보호자의 여부로 출석을 요구하는 경우에는 보호자, 보호자에 갈음할 수 있는 자, 또는 스스로 보호자라고 주장하는 자를 말하고, ② 유실물을 인수할 권리자의 여부로 출석을 요구하는 경우에는 유실물의 권리자, 권리자에 갈음할 수 있는 자, 또는 스스로 권리자라고 주장하는 자를 말하고, ③ 사고로 인한 사상자를 확인하기 위하거나 행정처분을 위한 교통사고조사상의 사실을 확인하기 위하여 출석을 요구하는 경우에는 그 사고의 가해자와 피해자 그리고 목격자 등을 말한다.

1) 김철용, 행정법(Ⅱ), 297쪽; 최영규, 경찰행정법, 297쪽; 정경선, 경찰행정법, 361쪽.

(6) 방 식

출석요구는 출석을 요하는 사유 · 일시 및 장소를 명확히 한 출석요구서에 의한다. 법문이 명시적으로 출석요구서에 의한 출석을 규정하고 있지만, 출석요구를 사인의 임의적 협력을 전제로 하는 사실행위로 이해하는 한, 전화나 팩스 등으로 출석을 요구할 수도 있다고 본다. 전화로는 할 수 없다는 견해도 있다.[1)]

(7) 효 과

출석요구가 있다고 하여 출석의무가 발생하는 것은 아니다. 출석하지 아니하였다고 하여 처벌이 가해지는 것도 아니고, 출석이 강제되는 것도 아니다.

Ⅷ. 경찰장비의 사용 등

1. 의 의

경찰관은 직무수행중 경찰장비를 사용할 수 있다. 다만, 인명 또는 신체에 위해를 가할 수 있는 경찰장비에 대하여는 필요한 안전교육과 안전검사를 실시하여야 한다(경직법 제10조 제1항). 제 1 항의 "경찰장비"라 함은 무기, 경찰장구, 최루제 및 그 발사장치, 감식기구, 해안감시기구, 통신기기, 차량 · 선박 · 항공기 등 경찰의 직무수행을 위하여 필요한 장치와 기구를 말한다(경직법 제10조 제2항). 경찰상 즉시강제와 관련하여 무기, 경찰장구, 최루제 및 그 발사장치가 중요한 수단이 된다. 경찰장비를 임의로 개조하거나 임의의 장비를 부착하여 통상의 용법과 달리 사용함으로써 타인의 생명 · 신체에 위해를 주어서는 아니 된다(경직법 제10조 제3항).

2. 성 질

경찰장비의 사용은 경찰상 즉시강제의 성질을 갖는다. 또 한편으로 경찰장비의 사용은 경찰관직무집행법 제 3 조 내지 제 7 조 등에서 규정하는 경찰상 즉시강제 내지 조사수단의 도입시에 활용되는 힘(실력)의 한 종류로서의 성질도 갖는다.

3. 내 용

경찰장구의 사용(경직법 제10조의2), 분사기 등의 사용(경직법 제10조의3), 무기의 사용(경직법 제10조의4)

1) 최영규, 경찰행정법, 297쪽.

등 경찰장비의 사용 등에 관해서는 본서 「제 3 장 경찰작용법, 제 4 절 경찰작용 실효성확보의 특수문제, 제 3 항 경찰상 즉시강제, Ⅱ. 경찰상 즉시강제의 수단, 4. 수단선택과 실력행사」 부분에서 자세히 다룬다.

제 4 항 일반경찰법상 일반수권(일반조항 · 개괄조항)

Ⅰ. 관 념

1. 의 의

위험의 예방 · 진압이 필요한 경우이지만, 그 위험의 예방 · 진압을 위한 법적 근거가 특별경찰법에도 없고 일반경찰법(기본적으로 위험방지에 관한 일반적인 규정으로 이루어진 경찰법을 일반경찰법이라 부른다. 현행법제상 경찰관직무집행법이 일반경찰법에 해당한다)에도 특별한 규정(예: 경찰관직무집행법 제 3 조 이하의 규정)으로 존재하지 아니하는 경우에 최종적으로 그 위험의 예방 · 진압을 위한 법적 근거로서 적용되는 일반경찰법상 개괄적인 조항을 일반조항이라 부른다.[1] 일반조항을 개괄조항이라 부르기도 한다.[2] 독일의 경우, 일반조항은 행정행위(예: 경직법 제 5조 제 1 항에 따른 위험물의 제거명령)의 발령뿐만 아니라 사실행위(예: 경직법 제 5조 제 1 항에 따른 위험의 경고)의 법적 근거가 된다.[3]

2. 필 요 성

① 개별적인 경찰상의 위험극복을 위해 특별법이 증가하고 있으나, 입법보다 앞서가는 기술의 진보, 사회의 변화, 위험발생상황의 다양성 때문에 경찰상의 일반조항이 완전히 포기될 수는 없다.[4] 따라서 입법의 공백을 메우기 위해서는 경찰의 영역에서 일반조항에 따른 일반수권제도가 필요하다.[5] ② 물론 일

1) 일반조항의 대표적인 예로 "경찰행정청은 공적 안전이나 공적 질서를 위협하는 위험을 방지함으로써 공공이나 개인을 보호하기 위해 법률이 정한 범위 안에서 의무에 합당한 재량으로 필요한 처분을 하여야 한다"고 규정하였던 프로이센 경찰행정법(1931년) 제14조 제 1 항을 볼 수 있다. 현재의 독일의 모든 란트는 일반조항을 갖고 있다.

2) 김남진, 경찰행정법, 132쪽.

3) Schenke, Polizei- und Ordnungsrecht, Rn. 50; Schoch, Polizei- und Ordnungsrecht, in: Schmidt-Aßmann(Hrsg.), Besonderes Verwaltungsrecht(13. Aufl.), Rn. 193.

4) Friauf, Polizei- und Ordnungsrecht, in: Schmidt-Aßmann(Hrsg.), Besonderes Verwaltungsrecht, Rn. 25; Schenke/Schenke, in: Steiner(Hrsg.), Besonderes Verwaltungsrecht(8. Aufl.), Rn. 26.

5) 김철용, 행정법(Ⅱ), 266쪽; 김성수, 개별행정법, 460쪽; 류지태 · 박종수, 행정법신론, 937쪽; 정하중, 행정법각론, 236쪽.

반조항을 두는 경우에도 입법자가 일반조항을 개별적인 경찰상의 위험방지를 위한 특별조항으로 대치하는 노력은 법적 안정성, 법적 명확성을 위해서 필요한 것이다. 그렇다고 특별법으로 미래의 모든 위험을 다 규정할 수는 없다. 이 때문에 일반조항을 두는 경우에는 일반조항을 내용 · 목적 · 범위 등에서 상세히 정하려는 노력이 학문상 · 판례상 요구될 수밖에 없다. 법치국가의 원리상 내용의 명확성은 국가작용의 최소한의 선결요건이기 때문이다. 한편 일반조항은 행정행위뿐만 아니라 단순행정작용의 법적 근거이기도 하다.

3. 활용의 예

① 독일에서는 기본권침해와 무관한 공적 경고는 직무조항의 근거로 족하지만, 기본권침해를 수반하는 공적 경고는 일반조항을 근거로 하여 이루어진다고 한다.[1] ② 또한 일반조항을 근거로 하여 사진촬영이 가능한가의 여부에 관련하여 경찰공무원에 의한 사진촬영이 과거에는 기본권침해와 무관한 정보수집작용으로 이해되었으나, 오늘날에는 국가의 정보수집에 의한 기본권을 침해하는 내용을 갖는 것으로 이해되는바, 법적 근거가 필요한 것으로 본다.[2]

Ⅱ. 합헌성 · 보충성

1. 합 헌 성

일반조항은 법치국가의 요청인 명확성의 원칙에 반하므로 헌법위반이 아닌가라는 문제를 갖는다. ① 위헌설(부정설)은 "경찰권을 포함한 권력적 행정작용에는 법률의 근거를 요한다.… 그 경우의 법률은 당연히 개별적인 작용법률을 의미한다"는 것을 논거로 하고,[3] ② 합헌설(긍정설)은 "경찰권 발동상황의 다양성과 경찰권발동의 필요상황을 모두 예측하는 것이 불가능한 점 및 일반적 수권조항의 경우에도 법률의 수권이 있는 점" 등을 논거로 한다.[4] ③ 생각건대 일반조

1) Gusy, Polizeirecht, Rn. 317; 독일의 경우, 일반조항의 헌법적합성에 의문이 없다. 일반조항에 불확정개념과 재량조항이 활용된다고 하여도 법치국가의 요구인 명확성에 반하지 않는다. 일반조항은 오랜 기간 동안 판례를 통해 그 내용과 목적, 그리고 범위가 충분히 자세하게 되었다. 일반조항은 기본권의 법률유보의 요구도 충족시킨다는 것이 일반론으로 보인다(Schoch, Polizei- und Ordnungsrecht, in: Schmidt-Aßmann(Hrsg.), Besonderes Verwaltungsrecht(13. Aufl.), Rn. 63).

2) Gusy, Polizeirecht, Rn. 318.

3) 박윤흔 · 정형근, 최신행정법강의(하), 312쪽; 이상규, 신행정법론(하), 303쪽.

4) 박균성, 행정법론(하), 543쪽; 한견우 · 최진수, 현대행정법강의, 785쪽.

항의 불확정개념은 학설과 판례에 의해 그 내용이나 목적 또는 범위가 충분히 세밀하게 논해질 수 있으므로 헌법상 명확성의 원칙에 반하지 않는다고 볼 것인바[1] 합헌적이라 하겠다.

2. 보 충 성

① 만약 일반조항을 둔다면, 일반조항은 성질상 특별조항이 없는 경우에 보충적으로 적용되어야 한다. 특별조항이 있는 한, 일반조항은 활용될 수 없다.[2] 따라서 특별조항이 증대한다면, 일반조항의 활용범위는 그만큼 좁아질 것이다. 그리고 ② 일반조항은 다만 공공의 안녕이나 공적 질서를 위협하는 위험의 예방을 위해서만 활용되는 것이지, 그 밖의 모든 위험의 예방을 위해 활용될 수는 없다. 말하자면 일반조항은 경찰법에서만 적용되는 것이지 형법 등에서 적용되는 것은 아니다. ③ 경찰관직무집행법상 표준처분이 적용되는 영역에서는 일반조항에 근거하여 처분이 발령될 수 없다. 왜냐하면 표준조항이 일반조항에 비하여 침해의 요건을 강하게 제한하고 있기 때문이다.[3]

Ⅲ. 인정가능성

1. 학 설

(1) 긍 정 설

① 이 견해는 경찰관의 직무범위를 규정하고 있는 "경찰관직무집행법 제 2 조 제 6 호의 '공공의 안녕과 질서유지'에 관한 규정을 우리의 실정법상의 경찰(관)에 대한 개괄적 수권조항으로 볼 수 있다고 한다. 그러나 개괄조항은 어디까지나 개별적 수권조항이 없는 경우에 있어서의 제 2 차적 · 보충적 수권조항으로 이해되어야 한다"는 입장이다.[4] 이 밖에 긍정설로 ② 경찰관직무집행법

---

1) Schmidbauer/Steiner/Roese, Bayerisches Polizeiaufgabengesetz, Kommentar, Art. 11, Rn. 110.

2) Kugelmann, Polizei- und Ordnungsrecht(2. Aufl.), 6. Kap., Rn. 17; Schoch, Polizei- und Ordnungsrecht, in: Schmidt-Aßmann(Hrsg.), Besonderes Verwal-tungsrecht(13. Aufl.), Rn. 53. 그리고 Bayern경찰직무법 제11조 제 1 항(제12조 내지 제48조에서 경찰의 권한을 특별히 규정하는 바가 없다면, 경찰은 개별적인 경우에 공적 인진과 공석 질서에 대한 현존하는 위험을 방지하기 위하여 필요한 처분을 할 수 있다).

3) Gusy, Polizei- und Ordnungsrecht(8. Aufl.), § 4 Rn. 313; Schoch, Polizei- und Ordnungsrecht, in: Schmidt-Aßann/Schoch(Hrsg.) Besonderes Verwaltungsrecht(14. Aufl.), 2 Kap., Rn. 54.

4) 김남진, 경찰행정법, 132쪽; 김성수, 개별행정법, 461쪽; 류지태 · 박종수, 행정법신론, 938쪽;

제 5 조에 "기타 위험한 사태"가 규정되어 있음을 주요 논거의 하나로 하여 경찰관직무집행법 제 5 조를 근거로 보는 견해도 있고,[1] ③ 경찰관직무집행법 제 2 조와 제 5 조 그리고 제 6 조를 종합하여 근거로 보는 견해도 있다.[2]

(2) 부 정 설

부정설은 "경찰권을 포함한 권력적 행정작용에는 법률의 근거를 요한다는 점에서는 견해가 일치되어 있으며, 또한 그 경우의 법률은 당연히 개별적인 작용법률만을 의미한다고 본다. 따라서 우리 헌법상 경찰권발동의 수권조항으로서 개괄조항을 인정하기는 어렵다"는 견해로서, 이 경우 법률은 당연히 개별적인 작용법이어야 하고, 포괄적 · 일반적인 수권법은 허용되지 아니한다고 본다. 그러한 점에서 위의 경찰관직무집행법 제 2 조 제 6 호(공공의 안녕과 질서유지)는 경찰권의 발동근거에 관한 개괄조항은 아니고, 그것은 다만 경찰의 직무범위를 정한 것으로서, 본질적으로는 조직법적인 성질의 규정이라는 입장이다.[3]

(3) 입법필요설

이 견해는 현행법상 일반조항은 인정되고 있지 아니하지만, 경찰법의 개정을 통해 일반조항이 규정되어야 한다는 입장이다.[4] 말하자면 현행 헌법하에서 일반조항은 인정될 수 있고 또한 인정되어야 하지만, 아직까지 우리의 입법은 이를 수용하고 있지 않다는 입장이다.

남승길, "경찰관직무집행법," 공법연구, 제25집 제 3 호, 1997. 6, 99쪽; 석종현, 일반행정법(하), 311쪽; 이광윤 등, 행정작용법론, 16쪽. 그리고 Götz, Allgemeines Polizei- und Ordnungsrecht, Rn. 184; Knemeyer, Polizei- und Ordnungsrecht, § 8 Rn. 5f. 참조.

1) 이운주, "경찰법상의 개괄수권조항에 관한 연구," 서울대학교 법학박사학위논문, 2005, 200쪽 이하.

2) 박정훈, 사권보호를 위한 경찰권 발동에 관한 연구, 22쪽 이하.

3) 박윤흔 · 정형근, 최신행정법강의(하), 313쪽; 박균성, 행정법론(하), 543쪽; 이상규, 신행정법론(하), 303쪽; 최영규, 경찰행정법, 175쪽.

4) 김재광, 경찰관직무집행법의 개선방안에 관한 연구, 55쪽; 김남현, 경찰행정법, 149쪽; 유상현 · 설계경, 경찰행정법, 157쪽; 정하중, 행정법각론, 237쪽; 김철용, 행정법(Ⅱ), 268쪽; 최정일, 행정법Ⅱ, 293쪽. 한편, 국내의 문헌에서는 저자가 최초로 이 견해를 밝힌 바 있다(졸저, 행정법원론(하), 초판(1993년), 350, 351쪽). 김동희 교수는 종래 부정설을 취하였으나, 근래에 입장을 바꾸어 기본적으로 입법필요설이 타당하지만, 개별적 수권조항들이 경찰상의 많은 위험들을 포괄하고 있으므로 실무상 그리 필요한 것은 아니라 하고 있다(동 교수, 행정법 (Ⅱ), 222쪽). 그러나 개별적 수권조항들이 경찰상의 많은 위험들을 포괄하고 있다는 것이 모든 종류의 위험에 대비하고 있는 것은 아니므로 동 교수의 주장은 철저한 것이 되지 못한다.

2. 판 례

판례는 경찰관직무집행법 제 2 조를 일반조항으로 보는 듯하다.[1)]

3. 사 견

(1) 접근방법

현행 경찰법제상 일반조항(개괄조항)을 인정할 수 있는가의 문제는 ① 침해적인 위험방지의 근거규범으로서의 일반조항의 인정가능성의 문제와 ② 비침해적인 위험방지의 근거규범으로서의 일반조항의 인정가능성의 문제를 구분하여 살펴볼 필요가 있다.

(2) 침해작용

(가) 권한규범과 임무규범의 구분

관련법규의 표현내용이 명확한 것이 아니라고 하여도 개념상 경찰의 임무규범(직무규정)과 권한규범(권한규정)은 구분되어야 한다.[2)] 임무규범은 임무영역(사무범위)을 나타낸다. 그것은 경찰행정청의 활동의 외부적 한계를 나타낸다.[3)] 임무규범은 경찰기관이 공익을 위하여 활동할 수 있는지의 여부를 규정한다. 경찰은 공공의 안녕과 질서보호를 임무로 한다. 임무규범 없이는 경찰은 활동할 수 없다.[4)] 한편, 경찰법상 권한규범에는 위험감시권능(Gefahraufklärungsbefugnis)을 규정하는 규범과 위험제거권능(Gefahrbeseitigungsbefugnis)을 규정하는 규범이 있다.[5)] 특히 권한규범은 법치국가원리 내지 헌법 제37조 제 2 항에 근거하여 경찰이 사인의 권리를 침해할 수 있는 법적 근거를 말하는 것으로 이해되기도 한다.[6)] 따라서 경찰의 임무수행이 사인의 권리를 침해하게 되면, 침해의 근거로서 권한규범이 필요하게 되는 것이다.[7)] 이러한 권한규범의 한 종류가 일반조항의 형식인

---

1) 대판 1986. 1. 28, 85도2448(군도시과 단속계요원인 청원경찰관이 경찰관직무집행법 제 2 조에 따라 허가 없이 창고를 주택으로 개축하는 것을 단속하는 것은 정당한 공무집행에 속한다).
2) Kugelmann, Polizei- und Ordnungsrecht(2. Aufl.), 5. Kap., Rn. 1. Knemeyer, Polizei- und Ordnungsrecht, Rn. 77, 141; Schenke/Schenke, in: Steiner(Hrsg.), Besonderes Verwaltungsrecht(8. Aufl.), Rn. 20; Schmidt, Besonderes Verwaltungsrecht Ⅱ, Rn. 60ff.; Schoch, Polizei- und Ordnungsrecht, in: Schmidt-Aßmann(Hrsg.), Besonderes Verwal-tungsrecht(13. Aufl.), Rn. 32ff.; 김동희, 행정법(Ⅱ), 195쪽.
3) Tettinger/Erbguth/Mann, Besonderes Verwaltungsrecht, Rn. 422.
4) Gusy, Polizei- und Ordnungsrecht(8. Aufl.), § 4 Rn. 167.
5) Gusy, Polizei- und Ordnungsrecht(8. Aufl.), § 4 Rn. 184.
6) Schmidbauer/Steiner/Roese, Bayerisches Polizeiaufgabengesetz, Art. 2, Rn. 4.
7) Knemeyer, Polizei- und Ordnungsrecht, Rn. 141.

것이다. 요컨대 권한규범과 임무규범은 구분되어야 할 것이다(예컨대 경찰이 범죄수사의 임무를 수행한다고 하여 임의적인 강제연행 등 어떠한 수단이라도 도입할 수 있는 것은 아니고 다만 법이 허용한 침해수단만을 행할 수 있는 것과 같다).[1] 요컨대 임무는 경찰이 무엇을 하는가의 문제이고, 권한은 경찰이 임무를 어떻게 수행할 수 있는가의 문제이다.[2] 법리상 어떠한 침해도 가능하게 하는 일반적인 침해수권은 있을 수 없다. 경찰상 권한과 임무의 명료한 구분은 법치국가에서 필수적인 요청이다.[3]

(나) 입법의 필요

현행 경찰법제상 침해적인 위험방지작용의 근거규범으로서 일반조항을 찾아보기는 어렵다. ① 긍정설 중 경찰관직무집행법 제 2 조 제 6 호를 근거로 하는 견해에 대해서는, 동 조항은 경찰관의 임무를 정하는 규범일 뿐이지, 경찰의 임무수행에 필요한 사인에 대한 침해까지 가능하게 하는 규정으로 보아서는 아니 된다는 지적이 가해진다. ② 긍정설 중 경찰관직무집행법 제 5 조를 근거로 하는 견해에 대해서는 "기타 위험한 사태"는 모든 종류의 위험한 사태가 아니라 동 조항에서 예시된 위험과 유사한 위험에 한정된다고 보아야 할 것이므로 문제점이 있다는 지적이 가해진다.[4] ③ 경찰관직무집행법 제 2 조와 제 5 조 그리고 제 6 조를 근거로 하는 긍정설에 대해서도 ①과 ②에서 지적된 문제점이 그대로 적용된다는 점에서 문제점을 갖는다. 일반조항이 필요한 것인 이상, 법률(경찰관직무집행법)의 개정을 통해 일반조항을 도입하는 것이 필요하다고 본다.[5]

(다) 수권의 범위

일반조항은 경찰행정청으로 하여금 공공의 안녕이나 질서를 위해 위험의 예방이나 이미 발생된 장해에 개입하는 것을 가능하게 하는 조항이므로, 공공의 안녕과 질서 · 위험 · 장해 등을 개념요소로 할 것이며, 이러한 개념들은 불확정개념에 해당한다. 여기서 판단여지의 문제가 나타난다. 한편, 경찰작용의 법적 근거로서 사인의 법률상 이익에 대한 침해를 가능하게 하는 규정인 일반

---

1) 독일의 경우, 프로이센 경찰법에서는 이러한 임무규정과 권한규정의 구분이 없다고 한다(Götz, Allgemeines Polizei- und Ordnungsrecht, §7, Rn. 1; Knemeyer, Polizei- und Ordnungsrecht, Rn. 53).

2) Gusy, Polizeirecht, Rn. 165.

3) Lisken/Denninger, Handbuch des Polizeirecht, 4. Aufl., E. Rn. 67.

4) 김동희, 행정법(Ⅱ), 221쪽.

5) 일반조항의 입법시에는 프로이센 경찰법률 제14조, 독일의 단일경찰법률표준초안(Musterentwurf eines einheitlichen Polizeigesetzes) 제 8 조, 독일의 연방과 란트의 단일경찰법률선택안(Alternativentwurf einheitlicher Polizeigesetze des Bundes und der Länder) 제10조가 중요한 참고가 될 수 있을 것이다.

조항은 행정행위의 발령이나 사실행위의 근거가 된다. 경찰상 법규명령은 일반조항을 근거로 발령될 수 없고, 반드시 개별법령상 근거를 필요로 한다(헌법 제75조, 제95조). 일반처분에 근거하여 경찰이 행하는 처분의 내용은 당연히 개별상황에 따라 다를 것이다. 일반조항이 도입된다고 하여도, 일반조항에 따른 개인의 자유영역에 대한 침해에는 구체적 위험의 존재가 요건이 된다고 볼 것이다.[1]

(라) 명확성의 문제

일반조항에는 공공의 안녕과 질서, 재량 등의 많은 불확정개념이 사용되고 있으므로 권한규범으로서 일반조항의 명확성에 의문이 제기될 수 있으나, 오늘날 독일에 있어서는 쟁점이 되지 못한다고 한다. 왜냐하면 오랜 기간 동안 학설과 연방헌법재판소의 판례에 의해 그 내용, 목적, 범위 등이 충분히 정밀하게 되었고, 그 의미가 해명되었으며, 동시에 경찰법상 특별법률 내지 특별수권조항이 제정되었으므로 일반조항의 실제적인 의미가 많이 상실되었기 때문이라 한다.[2] 이러한 이유는 우리의 경우에도 적용될 수 있을 것이다.

(마) 효 과

일반조항을 인정하게 되면, 경찰은 일반조항에 근거하여 필요한 조치를 할 수 있다. 필요한 조치에는 기본권침해가 가능한 행정행위일 수도 있고, 사실행위일 수도 있을 것이다.[3] 필요한 조치는 비례원칙에 합당하여야 할 것이다.

(3) 비침해작용

침해수단의 도입으로 특징지어지는 진정한 위험방지영역 외에 단순한 위험방지영역도 있다(예: 교통안전에 관한 교육을 통하여 공공의 안녕에 대한 위험의 예방). 이러한 작용도 다른 모든 경찰작용과 마찬가지로 법적 근거를 요한다. 그러나 이러한 경우의 법적 근거는 임무규정만으로도 족하다.[4] 다만 이러한 작용과 관련하여 개인의 권리 · 이익을 침해하기 위해서는 앞서 말한 권한규범의 근거를 요한다(기본권보장 · 법률유보).

---

1) Schenke, Polizei- und Ordnungsrecht, § 3 Rn. 71.

2) Gusy, Polizei- und Ordnungsrecht(8. Aufl.), § 4 Rn. 314; Kugelmann, Polizei- und Ordnungsrecht(2. Aufl.), 6. Kap., Rn. 10; Pieroth/Schlink/Kniesel, Polizei- und Ordnungsrecht, § 7 Rn. 5.

3) Gusy, Polizei- und Ordnungsrecht(8.Aufl.), § 4 Rn. 315.

4) 최영규, 경찰행정법, 175쪽; Knemeyer, Polizei- und Ordnungsrecht, Rn. 141.

제 5 항 경찰권의 한계

Ⅰ. 관 념

1. 의 의

법치행정의 원리상 경찰권은 법령이 정하는 범위 내에서 합목적적으로 행사될 때, 적법·타당한 것이 되고 관계자를 구속하게 된다. 이와 같이 경찰권의 행사가 적법·타당한 행위로서 효과를 발생할 수 있는 한계를 경찰권의 한계라 한다.

2. 종 류

경찰권의 한계는 법규상 한계와 경찰법원리상 한계로 나누어서[1] 살펴볼 필요가 있다. 법규상 한계란 실정법의 규정에서 직접 나오는 한계와 관련된 개념이고, 경찰법원리상 한계란 헌법과 경찰법령의 해석상 도출되는 경찰법원리로서 갖는 한계와 관련된 개념이다.

Ⅱ. 법규상 한계

1. 의 의

법률의 유보의 원리상 국민의 권익을 침해하는 경찰권의 발동은 반드시 개별 법률의 근거가 있어야 할 뿐만 아니라 그 법률이 정하는 범위 내에서 이루어져야 한다. 법률이 정하는 범위를 벗어나는 침익적인 경찰권의 행사는 위법한 것이 된다. 침익적인 경찰작용의 경우, 법률은 경찰권발동의 근거이자 한계를 구성한다.

2. 판단의 자유와 구속

근거되는 경찰법규의 구성요건이 불확정개념을 사용하였다고 하여도, 그것

1) 국내문헌상 경찰권의 한계는 일반적으로 법규상의 한계와 조리상의 한계로 나누어서 검토되고 있다. 본서는 조리상의 한계를 경찰법의 일반원리상의 한계로 대체한다.

이 경찰행정청에 판단의 자유를 부여하고 있는 것은 아니다. 다만 판단여지가 인정되는 범위 안에서 경찰행정청에 판단의 자유가 주어진다. 그리고 근거되는 법규의 효과부분이 경찰행정청에 재량을 부여하고 있다고 하여도 그것은 경찰행정청에 자의나 임의를 부여한 것이 아니다. 재량은 의무에 합당하게 행사되어야만 적법한 것으로 인정된다.

Ⅲ. 경찰법원리상 한계(조리상 한계)

1. 의 의

침익적인 경찰권발동이 법령에서 예정되고 있다고 하여도, 경찰행정청이 법령이 정한 범위 안에서 경찰권을 아무런 제한 없이 자유롭게 발동할 수 있는 것은 아니다. 경찰권의 발동은 경찰법의 일반원리에 따라 이루어져야 한다. 경찰법의 일반원리는 경찰법을 지배하는 법원이기 때문이다. 위험방지를 위한 경찰법은 경찰행정청에 대하여 비교적 광범위한 재량권을 부여하고 있는 탓으로, 재량권의 남용이나 일탈의 방지를 위해 경찰법원리에 따른 경찰권의 한계는 중요한 의미를 갖는다. 경찰권의 경찰법원리에 따른 한계로 다음을 볼 수 있다.

2. 경찰소극의 원칙

경찰소극의 원칙이란 경찰권은 적극적인 복리의 증진이 아니라 소극적인 질서의 유지를 위해서만 발동될 수 있다는 원칙을 말한다. 헌법 제37조 제 2 항의 표현방식에 따르면, 국가의 임무에는 국가의 안전보장 · 질서유지 · 공공복리의 세 가지가 있는데, 이 중에서 경찰권은 질서유지와 관련된 개념으로서 경찰권은 질서유지를 위해서 발동되어야 한다는 원칙이다. 경찰소극의 원칙은 실질적 의미의 경찰개념에서 나온다.

3. 경찰공공의 원칙

(1) 의 의

경찰공공의 원칙이란 경찰권은 공공의 안녕과 질서의 유지를 위해서만 발동될 수 있는 것이며, 사적 이익만을 위해 발동될 수는 없다는 원칙을 말한다. 공공의 안녕과 질서와 관계가 없는 사익의 문제는 사생활불가침의 원칙 · 사주소불가침의 원칙 · 민사관계불관여의 원칙으로 나누어서 다루는 것이 일반적이다. 일설은 사경제자유의 원칙을 들기도 하나,[1] 일설은 그것을 민사관계불간섭의 원칙에 포함된다고 본다.[2] 본서는 후자의 입장을 취한다. 경찰공공의 원칙 역시 실질적 경찰개념에서 나온다.

(2) 사생활불간섭의 원칙

사생활불간섭의 원칙이란 경찰권은 공공의 안녕과 질서에 관계가 없는 개인의 사생활영역에는 개입할 수 없다는 원칙을 말한다. 사생활은 헌법상으로 보호되는 영역이다(헌법 제17조). 사생활의 보호가 헌법상 보호되는 기본권이라 하여도 특정인의 사생활을 방치하는 것이 공공의 안녕이나 질서에 중대한 위험을 가져올 수 있다면 경찰이 개입하지 않을 수 없다(예: AIDS환자나 법정전염병 감염자의 강제격리 및 치료).

(3) 사주소불가침의 원칙

사주소불가침은 헌법상 주거의 자유로 보호되는 영역이다(헌법 제16조). 사주소불가침의 원칙이란 경찰이 사인의 주소 내에서 일어나는 행위에 대해서는 침해(관여)할 수 없다는 원칙을 말한다. 경찰은 공공의 안녕과 질서의 유지를 목적으로 하는 국가작용이기 때문이다. 사주소의 개념은 사회통념에 따라 정해질 수밖에 없다. 주택뿐만 아니라 연구실 · 사무실 등도 사주소에 해당한다. 그러나 사주소불가침에도 한계가 있다. 말하자면 사주소 내의 행위가 공공의 안녕이나 질서에 직접 중대한 장해를 가져오는 경우(예: 지나친 소음 · 악취 · 음향의 발생)에는 경찰의 개입이 가능하게 된다. 그리고 사주소라도 공개된 사주소의 경우(예: 흥행장 · 여관 · 음식점)는 사주소로 보기가 곤란하고 경찰권발동의 대상이 된다(경직법 제7조 제2항).

(4) 민사관계불관여의 원칙

민사상의 법률관계 내지 권리관계에 경찰은 개입할 수 없다. 민사관계불관여의 원칙은 경찰공무원 복무규정에서 명시적으로 규정되고 있다(동법 제10조 (민사분쟁에의 부당개입금지) 경찰공무원은 직위 또는 직권을 이용하여 부당하게 타인의 민사분쟁에 개입하여서는 아니 된다). 그것은 직접 공공의 안녕이나 질서에 위해를 가하는 것은 아니기 때문이다. 다만 민사상의 행위가 특정인의 이해관계를 능가하여 사회공공에 직접 위해를 가하게 되는 경우에는(예 : 암표 매매행위) 공공의 안녕과 질서에 장해를 야기하는 것이므로 경찰의 개입이 가능하다. 한편, 민사상의 거래에 경찰상 허가를 요하게 하는 경우도 있다(예: 총포 · 도검 · 화약류 등 단속법 제21조(양도 · 양수 등의 제한) ① 화약류를 양도 또는 양수하고자 하는 사람은 행정안전부령이 정하는 바에 의하여 그 주소지 또는 화약류의 사용지를 관할하는 경찰서장의 허가를 받아야 한다. 다만, 다음 각 호의 1에 해당하는 경우에는 그러하지 아니하다. 1. 제조업자가 제조할 목적으로 화약류를 양수하거나 제조한 화약류를 양도하는 경우, …).

---

1) 김도창, 일반행정법론(하), 311쪽.
2) 이상규, 신행정법론(하), 308쪽.

4. 경찰책임의 원칙

(1) 의 의

경찰책임의 원칙이란 경찰권은 경찰상 위험의 발생 또는 위험의 제거에 책임이 있는 자에게 발동되어야 한다는 원칙을 말한다. 다만 예외적으로는 경찰상 위험의 발생과 무관한 자에게 발동되는 경우도 있다(경찰상 긴급상태). 경찰책임의 원칙이란 경찰권발동의 상대방이 누구인가에 관한 문제이다. 경찰책임의 원칙은 반드시 경찰법원리상의 한계로만 볼 수는 없다. 실정법에서 경찰책임자가 정해지는 경우도 적지 아니함을 유념할 필요가 있다(예: 집회 및 시위에 관한 법률 제8조 제1항).

(2) 경찰책임을 부담하는 자(경찰책임자)

모든 국민은 자신의 행위나 자신의 물건으로 인하여 사회의 평화를 깨뜨리지 않도록 하여야 한다. 그것은 공동체구성원의 최소한의 의무이다. 경찰책임자의 요건에는 공공의 안녕이나 질서의 교란에 대하여 고의나 과실을 요하지 아니하고, 국적을 가리지 아니한다. 경찰책임은 공법상의 의무이다.

(3) 경찰책임의 유형

경찰책임의 유형에는 행위책임 · 상태책임 · 혼합책임, 그리고 경찰상 긴급상태의 경우가 있다. 경찰상 행위책임이란 자연인이나 법인이 자신의 행위나 자신을 위하여 행위하는 타인의 행위를 통해서 공공의 안녕이나 질서에 위험을 야기하였다면, 그 자연인이나 법인이 그러한 장해에 대하여 부담하는 책임을 말한다. 경찰상 상태책임이란 자기의 물건으로 인해 공공의 안녕이나 질서에 위험을 야기하였다면, 그 자가 그러한 위험한 상태에 대하여 부담하는 책임을 말한다. 경찰상 혼합책임이란 행위책임과 상태책임이 결합하여 공공의 안녕이나 질서에 위험을 가져오는 경우를 말한다.

(4) 경찰상 긴급상태

경찰은 공공의 안녕이나 질서에 대한 위험의 극복을 위하여 경우에 따라서는 장해를 야기한 자가 아닌 자에 대하여 경찰권을 발동해야 하는 경우도 있다. 이러한 경우를 경찰상 긴급상태라 부른다. 경찰상 긴급상태에서의 경찰의 개입은 보다 엄격하여야 한다. 그것은 예외적인 것이기 때문이다(예: 경범죄처벌법 제1조 제36호).

5. 경찰평등의 원칙

경찰평등의 원칙이란 경찰권의 행사에 있어서 성별 · 종교 · 사회적 신분 등을 이유로 차별이 있어서는 아니 된다는 원칙을 말한다. 이것은 헌법상 평등원칙의 경찰행정 영역에서의 표현이다. 헌법상 평등원칙은 어떠한 행정영역에도 적용되어야 한다.

6. 경찰비례의 원칙

(1) 의 의

경찰비례의 원칙이란 경찰권의 발동을 통해 달성하려고 하는 공공의 안녕과 질서의 유지라는 필요와 사인의 권리에 대한 침해가 비례관계를 가져야 한다는 원칙을 말한다. 비례원칙 역시 헌법상 원칙으로서 모든 행정영역에 적용되는 법원칙이다.[1)]

(2) 법적 근거

경찰상 비례원칙의 법률상 근거로 "경찰권은 그 목적을 위하여 필요한 최소한도 내에서 행사되어야 하며, 그를 남용하여서는 아니 된다"고 규정하는 경찰관직무집행법 제 1 조 제 2 항을 볼 수 있다. 따라서 경찰상 비례원칙이 반드시 경찰법리상의 한계만은 아니고 실정법상의 원칙이기도 하다.

(3) 내 용

경찰권의 발동으로 도입되는 경찰수단(예: 보호조치 · 위험발생방지)은 경찰목적(공공의 안녕과 질서)의 달성에 적합한 것이어야 하고(적합성의 원칙), 적합한 수단 중에서 최소의 침해를 가져오는 것이어야 하며(최소침해의 원칙), 또한 달성하고자 하는 공익이 침해하게 되는 사익보다 우월하여야 한다(상당성의 원칙, 협의의 비례원칙).

---

1) 종래에는 경찰상 비례원칙을 경찰권의 발동조건에 관한 것(경찰권은 사회공공의 안녕질서의 유지를 위하여 지나칠 수 없는 위해예방이나 제거를 위해서만 발동될 수 있다)과 경찰권의 발동정도(경찰권의 행사와 경찰상 필요의 사이에는 정당한 균형이 유지되어야 한다)에 관한 것으로 나누어 설명하기도 하였다(이상규, 신행정법론(하), 313쪽). 그러나 이러한 논리방식은 정당하지 않다. 왜냐하면 비례원칙은 목적(예: 공공의 안녕과 질서)과 수단(예: 보호조치 등)의 관계를 규율하는 법원칙으로서 경찰권발동요건이 구비된 후에 수단의 도입 여부 및 도입 수단의 종류와 관련하여 적용되는 법원칙이기 때문이다. 경찰권발동 여부는 경찰법령상 규정하는 요건의 구비 여부에 대한 인식의 문제일 뿐이다. 비례원칙은 경찰권발동의 효과와 관련을 갖는다.

7. 경찰권의 적극적 한계(경찰권발동의 의무성)

일설은[1] 경찰권의 한계의 한 종류로서 경찰권이 소극적으로 발동되지 말아야 하는 한계(소극적 한계) 외에 적극적으로 발동되어야 할 한계(적극적 한계)(경찰권발동의 의무성)를 논급하기도 한다. 그리고 후자와 관련하여 ① 경찰재량권의 영으로의 수축과 ② 개입청구권을 그 내용으로 들고 있다. 경찰권의 적극적 한계의 문제를 경찰권발동의 의무의 문제로 접근하는 견해도 있다.[2] 내용상 양자 사이에 별다른 차이가 있어 보이지 아니한다. 본서에서는 경찰의 재량의 문제로서 검토한다.[3]

1) 김도창, 일반행정법론(하), 318쪽.
2) 이상규, 신행정법론(하), 315쪽.
3) 본서 제 1 장 제 2 절 제 6 항 Ⅲ. 6. 등에서 검토한다.

제2절 경찰책임(경찰작용의 상대방)

제1항 일 반 론

Ⅰ. 문제상황

1. 경찰의 임무수행방식

경찰행정청(위험방지행정청)은 자신에 부여된 임무를 두 가지 방식으로 수행한다. 하나는 자신의 고유한 인적·물적 조직에 따라 제3자에 대하여 어떠한 행위를 요구함이 없이 스스로 수행하는 경우이고, 또 하나는 일정한 작위·부작위·수인의 명령을 통해 사인에게 의무를 부과하는 방식의 경우이다. 일방적인 예방활동·경고·안내 등은 대개 전자의 경우에 해당하고 그 중요성도 크다. 그럼에도 공공의 안녕과 질서에 대한 위험의 예방·제거를 위해 사인에게 의무를 부과하는 후자의 방식도 중요한 의미를 갖는다. 후자의 의무부과는 헌법상 법치국가원리에 따라 법률의 유보하에 놓인다.

| 참고 |

경찰책임의 문제를 검토함에 있어서는 ① 누가 위험의 제거를 위한 조치를 하여야 하는가(여기에는 4가지의 유형, 즉 위험에 빠진 자, 위험의 원인제공자, 위험방지행정청, 위험을 인식한 제3자가 있다)의 문제, ② 누가 위험의 제거를 위한 조치를 수인하여야 하는가의 문제(이익이 침해되는 자)(제거의무자와 구분을 요한다), 그리고 ③ 누가 위험극복을 위한 비용을 부담하여야 하는가(제거의무자와 다를 수 있다)의 문제는 구분되어야 한다.

2. 의무부과의 대상자로서 사인의 유형

경찰이 위험방지를 위해 의무를 부과하는 경우, 그러한 사인에는 ① 위험제공자(위험을 야기한 자와 위험을 현실화시킨 자)와 ② 위험제공(위험의 야기와 위험의 현실화)과 무관한 자가 있다. ①의 경우가 일반적 현상인데, 이것은 자신의 지배영역 내에서의 위험발생에 따른 경찰상 책임, 즉 자신의 경찰상 의무위반에 따른 경찰상 책임문제와 관련되고, ②의 경우는 예외적인 현상인데, 이것은 타인의 지배영역 내에서의 위험발생에 따른 경찰상 책임, 즉 자신의 경찰상 의무와 무관하게 부담하는 경찰상 책임문제가 된다.

3. 경찰상 책임자와 위험제공자

용례상 위험제공자와 경찰상 책임자(경찰상 의무자)라는 용어는 구분하여 사용한다. 왜냐하면 위험제공자는 스스로 직접 공공의 안녕이나 질서를 깨뜨린 자 또는 위험을 야기한 자를 의미하는 것이나, 경찰상 책임자에는 ① 위험제공자 외에 ② 직접 공공의 안녕을 깨뜨리지 않는 자(예: 집회의 개최중 참가자가 난동을 부리는 경우에 있어서 집회의 주최자는 직접의 장해자는 아니나 경찰상 책임자이다)도 포함되기 때문이다. ①의 경우는 위험제공자의 경찰상 책임문제가 되고, ②의 경우는 경찰상 긴급상태의 문제가 된다. 일반적으로 말해 특별경찰법상 특별조항이나 일반경찰법상 특별조항의 경우에는 경찰상 의무자가 명시되는 것이 일반적이다. 그러나 일반경찰법상 일반조항을 긍정한다고 할 때, 일반경찰법상 일반조항의 경우에는 정당한 경찰책임자 여부에 대한 판단이 용이하지 않을 것이다.[1)]

4. 위험제공자우선의 원칙

공공의 안녕과 질서에 대한 위험을 극복하기 위해 개인의 권리를 침해하고자 하는 경우에 경찰행정청은 반드시 위험제공자에 대하여 먼저 필요한 처분을 하여야 한다. 말하자면 위험제공자에 대한 청구가 우선적이다. 이러한 원칙은 일반경찰법뿐만 아니라 특별법으로 규율되는 경우(예: 집시법 제14조, 제15조, 제16조 참조)에도 적용된다. 다만 특별법에서는 수범자의 범위가 직접 법률에서 구체적으로 규정되기도 한다(집시법 제14조, 제15조, 제16조 참조).

5. 경찰책임론의 의미

경찰상 책임에는 일정한 법적 의무가 따르는 것이므로, 경찰책임은 개별 법률규정에 의해 정해져야 하는 것이고, 따라서 경찰책임론은 특별한 의미가 없다고 지적할 수도 있다. 그러나 경찰책임이 개별 법률규정에 의해 정해진다고 하여도 그 개별 법률의 의미를 정확히 이해하기 위해 경찰책임론은 필요할

1) Knemeyer, Polizei- und Ordnungsrecht, Rn. 318 참조.

뿐만 아니라, 경찰상 긴급상태의 경우에는 경찰책임론을 통해 경찰책임자를 확정할 수 있다는 점 등에 비추어 경찰책임론은 중요한 의미를 가진다.[1] 그런데 경찰책임은 실정 경찰법의 해석문제이므로, 경찰책임을 단순히 경찰권의 법원리상의 한계문제로 접근하는 것은 지양되어야 한다.

Ⅱ. 경찰책임의 관념

1. 경찰책임의 개념

(1) 실질적 의미의 경찰책임

국가공동체의 모든 구성원은 자신의 행위와 자신의 물건이 공동체의 평화를 깨뜨리지 않도록 하여야 한다. 누구든지 이에 반한다면, 그는 위험제공자로서 자신의 비용으로 위험·장해를 제거하여야 한다. 여기서 공공의 안녕이나 질서를 침해하지 말아야 하는, 그리고 장해가 발생한 경우에는 장해의 근원과 결과를 제거해야 할 의무의 전체를 실질적 의미의 경찰의무라 부른다.[2] 실질적 경찰책임은 국가권력에 복종하는 주체가 성문·불문의 모든 경찰법규를 준수·유지해야 하는 의무라고 할 수도 있다. 경찰의무(Polizeipflicht)라는 말은 오늘날에 있어서는 경찰책임(Verantwortlichkeit)으로 표현된다.[3]

(2) 형식적 의미의 경찰책임

형식적 경찰책임이란 실질적 경찰책임을 위반(불이행)한 자가 공공의 안녕과 질서의 회복을 위한 경찰행정청의 명령에 복종하여야 하는 책임을 말한다.

2. 경찰책임과 고의·과실

경찰책임은 책임자의 고의·과실과 무관하다.[4] 경찰책임은 위법행위에 대한 처벌이 아니다. 경찰책임은 오로지 공공의 안녕이나 질서에 대한 위험을 제거하는데 봉사하는 것일 뿐이다. 요컨대 경찰은 원인규명을 위한 과거지향적인 것이 아니다. 그것은 기본적으로 법익보호를 위한 목적을 가진 효과지향적이다.

1) 박균성, 행정법론(하), 568쪽.
2) Drew/Wacke/Vogel/ Martens, Gefahrenabwehr: Allgemeines Polizeirecht, S. 293; Schultes, Die Polizeipflicht von Hoheitsträgern, 1984, S. 2.
3) Götz, Allgemeines Polizei– und Ordnungsrecht, § 9 Rn. 6.
4) Schenke, Polizei– und Ordnungsrecht, Rn. 231.

3. 경찰책임과 소멸시효

경찰책임은 소멸시효와 무관하다. 경찰상 책임을 야기하는 행위나 상태가 존속하는 한, 그 기간이 어느 정도이든 불문하고, 그러한 행위나 상태를 야기한 자는 경찰책임을 부담한다(계속책임).[1] 만약 개별법령에서 달리 정하는 바가 있다면, 예외가 될 것이다. 경찰책임에 소멸시효를 인정한다면, 그것은 중요한 국가기능 중의 한 부분에 대한 중대한 제한을 뜻하게 될 것이다. 다만 예컨대, 경찰이 대집행을 한 경우 발생되는 비용의 징수권같이 재산적 가치를 가진 청구권은 소멸시효의 대상이 된다.

4. 경찰책임의 성질

경찰책임은 공법상 의무이다. 경찰책임은 경찰책임자의 자유로운 처분의 대상이 아니다. 따라서 경찰책임은 사법상 계약의 대상이 될 수 없다.

Ⅲ. 경찰책임의 주체

1. 자 연 인

(1) 행위능력의 요부

자연인은 모두 경찰책임의 주체가 된다. 경찰의 목적과 관련하여 볼 때, 행위능력 · 불법행위능력을 갖는가를 가리지 않는다.[2] 다만 행위무능력자는 행정절차상 행위능력이 없는 것으로 보아야 하기 때문에 그에 대한 행정행위는 기본적으로 그의 법정대리인에게 도달하게 하여야 한다.[3] 행위무능력자의 경우에는 무능력자 자신 외에 그들의 법정대리인이 또한 부가적인 책임(Zusatzverantwortlichkeit)을 진다.

---

1) Kugelmann, Polizei- und Ordnungsrecht(2. Aufl.), 8. Kap. Rn. 70; Schenke, Polizei- und Ordnungsrecht, Rn. 282; Schenke/Schenke, in: Steiner(Hrsg.), Besonderes Verwaltungsrecht(8. Aufl.), Rn. 181; Würtenberger/Heckman, Polizeirecht in Baden-Württemberg, Rn. 470.

2) Schenke/Schenke, in: Steiner(Hrsg.), Besonderes Verwaltungsrecht(8. Aufl.), Rn. 124.

3) Schenke, Polizei- und Ordnungsrecht, Rn. 231. 한편, 독일의 입법례는 14세 미만의 미성년자의 경우에 감독권자에게 처분을 발할 수 있다고 규정하고 있다(MEPolG(독일 단일경찰법률표준초안) 제 4 조 제 2 항; SPolG(독일 자르란트주 경찰법) 제 4 조 제 2 항 등).

(2) 경찰책임의 종류

자연인은 실질적 경찰책임 외에 형식적 경찰책임도 진다. 다만, 헌법 제45조(국회의원은 국회에서 직무상 행한 발언과 표결에 관하여 국회 외에서 책임을 지지 아니한다)에 따라 국회의원이 면책특권을 갖는 경우에는 형식적 경찰책임을 인정하기 어렵다. 면책특권은 국회의원을 보호하기 위한 것이 아니라 국회의 기능을 보장하기 위한 것임은 물론이다.[1]

(3) 외 국 인

경찰책임은 국적과 무관하다. 외국인이나 무국적자도 경찰책임을 부담한다. 다만 면책특권을 가진 외국인은 우리나라의 경찰권 밖에 놓인다. 논리상 면책특권을 가진 자의 특권은 실질적 경찰책임의 면제, 즉 주재국의 법질서의 불준수의 보장을 뜻하는 것이 아니라 주재국의 법률에의 구속의 현실화를 위한 국가적인 처분으로부터의 면제라 볼 것이다. 면책특권은 외교사절로서 외교관의 특권으로서 보장되는 것이 아니라 외교사무의 기능보장을 위해 보장되는 것으로 볼 것이다(기능이론).[2] 이러한 면책특권을 가진 자로는 외국의 원수와 외교사절의 가족 · 수행원 등이 있다. 그러나 예외적으로 긴급상황의 경우(예: 만취한 외교관이 외교사무와 무관하게 도로상에서 교통질서를 중대하게 침해하면서 교통을 방해할 때, 또는 대사관의 화재가 인근주택에로 옮겨가는 위험한 경우)에는 경찰상 강제가 적용될 수도 있다.

2. 사법상 법인

사법상 사단법인(예: 상법상의 법인과 아울러 민법상의 법인 등 포함)뿐만 아니라 사법상 권리능력 없는 사단도 위험제공자의 성격을 가질 수 있다.[3] 피용자의 경찰책임과 병행하여 사용자 또한 부가적인 경찰책임을 진다. 사법상 법인도 당연히 실질적 경찰책임뿐만 아니라 형식적 경찰책임도 진다. 국가와 지방자치단체를 제외한 공법상 법인은 사법상 법인과 별다른 차이가 없다.

3. 고권주체(국가와 지방자치단체)

고권적(공법적)으로 이루어지는 국가기관의 행위나 공적 임무의 수행에 봉사하는 물건의 상태가 공공의 안녕이나 질서에 대한 위험을 가져올 수 있다. 이와 관련하여 고권주체의 경찰책임이 문제된다.

---

1) Lisken/Denninger, Handbuch des Polizeirecht, 4. Aufl., E. Rn. 91.
2) Lisken/Denninger, Handbuch des Polizeirecht, 4. Aufl., E. Rn. 87.
3) Schenke, Polizei- und Ordnungsrecht, Rn. 231.

(1) 실질적 경찰책임

고권주체의 실질적 경찰책임이란 고권주체가 위험방지법규에 구속되는가의 여부이다. 독일의 과거의 지배적 견해는 고권주체는 위험제공자가 될 수 없다고 하였으나, 오늘날에 있어서는 고권주체도 경찰책임자 내지 위험제공자가 될 수 있다고 본다.[1] 이러한 주장은 모든 국가기관은 헌법과 법에 구속된다는 것, 즉 모든 국가작용은 실질적 경찰법을 포함하여 법질서에 일치하여야 한다는 것을 논거로 한다. 말하자면 이러한 주장은 행정의 법률적합성이라는 헌법적 원칙으로부터 나온다.[2] 한편, 이러한 견해의 특징은 고권주체가 공법상 권능의 수행자라는 관점에서 고권주체의 법질서를 준수할 의무에 수정이 가해질 수 있다는 점이다.[3] 따라서 사인에게는 금지되어 있는 일정행위도 법률규정에 의해 공법적으로 행위하는 고권주체의 경우에는 가능하다는 것이다(예: 도로교통법 제29조(긴급자동차의 우선 통행) ① 긴급자동차는 제13조 제 3 항의 규정에 불구하고 긴급하고 부득이한 경우에는 도로의 중앙이나 좌측부분을 통행할 수 있다. ② 긴급자동차는 이 법이나 이 법에 의한 명령의 규정에 의하여 정지하여야 하는 경우에도 불구하고 긴급하고 부득이한 경우에는 정지하지 아니할 수 있다). 또한 명문의 규정이 없는 경우에도 공공의 안녕과 관련하여 국가기관의 실체법상 경찰책임은 축소 · 제한될 수 있다고 본다.[4] 요컨대 실체법상 경찰책임의 유무결정을 위해서는 한편으로 위험방지목적과 또 한편으로 고권주체의 임무수행목적 사이의 형량을 필요로 한다고 볼 것이다.

(2) 형식적 경찰책임

(가) 공법작용과 형식적 경찰책임

형식적 경찰책임은 경찰기관의 권한문제이다. 형식적 경찰책임은 경찰행정청이 공공의 안녕이나 질서에 위험을 야기한 고권주체에 대하여 경찰상 명령이나 금지로 개입할 수 있는가의 문제이다. 이에 관해서는 견해가 갈린다.

---

1) Gusy, Polizei- und Ordnungsrecht(8. Aufl.), § 4 Rn. 140; Schoch, Polizei- und Ordnungsrecht, in: Schmidt-Aβmann(Hrsg.), Besonderes Verwaltungsrecht (13. Aufl.), Rn. 125; Friauf, Polizei- und Ordnungsrecht, in: Schmidt-Aßmann(Hrsg.), Besonderes Verwaltungsrecht, Rn. 103; Götz, Allgemeines Polizei- und Ordnungsrecht, § 9 Rn. 75; Knemeyer, Polizei- und Ordnungsrecht, Rn. 351; Pausch, Polizei- und Ordnungsrecht in Hessen, Kapital Ⅳ, 5.8; Schenke, Polizei- und Ordnungsrecht, Rn. 233; Schenke/Schenke, in: Steiner(Hrsg.), Besonderes Verwaltungsrecht(8. Aufl.), Rn. 146; Schmidbauer/Steiner/Roese, Bayerisches Polizeiaufgabengesetz, Kommentar, Art. 11, Rn. 114; Tettinger/Erbguth/Mann, Besonderes Verwaltungsrecht, Rn. 522; Würtenberger/Heckman, Polizeirecht in Baden-Württemberg, Rn. 490.

2) Lisken/Denninger, Handbuch des Polizeirecht, 4. Aufl., E. Rn. 97.

3) Drew/Wacke/Vogel/Martens, Gefahrenabwehr: Allgemeines Polizeirecht, S. 295; Götz, Allgemeines Polizei- und Ordnungsrecht, § 9 Rn. 75; Knemeyer, Polizei- und Ordnungsrecht, Rn. 351.

4) Schenke/Schenke, in: Steiner(Hrsg.), Besonderes Verwaltungsrecht(8. Aufl.), Rn. 146.

1) 부 정 설　독일의 지배적 견해는 형식적 경찰책임, 즉 경찰기관이 다른 행정기관에 대하여 그 기관의 활동을 침해할 수 있는 권력적인 처분권능을 기본적으로 부정한다.[1] 왜냐하면 ① 공법적(고권적)으로 행위하는 고권주체나 그 행정기관의 활동이 제3자에 의해 교란되는 것은 방지되어야 하고, ② 자신의 권한영역 내에서의 활동과 결합되어 나오는 위험은 스스로가 극복해야 한다는 것은 국가적인 권한질서상 당연히 나오는 것이기 때문이라는 것이다. 만약 그렇지 않다면, 그것은 다른 고권주체 내지 동일고권주체 내의 다른 기관에 대한 경찰행정청의 우위를 뜻하게 된다는 것이다. 이 경우에 경찰은 그 행정기관에 시정의 권고를 하거나, 그 행정기관의 감독기관에 대하여 위험을 알리는 것만을 할 수 있을 뿐이라 하게 된다.[2] 예컨대 부정설의 입장에서는 우체국 주위에 사는 사람들이 우체국의 많은 우편물의 수집으로 발생하는 소음 등으로 인해 건강에 침해를 받는 경우, 야간의 소음 등을 이유로(즉, 보건경찰상의 이유로) 경찰이 우체국에 개입할 것을 요구할 수는 없다고 하게 된다. 그 대신 당해 우체국의 감독기관이 감독권을 행사하여 위험을 제거할 수 있음은 당연하다. 또한 국가를 상대로 손해배상을 청구할 수도 있다. 이것은 독일의 판례와 지배적인 이론의 입장이기도 하다.

2) 제한적 긍정설　제한적 긍정설에도 ① 원칙적으로 부정설에 입각하면서도 다만 그 고권주체나 행정기관에 주어진 임무의 적법한 수행을 방해하지 않는 범위 내에서 경찰행정청의 위험방지처분은 가능하다고 보는 견해와[3] ② 원칙적으로 긍정설에 입각하면서도 다만 그 고권주체나 행정기관에 주어진 임무의 적법한 수행을 방해하지 않는 범위 내에서 경찰행정청의 위험방지처분은 가능하다고 보는 견해가 있으나,[4] 양자간에 차이는 없어 보인다. 그리고 ③ 앞에서 언급한 ①의 입장인지, ②의 입장인지 분명하지 아니하지만 "경우에 따라

1) Gusy, Polizei- und Ordnungsrecht(8. Aufl.), § 4 Rn. 141f; Knemeyer, Polizei- und Ordnungsrecht, Rn. 352; Schmidt-Aßmann(Hrsg.), Besonderes Verwaltungsrecht, Rn. 102; Mandelartz/Helmut/Strube, Saarländisches Polizeigesetz, Kommentar für Studium und Praxis, § 4.3; Schenke, Polizei- und Ordnungsrecht, Rn. 234; Würtenberger/Heckman, Polizeirecht in Baden-Württemberg, Rn. 491; 김성수, 개별행정법, 498쪽; 정하중, 행정법각론, 255쪽.

2) Berner/Köhler, Polizeiaufgabengesetz, Art. 7, S. 64(7.1).

3) Friauf, Polizei- und Ordnungsrecht, in: Schmidt-Aßmann(Hrsg.), Besonderes Verwaltungsrecht, Rn. 104; Götz, Allgemeines Polizei- und Ordnungsrecht, § 9 Rn. 76; Schenke/Schenke, in: Steiner(Hrsg.), Besonderes Verwaltungsrecht(8. Aufl.), Rn. 147.

4) 김남현 등, 경찰행정법, 161쪽; 박균성, 행정법론(하), 570쪽; 박윤흔 · 정형근, 최신행정법강의(하), 325쪽; 박평준 · 박창석, 경찰행정법, 187쪽; 류지태 · 박종수, 행정법신론, 966쪽; 이광윤 등, 행정작용법론, 25쪽.

긍정될 수 있다"는 견해나[1] "다른 국가기관의 적법한 업무수행을 방해하지 않는 범위 내에서 경찰권을 발동할 수 있다"는 견해도,[2] 제한적 긍정설로 볼 수 있을 것이다.

3) **긍 정 설** 긍정론자들은 모든 공법적인 기능이 기본적으로 동등하다는 것이 가치에 있어서 동등을 뜻하는 것은 아니라 하고, 이러한 상이한 가치는 일반적으로 승인되어 있고, 또한 이것이 실제상으로 많은 조정 메커니즘에서 활용되고 있음을 전제로 한다. 그리하여 이익형량을 통해 우선순위의 설정과 그 관찰이 가능하다는 것이고, 아울러 이 때 경찰목적이 우월하고 또한 관철되어야 할 의미를 갖는다는 것이다. 이러한 전제하에 전체로서의 법질서는 형식적 의무, 즉 다른 고권주체에 대해, 그리고 국가행정조직 내부에서 다른 행정기관에 대해서도 경찰목적을 위한 경찰의 개입권능은 인정되어야 한다는 것이다.[3] 만약 형식적 경찰의무를 인정하게 되면, 그것의 실현과 관련하여 다른 행정주체나 다른 행정기관에 대한 강제집행과 권리구제 등이 문제된다.[4] 이러한 입장은 형식적 경찰책임의 존재 여부가 국가작용이 공법작용인가 국고작용인가에 따라 달라질 수 없다고 하게 된다.[5]

4) **사 견** 생각건대 부정설의 논리가 보다 설득력이 있다고 본다. 긍정설이 말하는 여러 고권적인 기능이 가치에 있어서 상이하다는 것을 인정한다고 하여도, 그 상이한 가치의 현실적인 측정이 언제나 용이하다고는 보기 어려울 것이다. 그러나 예외적으로 현재의 위험으로 중대한 법익(예: 사람의 생명)의 침해가 목전에 급박한 경우, 경찰은 잠정적으로 보호조치를 강구하여야 할 것이다.[6] 제한적 긍정설이 형식적 경찰책임을 긍정하는 부분에 대해서는 긍정설에 대한 비판이 그대로 적용될 수 있다. 한편, 고권주체가 실질적 경찰책임을 위반하였음에도 불구하고 형식적 경찰책임이 없다고 하여도, 그 침해가 사인인 제3자의 법률상 이익을 침해한다면, 그 제3자는 경우에 따라 국가배상을 청구할 수도 있을 것이다.[7]

---

1) 김남진, 경찰행정법, 138쪽.
2) 한견우 · 최진수, 현대행정법강의, 780쪽.
3) Schultes, Die Polizeipflicht von Hoheitsträgern, 1984, S. 96ff.; Wagner, Die Polizeipflicht von Hoheitsträgern, 1971, S. 97ff.
4) 이에 관해 자세한 것은 Schultes, a.a.O., S. 97ff. 참조.
5) Schultes, Die Polizeipflicht von Hoheitsträgern, 1984, S. 143; Wagner, Die Polizeipflicht von Hoheitsträgern, 1971, S. 94ff.
6) Lisken/Denninger, Handbuch des Polizeirecht, 4. Aufl., E. Rn. 98.
7) Knemeyer, Polizei – und Ordnungsrecht, Rn. 354 참조.

(나) 사법작용과 형식적 경찰책임

1) **행정사법작용** 고권주체의 형식적 경찰책임은 고권작용(공법작용)의 경우뿐만 아니라 행정사법활동의 경우에도 부인되어야 한다.[1] 왜냐하면 사법수단의 도입에도 불구하고 행정사법작용은 특별한 공법상의 목적에 이바지하는 것이기 때문이다.[2] 따라서 수도물공급 · 쓰레기 수거 같은 생활배려임무가 사법상의 수단으로 이루어지고 있고, 또한 그것이 실제상 경찰위반(예: 도로교통위반)에 해당되는 경우에도 경찰행정청은 그러한 생활배려임무의 책임을 지고 있는 고권주체인 지방자치단체에 개입할 수는 없다. 그러나 국가기관의 형식적 경찰책임에 대하여 제한적 긍정설 중 ②설을 취하면서 행정사법의 영역에서도 국가기관의 형식적 경찰책임을 긍정하는 견해도 있다.[3] 한편, 행정사무의 수행을 위해 행정주체에 의해 설립된 사법상 법인(예: 지방자치단체가 설립한 주식회사)의 경우에는 당연히 형식적 경찰책임을 진다.[4]

2) **좁은 의미의 국고작용** 고권주체가 오로지 좁은 의미의 국고작용을 통해 경찰상 위험을 야기하는 경우에는 사인이 위험을 야기하는 경우와 같이 경찰행정청의 개입이 가능하다(예컨대 우체국의 신축 후 도로상에 남은 건축자재를 방치하여 교통에 장애를 주는 경우에 우체국은 방치한 물건에 대하여 책임을 져야 한다).[5] 이러한 활동의 경우에는 고권주체를 사인과 달리 취급하여야 할 아무런 이유도 없기 때문이다.

3) **예외적 인정** 국고작용 외에 형식적 경찰책임이 예외적으로 인정되어야 하는 경우도 있다. 예컨대 공행정기관이 일반교통에 참여하거나(예: 공공기관 소속의 차량이 주차위반을 한 때에도 경찰은 견인할 수 있다고 보아야 한다), 긴급을 요하는 즉시강제의 경우가 이에 해당한다.

Ⅳ. 경찰책임의 유형

경찰책임의 유형은 행위책임 · 상태책임 그리고 책임의 경합의 세 가지로

1) Mandelartz/Helmut/Strube, Saarländisches Polizeigesetz, Kommentar für Studium und Praxis, § 4.3.
2) Götz, Allgemeines Polizei- und Ordnungsrecht, § 9, Rn. 76; Knemeyer, Polizei- und Ordnungsrecht, Rn. 353.
3) 류지태 · 박종수, 행정법신론, 966쪽.
4) Würtenberger/Heckman, Polizeirecht in Baden-Württemberg, Rn. 493.
5) Friauf, Polizei- und Ordnungsrecht, in: Schmidt-Aßmann(Hrsg.), Besonderes Verwaltungsrecht, Rn. 102; Knemeyer, Polizei- und Ordnungsrecht, Rn. 353; Schenke, Polizei- und Ordnungsrecht, Rn. 237; Schenke/Schenke, in: Steiner(Hrsg.), Besonderes Verwaltungsrecht(8. Aufl.), Rn. 150; Tettinger/Erbguth/Mann, Besonderes Verwaltungsrecht, Rn. 521; Würtenberger/Heckman/Riggert, Polizeirecht in Baden-Württemberg, Rn. 493.

구분할 수 있다. ① 행위책임이란 자연인이나 법인이 자신의 행위나 자신을 위해 행위하는 타인의 행위로 인해 경찰법상 의미의 공공의 안녕이나 질서에 대한 위험을 야기함으로써 발생되는 경찰책임을 말하고, ② 상태책임이란 물건으로 인해 위험이나 장해를 야기함으로써 발생되는 경찰책임을 말하며, ③ 행위책임과 상태책임의 병합은 예컨대 승용차의 소유자가 사고를 낸 경우에 사고행위에 대한 소유자의 행위책임과 고철로 변해버린 차량이 교통방해를 야기하는 상태책임이 동시에 나타나는 경우에 볼 수 있다.

제 2 항 행위책임

Ⅰ. 관 념

1. 개 념

행위책임은 위험(Gefahr)이나 장해(Störung)를 직접 야기하는 사람의 행위(예: 지하철의 선로 위에 누운 행위)와 관련된 개념이다. 말하자면 행위책임이란 사람의 행위로 인해 야기되는 위험에 대하여 부담하는 경찰책임을 말한다. 행위책임은 고의나 과실과 무관하다. 행위자가 성년인가 미성년인가도 불문한다. 작위에 의한 위험의 경우에 행위자의 행위의사는 요구되지 아니한다(예: 만취자도 행위 장해자일 수 있다). 여기서 위험이란 장해를 포함하는 개념이다. 현재로서 행위책임에 관한 일반적인 규정을 둔 법률은 찾아볼 수 없다.[1)]

2. 부 작 위

행위책임은 작위뿐만 아니라 관계자에게 위험방지를 위한 법적 의무가 주어져 있는 한에 있어서는 부작위에 의해서도 나타날 수 있다.[2)] 경찰법이나 형법 등 법적 의미에서 부작위란 단순히 아무런 행위도 하지 않는다는 것이 아니라, 법상 요구되는 행위를 준수 · 실천하지 않음을 의미한다. 즉 법상 요구되는 방향과 다른 방향으로 나아가는 목적적인 활동이라 할 수 있다. 부작위는 구체

1) 행위책임에 관한 일반적인 규정을 둔 입법례로 MEPolG(독일 단일경찰법률표준초안) 제 4 조; SPolG(독일 자르란트주 경찰법) 제 4 조 등을 볼 수 있다.
2) Schenke, Polizei- und Ordnungsrecht, Rn. 239.

적인 경우에 문제된다.[1] 부작위에 의한 위험과 관련하여 문제되는 작위의무는 법적 의무로서 공법규범을 통해 근거가 주어진다는 것이 독일의 지배적 견해의 입장이다.[2] 예컨대 형법상 부작위범의 구성요건의 실현은 바로 공공의 안녕과 질서의 장해 내지 위험을 뜻하는 것이기 때문에, 그 구성요건을 실현한 자는 바로 경찰법상 행위책임자가 되는 것이다. 따라서 형법상의 객관적인 구성요건의 실현을 방지하기 위해 경찰은 법이 정한 바에 따라 필요한 처분을 행할 수 있는 것이다. 사법규범을 통해서도 작위의무의 근거가 주어진다는 반대견해도 있다.[3]

Ⅱ. 행위와 위험 사이의 인과관계

1. 문제상황

구체적인 경우에 있어서 과연 행위자가 위험을 야기하고 있는가의 판단은 용이하지 않다. 그 원인제공의 판단에 책임조건(고의·과실)이나 책임능력은 문제되지 아니한다.[4] 그것은 오로지 객관적인 상태에 의존한다.[5] 그것은 경찰법 독자의 입장에서 판단할 사항이다. 이에 관한 논리가 바로 학문(경찰법론)상 행위와 위험 사이의 인과관계의 문제이다.

2. 학 설

(1) 형법상 등가설의 적용가능성

경찰법상 원인제공자개념(Verursacherbegriff)은 자연과학적 의미의 인과관계론에 따를 수 없다. 만약 이에 따른다면 책임자의 범위가 확대된다(예: 자연과학적 인과관계론을 따른다면, 자동차제조자는 자동차운행에 따른 책임까지 져야 한다). 따라서 독일의 경우, 자연과학적 인과관계개념에 상당히 의존하는 형법상 지배적인 인과관계론인 조건설 내지 등가설(Äquivalenztheorie)이 경찰법에 적용될 수 없다는 견해가 있다.[6] 이 견해는 고의범에 대한 처벌을

1) Fisher, Unterlassner Hilfeleistung und Polizeipflichtigkeit, 1989, S. 88.

2) Götz, Allgemeines Polizei- und Ordnungsrecht, § 9 Rn. 42; Friauf, Polizei- und Ordnungsrecht, in: Schmidt-Aßmann(Hrsg.), Besonderes Verwaltungsrecht, Rn. 72.

3) Schenke, Polizei- und Ordnungsrecht, Rn. 239; Schenke/Schenke, in: Steiner(Hrsg.), Besonderes Verwaltungsrecht(8. Aufl.), Rn. 152.

4) Schenke, Polizei- und Ordnungsrecht, Rn. 241.

5) C. H. Ule, Streik und Polizei, 1972, S. 47; Schenke/Schenke, in: Steiner(Hrsg.), Besonderes Verwaltungsrecht(8. Aufl.), Rn. 154.

6) Knemeyer, Polizei- und Ordnungsrecht, Rn. 323.

원칙으로 하는 형법과 달리 경찰법에서는 행위자의 고의와 과실을 문제삼지 아니하므로 형법상의 등가설을 경찰법에 그대로 적용하는 것은 곤란하다는 입장이다.[1] 이 견해에 의하면, 「위험이나 장해가 있다고 하여 위험이나 장해에 관련된 모든 행위들」이 경찰법상 의미에서 원인으로 간주될 수 있는 것은 아니라고 하게 된다.

(2) 민법상 상당인과관계론의 적용가능성

민법상 지배적인 상당인과관계론(Adäquanztheorie),[2] 즉 정통한 그리고 사후적으로 판단하는 관찰자의 관점에서 인간의 생활경험상 어떠한 행위로부터 어떠한 결과의 발생이 인정될 수 있는 때에는 그 행위는 결과발생에 원인을 제공하였다고 보는 견해도 경찰법의 인과관계론으로 활용할 수는 없다. 왜냐하면 상당인과관계론은 경찰책임개념과는 무관한 책임(고의·과실)이라는 주관적 요소를 고려하고 있으며,[3] 경찰상 위험에는 비유형적인 그리고 일반적으로는 예측하기 곤란한 위험도 있기 때문이다.

(3) 경찰법고유의 인과관계론

(가) 의 의

경찰법상 책임의 한정을 위해 독일에서는 경찰법고유의 인과관계론 내지 원인제공자개념을 발전시키고자 하였다. 경찰법의 목적은 사법이나 형법과는 상이하므로 그 인과관계도 고유한 것일 수밖에 없을 것이다.[4] 경찰법 고유의 인과관계론에 대한 견해도 다양하다. ①설은 오로지 위법한 원인제공자만이 경찰법상 의미에서 인과적이라 하고, ②설은 사회적으로 상당한 원인제공만이 경찰법상 의미에서 인과적이라 하고, ③설은 위험을 직접 구체적으로 야기하는 행위만이 원인제공적이라 한다.[5] ③설을 직접원인설이라 하며, 오늘날 독일의 판례의 입장이며 지배적인 견해이다. 우리의 지배적 견해이기도 하다.[6] ③설에

1) Ipsen, Niedersächsisches Gefahrenabwehrrecht, Rn. 170 참조.

2) 적합성이론으로 옮기는 견해도 있다(김성수, 개별행정법, 502쪽).

3) Knemeyer, Polizei- und Ordnungsrecht, Rn. 324.

4) Knemeyer, Polizei- und Ordnungsrecht, Rn. 322; Vieth, Rechtsgrundlage der Polizei- und Ordnungsrecht, 1974, S. 55ff.

5) Ipsen, Niedersächsisches Gefahrenabwehrrecht, Rn. 176; Schenke, Polizei- und Ordnungsrecht, Rn. 242.

6) Friauf, Polizei- und Ordnungsrecht, in: Schmidt-Aßmann(Hrsg.), Besonderes Verwaltungsrecht, Rn. 76; Götz, Allgemeines Polizei- und Ordnungsrecht, § 9 Rn. 11; Schenke/Schenke, in: Steiner(Hrsg.), Besonderes Verwaltungsrecht(8. Aufl.), Rn. 156; Tettinger/Erbguth/Mann, Besonderes Verwaltungsrecht, Rn. 491; 김남진 · 김연태, 행정법(Ⅱ), 268쪽; 류지태 · 박종

의하면, 원칙적으로 위험에 대하여 직접적으로 원인을 야기하는 행위만이 원인제공적이고, 그러한 행위를 한 자만이 경찰상 책임을 부담하는 것으로 본다(직접원인 제공이론). 그리고 직접성의 유무는 모든 상황을 고려하여 판단되어야 한다는 입장이다.

(나) 비 판

상기의 세 가지의 이론 모두 결과에 있어서는 별 차이가 없다. 이 세 가지의 이론은 모두 존재론적인 것이 아니라 경찰법상 원인제공 여부의 결정이 가치문제와 관련한다는 점에서 동일하다.[1] ①설에 대한 비판으로는 경찰상 위험은 적법행위의 경우에도 가능하다는 점이 지적되고, ②설에 대한 비판으로는 사회적 상당성의 개념이 모호하다는 점이 지적되고, ③설에 대한 비판으로는 ②설과 별다른 차이가 없다는 지적이 가해지는바, 즉 어떠한 행위가 직접 경찰상의 위험을 가져올 수 있다면, 그것은 사회적으로 상당한 것이라는 점이다. 그러나 ②설은 ③설보다 그 범위가 넓다.

3. 개별적 검토

(1) 간접원인제공이론

(가) 원 칙

앞의 ③설을 따를 때, 정치적 반대자에 의해 방해를 받는 집회의 경우, 주최자에게는 직접적인 원인제공이 없는바, 주최자의 간접적인 원인제공은 경찰법상 의미에서 아무런 위험도 제공하는 것이 아니다. 이러한 경우, 위험은 집회를 힘으로 방해하려는 자들의 행위에 기인하는 것이 된다. 자신의 행위가 위험이나 장해에 단순한 단서만을 제공하는 자는 경찰책임자가 아니다. 요컨대 간접원인제공이론(Theorie der mittelbaren Verursachung)에 따라 간접적인 원인제공자는 경찰상 책임을 부담하지 아니한다.[2] 다만 아래에서 보는 바와 같이 예외적으로 간접적인 원인제공자라고 하여도, 객관적으로 볼 때 직접적으로 위험을 가져온 것으로 판단되는 목적적 원인제공자 등의 경우에는 경찰상 책임을 부담한다.[3]

수, 행정법신론, 968쪽.

1) Schenke, Polizei- und Ordnungsrecht, Rn. 243.

2) 박윤흔 · 정형근, 최신행정법강의(하), 321쪽.

3) 김철용, 행정법(Ⅱ), 273쪽; 박윤흔 · 정형근, 최신행정법강의(하), 321쪽.

(나) 예　　외

위험의 간접적인 원인제공자는 직접적인 원인제공이 없기 때문에 책임자가 아니라는 원칙에 하나의 예외가 있다. 즉 목적적 간접원인제공자의 경우이다.[1] 목적적인 간접원인제공자의 경우에는 ① 간접적인 원인제공과 위험을 가져오는 행위 사이에 객관적인 사정으로 보아 파악이 가능한 매우 좁은 내적 관계가 있고, ② 그 간접원인제공자가 스스로 위험을 고려하여야만 한다는 것이 특징적이다. 예컨대 상업광고목적의 진열장을 설치한 경우, 그 진열장의 주위에 많은 사람들이 모여들어 교통에 방해를 가져오는 경우가 목적적 간접원인제공(Zweckveranlassung)의[2] 한 예가 된다. 여기서 통행인이 장해를 가져온 자이기도 하지만, 선전목적으로 사람들을 유인한 진열장의 소유자도 또한 장해를 야기한 자가 된다.[3] 말하자면 이러한 자도 경찰상 책임을 부담한다.[4] 그런데 대규모의 운동경기대회나 팝콘서트에서 소동을 통해 위험이 나타날 때, 그 주최자를 목적적 간접원인제공자로 볼 수 있는가? 이런 문제는 대규모의 정치적 시위에서도 나타난다. 생각건대 이러한 경우에는 기본권(직업선택의 자유, 소유권, 집회의 자유)이 적용되고 목적적 간접원인제공자의 적용은 없다고 보아야 할 것이다. 그렇지 않다면 이 모든 경우에 집회의 계속은 통상 장해로 간주될 수밖에 없을 것이다. 하여튼 목적적 간접원인제공 유무의 판단은 가치판단의 문제이다.

(2) 제 3 자의 타인소유시설의 위법사용

타인이 경영하는 시설이 위법한 방식으로 제 3 자에 의해 사용되고 이로써 위험이 발생한 경우에도 그 시설의 경영자에게 장해를 야기한 자의 성격을 부여할 수는 없다. 즉 목적적 간접원인제공자라 할 수 없다. 다만 시설경영자의 의무에 관한 상세한 규정이 특별법상 규범화되어 있다면 별문제이다. 그런데 특별법을 정함에 있어서 제 3 자에 의해 야기될 수 있는 위험의 감소를 위한 일반적인 의무를 특별법상 의무로 하는 것에는 문제가 있다고 본다. 예컨대 음식점의 손님에 의해 야기되는 소음에 대해 음식점주인이 책임을 지라는 것은 바람직하지 않다.

---

1) Knemeyer, Polizei- und Ordnungsrecht, Rn. 328.

2) 목적적 간접원인제공자를 책임유발자로 옮기는 견해도 있고(김성수, 개별행정법, 504쪽), 의도적 간접원인제공자로 옮기는 견해도 있다(서정범(역), 독일경찰법론, 옆번호 157).

3) Ipsen, Niedersächsisches Gefahrenabwehrrecht, Rn. 188.

4) Pausch, Polizei- und Ordnungsrecht in Hessen, Kap. Ⅳ, 5.2.

(3) 목적적인 간접원인제공의 주관적 이론

목적적 간접원인제공과는 관계가 없지만, 이와 비교해 볼만한 것으로 목적적 간접원인제공의 주관적 이론이 있다. 즉 어떠한 자가 타인에 의해 이루어지는 위법한 행위, 특히 형벌이 부과될 행위의 협력자가 되는 경우가 있다. 예컨대 어떤 기업이 자신이 발생시킨 폐기물을 폐기물처리업자가 금지된 방법으로 처리하고 있다는 것을 알고 있는 경우이다. 이러한 경우에는 폐기물을 발생시킨 기업자도 자신의 행위가 명백히 위법하고 위험을 내포하고 있음을 알고 있기 때문에 책임자(장해를 야기한 자)의 성격을 갖는다.

(4) 잠재적 장해

잠재적 장해(latente Störung)란 처음에는 아무런 위험도 야기하지 않은 행위가, 그 행위를 한 자의 영향 밖에 놓이는 상황의 광범위한 발전과 결합하여 사후적인 위험을 가져오는 경우를 말한다. 예컨대 양돈업자가 관계법에 따른 허가를 받아 축사를 지어 양돈을 하는 경우에 허가시에는 주위가 주거지가 아니고 또한 주위에 건축물이 없었던 관계로 어느 누구에게도 침해를 가하는 것이 아니어서 위험을 야기하지 않았으나, 그 후 주택지의 확대와 가옥의 증대로 인해 축사 옆이 건축물로 가득찬 경우에 그 주민들이 축사로부터 나오는 냄새·해충으로 인해 건강에 침해를 받을 수 있다. 독일의 지배적 견해에 따르면, 이 경우에 처음의 잠재적인 위험상태는 주택건축을 통하여 활성화되었고, 따라서 이제 양돈업자에게는 그 지역에서 양돈업이 부인되고 보상도 부인되게 된다. 수용보상이 부인된다는 것은 이 경우에 침해되는 양돈업자의 재산권은 재산권의 사회적 구속하에 놓인다는 것이다. 그런데 이러한 이론에 따르면, 양돈업자의 재산권보호에는 사각지대가 생겨나게 된다. 만일 양돈업자가 확약이나 기타의 방식으로 일정기간 동안 주거지역으로 허가하지 않겠다는 약속을 받아 두었다면, 수용보상이 적용될 수 있을 것이고, 아울러 양돈업자는 장해를 야기한 자도 아니고 경찰상 책임자도 아니다.

(5) 가상장해자

가상장해자(Anscheinsstörer)란[1] 현재 활동하고 있는 경찰행정청의 관점에서 이성적인 판단에 따를 때, 어떠한 자가 공적 질서의 파괴자라는 인상을 주는

1) 가상장해자를 외관상 경찰책임자로 옮기는 견해도 있다(서정범(역), 독일경찰법론, 옆번호 163).

자에 해당되는 경우를 말한다. 가상장해자는 원칙적으로 장해를 야기한 자의 성격을 갖는 것이 아니다. 물론 단순히 어떠한 자가 공공의 안녕을 파괴하고 있을 것이라는 의심이 든다는 이유만으로 그 자가 장해자가 되는 것이 아니다.

Ⅲ. 타인의 행위에 대한 책임

1. 의 의

자신의 지배영역 내에서 위험이 발생한 경우에도 자기 스스로 직접 위험을 야기한 경우의 책임문제 외에 타인의 행위로 야기된 위험에 대한 책임이 문제되는 경우가 있다. 이러한 것은 특정인이 타인에 대한 감독의무가 있는 경우에 발생하는 것으로서 피감독자의 행위에 대한 감독자의 책임문제가 된다. 이와 관련하여 2가지 경우가 있다. ① 하나는 자신이 보호하여야 하는 미성년자 등에 대한 감독의무 내지 후견권을 가진 자의 경찰책임의 경우, 즉 미성년자 등 행위무능력자의 행위로 위험이 야기되는 경우에 그 친권자나 후견인들의 책임이 인정되는 경우이고, ② 또 하나는 자신이 고용한 자의 사무처리행위에 대하여 사용자가 부담하는 경찰책임의 경우, 즉 직무보조자가 직무주체의 지시에 종속하는 경우에 직무주체의 책임이 인정되는 경우이다.[1] 이러한 경우는 사무처리와 관련된 범위 안에서 감독자가 책임을 부담한다.[2] 한편, 누가 법정대리인 내지 후견인으로서 감독책임이 있는지, 누가 사용자로서 감독책임이 있는지의 문제는 사법규정에 따라 판단할 사항이다.[3]

2. 책임의 감경

사법상의 일반불법행위의 경우와 달리 경찰법상 직무주체의 책임에는 감경 · 면책의 적용이 없다. 법정대리인이나 사용자가 감독책임을 다하였다고 하여 경찰상 책임이 경감되는 것이 아니다. 법정대리인이나 사용자가 자신의 지배영역에서 발생하는 위험에 대해서는 자신이 책임을 져야 하는 것은 경찰의 목적실현상 당연하다.

---

1) Götz, Allgemeines Polizei- und Ordnungsrecht, § 9 Rn. 41; Lisken/Denninger, Handbuch des Polizeirecht, 4. Aufl., E. Rn. 100ff.
2) Berner/Köhler, Polizeiaufgabengesetz, Art. 7, S. 65(7.5).
3) Lisken/Denninger, Handbuch des Polizeirecht, 4. Aufl., E. Rn. 102ff.

3. 책임의 성격

무능력자의 법정대리인이나 사용자의 책임은 원인제공자로서의 책임이 아니다. 원인제공자인 무능력자나 피용자의 책임과 병행하는 책임이다. 왜냐하면 무능력자나 피용자도 경찰상의 의무를 지고 있기 때문이다.[1] 따라서 무능력자의 법정대리인 또는 피용자와 사용자 사이에서 누구에게 구체적인 처분을 할 것인가는 경찰의 의무에 합당한 재량에 따라 정해질 사항이다.

제 3 항 상태책임

Ⅰ. 관 념

상태책임이란 사람의 행위가 아니라 물건의 상태(예: 동물, 가스 연료 등 포함)로부터 위험 또는 장해가 야기되는 경우의 책임을 말한다. 상태책임은 "물건으로부터 이익을 얻는 자는 그 물건으로부터 발생하는 위험에 대하여도 원칙적으로 책임을 부담하여야 한다"는 사고에 근거한다.[2] 원칙적으로 상태책임은 물건의 속성(예: 공간에서 물건의 위치)에 의한 것이므로, 상태책임은 질서를 깨뜨리는 물건의 사실상의 지배자와 관련하여 문제된다. 많은 경우에 상태책임은 행위책임과 함께 나타난다. 현재로서 상태책임에 관한 일반적인 규정을 둔 법률은 찾아볼 수 없다.[3]

Ⅱ. 상태와 위험 사이의 인과관계

상태책임의 전제요건으로서의 위험이란 ① 경찰위반상태에 놓인 물건이 위험·장해를 야기시키거나(예: 차도 상 주차) 또는 ② 그 물건 자체가 위험한 경우(예: 사인이 폭발물을 보관하는 경우)를 의미한다. ②의 경우에는 인과관계가 특별히 문제되지 아니하지만, ①의

1) Friauf, Polizei- und Ordnungsrecht, in: Schmidt-Aßmann(Hrsg.), Besonderes Verwaltungsrecht, Rn. 82.

2) Mandelartz/Helmut/Strube, Saarländisches Polizeigesetz, Kommentar für Studium und Praxis, § 5.1.

3) 행위책임에 관한 일반적인 규정을 둔 입법례로 MEPolG(독일 단일경찰법률표준초안) 제 5 조; SPolG(독일 자르란트주 경찰법) 제 5 조 등을 볼 수 있다.

경우에는 행위책임의 경우와 같이 그 물건의 상태와 위험발생의 개연성 사이에 인과관계가 있어야 한다. 이 경우의 인과관계 역시 직접원인제공이론(경찰상 위험은 물건으로부터 직접 나오는 것이어야 한다는 이론)에 따라 책임성이 판단되어야 할 것이다.

Ⅲ. 상태책임의 주체

1. 정당한 권리자

소유권자나 임차인 등 기타 정당한 권리자들이 상태책임의 주체가 된다. 소유권자의 상태책임은 양도의 경우에 종료한다.[1] 양도가 있게 되면 새로운 양수인은 시원적으로 경찰책임을 진다. 포기의 경우에도 종료한다. 그런데 포기의 경우에는 행위책임에 변함이 없는 경우에 한하여 상태책임이 사후적으로 소멸될 수도 있다(예: 승용차의 소유자가 사고 후에 폐차처리비용의 절약을 위해 소유권을 포기하여도 운전자로서 그는 여전히 경찰상의 책임이 있다).

2. 사실상 지배권자

(1) 의 의

소유권자 등 정당한 권리자의 의사에 관계없이 사실상 지배권을 행사하는 자가 있는 경우에는 이들이 책임자가 된다. 사실상 지배권을 행사하는 자의 책임은 그 지배권의 근거 여하와 무관하다. 그 지배권을 부당하게 가져도 책임이 있다.[2] 물론 사실상 지배권은 정당한 권원에 의함이 일반적일 것이다. 사실상의 지배권의 종료로 사실상 지배권자의 상태책임은 소멸한다.[3]

(2) 정당한 권리자의 책임

사실상 지배권을 행사하는 자가 있는 경우에 소유권자나 기타 정당한 권리자들은 사실상 지배권을 행사하는 자의 책임에 대해 부가적인 책임(Zusatzverantwortlichkeit)을 부담하지만, 그것도 자신의 처분권이 법률상 또는 사실상 미치지 않는 범위에서는 상태책임이 없다(예: 도난, 국가에 의한 압류의 경우).[4] 정당한 권리자가 정당한 지배권을 상실하게 되면, 상태책임은 소멸된다.[5]

---

1) Götz, Allgemeines Polizei- und Ordnungsrecht, § 9 Rn. 63.
2) Berner/Köhler, Polizeiaufgabengesetz, Art. 8, S. 74(8.3).
3) Drew/Wacke/Vogel/Martens, Gefahrenabwehr: Allgemeines Polizeirecht, S. 330.
4) Götz, Allgemeines Polizei- und Ordnungsrecht, § 9 Rn. 50, 56.
5) Berner/Köhler, Polizeiaufgabengesetz, Art. 8, S. 75(8.8).

Ⅳ. 상태책임의 범위

1. 의 의

독일의 지배적인 견해에 따르면, 소유권자의 상태책임의 범위는 기본적으로 무제한적이다. 그러나 현실적으로 개입이 불가능한 것까지 책임의 내용이 될 수는 없다. 소유권자는 원인에 관계없이(즉, 자신의 행위에 의한 것이든, 자연현상이든, 다른 상위의 힘의 행사에 의한 것이든, 우연이든 불문하고) 자신의 물건의 상태로 인한 위험에 대하여 책임을 져야 한다. 상태책임의 범위와 관련하여 문제되는 몇몇 경우를 보기로 한다.

2. 정당한 재산권의 행사

재산권으로 보장되는 물건을 통상적인 방법으로 이용할 때 나타나는 위험은 상태책임을 가져오는 위험이 아니다. 말하자면 위험에 대한 직접적인 원인제공이 아니다. 왜냐하면 통상의 이용은 위험의 한계를 넘는 것이 아니기 때문이다. 예컨대 도로의 교차로를 옮긴 경우, 옮긴 장소부근의 사소유지에 나무가 있어서 교차로의 시야가 침해받고, 그로 인해 교통상의 위험이 야기된다고 하여도 그 나무로 인해 위험이 야기된다고 할 수 없다. 이것은 소유자에 의한 위험의 발생이 아니다.

3. 잠재적 위험

위험은 상황에 종속적이다. 현재에는 전혀 위험하지 아니한 상황도 후일에는 위험한 것으로 바뀔 수 있다. 예컨대 교통량의 증가로 일정 건축물이 위험물건이 될 수도 있다. 이 때문에 상태책임과 관련하여서도 잠재적 위험, 잠재적 장해의 문제가 생겨난다. 이에 대한 논리는 행위의 책임의 경우와 동일하다. 오늘날 독일에서 잠재적 위험의 문제는 경찰법이 아니라 임미씨온보호법과 건축법의 문제로 되고 있다고 한다.[1)]

4. 제 3 자에 의한 위험

위험을 야기하는 상태는 제 3 자에 의해서도 생겨날 수 있다. 예컨대 제 3

1) Mandelartz/Helmut/Strube, Saarländisches Polizeigesetz, Kommentar für Studium und Praxis, § 5.4.

자가 타인의 자동차를 위법하게 사용하고 도로상에 버린 경우, 즉 제 3 자가 더 이상 사실상 지배권을 행사하지 아니하는 경우, 자동차의 소유권자는 제 3 자에 의해 발생한 위험에 대하여 그 제 3 자와 아울러 책임을 져야 한다.[1]

5. 자연재해

위험상태의 발생이 재산권자의 지배영역 밖에 놓이는 예외적인 경우인 자연재해에 의한 경우(예: 대폭풍우로 유조탱크가 파괴된 경우)에도 소유권자는 상태책임을 져야 한다.[2] 왜냐하면 위험 · 장해를 예방 · 제거하여 공공의 안녕과 질서를 도모하는 것이 경찰개념의 핵심이기 때문이다.

제 4 항 경찰책임자의 경합

Ⅰ. 관 념

1. 의 의

동일한 위험이 다수의 장해자(위험야기자)에 의해 생겨나는 경우도 적지 않다. 이러한 경우, 경찰행정청은 그 다수의 장해자 모두에게 필요한 처분을 할 것인가 아니면 선택재량의 관점에서 그 다수의 장해자 중 제한된 범위의 장해자에게만 처분을 할 것인가의 문제가 있다. 이러한 것은 위험이 행위장해자(행위를 통한 위험야기자)뿐만 아니라 동시에 상태장해자(상태를 통한 위험야기자)에 의해 야기된 경우에 더욱 문제되며, 이러한 경우가 책임자의 경합의 문제의 중심에 놓인다.

2. 부분책임론

경찰책임의 경합과 관련하여 다수인이 각각 독립적으로 경찰상 위험을 야기한 경우에 장해자는 각각 부분적으로만(비례적으로, 자기 몫만큼만) 경찰책임을 진다는 견해도 나타나고 있다.[3] 그러나 경찰상 충분한 위험을 가져오는 원인을 제공한 자는 그것만으로 독자적인 경찰책임을 부담하여야 할 것이므로, 부분적으로만 경찰

1) Drew/Wacke/Vogel/Martens, Gefahrenabwehr: Allgemeines Polizeirecht, S. 328. 반대견해로 Friauf, Polizei- und Ordnungsrecht, in: Schmidt-Aßmann(Hrsg.), Besonderes Verwaltungsrecht, Rn. 85.
2) 반대견해로 Schenke/Schenke, in: Steiner(Hrsg.), Besonderes Verwaltungsrecht(8. Aufl.), Rn. 175.
3) Schenke, Polizei- und Ordnungsrecht, Rn. 284 참조.

책임을 부담한다는 것은 타당하지 않다.[1)]

Ⅱ. 처분의 상대방

1. 원 칙

기본적으로 경찰상의 처분은 효과적인 위험방지의 원칙상 위험이나 장해를 가장 신속하고도 효과적으로 제거할 수 있는 위치에 있는 자에게 행해져야 한다.[2)] 원칙적으로 말한다면, 시간적으로나 장소적으로 위험에 가장 근접해 있는 자가 처분의 상대방이 될 것이지만, 종국적으로 그것은 비례원칙을 고려하여 의무에 합당한 재량으로 정할 문제이다.[3)]

2. 재량의 제한

근래의 독일의 판례는 재량을 부분적으로 제한하려는 경향에 있다고 한다.[4)] 즉 ① 많은 행위장해자 중에서 시간상 최후의 자 또는 가장 중대한 원인을 제공한 자에게,[5)] ② 행위책임과 상태책임이 경합하는 경우(예: 갑이 을의 토지에 오물을 버린 결과 제3자에게 경찰상 장해(악취)를 가져오는 경우)에는 행위장해자에게,[6)] 왜냐하면 일반적으로 상태책임자는 행위책임자의 희생자이기 때문에, ③ 하나의 책임사유를 가진 자보다는 동시에 여러 개의 책임사유를 가진 자에게 우선 책임이 부여되어야 한다는 것이다. 생각건대 이러한 기준이 일면 정당하다고 보이지만, 개개의 경우에는 결국 비례원칙에 따라 판단할 수밖에 없을 것이다.[7)]

---

1) Schenke, Polizei- und Ordnungsrecht, Rn. 284; Schenke/Schenke, in: Steiner(Hrsg.), Besonderes Verwaltungsrecht(8. Aufl.), Rn. 182.

2) Berner/Köhler, Polizeiaufgabengesetz, Art. 7, S. 65(7.6); Brandt/Schlabach, Polizeirecht, 1987, S. 139; Mandelartz/Helmut/Strube, Saarländisches Polizeigesetz, Kommentar für Studium und Praxis, § 3.12; Schenke, Polizei- und Ordnungsrecht, Rn. 285; Schenke/Schenke, in: Steiner(Hrsg.), Besonderes Verwaltungsrecht(8. Aufl.), Rn. 183; Würtenberger/Heckman, Polizeirecht in Baden-Württemberg, Rn. 503.

3) Götz, Allgemeines Polizei- und Ordnungsrecht, §9, Rn. 86; Knemeyer, Polizei- und Ordnungsrecht, Rn. 337; Lisken/Denninger, Handbuch des Polizeirecht, 4. Aufl., E. Rn. 129; Pausch, Polizei- und Ordnungsrecht in Hessen, Kapital Ⅳ, 5. 6.

4) Friauf, Polizei- und Ordnungsrecht, in: Schmidt-Aßmann(Hrsg.), Besonderes Verwaltungsrecht, Rn. 98; Pausch, Polizei- und Ordnungsrecht in Hessen, Kapital Ⅳ, 5.6; Würtenberger/Heckman, Polizeirecht in Baden-Württemberg, Rn. 503.

5) 정하중, 행정법각론, 254쪽.

6) 김남진, 경찰행정법, 137쪽; 박윤흔 · 정형근, 최신행정법강의(하), 323쪽; 박균성, 행정법론(하), 576쪽; 류지태 · 박종수, 행정법신론, 971쪽.

7) 김도창, 일반행정법론(하), 318쪽; 김철용, 행정법(하), 273쪽.

Ⅲ. 상환청구

1. 의 의

경찰행정청에 의해 특정한 행위가 요구된 장해자는 특정한 행위가 요구되지 아니한 다른 장해자에게 비용의 일부의 상환을 요구할 수 있을 것인가의 문제가 있다. 이러한 문제는 불법행위에 기한 배상청구와 별개의 문제이다. 이러한 문제에 대하여 독일의 판례는 이를 부인하지만, 다수의 학설은 상환청구권의 인정에 긍정적이다.[1)]

2. 사 견

다수의 장해자가 있는 경우, 경찰처분의 상대방인 장해자는 경찰의 하자 없는 재량행사에 따라 위험방지를 위한 광범위한 책임 있는 자로 판단되었기 때문에 다른 장해자에게 상환청구를 할 수 없다고 본다. 여기서는 민법상 사무관리규정이 적용될 수 없다. 그러나 경찰의 재량행사에 하자가 있었거나 경찰처분의 대상으로 정해진 것이 오로지 우연에 의한 것이라면 사정이 다르다.

제 5 항 경찰책임의 법적 승계

Ⅰ. 관 념

1. 의 의

경찰책임자가 사망하거나 물건을 양도한 경우, 경찰책임이 상속인이나 양수인에게 승계되는가의 문제를 경찰책임의 법적 승계의 문제라 한다. 경찰책임의 법적 승계의 문제는 경찰책임자가 사망하거나(예: A가 필요한 허가를 받지 않고, 자기의 토지 위에 창고를 건축하였다. 그 후 권한행정청은 A에게 건물철거를 명하였다. 철거명령이 있은 지 얼마 후 A가 사망하였다. 상속인은 A에게 발해진 철거명령에 따라서 건물을 철거하여야 하는가) 양도한 경우(예: 앞의 예에서 A가 철거명령이 있은 지 얼마 후 C에게 그 토지를 양도하였다면, C는 A에게 발해진 철거명령에 따리서 건물을 철기히여야 하는가), 경찰책임이 상속인이나 양수인에게 승계되는가의 여부에 관하여 법령이 명시적인 규정을 두지 아니한 경우와 관련한다. 경찰책

1) Friauf, Polizei- und Ordnungsrecht, in: Schmidt-Aßmann(Hrsg.), Besonderes Verwaltungsrecht, Rn. 100, 100a.

임의 승계문제는 경찰책임자에게 발해진 처분의 효력이 그 승계인에게도 미치는가의 여부를 논의의 대상으로 한다.[1] 다만 상태책임의 승계의 경우에는 행정행위를 통해 구체화된 상태책임의 승계문제 외에 이를 법률에서 구체화되어 있는 상태책임의 승계를 논급하기도 한다. 실제적인 문제는 건축법의 경우이다. 예컨대, 위법건축물에 대한 철거처분이 존속력을 가진 후, 사법상 법적 승계가 이루어진다면(예: 사망과 상속, 위험한 물건의 매각, 영업양도) 계속하여 처분의 집행이 가능한가의 문제이다. 단순하게 보면, 승계인에게 새로운 절차를 개시하는 것이 타당할 것이나, 합목적적으로 본다면, 실제상 존속력이 발생한 경우에 반드시 그렇게 하여야 하는가는 문제이다. 요즈음 처분을 통해 구체화되지 아니한 경찰의무의 승계를 중심으로 논란이 있다.[2]

2. 의 미

경찰책임의 승계가 인정된다면 승계인에게 새로운 행정행위를 발함이 없이 피승계인에게 발해진 행정행위를 근거로 하여 승계인에 대하여 집행할 수 있으나, 승계가 부정된다면 피승계인에게 발한 행정행위는 승계인에게 효과가 없고, 승계인에게 새로운 명령을 발한 후 집행할 수 있다는 의미이다.

Ⅱ. 행위책임의 법적 승계

1. 제한적 승계긍정설

일설은 "행위책임은 인적 성질의 책임이고 공법상 책임이므로 원칙상 양수인에게 승계가 인정되지 않는다고 보아야 한다. 그러나, 상속은 포괄적인 승계이므로 행위책임도 원칙상 상속인에게 승계된다고 한다"는 입장을 취한다.[3] 일설은 행위책임이 대체가능한 의무를 내용으로 하느냐에 따라, 그 의무가 대체가능하고 또한 승계를 인정하는 법규가 있는 경우에는 승계가 된다고 한다.[4]

---

1) Ipsen, Niedersächsisches Gefahrenabwehrrecht, Rn. 207.
2) Schoch, Polizei- und Ordnungsrecht, in: Schmidt-Aßann/Schoch(Hrsg.) Besonderes Verwaltungsrecht(14. Aufl.), 2. Kap., Rn. 159.
3) 박균성, 행정법론(하), 579쪽.
4) 이상규, 신행정법론(하), 323쪽; 정하중, 행정법각론, 257쪽.

2. 승계부정설

전통적 견해는 승계부정설을 취한다.[1] 말하자면 행위책임의 경우에는 법적 승계가 인정되지 아니한다. 독일의 전통적 견해도 같은 입장이다.[2] 전통적 견해는 경찰상 행위책임을 특정인의 행위에 대한 법적 평가와 관련된 것으로 파악하기 때문이다. 생각건대 행위책임은 위험을 야기한 자에게만 문제되고, 그 자의 사망으로 책임문제는 끝난다고 보는 통설이 타당하다. 다만 법문이 명시적으로 승계를 규정한다면, 그것은 예외적인 경우에 해당한다. 달리 말한다면, 행위책임의 지위승계는 명시적 법적 규율을 요한다.[3]

Ⅲ. 상태책임

1. 승계긍정설

상태책임은 물건의 상태와 관련된 책임이기 때문에 승계가 원칙적으로 허용된다는 것이 지배적 견해이다.[4] 승계긍정설은 상태책임과 관련된 행정행위는 사람의 개성과 무관한 물적 행위라는 점과 절차상의 경제를 논거로 한다.

2. 제한적 승계긍정설

상태책임의 경우에 일반적인 승계가능성 외에 승계규범(예: 상속의 경우 민법의 규정 등)이 추가적으로 구비될 경우에 상태책임이 승계된다는 견해도 있다.[5]

3. 개별검토설

일설은 상태책임이 포괄승계인가 특정승계인가, 구체적 책임의 승계인가 추상적 책임의 승계인가에 따라 승계여부를 개별·구체적으로 판단하여야 한다

1) 김동희, 행정법(Ⅱ), 228쪽; 류지태·박종수, 행정법신론, 969쪽; 박윤흔·정형근, 최신행정법강의(하), 323쪽; 박평준·박창석, 경찰행정법, 187쪽; 조연홍, 한국행정법원론(하), 446쪽; 최영규, 경찰행정법, 201쪽; Tettinger/Erbguth/Mann, Besonderes Verwaltungsrecht, Rn. 516.

2) Kugelmann, Polizei- und Ordnungsrecht(2. Aufl.), 8. Kap., Rn. 70; Pieroth/Schlink/Kniesel, Polizei- und Ordnungsrecht, § 9 Rn. 49.

3) Kugelmann, Polizei- und Ordnungsrecht(2. Aufl.), 8. Kap., Rn. 68.

4) 박윤흔·정형근, 최신행정법강의(하), 323쪽; 류지태·박종수, 행정법신론, 971쪽; 이상규, 신행정법론(하), 323쪽; 조연홍, 한국행정법원론(하), 446쪽; Tettinger/Erbguth/Mann, Besonderes Verwaltungsrecht, Rn. 517; Wallerath, Allgemeines Verwaltungsrecht(6. Aufl.), § 8 Rn. 42.

5) 정하중, 경찰법상의 책임, 공법연구, 제25집 제3호, 136쪽; 동인, 행정법각론, 257쪽.

고 주장한다.[1]

4. 신규책임설

양수인이 양수 후에 상태책임을 지는 것은 양도인의 책임을 승계하는 것이 아니라 양수인 자신이 권리취득으로 상태책임에 관한 요건을 충족하여 새로운 상태책임을 지는 것이라는 견해이다.[2] 소유권자로서 책임을 부담한다는 견해도 같은 취지로 보인다.[3] 승계부정설의 일종이다. 이 견해에 의하면 양수인에게 새로운 경찰명령을 발한 후에 필요한 집행을 할 수 있다.

| 참고 | 개별검토설의 예(개별검토설의 입장에서 접근하는 독일의 한 학자의 견해를 옮겨본다)[4]

(1) **추상적 상태책임과 포괄승계**

[예] A는 조부로부터 직조공장을 상속받았다. 상속이 있은 후, 관할구청에서는 상속재산의 상당부분이 폐유로 오염된 것을 알았다. 관할구청은 A가 상속재산을 정화할 것을 요구하려고 한다.

[평가] A가 소유권자가 되기 전 시점에 위험상태에 대한 추상적 책임이 있었다. 경찰상 상태책임은 재산권에 결부되어 있으므로, A는 상속과 더불어 상태책임자가 되었다. 위험제거의 의무는 그에게 시원적으로 생겼다. 정화의무는 연방토지보호법 제 4 조 제 3 항 제 1 문에 따른 법적 승계의 규율이 아니라, 연방토지보호법 제 4 조 제 3 항 제 1 문에서 바로 나온다.

(2) **추상적 상태책임과 개별승계**

[예] B는 조부로부터 오래된 직조공장을 매입하였다. 관할구청에서는 매입재산의 상당부분이 폐유로 오염된 것을 알았다. 관할구청은 B가 매입재산을 정화할 것을 요구하려고 한다.

[평가] 위험상태에 대한 추상적 책임이 B가 소유권자가 되기 전에 있었다. B는 포괄승계가 아니라 개별승계로 의무를 지게 된다. B가 토지매입으로 상태책임자가 된다는 사실은 변함이 없다. B는 공법상 의무의 승계의 효과가 아니라 바로 연방토지보호법 제 4 조 제 3 항 제 1 문에서 제거의무를 진다.

(3) **추상적 행위책임과 포괄승계**

[예] D는 조부(E)로부터 카센타를 상속받았다. 카센타는 Z의 토지 위에 있었

---

1) 김남진, 경찰행정법, 139쪽.

2) 박균성, 행정법론(하), 580쪽. 동 교수는 양수인이 상태책임을 지는 경우에도 양도인이 상태책임을 면하는 것은 아니라고 한다(같은 책, 547쪽).

3) Pieroth/Schlink/Kniesel, Polizei- und Ordnungsrecht, §9, Rn. 50.

4) Schmidt, Bremisches Polizeigesetz, 49f.

다. E는 죽기 전인 지난해 폐유정화비를 줄이기 위하여 폐유를 땅속에 스며들게 하였다. D는 그것을 몰랐다. 그 후 상속재산의 상당부분이 폐유로 오염된 것이 밝혀졌다. 관할구청에서는 상태책임자로서 Z와 상태책임자 and/or 승계인으로서 D의 책임을 물으려고 한다.

[평가] D가 토지에 대하여 처분권능을 갖는다는 의미에서 상태책임을 물을 수 있다. 추상적 행위책임의 포괄승계의 관점에서 D의 경찰책임이 나올 수도 있다. 추상적 행위책임이 승계될 수 있는가의 여부는 의문이다.

(4) 추상적 행위책임과 개별승계

[예] 재산이 없는 화물자동차 운전자 F는 주인 G의 유조차를 사고내는 탓에 디젤유가 땅에 스며들게 되었다. 많은 먼지가 날지 않도록 하기 위해 주인 G는 땅정화에 비용을 들여야 한다. 관할시청은 F대신에 G에게 비용을 요구할 수 있는가?

[평가] G는 F의 추상적 행위책임에서 개별승계인이고, 비용문제는 시청이 채무인수를 양해할 때에 발생한다.

(5) 구체적 상태책임과 포괄승계

[예] H는 구시가지의 토지소유자이다. 이 토지에 120년 된 5층건물(집)이 있다. 여러 차례 지붕과 벽돌이 떨어져 행인이 다쳤다. 시청에서는 H에게 건물수선을 명하였다. H는 이를 이행하지 않았다. 수선명령에 존속력이 발생하였다. 얼마 후 H가 죽고, 유일한 상속인인 조카 K는 수선할 것을 생각하지 않았다. K는 H에게 발해진 처분에 따라야 하는가? 또는 구청이 새로이 K에게 처분을 하여야 하는가?

[평가] 공법상 의무의 법적 승계의 전통적인 경우이다. 민법상 포괄승계의 법리에 따라 승계에 적합한 물적 성질이 있는바, K는 H에게 발해진 철거명령을 따라야 한다.

(6) 구체적 상태책임과 개별승계

[예] L은 구시가지의 토지소유자이다. 이 토지에 120년 된 5층건물(집)이 있다. 여러 차례 지붕과 벽돌이 떨어져 행인이 다쳤다. 시청에서는 L에게 건물수선을 명하였다. L은 이를 이행하지 않았다. 수선명령에 존속력이 발생하였다. 얼마 후 L은 M에게 양도하였다. M은 수선을 행할 것을 생각하지 않았다. M은 L에게 발해진 처분에 따라야 하는가? 또는 새로이 M에게 처분을 하여야 하는가?

[평가] 사법상 승계가 있고, 책임승계 가능성(물적 성격)이 있으나 법적근거가 있어야 한다. 근거 없다면, 승계되지 아니한다(침해행정과 법률유보).

(7) 구체적 행위책임과 포괄승계

[예] N은 조부(O)로부터 카센타를 상속받았다. 카센타는 Z의 토지위에 있었다. O는 죽기 전인 지난해 폐유정화비 줄이려고 폐유를 땅속에 스며들게 하였다. N은 그것을 몰랐다. 관할구청에서 정화를 하였다. N은 아무 것도 모른다. 관할구청은 Z를 상태책임자로서, N을 승계인으로서 변상을 청구하려고 한다.

[평가] N은 O에 발해진 명령에 따라야 한다. Z에게 배상청구는 불가하다.

(8) 구체적 행위책임과 개별승계

[예] 재산이 없는 화물자동차 운전자 P는 주인 Q의 유조차로 사고를 낸 탓으로 디젤유가 땅에 스며들게 되었다. P는 오염된 토지의 정화에 의무가 있다. 많은 먼지가 날지 않도록 하기 위해 주인 Q는 토지 정화에 비용을 들여야 한다. 관할시청은 P대신에 Q에게 비용을 요구할 수 있는가?

[평가] 경찰법상 책임은 처분가능한 것이 아니다. 사법상 채무인수는 가능하다. 그것도 행정이 채무자와 합의할 때만 가능하다. Q는 P의 구체적 행위책임에서 개별승계인이고, 비용문제는 시청이 채무자와 합의할 때에 발생한다.

5. 사 견

승계긍정설이 타당하다. 그리고 상태책임의 승계는 행정행위를 통해 구체화된 상태책임의 경우뿐만 아니라 법률에서 구체화되어 있는 상태책임의 경우에도 이루어진다(예: 수질환경보전법 제29조 제 2 항에 의한 오염의 방지 · 제거의무와 같이 법률에서 구체화되어 있는 상태책임도 승계된다. 개별검토설에 의하면 이를 추상적 책임이라 하여 동 규정에 의한 상태책임의 발생과 책임의 승계를 부정하나 이는 타당하지 않다). 구체화되지 아니한 책임은 승계의 대상이 아니다. 독일의 경우, 처분을 통해 구체화된 것이 아닌 추상적 경찰책임의 법적 승계에 관한 규정은 없다고 하며, 예외로서 Bundesbodenschutzgesetz(연방토지보호법) 제 4 조 제 3 항 제 1 문을 볼 수 있다고 한다.[1)]

---

1) Bundesbodenschutzgesetz §4 Pflichten zur Gefahrenabwehr

(1) Jeder, der auf den Boden einwirkt, hat so zu verhalten, daß schädliche Bodenveränderungen nicht hervorgeruffen werden.

(2) Der Grungstückseigentümer und der Inhaber der tatsächlien Gewalt über ein Grundstück sind verpflichtet, Maßnahmen zur Abwehr der von ihrem Grundstück drohenden schädlichen Bodenveränderungen zu eingreifen.

(3) Der Verursacher einer schädlichen Bodenveränderungen oder Altlast sowie dessen Gesamtrechtsnachfolger, der Grungstückseigentümer und der Inhaber der tatsächlichen Gewalt über ein Grungstück sind verpflichtet, den Boden und Altlasten sowie durch schädliche Bodenveränderungenoder Altlasten verursachte Verunreinigungen von Gewässern so zu saniern, daß dauerhaft keine Gefahren, erheblichen Nachteile oder erheblichen Belästigungen für den einzelnen oder die Allgemeinheit entstehen.
Hierzu kommen bei Belastungen Schadstoffe neben Dekontaminations- auch Sicherungsmaßahmen in Betracht, die eine Ausbreitung der Schadstoffe langfristige verhindern.
Soweit dies nicht möglich oder unzumutbar ist, sind sonstige Schutz- und Beschränkungsmaßahmen durchzufhüren. Zur Sanierung ist auch verpflichtet, wer aus handelsrechtlichem oder gesellschaftsrechtlichem Rechtsgrund für eine juristische Person einzustehen hat, der ein Grundstück, das mit einer schädlichen Bodenveränderung oder einer Altlast belastet ist, gehört, und wer das Eigentum an einem solchen Grundstück aufgibt.

| 참고 | 독일의 상황

1. 문제상황

경찰책임의 법적 승계에 관해서는 경찰법상 논란이 많다. 원래는 건축법에서 문제되었는데, 그것은 전형적으로 「위험건물의 철거명령에 존속력이 발생한 경우에 사법상 승계(사망, 상속, 양도 등)가 이루어진다면 강제집행이 가능할 것인가? 아니면 행정청은 승계인에게 행정절차를 처음부터 새로이 하여야 하는가?」의 문제로서 논의되어 왔다.[1] 사법상 법적 지위의 승계시에 경찰법상 책임의 이전에 관한 것을 공법에 규정한다면, 경찰책임의 법적 승계에 관한 이의 없는 해결책이 될 것이지만, 일반경찰법상 이러한 규정은 찾아볼 수 없다. 여기에 경찰책임의 법적 승계에 관한 논의의 의미가 있다.

2. 승계일반론

개별 법률에 규정이 없는 경우와 관련하여 승계의 전제요건으로 세 가지, 즉 민법상 법적 승계, 행정법상 의무의 승계가능성, 그리고 승계요건(의무의 이전을 위한 법적 근거)을 중심으로 논급되고 있다.[2]

(1) 민법상 법적 승계

행정법상 의무의 이전에는 사법상 법적 승계를 전제로 한다. 사법상 승계는 포괄승계일 수도 있고, 개별 승계일 수도 있다. 이에 관해서는 다툼이 없다.

(2) 행정법상 의무의 승계가능성

관련의무는 이전가능(승계가능)해야 한다. 인적 의무가 존재하는 경우는 아니다. 목적규정에 따라 자연인만이 원천적으로 의무자가 되는 경우의 의무가 인적 의무이다(예 : 병역의무, 교육받을 의무). 이러한 의무를 능가한다면, 객관적(물적) 또는 상태관계적일 것이다. 이와 관련하여 처분의 물적 성질(Dinglichkeit)이라는 용어가 사용되고 있다. 그에 대하여 행정행위로 구체화된 것이 아닌 상태책임의 승계는 일반적으로 부인되고 있다.

(3) 승계요건(의무의 이전을 위한 법적 근거)

침해행정의 영역에서 무제한 적용되는 법률의 유보로 인해 기본적으로 법적 승계의 의무부여에는 근거를 필요로 한다. 먼저 명시적인 규정이 필요하다. 명시적 규정(예 : Bundesbodeuschutzgesetz 제 4 조 제 3 항 제 1 문)이 없다면, 행정법상 의무의 승계를 예정하는 공법의 개별 규정을 유추할 수 있을지 검토하여야 한다(행정재판소법 제121조). 물적 성격을 이유로 승계를 주장하지만, 문제는 그것이 법적 근거가 되는가의 여부이다.

3. 경찰책임의 승계에 관한 학설

(1) 승계부정설

독일의 과거의 지배적 견해는 행위책임이나 상태책임은 고권적(공법상) 의무

---

1) Schoch, Polizei- und Ordnungsrecht, in : Schmidt-Aßann/Schoch(Hrsg.), Rn. 159.

2) Schmidt, Bremisches Polizeigesetz, § 6 Rn. 41f.

로서 승계되는 것이 아니라고 보았다. 말하자면 위험야기자에게 발해지는 행정행위는 명문의 규정이 없는 한 특정승계인이나 포괄승계인에게 적용되지 않는다고 하였다. 이러한 견해에서는 모든 공법상의 권리와 의무가 필연적으로 고권적이어야 하는가에 관해서는 검토되지 아니하였다고 한다.[1)]

(2) 승계긍정설

(가) 내 용

근래의 독일 이론과 판례는 특히 행정행위를 통해 구체화된 상태책임과 관련하여 승계를 인정하는 경향에 있다.[2)] 즉 상태책임자에게 발해진 행정행위는 위험야기자의 특정승계인이나 포괄승계인에게도 효력이 있다(예: 건물소유자에게 발한 철거처분은 기본적으로 상속인·양수인 등 승계인에게도 효력이 있다)는 것이다.[3)] 승계긍정설의 입장에서는 승계인에게 새로운 행정행위를 발함이 없이 피승계인에게 이미 발해진 행정행위를 근거로 하여 승계인에 대해 집행할 수 있음을 뜻한다. 승계긍정설은 상태책임과 관련된 행정행위는 사람의 개성과는 무관한 물적 행위라는 점, 절차상의 경제, 그리고 행정의 효율 등을 논거로 한다.[4)] 승계긍정설도 경찰처분을 통해 구체화되기 전까지의 상태책임에 대해서는 승계를 인정하지 아니한다.[5)]

(나) 비 판

승계긍정설에 대해서는 상태책임자의 법적 승계에 따른 책임은 승계인이 피승계인의 책임을 승계하는 것이 아니라 승계인 역시 권리취득으로 그 자신이 상태책임에 관한 구성요건을 충족시키기 때문이라는 지적이 가해진다.[6)] 법적 의무는 명확성을 갖춘 처분을 통하여 형성적으로 확정되며, 명시적 규정 없이는 행정행위로 구체화되지 않은 추상적 의무가 법적 승계인에게 넘어가지 아니하며, 추상적 행위책임은 법적으로 승계에 적합한 법적 의무가 아니고, 오로지 단순한 의무일 뿐이라는 지적도 가해진다.[7)] 뿐만 아니라 행정행위로 구체화된 상태책임의 경우, 지배적 견해는 의무이전(승계)의 법적 근거를 개별승계에 있어서는 처분의 물성(물건성, Dinglichkeit)(=토지관련성)에서 찾지만 물적 행정행위라는 것은(일부 인적요소를 갖는 재량결정으로서) 경찰처분을 뜻하는 것이 아닌 것으로서 순수히 개념적인 용어일 뿐이라는 것을 지적한다.[8)] 이러한 입장에서는 일반경찰법상 법적 승계의 문제는 행정행위를 통해 구체화된 책임의 경우를 대상으로 하는데, 승계가 인정되

---

1) Würtenberger/Heckman, Polizeirecht in Baden－Württemberg, Rn. 453.
2) Götz, Allgemeines Polizei－ und Ordnungsrecht, § 9 Rn. 82f.; Schenke/Schenke, in: Steiner(Hrsg.), Besonderes Verwaltungsrecht(8. Aufl.), Rn. 187.
3) Schenke, Polizei－ und Ordnungsrecht, Rn. 292; Tettinger/Erbguth/Mann, Besonderes Verwaltungsrecht, Rn. 517.
4) Tettinger/Erbguth/Mann, Besonderes Verwaltungsrecht, Rn. 517; Würtenberger/Heckman, Polizeirecht in Baden－Württemberg, Rn. 454.
5) Kugelmann, Polizei－ und Ordnungsrecht(2. Aufl.), 8. Kap., Rn. 63.
6) Schenke/Schenke, in: Steiner(Hrsg.), Besonderes Verwaltungsrecht(8. Aufl.), Rn. 188.
7) Schoch, Polizei－ und Ordnungsrecht, in: Schmidt－Aßann/Schoch(Hrsg.), Rn. 163.
8) Schoch, Polizei－ und Ordnungsrecht, in: Schmidt－Aßann/Schoch(Hrsg.), Rn. 165.

기 위해서는 다음의 법률상 요건과 헌법상 요건, 즉, ① 사법적으로 법적 의미에서 승계가 있어야 하며(공법상 승계문제 아니다), ② 사법상 승계가 있다면, 행정행위를 통해 구체화된 책임이 존재하여야 하며, ③ 그 의무는 승계에 적합한 법적 의무이어야 하고, ④ 승계요건(법적 근거)에 근거하여 승계인에게 의무가 부과되어야 한다는 조건이 충족되어야 한다고 한다.[1] 왜냐하면 위험방지법상 처분은 대체적 작위에 대한 것이기 때문이라는 것이다.[2] 이러한 비판론의 입장에서는 행위책임의 경우와 마찬가지로 상태책임의 승계도 인정하지 아니한다.[3] 이러한 견해는 실정법에서 승계를 규정하는 경우에만 승계를 인정할 수 있다고 한다.[4]

4. 판 례

독일의 판례는 개별 승계의 경우, 승계의 요건으로 ① 원래 책임있는 자에게 (존속력 있는) 행정행위(법적 의무를 구체화하는 처분)가 발령되었을 것, ② 대체적 작위의무를 내용으로 할 것, ③ 물건이 타인에게 이전될 것(개별승계), ④ 승계인에게 책임의 이전이 행정행위로서 통지될 것, ⑤ 이에 대해 승계인의 권리보호 가능성이 있을 것을 요구한다고 한다.[5]

제 6 항 경찰상 긴급상태(경찰책임자로서 제 3 자)

Ⅰ. 관 념

1. 의 의

공공의 안녕이나 질서에 대한 구체적인 위험이 있는 경우, 경찰행정청은 그 위험의 극복을 위해 ① 경찰 스스로 직접 적절한 수단을 도입하거나, 아니면 ② 위험야기자(장해자)에게 의무를 부과함이 일반적이다. 그러나 이러한 두 가지 방법으로도 위험의 극복이 실현되지 아니하는 경우와 관련하여 독일의 각 란트(주)의 경찰법은[6] 공공의 안녕이나 질서에 대한 위험의 극복을 위해 경찰상 의미에서 위험야기자가 아닌 자에게도 예외적으로 경찰의 개입이 가능함을 규정하고 있다. 이와 같이 경찰상 위험의 원인제공과 무관한 자에 대한 경찰의

1) Schoch, Polizei- und Ordnungsrecht, in: Schmidt-Aßann/Schoch(Hrsg.), Rn. 164.
2) Schoch, Polizei- und Ordnungsrecht, in: Schmidt-Aßmann/Schoch(Hrsg.), Rn. 164
3) Ipsen, Niedersächsisches Gefahrenabwehrrecht, Rn. 213.
4) Schenke, Polizei- und Ordnungsrecht, § 4 Rn. 295.
5) Gusy, Polizei- und Ordnungsrecht(8.Aufl.), § 5 Rn. 364; Kugelmann, Polizei- und Ordnungsrecht(2. Aufl.), 8. Kap., Rn. 63.
6) Nordrhein-Westfalen 경찰법 제 6 조; 독일의 단일경찰법률표준초안 제 6 조 등.

개입이 이루어지는 상태를 경찰상 긴급상태(Polizeilicher Notstand)라 부른다.[1] 긴급상태의 예로 주행중인 자동차운전자가 교통사고로 중태에 빠진 자를 병원에 긴급 후송토록 경찰로부터 명령을 받거나, 또는 적법하게 집회(A집회)가 열리고 있음에도 불구하고, 폭력을 수반한 A집회의 반대집회(B집회)가 열리게 되고, 경찰이 B집회에 대하여 무력으로 진압을 하는 경우, 예기치 않은 위험이 A집회의 참가자에게 발생할 수 있으므로 경찰은 A집회의 주최자와 참가자에게도 해산을 명할 수 있게 되는바, 여기서 A집회의 주최자와 참가자에 대하여 경찰이 해산명령을 내리는 경우 등을 볼 수 있다.

2. 특 징

위험에 무관계한 자에게 침익적 처분을 가져오는 경찰상 긴급상태는 법치국가에서 예외적인 상황이다.[2] 경찰상 긴급상태에 있어서는 ① 경찰이 중대한 위험을 방관할 수 없다는 점, ② 위험에 무관계한 자가 책임이 있다는 점이 고려되어야 할 핵심적 요소이다. 따라서 장해자에 대한 경찰개입의 경우에 비해 비장해자에 대한 경찰의 개입은 보다 엄격한 전제요건에 구속되어야 하고, 개입범위도 보다 제한적이어야 한다.[3]

3. 법적 근거

① 우리의 경찰법상으로 경찰상 긴급상태에 대한 일반규정은 보이지 않는다.[4] 다만 몇몇의 단행법률에서 나타나고 있을 뿐이다(예: 경직법 제5조 제1항 제3호, 소방법 제24조, 자연재해대책법 제11조). ② 경찰관직무집행법 제2조 제6호를 일반적 수권조항으로 보는 견해는[5] 동 조항을 경찰상 긴급상태의 근거로 본다. ③ 본서는 경찰관직무집행법 제2조 제6호를 일반적 수권조항으로 보지 아니하므로 동 조항을 경찰상 긴급상태의 근거로 보지 아니한다. 그러나 인간생활의 실제상 경찰상 긴급상태의 발생은 불가피하다. 따라서 경찰상 긴급상태에 관한 일반적인 규정을 두는 것이 필요하

---

1) Drew/Wacke/Vogel/Martens, Gefahrenabwehr: Allgemeines Polizeirecht, S. 331; Götz, Allgemeines Polizei- und Ordnungsrecht, § 10 Rn. 262; Ipsen, Niedersächsisches Gefahrenabwehrrecht, Rn. 228; Schenke, Polizei- und Ordnungsrecht, Rn. 312.

2) Lisken/Denninger, Handbuch des Polizeirecht, 4. Aufl., E. Rn. 138.

3) Lisken/Denninger, Handbuch des Polizeirecht, 4. Aufl., E. Rn. 138.

4) 경찰상 긴급상태에 관한 입법례로 MEPolG(독일 단일경찰법률표준초안) 제6조, SPolG(독일 자르란트주 경찰법) 제6조 등을 볼 수 있다.

5) 김남진, 경찰행정법, 138쪽; 류지태 · 박종수, 행정법신론, 972쪽; 석종현, 일반행정법(하), 268쪽.

다. 이에 관한 입법적 보완이 요청된다. 현재로서는 경범죄처벌법 제1조 제36호((공무원 원조불응) 눈 · 비 · 바람 · 해일 · 지진 등으로 인한 재해 또는 화재 · 교통사고 · 범죄 그 밖의 급작스러운 사고가 발생한 때에 그 곳에 있으면서도 정당한 이유없이 관계공무원 또는 이를 돕는 사람의 현장출입에 관한 지시에 따르지 아니하거나 공무원이 도움을 청하여도 이에 응하지 아니한 사람은 10만원 이하의 벌금, 구류 또는 과료의 형으로 벌한다)가 제한된 범위 안에서 경찰상 긴급상태의 일반적인 법적 근거로 기능할 수 있을 것이다.[1] 경찰상 긴급상태는 처분의 상대방에 기본권의 침해를 가져오므로 법률의 근거 없는 경찰상 긴급상태는 인정될 수 없다.[2]

4. 제3자의 성격

경찰상 긴급상태에서 경찰책임자로서 제3자는 현재의 중대한 위험을 방지하는 일을 돕는 경찰의 도구에 해당한다. 따라서 장해자가 그 제3자에 저항하면, 그것은 공무방해에 해당한다.[3] 그리고 그 제3자의 행위에 대한 법적 책임은 그 제3자가 아니라 경찰이 부담한다.[4] 경찰의 개입으로 인해 제3자에게 손실이 발생하면 보상되어야 한다.

Ⅱ. 요 건

개별 법률에 경찰상 긴급상태에 관한 규정이 있다면, 그러한 규정에 따르면 된다. 기술한 바와 같이 경찰관직무집행법 제2조 제6호를 일반적 수권조항으로 보지 않는 본서의 입장에서는 경범죄처벌법 제1조 제36호를 근거로 제한적으로 경찰상 긴급상태가 인정된다고 보며, 그 요건은 다음과 같다.

1. 현재의 중대한 위험의 방지

경찰상 긴급상태가 적용되기 위해서는 우선 위험이 이미 실현되었거나 또는 위험의 현실화가 목전에 급박하여야 한다. '급박하여야 한다'는 것은 위험의 현실화가 시간적으로 근접하여야 함을 의미한다.[5] 그리고 비례원칙에 의거

1) 일설은 저자의 견해에 찬동하기 어렵다고 하면서 "왜냐하면 아주 예외적인 상황에서 가능한 경찰비책임자에 대한 경찰권발동은 개괄수권조항보다 훨씬 엄격한 요건하에서만 허용되어야 하기 때문이다"라고 하고 있다(정하중, 행정법각론, 259쪽). 그러나 경범죄처벌법 제1조 제36호의 규정형식이 개괄수권조항보다 덜 엄격하다고 말하기 어렵다고 볼 때, 일설이 지적하는 의도를 알기 어렵다.

2) 김도창, 일반행정법(하), 318쪽; 김동희, 행정법(Ⅱ), 229쪽; 박윤흔 · 정형근, 최신행정법강의(하), 324쪽; 석종현, 일반행정법(하), 302쪽; 최영규, 경찰행정법, 204쪽. 일설은 저자의 견해를 잘못 인용하고 있는 것으로 보인다(김남현, 경찰행정법, 229쪽 각주 49).

3) Schmidbauer/Steiner/Roese, Bayerisches Polizeiaufgabengesetz, Art. 10, Rn. 27.

4) Schmidbauer/Steiner/Roese, Bayerisches Polizeiaufgabengesetz, Art. 10, Rn. 28.

5) Berner/Köhler, Polizeiaufgabengesetz, Art. 10, S. 86(10.2); Schmidbauer/Steiner/Roese,

하여 극복하려는 위험이 중대해야 한다.[1] 중대한 위험은 생명, 신체, 자유, 재산 등의 법익과 관련한다. 그리고 손해발생의 개연성의 정도가 강하여야 한다.[2] 예컨대 눈·비·바람·해일·지진 등으로 인한 재해가 발생하거나 화재·교통사고·범죄 그 밖의 급작스러운 사고가 발생하여 사람의 생명이나 재산에 대한 침해가 발생하거나 침해의 발생이 목전에 급박하여야 한다.

2. 장해자에 대한 처분이 무의미할 것

위험 내지 장해의 방지가 장해자에 대한 처분을 통해서는 실현이 불가능하여야 한다. 즉 장해자에 대한 처분이 위험 내지 장해의 방지·제거에 무의미하여야 한다. 여기서 무의미란 장해자에 대하여 적시에 처분할 수 없거나, 그 처분에 아무런 효과가 없음을 의미한다. 실현불가능여부와 무의미여부의 판단은 경찰작용의 시점에서 경찰행정청의 관점에서 이성적으로 판단되어야 한다. 장해자에 대하여 경찰처분이 주어졌더라도 위험이 극복될 수 있었다는 판단이 사후에 가능하더라도, 그것은 경찰상 긴급상태에 따른 처분의 적법성에 문제를 가져오지 않는다.[3] 한편, 경찰이 긴급상태가 생기지 않도록 사전에 필요한 처분을 하지 않았다고 하여 경찰상 긴급상태가 성립되지 않는 것도 아니다.

3. 경찰 자신이나 위임에 의해서 해결이 불가능할 것

경찰상 긴급상태의 개념상 경찰 스스로 또는 경찰의 위임에 의거하여 제3가 적시에 위험을 방지할 수 있는 상태에 있지 않아야 한다. 만약 경찰이나 위임받은 제3자가 그러한 상태에 있다면, 그러한 자가 위험을 방지하여야 한다. 이러한 처분에 비용이 발생한다는 것이 비장해자에 대한 처분을 정당화시켜 주는 요소는 아니다.[4]

4. 비장해자에 수인가능성이 있을 것

비례원칙에서 나오는 수인가능성의 관점에서 볼 때,[5] 비장해자에 대한 경

Bayerisches Polizeiaufgabengesetz, Art. 10, Rn. 9.

1) Ipsen, Niedersächsisches Gefahrenabwehrrecht, Rn. 229; Schmidbauer/Steiner/Roese, Bayerisches Polizeiaufgabengesetz, Art. 10, Rn. 10.

2) Schenke, Polizei- und Ordnungsrecht, Rn. 314.

3) Schenke, Polizei- und Ordnungsrecht, Rn. 315.

4) Schenke, Polizei- und Ordnungsrecht, Rn. 317.

5) Ipsen, Niedersächsisches Gefahrenabwehrrecht, Rn. 236.

찰상의 처분이 비장해자 자신에 중대한 위험이나 침해를 가져올 수 있는 경우에는 경찰상 긴급상태의 성립이 인정될 수 없다.[1] 예컨대 심장병환자에게 신체적으로 힘이 드는 일에 참여할 것을 요구하는 행위를 할 수는 없다. 그러한 경찰처분은 수인할 수 없고 따라서 위법한 것이 된다.

Ⅲ. 처 분

1. 처분의 방식

앞에서 말한 요건이 갖추어진 경우, 경찰상 긴급상태의 예외적인 성격에 비추어 비장해자에 대한 처분은 행정행위에 의해서만 가능하다(농재법 제7조 제2항 참조). 특별한 형식을 요하는 것은 아니라 하겠다. 문서나 구두 또는 전화 등으로도 이루어질 수 있다. 한편, 특별한 위기상황에서는 법령의 위임이 있는 경우에 비장해자에 대해 경찰상 법규명령이 가능할 수도 있다(헌법 제76조 제2항 참조).[2]

2. 처분의 유형

비장해자에 대한 처분은 두 경우로 구분될 수 있다. 하나는 자신의 이익침해에 수인하도록 의무를 부과하는 것이고, 또 하나는 특정의 행위(예: 육체적 조력 또는 의약품 · 식품 등의 물건의 제공) 또는 부작위(예: 불량우유제조업자에 원유공급중단)의 의무를 부과하는 것이다.[3]

3. 다수의 제 3 자 중에서 선택

경찰상 긴급상태의 경우, 발생된 장해를 제거하거나 구체적인 위험의 발생을 방지할 수 있는 제 3 자가 다수인이 있는 경우에, 그 선택은 의무에 합당한 재량에 따를 수밖에 없다. 이러한 선택에서는 불공평한 차별인식을 방지하기 위해 고도의 경찰의 상식과 정의관념이 중요하다. 일반적으로는 위험에 물적으로나 장소상 가장 근접되어 있는 자가 선택될 것이다. 물론 선택받은 자의 급부력, 그 자가 받은 불이익의 정도 등도 고려되어야 한다.[4] 선택된 자는 어느 누구도 자기 외의 타인을 추천함으로써 경찰에 협력을 거부할 수 없다.

---

1) Berner/Köhler, Polizeiaufgabengesetz, Art. 10, S. 86(10.3).
2) Drew/Wacke/Vogel/Martens, Gefahrenabwehr: Allgemeines Polizeirecht, S. 336.
3) Schmidbauer/Steiner/Roese, Bayerisches Polizeiaufgabengesetz, Art. 10, Rn. 26.
4) Drew/Wacke/Vogel/Martens, Gefahrenabwehr: Allgemeines Polizeirecht, S. 306.

4. 최소침해 · 폐지

내용상으로 보아 위험의 원인제공과 무관계한 자에 대한 처분은 다른 방법으로는 위험방지가 불가능하여야 하고 또한 과잉금지의 원칙상 물적이나 시간적으로 무조건 최소한의 범위에 그쳐야 한다.[1] 시간의 경과 등으로 비장해자에 대한 처분요건이 없어지면, 경찰행정청은 즉시 비장해자에 대한 처분을 폐지하여야 한다.[2] 말하자면 비장해자에 대한 처분 후 즉시 위험방지를 위한 다른 가능성이 생겨나면, 경찰은 비장해자에 대한 처분을 더 이상 유지하지 말고 지체없이 위험방지의무를 면제하여야 한다.[3]

Ⅳ. 결과제거와 보상

1. 결과제거청구권

경찰행정청은 결과제거의 관점에서 비장해자에 대한 처분으로 인하여 직접 발생한 사실상의 위법한 결과를 제거하여야 한다. 여기서 비장해자(위험의 원인제공과 관계없이 경찰책임이 부여된 제3자)는 결과제거청구권을 갖는다(예: 갑작스런 교통사고의 발생시, 사고지점에 근접한 주민에게 경찰과 공동으로 안전조치를 취하면서 경찰이 그 주민의 주택에 경찰장비를 무단으로 방치한 경우에 그 주민은 위법하게 방치된 경찰장비의 제거를 청구할 권리를 갖는다). 결과제거청구권은 비장해자와 경찰 사이에서 문제되는 것이지, 장해자와 경찰상 긴급상태로 인해 수익을 받은 제3자와의 사이에서 문제되는 것은 아니다. 말하자면 결과제거청구권은 침익적인 행정작용과 관련하는 것이지만, 그것이 제3자효 있는 행정행위의 경우에 수익자에게 행정행위의 위법한 집행의 제거를 의무지우는 것은 아니다.

2. 보상청구권

비장해자는 방지하는 위험에 대해 원칙적으로 책임을 부담할 자가 아니므로, 그 비장해자는 자신에게 책임을 부과한 경찰행정청에 대하여 그 책임의 이행으로 인해 생긴 불이익의 보전을 청구할 수 있다(농재법 제7조 제3항 참조). 보상의 내용은 재산상의 피해에 한정된다. 하여간 그 보상은 기본적으로 희생보상청구권의 성

---

1) Schenke, Polizei- und Ordnungsrecht, Rn. 320; Schmidbauer/Steiner/Roese, Bayerisches Polizeiaufgabengesetz, Art. 10, Rn. 21f.

2) Ipsen, Niedersächsisches Gefahrenabwehrrecht, Rn. 237; Schenke, Polizei- und Ordnungsrecht, Rn. 321.

3) Schmidbauer/Steiner/Roese, Bayerisches Polizeiaufgabengesetz, Art. 10, Rn. 23.

질을 갖는다.[1] 희생보상청구권은 공공의 이익을 위해 사인이 특별한 희생을 입은 경우에는 보상되어야 한다는 것을 근거로 한다. 한편, 보상을 한 행정주체는 경우에 따라 위험의 원인을 제공한 자에게 자신이 부담한 비용(보상금)에 대한 변상을 요구할 수도 있을 것이다. 경찰책임을 부담한 제3자는 경우에 따라서는 경찰에 대하여 결과제거청구권과 손해배상청구권을 동시에 행사할 수도 있다.[2]

1) Ipsen, Niedersächsisches Gefahrenabwehrrecht, Rn. 239.
2) Friauf, Polizei- und Ordnungsrecht, in: Schmidt-Aßmann(Hrsg.), Besonderes Verwaltungsrecht, Rn. 116.

제3절 경찰작용의 행위형식의 특수문제

경찰행정작용의 행위형식은 아래 그림과 같이 행정법총론(일반행정법)에서 다루는 행정작용의 행위형식과 다를 바 없다. 여기서는 다만 경찰행정작용과 관련하여 보다 의미를 갖는 부분 등을 약간 살펴보기로 한다.

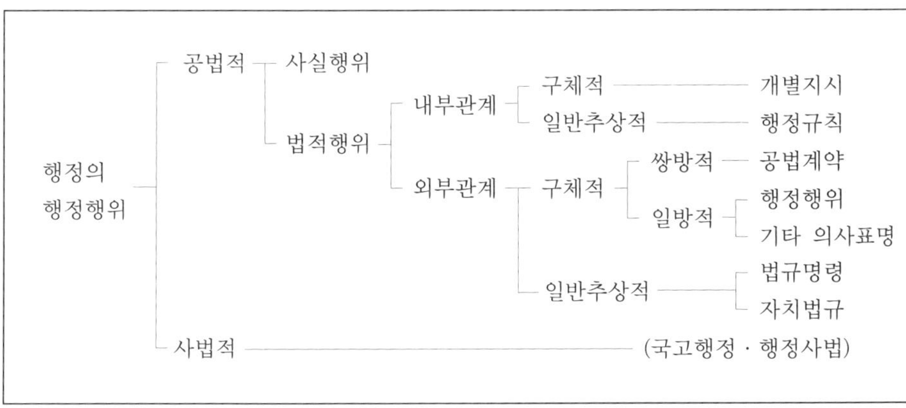

제1항 경찰상 행정입법

Ⅰ. 경찰상 법규명령과 행정규칙의 구분

1. 전통적 견해의 구분기준

전통적으로 법규명령은 「법령상의 수권에 근거하여 행정권이 정립하는 규범으로서 국민과의 관계에서 일반구속적인 규범」으로, 행정규칙은 「행정조직 내부 또는 특별한 공법상의 법률관계 내부에서 그 조직과 활동을 규율하는 일반추상적인 명령으로서 법규적 성질을 갖지 않는 것」으로 정의되어 왔다.

2. 전통적 견해의 문제점

법령상 수권에 근거하여 발령되는 대통령령 · 총리령 · 부령에 규정된 사항 중에도 사항 그 자체의 성질상 외부적 구속효를 갖지 아니하는 것(예, 대통령령인 각종의 직제)[1]이 있는가 하면, 법령상 수권 없이 발령되는 고시에 규정된 사항 중에 법규적 성질을 갖는 것도 있을 수 있다는 입장에서 보면, 외부효의 유무나 입법형식은 양자를 구분하는 결정적인 기준은 아니다. 또한 공포의 절차 · 방식을 법규명령과 행정규칙의 구분기준으로 삼기도 하지만, 법률의 개정으로 법규명령과 행정규칙의 공포의 절차 · 방식은 동일 내지 유사하게 할 수도 있는 것이므로 공포의 절차 · 방식도 양자의 구분기준으로서 충분한 것은 아니다.

3. 사 견

헌법이 국가의 최고규범이라면, 법규명령과 행정규칙의 구분은 헌법의 관점에서 이루어져야 한다. 헌법상 법규명령과 행정규칙의 구분은 행정입법의 본질적인 문제라 할 권력분립원리 · 법률유보원리, 그리고 헌법상 법률유보사항 등의 종합적인 고려 하에서 이루어져야 한다. 따라서 본서는 ① 헌법제정권력자가 제 1 차적으로 국회에 부여한 입법권한을 국회가 다시 행정권에 위임하고, 그 위임에 근거하여 행정권이 제정한 입법을 법규명령으로, ② 행정권이 헌법제정권력자로부터 부여받은 고유한 권능에 근거하여 제정한 입법을 행정규칙으로 구분한다.

Ⅱ. 경찰상 법규명령(경찰명령)의 의의

1. 경찰상 법규명령의 개념

전통적인 견해는 경찰상 법규명령을 법령상의 수권에 근거하여 행정권이 정립하는 규범으로서 국민과의 관계에서 일반구속적인 경찰법규범으로 정의한

---

1) 행정기관의 조직과 정원에 관한 통칙 제 4 조 (직제 등) ① 행정기관의 조직과 정원을 규정하는 대통령령은 특별한 사유가 없는 한 법 제 2 조 제 2 항의 규정에 의한 중앙행정기관 단위로 정하고, 그 명칭을 "ㅇㅇ직제"로 한다.
② 행정기관의 조직과 정원을 규정하는 대통령령(이하 "직제 등"이라 한다)에는 다음 사항이 포함되어야 한다. 1. 행정기관의 설치와 그 소관업무 2. 하부조직과 그 분장업무 3. 삭제〈1990 · 12 · 31〉 4. 직위에 부여되는 직급 5. 공무원의 종류와 직급별 또는 계급별 정원 6. 기타 행정기관의 운영에 관하여 필요한 사항

다. 그러나 본서는 경찰상 법규명령을 법령상의 수권에 근거하여 행정권이 정립하는 경찰법규범으로서 국민과의 관계에서 통상적으로 법규성을 갖는 행정입법으로 정의한다. 이러한 본서의 태도는 「법령의 근거」는 법규명령개념의 필수요소로 보지만, 「법규성」은 필수요소가 아니라 통상적으로 요구되는 요소로 보는 입장에 근거한다. 따라서 본서는 직제를 법규명령의 일종으로 본다. 경찰상 법규명령은 경찰명령[1] 또는 위험방지명령이라고도 한다.

2. 경찰상 법규명령의 성질

① 경찰상 법규명령의 성질은 입법이지만, 위험방지사무를 위한 행위형식의 하나이다. 경찰상 법규명령의 제도가 있음으로 하여 행정권은 법률을 적용·집행함에 있어서 개별적인 사건만을 규율하는 것이 아니라, 다수의 사건과 다수인이 관련되는 사건을 통일적으로 규율할 수 있게 된다(예 : 식품법 제31조; 동시행규칙 제42조). 말하자면 경찰상 법규명령은 효과적인 경찰사무를 수행하기 위한 행위형식 중의 하나이다. ② 규율대상이 불특정 다수사건인 점에서 개별사건을 규율하는 행정행위와 구분된다. 특히 규율의 상대방이 불특정 다수인 점에서 그 대상이 특정가능한 일반처분과 구분된다. 또한 ③ 제정주체가 행정청인 점에서 국회제정의 법률(예 : 도교법 제63조)과 구분된다. 그러나 경찰명령은 성질상 실질적 의미의 법률에 해당한다. ④ 효력범위가 원칙적으로 외부에 미친다는 점에서 외부적 효과가 없는 행정규칙과 구분된다. 법규명령은 법규이므로 이에 위반하는 행위는 위법행위가 된다. 규정내용의 성질상 법규명령이 행정 내부적으로만 구속력을 가지는 경우에는 국민과의 관계에서 위법의 문제가 제기되지 아니할 수도 있다.

3. 고시형식의 법규명령

① 고시형식의 법규명령이란 법령의 위임을 받아 제정되는 고시를 말한다.

---

1) 김남진, 경찰행정법, 150쪽; 최영규, 경찰행정법, 212쪽. 한편, 독일경찰법상 경찰명령도 법규명령의 일종으로 이해되지만(Drew/Wacke/Vogel/Martens, Gefahrenabwehr, Allgemeines Polizeirecht, S. 485), 제도적 의미의 경찰의 책임자(예: 란트의 내무부장관, 지방자치단체인 게마인데와 크라이스 등)가 발령한다는 점, 경찰법상 일반수권(포괄적 수권)에 의해서도 가능하다는 점등에서 본서에서 말하는 우리의 경찰명령과 상이하다(Schenke, Polizei- und Ordnungsrecht, Rn. 620, 625). 일반수권조항의 예로 Niedersachsen 위험방지법 제55조(법규명령의 수권) 제 1 항은 추상적 위험의 방지를 위해 지방자치단체인 게마인데와 란트크라이스, 내무부등은 법규명령을 발령할 수 있다고 규정하고 있다. 법규명령의 발령에 관한 일반조항은 바이에른을 제외하고 독일의 모든 란트가 갖고 있다. 바이에른에서는 경찰명령의 발령을 위해서는 특별수권조항이 필요하다(Pieroth/Schlink/Kniesel, Polizei- und Ordnungsrecht, § 11 Rn. 3.).

② 고시형식의 법규명령의 실정법상 근거는 행정규제기본법 제 4 조 제 2 항 단서이다. ③ 헌법은 고시형식의 법규명령에 관하여 규정하는 바가 없다. 그러나 헌법재판소는 법률이 입법사항을 고시의 형식으로 위임하는 것이 헌법상 허용된다고 한다.[1] 대법원도 고시형식의 법규명령에 긍정적이다.[2] 판례의 태도는 정당하다. ④ 고시형식의 법규명령은 외부적 구속효를 갖는다. ⑤ 고시형식의 법규명령도 법규명령의 적법요건을 준수하여야 한다.[3]

Ⅲ. 경찰상 행정규칙의 의의

1. 경찰상 행정규칙의 개념

전통적인 견해는 경찰상 행정규칙을 행정조직내부 또는 특별한 공법상의 법률관계내부에서 그 조직과 활동을 규율하는 일반추상적인 명령으로서 법규적 성질(외부법으로서의 효력. 대국민에 대한 구속력)을 갖지 않는 것으로 정의한다. 그러나 본서는 경찰상 행정

1) 헌재 2006. 12. 28, 2005헌바59(오늘날 의회의 입법독점주의에서 입법중심주의로 전환하여 일정한 범위 내에서 행정입법을 허용하게 된 동기가 사회적 변화에 대응한 입법수요의 급증과 종래의 형식적 권력분립주의로는 현대사회에 대응할 수 없다는 기능적 권력분립론에 있다는 점 등을 감안하여 헌법 제40조와 헌법 제75조, 제95조의 의미를 살펴보면, 국회입법에 의한 수권이 입법기관이 아닌 행정기관에게 법률 등으로 구체적인 범위를 정하여 위임한 사항에 관하여는 당해 행정기관에게 법정립의 권한을 갖게 되고, 입법자가 규율의 형식도 선택할 수 있다 할 것이므로, 헌법이 인정하고 있는 위임입법의 형식은 예시적인 것으로 보아야 할 것이고, 그것은 법률이 행정규칙에 위임하더라도 그 행정규칙은 위임된 사항만을 규율할 수 있으므로, 국회입법의 원칙과 상치되지도 않는다. 다만 행정규칙은 법규명령과 같은 엄격한 제정 및 개정절차를 요하지 아니하므로, 재산권 등과 같은 기본권을 제한하는 작용을 하는 법률이 입법위임을 할 때에는 대통령령, 총리령, 부령 등 법규명령에 위임함이 바람직하고, 고시와 같은 형식으로 입법위임을 할 때에는 적어도 행정규제기본법 제 4 조 제 2 항 단서에서 정한 바와 같이 법령이 전문적 · 기술적 사항이나 경미한 사항으로서업무의 성질상 위임이 불가피한 사항에 한정된다 할 것이고, 그러한 사항이라 하더라도 포괄위임금지의 원칙상 법률의 위임은 반드시 구체적 · 개별적으로 한정된 사항에 대하여 행하여져야 한다).

2) 대판 2008. 3. 27, 2006두3742, 3759(상급행정기관이 하급행정기관에 대하여 업무처리지침이나 법령의 해석적용에 관한 기준을 정하여 발하는 이른바 행정규칙은 일반적으로 행정조직 내부에서만 효력을 가질 뿐 대외적인 구속력을 갖지 않지만, 법령의 규정이 특정 행정기관에게 그 법령 내용의 구체적 사항을 정할 수 있는 권한을 부여하면서 그 권한 행사의 절차나 방법을 특정하고 있지 않아 수임행정기관이 행정규칙의 형식으로 그 법령의 내용이 될 사항을 구체적으로 정하고 있다면, 그와 같은 행정규칙은 위에서 본 행정규칙이 갖는 일반적 효력으로서가 아니라 행정기관에 법령의 구체적 내용을 보충할 권한을 부여한 법령 규정의 효력에 의하여 그 내용을 보충하는 기능을 갖게 되고, 따라서 이와 같은 행정규칙은 당해 법령의 위임 한계를 벗어나지 않는 한 그것들과 결합하여 대외적인 구속력이 있는 법규명령으로서의 효력을 가진다).

3) 대결 2006. 4. 28, 2003마715(행정 각부의 장이 정하는 고시가 비록 법령에 근거를 둔 것이라고 하더라도 그 규정 내용이 법령의 위임 범위를 벗어난 것일 경우에는 법규명령으로서의 대외적 구속력을 인정할 여지는 없다).

규칙을 행정조직내부에서 상급행정기관이 행정권에 내재하는 고유한 권능에 근거하여 하급행정기관에 대하여 행정의 조직이나 활동을 보다 자세히 규율하기 위하여 발하는 일반추상적인 명령으로 정의한다. 이러한 본서의 태도는 ① 행정규칙을 행정조직내부에서의 규범에 한정하고, 특별한 공법상의 법률관계내부에서의 조직과 활동의 규율문제는 특별명령의 문제로 분리하여 다루며, ② 「비법규성」을 행정규칙개념의 필수요소가 아니라 통상적으로 요구되는 요소(常素)로 보는 데 기인한다. 행정규칙의 본질은 행정규칙의 제정권능이 「행정권에 내재하는 고유한 권능」이라는 점에 있다. 행정규칙의 발령권한은 행정권의 사무집행권에 근거한다고 말할 수도 있다.[1)] 경찰상 행정규칙은 경찰상 행정명령이라고도 하고 경찰규칙이라고도 한다.[2)]

2. 경찰상 행정규칙의 성질

① 경찰상 행정규칙은 기본적으로 경찰조직 내부에 효력을 미치는 내부법이다. 이러한 점에서 통상적으로 외부적으로 효력을 미치는 경찰상 법규명령과 구분된다. 따라서 경찰상 행정규칙은 국민과의 관계에서 위법의 문제를 가져오지 아니한다. ② 경찰상 행정규칙은 내부법이지만, 그 내용이 일반·추상적이라는 점에서 경찰조직내부에서의 개별·구체적인 직무상 명령과 구분된다.

3. 행정규칙의 종류로서 고시·훈령

실정법상 행정규칙은 통상 고시 또는 훈령의 형식으로 발령된다. 고시형식과 훈령형식은 법적 성질이나 효과에 있어서 차이가 없다. 행정기관의 행정업무 운영에 관한 사항을 규정하는 「행정업무의 효율적 운영에 관한 규정」은 "행정기관에서 공무상 작성하거나 시행하는 문서(도면·사진·디스크·테이프·필름·슬라이드·전자문서 등의 특수매체기록을 포함한다. 이하 같다)와 행정기관이 접수한 모든 문서"를 공문서라 하고(동규정 제3조 제1호), 공문서의 종류를 법규문서, 지시문서, 공고문서 등으로 구분하고 있다(동규정 제4조). 이 중에서 훈령은 지시문서 및 공고문서와 관련한다.

▣ **행정업무의 효율적 운영에 관한 규정** 제 4 조(공문서의 종류) 공문서(이하 "문서"라 한다)의 종류는 다음 각 호의 구분에 따른다.

---

1) BVerwGE 67, 222, 229; Wolff/Bachof/Stober, Verwaltungsrecht Ⅰ, S. 229

2) 최영규, 경찰행정법, 221쪽.

1. 법규문서: 헌법 · 법률 · 대통령령 · 총리령 · 부령 · 조례 · 규칙(이하 "법령"이라 한다) 등에 관한 문서
2. 지시문서: 훈령 · 지시 · 예규 · 일일명령 등 행정기관이 그 하급기관이나 소속 공무원에 대하여 일정한 사항을 지시하는 문서
3. 공고문서: 고시 · 공고 등 행정기관이 일정한 사항을 일반에게 알리는 문서
4. (이하 생략)

| 참고 |

행정업무의 효율적 운영에 관한 규정이나 동 규정시행규칙에는 지시문서의 내용이 되는 훈령 · 지시 · 예규 · 일일명령 등에 관한 정의규정이 없다. 행정업무의 효율적 운영에 관한 규정으로 대체되기 전의 사무관리규정시행규칙에는 정의규정이 있었다. 행정업무의 효율적 운영에 관한 규정상의 훈령 · 지시 · 예규 · 일일명령의 의미도 과거의 사무관리규정시행규칙상의 의미와 동일한 것으로 볼 것이다.

▣ **과거의 사무관리규정** 제 7 조(공문서의 종류) 공문서(이하 "문서"라 한다)는 다음과 같이 법규문서 · 지시문서 · 공고문서 · 비치문서 · 민원문서 및 일반문서로 나눈다.
2. 지시문서는 훈령 · 지시 · 예규 및 일일명령등 행정기관이 그 하급기관 또는 소속공무원에 대하여 일정한 사항을 지시하는 문서를 말한다.
3. 공고문서는 고시 · 공고등 행정기관이 일정한 사항을 일반에게 알리기 위한 문서를 말한다.
4. (이하 생략)

▣ **과거의 사무관리규정시행규칙** 제 3 조(문서작성의 원칙) 영 제 7 조의 규정에 의한 문서는 다음 구분에 따라 작성한다.
2. 지시문서는 다음 구분에 의하여 작성한다.
가. 훈령
상급기관이 하급기관에 대하여 장기간에 걸쳐 그 권한의 행사를 일반적으로 지시하기 위하여 발하는 명령….
나. 지시
상급기관이 직권 또는 하급기관의 문의에 의하여 하급기관에 개별적 · 구체적으로 발하는 명령….
다. 예규
행정사무의 통일을 기하기 위하여 반복적행정사무의 처리기준을 제시하는 법규문서외의 문서….
라. 일일명령
당직 · 출장 · 시간외근무 · 휴가등 일일업무에 관한 명령….

3. 공고문서는 다음 구분에 의하여 작성한다.
가. 고시
법령이 정하는 바에 따라 일정한 사항을 일반에게 알리기 위한 문서….
나. 공고
일정한 사항을 일반에게 알리는 문서….

제 2 항 경찰상 행정행위

Ⅰ. 경찰상 행정행위의 의의

1. 경찰상 행정행위의 개념

경찰상 행정행위란 경찰행정청이 법 아래서 구체적 사실에 대한 법집행으로서 행하는 권력적 단독행위로서 공법행위를 말한다. 경찰상 행정행위는 경찰행정의 행위형식의 한 유형으로서 실정법상의 용어가 아니라 학문상의 용어이다. 실정법상으로는 허가 · 면허 · 확인 · 면제 등의 다양한 용어가 사용된다.

2. 경찰상 행정행위의 개념징표

① 경찰상 행정행위는 경찰행정청의 행위이다. 경찰행정청이란 경찰행정주체의 의사를 외부적으로 결정 · 표시할 수 있는 권한을 가진 기관을 말한다. ② 경찰상 행정행위는 공법상의 행위이다. 공법상의 행위란 그 효과가 공법적이라는 것이 아니라, 행위의 근거가 공법적이라는 것이다. ③ 경찰상 행정행위는 사실행위가 아니고 법적 행위이다. 법적 행위란 외부적으로 직접적인 법효과를 의도하는 의사표시를 뜻한다. ④ 경찰상 행정행위는 규범정립행위가 아니라 구체적 사실에 대한 법집행작용이다. 구체적 사실의 여부는 관련자가 개별적인가 일반적인가와, 규율대상이 구체적인가 추상적인가에 따라 판단되고 있다. 관련자의 개별성 · 일반성과 사건의 구체성 · 추상성의 결합은 4가지의 형태를 갖는다(아래 그림 참조). ⑤ 경찰상 행정행위는 공법상 일방적인 처분행위이다. 행정청에 의해 의도된 것인 이상 자동기계에 의해 자동적으로 결정되는 경우도 일방적 행위이다. 행정행위는 단독행위이므로 공법상 계약 및 공법상 합동행위와 구분되며, 권력적 작용이므로 비권력적 작용과도 구분된다.

(규율사건)

(관련자의 범위)		구체적	추상적
	개별적	① 행정행위	④ 행정행위
	일반적	② 행정행위(일반처분)	③ 법규범

[해설] ①의 경우가 가장 기본적인 형태의 행정행위에 해당한다(예, A는 지금 즉시 정차하라). ②의 경우를 일반처분이라 부른다. 일반처분 역시 행정행위의 일종이다. ③의 경우는 입법에 해당한다(예, 운전면허 없이 운전을 하지 말라). ④의 경우 역시 행정행위에 해당한다고 본다(예, A는 도로가 빙판이 될 때마다 도로에 모래를 뿌려라). ④의 경우는 개별 · 구체적인 규율이 관계자에게 반복되는 형태이므로, 개별 · 구체적인 규율의 특별한 경우에 해당한다.

Ⅱ. 경찰상 행정행위로서 일반처분

1. 의 의

경찰상 일반처분은 공법영역에서 사인에게 직접적인 효과를 갖는 경찰상 하명의 하나로서 개별사건의 규율을 위한 행위이다. 경찰상 일반처분은 일반적인 표지에 따라 특정 또는 특정할 수 있는 인적 범위의 사람들에게 향한 것이거나 물건의 공적 성격 또는 일반에 의한 이용과 관련한다(예 : 교통표지나 도로상 경찰의 지시). 일반처분의 경우를 포함하여 경찰하명은 개별사건을 규율하지만 경찰명령(경찰상 법규명령)은 불특정 다수인을 대상으로 하는 추상적인 사건을 규율한다.

2. 집합처분과 구별

동일한 경찰상 하명이 다수인에게 향한 것이라도 모든 상대방에게 개별적으로 통지되거나 개개인의 특징에 따라 상대방이 정해지는 경우에는 모든 상대방에게 각각의 처분이 발해진 것과 다름이 없다. 이러한 처분을 집합처분(Sammelverfügung)이라 부르기도 한다.[1] 일반처분과 집합처분 사이에 법상 아무런 차이도 없다. 다만 개념상 일반처분은 상대방이 '일반적 표지'에 따라 정해진다는 것뿐이다.

3. 법적 성질

① 경찰상 일반처분은 경찰명령이 아니라 경찰상 행정행위의 일종이다. 따라서 이해관계자는 개별처분에서와 같은 권리구제수단(예 : 행정심판 · 행정소송의 제기권)을 갖는다.

1) Wolff/Bachof, Verwaltungsrecht Ⅰ, S. 369, 385.

② 일반처분은 외부적인 형식, 내용상 관련된 인적 범위의 특정성에 의해 일반 추상성의 법규명령과 구분된다. 법규명령은 형식성이 요구되고 추상적 위험이 존재할 때 발해지나, 일반처분은 형식상 자유롭고 구체적인 위험이 존재할 때 발해진다.

Ⅲ. 자동적으로 결정되는 경찰상 행정행위

1. 의 의

경찰공무원의 수작업을 경감시키는 기계(예: 복사기)의 사용이 아니라 외부적으로 조종됨이 없이 자동적으로 기능하는 기계(예: 컴퓨터)가 경찰공무원을 대신하여 경찰상 행정결정을 행하는 경우가 증대하고 있다. 종전 같으면 인간의 수작업으로 이루어질 행정행위가 이제는 인간에 의해 사전 처리된 형식에 따라 자동기계에 의해 이루어지는 경찰상 행정행위를 자동적으로 결정되는 경찰상 행정행위라 부른다.

2. 법적 성격

컴퓨터의 도입으로 동일하거나 유사한 행정행위를 대량으로 하게 되었다. 컴퓨터로 처리한다고 하여도 행정청은 여전히 절차의 주재자이다. 왜냐하면 프로그래밍, 구체적인 데이터의 투입 · 결정 · 통지 모두가 행정청에 의해 이루어지기 때문이다. 따라서 수작업에 의해 이루어지는 행정행위가 컴퓨터에 의해 이루어진다고 하여도, 그러한 결정은 역시 행정행위로 간주될 수밖에 없다.

3. 법적 근거

자동화된 행정행위가 대량으로 이루어지는 것이 오늘날의 실정인바, 나라에 따라서는 자동화된 행정행위의 법적 문제, 특히 행위형식성(형식상 요건)에 관해 규정을 두기도 한다(예: 독일행정절차법 제37조 제 4 항 등). 우리는 그러한 규정을 갖고 있지 않다. 현재로서 학설과 판례에 맡겨진 셈이다.

4. 적법요건

(1) 기명 · 날인

① 발령행정청의 기명은 결코 생략될 수 없다. 발령행정청의 이름이 있어

야만 국가의 행위임을 인식할 수 있기 때문이다. 그러나 ② 수기에 의한 서명은 요구되지 아니 한다고 볼 것이다. 왜냐하면 발령행정청이 일일이 서명한다는 것은 현실적으로 기대하기 어렵기 때문이다.

⑵ 기호 · 부호

자동적으로 자료가 처리되는 컴퓨터의 경우에는 기술상 여러 가지의 부호나 기호가 도입되고 있다. 이러한 기술상의 부호나 기호를 문자와 동일시할 필요가 있다. 학설상 부호나 기호가 사용된 컴퓨터에 의한 결정을 행정행위라고 보는 데에 반대하는 견해가 없다.

⑶ 이유제시

행정청은 처분을 하는 때에는 원칙적으로 당사자에게 그 근거와 이유를 제시하여야 한다(절차법 제23조). 행정절차법 제23조가 당연히 전통적인 서면에 의한 행정행위에 적용되지만, 컴퓨터에 의한 서면상의 결정에 적용되는가의 여부는 문제이다. 입법례에 따라서는 이유제시를 요하지 아니하는 경우도 있다(예: 독일행정절차법 제39조 제 2 항 제 3 호 제 2 문). 그러나 우리의 경우, 컴퓨터에 의한 서면상의 결정에 행정절차법 제23조의 적용이 배제될 이유는 없어 보인다.

⑷ 청 문

입법례에 따라서는 자동화된 설비의 도움을 받아 이루어지는 행정행위의 경우에는 청문절차를 행하지 아니할 수 있음을 규정하기도 한다(예: 독일행정절차법 제28조 제 2 항 제 4 호). 우리는 이러한 규정을 갖고 있지 않다. 그러나 우리의 경우, 컴퓨터에 의한 서면상의 결정에 행정절차법상 의견청취제도의 적용이 배제될 이유는 없어 보인다.

⑸ 하 자

자동화된 설비의 도움을 받아 이루어지는 행정행위의 경우에도 위법성의 문제는 통상의 행정행위의 하자론의 일반원리가 그대로 적용된다. 말하자면 그러한 행위가 위법한 것이라면 역시 상황에 따라 무효인 행위 또는 취소의 대상이 되는 행위가 되고, 이 때에도 중대명백설이 무효사유와 취소사유의 구별기준이 된다.

⑹ 손해배상

자동기계에 의한 행정작용으로 인하여 사인에게 손해가 발생하면, 국가나 지방자치단체는 국가배상법이 정하는 바에 따라 손해배상책임을 부담하여야 함은 통상의 행정행위의 경우와 다를 바 없다.

Ⅳ. 경찰상 허가(경찰상 행정행위로서 허가)

1. 경찰상 허가의 관념

(1) 경찰허가의 개념

경찰상 허가(Polizeiliche Erlaubnisse)란 법규상 예방적 통제의 목적으로 규정된 잠정적 금지를 개별적인 경우에 해제하는 경찰상 행정행위를 말한다. 헌법상 모든 국민은 신체나 직업상 행동의 자유를 가지지만 제한이 따른다. 일정한 방식의 행위는 제 3 자의 권리에 대해 위험한 것으로 보아, 입법자에 의해 원칙적으로 금지되며, 다만 어떠한 전제요건이 갖추어지면 그 금지를 해제시켜 주는 경우가 있다(예 : 운전면허). 이러한 경우의 예방적인 금지의 해제가 여기서 말하는 경찰상 허가이다. 이러한 의미의 허가를 좁은 의미의 허가라 부르기도 한다.[1] 일반적으로 경찰상 허가란 좁은 의미의 허가를 말한다. 법규허가는 없다.[2] 실정법상으로 허가는 승인 · 면허 · 인가 등으로 불리기도 한다. 허가는 신고와 구별되어야 하고,[3] 등록과도 구별되어야 한다.[4]

---

1) Drew/Wacke/Vogel/Martens, Gefahrenabwehr, Allgemeines Polizeirecht, S. 356.

2) 일설은 "경찰허가의 형식과 관련하여 경찰허가는 항상 처분(행정행위)의 형식으로만 행해지고 법규에 의한 허가는 있을 수 없음을 강조하는 경우가 많다. 그러나 그것은 경찰하명만이 아니라 모든 경찰처분에 공통되는것이며, 경찰처분과 경찰명령을 구별하는 입장에서는 당연한 것이어서 오히려 무의미하다"고 지적한다(최영규, 경찰행정법, 256쪽). 논리상 법령상 규정된 금지를 처분의 형식으로 해제하는 것은 가능하지만, 법령의 형식으로 해제하는 것은 가능하지 않다. 왜냐하면 법령 자체가 금지한 것을 법령 자체가 해제할 바에야 애초에 법령이 그러한 금지를 하지 말아야 하기 때문이다. 그러나 작위 · 부작위 · 수인 · 급부를 내용으로 하는 의무는 법령에서 바로 부과할 수도 있고(예: 터널 안 및 다리 위에서의 주차금지의무는 도로교통법 제33조에서 제 1 호에서 바로 나온다), 처분을 통해서 부과할 수도 있다(예:도로교통법 제32조 제 3 호에 따라 경찰공무원의 지시가 있으면, 운전자는 차를 안전지대에 정차 또는 주차하여야 할 의무를 진다). 저자로서는 상기의 견해가 어떠한 시각에서 그러한 주장을 하였는지 이해하지 못하고 있다.

3) 헌재 2012. 3. 29, 2011헌바53(헌법 제21조 제 2 항 후단의 결사의 자유에 대한 '허가제'란 행정권이 주체가 되어 예방적 조치로서 단체의 설립 여부를 사전에 심사하여 일반적인 단체 결성의 금지를 특정한 경우에 한하여 해제함으로써 단체를 설립할 수 있게 하는 제도, 즉 사전 허가를 받지 아니한 단체 결성을 금지하는 제도를 말한다. 그런데 노동조합은 국가와 사용자에 대항하여 근로자들이 스스로의 생존을 지키기 위해 자주적으로 단결한 조직이므로 노동조합의 자주성 확보는 노동조합의 본질적 요소로서 그 설립 시부터 갖춰질 것이 요구되는바, 이 사건 규정은 노동조합 설립과 관련하여 노동조합법상의 요건 충족 여부를 사전에 심사하도록 하는 구조를 취하고 있으나, 이 경우 노동조합법상 요구되는 요건만 충족되면 그 설립이 자유롭다는 점에서 노동조합 설립신고와 이에 대한 심사는 일반적인 금지를 특정한 경우에 해제하는 허가와는 개념적으로 구분되고, 더욱이 행정관청의 설립신고서 수리 여부에 대한 결정은 재량 사항이 아니라 의무 사항으로 그 요건 충족이 확인되면 설립신고서를 수리하고 그 신고증을 교부하여야 한다는 점에서 단체의 설립 여부 자체를 사전에 심사하여 특정한 경우에 한해서만 그 설립을 허용하는 '허가'와는 다르다고 할 것이므로 이 사건 규정의 노동조합 설립신고서 반려제도가 헌

(2) 경찰상 허가의 법적 성질

(가) 수익적 행정행위

경찰상 허가는 수익적 행정행위이다. 한편, 경우에 따라서는 수익에 부가하여 침익을 동시에 부과하는 경찰허가도 가능하다(예: 통행금지를 일시 해제하되, 통행료를 납부토록 하는 경우).

(나) 기속행위 · 재량행위

경찰법령이 요건을 구비한 경찰상 허가신청에 대하여 의무적으로 허가할 것을 규정한다면, 그 허가는 기속행위이다. 만약 선택적(재량적)으로 허가할 것을 규정한다면(예, 건축법 제 11 조 제 4 항의 위락시설이나 숙박시설에 해당하는 건축물의 건축허가), 그 허가는 재량행위이다. 법문에서 명백히 규정하고 있지 않다면, 원칙적으로 기속행위로 볼 것이다(예, 건축법 제 11 조 제 1 항의 일반 건축물의 건축허가).[1] 왜냐하면 요건을 구비한 허가신청에 대하여 허가를 하는 것이 기본권을 최대한 보장하라는 헌법상 명령에 부합하기 때문이다. 그러나 법문의 내용이 명백하지 않은 경우에 허가의 취소는 재량적인 것으로 보는 것이 기본권의 최대한의 보장에 적합하다.

(다) 명령적 행위

① 경찰상 허가(예 : 도로사용허가 · 건축허가 · 단란주점허가)는 자연적 자유의 회복이라는 점에서 명령적 행위로 이해되어 왔다.[2] 그러나 오늘날에는 허가가 형성적 행위로서의 성질도 갖는 것으로 보는 경향이 있음을 유념할 필요가 있다. 예컨대 단란주점허가로 인해 허가를 받은 자는 타인과의 거래를 할 수 있는 법적 지위가 형성되었다고 볼 수도 있기 때문이다.[3] 한편, ② 허가로 인해 누리는 경제상 이익이 예외적으로 법률상 이익의 성격을 갖는 경우에는 형성적 행위의 성격도 갖게 된다.

법 제21조 제 2 항 후단에서 금지하는 결사에 대한 허가제라고 볼 수 없다).

4) 헌재 2009. 9. 24, 2009헌바28 전원재판부(이 사건 법률조항은 PC방의 사행장소화방지에 이바지하는 동시에 통계를 통한 정책자료의 활용, 행정대상의 실태파악을 통한 효율적인 집행을 위한 것으로 그 목적의 정당성이 수긍되고, 이 사건 법률조항이 인터넷컴퓨터게임시설제공업자에게 등록 의무를 부과한 것은 '게임산업진흥에 관한 법률'의 입법목적을 달성하기 위한 여러 방법 중 하나로서 적절하며, 허가제가 아닌 등록제로 규정하여 인터넷컴퓨터게임시설제공업의 시설기준에 관하여 단지 형식적 심사에 그치도록 함으로써 그 규제 수단도 최소한에 그치고 있고, PC방 영업을 영위하고자 하는 자가 이 사건 법률조항에 의한 의무를 이행하기 위하여 번잡한 준비나 설비를 하여야 할 의무를 부담하는 것도 아니어서 법익의 균형을 상실하고 있지도 아니하므로, 이 사건 법률조항은 과잉금지의 원칙에 위배하여 인터넷컴퓨터게임시설제공업자의 직업결정의 자유를 침해하는 것이 아니다).

1) 박윤흔, 최신행정법강의(하), 350쪽; 정하중, 행정법각론, 266쪽.

2) 이상규, 신행정법론(하), 327쪽.

3) 정하중, 행정법각론, 267쪽.

(라) 협력을 요하는 행정행위

경찰상 허가는 수익적인 행위인 까닭에 상대방의 신청에 따라 이루어지는 경우가 많다. 따라서 경찰상 허가는 통상 신청을 요하는 행위로서 협력을 요하는 행정행위(쌍방적 행정행위)라 할 수 있다(예 : 운전면허). 신청을 요하지 아니하는 경우도 있다(예 : 도로통행 금지의 해제).

(마) 처벌요건

허가는 통상 처벌요건이 된다. 허가가 요구됨에도 불구하고 허가를 받지 않고 한 행위에 대해서는 벌칙이 가해짐이 일반적이다. 그러나 별다른 규정이 없는 한, 그러한 행위 역시 효력을 갖는다.

(3) 경찰상 허가의 종류

(가) 일반적 허가 · 예외적 허가

일반적 허가, 즉 일반적 금지해제는 어떠한 행위를 궁극적으로 금지하는 것이 아니라 잠정적으로 금지하는 것으로서 일정한 전제요건하에 그 행위를 하도록 하는 것을 말한다. 실정법상으로는 허가 · 승인 · 동의 등으로 불리기도 한다. 일반적 허가는 본래의 허가 또는 협의의 허가, 또는 예방적 금지해제라고도 한다.[1] 한편 예외적 허가(승인), 즉 예외적 금지해제는 입법자가 개인에게 특정행위를 기본적으로 금하고, 다만 예외적으로만 허용하는 경우를 말한다(예 : 치료목적 등 특정의 경우에만 아편사용의 허가). 예외적 금지해제는 통제가 아니라 배제를 목적으로 하는 억제적인 금지의 해제이다. 형식상으로 보면 양자 모두 금지의 해제라는 점에서는 동일하다. 예외적 허가는 재량행위의 성질을 갖는다.[2]

1) 대판 1999. 7. 23, 99두3690(기부금품모집규제법상의 기부금품모집허가는 공익목적을 위하여 일반적 · 상대적으로 제한된 기본권적 자유를 다시 회복시켜주는 강학상의 허가에 해당하는 만큼 그에 대한 허가절차는 기부금품을 자유로이 모집할 수 있는 권리(이는 헌법상의 행복추구권에서 파생되는 일반적 행동자유권에 속한다) 자체를 제거해서는 아니 되고, 허가절차에 규정된 법률요건을 충족하는 경우에는 국민에게 기본권 행사의 형식적 제한을 다시 해제할 것을 요구할 수 있는 법적 권리를 부여하여야 하므로, 같은 법이 비록 기부금품의 모집허가 대상사업을 같은 법 제 4 조 제 2 항 각 호에 규정된 사업에 국한시킴으로써 위 규정에 열거한 사항에 해당하지 아니한 경우에는 허가할 수 없다는 것을 소극적으로 규정하고 있다 하더라도 기부금품모집허가의 법적 성질이 강학상의 허가라는 점을 고려하면, 기부금품 모집행위가 같은 법 제 4 조 제 2 항의 각 호의 사업에 해당하는 경우에는 특별한 사정이 없는 한 그 모집행위를 허가하여야 하는 것으로 풀이하여야 한다).

2) 대판 2004. 3. 25, 2003두12837(구 도시계획법 제21조 등을 종합해 보면, 개발제한구역 내에서는 구역지정의 목적상 건축물의 건축 및 공작물의 설치 등 개발행위가 원칙적으로 금지되고, 다만 구체적인 경우에 이러한 구역지정의 목적에 위배되지 아니할 경우 예외적으로 허가에 의하여 그러한 행위를 할 수 있게 되어 있음이 그 규정의 체제와 문언상 분명하고, 이러한 예외적인 개발행위의 허가는 상대방에게 수익적인 것이 틀림이 없으므로 그 법률적 성질은 재량행위

(나) 기속허가 · 재량허가

기속허가(Gebundene Erlaubnisse)란 허가의 요건이 충족되면 반드시 발령되어야 하는 허가를 말한다. 이러한 경우에 경찰허가의 신청자는 일정요건하에 허가발령청구권을 가지지만 경찰은 아무런 재량도 갖지 못한다. 한편 재량허가(Freie Erlaubnisse)란 그 발령이 경찰행정청의 재량에 놓이는 허가를 말한다.

(다) 인적 허가 · 물적 허가 · 혼합적 허가

인적 허가란 허가요건이 인적 특성(예 : 기술 · 전문성)과 중요한 관련이 있는 경우의 허가를 말한다(예 : 운전면허 · 외국인의 체류허가 · 무기소지허가). 물적 허가란 물건의 안정성이 허가절차에서 통제되는 허가를 말한다(예 : 화약류저장소설치허가 · 건축허가 · 원자력시설허가). 혼합적 허가란 인적 요소 · 물적 요소 · 공간요소 등이 고려되어 이루어지는 허가를 말한다. 예컨대 유흥음식점 영업허가의 경우에는 건강, 화재예방, 도덕과 풍기 등의 문제와 관련하여 영업종사자의 인적 요소, 공간요소, 각종 시설 등이 통제되는바, 혼합적 허가의 예가 된다.

(라) 일회적 허가 · 계속효 있는 허가

일회적 허가란 1회적 상황의 규율을 내용으로 하는 허가를 말하고(예: 총포 · 도검 · 화약류등단속법 제18조에 따른 화약류의 사용허가), 계속효 있는 허가란 영속적인 법률관계를 가져오는 허가를 말한다(예 : 운전면허). 계속효 있는 허가의 경우에 사후적인 물적 상황과 법적 상황의 변화는 그 행위의 철회사유가 된다.

(4) 경찰상 허가의 근거법

경찰상 허가의 신청이 있은 후 그러나 경찰상 허가가 발급되기 전에 근거법령의 개정으로 허가기준에 변경이 있는 경우, 그 경찰상 허가는 원칙적으로 개정시(처분시)의 법령에 따라야 한다. 판례도 같은 입장이다.[1)]

내지 자유재량행위에 속하는 것이고, 이러한 재량행위에 있어서는 관계 법령에 명시적인 금지규정이 없는 한 행정목적을 달성하기 위하여 조건이나 기한, 부담 등의 부관을 붙일 수 있고, 그 부관의 내용이 이행 가능하고 비례의 원칙 및 평등의 원칙에 적합하며 행정처분의 본질적 효력을 저해하지 아니하는 이상 위법하다고 할 수 없다).

1) 대판 2005. 7. 29, 2003두3550(행정행위는 처분 당시에 시행중인 법령과 허가기준에 의하여 하는 것이 원칙이고, 인 · 허가신청 후 처분 전에 관계 법령이 개정 시행된 경우 신법령 부칙에 그 시행 전에 이미 허가신청이 있는 때에는 종전의 규정에 의한다는 취지의 경과규정을 두지 아니한 이상 당연히 허가신청 당시의 법령에 의하여 허가 여부를 판단하여야 하는 것은 아니며, 소관 행정청이 허가신청을 수리하고도 정당한 이유 없이 처리를 늦추어 그 사이에 법령 및 허가기준이 변경된 것이 아닌 한 변경된 법령 및 허가기준에 따라서 한 불허가처분은 위법하다고 할 수 없다); 대판 2006. 8. 25, 2004두2974.

2. 경찰상 허가의 적법요건

경찰하명의 적법요건(주체 · 형식 · 절차 · 내용 · 표시요건)[1]에서 살펴본 바와 같다. 다만 여기서는 허가제도에 초점을 맞추어 실질적 요건과 형식적 요건으로 구분하여 살펴본다.

(1) 실질적 요건

개별법령이 규정하는 허가요건의 구체적인 내용은 상이하지만, 일반적으로 허가요건은 무위험성(예: 자동차운행허가는 자동차의 안전성확보를 전제로 한다) · 신뢰성(예: 교통상의 위험과 장해를 일으킬 수 있는 마약 · 대마 · 향정신성의약품 또는 알콜중독자로서 대통령령이 정하는 사람은 운전면허를 받을 수 없다. 도교법 제82조 제 1 항 제 5 호) · 전문성(예: 운전면허를 받기 위해서는 운전지식을 테스트하는 운전면허시험에 합격하여야 한다)을 내용으로 한다.

(2) 형식적 요건

(가) 신청(출원)의 요부

① 경찰상 허가에 상대방의 신청이 요구되는 것이 일반적이지만, 상대방의 신청 없이 허가가 발령되는 경우도 있다.[2] 예컨대 지방경찰청장이나 경찰서장은 보행자의 통행을 보호하기 위하여 특히 필요한 경우에는 도로에 보행자전용도로를 설치할 수 있고(도교법 제28조 제 1 항), 차마의 운전자는 그러한 보행자전용도로를 통행하여서는 아니 되지만(도교법 제28조 제 2 항 본문), 지방경찰청장이나 경찰서장은 특히 필요하다고 인정하는 경우에는 보행자전용도로에 차마의 통행을 허용할 수 있다(도교법 제28조 제 2 항 본문). 여기서 도로교통법 제28조 제 2 항 단서에 의한 지방경찰청장이나 경찰서장의 차마의 통행의 허용은 차마의 운전자의 신청을 전제로 하지 아니하면서 도로교통법 제28조 제 2 항 본문에 의한 법률상 통행금지를 해제하는 경찰상 행정행위로서 허가의 성질을 갖는다.[3] 따라서 경찰상 허가는 상대방의 출원, 즉 신청을 필수적 요건으로 하는 행위이며, 신청 없는 허가는 무효라고 하는 주장은[4] 정당하지 않다. 요컨대 허가가 신청을 요하는지의 여부는 일반론적

1) 운전면허의 효력은 본인 또는 대리인이 제 2 항의 규정(지방경찰청장은 운전면허시험에 합격한 사람에 대하여 행정자치부령이 정하는 운전면허증을 교부하여야 한다)에 의한 운전면허증을 교부받은 때부터 발생한다(도교법 제85조 제 3 항).

2) 김동희, 행정법(Ⅱ), 227쪽; 조연홍, 한국행정법원론(하), 403쪽.

3) 일설은 만일 일반적 허가가 행하여진다면, 허가의 전제가 되는 일반적 금지는 소멸되고 말 것이므로, 그것은 허가의 일종으로 볼 것이 아니라 일반적 금지의 철회 또는 정지로 보아야 한다고 한다(이상규, 신행정법론(하), 330쪽)고 하면서 신청 없는 허가에 대하여 부정적인 입장을 취하는 것으로 보인다. 그러나 본문에서 본 바와 같이 일반적 금지를 유지하면서 금지의 일부를 해제할 수도 있고(본문에서 차마의 통행의 허용), 또한 그 일부의 해제를 다시 철회할 수도 있다고 판단되므로 일설의 주장은 다소 문제가 있다고 본다.

4) 김도창, 일반행정법론(하), 329쪽; 박윤흔, 최신행정법강의(하), 351쪽; 박평준 · 박창석, 경찰

으로 단정할 수 있는 것이 아니고 개별 법률의 해석문제임을 유의하여야 한다.[1)]

(나) 신청 없이 발령된 허가

① 신청 없는 허가의 효력이 문제되는 것은 모든 경찰상 허가의 경우가 아니라 신청을 요하는 경찰상 허가의 경우임을 유의하여야 한다. 신청을 요하는 경찰상 허가에서 신청이 없음에도 경찰상 허가가 발령된 경우, 신청의 결여는 경찰상 허가의 무효사유 내지 취소사유가 될 것이다. 다만 취소사유인 경우에는 신청을 추완할 수 있을 것이다. 한편, ② 신청을 요하는 경찰상 허가의 경우, 신청과 다른 내용을 허가하는 것(수정허가)이 가능한가의 여부가 논의되고 있다. 허가는 법령상 금지의 전부 해제 또는 부분 해제를 뜻하는바, 이러한 범위 안에서 신청과 다른 허가가 가능할 수 있을 뿐이다. 부관을 붙일 수 있는 경우, 부관을 통해 효과에 제약을 가하는 것은 수정허가와 별개의 문제이다.[2)]

(다) 시험 · 확인 · 수수료

경찰상 허가를 위해 경우에 따라서는 ① 시험이 부과되기도 한다(예 : 도교법 제85조 제 1 항). 시험의 합격 · 불합격은 준법률행위적 행정행위로서 확인행위의 성질을 갖는다. 따라서 불합격처분은 항고소송의 대상이 된다. ② 물건에 대한 확인(품질검사)이 요구되기도 한다(예 : 식품법 제19조). 품질검사의 불합격 역시 확인행위의 성질을 가지며, 불합격처분은 항고소송의 대상이 된다. ③ 수수료나 조세의 납부 등이 요구되기도 한다(예 : 도교법 제139조). 다만 수수료나 조세의 부과에는 법적 근거를 요한다.

(라) 동의 · 협력

① 법률상 이웃주민의 동의가 경찰상 허가의 요건으로 요구될 수도 있다. 이것은 제 3 자효 있는 행위에서 특히 문제된다.[3)] 허가청이 법령에 근거 없이 이웃주민의 동의를 요구해서는 아니 된다.[4)] ② 경찰상 허가가 다른 행정청의

행정법, 237쪽; 최영규, 경찰행정법, 254쪽; 김남현, 경찰행정법, 180쪽.

1) "출원은 법령에 특별한 규정이 없으면 경찰허가의 필요적 요건이라고는 할 수 없다"는 지적(이상규, 신행정법론(하), 330쪽)도 저자와 같은 입장인 것으로 보인다.

2) 최영규, 경찰행정법, 255쪽.

3) 대판 1991. 4. 9, 90누4112(허가관청이 액화석유가스의안전및사업관리법 제 3 조 제 4 항, 동시행령 제 3 조 제 2 항에 따라 액화석유가스판매사업의 허가기준으로서 용기보관(저장)실 외벽으로부터 직선거리 30미터 이내의 주변건물 소유자 또는 사용자의 동의를 받아야 하도록 정한 고시의 요건을 모두 갖추지 못한 채 한 위 사업신청을 반려한 데 대하여 재량권의 한계를 일탈한 위법이 없다).

4) 대판 1997. 10. 14, 96누14944(인근 주민들이 반대한다거나 사무실 등의 면적이 협소하다는 사

동의 또는 합의를 얻어야만 가능한 경우도 있다.[1] 이러한 경우가 기속허가의 경우라면, 협력을 하여야 하는 행정청에 동의나 합의의 절차에 응할 의무가 부과된다(예 : 구 소방법 제8조). 그러나 재량행위라면, 그 재량을 하자 없이 행사하도록 의무 지어진다. 만약 동의 · 합의를 거부한다면, 그리고 거부가 적법하면 허가청은 이에 구속된다. 신청자는 허가발령청구권 내지 무하자재량행사청구권을 허가청에 대해서만 행사할 수 있다. 신청자와 협력행정청 사이에는 실체법상 · 절차법상 아무런 직접적인 관련이 없다.

㈃ 타 법령상 요건

특정한 경찰상 허가(A허가)를 규정하는 법률이 2개 이상인 경우, 그 허가를 받기 위해서는 그 허가에 관해 규정하는 모든 법률의 요건을 구비하여야 한다. 입법론상 하나의 행위에 관하여 여러 법률에서 규정하는 것은 바람직하지 않다.

3. 경찰상 허가의 효과

(1) 효과의 내용

㈎ 금지의 해제(기본권의 회복)

경찰상 허가로 인해 금지된 자유는 회복된다(예 : 영업허가로 인해 금지되었던 영업의 자유가 회복된다). 자유의 회복은 기본권의 회복을 의미한다(예 : 직업의 자유의 회복). 피허가자가 기본권으로서 누리는 이익은 법적 이익(법률상 이익)이다. 따라서 소극적인 관점에서 볼 때, 허가로 인한 이익은 법률상 이익에 해당한다. 허가로 인한 이익이 법률상 이익이라면, 허가를 구할 수 있는 이익도 당연히 법률상 이익이다(예 : 운전면허시 험응시의 이익). 한편, 경찰상 허가기 다른 법령상의 제한까지 자동적으로 해제하는 것은 아니다(예 : 공무원이 식품위생법상 영업허가를 받았다고 하여도 현실적으로 영업을 하기 위해서는 공무원법상 허가까지 받아야 한다).

정만으로는 액화석유가스판매사업자의 현 사업소가 공공의 안전과 이익을 저해한다고 볼 수 없고, '인근 주민의 동의'라는 부관상 의무의 불이행은 애당초 사업개시 신고의 수리를 유보할 수 있는 사유에 불과하며, 허가기준 미달 사항도 그다지 중하지 아니한 점, 그리고 위 사업자가 사업허가를 받은 이후 현재에 이르기까지 사업을 할 수 없었던 사정, 그것과 관련한 각 소송의 경위, 결과 등에 비추어 볼 때, 관할 구청장의 당해 사업허가취소처분은 공익상의 필요와 그로 인하여 위 사업자가 입을 불이익과의 사이에 혀평을 잃어 재량권의 범위를 일탈한 위법한 처분이다).

1) 대판 1992. 9. 22, 91누8876(보호구역 내지 비행안전구역 내에 위치한 토지상에 건축물을 설치하고자 하는 신청에 대한 허가를 함에는 국방부장관 또는 기지부대장과 협의를 하여야 하도록 되어 있고 이때 국방부장관 또는 기지부대장이 군사목적의 필요상 불가하다는 회신을 하여 온 경우에는 허가를 할 수 없다).

(나) 경영상 이익

경찰상 허가를 받아 경영(영업)함으로써 누리는 이익은 사실상의 이익, 즉 반사적 이익에 불과하다(특허기업의 경우에 특허로 인해 누리는 경영상 이익은 법률상 이익으로서 독점적인 경영권이라는 점에서 허가영업의 허가로 인한 경영상의 이익과 다르다). 따라서 제 3 자가 위법하게 허가를 받아 동종의 허가영업을 한다고 하여도 기존업자는 이를 다툴 수 없다. 기존업자가 침해받은 이익은 반사적 이익에 불과하기 때문이다. 한편, 관련법령이 허가의 경우에도 경영상의 이익을 법률상 이익으로 보호할 수 있음은 물론이다. 그러나 그 예는 흔하지 않다.[1)]

(2) 효과가 미치는 범위

(가) 인적 범위

대인적 허가는 특정인에게 효과가 미치지만(예: 운전면허), 대물적 허가는 처분의 상대방이 아닌 자에게도 미친다(예: 건축허가). 혼합적 허가는 인적 요소와 물적 요소를 모두 고려하여 판단할 수밖에 없다. 한편, 경찰상 허가에 따른 법적 지위의 승계는 허가의 종류에 따라 다르다.[2)] 물적허가(예: 건축허가)에 따른 법적 지위는 허가취득자의 개성과 무관하므로 승계될 수 있다.[3)] 그러나 허가를 받은 자의 개성

1) 대판 2006. 7. 28, 2004두6716(일반적으로 면허나 인 · 허가 등의 수익적 행정처분의 근거가 되는 법률이 해당 업자들 사이의 과당경쟁으로 인한 경영의 불합리를 방지하는 것도 그 목적으로 하고 있는 경우, 다른 업자에 대한 면허나 인 · 허가 등의 수익적 행정처분에 대하여 이미 같은 종류의 면허나 인 · 허가 등의 수익적 행정처분을 받아 영업을 하고 있는 기존의 업자는 경업자에 대하여 이루어진 면허나 인 · 허가 등 행정처분의 상대방이 아니라 하더라도 당해 행정처분의 취소를 구할 원고적격이 있다. 구 오수 · 분뇨 및 축산폐수의 처리에 관한 법률(2002. 12. 26. 법률 제6827호로 개정되기 전의 것)과 같은 법 시행령(2003. 7. 25. 대통령령 제18065호로 개정되기 전의 것)상 업종을 분뇨와 축산폐수 수집 · 운반업 및 정화조청소업으로 하여 분뇨 등 관련 영업허가를 받아 영업을 하고 있는 기존업자의 이익이 법률상 보호되는 이익이다); 대판 1989. 12. 22, 89누46(주류제조면허는 국가의 수입확보를 위하여 설정된 재정허가의 일종이지만 일단 이 면허를 얻은 자의 이득은 단순한 사실상의 반사적 이득에만 그치는 것이 아니라 주세법의 규정에 따라 보호되는 이득이다).

2) 학자에 따라서는 이 부분, 즉 경찰책임의 승계문제를 "경찰허가의 대인적 효과"의 문제로 다루기도 한다(예: 김남진, 경찰행정법, 182쪽).

3) 대판 2005. 8. 19, 2003두9817, 9824(구 산림법 제90조의2 제 1 항, 구 산림법 시행규칙 제95조의2는 채석허가를 받은 자(이하 '수허가자'라 한다)의 지위를 승계한 자는 단독으로 관할 행정청에의 명의변경신고를 통하여 수허가자의 명의를 변경할 수 있는 것으로 규정하고, 같은 법 제 4 조는 법에 의하여 행한 처분 등은 토지소유자 및 점유자의 승계인에 대하여도 그 효력을 미치도록 규정하고 있는 점, 채석허가는 수허가자에 대하여 일반적 · 상대적 금지를 해제하여 줌으로써 채석행위를 자유롭게 할 수 있는 자유를 회복시켜 주는 것일 뿐 권리를 설정하는 것이 아니라 하더라도, 대물적 허가의 성질을 아울러 가지고 있는 점 등을 감안하여 보면, 수허가자가 사망한 경우 특별한 사정이 없는 한 수허가자의 상속인이 수허가자로서의 지위를 승계한다고 봄이 상당하다); 대판 1979. 10. 30, 79누190(건축허가는 대물적 허가의 성질을 가지는 것으로 그 허가의 효과는 허가대상 건축물에 대한 권리변동에 수반하여 이전되고, 별도의 승인처분에 의하여 이전되는 것이 아니며, 건축주 명의변경은 당초의 허가대장상 건축주 명의를 바꾸어 등재하는 것에 불과하다).

과 관련이 있는 인적 허가(예: 운전면허)에 따른 법적 지위는 승계되지 아니한다. 혼합적 허가는 상황에 따라 다르다. 물론 개별 법령(식품위생법 제39조(영업의 승계)·제78조(행정 제재처분 효과의 승계), 공중위생관리법 제3조의2(공중위생영업의 승계)·제11조의3(행정 제재처분 효과의 승계), 대기환경보전법 제27조(권리·의무의 승계))에 정함이 있으면, 그에 따른다.

㈏ 지역적 효력범위

경찰상 허가의 효과는 허가청의 관할구역 안에 미치는 것이 원칙이지만, 타구역에 미치는 경우도 적지 않다(예: 도로교통법 제80조(운전면허)제 1 항(자동차등을 운전하려는 사람은 지방경찰청장으로부터 운전면허를 받아야 한다)등에 따라 운전면허권자는 지방경찰청장이지만, 지방경찰청장의 운전면허가 있으면 전국 어디에서나 운전을 할 수 있다).

(3) 타 법령상 제한

경찰상 허가의 효과는 근거법상의 금지를 해제하는 효과만 있을 뿐, 다른 법령상의 금지까지 해제하는 효과가 있는 것은 아니다(예: 국가공무원이 총포제조업의 허가를 받았다고 하여도 국가공무원법상 영리행위의 금지의무가 해제되는 것은 아니므로 총포제조업의 허가만으로 영업을 할 수는 없다).

4. 경찰상 허가의 위반(무허가행위)

허가를 요하는 행위임에도 무허가로 행하면 행정상 강제 또는 행정벌이 가해진다. 무허가행위에 대하여 무효를 규정하는 경우를 찾아보기는 어렵다. 경찰허가는 위험방지를 목적으로 하는 것이므로 허가를 요하는 행위(예: 총포법 제21조 제 1 항에 의거하여 화약류를 양도 또는 양수하고자 하는 사람은 행정안전부령이 정하는 바에 의하여 그 주소지 또는 화약류의 사용지를 관할하는 경찰서장의 허가를 받아야 한다)를 무허가로 한 경우에도 유효하다고 볼 것이다. 물론 행정벌이 가해지는 것은 별개의 문제이다(총포법 제71조(벌칙) 다음 각 호의 1에 해당하는 사람은 5년 이하의 징역 또는 1천만원 이하의 벌금의 형으로 벌한다. 3. 제21조 제 1 항·제 3 항·제 4 항 또는 제 5 항의 규정을 위반한 사람).

5. 경찰상 허가의 소멸과 갱신

(1) 소 멸

경찰상 허가의 효과는 허가기간의 경과, 목적물의 소멸, 사업의 불착수, 허가의 효과의 포기, 상대방의 사망, 경찰허가의 취소나 철회 등으로 해소된다.

(2) 갱 신

㈎ 의 의

기존의 행위의 기한을 연장하는 것을 허가의 갱신이라 부른다. 갱신이 기속적인 것인지 아니면 재량적인 것인지의 여부는 법령에 특별한 규정이 없는 한, 원칙적으로 갱신대상인 행위가 기속행위인지 아니면 재량행위인지의 여부를 기준으로 판단하여야 한다. 갱신을 기속행위(기속재량)라고 단언하는 것은[1] 정당하지 아니하다.

(나) 유 형

① 허가의 갱신은 기한의 도래 전에 이루어져야 한다. 기한의 도래 전에 갱신이 이루어지면, 갱신 전후의 행위는 하나의 행위가 된다. 이 경우 갱신은 종래의 경찰상 허가를 전제로 하여 그 효과를 존속시키는 행위,[2] 또는 기한의 연장이라고 설명하기도 한다.[3]

② 기한의 도래 전에 갱신 신청을 하였으나, 도래 후에 갱신이 이루어진 경우에도 특별한 사정이 없는 한 기한의 도래 전에 이루어진 것과 동일하게 볼 것이다.

③ 기한의 도래 후에 갱신 신청을 하였고, 갱신이 이루어지면, 갱신 전후의 행위는 별개의 행위로 볼 것이다. 말하자면 종전의 허가가 기한의 도래로 실효한 후에 이루어진 신청에 따른 허가는 갱신허가가 아니고 별개의 새로운 행위이다.[4]

④ 문제는 기한의 도래 전에 갱신 신청을 하였으나, 갱신이 거부된 경우이다. 종래 허가의 효력과 관련하여 종기의 도래로 당연히 소멸한다는 견해,[5] 갱신의 거부는 장래를 향해서만 허가의 효력을 소멸시킨다는 견해,[6] 신의칙에 비추어 개별적으로 판단하여야 한다는 견해[7] 등이 있다. 생각건대 상대방의 보호를 위해 경우에 따라서는 종기의 도래로 당연히 소멸한다고 보아야 할 때도 있고, 경우에 따라 거부처분 시에 소멸한다고 보아야 할 경우도 있을 것이므로 신의칙에 비추어 개별적으로 판단하여야 한다는 견해가 타당하다.

---

1) 이상규, 신행정법론(하), 336쪽.

2) 박윤흔, 최신행정법강의(하), 354쪽; 정하중, 행정법각론, 271쪽.

3) 이상규, 신행정법론(하), 336쪽.

4) 대판 1995. 11. 10, 94누11866(종전의 허가가 기한의 도래로 실효한 이상 원고가 종전 허가의 유효기간이 지나서 신청한 이 사건 기간연장신청은 그에 대한 종전의 허가처분을 전제로 하여 단순히 그 유효기간을 연장하여 주는 행정처분을 구하는 것이라기보다는 종전의 허가처분과는 별도의 새로운 허가를 내용으로 하는 행정처분을 구하는 것이라고 보아야 할 것이어서, 이러한 경우 허가권자는 이를 새로운 허가신청으로 보아 법이 관계 규정에 의하여 허가요건의 적합 여부를 새로이 판단하여 그 허가 여부를 결정하여야 할 것이다).

5) 이상규, 신행정법론(하), 336쪽.

6) 박윤흔, 최신행정법강의(하), 354쪽; 김동희, 행정법(Ⅱ), 218쪽; 류지태, 행정법신론, 842쪽; 박평준 · 박창석, 경찰행정법, 187쪽; 조연홍, 한국행정법원론(하), 413쪽.

7) 김남진 · 김연태, 행정법(Ⅱ), 310쪽; 김동희, 행정법(Ⅱ), 304쪽; 정하중, 행정법각론, 271쪽.

6. 경찰상 허가의 하자

(1) 하자의 유형

① 하자가 중대하고 명백한 경찰허가는 무효이다. 경찰상 허가의 일부가 무효인 경우에는 무효부분이 중대하여 그것 없이는 경찰상 허가를 하지 아니하였으리라고 예상되는 경우에만 전체 경찰상 허가는 무효가 된다고 하겠다. 무효인 경찰상 허가는 경찰이 직권으로 언제나 그 무효를 확인할 수 있다. ② 하자가 중대하지만 명백하지 않거나 명백하지만 중대하지 아니한 경찰허가는 취소할 수 있는 행위가 된다. ③ 위법한 경찰상 허가는 쟁송취소의 대상이 된다. 쟁송취소가 불가능한 경우에도 직권취소는 가능하다.

(2) 하자의 치유와 전환

① 경우에 따라서 취소할 수 있는 경찰상 허가는 요건의 사후보완 등을 통해 완전한 행위로 치유될 수 있고, 하자 있는 행위는 일정한 전제요건하에 다른 경찰상 허가로 전환될 수도 있다. ② 적법한 경찰상 허가도 사후의 새로운 사정에 따라 일반행정법상의 철회의 법리에 따라 철회될 수 있다.

7. 권리보호

① 하자 있는 경찰상 허가로 인해 권리(법률상 이익)가 침해된 자는 행정심판법과 행정소송법이 정하는 바에 따라 행정심판이나 행정소송을 제기할 수 있다. 실제상 하자 있는 경찰상 허가로 인한 권리침해는 경찰상 허가를 통해 제 3 자의 권리가 위법하게 침해되는 경우에 주로 문제될 것이다. 물론 하자 있는 경찰상 허가가 부관부 경찰상 허가인 경우에는 허가의 상대방도 당연히 권리보호를 주장할 수 있다. ② 경찰관의 위법한 경찰상 허가로 피해를 입은 자는 국가배상법이 정하는 바에 따라 손해배상을 청구할 수 있고, 경찰관의 적법한 경찰상 허가로 피해를 입은 자는 손실보상을 청구할 수 있다. ③ 그 밖에 진정이나 청원, 결과제거청구 등도 권리보호수단으로서 기능할 수 있다.

Ⅴ. 각종 표지 · 표시의 법적 성질

1. 도로교통상 위험표지 · 안내

① 교차로 · 커브길 · 경사 등에 관한 표지는 명령도 금지도 아니다. 말하자

면 경찰명령도 경찰하명도 아니다. ② 교통사고시 오로지 도로교통의 원활을 위한 방향표시도 아무런 명령 · 금지도 아니다. 그러나 우선통행 · 주차금지 · 대기선은 명령 · 금지처분에 해당한다. 독일에서는 교통표지로 표현되는 명령 · 금지(예 : 주차금지 · 도로폐쇄)는 본질상 법규(법규명령)에 해당한다고 하고, 이러한 교통표지로 표현되는 명령 · 금지는 처분의 취소소송의 대상이 아니라 규범통제의 대상이 된다고 한다.[1)]

2. 경찰공무원의 표시 · 지시

① 특정인, 특정다수인에 향해진 경찰공무원의 표시 · 지시는 행정행위에 해당한다. 여기서 특정이란 경찰공무원의 표시 · 지시 앞에 있는 사람들을 지칭한다. ② 교차로상의 신호(즉, 계속적으로 변화하는 색깔의 표시를 통한 교통규율)는 일반처분에 해당한다. 색깔표시는 행정행위의 통지에 해당한다고 말하기도 한다.

3. 교통신호등

교통신호등에 의한 신호는 일반처분으로 이해된다. 신호의 변경은 반복적인 고지로 이해될 수 있다.

제 3 항 경찰상 사실행위

Ⅰ. 경찰상 사실행위 일반론

1. 경찰상 사실행위의 문제상황

경찰작용의 행위형식 중에는 사실행위가 중요한 위치를 차지한다. 경찰작용의 중심이 위험의 예방이기 때문에 감시작용이라는 사실작용이 중심에 놓일 수밖에 없다. 사실행위란 그것이 법효과를 의도하는 것이 아니라 사실상의 작용이라는 데에 그 특징이 있다. 사실행위의 예로 도로상에서 차량의 정지, 무주동물의 사살, 수색, 도주자에 대한 총기의 발사, 행패자에 대한 곤봉사용, 각종 경고, 교통교육 등 각종 교육을 들 수 있다. 한편 사실행위는 ① 독립적인 행위형식의 경우도 있고, ② 이미 발령되었거나 발령중인 행정행위의 표현

1) Drew/Wacke/Vogel/Martens, Gefahrenabwehr, Allgemeines Polizeirecht, S. 368.

일 수도 있다. ②의 경우의 사실행위는 명령과 집행이 동시에 일어난다는 데에 특징이 있다. 그런데 그 과정의 사실상의 성격 때문에 통상의 권리구제절차인 행정심판이나 행정소송이 적합하지 않다. 따라서 손해의 배상이나 결과의 제거가 권리구제수단의 중심에 놓인다.

2. 경찰상 사실행위의 개념

경찰상 사실행위(Realakt)란 경찰상 일정한 법적 효과의 발생을 목적으로 하는 것이 아니라 도로상 위험물의 제거에서 보는 바와 같이 직접 어떠한 사실상의 효과·결과의 실현을 목적으로 하는 경찰작용을 말한다. 경찰상 사실행위에서는 의사표시가 아니라 사실로서의 어떤 상태의 실현이 사고의 중심에 놓인다. 사실행위는 경찰기관이 스스로의 수단으로 위험을 예방하거나 장해를 제거할 수 있는 경우에 나타난다.[1]

3. 경찰상 사실행위와 법치행정

(1) 법적 근거

경찰상 사실행위도 법률의 우위의 원칙과 법률의 유보의 원칙하에 놓인다. 경찰상 사실행위가 조직규범의 범위 내에서 이루어져야 함에는 의문이 없다. 그러나 적어도 개인의 신체·자유·재산에 직접 침해를 야기할 수 있는 사실행위는 작용법상의 근거도 가져야 한다(중요사항유보설). 한편, 기본권에 대한 사실상 침해가 이루어지는 경우에도 기본권보호는 이루어져야 하므로(기본권보호의 확대) 사실상의 기본권침해가 이루어지는 경우에도 법률의 유보는 필요하다(법률의 유보의 확대).[2]

(2) 법적 한계

경찰상 사실행위도 ① 조직법상 주어진 권한의 범위 내에서, ② 개별법규가 있으면 그에 따라서, ③ 목적의 범위 내에서, ④ 공익원칙·평등원칙·신뢰보호원칙 등 행정법의 일반원칙에 따라서 행해져야 한다. 이에 위반하면 위법한 행위가 된다. 위법한 사실행위는 손해배상청구·결과제거청구 등의 문제를 가져온다.

---

1) Pausch, Polizei- und Ordnungsrecht in Hessen, Kap. Ⅴ, 1. 1.

2) Schenke, Polizei- und Ordnungsrecht, Rn. 653.

4. 경찰상 사실행위와 행정쟁송

강제철거와 같은 권력적 사실행위는 집행행위라는 사실행위의 요소와 수인하명이라는 법적 행위의 요소가 결합되어 있는바, 법적 요소로 인해 행정심판과 행정소송의 대상이 된다. 이것은 일반적 견해이기도 하다. 그러나 행정실제상 권력적 사실행위는 단기간에 종료되는 것이 일반적이며, 권력적 사실행위가 종료된다면, 그 이후에는 권리보호의 필요가 없는 것이 된다. 따라서 권력적 사실행위의 종료 후에 제소되면, 각하판결을 받게 된다. 각하판결을 면하고자 하면 권력적 사실행위의 종료 전에 집행정지를 신청하여 집행정지의 결정을 받아 두어야 할 것이다. 한편, 비권력적 사실행위의 경우에는 법적 행위의 요소를 찾아보기 어려우므로, 행정심판이나 행정소송의 대상이 되지 아니한다.[1)]

Ⅱ. 경찰상 사실행위로서 공적 경고

1. 공적 경고의 의의

공적 경고의 확립된 개념은 없다. 공적 경고는 공적으로 이루어지는 공중이나 특정의 제 3 자에 대한 특정의 작위나 부작위에 관한 정보제공이라 할 수 있다. 공적 경고는 특정 공산품이나 농산품의 위험과 관련하여 사인에 발해지는 행정청의 설명 · 성명 · 공고 · 고시 등으로 이해되고 있다. 공적 경고는 행정상 경고라고 부를 수 있다. 공적 경고는 법적 구속이 미약하지만 그 효과에 있어서는 결코 미약하지 않다. 만약 특정 상품에 대한 공적 경고가 발해지면, 그리고 사인이 그것을 진지하게 받아들이게 되면, 그 상품은 더 이상 판매되기 어렵다. 그것은 판매금지와 유사한 효과를 가져온다. 그리고 유사한 상품에도 영향을 미치게 된다.

2. 법적 성격

공적 경고가 오로지 사실행위의 개념 속에 들어오는 것인지의 여부, 공적 경고가 행정법상 행정청의 고유한 행위형식인지의 여부는 불분명하나. 공적 경고의 종류와 효과는 매우 상이하므로, 현재로서 공적 경고를 개념상 명백하게

---

1) 독일의 경우, 사실행위는 행정행위의 성질을 갖지 아니하므로 사실행위에 대하여 취소소송(계속적 확인소송의 형식)과 의무화소송은 활용될 수 없다. 그 대신 일반적 급부소송이나 확인소송이 활용된다(Pausch, Polizei- und Ordnungsrecht in Hessen, Kap. Ⅴ, 1. 1).

파악하는 것은 어려울 뿐만 아니라 그에 관한 법적 효과를 정립하는 것도 가능하지 않다.[1] 현재로서 공적 경고는 사실행위의 특별한 경우로 이해되고 있을 뿐이다. 공적 경고가 정보제공의 의미를 갖는다는 것은 분명하다.[2]

3. 법적 근거

공적 경고와 관련하여 ① 공적 경고가 직업선택의 자유에 대한 본질적인 침해가 아닌가의 여부, ② 공적 경고에 법률의 근거를 요하는가의 여부에 관해 검토를 요한다. 공적 경고는 중대한 공익을 위한 것이며, 직업선택의 자유도 일정한 제약을 전제로 하는 것이므로 원칙적으로 공적 경고를 직업선택의 자유에 대한 본질적 침해로 보기는 어려우며, 또한 공적 경고는 특정인의 이익을 직접 침해하는 것을 목적으로 하는 것이 아니므로 조직법상 권한에 관한 규정(경찰법상으로는 경찰관직무집행법상 직무조항인 제 2 조)만으로도 가능하다고 볼 것이다. 그러나 개인의 이해와 직결된 경고(예: 특정 회사의 제품의 음용에 대한 경고)는 경찰상 임무규정(직무규정)만으로는 부족하고 경찰상 침해를 가능하게 하는 권한규정이 필요하다고 볼 것이다.[3] 요컨대, 공적 경고는 임무규정에 근거하여 가능하지만, 기본권침해적인 성격을 갖는다면 법적 근거가 필요하다고 볼 것이다.

4. 적법요건

공적 경고의 대상은 조직규범(임무규범)에서 규정하는 권한행정청의 임무범위 내에 들어오는 것이어야 한다. 공적 경고는 공공의 안녕과 질서를 위한 것으로서 법령의 범위 내에서 이루어져야 한다. 공적 경고는 내용상 정당성을 가져야 한다. 그것은 사후심사가 가능하고, 절차상 하자가 없고, 또한 자의가 없어야 한다. 그리고 공적 경고가 기본권침해를 가져오는 경우에는 권한규범의 근거가 있어야 한다.[4][5]

---

1) 독일에서는 공법상 사실행위로서 경고는 특별한 행위형식으로 볼 수 있을 정도로 독자성을 얻고 있다. 독일연방행정재판소는 '경고는 국가권위의 활용과 목적성을 개념요소'로 파악한다(BVerwGE 87, 37). 따라서 이러한 징표가 있으면, 기본권침해가 있는 것이 된다. 이 때문에 경찰영역에서 경고에는 법률의 근거를 필요로 하며, 단순한 직무규정(임무규정)으로는 충분하지 않다고 하게 된다(Friauf, Polizei- und Ordnungsrecht, in: Schmidt-Aßann(Hrsg.), Besonderes Verwaltungsrecht, Rn. 190a).

2) Gusy, Polizei- und Ordnungsrecht(8. Aufl.), § 4 Rn. 317.

3) Gusy, Polizei- und Ordnungsrecht(8. Aufl.), § 4 Rn. 317; Schenke, Polizei- und Ordnungsrecht, Rn. 653.

4) Gusy, Polizei- und Ordnungsrecht(8. Aufl.), § 4 Rn. 317.

5) Gusy, Polizei- und Ordnungsrecht(8. Aufl.), § 4 Rn. 317.

Ⅲ. 경찰상 행정지도

1. 경찰상 행정지도의 개념

경찰상 행정지도란 "경찰행정기관이 그 소관 사무의 범위에서 일정한 행정 목적을 실현하기 위하여 특정인에게 일정한 행위를 하거나 하지 아니하도록 지도, 권고, 조언 등을 하는 행정작용"을 말한다(절차법 제2조 제3호). 개별법령상으로는 지도(사행행위등규제및처벌특례법 제19조 제1항) · 권고(주택법 제37조 제2항) 등으로 불리기도 한다. 경찰행정법학에서는 경찰지도라고 부르기도 한다. 경찰상 행정지도는 비정식적 행정작용의 일종이다.

2. 경찰상 행정지도의 성질

① 경찰상 행정지도는 국민의 임의적인 협력을 전제로 하는 비권력적 사실행위이다. 경찰행정기관은 행정지도의 상대방의 의사에 반하여 부당하게 강요하여서는 아니 된다(절차법 제48조 제1항 제2문). 그리고 경찰행정기관은 행정지도의 상대방이 행정지도에 따르지 아니하였다는 것을 이유로 불이익한 조치를 하여서는 아니 된다(절차법 제48조 제2항). 다만 행정지도의 효과를 제고하기 위하여 이익의 제공(예, 자금의 융자, 교부지원금지급, 정보제공)이 따르기도 한다. ② 행정지도는 일정한 법적 효과의 발생을 목적으로 하는 의사표시가 아니다. 그것은 단지 상대방의 임의적인 협력을 통해 사실상의 효과를 기대하는 사실행위일 뿐이다. 이러한 점에서 행정행위 · 공법상 계약 등의 법적 행위와 구분된다. ③ 행정지도는 행정청이 원하는 사항에 대한 표현이라는 점에서 단순한 정보제공과는 다르다.

3. 경찰상 행정지도의 법적 근거와 한계

(1) 법적 근거(행정지도와 법률유보)

① 경찰상 행정지도에 법적 근거가 요구되는가의 여부에 관한 일반법은 없다. 행정절차법은 행정지도에 적용되는 일반원칙과 행정지도의 방법을 규정하고 있을 뿐이다(절차법 제48조 이하). 물론, 개별법령에서 행정지도의 근거에 관한 규정이 발견된다(예: 경찰관직무집행법 제5조 제1항의 경고). ② 경찰상 행정지도는 비권력적 · 비강제적인 작용이므로 법적 근거는 필요하지 않다는 것이 학설의 일반적인 견해이다. ③ 생각건대 경찰상 행정지도는 법적 구속력을 갖지 아니하는 사실상의 행위에 불과하므로, 법적 근거를 요하는 것은 아니다.

(2) 법적 한계

(가) 법령상 한계

① 경찰상 행정지도는 행정조직법상 한계를 갖는다. 말하자면 경찰행정기관은 조직법상 주어진 권한 내에서만 행정지도를 할 수 있다. 만약 이를 위반하면 위법한 행정지도가 된다. 또한, ② 조직법상 권한 내에서의 행정지도라고 하여도 개별법령에서 정하는 행정지도에 관한 작용법상 규정(예: 절차법 제48조 내지 제51조)을 준수하여야 한다.

(나) 경찰행정법의 일반원칙에 따른 한계

경찰상 행정지도 역시 행정작용의 하나이므로, 모든 경찰상 행정지도는 개별법령상 명시적 규정의 유무를 불문하고 행정법의 일반원칙을 준수하여야 한다. 행정절차법은 비례원칙을 규정하고 있다(절차법 제48조 제 1 항 제 1 문).

(다) 비권력성에 따른 한계

경찰상 행정지도는 비권력적 사실행위이므로, 경찰상 행정지도에는 강제가 따라서는 아니 된다. 강제가 따른다면, 그러한 지도는 더 이상 경찰상 행정지도에 해당하지 아니한다. 행정절차법은 행정지도의 비강제성의 원칙을 규정하고 있다(절차법 제48조 제 1 항 제 2 문).

제4 절 경찰작용 실효성확보의 특수문제

경찰작용의 실효성확보수단은 아래 그림과 같이 행정법총론(일반행정법)에서 다루는 행정의 실효성확보수단과 다를 바 없다. 여기서는 다만 경찰행정작용과 관련하여 보다 의미를 갖는 부분 등을 약간 살펴보기로 한다.

내 용	종 류	
행정상 의무위반에 대한 제재	행정벌	
행정상 의무불이행 등과 이행강제	행정상 강제집행	대집행
		행정상 강제징수
		강제금(집행벌)
		직접강제
	행정상 즉시강제	
자료획득작용	행정조사	
기타 수단	금전상 제재 등	

제 1 항 경찰벌(경찰상 행정벌)

Ⅰ. 경찰벌의 의의

1. 경찰벌의 개념

경찰벌이란 경찰작용의 상대방이 경찰법상의 의무를 위반한 경우에 국가가 그 상대방에 과하는 경찰법상의 제재로서의 처벌을 말한다. 경찰벌은 행정벌의 일종이다. 경찰벌은 간접적으로 경찰법상의 의무의 이행을 확보하는 수단이 된다.

2. 처벌내용에 따른 경찰벌의 종류

경찰벌은 처벌의 내용에 따라 경찰형벌(경찰상 행정형벌)과 경찰질서벌(경찰상 행정질서벌)로 구분할 수 있고, 특별한 것으로 지방자치법상 조례에 의한 경찰질서벌이 있다. 경찰형벌이란 형법에 규정되어 있는 형벌이 가해지는 경찰벌을 말하고, 경찰질서벌이란 일반사회의 법익에 직접 영향을 미치지는 않으나 경찰행정상의 질서에 장애를 야기할 우려가 있는 의무위반에 대하여 가해지는 제재를 말한다.

Ⅱ. 통고처분

경찰형벌의 과형절차는 형사소송법에 의하는 것이 원칙적이다. 경우에 따라서는 특별절차로서 통고처분절차 등이 활용되기도 한다.[1]

1. 통고처분의 의의

통고처분이란 일반형사소송절차에 앞선 절차로서 일정한 위법행위의 범법자에게 범칙금을 납부토록 하고, 범칙자가 그 범칙금을 납부하면 처벌이 종료되는 과형절차를 말한다. 통고처분은 조세범(조처법 제15조) · 관세범(관세법 제311조) · 출입국사범(출입법 제102조) · 교통사범(도교법 제163조)의 경우에 적용되고 있다. 헌법재판소는 통고처분을 합헌으로 선언하였다.[2]

2. 통고처분의 의미

통고처분(범칙금제도)은 대량의 실정법의 위반사건을 간이 · 신속하게 처리하는 의미를 갖는다. 통고처분은 법원의 부담을 완화하는 데 기여하고, 전문성을 가진 공무원에 의해 행정목적을 기술적 · 효율적으로 달성하는 데 기여하고,

1) 즉결심판을 경찰형벌의 특별한 과벌절차로 보는 견해도 있으나(이상규, 신행정법론(상), 338쪽), 형사범에도 즉결심판이 적용되는 점을 고려하면 즉결심판을 경찰형벌의 특별한 과벌절차로 보기에는 무리가 있다.

2) 헌재 1998. 5. 28, 96헌바4(통고처분은 상대방의 임의의 승복을 그 발효요건으로 하기 때문에 그 자체만으로는 통고이행을 강제하거나 상대방에게 아무런 권리의무를 형성하지 않으므로 행정심판이나 행정소송의 대상으로서의 처분성을 부여할 수 없고, 통고처분에 대하여 이의가 있으면 통고내용을 이행하지 않음으로써 고발되어 형사재판절차에서 통고처분의 위법 · 부당함을 얼마든지 다툴 수 있기 때문에 관세법 제38조 제 3 항 제 2 호가 법관에 의한 재판받을 권리를 침해한다든가 적법절차의 원칙에 저촉된다고 볼 수 없다); 헌재 2003. 10. 30, 2002헌마275.

국가수입의 확보에도 기여한다. 뿐만 아니라 통고처분은 일반절차에서 나타나는 범법자의 신용실추와 고통의 장기화를 완화하는 데 기여하기도 한다. 통고처분제도는 전과자의 발생의 방지에 기여한다.

3. 통고처분의 재량성

판례는 관세법상 통고처분을 재량행위로 본다.[1]

4. 통고처분의 효과

범칙자가 범칙금을 납부하면 과형절차는 종료되고, 범칙자는 다시 형사소추되지 아니한다(예: 관세법 제317조; 조처법 제15조 제 3 항; 출입법 제106조). 만약 범칙자가 통고처분의 내용을 이행하지 아니하면 권한행정청(예: 세무서장 · 세관장)은 일정기간 내에 고발할 수 있고, 이로써 일반과형절차로 넘어가게 된다.

5. 통고처분의 불복

통고처분에 불복하면 정식재판을 청구하여야 한다. 통고처분은 취소소송의 대상이 아니다.[2] 왜냐하면 소정의 기간 내에 통고처분을 이행하지 아니하면 당연히 통고처분은 효력을 상실하기 때문이다.

---

1) 대판 2007. 5. 11, 2006도1993(관세법 제284조 제 1 항, 제311조, 제312조, 제318조의 규정에 의하면, 관세청장 또는 세관장은 관세범에 대하여 통고처분을 할 수 있고, 범죄의 정상이 징역형에 처하여질 것으로 인정되는 때에는 즉시 고발하여야 하며, 관세범인이 통고를 이행할 수 있는 자금능력이 없다고 인정되거나 주소 및 거소의 불명 기타의 사유로 인하여 통고를 하기 곤란하다고 인정되는 때에도 즉시 고발하여야 하는바, 이들 규정을 종합하여 보면, 통고처분을 할 것인지의 여부는 관세청장 또는 세관장의 재량에 맡겨져 있고, 따라서 관세청장 또는 세관장이 관세범에 대하여 통고처분을 하지 아니한 채 고발하였다는 것만으로는 그 고발 및 이에 기한 공소의 제기가 부적법하게 되는 것은 아니다).

2) 대판 1995. 6. 29, 95누4674(도로교통법 제118조에서 규정하는 경찰서장의 통고처분은 행정소송의 대상이되는 행정처분이 아니므로 그 처분의 취소를 구하는 소송은 부적법하고, 도로교통법상의 통고처분을 받은 자가 그 처분에 대하여 이의가 있는 경우에는 통고처분에 따른 범칙금의 납부를 이행하지 아니함으로써 경찰서장의 즉결심판청구에 의하여 법원의 심판을 받을 수 있게 될 뿐이다); 대판 1980. 10. 14, 80누380.

Ⅲ. 행정질서벌(과태료)

1. 의의(행정형벌과 구분)

(1) 개 념

일반사회의 법익에 직접 영향을 미치지는 않으나 행정상의 질서에 장해를 야기할 우려가 있는 의무위반에 대해 과태료가 가해지는 제재를 말한다(예: 식품법 제101조). 행정질서벌이나 행정형벌 모두 행정법규위반의 경우에 과해지는 제재라는 점에서 동일하다. 그러나 전통적 견해에 따르면 행정형벌은 공행정목적을 정면으로 위반한 경우에 과해지는 것이나, 행정질서벌은 단순의무위반으로 공행정질서에 장해를 줄 가능성이 있는 정도의 경미한 범법행위에 과해지는 제재라는 점이 다르다.

(2) 일 반 법

경찰질서벌에 관한 일반법으로 질서위반행위규제법이 있다(질서법 제5조). 질서위반행위규제법은 질서위반행위를 형식적인 관점에서 「법률(지방자치단체의 조례를 포함한다)상의 의무를 위반하여 과태료에 처하는 행위(① 대통령령으로 정하는 사법(私法)상 · 소송법상 의무를 위반하여 과태료에 처하는 행위와 ② 대통령령으로 정하는 법률의 규정에 따른 징계사유에 해당하여 과태료에 처하는 행위 제외)」로 정의하고 있다(질서법 제2조 제1호). 질서위반행위규제법에서 말하는 모든 질서위반행위가 행정질서벌에 해당하는 것은 아니고, 다만 행정법의 영역에서 이루어지는 질서위반행위만이 행정질서벌에 해당한다.

(3) 처벌내용

행정질서벌의 처벌의 내용은 과태료부과이다(질서법 제3조 제1호). 참고로, 우리의 법제상 과태료에는 행정질서벌로서의 과태료(예: 가족관계의 등록 등에 관한 법률 제122조), 강제금으로서의 과태료(예: 찾아보기 어렵다), 민사상의 과태료(예: 민법 제97조 · 민소법 제273조), 징계벌로서의 과태료(예: 변호법 제90조 제4항), 지방자치행정상 조례에 의한 과태료(예: 지자법 제27조 제1항 · 제139조 제2항) 등이 있다. 과태료의 액수는 법률마다 상이하다.

2. 질서위반행위의 성립 등

(1) 고의 · 과실, 위법성의 착오

고의 또는 과실이 없는 질서위반행위는 과태료에 처하지 아니한다(질서법 제7조). 자신의 행위가 위법하지 아니한 것으로 오인하고 행한 질서위반행위는 그 오인

에 정당한 이유가 있는 때에 한하여 과태료에 처하지 아니한다(질서법 제 8 조).[1]

(2) 책임연령과 심신장애

① 14세가 되지 아니한 자의 질서위반행위는 과태료에 처하지 아니한다. 다만, 다른 법률에 특별한 규정이 있는 경우에는 그러하지 아니하다(질서법 제 9 조). ② 심신(心神)장애로 인하여 행위의 옳고 그름을 판단할 능력이 없거나 그 판단에 따른 행위를 할 능력이 없는 자의 질서위반행위는 과태료에 처하지 아니한다(질서법 제10조 제 1 항). 심신장애로 인하여 제 1 항에 따른 능력이 미약한 자의 질서위반행위는 과태료를 감경한다(질서법 제10조 제 2 항). ③ 스스로 심신장애 상태를 일으켜 질서위반행위를 한 자에 대하여는 제 1 항 및 제 2 항의 규정을 적용하지 아니한다(질서법 제10조 제 3 항).

(3) 법인의 처리 등

법인의 대표자, 법인 또는 개인의 대리인 · 사용인 그 밖의 종업원이 업무에 관하여 법인 또는 그 개인에게 부과된 법률상의 의무를 위반한 때에는 법인 또는 그 개인에게 과태료를 부과한다(질서법 제11조 제 1 항).

(4) 다수인의 질서위반행위

2인 이상이 질서위반행위에 가담한 때에는 각자가 질서위반행위를 한 것으로 본다(질서법 제12조 제 1 항). 신분에 의하여 성립하는 질서위반행위에 신분이 없는 자가 가담한 때에는 신분이 없는 자에 대하여도 질서위반행위가 성립한다(질서법 제12조 제 2 항). 신분에 의하여 과태료를 감경 또는 가중하거나 과태료에 처하지 아니하는 때에는 그 신분의 효과는 신분이 없는 자에게는 미치지 아니한다(질서법 제12조 제 3 항).

(5) 수개의 위반행위의 처리

하나의 행위가 2 이상의 질서위반행위에 해당하는 경우에는 각 질서위반행위에 대하여 정한 과태료 중 가장 중한 과태료에 처한다(질서법 제13조 제 1 항). 제 1 항의 경우를 제외하고 2 이상의 질서위반행위가 경합하는 경우에는 각 질서위반행위에 대하여 정한 과태료에 각각 처한다. 다만, 다른 법령(지방자치단체의 조례를 포함한다. 이하 같다)에 특별한 규정이 있는 경우에는 그 법령이 정하는 바에 따른다(질서법 제13조 제 2 항).

---

1) 대결 2011. 7. 14, 2011마364(질서위반행위규제법은 과태료의 부과대상인 질서위반행위에 대하여도 책임주의 원칙을 채택하여 제 7 조에서 "고의 또는 과실이 없는 질서위반행위는 과태료를 부과하지 아니한다"고 규정하고 있으므로, 질서위반행위를 한 자가 자신의 책임 없는 사유로 위반행위에 이르렀다고 주장하는 경우 법원으로서는 그 내용을 살펴 행위자에게 고의나 과실이 있는지를 따져보아야 한다).

⑹ 과태료의 시효

과태료는 행정청의 과태료 부과처분이나 법원의 과태료 재판이 확정된 후 5년간 징수하지 아니하거나 집행하지 아니하면 시효로 인하여 소멸한다(질서법 제15조 제1항).

3. 과태료의 부과 · 징수의 절차

⑴ 사전통지 · 의견제출

행정청이 질서위반행위에 대하여 과태료를 부과하고자 하는 때에는 미리 당사자(제11조 제 2 항에 따른 고용주등을 포함한다. 이하 같다)에게 대통령령으로 정하는 사항을 통지하고, 10일 이상의 기간을 정하여 의견을 제출할 기회를 주어야 한다. 이 경우 지정된 기일까지 의견 제출이 없는 경우에는 의견이 없는 것으로 본다(질서법 제16조 제 1 항). 당사자는 의견 제출 기한 이내에 대통령령으로 정하는 방법에 의하여 행정청에 의견을 진술하거나 필요한 자료를 제출할 수 있다(질서법 제16조 제 2 항). 행정청은 제 2 항에 따라 당사자가 제출한 의견에 상당한 이유가 있는 경우에는 과태료를 부과하지 아니하거나 통지한 내용을 변경할 수 있다(질서법 제16조 제 3 항).

⑵ 과태료의 부과

행정청은 제16조의 의견 제출 절차를 마친 후에 서면으로 과태료를 부과하여야 한다(질서법 제17조 제 1 항). 제 1 항에 따른 서면에는 질서위반행위 · 과태료 금액, 그 밖에 대통령령으로 정하는 사항을 명시하여야 한다.

⑶ 자진납부자에 대한 과태료 감경

행정청은 당사자가 제16조에 따른 의견 제출 기한 이내에 과태료를 자진하여 납부하고자 하는 경우에는 대통령령으로 정하는 바에 따라 과태료를 감경할 수 있다(질서법 제18조 제 1 항). 당사자가 제 1 항에 따라 감경된 과태료를 납부한 경우에는 해당 질서위반행위에 대한 과태료 부과 및 징수절차는 종료한다.

⑷ 과태료 부과의 제척기간

행정청은 질서위반행위가 종료한 날(다수인이 질서위반행위에 가담한 경우에는 최종행위가 종료한 날을 말한다)부터 5년을 경과한 경우에는 해당 질서위반행위에 대하여 과태료를 부과할 수 없다(질서법 제19조 제 1 항). 제 1 항에도 불구하고 행정청은 제36조 또는 제44조에 따른 법원의 결정이 있는 경우에는 그 결정이 확정된 날부터 1년이 경과하기 전까지는 과태료를 정정부과 하는 등 해당 결정에 따라 필요한 처분을 할 수 있다(질서법 제19조 제 2 항).

(5) 이의제기

행정청의 과태료 부과에 불복하는 당사자는 제17조 제 1 항에 따른 과태료 부과 통지를 받은 날부터 60일 이내에 해당 행정청에 서면으로 이의제기를 할 수 있다(질서법 제20조 제 1 항). 제 1 항에 따른 이의제기가 있는 경우에는 행정청의 과태료 부과처분은 그 효력을 상실한다(질서법 제20조 제 2 항). 당사자는 행정청으로부터 제21조 제 3 항에 따른 통지를 받기 전까지는 행정청에 대하여 서면으로 이의제기를 철회할 수 있다(질서법 제20조 제 3 항).

(6) 법원에의 통보

제20조 제 1 항에 따른 이의제기를 받은 행정청은 이의제기를 받은 날부터 14일 이내에 이에 대한 의견 및 증빙서류를 첨부하여 관할 법원에 통보하여야 한다. 다만, 다음 각 호(1. 당사자가 이의제기를 철회한 경우, 2. 당사자의 이의제기에 이유가 있어 과태료에 처할 필요가 없는 것으로 인정되는 경우)의 어느 하나에 해당하는 경우에는 그러하지 아니하다(질서법 제21조 제 1 항). 행정청은 사실상 또는 법률상 같은 원인으로 말미암아 다수인을 과태료에 처할 필요가 있는 경우에는 다수인 가운데 1인에 대한 관할권이 있는 법원에 제 1 항에 따른 이의제기 사실을 통보할 수 있다(질서법 제21조 제 2 항). 행정청이 제 1 항 및 제 2 항에 따라 관할 법원에 통보를 하거나, 통보하지 아니하는 경우에는 그 사실을 즉시 당사자에게 통지하여야 한다(질서법 제21조 제 3 항).

(7) 질서위반행위의 조사

행정청은 질서위반행위가 발생하였다는 합리적 의심이 있어 그에 대한 조사가 필요하다고 인정할 때에는 대통령령으로 정하는 바에 따라 다음 각 호(1. 당사자 또는 참고인의 출석 요구 및 진술의 청취, 2. 당사자에 대한 보고 명령 또는 자료 제출의 명령)의 조치를 할 수 있다(질서법 제22조 제 1 항). 행정청은 질서위반행위가 발생하였다는 합리적 의심이 있어 그에 대한 조사가 필요하다고 인정할 때에는 그 소속 직원으로 하여금 당사자의 사무소 또는 영업소에 출입하여 장부·서류 또는 그 밖의 물건을 검사하게 할 수 있다(질서법 제22조 제 2 항). 제 2 항에 따른 검사를 하고자 하는 행정청 소속 직원은 당사자에게 검사 개시 7일 전까지 검사 대상 및 검사 이유 그 밖에 대통령령으로 정하는 사항을 통지하여야 한다. 다만, 긴급을 요하거나 사전통지의 경우 증거인멸 등으로 검사목적을 달성할 수 없다고 인정되는 때에는 그러하지 아니하다(질서법 제22조 제 3 항). 제 2 항에 따라 검사를 하는 직원은 그 권한을 표시하는 증표를 지니고 이를 관계인에게 내보여야 한다(질서법 제22조 제 4 항). 제 1 항 및 제 2 항에 따른 조치 또는 검사는 그 목적 달성에 필요한 최소한에 그쳐야 한다(질서법 제22조 제 5 항).

⑻ 자료제공의 요청

행정청은 과태료의 부과·징수를 위하여 필요한 때에는 관계 행정기관, 지방자치단체 그 밖에 대통령령으로 정하는 공공기관(이하 "공공기관등"이라 한다)의 장에게 그 필요성을 소명하여 자료 또는 정보의 제공을 요청할 수 있으며, 그 요청을 받은 공공기관등의 장은 특별한 사정이 없는 한 이에 응하여야 한다(질서법 제23조)

⑼ 가산금 징수 및 체납처분 등

행정청은 당사자가 납부기한까지 과태료를 납부하지 아니한 때에는 납부기한을 경과한 날부터 체납된 과태료에 대하여 100분의 5에 상당하는 가산금을 징수한다(질서법 제24조 제 1 항). 체납된 과태료를 납부하지 아니한 때에는 납부기한이 경과한 날부터 매 1월이 경과할 때마다 체납된 과태료의 1천분의 12에 상당하는 가산금(이하 이 조에서 "중가산금"이라 한다)을 제 1 항에 따른 가산금에 가산하여 징수한다. 이 경우 중가산금을 가산하여 징수하는 기간은 60개월을 초과하지 못한다(질서법 제24조 제 2 항). 행정청은 당사자가 제20조 제 1 항에 따른 기한 이내에 이의를 제기하지 아니하고 제 1 항에 따른 가산금을 납부하지 아니한 때에는 국세 또는 지방세 체납처분의 예에 따라 징수한다(질서법 제24조 제 3 항). 행정청의 과태료 결손처분에 관하여는 국세징수법 제86조를 준용한다(질서법 제24조 제 4 항).

4. 질서위반행위의 재판 및 집행

⑴ 관할법원

과태료 사건은 다른 법령에 특별한 규정이 있는 경우를 제외하고는 당사자의 주소지의 지방법원 또는 그 지원의 관할로 한다(질서법 제25조 제 1 항). 법원의 관할은 행정청이 제21조 제 1 항 및 제 2 항에 따라 이의제기 사실을 통보한 때를 표준으로 정한다(질서법 제25조 제 2 항).

⑵ 심문 등

법원은 심문기일을 열어 당사자의 진술을 들어야 한다(질서법 제31조 제 1 항). 법원은 검사의 의견을 구하여야 하고, 검사는 심문에 참여하여 의견을 진술하거나 서면으로 의견을 제출하여야 한다(질서법 제31조 제 2 항). 법원은 당사자 및 검사에게 제 1 항에 따른 심문기일을 통지하여야 한다(질서법 제31조 제 3 항). 법원은 행정청의 참여가 필요하다고 인정하는 때에는 행정청으로 하여금 심문기일에 출석하여 의견을 진술하게 할 수 있다(질서법 제32조 제 1 항). 행정청은 법원의 허가를 받아 소속 공무원으로 하여금 심문기일에 출석하여 의견을 진술하게 할 수 있다(질서법 제32조 제 2 항).

(3) 재 판

과태료 재판은 이유를 붙인 결정으로써 한다(질서법 제36조 제 1 항). 결정은 당사자와 검사에게 고지함으로써 효력이 생긴다(질서법 제37조 제 1 항). 결정의 고지는 법원이 적당하다고 인정하는 방법으로 한다(질서법 제37조 제 2 항).

(4) 항 고

당사자와 검사는 과태료 재판에 대하여 즉시항고를 할 수 있다. 이 경우 항고는 집행정지의 효력이 있다(질서법 제38조 제 1 항). 항고법원의 과태료 재판에는 이유를 적어야 한다(질서법 제39조).

(5) 과태료 재판의 집행

과태료 재판은 검사의 명령으로써 이를 집행한다. 이 경우 그 명령은 집행력 있는 집행권원과 동일한 효력이 있다(질서법 제42조 제 1 항). 과태료 재판의 집행절차는 민사집행법에 따르거나 국세 또는 지방세 체납처분의 예에 따른다(질서법 제42조 제 2 항 본문). 검사는 과태료를 최초 부과한 행정청에 대하여 과태료 재판의 집행을 위탁할 수 있고, 위탁을 받은 행정청은 국세 또는 지방세 체납처분의 예에 따라 집행한다(질서법 제43조 제 1 항). 지방자치단체의 장이 제 1 항에 따라 집행을 위탁받은 경우에는 그 집행한 금원은 당해 지방자치단체의 수입으로 한다(질서법 제43조 제 2 항).

(6) 약식재판

법원은 상당하다고 인정하는 때에는 제31조 제 1 항에 따른 심문 없이 과태료 재판(약식재판)을 할 수 있다(질서법 제44조). 당사자와 검사는 제44조에 따른 약식재판의 고지를 받은 날부터 7일 이내에 이의신청을 할 수 있다(질서법 제45조 제 1 항). 법원이 이의신청이 적법하다고 인정하는 때에는 약식재판은 그 효력을 잃는다(질서법 제50조 제 1 항). 제 1 항의 경우 법원은 제31조 제 1 항에 따른 심문을 거쳐 다시 재판하여야 한다(질서법 제50조 제 2 항).

5. 관련문제

(1) 행정형벌과 행정질서벌의 병과(이중처벌) 가능성

(가) 학 설

학설은 ① 행정질서벌과 행정형벌은 넓은 의미의 처벌이고, 동일한 위반행위에 대한 행정벌이라는 점에서 병과가 불가능하다는 부정설과[1] ② 동일인이라도 그 대상행위가 다른 경우에 양자를 각각 부과하는 것은 그 보호법익과 목적에서 차이를 갖게 되므로 이중처벌에 해당하지 않는다는 긍정설이[2] 있다.

(나) 판 례

대법원과[3] 헌법재판소는[4] 행정형벌과 행정질서벌은 모두 행정벌의 일종이지만, 그 목적이나 성질이 다르므로, 행정질서벌인 과태료부과처분 후에 행정형벌을 부과한다고 하여도 일사부재리의 원칙에 반하는 것은 아니라고 한 바 있다.

(다) 사 견

① 행정형벌과 행정질서벌의 개념은 법익침해의 강약 등에 따른 처벌의 강약에 차이가 있다. 입법자는 특정 행위의 법익침해의 정도가 강하여 강한 처벌이 필요하면 행정형벌로 규정할 것이고, 미약하다면 행정질서벌로 규정할 것이다. 따라서 특정의 행위는 행정형벌의 대상이 되든지 아니면 행정질서벌의 대상이 되는 것이지, 동시에 행정형벌의 대상이 되면서 행정질서벌의 대상이 될 수는 없다(부정설). 그러나 ② 만약 입법자가 하나의 행위가 갖는 여러 의미를

1) 김남진 · 김연태, 행정법 I, 480쪽; 박윤흔 · 정형근, 최신행정법강의(상), 560쪽; 정하중, 행정법개론, 456쪽; 홍준형, 행정법총론, 759쪽.

2) 류지태 · 박종수, 행정법신론, 제15판, 394쪽.

3) 대판 1996. 4. 12, 96도158(행정법상의 질서벌인 과태료의 부과처분과 형사처벌은 그 성질이나 목적을 달리하는 별개의 것이므로 행정법상의 질서벌인 과태료를 납부한 후에 형사처벌을 한다고 하여 이를 일사부재리의 원칙에 반하는 것이라고 할 수는 없으며, 자동차의 임시운행허가를 받은 자가 그 허가 목적 및 기간의 범위 안에서 운행하지 아니한 경우에 과태료를 부과하는 것은 당해 자동차가 무등록 자동차인지 여부와는 관계없이, 이미 등록된 자동차의 등록번호표 또는 봉인이 멸실되거나 식별하기 어렵게 되어 임시운행허가를 받은 경우까지를 포함하여, 허가받은 목적과 기간의 범위를 벗어나 운행하는 행위 전반에 대하여 행정질서벌로써 제재를 가하고자 하는 취지라고 해석되므로, 만일 임시운행허가기간을 넘어 운행한 자가 등록된 차량에 관하여 그러한 행위를 한 경우라면 과태료의 제재만을 받게 되겠지만, 무등록 차량에 관하여 그러한 행위를 한 경우라면 과태료와 별도로 형사처벌의 대상이 된다).

4) 헌재 1994. 6. 30, 92헌바38(구 건축법 제54조 제 1 항에 의한 형사처벌의 대상이 되는 범죄의 구성요건은 당국의 허가 없이 건축행위 또는 건축물의 용도변경행위를 한 것이고, 동법 제56조의2 제 1 항에 의한 과태료는 건축법령에 위반되는 위법건축물에 대한 시정명령을 받고도 건축주 등이 이를 시정하지 아니할 때 과하는 것이므로, 양자는 처벌 내지 제재대상이 되는 기본적 사실관계로서의 행위를 달리하는 것이다. 그리고, 전자가 무허가건축행위를 한 건축주 등의 행위 자체를 위법한 것으로 보아 처벌하는 것인 데 대하여, 후자는 위법건축물의 방치를 막고자 행정청이 시정조치를 명하였음에도 건축주 등이 이를 이행하지 아니한 경우에 행정명령의 실효성을 확보하기 위하여 제재를 과하는 것이므로 양자는 그 보호법익과 목적에서도 차이가 있고, 또한 무허가건축행위에 대한 형사처벌시에 위법건축물에 대한 시정명령의 위반행위까지 평가된다고 할 수 없으므로 시정명령위반행위가 무허가건축행위의 불가벌적 사후행위라고 할 수도 없다. 이러한 점에 비추어 구 건축법 제54조 제 1 항에 의한 무허가건축행위에 대한 형사처벌과 동법 제56조의2 제 1 항에 의한 과태료의 부과는 헌법 제13조 제 1 항이 금지하는 이중처벌에 해당한다고 할 수 없다).

분리하여 규정한다면 — 그러한 입법은 바람직한 것도 아니고 위헌이라 할 수도 없지만 — 양자의 병과는 가능하다고 볼 것이다.[1)]

(2) 실효성의 제고

(가) 관허사업의 제한

① 행정청은 허가 · 인가 · 면허 · 등록 및 갱신(이하 "허가등"이라 한다)을 요하는 사업을 경영하는 자로서 다음 각 호(1. 해당 사업과 관련된 질서위반행위로 부과받은 과태료를 3회 이상 체납하고 있고, 체납발생일부터 각 1년이 경과하였으며, 체납금액의 합계가 500만원 이상인 체납자 중 대통령령으로 정하는 횟수와 금액 이상을 체납한 자, 2. 천재지변 그 밖의 중대한 재난 등 대통령령으로 정하는 특별한 사유없이 과태료를 체납한 자)의 사유에 모두 해당하는 체납자에 대하여는 사업의 정지 또는 허가등의 취소를 할 수 있다(질서법 제52조 제 1 항). ② 제 1 항에 따른 허가등을 요하는 사업의 주무관청이 따로 있는 경우에는 행정청은 당해 주무관청에 대하여 사업의 정지 또는 허가등의 취소를 요구할 수 있다(질서법 제52조 제 2 항). ③ 행정청은 제 1 항 또는 제 2 항에 따라 사업의 정지 또는 허가등을 취소하거나 주무관청에 대하여 그 요구를 한 후 당해 과태료를 징수한 때에는 지체 없이 사업의 정지 또는 허가등의 취소나 그 요구를 철회하여야 한다(질서법 제52조 제 3 항). ④ 제 2 항에 따른 행정청의 요구가 있는 때에는 당해 주무관청은 정당한 사유가 없는 한 이에 응하여야 한다(질서법 제52조 제 4 항).

(나) 신용정보의 제공 등

① 행정청은 과태료징수 또는 공익목적을 위하여 필요한 경우 국세징수법 제 7 조의2를 준용하여 신용정보의 이용 및 보호에 관한 법률 제 2 조에 따른 신용정보회사 또는 같은 법 제25조에 따른 신용정보집중기관의 요청에 따라 체납 또는 결손처분자료를 제공할 수 있다(질서법 제53조 제 1 항). ② 행정청은 당사자에게 과태료를 납부하지 아니할 경우에는 체납 또는 결손처분자료를 제 1 항의 신용정

---

1) 대판 1996. 4. 12, 96도158의 경우, 자동차 미등록 운행 시 벌칙 내용(구 자동차관리법 제71조 제 1 호, 제 4 조)은 이 판결 당시 법률과 현행 법률(자동차관리법 제80조 제 1 호, 제 5 조)의 내용이 동일하다. 그러나 임시운행기간 경과 후 운행의 경우, 당시 법률(구 자동차관리법 제75조 제 3 호, 제26조 제 3 항)은 과태료의 벌칙을 규정하고 있으나, 현행 법률은 벌칙규정을 두고 있지 않다. 당시 법률은 미등록운행금지와 임시운행기간 경과 후 운행금지를 분리 규정하였고, 현행 법률은 미등록운행금지에는 임시운행기간 경과 후 운행금지가 포함되는 것으로 보았다고 하겠다. 임시운행허가기간을 경과한 후의 운행에 대한 제재는 임시운행허가 번호판을 악용하여 임시운행허가기간이 경과한 후에 운행하는 것을 방지하겠다는 의도도 있다고 본다면, 반드시 이중처벌이라 말하기 어렵다. 이러한 관점에서 본다면 A는 이중처벌을 받았다고 보기 어렵다. 그러나 이 사건에서 피고인은 무단으로 자동차를 운행하였다는 것이므로, 논리적으로 보면 현행법의 태도가 바람직하지만, 그렇다고 당시 법률이 위헌이라 단언하기는 어렵다.
한편, 헌재 1994. 6. 30, 92헌바38의 경우, 청구인은 무단으로 용도를 변경하였다는 것이므로, 논리상 무단용도변경 금지 위반과 시정명령위반을 합하여 하나의 처벌대상으로 하는 것도 가능하겠지만, 입법자는 현행법에서 양자를 분리 규정한 것으로 볼 것이다.

보회사 또는 신용정보집중기관에게 제공할 수 있음을 미리 알려야 한다(질서법 제53조 제2항). ③ 행정청은 제1항에 따라 체납 또는 결손처분자료를 제공한 경우에는 대통령령으로 정하는 바에 따라 해당 체납자에게 그 제공사실을 통보하여야 한다(질서법 제53조 제3항).

㈐ 고액 · 상습체납자에 대한 제재

① 법원은 검사의 청구에 따라 결정으로 30일의 범위 이내에서 과태료의 납부가 있을 때까지 다음 각 호(1. 과태료를 3회 이상 체납하고 있고, 체납발생일부터 각 1년이 경과하였으며, 체납금액의 합계가 1,000만원 이상인 체납자 중 대통령령으로 정하는 횟수와 금액 이상을 체납한 경우, 2. 과태료 납부능력이 있음에도 정당한 사유없이 체납한 경우)의 사유에 모두 해당하는 경우 체납자(법인인 경우에는 대표자를 말한다. 이하 이 조에서 같다)를 감치(監置)에 처할 수 있다(질서법 제54조 제1항). ② 행정청은 과태료 체납자가 제1항 각 호의 사유에 모두 해당하는 경우에는 관할 지방검찰청 또는 지청의 검사에게 체납자의 감치를 신청할 수 있다(질서법 제54조 제2항). ③ 제1항의 결정에 대하여는 즉시항고를 할 수 있다(질서법 제54조 제3항). ④ 제1항에 따라 감치에 처하여진 과태료 체납자는 동일한 체납사실로 인하여 재차 감치되지 아니한다(질서법 제54조 제4항).

㈑ 자동차 관련 과태료 체납자에 대한 자동차 등록번호판의 영치

① 행정청은 자동차관리법 제2조 제1호에 따른 자동차의 운행 · 관리 등에 관한 질서위반행위 중 대통령령으로 정하는 질서위반행위로 부과받은 과태료(이하 "자동차 관련 과태료"라 한다)를 납부하지 아니한 자에 대하여 체납된 자동차 관련 과태료와 관계된 그 소유의 자동차의 등록번호판을 영치할 수 있다(질서법 제55조 제1항). ② 자동차 등록업무를 담당하는 주무관청이 아닌 행정청이 제1항에 따라 등록번호판을 영치한 경우에는 지체 없이 주무관청에 등록번호판을 영치한 사실을 통지하여야 한다(질서법 제55조 제2항). ③ 자동차 관련 과태료를 납부하지 아니한 자가 체납된 자동차 관련 과태료를 납부한 경우 행정청은 영치한 자동차 등록번호판을 즉시 내주어야 한다(질서법 제55조 제3항).

제 2 항 경찰상 강제집행

Ⅰ. 일 반 론

1. 경찰상 강제집행의 의의

경찰상 강제집행이란 경찰법상 개별 · 구체적인 의무의 불이행이 있는 경우

에 경찰행정주체가 의무자의 신체 또는 재산에 직접 실력을 가하여 그 의무를 이행하게 하거나 또는 그 의무가 이행된 것과 같은 상태를 실현하는 공행정작용을 말한다. 행정상 강제집행은 언제나 행정법상 개별·구체적인 의무의 불이행을 전제로 한다. 행정상 강제집행은 명령적 행위에서 문제된다. 경찰상 강제집행은 행정상 강제집행의 일종이다.

2. 경찰상 강제집행의 법적 근거

경찰상 강제집행의 근거법으로는 대집행에 관한 일반법으로서 행정대집행법, 강제징수에 관한 실질적인 일반법으로서 국세징수법이 있고, 그 밖에 특별법으로 출입국관리법 제62조(강제퇴거명령서의 집행) 등이 있다. 직접강제에 관한 일반법은 없다. 입법론상 포괄적이고도 정비된 강제집행제도를 경찰법에 마련하는 것이 바람직하다. 강제에 관한 일반적인 규정을 두고 있는 독일경찰법률들(제 2 항 끝부분 참조)은 우리의 입법에 참고가 될 수 있을 것이다. 정비된 제도는 행정의 자의를 배제하고 국민의 권익보호에 기여한다.

3. 경찰상 강제집행의 종류

경찰상 강제집행의 방법으로는 대집행·행정상 강제징수·강제금(집행벌)·직접강제 등이 있다. 어떠한 의무의 불이행에 어떠한 강제방법이 도입되어야 할 것인가는 불이행된 의무의 성질을 전제로 하여 판단·결정할 문제이다. 의무의 종류에 따른 강제수단을 도해하면 다음과 같다.

종 류	적용 가능한 의무	일 반 법
대집행	대체적 작위의무	행정대집행법
강제징수	금전급부의무	국세징수법
강제금(집행벌)	대체적 작위의무+비대체적 작위의무 +직접강제+부작위의무+수인의무	없다

* 직접강제가 비대체적 작위의무(예: 퇴거의무)의 불이행에 적용이 가능하다고 하였지만, 성질상 적용하기 곤란한 비대체적 작위의무(예: 전문분야의 감정평가 등의 전문지식의 제공의무)도 있을 수 있다. 따라서 직접강제가 비대체적 작위의무에 적용된다고 단언하기 어려운 면도 있다.

Ⅱ. 이행강제금

1. 이행강제금의 의의

이행강제금은 대체적 또는 비대체적인 작위의무 · 부작위의무 · 수인의무의 불이행시에 일정액수의 금전이 부과될 것임을 의무자에게 미리 계고함으로써 의무의 이행의 확보를 도모하는 강제수단을 말한다. 이행강제금은 단순히 강제금이라고도 한다.[1] 대집행이 부적절한 경우에는 대체적 작위의무의 강제를 위해서도 사용될 수 있다. 대집행과 이행강제금은 선택적으로 활용될 수 있다.[2] 강제금은 독일의 경우 과거에 집행벌로 불리었다. 강제금은 처벌이 아니기 때문에 집행벌이라는 용어는 적절하지 않다.

2. 이행강제금의 성질

이행강제금은 위반행위에 대한 제재로서의 벌금형(형벌)이 아니다. 강제금은 이미 행한 불법에 대한 속죄를 위한 처분이 아니다. 강제금은 장래에 행위의 이행의 확보를 위한 강제수단일 뿐이다. 그것은 행정상 명령의 실현을 위한 집행수단이다. 강제금은 처벌이 아니므로 과태료와 성질을 달리한다. 따라서 강제금은 과태료나 형벌과 병과될 수도 있다.[3] 판례는 이행강제금의 납부의무는 일신전속적인 것으로서 상속의 대상이 아니라 한다.[4] 강제금의 확정은 행정

---

1) 헌재 2004. 2. 26, 2001헌바80(전통적으로 행정대집행은 대체적 작위의무에 대한 강제집행수단으로, 이행강제금은 부작위의무나 비대체적 작위의무에 대한 강제집행수단으로 이해되어 왔으나, 이는 이행강제금제도의 본질에서 오는 제약은 아니며, 이행강제금은 대체적 작위의무의 위반에 대하여도 부과될 수 있다).

2) 헌재 2004. 2. 26, 2001헌바80(현행 건축법상 위법건축물에 대한 이행강제수단으로 대집행과 이행강제금(제83조 제 1 항)이 인정되고 있는데, 양 제도는 각각의 장 · 단점이 있으므로 행정청은 개별사건에 있어서 위반내용, 위반자의 시정의지 등을 감안하여 대집행과 이행강제금을 선택적으로 활용할 수 있으며, 이처럼 그 합리적인 재량에 의해 선택하여 활용하는 이상 중첩적인 제재에 해당한다고 볼 수 없다).

3) 헌재 2004. 2. 26, 2001헌바80(건축법 제78조에 의한 무허가 건축행위에 대한 형사처벌과 건축법 제83조 제 1 항에 의한 시정명령 위반에 대한 이행강제금의 부과는 그 처벌 내지 제재대상이 되는 기본적 사실관계로서의 행위를 달리하며, 또한 그 보호법익과 목적에서도 차이가 있으므로 헌법 제13조 제 1 항이 금지하는 이중처벌에 해당한다고 할 수 없다).

4) 대결 2006. 12. 8, 2006마470(건축법상의 이행강제금은 구 건축법의 위반행위에 대하여 시정명령을 받은 후 시정기간 내에 당해 시정명령을 이행하지 아니한 건축주 등에 대하여 부과되는 간접강제의 일종으로서 그 이행강제금 납부의무는 상속인 기타의 사람에게 승계될 수 없는 일신전속적인 성질의 것이므로 이미 사망한 사람에게 이행강제금을 부과하는 내용의 처분이나 결정은 당연무효이고, 이행강제금을 부과받은 사람의 이의에 의하여 비송사건절차법에 의한 재판절차

행위의 성질을 갖는다.

3. 이행강제금의 법적 근거

강제금제도는 의무자에 대한 침익적인 강제수단이므로[1] 당연히 법적 근거를 요한다(헌법 제37조 제 2 항). 현재로서 강제금에 관한 일반적인 규정은 없다. 다만, 현재로서는 경찰작용과 관련하여 건축법 제83조 등을 볼 수 있다.

4. 이행강제금의 부과절차 등

강제금의 금액은 개별법률에서 규정된다(예: 건축법 제80조). 이하에서 건축법의 예를 보기로 한다.

(1) 의 의

허가권자는 제79조 제 1 항에 따라 시정명령을 받은 후 시정기간 내에 시정명령을 이행하지 아니한 건축주등에 대하여는 그 시정명령의 이행에 필요한 상당한 이행기한을 정하여 그 기한까지 시정명령을 이행하지 아니하면 다음 각 호의 이행강제금을 부과한다(건축법 제80조 제 1 항 본문).

(2) 부과절차

허가권자는 제 1 항에 따른 이행강제금을 부과하기 전에 제 1 항에 따른 이행강제금을 부과·징수한다는 뜻을 미리 문서로써 계고(戒告)하여야 한다(건축법 제80조 제 2 항). 허가권자는 제 1 항에 따른 이행강제금을 부과하는 경우 금액, 부과사유, 납부기한, 수납기관, 이의제기 방법 및 이의제기 기관 등을 구체적으로 밝힌 문서로 하여야 한다(건축법 제80조 제 3 항).

(3) 반복부과

허가권자는 최초의 시정명령이 있었던 날을 기준으로 하여 1년에 2회 이내의 범위에서 그 시정명령이 이행될 때까지 반복하여 제 1 항에 따른 이행강제금을 부과·징수할 수 있다. 다만, 제 1 항 각 호 외의 부분 단서에 해당하면

가 개시된 후에 그 이의한 사람이 사망한 때에는 사건 자체가 목적을 잃고 절차가 종료한다).

1) 헌재 2000. 3. 30, 98헌가8(이행강제금은 위법건축물에 대하여 시정명령 이행시까지 지속적으로 부과함으로써 건축물의 안전과 기능, 미관을 향상시켜 공공복리의 증진을 도모하는 시정명령 이행확보 수단으로서, 국민의 자유와 권리를 제한한다는 의미에서 행정상 간접강제의 일종인 이른바 침익적 행정행위에 속하므로 그 부과요건, 부과대상, 부과금액, 부과회수 등이 법률로써 엄격하게 정하여져야 하고, 위 이행강제금 부과의 전제가 되는 시정명령도 그 요건이 법률로써 엄격하게 정해져야 한다).

총 부과 횟수가 5회를 넘지 아니하는 범위에서 해당 지방자치단체의 조례로 부과 횟수를 따로 정할 수 있다(건축법 제80조 제 4 항).

(4) 새로운 이행강제금의 부과 중지

허가권자는 제79조 제 1 항에 따라 시정명령을 받은 자가 이를 이행하면 새로운 이행강제금의 부과를 즉시 중지하되, 이미 부과된 이행강제금은 징수하여야 한다(건축법 제80조 제 5 항).

(5) 강제징수

허가권자는 제 3 항에 따라 이행강제금 부과처분을 받은 자가 이행강제금을 납부기한까지 내지 아니하면 지방세 체납처분의 예에 따라 징수한다(건축법 제80조 제 6 항).

5. 권리보호

이행강제금 부과처분은 행정행위(행정처분)인바, 행정심판법과 행정소송법의 적용 대상이 된다. 물론 이행강제금 부과의 불복에 특별규정이 있다면, 개별 법률이 정하는 바에 따를 것이다.

6. 대체강제구류(강제금미납부의 경우)

이행강제금납부의무자가 강제금을 납부하지 아니하고, 또한 납부의무자에 대한 강제징수도 효과가 없을 때(예: 의무자가 재산을 은닉한 경우 또는 지불능력이 없는 경우)에는 강제금제도는 한계를 갖는다. 이러한 경우에 강제금징수를 대체하여 일정기간을 구금하는 제도를 대체강제구류라 부른다. 대체강제구류는 형벌수단이 아니고 의무이행을 위한 강제수단일 뿐이다. 따라서 대체강제구류에는 형사법상 규정이 적용될 수 없다. 독일의 경우, 대체강제구류는 행정청의 신청에 따라 법원이 결정한다. 우리 법은 대체강제구류제도를 모른다. 강제금제도의 효과를 증대시키기 위해서는 대체강제구류제도의 도입이 필요하다.

7. 일반경찰법상 효용성

독일의 바이에른 주의 경우, 경찰법상 강제금에 관한 규정이 있으나, 경찰의 영역에서 강제금제도는 별로 활용되지 아니한다고 한다. 왜냐하면 강제금으로 경찰이 방지하여야 할 위험을 일반적으로 적시에 방지하기는 어렵고 따라서

강제금으로는 효과를 기대하기 어렵기 때문이라는 것이다.[1)]

Ⅲ. 직접강제

1. 직접강제의 의의

직접강제란 의무자가 의무를 불이행할 때, 행정기관이 직접 의무자의 신체 · 재산에 실력을 가하여 의무자가 직접 의무를 이행한 것과 같은 상태를 실현하는 작용으로 이해된다. 직접강제는 작위의무의 불이행뿐만 아니라 부작위의무나 수인의무의 불이행의 경우에도 활용될 수 있는 수단이다.

2. 직접강제의 법적 근거

직접강제에 관한 일반법은 없다. 다만 몇몇 단행법률에서 나타나고 있을 뿐이다(예: 공위법 제11조 · 식품법 제79조). 직접강제의 의미와 범위, 그리고 한계 등을 보다 분명히 함으로써 국민의 권익보호와 행정집행의 효율성의 확보를 위해 일반법을 마련하는 것이 바람직하다.

3. 직접강제의 한계

직접강제는 국민의 신체나 재산에 대한 직접적인 침해수단이자 강력한 수단으로서 국민의 기본권을 침해할 가능성을 많이 갖는다. 따라서 직접강제의 남용으로부터 국민의 보호를 위해 강제권발동과 관련하여 보다 엄격한 제한의 원리가 도입되어야 할 것이다. 한편 직접강제의 한계를 규율하는 일반법은 없고, 다만 개별법에서 규정하는 경우가 있을 뿐이다(예: 식품법 제79조 제 4 항). 물론 개별법령에 규정이 없더라도 행정법상 일반원칙은 당연히 직접강제에도 적용된다.

4. 폐쇄조치

(1) 의 의

폐쇄조치는 일반적으로 ① 허가를 받지 않고 영업을 하거나, ② 허가가 취소된 후에 계속하여 영업을 하는 때, ③ 영업정지명령을 받고도 계속하여 영업을 하는 때에 해당 영업소를 폐쇄하는 실력행사를 말한다. 폐쇄조치는 직접강제의 한 예에 해당한다.

---

1) Berner/Köler, Polizeiaufgabengesetz, Art. 56, S.414.

(2) 절 차

① 폐쇄절차는 개별법률이 정한 바에 따르면 된다. 일반적으로 폐쇄조치를 하고자 하는 경우에는 미리 당해 영업자 또는 그 대리인에게 서면으로 알려주어야 한다. 다만, 법령이 정하는 급박한 사유가 있는 때에는 그러하지 아니하다. ② 영업소를 폐쇄하는 관계공무원은 그 권한을 나타내는 증표를 지니고 이를 관계인에게 내보여야 한다(관광진흥법 제36조 제5항, 먹는물관리법 제46조 제3항).

(3) 내용과 한계

폐쇄조치의 내용은 ① 간판 기타 영업표지물의 제거 · 삭제, ② 적법한 영업소가 아님을 알리는 게시물의 부착, ③ 영업에 필요한 기구 또는 시설물 등을 사용할 수 없게 하는 봉인 등이다. 한편, 폐쇄조치는 그 영업을 할 수 없게 함에 필요한 최소한의 범위에 그쳐야 한다(관광진흥법 제36조 제4항, 식품위생법 제79조 제4항 등).

(4) 해 제

봉인을 한 후 봉인을 계속할 필요가 없다고 인정되거나 사업자 또는 그 대리인이 정당한 사유로 봉인의 해제를 요청하는 때에는 그 봉인을 해제할 수 있다. 게시물등의 부착을 제거하는 경우에도 또한 같다(관광진흥법 제36조 제2항, 공중위생관리법 제11조 제4항).

(5) 기 타

폐쇄명령을 받은 자(법인인 경우에는 그 대표자 포함)는 그 폐쇄명령을 받은 후 일정기간이 지나지 아니한 때에는 같은 종류의 영업을 할 수 없도록 규정한 경우도 있고, 누구든지 폐쇄명령이 있은 후 일정기간이 지나지 아니한 때에는 동일 장소에서 같은 종류의 영업을 할 수 없도록 규정한 경우도 있다(공중위생관리법 제11조의4).

5. 제도도입의 확대

현재로서 부작위의무위반의 경우에는 벌칙 등의 간접강제수단을 활용하고 있다. 이것은 실효성에 있어서도 문제이지만, 의무불이행자를 전과자로 만들 가능성도 갖는다. 이 때문에 영업장소를 폐쇄하는 등의 직접강제수단을 공중보건 · 위생 · 식품 등에 관한 분야뿐만 아니라 그 밖의 행정분야에 확대도입할 필요가 있다.

| 참고 | 독일 바이에른 국립경찰직무법 제 5 장(제53조 내지 제69조(일부 발췌))

제 5 장 강 제

제 1 절 작위 · 수인 · 부작위의 강제

제53조(행정강제의 허용성) ⑴ 경찰은 작위의 실현, 수인 또는 부작위를 내용으로 하는 행정행위가 불가쟁력을 갖거나, 그 행정행위에 대한 제소가 정지효를 갖지 아니하는 경우, 강제수단으로 그 행정행위를 실현할 수 있다.

⑵ 위험의 방지를 위해 필요한 때, 특히 제 7 조 내지 제10조에 따른 사람에 대한 처분이 가능하지 아니하거나 효과를 기대할 수 없을 때에는 사전 행정행위 없이 행정강제가 적용될 수 있다. 그리고 이러한 경우 경찰은 자신의 권한의 범위 안에서 행위할 있다.

제54조(강제수단) ⑴ 강제수단은 다음 각호와 같다.

1. 대집행(제55조)
2. 강제금(제56조)
3. 직접강제(제58조)

⑵ 강제수단은 제59조와 제64조의 정함에 따라 계고되어야 한다.

⑶ 강제수단은 형벌이나 금전벌과 병과될 수 있다. 그리고 강제수단은 행정행위가 실현되거나 또는 다른 방법으로 수행되기까지 반복되거나 변경될 수 있다.

제55조(대집행) ⑴ 다른 사람에 의해서도 이행될 수 있는 작위의무(대체적 작위의무)가 이행되지 아니하면, 경찰은 스스로 이행하거나 다른 사람에게 이행을 위탁할 수 있다.

⑵ 의무자가 예측가능한 대집행비용을 미리 지불할 것을 정할 수도 있다. 의무자가 대집행비용이나 발생이 예상되는 대집행비용을 정해진 기간 내에 지불하지 아니하면, 그 비용을 행정강제의 방법으로 강제징수할 수 있다. 의무자가 명령된 작위를 이행하면, 발생이 예상되는 대집행비용을 징수하지 아니한다.

제56조(강제금) ⑴ 강제금은 5유로 이상 2500유로 이하의 범위 안에서 서면으로 확정된다.

⑵ 강제금을 확정할 때에는 의무자에게 지불을 위한 상당한 기간을 부여하여야 한다.

⑶ 의무자가 강제금을 정해진 기간 내에 지불하지 아니하면, 행정강제절차에 따라 강제징수된다. 의무자가 명령된 작위를 이행하거나 또는 수인처분이 승인되면, 강제징수는 중단된다.

⑷ 강제금이 확정되면, 의무자로부터 비용을 징수하여야 한다. 그 밖의 사항에 관해서는 비용법률(Kostengesetz)에 따른다.

제57조(대체강제구류) ⑴ 강제금을 납부하지 아니하면, 행정법원은 경찰의 신청이 있는 경우에 대체강제구류를 명할 수 있다. 다만 강제금을 계고할 때에 대체강

제구류에 관해 알린 경우에 한한다.

(2) 대체강제구류는 경찰의 신청에 따라 사법행정관이 민사소송법 제904조 내지 제910조에 따라 집행한다.

第58條(직접강제) (1) 경찰은 고려할 다른 강제수단이 없거나, 있다고 하여도 효과를 기대할 수 없거나 또는 비합목적적일 때에는 직접강제를 행할 수 있다. 직접강제의 종류와 적용방법은 제60조 이하에 의한다.

(2) 의사를 표현하도록 하는 직접강제는 허용되지 아니한다.

(3) 직접강제비용을 징수한다. 그 밖의 사항에 관해서는 비용법률에 따른다.

第59條(강제수단의 계고) (1) 강제수단은 가능한 한 문서로 계고되어야 한다. 계고시에는 의무자에게 의무이행을 위한 상당한 기간을 정하여야 한다. 다만 수인이나 부작위가 강제되는 경우에는 기간이 정해질 필요가 없다. 상황상 계고가 곤란할 때, 특히 위험방지를 위해 강제수단의 즉시 적용이 필요한 때에는 계고는 생략될 수 있다.

(2) 계고는 작위, 수인 또는 급부를 명한 행정행위와 동시에 이루어질 수 있다. 계고는 권리보호수단(예: 이의신청, 취소소송)이 정지효를 갖지 아니한 행위의 경우에는 그러한 행위와 동시에 이루어질 수 있다.

(3) 계고에는 특정한 강제수단을 적시하여야 한다. 많은 강제수단을 계고하면, 어떠한 순서로 적용될 것인지에 관해서도 적시하여야 한다.

(4) 대집행을 계고한다면, 계고장에 발생이 예상되는 비용을 적시하여야 한다.

(5) 강제금의 경우에는 일정한 액수를 계고하여야 한다.

(6) 계고는 송달되어야 한다. 계고가 근거된 행정행위와 동시에 이루어진 것이고 또한 그 행정행위에 송달하지 아니한다고 적시하였다고 할지라도 송달되어야 한다.

(7) 송달비용을 징수한다. 다만 제 2 항 제 1 문에 따른 것으로서 작위, 수인 또는 부작위를 부과한 행정행위에 비용이 소요되지 아니하였다면, 그러하지 아니하다. 그 밖의 사항에 관해서는 비용법률에 따른다.

제 2 절 직접강제의 적용

第60條(법적 근거) (1) 경찰이 이 법률이나 다른 법규에 의해 직접강제할 수 있는 권한을 가지는 경우, 그 종류나 방법에 대해서는 제61조 내지 제69조에 의한다. 다만 이 법률에서 달리 정하는 경우에는 그러하지 아니하다.

(2) 정당방위나 긴급상태에 대한 규정에 따른 민법상·형법상 효과에는 영향을 미치지 아니한다.

第61條(정의규정) (1) 직접강제는 사람이나 물건에 대하여 체력이나 체력의 보조수단 그리고 무기의 사용을 통한 영향력행사를 말한다.

(2) 체력이란 사람이나 물건에 대한 모든 직접적인 체력을 통한 영향력을 말한다.

(3) 체력의 보조수단이란 특히 수갑, 물대포, 경찰견, 경찰마, 경찰차량 등을 말

한다.

(4) 무기란 곤봉, 권총, 리볼버, 소총, 기관총, 기관소총 그리고 수류탄을 말한다.

제62조(계고행위) (1) 경찰공무원은 지시권자로부터 발령된 직접강제를 행하여야 할 의무를 진다. 그러나 명령이 인간의 존엄을 침해하거나 복무목적을 위한 것이 아닌 경우에는 그러하지 아니하다.

(2) 이행하면 범죄행위를 가져오는 명령은 이행되어서는 아니 된다. 그럼에도 불구하고 경찰공무원이 명령을 따른 경우, 그 경찰공무원은 명령이행이 범죄행위를 가져오는 것을 알았거나 그에게 주어진 상황에 비추어 명령이행이 범죄행위를 가져오는 것이 명백한 때에 한하여 책임을 진다.

(3) 명령의 적법성에 대한 의심이 있는 경우, 경찰공무원은 상황에 비추어 가능한 범위 안에서 명령자에 대하여 이의를 제기하여야 한다.

(4) 바이에른 공무원법 제65조 제 2 항과 제 3 항은 적용되지 아니한다.

제63조(다친 자에 대한 구조) 직접강제로 인해 다친 자는 필요한 범위 안에서 그리고 사정이 허락하는 범위 안에서 조력을 받아야 하고 또는 의료보호를 받아야 한다.

제64조(직접강제의 계고) (1) 직접강제는 사전에 계고되어야 한다. 다만 상황에 비추어 허용되지 아니할 때, 특히 위험방지를 위해 강제수단의 즉시 사용이 필요한 경우에는 그러하지 아니하다. 총기사용의 계고로써 경고사격이 있어야 한다.

(2) 총기와 수류탄은 생명이나 신체에 대한 현재의 위험을 방지하기 위하여 필요한 때에만 계고 없이 사용될 수 있다.

(3) 군중에 대한 직접강제의 경우에는 무관계한 자가 피할 수 있도록 하기 위하여 가능한 한 적시에 계고하여야 한다. 군중 속의 사람에 대한 총기사용의 경우에도 계고하여야 한다. 계고는 사용 전에 경고사격을 통해 반복되어야 한다. 기술적인 폐쇄나 경찰마의 사용의 경우에는 계고를 생략할 수 있다.

제65조(사람의 구금) (생략)

제66조(총기사용에 관한 일반규정) (생략)

제67조(사람에 대한 총기사용) (생략)

제68조(군중 속의 사람에 대한 총기사용) (생략)

제69조(특수무기 수갑) (생략)

제 3 항 경찰상 즉시강제

Ⅰ. 경찰상 즉시강제의 관념

1. 경찰상 즉시강제의 의의

경찰상 즉시강제란 경찰상 장해가 존재하거나 장해의 발생이 목전에 급박한 경우에 성질상 개인에게 의무를 명해서는 경찰행정목적을 달성할 수 없거나 또는 미리 의무를 명할 시간적 여유가 없는 경우에 경찰행정기관이 직접 개인의 신체나 재산에 실력을 가하여 경찰상 필요한 상태의 실현을 목적으로 하는 작용을 말한다(전통적 견해). 경찰상 즉시강제는 행정상 즉시강제의 일종이다.

2. 경찰상 즉시강제의 성질

경찰상 즉시강제는 구체적인 의무부과행위이자 사실행위로서의 실력행사인 동시에 그 실력행사에 대해 참아야 하는 수인의무도 발생시키는 행위이다. 즉 행정상 즉시강제는 사실행위와 법적 행위가 결합된 행위이다. 따라서 행정상 즉시강제는 항고소송의 대상이 되는 처분의 성질을 갖는다.

3. 경찰상 즉시강제의 법적 근거

헌법 제37조 제 2 항에 비추어 행정상 즉시강제에는 법률의 근거를 필요로 한다. 현재로서 행정상 즉시강제에 관한 일반법은 없다. 그러나 경찰공무원이 수행하는 경찰작용영역에서는 일반법으로 경찰관직무집행법이 있다.[1] 경찰관직무집행법에는 즉시강제에 관한 조항만 있는 것이 아니고, 경찰조사에 관한 조항 등이 있다고 하여 경찰관직무집행법이 경찰공무원이 수행하는 경찰작용영역에서 경찰상 즉시강제의 일반법이 아니라고 말할 수는 없다. 경찰상 즉시강제에 관한 개별법으로 마약류관리에관한법률(제47조) · 소방법(제78조) · 식품위생법(제56조) · 감염병의 예방 및 관리에 관한 법률(제42조) 등이 있다.

1) 박윤흔, 최신행정법강의(하), 360쪽 ; 정경선, 경찰행정법, 325쪽.

Ⅱ. 경찰상 즉시강제의 수단

1. 경찰관직무집행법상 수단

경찰관직무집행법상 대인적 강제수단으로는 보호조치(경직법 제4조), 위험발생의 방지(경직법 제5조), 범죄의 예방과 제지(경직법 제6조), 장구의 사용(경직법 제10조), 무기의 사용(경직법 제10조의4 제1항)이 있고, 대물적 강제수단으로는 무기 등 물건의 임시영치(경직법 제4조 제3항), 위험방지조치(경직법 제5조 제1항 · 제6조 제1항)가 있으며, 대가택강제수단으로는 위험방지를 위한 출입(경직법 제7조)이 있다.[1] 한편, 경찰관직무집행법상 일반적 수권조항이 인정된다는 견해는 동 조항이 경찰상 즉시강제의 일반적 근거가 된다고 보지만,[2] 현행 경찰관직무집행법상 일반적 수권조항이 인정될 수 없다는 것은 이미 살펴본 바 있다.

2. 개별법상 수단

대인적 강제수단에는 건강진단(감염법 제19조) · 강제진찰과 치료(감염법 제42조) 등이 있고, 대물적 강제수단에는 소방활동에 필요한 처분(소방법 제25조), 물건의 폐기(식품법 제72조; 약사법 제65조 제2항), 도로의 위법공작물 등에 대한 제거(도교법 제71조 제2항 · 제72조 제2항) 등이 있고, 대가택강제수단에는 수색(조처법 제3조 제1항) 등이 있다.

3. 수단의 선택

상기의 수단은 대체적 작위의무의 집행뿐만 아니라 비대체적 작위의무의 집행을 위해서도 적용될 수 있다는 점, 상기의 수단은 대집행이나 기타의 수단으로 효과의 달성이 곤란한 경우에만 적용되어야 한다는 점(보충성의 원칙), 그리고 상기의 수단의 도입이 요구되는 경우에는 경찰력의 신속한 투입이 특히 중요한바, 법규에서 경찰공무원의 직무상 명령에의 복종이 특히 강조되어야 한다는 점, 따라서 위법명령에 대한 이의제기는 제한된다는 점, 그러나 인간의 가치를 부정하는 명령, 경찰목적에 반하는 명령에는 거부하여야 하고 준수할 의무가 없다는 점이 중요하다.

---

1) 즉시강제수단에 관해 자세한 것은 제 3 장 제 4 절 제 3 항을 보라.

2) 김남진, 경찰행정법, 230쪽.

4. 수단선택과 실력행사

(1) 일 반 론

상기의 수단이 도입되는 경우에 사용할 수 있는 실력의 행사방법은 법상 예정되어 있는 것에 한한다. 그 종류에는 ① 경찰공무원의 단순한 신체상의 힘(체력, 즉 경찰공무원의 육체적인 힘), ② 체력의 보조수단(예: 경찰견 · 경찰마 · 경찰차 · 폭약 · 수갑 · 포승 등), ③ 무기(칼 · 방독면 · 최루가스 · 총기 등) 등으로 나눌 수 있다(경찰관직무집행법은 최루탄을 무기와 구분하여 규정하고 있다). 이러한 힘(공무원의 체력, 체력의 보조수단, 무기)의 행사에도 당연히 비례원칙이 적용된다(예컨대, 경찰관직무집행법 제 5 조에 의거하여 경찰이 위험의 발생의 방지를 위해 필요한 조치를 취하는 경우에 경찰은 제 1 차적으로 자신의 체력에 의하여야 할 것이고, 제 2 차적으로 동법 제10조의2와 제10조의3이 허용하는 경우에는 장구 또는 최루탄을 사용할 수 있을 것이고, 제 3 차적으로 동법 제10조의4가 허용되는 경우에는 무기를 사용할 수도 있다). 경찰관직무집행법은 체력의 보조수단과 무기를 합하여 경찰장비라 부르고 있다. 한편, 제주자치도 자치경찰공무원이 사용하는 경찰장비에는 표지를 부착하되, 국가경찰의 장비와 구별될 수 있도록 하여야 한다(제국법 제116조 제 3 항).

(2) 경찰장비의 사용

(가) 의 의

경찰관은 직무수행중 경찰장비를 사용할 수 있다. 다만, 인명 또는 신체에 위해를 가할 수 있는 경찰장비에 대하여는 필요한 안전교육과 안전검사를 실시하여야 한다(경직법 제10조 제 1 항). 제 1 항의 "경찰장비"라 함은 무기, 경찰장구, 최루제 및 그 발사장치, 감식기구, 해안감시기구, 통신기기, 차량 · 선박 · 항공기등 경찰의 직무수행을 위하여 필요한 장치와 기구를 말한다(경직법 제10조 제 1 항). 경찰상 즉시강제와 관련하여 무기, 경찰장구, 최루제 및 그 발사장치가 중요한 수단이 된다. 경찰장비를 임의로 개조하거나 임의의 장비를 부착하여 통상의 용법과 달리 사용함으로써 타인의 생명 · 신체에 위해를 주어서는 아니 된다(경직법 제10조 제 1 항).

(나) 성 질

경찰장비의 사용은 대체로 경찰상 즉시강제의 성질을 갖는다.[1] 또 한편으로 경찰장비의 사용은 경찰관직무집행법 제 3 조 내지 제 7 조 등에서 규정하는 경찰상 즉시강제 내지 경찰상 조사수단의 도입시에 활용되는 힘(실력)의 한 종류로서의 성질도 갖는다.

---

1) 우리의 이론서들은 경찰관직무집행법상의 대인적 강제수단으로 본문의 내용 외에도 장구사용, 최루탄의 사용, 무기사용 등을 열거하고 있음이 일반적이다(김남진 교수, 김도창 교수, 박윤흔 교수, 석종현 교수 등).

(3) 장구의 사용

(가) 요 건

경찰관은 현행범인인 경우와 사형 · 무기 또는 장기 3년 이상의 징역이나 금고에 해당하는 죄를 범한 범인의 체포, 도주의 방지, 자기 또는 타인의 생명 · 신체에 대한 방호, 공무집행에 대한 저항의 억제를 위하여 필요하다고 인정되는 상당한 이유가 있을 때에는 그 사태를 합리적으로 판단하여 필요한 한도 내에서 경찰장구(수갑 · 포승 · 경찰봉 · 방패)를 사용할 수 있다(경직법 제10조의2 제 1 항).[1] 말하자면 통상의 용법에 따라 필요한 최소한의 범위안에서 이를 사용하여야 한다(장비정 제 3 조).

(나) 장 구

제 1 항의 "경찰장구"라 함은 경찰관이 휴대하여 범인검거와 범죄진압등 직무수행에 사용하는 수갑 · 포승 · 경찰봉 · 방패등을 말한다(경직법 제10조의2 제 2 항). 경찰장비의사용기준등에관한규정은 경찰장구를 "수갑 · 포승 · 호송용포승 · 경찰봉 · 호신용경봉 · 전자충격기[2] · 방패 및 전자방패"로 정의하고 있다(장비정 제 2 조 제 1 호). 장구를 사용할 때에는 인명이나 신체에 대한 침해가 최소화될 수 있도록 하여야 한다.[3] 사용대상자가 미성년자이거나 노약자인 경우에는 보다 세심한 주의가 있어야 한다.

(4) 분사기 · 최루탄의 사용

(가) 요 건

경찰관은 범인의 체포 · 도주의 방지 또는 불법집회 · 시위로 인하여 자기 또는 타인의 생명 · 신체와 재산 및 공공시설안전에 대한 현저한 위해발생을 억제하기 위하여 부득이한 경우, 현장책임자의 합리적인 판단으로 필요한 최소한의 범위안에서 분사기(총포 · 도검 · 화약류 등 단속법의 규정에 의한 분사기와 최루 등의 작용제) 또는 최루탄을 사용할 수 있다

---

1) SPolG(독일 자르란트주 경찰법) 제55조(사람의 포박) 본법에 근거하여 구류된 자가 다음 각호의 1에 해당하면 포박될 수 있다. ⓐ 다른 사람을 공격하거나, 저항하거나, 또는 물건의 가치를 중대하게 침해하는 때, ⓑ 도주 또는 탈출하려는 때 ⓒ 자살 또는 자해하려고 하는 때

2) 경찰장비의사용기준등에관한규정 제 8 조(전자충격기등의 사용제한) ① 경찰관은 14세 미만의 자 또는 임산부에 대하여 전자충격기 또는 전자방패를 사용하여서는 아니 된다.
② 경찰관은 전극침 발사장치가 있는 전자충격기를 사용하는 경우 상대방의 얼굴을 향하여 전극침을 발사하여서는 아니 된다.

3) 대판 1996. 5. 14, 96도561(무죄추정을 받는 피의자라고 하더라도 그에게 구속의 사유가 있어 구속영장이 발부, 집행된 이상 신체의 자유가 제한되는 것은 당연한 것이고, 특히 수사기관에서 구속된 피의자의 도주, 항거 등을 억제하는 데 필요하다고 인정할 상당한 이유가 있는 경우에는 필요한 한도 내에서 포승이나 수갑을 사용할 수 있는 것이며, 이러한 조치가 무죄추정의 원칙에 위배되는 것이라고 할 수는 없다).

(경직법 제10조의3 제 1 항). 경찰장비의사용기준등에관한규정은 분사기 · 최루탄등을 "근접분사기 · 가스분사기 · 가스발사총(고무탄 발사겸용을 포함한다) 및 최루탄(그 발사장치를 포함한다)"으로 정의하고 있다(장비정 제 2 조 제 3 호).

(나) 한 계

분사기와 최루탄은 최루가스를 통해 사람의 신체와 정신에 일시적인 기능장해를 야기시키는 물건이지 사람의 살상을 목적으로 하는 물건이 아니다. 그러나 분사기 · 최루탄의 사용은 경우에 따라서는 사람의 생명이나 신체에 중대한 침해를 가져올 수도 있으므로, 분사기 · 최루탄의 사용은 비례원칙을 준수하는 가운데 이루어져야 한다.[1] 말하자면 통상의 용법에 따라 필요한 최소한의 범위 안에서 이를 사용하여야 한다(장비정 제 3 조).[2]

(다) 기 록

분사기 · 최루탄의 사용의 경우, 책임자는 사용일시 · 사용장소 · 사용대상 · 현장책임자 · 종류 · 수량 등을 기록하여 보관하여야 한다(경직법 제11조). 기록의 보관은 분사기 · 최루탄의 사용에 대한 통제수단이다.

(5) 무기의 사용

(가) 무기의 의의

경찰관직무집행법상 무기란 인명 또는 신체에 위해를 가할 수 있도록 제작된 권총 · 소총 · 도검 등을 말한다(경직법 제10조의4 제 2 항). 입법례에 따라서는 무기를 곤봉, 권총, 리볼버, 소총, 기관총, 기관소총 그리고 수류탄으로 정의하면서 기관총

1) 대판 2003. 3. 14, 2002다57218(경찰관은 범인의 체포 또는 도주의 방지, 타인 또는 경찰관의 생명 · 신체에 대한 방호, 공무집행에 대한 항거의 억제를 위하여 필요한 때에는 최소한의 범위 안에서 가스총을 사용할 수 있으나, 가스총은 통상의 용법대로 사용하는 경우 사람의 생명 또는 신체에 위해를 가할 수 있는 이른바 위해성 장비로서 그 탄환은 고무마개로 막혀 있어 사람에게 근접하여 발사하는 경우에는 고무마개가 가스와 함께 발사되어 인체에 위해를 가할 가능성이 있으므로, 이를 사용하는 경찰관으로서는 인체에 대한 위해를 방지하기 위하여 상대방과 근접한 거리에서 상대방의 얼굴을 향하여 이를 발사하지 않는 등 가스총 사용시 요구되는 최소한의 안전수칙을 준수함으로써 장비 사용으로 인한 사고 발생을 미리 막아야 할 주의의무가 있다).

2) 대판 2003. 3. 14, 2002다57218(경찰관은 범인의 체포 또는 도주의 방지, 타인 또는 경찰관의 생명 · 신체에 대한 방호, 공무집행에 대한 항거의 억제를 위하여 필요한 때에는 최소한의 범위 안에서 가스총을 사용할 수 있으나, 가스총은 통상의 용법대로 사용하는 경우 사람의 생명 또는 신체에 위해를 가할 수 있는 이른바 위해성 장비로서 그 탄환은 고무마개로 막혀 있어 사람에게 근접하여 발사하는 경우에는 고무마개가 가스와 함께 발사되어 인체에 위해를 가할 가능성이 있으므로, 이를 사용하는 경찰관으로서는 인체에 대한 위해를 방지하기 위하여 상대방과 근접한 거리에서 상대방의 얼굴을 향하여 이를 발사하지 않는 등 가스총 사용시 요구되는 최소한의 안전수칙을 준수함으로써 장비 사용으로 인한 사고 발생을 미리 막아야 할 주의의무가 있다).

등에 관해서는 별도의 규정을 두기도 한다.[1] 경찰장비의사용기준등에관한규정은 무기를 "권총 · 소총 · 기관총(기관단총을 포함한다. 이하 같다) · 산탄총 · 유탄발사기 · 박격포 · 3인치포 · 함포 · 크레모아 · 수류탄 · 폭약류 및 도검"으로 정의하고 있다(장비정 제2조 제2호). 모든 무기를 하나의 조문에서 규율하는 것보다 특성에 따라 구분하여 규정하는 것이 바람직하다. 한편, 대간첩 · 대테러작전등 국가안전에 관련되는 작전을 수행할 때에는 개인화기외에 공용화기를 사용할 수 있다(경직법 제10조의4 제3항).

(나) 법적 근거

경찰관의 무기사용은 사람의 생명이나 신체에 위해를 가져올 수 있기 때문에 경찰관의 무기사용 가능성은 공동체의 중요문제가 된다. 따라서 경찰관의 무기사용에 관해서는 법률로 규율하여야 한다(중요사항유보설). 현행법상 무기사용에 관한 일반적 규정으로 경찰관직무집행법 제10조의4를 볼 수 있다.

(다) 무기사용자

경찰공무원은 직무수행을 위하여 필요한 때에는 무기를 휴대할 수 있다(경공법 제20조 제2항). 국가경찰의 경우에는 경찰관이 무기를 사용할 수 있다. 경찰관의 범위에 관해 경찰관직무집행법은 특별한 규정을 두고 있지 않다. 말하자면 경찰관직무집행법상으로는 모든 경찰관이 무기를 휴대할 수 있다. 나라에 따라서는 특정한 직무와 계급의 경찰관에게만 무기휴대를 허용하는 경우도 있다(예: 영국). 한편, 제주특별자치도 설치 및 국제자유도시 조성을 위한 특별법 제115조의 규정에 의하여 준용되는 경찰관직무집행법 제10조의4의 규정에 불구하고 무기를 휴대 · 사용할 수 있는 자치경찰공무원은 도지사의 신청에 의하여 제주자치도지방경찰청장의 승인을 얻은 자에 한한다(제국법 제116조 제1항). 자치경찰공무원이 무기를 사용한 때에는 무기의 사용자 및 사용 일시 · 장소 · 대상 · 경위를 소속 자치경찰단

---

1) 바이에른 국립경찰직무법 제69조(특수무기, 폭약) ① 사람에 대한 기관소송과 수류탄의 사용은 다만 제67조 제1항 제1호(생명이나 신체에 대한 현재의 위험을 방지하기 위하여), 제2호(현행의 범죄행위가 총기나 폭발물의 사용 하에 이루어지는 것을 방지하기 위하여)와 제5호(공무상 유치중인 자를 물리력으로 풀어주는 것을 방지하기 위해서 등)의 경우에 내무부장관 또는 내무부장관에 의해 그 사건에 관해 권한을 위임받은 자의 승인하에 다음 각호의 경우에 사용될 수 있다.

1. 그 자가 총기나 수류탄 또는 유사한 폭발물을 사용한 때
2. 다른 무기의 사용이 효과가 없었을 때

② 기관소총과 수류탄은 도주를 막기 위해서는 사용될 수 없다. 군중 속의 사람에 대해서는 슈류탄이 사용될 수 없다.

③ 그 밖의 사항에 관해서는 총기사용에 관한 일반규정이 그대로 적용된다.

④ 폭약은 사람에 대하여 사용될 수 없다.

장 또는 자치경찰대장을 거쳐 즉시 제주자치도지방경찰청장 또는 경찰서장에게 통보하여야 한다(제국법 제116조 제2항).

㈃ 무기사용이 가능한 경우

1) 요 건 경찰관은 범인의 체포·도주의 방지, 자기 또는 타인의 생명·신체에 대한 방호, 공무집행에 대한 저항의 억제를 위하여 필요하다고 인정되는 상당한 이유가 있을 때에는 그 사태를 합리적으로 판단하여 필요한 한도 내에서 무기(권총·소총·도검 등)를 사용할 수 있다(경직법 제10조의4 제1항 본문).[1)]

2) 의 미 ① "범인"이란 범죄행위를 한 자와 범지혐의가 있는 자를 말한다. 여기에는 유죄의 선고를 받은 자, 재판이 진행 중인 피고인, 그리고 피의자를 포함한다. ② "체포"란 범인의 의사와 관계없이 강제적으로 그 신병을 구속하는 것을 말한다. 여기에는 형사소송법에 따른 일체의 체포를 뜻한다. ③ "도주"란 경찰관에 의해 구속된 자나 구속되려는 자가 경찰관의 지배로부터 벗어나거나 벗어나려고 하는 것을 말한다. ④ "방지"란 체포·도주를 저지하는 것을 말한다. ⑤ "자기"란 범인의 체포·도주를 방지하려는 경찰관 개인을 말한다. ⑥ "타인"이란 자기와 범인을 제외한 모든 사람을 말한다. 여기에는 같은 직무를 수행하고 있는 동료 경찰관과 그 밖의 경찰관, 그리고 시민을 포함한다. ⑦ 경찰관직무집행법은 무기사용이 가능한 경우로 "생명·신체에 대한 방호"만을 규정하고 있으나, 사람에게 위해를 가하지 않는 한 재산의 방호도 포함된다고 볼 것이다. ⑧ "방호"란 생명이나 신체에 대한 현재의 위험을 방지하고 위험으로부터 보호하는 것을 말한다. ⑨ "공무집행"이란 경찰관직무집행법 제2조에서 규정하는 직무의 집행을 의미한다. 다만 직무수행의 상대방인 사인의 임의적인 협력을 전제로 하는 직무(예: 경찰관의 단순한 탐문에 대하여 불응하는 경우)는 포함되지 아니한다. 왜냐하면 그러한 직무에는 강제력을 행사할 수 없기 때문이다. ⑩

---

1) 대판 1999. 3. 23, 98다63445(경찰관은 범인의 체포, 도주의 방지, 자기 또는 타인의 생명·신체에 대한 방호, 공무집행에 대한 항거의 억제를 위하여 무기를 사용할 수 있으나, 이 경우에도 무기는 목적달성에 필요하다고 인정되는 상당한 이유가 있을 때 그 사태를 합리적으로 판단하여 필요한 한도 내에서 사용하여야 하는바, 경찰관의 무기사용이 이러한 요건을 충족하는지 여부는 범죄의 종류, 죄질, 피해법익의 경중, 위해의 급박성, 저항의 강약, 범인과 경찰관의 수, 무기의 종류, 무기 사용의 태양, 주변의 상황 등을 고려하여 사회통념상 상당하다고 평가되는지 여부에 따라 판단하여야 하고, 특히 사람에게 위해를 가할 위험성이 큰 총기의 사용에 있어서는 그 요건을 더욱 엄격하게 판단하여야 한다. 경찰관이 길이 40cm 가량의 칼로 반복적으로 위협하며 도주하는 차량 절도 혐의자를 추적하던 중, 도주하기 위하여 등을 돌린 혐의자의 몸쪽을 향하여 약 2m 거리에서 실탄을 발사하여 혐의자를 복부관통상으로 사망케 한 경우, 경찰관의 총기사용은 사회통념상 허용범위를 벗어난 위법행위이다).

"저항"이란 경찰관의 적법한 공무집행을 방해하여 공무집행목적의 달성을 불가능하게 하거나 어렵게 만드는 것을 말한다. ⑪ "억제"란 저항을 저지하는 것을 말한다. ⑫ 무기의 사용은 사람의 생명이나 신체에 대한 위해가능성을 갖기 때문에 "필요하다고 인정되는 상당한 이유", "합리적 판단"에 대한 해석은 엄격하여야 하고 동시에 제한적이어야 한다. ⑬ "필요한 한도내"란 비례원칙이 적용된다는 것을 뜻한다. ⑭ "무기"의 의미에 관해서는 이미 살펴본 바 있다.

(마) 위해를 줄 수 있는 무기사용

무기의 사용은 사람에게 위해를 가하지 않도록 사용하여야 함(예: 겨누기만 하는 경우 또는 위협발사만 하는 경우)이 원칙이다. 그러나 다음의 경우는 불가피하다고 보아 위해를 가하는 것을 허용하고 있다(경직법 제10조의4 단서).

① 형법에 규정한 정당방위와 긴급피난에 해당하는 때(경직법 제10조의4 제 1 항 단서). 정당방위란 자기 또는 타인의 법익에 대한 현재의 부당한 침해를 방위하기 위한 행위를 말하고(형법 제21조 제 1 항), 긴급피난이란 자기 또는 타인의 법익에 대한 현재의 위난을 피하기 위한 행위를 말한다(형법 제22조 제 1 항).

② 사형 · 무기 또는 장기 3년 이상의 징역이나 금고에 해당하는 죄를 범하거나 범하였다고 의심할 만한 충분한 이유가 있는 자가 경찰관의 직무집행에 대하여 항거하거나, 도주하려고 할 때 또는 제 3 자가 그를 도주시키려고 경찰관에게 항거할 때에 이를 방지 또는 체포하기 위하여 무기를 사용하지 아니하고는 다른 수단이 없다고 인정되는 상당한 이유가 있을 때(경직법 제10조의4 제 1 항 제 1 호).

③ 체포 · 구속영장과 압수 · 수색영장을 집행할 때에 본인이 경찰관의 직무집행에 대하여 항거하거나 도주하려고 할 때 또는 제 3 자가 그를 도주시키려고 경찰관에게 항거할 때 이를 방지 또는 체포하기 위하여 무기를 사용하지 아니하고는 다른 수단이 없다고 인정되는 상당한 이유가 있을 때(경직법 제10조의4 제 1 항 제 2 호).

④ 범인 또는 소요행위자가 무기 · 흉기 등 위험한 물건을 소지하고 경찰관으로부터 3회 이상의 투기명령 또는 투항명령을 받고도 이에 불응하면서 계속 항거하여 이를 방지 또는 체포하기 위하여 무기를 사용하지 아니하고는 다른 수단이 없다고 인정되는 상당한 이유가 있을 때(경직법 제10조의4 제 1 항 제 3 호).

⑤ 대간첩작전 수행에 있어 무장간첩이 경찰관의 투항명령을 받고도 이에 불응하는 경우(경직법 제10조의4 제 1 항 제 4 호).

(바) 한 계

무기사용에는 비례원칙의 엄수가 중요하다. 경찰관직무집행법은 "… 필요하다고 인정되는 상당한 이유가 있을 때에는 … 필요한 한도 내에서 무기를 사용할 수 있다"고 하여 비례원칙을 명시적으로 규정하고 있다(경직법 제10조의 4 제 1 항 본문).[1] 또한 경찰관직무집행법은 "…무기를 사용하지 아니하고는 다른 수단이 없다고 인정되는 상당한 이유가 있을 때…"에 무기를 사용할 수 있다고 하여 보충성의 원칙도 도입하고 있다(경직법 제10조의4 제 1 항 제 1 호 내지 제 3 호).[2] 말하자면 통상의 용법에 따라 필요한 최소한의 범위안에서 이를 사용하여야 한다(장비정 제 3 조). 그러나 보충성의 원칙은 대간첩작전 수행에서는 적용되지 아니한다(경직법 제10조의4 제 1 항 제 4 호 참조).

(사) 총기의 사용

1) **총기사용의 성격** 실력행사방법으로서 무기사용 중에서도 총기사용은 그 자체가 목적이 아니다. 총기사용은 정당한 고권적인 처분과 명령상의 특정목적의 실현을 위한 도구일 뿐이다. 즉 그것은 오로지 목적을 위한 수단이며, 특정한 고권적인 목적 없는 총기사용은 예상할 수 없다. 이것은 결국 총기사용에 비례원칙이 반드시 적용되어야 함을 의미한다. 일반적으로 말한다면, 총기의 사용은 경찰책임자(경찰의무자)의 공격이나 도주시에 가능할 것이다.

2) **법적 근거와 긴급성** ① 총기사용은 개개인의 신체의 온전성에 관련되는 국가권력의 작용인 까닭에 헌법 제10조(인간의 존엄과 가치), 헌법 제12조(신체의 자유)에 의거, 법률의 근거하에서만 사용가능하다. 현행법상 그 근거로 경찰관직무집행법

1) 대판 2008. 2. 1, 2006다6713(경찰관직무집행법 제10조의4가 규정하는 요건을 충족하는지 여부는 범죄의 종류, 죄질, 피해법익의 경중, 위해의 급박성, 저항의 강약, 범인과 경찰관의 수, 무기의 종류, 무기 사용의 태양, 주변의 상황 등을 고려하여 사회통념상 상당하다고 평가되는지 여부에 따라 판단하여야 하고, 특히 사람에게 위해를 가할 위험성이 큰 권총의 사용에 있어서는 그 요건을 더욱 엄격하게 판단하여야 한다).

2) 대판 1999. 6. 22, 98다61470(경찰관이 신호위반을 이유로 한 정지명령에 불응하고 도주하던 차량에 탑승한 동승자를 추격하던 중 몸에 지닌 각종 장비 때문에 거리가 점점 멀어져 추격이 힘들게 되자 수차례에 걸쳐 경고하고 공포탄을 발사했음에도 불구하고 계속 도주하자 실탄을 발사하여 사망케 한 경우, 위 사망자가 아무런 흉기를 휴대하지 아니한 상태에서 경찰관을 공격하거나 위협하는 등 거칠게 항거하지 않고 단지 계속하여 도주하였다면 그러한 상황은 형법에 규정된 정당방위나 긴급피난의 요건에 해당한다고 보기 어렵고, 위 사망자가 경찰관의 정지명령에 응하지 아니하고 계속 도주하였다는 사실만으로 경찰관직무집행법 제11조에서 규정하는 범죄를 범하였거나 범하였다고 의심할 충분한 이유가 있다고 보기도 어려우며, 동료 경찰관이 총기를 사용하지 않고도 함께 도주하던 다른 일행을 계속 추격하여 체포한 점에 비추어 볼 때, 경찰관이 추격에 불필요한 장비를 일단 놓아둔 채 계속 추격을 하거나 공포탄을 다시 발사하는 방법으로 충분히 위 사망자를 제압할 여지가 있었다고 보이므로, 경찰관이 그러한 방법을 택하지 아니하고 실탄을 발사한 행위는 경찰관직무집행법 제11조에 정해진 총기 사용의 허용 범위를 벗어난 위법행위이다).

제10조의4를 들 수 있다.[1)2)] 총기사용의 요건은 엄격하여야 한다.[3)] 총기사용에 관해 자세한 명시적인 규정을 둔 입법례도 있다.[4)] 한편 ② 경찰상 총기사용을

---

1) 경찰장비의사용기준등에관한규정 제 9 조(총기사용의 경고) 경찰관은 경찰관직무집행법(이하 "법"이라 한다) 제10조의4의 규정에 의하여 사람을 향하여 권총 또는 소총을 발사하고자 하는 때에는 미리 구두 또는 공포탄에 의한 사격으로 상대방에게 경고하여야 한다. 다만, 다음 각호의 1에 해당하는 경우로서 부득이한 때에는 경고하지 아니할 수 있다.

1. 경찰관을 급습하거나 타인의 생명 · 신체에 대한 중대한 위험을 야기하는 범행이 목전에 실행되고 있는 등 상황이 급박하여 특히 경고할 시간적 여유가 없는 경우
2. 인질 · 간첩 또는 테러사건에 있어서 은밀히 작전을 수행하는 경우

제10조(권총 또는 소총의 사용제한) ① 경찰관은 법 제10조의4의 규정에 의하여 권총 또는 소총을 사용하는 경우에 있어서 범죄와 무관한 다중의 생명 · 신체에 위해를 가할 우려가 있는 때에는 이를 사용하여서는 아니된다. 다만, 권총 또는 소총을 사용하지 아니하고는 타인 또는 경찰관의 생명 · 신체에 대한 중대한 위험을 방지할 수 없다고 인정되는 때에는 필요한 최소한의 범위안에서 이를 사용할 수 있다.

② 경찰관은 총기 또는 폭발물을 가지고 대항하는 경우를 제외하고는 14세미만의 자 또는 임산부에 대하여 권총 또는 소총을 발사하여서는 아니된다.

2) 대판 2008. 2. 1, 2006다6713(경찰관은 범인의 체포, 도주의 방지, 자기 또는 타인의 생명 · 신체에 대한 방호, 공무집행에 대한 항거의 억제를 위하여 무기를 사용할 수 있으나, 이 경우에도 무기는 목적 달성에 필요하다고 인정되는 상당한 이유가 있을 때 그 사태를 합리적으로 판단하여 필요한 한도 내에서 사용하여야 하는바(경찰관직무집행법 제10조의4), 경찰관의 무기 사용이 이러한 요건을 충족하는지 여부는 범죄의 종류, 죄질, 피해법익의 경중, 위해의 급박성, 저항의 강약, 범인과 경찰관의 수, 무기의 종류, 무기 사용의 태양, 주변의 상황 등을 고려하여 사회통념상 상당하다고 평가되는지 여부에 따라 판단하여야 하고, 특히 사람에게 위해를 가할 위험성이 큰 권총의 사용에 있어서는 그 요건을 더욱 엄격하게 판단하여야 한다)

3) 대판 2004. 5. 13, 2003다57956(경찰관은 범인의 체포, 도주의 방지, 자기 또는 타인의 생명 · 신체에 대한 방호, 공무집행에 대한 항거의 억제를 위하여 무기를 사용할 수 있으나, 이 경우에도 무기는 목적 달성에 필요하다고 인정되는 상당한 이유가 있을 때 그 사태를 합리적으로 판단하여 필요한 한도 내에서 사용하여야 하는바, 경찰관의 무기 사용이 이러한 요건을 충족하는지 여부는 범죄의 종류, 죄질, 피해법익의 경중, 위해의 급박성, 저항의 강약, 범인과 경찰관의 수, 무기의 종류, 무기 사용의 태양, 주변의 상황 등을 고려하여 사회통념상 상당하다고 평가되는지 여부에 따라 판단하여야 하고, 특히 사람에게 위해를 가할 위험성이 큰 권총의 사용에 있어서는 그 요건을 더욱 엄격하게 판단하여야 한다); 대판 2004. 3. 25, 2003도3842.

4) SPolG(독일 자르란트주 경찰법) 제56조(총기사용에 관한 일반규정) ① 총기는 다른 직접강제처분이 효과가 없었거나 또는 명백히 아무런 효과도 기대할 수 없는 경우에만 사용될 수 있다. ② 제 3 자에 상당한 위험을 가져오는 총기사용은 허용되지 아니한다. 그러나 총기사용이 현재의 생명위험에 대한 방어를 위한 유일한 수단인 경우에는 그러하지 아니하다. ③ 외관상 14세미만인 자에 대해서는 총기가 사용될 수 없다.

제57조(사람에 대한 총기사용) ① 사람에 대한 총기사용은 물건에 대한 총기사용으로 목적이 달성될 수 없는 경우에 한하여 항거 또는 도주하고자 하는 자에 대하여 허용된다. 안전상 한계적으로는 사망을 가져올 수도 있는 개연성이 있는 총격은, 그것이 현재의 생명위험 또는 신체의 온전성에 중대한 침해를 가져오는 현재의 위험을 방지하기 위한 유일한 수단인 경우에만 가능하다. ② 사람에 대한 총기사용은 나만 다음 각호의 경우에 허용된다. ⓐ신체나 생명을 위해 현재의 위험을 방지하기 위한 경우, ⓑ 총기나 폭발물의 사용 · 휴대하면서 당장 이루어려는 범죄를 방지하기 위하여 그리고, 범죄 또는 위법행위의 속행을 방지하기 위한 경우, ⓒ 도주하여 구금 또는 신원확인을 모면하고자 하는 자가 ㉠ 당장 범죄를 저지를 만한 상당한 의심이 들거나, ㉡ 위법행위를 당장에 저지를 만한 의심이 들고 동시에 총기나 폭발물을 휴대하고 있다고 볼 만한 경우에 그자를 체포하기 위한 경우, ⓓ 도주를 방지하기 위하여, 유치되어야할 자를 체

위한 법적 근거의 두 번째 유형으로 긴급권에 따른 총기사용문제가 있다. 말하자면 경찰은 경찰법에 의해서만 자신의 권능을 갖는가 아니면 정당방위나 긴급피난 같은 민·형법상의 일반적인 정당화 요소에 의해서도 갖게 되는가라는 시각에서 총기사용 가능성의 문제가 논의될 수 있다. 이것이 소위 경찰법상 긴급권유보의 문제이다. 앞에서 본 바와 같이 우리의 경우 경찰관직무집행법은 이를 긍정하고 있다.

3) 총기사용과 생명박탈 총기사용의 허용과 관련하여 특히 어려운 문제는 생명박탈을 의도하거나 생명박탈의 위험성을 전제로 사람에 대한 총기사용이 가능한가의 문제이다. 나라마다 사정이 다소 상이하다. 먼저 과거의 동독의 경우에는 그것이 허용되었으나, 프랑스·영국·네덜란드·스위스의 경우에는 특별한 규정을 갖고 있지 않은바, 원칙적인 허용이나 원칙적인 금지도 없으며, 따라서 이들 국가에서 생명박탈을 의도하는 총기사용은 개별 경우에 따라 허용될 수 있다. 오스트리아에서는 생명을 위협하는, 사망을 초래할 수도 있는 총기사용에 대한 법적 규정이 있고, 미국의 경우에는 법적 상황이 주에 따라 상이하다. 즉 common law상 인정되는 주도 있고, 명문의 규정을 둔 주도 있다. 기본적으로 생명박탈을 의도한 총기사용이 허용된다. 독일의 경우는 일부 란트(Bayern, Rheinland-Pfalz, Niedersachsen)에서만 명문으로 이를 인정하고 있다.[1)]

(6) 폭약의 사용

입법례에 따라서는 사람에 대하여 폭약을 사용할 수 없다는 규정을 두기도 하다.[2)] 우리의 경우에는 이에 관한 규정이 보이지 아니한다. 폭약사용은 침해적인 행위이므로 헌법 제37조 제 2 항에 비추어 법률의 근거 없이는 사용될 수 없다. 따라서 경찰은 위험방지를 위해 사람에 대하여 폭약을 사용할 수는 없다.

포하기 위하여, 다만 ㉠ 범죄로 인한 판결이 있거나 또는 범죄발생에 급박한 의심이 있을 때, 또는 ㉡ 위법행위로 인한 판결이 있거나 또는 위법행위의 발생에 급박한 의심이 있으면서 총기나 폭발물을 휴대하고 있다고 볼 만한 경우에 한한다. ⓔ 유치 중인 자의 폭력적인 탈출을 막기 위한 경우 또는 형집행법률 제100조의 경우. ③ 청소년체포나 영장의 집행을 위해 또는 공공시설에서 도주가 곤란한 경우에는 총기사용이 ②항 ⓓ호에 따라 사용될 수 없다.
제58조(총기사용의 특례) ① 재소자에 대한 총기사용은 다음 각호의 경우에 허용된다. ⓐ 반복된 명령에도 불구하고 재소자가 무기 또는 흉기를 내려놓지 아니한 경우, ⓑ 폭동에 참여할 경우, ⓒ 도주를 방지하거나 다시 체포하기 위한 경우. 공개된 시설에서 도주를 방지하기 위해서는 총기를 사용할 수 없다. ② 제 3 자에 대한 총기사용은 다만 그 제 3 자가 재소자를 폭력적으로 탈출시키거나 공공시설에서 폭력적으로 위협하는 경우에만 사용될 수 있다. 한편, 바이에른국립경찰직무법 제66조 내지 제68조에서도 유사한 내용을 볼 수 있다.

1) W. Thewes, Rettings－oder Todesschuss, 1988, S. 17ff., 460ff.

2) SPolG(독일 자르란트주 경찰법) 제58조; 바이에른국립경찰직무법 제69조 제 1 항 등.

Ⅲ. 경찰상 즉시강제와 영장

1. 일 반 론

헌법은 제12조에서 신체의 구속 등에 영장이 필요함을, 제16조에서 주거의 수색 등의 경우에 영장이 필요함을 규정하고 있다. 그러나 헌법은 행정작용의 경우에는 명시적으로 표현하는 바가 없다. 경찰행정작용의 경우에도 영장이 필요한가의 문제와 관련하여 견해는 나뉜다.

(1) 영장필요설

헌법은 형사의 경우와 행정의 경우를 구분하지 않고 영장주의를 규정하고 있으므로 영장제도는 형사작용인가 행정작용인가를 불문하고 적용되며, 따라서 행정목적을 위한 것이라 하여도 주거의 출입, 신체나 주거의 수색을 위해서는 영장이 필요하다는 견해를 영장필요설이라 한다. 영장필요설은 형사와 행정이 목적에서 차이를 가져도 기본권보장의 취지는 같다는 입장이다.

(2) 영장불요설

헌법상의 영장제도는 형사작용에만 적용되는 것이지 행정작용에는 적용이 없다. 행정상 즉시강제는 행정상 의무를 명할 여유가 없는 급박한 경우의 문제이므로, 이 때 영장을 필요로 한다는 것은 헌법이 예상하는 바가 아니라는 견해를 영장불요설이라 한다. 영장불요설은 연혁적으로도 영장주의는 형사사법제도와 관련하여 발전된 것 등을 이유로 삼는다.[1)]

(3) 절 충 설

원칙적으로 영장필요설에 입각하면서도 행정목적의 달성을 위해 불가능하다고 인정할 만한 특별한 사유가 있는 경우에는 사전영장주의의 적용을 받지 않는다는 견해를 절충설이라 한다. 일반적 견해이자 판례의 입장이다.[2)]

---

1) 박윤흔, 최신행정법강의(하), 360쪽.

2) 대판 1997. 6. 13, 96다56115(사전영장주의는 인신보호를 위한 헌법상의 기속원리이기 때문에 인신의 자유를 제한하는 모든 국가작용의 영역에서 존중되어야 하지만, 헌법 제12조 제 3 항 단서도 사전영장주의의 예외를 인정하고 있는 것처럼 사전영장주의를 고수하다가는 도저히 행정목적을 달성할 수 없는 지극히 예외적인 경우에는 형사절차에서와 같은 예외가 인정되므로, 구 사회안전법(1989. 6. 16. 법률 제4132호에 의해 '보안관찰법' 이란 명칭으로 전문 개정되기 전의 것) 제11조 소정의 동행보호규정은 재범의 위험성이 현저한 자를 상대로 긴급히 보호할 필요가 있는 경우에 한하여 단기간의 동행보호를 허용한 것으로서 그 요건을 엄격히 해석하는 한, 동 규정 자체가 사전영장주의를 규정한 헌법규정에 반한다고 볼 수는 없다).

(4) 사 견

논리적으로는 절충설이 타당하다. 그러나 적어도 즉시강제가 형사책임의 추궁과 관련을 갖는 것으로서, 침해가 계속되거나 개인의 신체 · 재산 · 가택에 중대한 침해를 가할 수도 있는 경우에는 반드시 사후에라도 영장을 요한다(조처법 제 3 조 제 1 항 참조).

2. 표준처분

경찰행정상 즉시강제수단 중 경찰관직무집행법에서 규정하는 보호조치 · 위험발생방지 등 표준처분은 영장주의의 예외, 즉 영장 없이 이루어지는 강제처분이다. 왜냐하면 이러한 수단은 공적 안전이나 공적 질서의 유지를 위해 매우 빈번히 도입되는 것으로서 영장주의를 관철시킬 수 없는 것이고, 이 때문에 경찰관직무집행법은 표준처분이라는 특별구성요건을 둔 것이라고 새기는 것이 합리적이기 때문이다. 한편 이러한 경우에는 현행범의 요소가 다분히 있기 때문에 영장제의 예외사항에 해당되는 것이라고 볼 수 있다는 지적도 있다.

Ⅳ. 경찰상 즉시강제에 대한 구제

1. 적법한 침해

적법한 즉시강제로 인해 개인이 손실을 입게 되고 또한 그 손실이 특별한 희생에 해당한다면, 그 개인은 행정상 손실보상을 청구할 수 있다(헌법 제23조 제 3 항)(간접효력규정설). 개별법이 손실보상에 관해 명문으로 규정을 두는 경우도 있다(소방법 제24조 제 2 항; 자재법 제68조). 경우에 따라서는 피해보상청구권도 가질 수 있을 것이다.

2. 위법한 침해

(1) 인신보호제도

인신보호제도란 자유로운 의사에 반하여 국가, 지방자치단체, 공법인 또는 개인, 민간단체 등이 운영하는 의료시설 · 복지시설 · 수용시설 · 보호시설(이하 "수용시설"이라 한다)에 수용 · 보호 또는 감금되어 있는 자(형사절차에 따라 체포 · 구속된 자, 수형자 및 「출입국관리법」에 따라 보호된 자는 제외한다)가 인신보호법에 따라 법원에 구제를 청구할 수 있는 제도를 말한다.

(2) 행정상 쟁송

경찰상 즉시강제의 취소나 변경을 구할 법률상의 이익이 있는 자는 행정상 쟁송의 제기를 통해 위법한 즉시강제에 대해 다툴 수 있다. 경찰상 즉시강제는 수인의무를 내포하는 행정행위로서의 성질도 갖기 때문이다. 그러나 즉시강제가 완성되어버리면 취소나 변경을 구할 이익이 없기 때문에, 실제상 행정상 쟁송은 행정상 즉시강제가 장기간에 걸쳐 계속되는 경우에 의미를 갖는다.

(3) 행정상 손해배상

위법한 즉시강제작용으로 인하여 손해를 입은 자는 국가나 지방자치단체를 상대로 국가배상법이 정한 바에 따라 손해배상을 청구할 수 있다.[1] 행정상 쟁송수단이 제기능을 발휘하지 못하는 경우에 행정상 손해배상은 특히 의미를 갖게 된다.

Ⅴ. 차량의 견인

1. 의 의

도로교통법은 교차로 · 횡단보도 · 건널목이나 보도와 차도가 구분된 도로의 보도(「주차장법」에 의하여 차도와 보도에 걸쳐서 설치된 노상주차장을 제외한다), 터널 안 또는 다리 위 등 여러 장소에서 주차(운전자가 승객을 기다리거나 화물을 싣거나 고장이나 그 밖의 사유로 인하여 차를 계속하여 정지상태에 두는 것 또는 운전자가 차로부터 떠나서 즉시 그 차를 운전할 수 없는 상태에 두는 것을 말한다. 도교법 제 1 조 제22호)하는 것을 제한하고 있다(도교법 제32조, 제33조, 제34조). 만약 이에 위반하여 주차하고 있는 차가 교통에 위험을 일으키게 하거나 방해될 우려가 있는 경우에는 도로에서의 위험을 방지하고 교통의 안전과 원활한 소통을 확보하기 위하여 필요한 한도 안에서 경찰서장 또는 시장등은 경찰공무원 또는 시 · 군공무원으로 하여금 일정한 장소로 이동하게 할 수 있다. 이것을 차량의 견인이라 한다.

---

1) 대판 2003. 3. 14, 2002다57218(경찰관은 범인의 체포 또는 도주의 방지, 타인 또는 경찰관의 생명 · 신체에 대한 방호, 공무집행에 대한 항거의 억제를 위하여 필요한 때에는 최소한의 범위 안에서 가스총을 사용할 수 있으나, 가스총은 통상의 용법대로 사용하는 경우 사람의 생명 또는 신체에 위해를 가할 수 있는 이른바 위해성 장비로서 그 탄환은 고무마개로 막혀 있어 사람에게 근접하여 발사하는 경우에는 고무마개가 가스와 함께 발사되어 인체에 위해를 가할 가능성이 있으므로, 이를 사용하는 경찰관으로서는 인체에 대한 위해를 방지하기 위하여 상대방과 근접한 거리에서 상대방의 얼굴을 향하여 이를 발사하지 않는 등 가스총 사용시 요구되는 최소한의 안전수칙을 준수함으로써 장비 사용으로 인한 사고 발생을 미리 막아야 할 주의의무가 있다).

2. 법적 근거

차량의 견인에 관해서는 도로교통법 제35조(주차위반에 대한 조치)와 제36조(차의 견인 및 보관업무 등의 대행)가 규정하고 있다. 차량견인에 관해 입법상 미비가 있다면, 경찰상 표준조항인 경찰관직무집행법 제 5 조가 적용될 수도 있을 것이다.

3. 권한행정청과 집행공무원

① 견인사무는 경찰서장과 시장등이 관장한다. 시장등이란 특별시장 · 광역시장 · 제주특별자치도지사 또는 시장 · 군수(광역시의 군수를 제외한다)를 말한다(도교법 제3조 제1항). ② 도로에서 견인사무는 경찰공무원 또는 시장등이 대통령령으로 정하는 바에 따라 임명하는 공무원(시 · 군공무원)이 집행한다(도교법 제35조 제1항). 여기서 "대통령령으로 정하는 바에 따라 임명하는 공무원"이라 함은 교통행정과 관련되는 분야에서 근무하는 공무원 등 해당 지방자치단체에 근무하는 공무원으로서 주 · 정차 단속을 위하여 필요하다고 인정되어 시장등이 임명하는 공무원(이하 "단속담당공무원"이라 한다)을 말한다(동법시행령 제12조 제1항). 단속담당공무원은 제복을 착용하여야 한다(동법시행령 제12조 제2항).

4. 견인의 유형

(1) 운전자 등이 현장에 있는 경우

(가) 이동명령의 발령

경찰공무원 또는 시장등이 대통령령이 정하는 바에 의하여 임명하는 공무원(이하 "시 · 군공무원"이라 한다)은 제32조 · 제33조 또는 제34조를 위반하여 주차하고 있는 차가 교통에 위험을 일으키게 하거나 방해될 우려가 있는 때에는 차의 운전자 또는 관리 책임이 있는 사람에 대하여 주차방법의 변경이나 그 곳으로부터의 이동을 명할 수 있다(도교법 제35조 제1항). 이동명령의 성질은 작위의무의 하명에 해당한다.

(나) 이동명령에 불응

도로교통법은 이동명령의 불응에 관해서는 규정하는 바가 없다. 입법의 미비로 보인다. 이러한 경우에는 경찰관직무집행법 제 5 조(위험발생의 방지)에 근거하여 필요한 조치로서 차량을 견인할 수 있을 것이다. 이런 경우의 견인이 행정대집행인지 아니면 행정상 즉시강제인지가 문제될 수 있다. 운전자 등이 현장에 없는 경우와 마찬가지로 대집행으로 새기는 것이 합리적이다. 따라서 견인한 행정청은 행정대집행법이 정하는 바에 따라 비용을 징수할 수 있다고 본다. 차의 운전자 등이 이동명령에 불응하는 경우는 실제상 예상하기 어렵다.

(2) 운전자 등이 현장에 없는 경우

(가) 주차방법의 변경

경찰서장 또는 시장등은 제32조 · 제33조 또는 제34조를 위반하여 주차하고 있는 차가 교통에 위험을 일으키게 하거나 방해될 우려가 있음에도 차의 운전자나 관리 책임이 있는 사람이 현장에 없을 때에는 도로에서 일어나는 위험을 방지하고 교통의 안전과 원활한 소통을 확보하기 위하여 필요한 범위에서 그 차의 주차방법을 직접 변경하거나 변경에 필요한 조치를 할 수 있다(도교법 제35조 제 2 항 제 1 문).

(나) 견인(이동)

주차방법의 변경만으로는 목적달성이 곤란한 부득이한 경우에는 관할 경찰서나 경찰서장 또는 시장등이 지정하는 곳으로 이동하게 할 수 있다(도교법 제35조 제 2 항). 비례원칙상 주차방법의 변경만으로 목적달성이 가능하다면, 주차방법의 변경이 이루어져야 하며 견인은 허용될 수 없다. 운전자 등이 현장에 없는 경우에 이루어지는 견인(강제이동)이 즉시강제인지 아니면 대집행인지의 여부가 문제된다. 도로교통법 제35조 제 6 항이 비용징수에 관해 행정대집행법 제 5 조(비용납부명령서) 및 제 6 조(비용징수)를 적용토록 하고 있으므로 대집행의 일종으로 볼 수 있을 것이다.

5. 견인사무의 내용

차량의 견인사무는 차량을 단순히 안전지대로 이동시키는 것뿐만 아니라 차량의 보관까지 포함한다. 경찰서장이나 시장등은 제 2 항에 따라 주차위반 차를 관할 경찰서나 경찰서장 또는 시장등이 지정하는 곳으로 이동시킨 경우에는 선량한 관리자로서의 주의의무를 다하여 보관하여야 하며, 그 사실을 차의 사용자(소유자 또는 소유자로부터 차의 관리에 관한 위탁을 받은 사람을 말한다) 또는 운전자에게 신속히 알리는 등 반환에 필요한 조치를 하여야 한다(도교법 제35조 제 3 항). 제 3 항의 경우 차의 사용자 또는 운전자의 성명 · 주소를 알 수 없는 때에는 대통령령으로 정하는 방법에 의하여 공고하여야 한다(도교법 제35조 제 4 항).

6. 견인비용부담과 국가배상책임

① 제 2 항부터 제 5 항의 규정에 따른 주차위반 차의 이동 · 보관 · 공고 · 매각 또는 폐차 등에 들어간 비용은 그 차의 사용자의 부담으로 한다. 이 경우 그 비용의 징수에 관하여는 행정대집행법 제 5 조(비용납부명령서) 및 제 6 조(비용징수)의 규정을 적용한다(도교법 제35조 제 6 항). 한편, ② 견인사무를 집행함에 있어서 공무원의 위법한 행위로 그 차에 피해가 생겼다면, 국가배상법이 정하는 바에 의하여 국가 또는 지방자치단체는 배상책임을 부담한다.

7. 견인사무의 대행

경찰서장이나 시장등은 제35조에 따라 견인하도록 한 차의 견인 · 보관 및 반환 업무의 전부 또는 일부를 그에 필요한 인력 · 시설 · 장비 등 자격요건을 갖춘 법인 · 단체 또는 개인(법인등)으로 하여금 대행하게 할 수 있다(도교법 제36조 제 1 항).

제 4 항 경찰상 행정조사(경찰조사)

Ⅰ. 경찰조사의 관념

1. 경찰조사의 의의

경찰상 행정조사란 적정하고도 효과적인 경찰행정을 위해 경찰행정기관이 개인에 관한 자료 · 정보를 수집하는 사실행위 또는 사실행위와 법적 행위의 합성적 행위로서의 조사작용을 말한다. 행정조사기본법은 행정조사를 "행정기관이 정책을 결정하거나 직무를 수행하는 데 필요한 정보나 자료를 수집하기 위하여 현장조사 · 문서열람 · 시료채취 등을 하거나 조사대상자에게 보고요구 · 자료제출요구 및 출석 · 진술요구를 행하는 활동을 말한다"고 정의하고 있다(조사법 제2조 제 1 호). 경찰상 행정조사를 경찰상 조사[1] 또는 경찰조사라고도 한다.[2]

---

1) 박윤흔, 최신행정법강의(하), 371쪽; 윤세창 · 이호승, 행정법(하), 172쪽.
2) 김남진 · 김연태, 행정법(Ⅱ), 318쪽; 박평준 · 박창석, 경찰행정법, 347쪽.

2. 경찰조사의 성질

경찰조사는 경찰기관에 의한 조사작용이다. 경찰조사는 반드시 권력적인 조사작용만을 뜻하는 것은 아니고, 비권력적 조사도 경찰조사에 포함된다.[1] 경찰조사는 통상 그 자체가 법적 효과를 가져오는 행위는 아니다. 그것은 사실행위일 뿐이다. 경우에 따라서는 상대방에게 수인의무를 발생시키기도 한다. 경찰조사는 행정조사의 일종이다. 경찰조사와 경찰상 즉시강제는 목적과 성질에서 다르다.

	경찰조사	경찰상 즉시강제
목 적	준비작용으로서 조사 목적	행정상 필요한 상태의 실현
성 질	권력적 작용+비권력적작용(이설 있음)	권력적 작용

3. 경찰조사와 기본권보호

① 경찰조사는 개념필수적으로 개인의 프라이버시침해의 가능성을 갖는다. 이 때문에 개인의 사생활보호, 개인의 정보상 자기결정권의 보호 등이 문제된다. 또한 ② 경찰조사의 결과 얻어진 정보·자료는 국민 모두의 정보·자료이기 때문에 개인의 행복추구권·알 권리 등과 관련하여 정보공개의 문제가 나타난다. 뿐만 아니라 ③ 경우에 따라서는 사인이 행정청에 대하여 행정조사를 청구할 수 있는가도 문제된다(행정개입 청구권).

4. 경찰조사와 법적 근거

(1) 권력적 경찰조사

권력적 경찰조사는 국민의 신체나 재산에 침해를 가져오는 것인바, 그것이 아무리 필요하다고 하여도 법률의 근거를 요한다. ① 일반법으로 행정조사기본법이 있다. 동법은 행정조사에 관한 기본원칙·행정조사의 방법 및 절차 등에 관한 공통적인 사항을 규정함으로써 행정의 공정성·투명성 및 효율성을 높이고, 국민의 권익을 보호함을 목적으로 제정되었다(조사법 제1조). ② 행정조사가 규정

1) 권력적 조사만을 행정조사로 보는 견해도 있다(김남현, 경찰행정법, 206쪽).

된 개별법으로 경찰관직무집행법(예: 동법 제 3 조 제 1 항의 불심검문), 소방기본법(예: 동법 제29조 이하의 화재조사), 국세징수법(동법 제27조의 질문 · 검사), 감염병의 예방 및 관리에 관한 법률(동법 제42조의 조사) 등을 볼 수 있다.

(2) 비권력적 경찰조사

비권력적 경찰조사의 경우에는 그것이 국민의 신체나 재산에 직접 침해를 가져오는 것이 아니므로 법적 근거를 요하지 아니한다. 행정작용의 근거규정은 비권력적 경찰조사의 권능까지 포함하고 있는 것으로 본다. 그렇지만 경찰기관의 비권력적 조사는 조직법상 권한의 범위 내에서만 가능하다고 보아야 한다.

Ⅱ. 경찰조사의 한계

1. 실체법상 한계

경찰조사는 조사목적을 달성하는 데 필요한 최소한의 범위 안에서 실시하여야 하며, 다른 목적 등을 위하여 조사권을 남용하여서는 아니 된다(조사법 제 4 조 제 1 항). 위법한 목적을 위한 조사는 불가능하다.[1] 권력적 조사는 근거된 법규의 범위 내에서만 가능하다.[2] 또한 비권력적 조사를 포함하여 모든 행정조사는 기본권보장, 보충성의 원칙, 비례원칙 등 행정법의 일반원칙의 범위 내에서만 가능하다.

2. 절차법상 한계

(1) 권력적 조사와 영장주의

헌법 제12조 제 3 항 및 제16조의 영장주의가 경찰조사를 위한 질문 · 검사 · 가택출입 등의 경우에도 적용될 것인가는 문제이다. 논리적으로는 경찰상 즉시강제의 경우처럼 영장필요설 · 영장불요설 · 절충설이 있으나, 절충설이 지

1) 대판 1998. 7. 24, 96다42789(구 국군보안사령부가 군과 관련된 첩보 수집, 특정한 군사법원 관할 범죄의 수사 등 법령에 규정된 직무범위를 벗어나 민간인들을 대상으로 평소의 동향을 감시 · 파악할 목적으로 지속적으로 개인의 집회 · 결사에 관한 활동이나 사생활에 관한 정보를 미행, 망원 활용, 탐문채집 등의 방법으로 비밀리에 수집 · 관리한 경우, 이는 헌법에 의하여 보장된 기본권을 침해한 것으로서 불법행위를 구성한다).

2) 대판 1992. 4. 10, 91도3044(노동조합법 제30조, 같은법시행령 제 9 조의2에 의하면 행정관청은 당해 노동조합에 대하여 진정 등이 있는 경우와 분규가 야기된 경우뿐만 아니라 노동조합의 회계, 경리상태나 기타 운영에 대하여 지도할 필요가 있는 경우에도 노동조합의 경리상황 기타 관계서류를 제출하게 하여 조사할 수 있도록 규정되어 있으므로 행정기관이 그와 같은 업무지도의 필요성이 있다고 판단되면 관계서류 등의 제출을 요구하여 조사할 수 있다고 하여야 할 것이고, 설사 노동조합의 회계, 경리상태나 기타 운영에 대하여 지도할 필요가 있는 경우에 해당되지 않는다고 하더라도 행정관청이 그와 같이 판단하여 조사하기로 한 이상 노동조합은 이에 응할 의무가 있다고 할 것이다).

배적인 견해이다. 생각건대 경찰조사도 상대방의 신체나 재산에 직접 실력을 가하는 것인 한, 그리고 경찰조사의 결과가 형사책임의 추궁과 관련성을 갖는 한 사전영장주의는 원칙적으로 적용되어야 한다. 다만 긴급을 요하는 불가피한 경우에는 그러하지 않다. 다만 이 경우에도 침해가 장기적이면 사후영장이 필요하다. 요컨대 절충설이 타당하다. 판례의 입장도 같다.[1)]

(2) 권력적 조사와 증표의 제시

권력적 경찰조사의 경우에 국민은 관계법령에 의거하여 작위의무 · 수인의무를 부담하고 또한 사생활이 침해되는 등 불이익을 받게 되므로, 조사절차상 경찰조사를 행하는 경찰공무원이 조사의 권한을 가지고 있음을 명백히 할 필요가 있다. 이와 관련하여 개별법은 경찰조사를 행하는 경찰공무원은 그 권한을 증명하는 증표를 휴대하여 관계자에게 이를 제시하도록 하고 있다(예: 식품법 제17조 제2항). 개별법규가 증표의 제시를 규정하는 한 증표의 제시는 경찰조사의 요건을 이루는 것이고, 증표의 제시로 피조사자는 작위 · 수인의무를 지게 된다.

(3) 비권력적 조사

개념상 비권력적 경찰조사의 경우에는 영장주의에 관한 문제가 생기지 아니한다. 그것은 피조사자에 대해 강제력을 행사하는 것이 아니고 피조사자측의 임의적인 협력을 전제로 하는 것이기 때문이다. 그렇다고 비권력적 경찰조사가 언제나 피조사자측의 협력을 요하는 것도 아니다. 한편 증표제시절차는 국민의 신뢰 및 국민의 임의적인 협력을 용이하게 확보한다는 점에서 비권력적 경찰조사의 경우에도 도입하는 것이 바람직하다.

Ⅲ. 실력행사와 위법조사

1. 경찰조사와 실력행사

(1) 권력적 조사

① 경찰조사를 위한 임검 · 장부검사 · 가택수색 등의 경우에 피조사자측의 거부 · 방해 등이 있으면, 명시적인 규정이 없음에도 불구하고 행정조사를 행하

1) 대판 1976. 11. 9, 76도2703(세관공무원이 밀수품을 싣고 왔다는 정보에 의하여 정박중인 선박에 대하여 수색을 하려면 선박의 소유자 또는 점유자의 승낙을 얻거나 법관의 압수 수색영장을 발부 받거나 또는 관세법 212조 1항 후단에 의하여 긴급을 요하는 경우에 한하여 수색압수를 하고 사후에 영장의 교부를 받아야 할 것이다).

는 공무원은 피조사자측의 저항을 실력으로 억압하고 강제조사할 수 있는가의 문제가 있다. ② 학설은 긍정설 · 부정설로 나뉘고 있다. 부정설은 의무자의 보호를 주된 목적으로 한다. 긍정설도 제한적으로 긍정하는 입장을 취한다. 부정설이 다수설로 보인다. ③ 본서는 긍정설을 취한다. 명문의 규정이 없다는 이유로 의무자의 위법한 저항을 억압할 수 없다고 하면, 권력적 조사제도의 취지는 몰각된다. 따라서 긍정설이 타당하다. 물론 비례원칙이 준수되어야 한다. 물론 명문으로 강제할 수 없음을 규정하고 있는 경우(예: 경직법 제 3 조 제 2 항 단서 · 제 7 항)에는 물론 실력행사를 하여서는 아니 된다.

(2) 비권력적 조사

비권력적 조사의 경우에는 피조사자측의 저항이 있어도, 행정조사를 행하는 공무원은 실력으로 그 저항을 억압할 수 없다.

2. 위법조사의 효과

(1) 학 설

권력적 조사의 경우에 권력을 남용하여 조사가 이루어지거나 비권력적 조사에서 실력행사를 통해 조사가 이루어지는 등 위법한 경찰조사가 있는 경우, 그 위법이 당해 조사를 기초로 한 행정결정에 승계되는가의 문제가 있다. 학설은 적극설 · 소극설 · 절충설로 나뉘고 있다. 절충설이 통설이다. 절충설에도 ① 법령이 경찰조사를 필수적인 절차로 규정하고 있는 경우에는 만약 조사자체가 위법하게 이루어졌다면, 조사의 결과로 얻은 자료가 정당한 것이라고 하여도 하자있는 결정으로 보아야 한다는 견해와 ② 필수적인 절차뿐만 아니라 예비적 작용에도 하자있는 결정으로 보는 견해가 있다. 전자가 다수설이다.

(2) 사 견

원칙적으로 말해 위법은 승계된다고 본다. 행정조사가 반드시 어떠한 행정결정에 필수적으로 요구되는 것은 아니고 단지 예비적인 작용이라 하여도 마찬가지이다. 국가는 어떠한 경우에도 적법하고 정당한 절차를 거쳐야만 하기 때문이다.

Ⅳ. 경찰조사에 대한 구제

1. 적법조사에 대한 구제

적법한 경찰조사로 인하여 특별한 희생을 당한 자는 손실보상을 청구할 수 있다. 다만 현재로서는 이에 관한 일반법이 없다.

2. 위법조사에 대한 구제

(1) 행정상 쟁송

권력적 조사처분의 취소·변경을 구할 법률상 이익과 권리보호의 필요가 있는 자는 행정상 쟁송을 제기할 수 있다. 물론 권리보호의 필요는 통상 조사작용이 장기간에 걸치는 경우에 존재하게 될 것이다. 여기서 취소·변경을 구한다는 것은 사실행위와 법적 행위의 합성적인 행위로서의 조사행위의 취소·변경을 구함으로써 조사행위에 따르는 수인의무를 제거하는 의미를 갖는다.

(2) 행정상 손해배상

위법한 행정조사로 손해를 입은 자는 국가나 지방자치단체에 대해 국가배상법이 정한 바에 따라 손해배상을 청구할 수 있다. 위법한 행정조사의 경우에 행정상 쟁송은 사실상 큰 의미를 갖지 못하나, 행정상 손해배상은 중요한 의미를 갖는다.

(3) 기 타

청원, 직권에 의한 취소·정지, 공무원의 형사책임·징계책임제도 등은 간접적으로 위법한 경찰조사에 대한 구제제도로서의 의미를 갖는다. 무효인 경찰조사에 정당방위가 인정된다는 것도 구제제도의 의미를 갖는다.

제 5 항 제재적 경찰처분(경찰허가의 취소 등)의 특수문제

1. 제재적 경찰처분의 의의

경찰법상 의무위반자에 대하여 인가·허가 등을 거부·정지·철회함으로써 위반자에게 불이익을 가하고, 이로써 경찰법상 의무의 이행을 간접적으로 확보하는 경우에 나타나는 인가 · 허가 등의 거부 · 정지 · 철회를 제재적 경찰처분이라 한다. 제재적 경찰처분은 인가 · 허가 등의 거부 · 정지 · 철회 등이 의무위반사항과 직접 관련을 갖는 사업과 관련한다(예: 식품위생법상 의무위반시 동법 제37조에 의한 영업허가의 취소). 이러한 경찰처분에는 형벌이 부가될 수도 있다.[1] 왜냐하면 양자는 목적 · 대상 등을 달리하기 때문이다. 제재적 경찰처분은 경찰행정 외에 경제행정 등 행정의 전반에 널리 활용되고 있다. 요컨대 제재적 경찰처분은 제재적 행정처분의 일종이다.

2. 제재적 경찰처분의 법적 근거

이러한 수단은 권익침해의 효과를 가져오는바, 철회권의 유보가 있거나 아니면 명문의 근거를 요함이 원칙이다. 한편 경찰행정청이 이러한 권한을 갖고 있다고 하여도 그러한 권한의 행사는 원칙적으로 의무에 합당한 재량에 따라야 한다.

3. 제재적 경찰처분으로서 경찰허가의 취소에 관한 판례

(1) 여러 종류의 자동차운전면허를 취득한 자에 대한 운전면허취소의 방법

[사건개요] 제 1 종 대형, 제 1 종 보통 자동차운전면허를 가지고 있는 갑이 배기량 400cc의 오토바이를 절취하였다는 이유로 지방경찰청장이 도로교통법 제93조 제 1 항 제12호에 따라 갑의 제 1 종 대형, 제 1 종 보통 자동차운전면허를 모두 취소하자 다툰 사건이다.

[결정요지] 한 사람이 여러 종류의 자동차운전면허를 취득하는 경우뿐 아니라 이를 취소 또는 정지하는 경우에도 서로 별개의 것으로 취급하는 것이 원칙이고, 다만 취소사유가 특정 면허에 관한 것이 아니고 다른 면허와 공통된 것이거나 운전면허를 받은 사람에 관한 것일 경우에는 여러 면허를 전부 취소할 수도 있다(대판 2012. 5. 24, 2012두1891).

---

1) 대판 1986. 7. 8, 85누1002(일정한 법규위반 사실이 행정처분의 전제사실이 되는 한편 이와 동시에 형사법규의 위반 사실이 되는 경우에 행정처분과 형벌은 각기 그 권력적 기초, 대상, 목적을 달리하고 있으므로 동일한 행위에 관하여 독립적으로 행정처분이나 형벌을 과하거나 이를 병과할 수 있는 것이고 법규가 예외적으로 형사소추선행의 원칙을 규정하고 있지 아니한 이상 형사판결 확정에 앞서 일정한 위반사실을 들어 행정처분을 하였다고 하여 절차적 위반이 있다고 할 수 없다).

⑵ 운전면허 취소처분이 처벌에 해당하는지 여부

[사건개요] 청구인은 2008. 9. 8.경 혈중알콜농도 0.055%의 술에 취한 상태에서 자동차를 운전하여 광주지방경찰청장으로부터 같은 달 11일 도로교통법 제93조 제 1 항 제 2 호에 의한 운전면허 취소처분을 받게 되자, 그 취소처분의 취소를 구하는 소송을 제기함과 동시에(광주지방법원 2009구합188), 위 처분의 근거가 된 도로교통법 제93조 제 1 항 제 2 호가 형벌불소급 및 일사부재리 원칙, 과잉금지원칙 및 평등원칙 등에 위반된다는 이유로 위헌법률심판 제청신청을 하였으나 기각되자(2009아14), 2009. 5. 11. 이 사건 헌법소원심판을 청구하였다.

[결정요지] 헌법 제13조 제 1 항(모든 국민은 …… 동일한 범죄에 대하여 거듭 처벌받지 아니한다)에서 말하는 "처벌"은 원칙적으로 범죄에 대한 국가의 형벌권 실행으로서의 과벌을 의미하는 것이고, 국가가 행하는 일체의 제재나 불이익처분을 모두 그 "처벌"에 포함시킬 수는 없는 것이다(헌재 2003. 6. 26, 2002헌가14). 운전면허 취소처분은 형법상에 규정된 형(刑)이 아니고, 그 절차도 일반 형사소송절차와는 다를 뿐만 아니라, 주취 중 운전금지라는 행정상 의무의 존재를 전제하면서 그 이행을 확보하기 위해 마련된 수단이라는 점에서 형벌과는 다른 목적과 기능을 가지고 있다고 할 것이다. 따라서 운전면허 취소처분을 이중처벌금지원칙에서 말하는 "처벌"로 보기 힘들다(헌재 2010. 03. 25, 2009헌바83).

⑶ 사망한 자에 대한 운전면허취소처분의 가능 여부

[사건개요] 개인택시운송사업자가 음주운전을 하다가 사망한 후 상속인이 그 지위를 승계하기 위하여 상속신고를 하자, 관할관청이 망인의 음주운전을 이유로 상속 신고의 수리를 거부하자 상속인이 다툰 사건이다.

[결정요지] ㈎ 망인이 음주운전을 하다가 사망하였다면 망인에 대하여 음주운전을 이유로 한 운전면허 취소처분은 불가능하고, 음주운전은 운전면허 취소사유에 불과할 뿐 개인택시운송사업면허 취소사유가 될 수는 없으므로 피고의 이 사건 개인택시운송사업면허 취소처분은 취소사유 없이 행해진 처분으로서 위법하다 할 것이다(대판 2008. 5. 15, 2007두26001).

㈏ 구 여객자동차운수사업법(2007. 7. 13. 법률 제8511호로 개정되기 전의 것, 이하 '법'이라고 한다) 제76조 제 1 항 제15호, 법 시행령 제29조에는 관할관청은 개인택시운송사업자의 운전면허가 취소된 때에 그의 개인택시운송사업면허를 취소할 수 있도록 규정되어 있을 뿐 그

에게 운전면허 취소사유가 있다는 사유만으로 개인택시운송사업면허를 취소할 수 있도록 하는 규정이 없으므로, 관할관청으로서는 비록 개인택시운송사업자에게 운전면허 취소사유가 있다 하더라도 그로 인하여 운전면허 취소처분이 이루어지지 않은 이상 개인택시운송사업면허를 취소할 수는 없다 할 것이다 (대판 2008. 5. 15, 2007두26001).

(4) 음주측정거부자에 대하여 필요적으로 운전면허를 취소토록 한 것이 직업의 자유 내지 일반적 행동의 자유를 침해하는지 여부

[사건개요] 술에 취한 상태에서 자동차를 운전하였다고 인정할 만한 상당한 이유가 있음에도 경찰공무원의 음주측정 요구에 응하지 아니하였다는 사유로 제 1 종 보통 자동차운전면허가 취소된 청구인이 음주측정거부자에 대하여 필요적으로 운전면허를 취소하도록 규정한 구 도로교통법(2001. 1. 26. 법률 제6392호로 개정되고, 2005. 5. 31. 법률 제7545호로 전부 개정되기 전의 것) 제78조 제 1 항 단서 중 제 8 호 부분의 위헌을 다툰 위헌소원사건이다.

[결정요지] 이 사건 법률조항은 음주측정거부자에 대한 운전면허를 필요적으로 취소하도록 규정함으로써 교통안전과 위험예방을 위하여 음주운전을 방지하고 국민의 생명과 신체 등을 보호하며 도로교통과 관련한 안전을 확보하고자 하는 데 궁극적인 목적이 있으므로, 그 입법목적의 정당성이 인정되고, 나아가 음주운전을 효과적으로 단속 · 억제하기 위하여는 음주측정거부자에 대한 제재가 불가피한 점 등에 비추어 음주측정거부에 대한 제재로서 운전면허를 취소하도록 한 것은 입법목적의 달성에 적절한 방법이다. 한편, 음주측정거부자에 대하여 임의적 면허취소를 규정하는 데 그친다면 음주운전단속에 대한 실효성을 확보할 수 없게 될 뿐 아니라 음주운전을 방지함으로써 도로교통상의 안전과 위험방지를 기하려는 이 사건 법률조항의 행정목적을 달성할 수 없는 결과가 초래될 수 있는 점, 이 사건 법률조항에 해당하여 운전면허가 취소되더라도 그 면허취소 후 결격기간이 법이 정한 운전면허결격기간 중 가장 단기간인 1년에 불과하여 다른 면허취소에 비하여 상대적으로 불이익이 가볍다고 보이는 점 등에 비추어 보면, 이 사건 법률조항이 음주측정거부자에 대하여 반드시 면허를 취소하도록 규정하고 있다고 하여 피해최소성의 원칙에 반한다고 볼 수는 없다. 또한 음주측정거부자가 운전면허를 필요적으로 취소당하여 입는 불이익의 정도는 이 사건 법률조항이 추구하고 있는 공익에 비하여 결코 과중하다고 볼 수 없으므로 법익균형성의 원칙에 반하지 않는다. 따라서 이 사건 법률조항

은 기본권 제한의 입법한계인 과잉금지의 원칙을 준수하였다고 할 것이므로, 직업의 자유를 본질적으로 침해하거나 일반적 행동의 자유를 침해한다고 볼 수 없다(헌재 2007. 12. 27, 2005헌바95).

제 4 장 경찰상 국가책임(손해배상과 손실보상)과 사인의 비용상환

제 1 절 국가책임제도 일반론

제 1 항 손해배상제도 일반론

Ⅰ. 국가배상제도의 의의

경찰관 A가 불심검문 도중에 시민 乙을 강제로 불법적으로 연행하였다면, 국가는 乙에게 피해배상(손해배상)을 하여야 한다. 이와 같이 공무원이 사무수행과 관련하여 위법하게 타인에게 손해를 가한 경우에 국가나 지방자치단체가 피해자에게 손해를 배상해주는 제도를 국가배상제도라 한다. 국가배상제도(손해배상제도)는 위법한 침해로 인한 재산이나 생명 · 신체에 대한 피해의 보상을 내용으로 한다는 점에서 적법한 침해로 인한 재산상 피해에 대한 보상제도인 손실보상제도와 다르다.

Ⅱ. 국가배상제도의 법적 근거

헌법 제29조 제 1 항 본문은 "공무원의 직무상 불법행위로 손해를 받은 국민은 법률이 정하는 바에 의하여 국가 또는 공공단체에 정당한 배상을 청구할 수 있다"고 하여 국가배상제도를 헌법적으로 보장하고 있다. 헌법 제29조에 근거하여 국가배상법이 제정되어 있다.

Ⅲ. 국가배상책임의 유형

국가배상법은 배상책임의 유형으로 ① 공무원의 직무상 불법행위로 인한 배상책임과 ② 영조물의 설치 · 관리상의 하자로 인한 배상책임의 두 가지를 규정하고 있다. ③ 국가배상법은 국가나 지방자치단체가 사인의 지위에서 행하는 사경제작용(예: 서대문구청이 경영합리화를 위해 중고자동차를 민간인에게 매각하는 행위)으로 인한 손해배상책임에 관해서는 규정하는 바가 없으므로, 이러한 배상책임은 민법에 의한다(대판 1999. 6. 22, 99다7008).

Ⅳ. 경찰행정상 국가배상책임

국가배상법 제 8 조는 "국가 또는 지방자치단체의 손해배상의 책임에 관하여는 이 법의 규정에 의한 것을 제외하고는 민법의 규정에 의한다. 다만, 민법 이외의 법률에 다른 규정이 있을 때에는 그 규정에 의한다"고 규정하고 있으므로, 국가배상법은 국가 또는 지방자치단체의 불법행위책임에 관한 일반법이다. 따라서 경찰행정상 국가배상책임은 당연히 국가배상법에 의한다. 국가배상법에 관한 자세한 연구는 일반행정법에서 이루어진다.[1)]

제 2 항 손실보상제도 일반론

Ⅰ. 손실보상제도의 의의

서울특별시가 폭이 좁아 교통상 위험한 도로를 확장하기 위하여 甲의 토지를 수용한다면, 甲에게 보상을 하여야 한다. 이와 같이 국가나 지방자치단체가 공공의 필요(예: 도로확장)에 응하기 위한 적법한 공권력행사(예: 수용권의 발동)로 인해 사인의 재산권에 특별한 희생(예: 소유권의 박탈)을 가한 경우에 재산권보장과 공적 부담 앞의 평등이라는 견지에서 그 사인에게 조절적인 보상(예: 토지소유권에 대한 보상)을 해주는 제도가 바로 손실보상제도이다.

Ⅱ. 손실보상제도의 법적 근거

① 헌법 제23조 제 3 항은 "공공필요에 의한 재산권의 수용·사용 또는 제한 및 그에 대한 보상은 법률로써 하되, 정당한 보상을 지급하여야 한다"고 규정하고 있다. 따라서 보상에 관한 사항은 법률로 정하여야 한다. ② 현재로서 손실보상에 관한 일반법은 없다. 다만 공익사업에 필요한 토지 등의 수용 및

1) 국가배상책임에 관해 자세한 것은 졸저, 행정법원론(상), 박영사, 제 6 장을 보라.

사용과 그 손실보상에 관한 일반법으로 '공익사업을 위한 토지 등의 취득 및 보상에 관한 법률'이 있다. 그 밖에 손실보상을 규정하는 개별 법률(예: 도로법 제79조, 하천법 제74조)도 적지 아니하다. 일반적인 손실보상제도에 관한 자세한 연구는 일반행정법에서 이루어진다.[1)]

제 3 항 재산권침해에 대한 국가책임제도의 보완

Ⅰ. 수용 · 사용 · 제한규정은 있으나 보상규정 없는 법률과 손실보상청구권

1. 문제상황

공익을 위한 법률이 재산권의 수용 · 사용 또는 제한에 관한 규정을 두면서 보상에 관한 규정을 두고 있지 아니하다면, 이러한 법률은 헌법위반의 법률이 된다. 이러한 법률에 따라 특별한 희생으로서 피해가 발생한다면(예컨대 개발제한구역의 지정 및 관리에 관한 특별조치법상 개발제한구역의 지정으로 인한 불이익으로서 공동체를 위해 참아야 할 정도를 벗어나는 특별한 희생이 있는 경우, 동법상 보상규정이 없다), 피해자인 사인에게 손해배상청구권이 발생하는지, 손실보상청구권이 발생하는지의 여부가 문제된다.[2)]

2. 학 설

(1) 방침규정설

헌법상 손실보상에 관한 규정은 입법의 방침을 정한 것에 불과한 프로그램 규정이라는 견해이다. 따라서 이 견해는 손실보상에 관한 구체적인 사항이 법률로써 정해져야만 사인은 손실보상청구권을 갖게 된다고 한다. 입법지침설이라고도 한다.

(2) 직접효력규정설

개인의 손실보상청구권은 헌법규정으로부터 직접 나온다는 견해이다. 즉 헌법 제23조 제 3 항을 국민에 대해 직접적인 효력이 있는 규정으로 보는 견해이다.

---

1) 국가배상책임에 관해 자세한 것은 졸저, 행정법원론(상), 박영사, 제 6 장을 보라.
2) 독일에서는 수용유사침해보상의 법리로 해결하고 있다. 수용유사침해보상의 법리에 관해서는 졸저, 행정법원론(상), 옆번호 2133 이하를 보라.

(3) 위헌무효설

손실보상청구권은 헌법이 아니라 법률에서 근거되는 것이라는 전제하에 만약 보상규정 없는 수용법률에 의거 수용이 행해진다면 그 법률은 위헌무효의 법률이고, 따라서 수용은 위법한 작용이 되는바, 사인은 손해배상청구권을 갖는다는 견해이다. 위헌설 또는 입법자에 대한 직접효력설이라고도 한다.

(4) 간접효력규정설

공용침해에 따르는 보상규정이 없는 경우에는 헌법 제23조 제 1 항(재산권 보장) 및 제11조(평등 원칙)에 근거하고, 헌법 제23조 제 3 항 및 관계규정의 유추해석을 통하여 보상을 청구할 수 있다는 견해이다. 간접효력규정설이란 본서가 붙인 이름이다. 간접이란 손실보상청구권이 헌법상 하나의 특정조문(헌법 제23조 제 3 항)에 근거하는 것이 아니라 여러 조항의 해석의 결과 도출됨을 의미한다. 간접효력규정설은 유추적용설이라 불리기도 한다.

| 참고 | 간접효력규정설과 유추적용설의 비교

① 간접효력규정설은 법률에 명시적인 보상규정이 없는 경우에 헌법을 근거로 보상을 청구할 수 있다는 논리로서 헌법을 1차적인 관심의 대상으로 한다. 유추적용설은 관련 법률의 유추해석을 통해 보상을 청구할 수 있다는 논리로서 관련 법률을 1차적인 관심의 대상으로 한다. ② 간접효력규정설에 근거하여 개별 사건에서 보상청구권의 존부를 판단할 때, 관련 법령의 유추해석이나 목적론적 해석 또는 역사적 해석 등이 활용될 수 있다. 유추적용설도 「법률에 명시적인 보상규정이 없다고 하여도 헌법상 보상청구권이 인정될 수 있다」는 논리를 전제로 한다고 볼 것이므로 유추적용설은 간접효력규정설의 한 적용형태에 해당한다고 말할 수 있다. ③ 그렇다고 간접효력규정설과 유추적용설이 동일한 것이라 말하기는 어렵다.

3. 판 례

① 대법원은 직접적인 근거규정이 없는 경우에도 경계이론에 입각하여 ⓐ 관련규정의 유추해석이 가능한 경우에는 유추해석을 통해 손실보상을 인정하기도 하며,[1)] 관련규정이 없는 경우에도 손실보상을 인정하기도 하지만(대판 1972. 11. 28, 72다1597),

1) 대판 2011. 8. 25, 2011두2743(법률 제2292호 하천법 개정법률 제 2 조 제 1 항 제 2 호 (나)목 및 (다)목, 제 3 조에 의하면, 제방부지 및 제외지는 법률 규정에 의하여 당연히 하천구역이 되어 국유로 되는데도, 하천편입토지 보상 등에 관한 특별조치법(이하 '특별조치법'이라 한다)은 법률 제2292호 하천법 개정법률 시행일(1971. 7. 20.)부터 법률 제3782호 하천법 중 개정법률의 시

ⓑ 경우에 따라서는 법규에 보상규정이 없을 때에 공적 목적(공적 부담)을 위한 것임에도 손실보상 대신 불법행위로 처리하기도 하였다(대판 1966. 10. 18, 66다1715). ⓒ MBC주식강제증여사건에서 대법원은 보상책임을 부인하였지만, 독일법상 수용유사적 침해보상의 개념을 처음으로 언급하면서 판단을 유보한 것이 눈에 띈다(대판 1993. 10. 26, 93다6409). ② 헌법재판소는 분리이론에 입각하여 진정입법부작위로서의 위헌(헌재 1994. 12. 29, 89헌마2), 또는 보상입법의무의 부과를 통해 문제를 해결하기도 한다(헌재 1998. 12. 24, 89헌마214 등).

4. 사 견

① 헌법은 침해의 근거와 보상을 법률로 정하도록 하고 있으므로 직접효력규정설은 채택하기 곤란하다. ② 보상규정 없는 법률에 의한 침해의 경우에는 손해배상청구권이 발생한다는 위헌무효설 역시 문제가 있다. 왜냐하면 공공복지를 위한 침해가 보상규정이 없다는 이유만으로 불법행위와 동일하게 다루어진다는 것은 비합리적이고 또한 손해배상청구권의 성립요건 중 과실인정이 어려울 뿐만 아니라 헌법재판소가 개발제한구역제도에 대하여 헌법불합치결정을 내린 경우와 같이 법령이 형식적으로 존재하는 경우에는 위법성을 인정하기도 어렵기 때문이다. ③ 생각건대 보상은 법률로 정하라는 헌법규정도 고려하고, 보상에 관한 법률의 규정유무를 불문하고 공공필요를 위한 침해는 동일하게 다루어져야 한다는 점을 고려한다면, 간접효력규정설이 합리적이다.

Ⅱ. 수용 · 사용 · 제한규정 및 보상규정 있는 법률의 위법한 집행과 손실보상청구권

1. 문제상황

수용 · 사용 · 제한과 보상을 규정하는 법률이 위법하게 집행되는 경우는 ① 공공복지에 응하기 위한 경우와 ② 그러하지 아니한 경우로 나눌 수 있다. 특별한 희생이 문제되는 것은 ①의 경우이다. 따라서 수용 · 사용 · 제한규정 및 보상규정 있는 법률의 위법한 집행과 손실보상청구권의 문제는 ①과 관련한다.

행일(1984. 12. 31.) 전에 국유로 된 제방부지 및 제외지에 대하여는 명시적인 보상규정을 두고 있지 않다. 그러나 제방부지 및 제외지가 유수지와 더불어 하천구역이 되어 국유로 되는 이상 그로 인하여 소유자가 입은 손실은 보상되어야 하고 보상방법을 유수지에 관한 것과 달리할 아무런 합리적인 이유가 없으므로, 법률 제2292호 하천법 개정법률 시행일부터 법률 제3782호 하천법 중 개정법률 시행일 전에 국유로 된 제방부지 및 제외지에 대하여도 특별조치법 제 2 조를 유추적용하여 소유자에게 손실을 보상하여야 한다고 보는 것이 타당하다).

여기서 법률이 수용 · 사용 · 제한과 보상을 규정하지만 위법하게 집행되어 특별한 희생으로서 재산상 피해가 발생하는 경우, 피해자인 사인에게 손해배상청구권이 발생하는지, 손실보상청구권이 발생하는지의 여부가 문제된다.[1)]

2. 손실보상청구권의 인정 여부

국가배상법상 국가배상청구권은 국가의 불법에 대한 속죄의 대가이지만, 손실보상청구권은 공동체를 위한 사인의 헌신 내지 희생에 대한 대가라는 점을 전제할 때, 법률에서 수용 · 사용 · 제한과 보상을 규정하지만 법률이 위법하게 집행되어 특별한 희생으로서 재산상 피해가 발생하는 경우, 사인의 피해는 공동체를 위한 희생이므로 그에게 손해배상청구권이 아니라 손실보상청구권이 인정되는 것이 타당하다.

Ⅲ. 수용 · 사용 · 제한 및 보상의 규정이 없는 법률의 집행과 손실보상청구권

1. 문제상황

사인의 재산권의 침해를 직접적으로 의도하는 수용 · 사용 · 제한에는 해당하지 아니하지만, 공공복지를 위한 적법한 공권력행사로 인해 사인에게 특별한 희생으로서 재산상 피해가 발생하는 경우(예컨대 지하철공사를 위해 특정의 도로에 대해 상당한 기간 동안 통행을 금지함으로써 발생하는 불이익으로서 공동체를 위해 참아야 할 정도를 벗어나는 특별한 희생이 있는 경우), 사인에게 손실보상청구권이 발생하는지의 여부가 문제된다. 발생한다면, 이러한 경우의 손실보상청구권도 헌법 제23조 제 3 항이 예정하지 아니한 비전형적인 손실보상의 문제가 된다.[2)]

2. 학 설

(1) 입법보상설(보상부정설)

헌법 제23조 제 3 항의 해석과 관련하여 수용적 침해가 논의되는 상황은 당해 행정작용에 의해 사전에 예정되고 의도된 손해가 발생한 경우가 아니어서 헌법 제23조 제 3 항이 규정하고 있는 불가분조항원칙이 적용될 수 없는 경우에

1) 독일에서는 수용유사침해보상의 법리로 해결하고 있다. 수용유사침해보상의 법리에 관해서는 졸저, 행정법원론(상), 옆번호 2133 이하를 보라.

2) 독일에서는 수용적 침해보상의 법리로 해결하고 있다. 수용적 침해보상의 법리에 관해서는 졸저, 행정법원론(상), 옆번호 2151 이하를 보라.

해당하므로 헌법 제23조 제 3 항을 직접적용하거나 유추적용하는 논리는 따를 수 없고 결국 입법적으로 별도의 손실보상규정을 마련하여야 한다고 주장한다.

(2) 직접효력규정설

이 견해는 독일의 수용적 침해보상법리가 우리에게 적용될 수 없다는 전제 하에 수용적 침해보상이 문제되는 경우도 적법한 공권력 행사에 의해 직접 가해진 손실이므로, 적법한 재산권 침해에 대한 보상의 일반적 근거조항인 헌법 제23조 제 3 항에 따라 보상을 청구할 수 있다는 견해이다.

(3) 간접효력규정설

헌법 제23조 제 3 항은 문면상으로는 의도된 재산권의 제약의 경우에 관한 것이지 의도되지 아니한 재산권의 제약의 경우에 관한 것이 아니다. 그러나 헌법 제11조의 평등의 원리, 제23조 제 1 항의 재산권보장의 원리, 제37조 제 1 항의 기본권보장의 원리와 함께 제23조 제 3 항의 특별희생의 원리를 종합적으로 고려한다면, 의도되지 아니한 재산권의 제약의 경우에도 손실보상을 하여야 한다는 규범적 의미를 찾을 수 있다는 견해이다.

(4) 수용적 침해보상설

우리나라의 경우에도 수용적 침해에 해당하는 재산권침해유형이 적지 않게 발생하고 있고, 손해배상으로 처리하기 어려운 적법한 공권력행사와 예상치 못한 부수적인 결과로 인한 피해에 대하여 적절한 보상입법이 행하여지지 않는 현실을 감안한다면 수용적 침해보상이론을 원용하여 권리구제의 수요를 충족시키는 것이 타당하다는 견해이다.

3. 사 견

간접효력규정설은 종래부터 본서가 주장하는 견해이다. 수용적 침해보상설도 일종의 간접효력규정설에 해당하는 것으로 보인다.

제 4 항 비재산권침해에 대한 국가책임제도의 보완

1. 문제상황

공공복지를 위한 적법한 공권력행사로 인해 사인의 비재산적 법익에 특별한 희생을 가져오는 경우이나(예컨대 해변에서 위험방지를 위한 경찰관의 도움요청에 응하다가 해일로 인해 실종된 사인의 경우. 경범죄처벌법 제 1 조 제36호는 공무원원조불응에 대하여 10만원 이하의 벌금, 구류 또는 과료의 형을 규정하고 있다) 보상을 규정하는 법률이 없을 때, 사인에게 보상청구권이 발생하는지의 여부가 문제된다(독일에서는 희생보상청구권의 법리로 해결하고 있다). 긍정하는 경우, 이러한 보상청구권은 헌법이 예정하지 아니한 보상 문제가 된다. 이러한 보상청구권을 이하에서 비재산권침해보상청구권이라 부르기로 한다.

2. 입법상황(법적 근거)

헌법은 비재산권침해보상청구권을 규정하는 바가 없다. 비재산권침해보상청구권을 규정하는 일반법도 없다. 현재로서는 개별 법률로 소방기본법(제24조 제 2 항) · 산림보호법(제44조) 등에서 비재산권침해보상청구권을 볼 수 있다. 의사상자에 대한 보상제도는 비재산권침해보상제도와 격을 달리한다(대판 2001. 2. 23, 2000다46894). 보상규정이 없는 경우에 보상청구권이 발생하는가의 여부에 관해 아래와 같이 견해가 나뉜다.

3. 학 설

(1) 입법보상설

생명 · 신체에 대한 침해가 있는 경우에 보상이 주어져야 한다는 규정이 없다면, 보상청구는 허용될 수 없다는 견해이다.

(2) 간접효력규정설

헌법 제23조 제 3 항을 유추적용하고, 헌법상 기본권보장규정(제10조, 제12조) 및 평등조항(제11조)을 직접 근거로 하여 보상을 인정하여야 한다는 견해이다.

(3) 희생침해보상설

독일의 희생보상이론을 원용하면서 ① 정당보상원칙을 규정한 헌법 제23조 제 3 항을 유추적용하여 희생보상의 근거로 삼아야 한다는 견해, ② 헌법 제23조 제 3 항의 규정에 의한 손실보상이 법리적 기초를 이루는 특별희생보상의 법리와 헌법상 법치주의, 평등의 원칙으로 보상청구권을 인정하여야 한다는 견해, ③ 헌법 제10조와 제12조, 제37조 제 1 항과 제 2 항에 의해 보상청구권을 인정하여야 한다는 견해 등이 이에 속한다.

4. 사 견

재산권보다 생명, 신체에 대한 기본권이 우월하므로 그에 대한 침해가 있는 경우 당연히 그 희생에 대한 보상청구를 인정하는 것이 정당하며, 그 근거는 헌법상의 특정의 조항이 아니라 여러 기본권 규정 즉 헌법 제10조(인간의 존엄성, 행복추구권), 제12조(신체의 자유), 제11조(평등조항) 그리고 제37조 제 1 항(국민의 자유와 권리는 헌법에 열거되지 아니한 이유로 경시되지 아니한다)에서 간접적으로 도출된다고 본다. 요컨대 간접효력규정설이 타당하다. 희생침해보상설도 일종의 간접효력규정설에 해당하는 것으로 이해될 수 있을 것이다.[1]

5. 비재산권침해보상청구권의 확장

공공필요를 위한 공권력행사를 규정하는 법률을 집행하면서 특별한 희생이 발생하였으나, 그 법률의 집행과정에서 그 법률이 정한 절차 등을 위반한 경우에는 위법한 침해가 된다. 비록 위법한 침해가 있었다고 하여도 공공필요를 위한 것이면 적법한 경우와 마찬가지로 비재산권침해보상청구권을 인정하는 것이 타당하다. 이러한 청구권을 유사비재산권침해보상청구권으로 부르기로 한다.

---

1) 독일에서는 희생보상청구권의 법리로 해결하고 있다. 희생보상청구권의 법리에 관해서는 졸저, 행정법원론(상), 옆번호 2159 이하를 보라.

제2절 경찰상 위험방지조치와 피해자에 대한 보상

Ⅰ. 경찰책임자로서 비장해야기자와 피해보상

1. 문제상황

경찰상 긴급상태에서 위험상황의 존재와 무관계한 자에게 법적 명령이나 사실상의 강제를 통해 재산권침해가 따르는 경우, 그 자에게 특별한 희생(예: 경찰관직무집행법 제 5 조 제 1 항에 근거하여 위험물의 폭발을 우려하여 위험물 주위에 있는 주택사용을 일정한 기간 동안 금지한 경우, 그 금지된 기간 동안의 임차료상당의 금액)이 있음을 근거로 하여 보상을 이루어져야 할 것인가의 문제가 있다.

2. 법적 근거

경찰상 긴급상태시에 문제되는 경찰책임자로서 비장해야기자에 대한 보상에 관해 직접 규정하는 헌법규정도 없고, 일반법도 없다. 그러나 헌법의 여러 규정(제10조, 제11조, 제12조 제 1 항, 제23조, 제37조 제 2 항 등)의 종합적인 해석을 통해 보상청구권이 나온다고 볼 것이다(간접효력규정설). 경찰상 긴급상태로 인해 손실을 입은 경찰책임자로서 비장해야기자에 대한 보상규정을 명시적으로 두는 것이 필요하다.[1)][2)] 하여간 경찰상 긴급상태에서 적법한 경찰작용으로 인해 경찰책임자로서 비장해야기자(비교란자)가 특별한 희생에 해당하는 손실을 입게 되면, 그리고 그 피해가 재산상의 것이라

1) 독일의 경우, 모든 란트의 경찰법률은 보상청구권에 관한 규정을 갖고 있다. 이러한 규정들은 프로이센일반란트법(1794년) 제74조와 제75조에서 나타난 일반희생사상(allgemeiner Aufopferungsgedanken)에 뿌리를 두고 있다. 일반희생사상은 헌법적 지위를 갖는바, 개별 법률에 보상규정이 없다고 하여도 일반희생사상을 근거로 보상을 청구할 수 있다고 한다(Lisken/Denninger, Handbuch des Polizeirecht, L, 1).

2) 입법례로 니더작센 위험방지법 제60조, 바이에른경찰직무법 제70조 등

[참고] 바이에른경찰직무법 제70조(보상청구권) ① 제10조(경찰상 긴급상태)에 따른 처분으로 인해 피해를 입은 자는 경찰처분으로 인해 발생한 피해의 범위 안에서, 그리고 피해에 대하여 다른 보상이 주어지지 아니하는 때에 보상을 받을 수 있다.

③ 사망의 경우에는 민법 제844조 제 2 항의 적용을 통해 부양권리자에게 보상하여야 한다.

④ 처분이 직접 사람의 보호 또는 피해자의 재산의 보호를 위한 것인 때에는 제 1 항 내지 제 3 항에 따른 보상청구권은 인정되지 아니한다.

면 그러한 비장해야기자는 손실보상을 청구할 수 있다고 볼 것이다. 경찰처분이 위법하나 책임 없는 경우도 마찬가지일 것이다. 독일의 경우, 경찰처분이 위법하고 책임 있는 경우(위법 · 유책)도 손실보상청구권이 인정된다.[1)]

3. 내 용

손실보상의 종류 · 범위 · 내용 · 방법 등은 손실보상의 일반원리에 따라야 할 것이다. 이 밖에 손실보상청구권의 성질 · 시효 · 소송 등에 관한 사항도 손실보상의 일반원리에 따를 것이다. 그 피해가 생명 · 신체에 관한 것이라면 희생보상청구권이 인정되어야 한다.[2)] 어떠한 경우라도 손실과 경찰처분 사이에는 인과관계가 있어야 한다. 손해는 경찰처분으로부터 직접 야기된 것이어야 한다. 한편, 그러나 경찰상 긴급상태에서 이루어진 처분이 피해자나 피해자의 재산보호를 위해 행해진 경우에는 손실보상청구권이 없다고 볼 것이다.[3)]

Ⅱ. 경찰책임자로서 장해야기자와 피해보상

1. 무보상의 원칙

경찰법상 경찰책임자는 적법한 경찰작용을 통해 피해를 입었다고 하여도 보상청구권을 갖지 아니한다. 달리 말한다면 적법한 경찰작용으로 인해 장해야기자(교란자)에게 재산상 손실이 생긴 경우에는 기본적으로 보상이 인정될 수 없다. 왜냐하면 장해야기자는 자신의 행위나 자신의 책임영역 내에 있는 물건의 상태를 통해 위험을 가져왔고, 그로 인해 피해를 야기시키는 경찰처분을 가져오게 하였기 때문이다. 달리 말한다면 장해는 처음부터 장해야기자의 재산의 사회적 구속성의 한계 안에서 이루어진 것이고, 그러한 장해의 제거에 따르는 손실은 재산권의 사회적 의무에 속하는 것이기 때문이다.[4)] 한편, 장해야기자에게 가해진 침해가 장해야기자에 대하여 수용으로 판단될 정도의 피해를 가져오면 손실보상청구권(수용유사침해보상청구권)이 예외적으로 인정될 수도 있을 것이다.

---

1) Berner/Köler, Polizeiaufgabengesetz, Art. 70. 2.
2) Götz, Allgemeines Polizei- und Ordnungsrecht, Rn. 429ff.
3) 입법례로 바이에른경찰직무법 제70조(보상청구권) 제 4 항 참조.
4) Götz, Allgemeines Polizei- und Ordnungsrecht, Rn. 428; Lisken/Denninger, Handbuch des Polizeirecht, L, 41; Pieroth/Schlink/Kniesel, Polizei- und Ordnungsrecht, § 22 Rn. 13; Schenke, Polizei-und Ordnungsrecht, inSteiner(Hrsg.), Besonderes Verwaltungsrecht, Rn. 339.

2. 외관상 장해야기자에 대한 예외적 보상

장해야기자는 보상받을 수 없다는 원칙은 예외없이 타당한 것이 아니다. 하나의 예외가 외관상 장해야기자(Anscheinsstörer)의 경우에 나타난다. 외관상 장해야기자는 사후적으로 볼 때에는 실제상 위험을 야기한 자가 아니지만, 사려깊고 전문적인 경찰공무원의 시각에서 사전적으로 관찰할 때에는 위험의 발생을 가져오는 자이다. 외관상 장해야기자는 경찰법상 장해야기자이다. 외관상 장해야기자에 대한 경찰상 처분은 적법하다. 이것은 보상과 관련하여 외관상 장해야기자가 일반적인 장해야기자와 동일하게 다루어져야 된다는 것을 뜻하는 것은 아님을 의미한다. 요컨대 경찰법상 원칙은 보상법상 원칙과 구별되어야 한다.[1)]

Ⅲ. 무관계자의 피해에 대한 보상

1. 의 의

경찰상 긴급상태에서 비장해야기자가 피해를 입는 경우와 구별되어야 할 것으로 경찰의 책임 없는 처분으로 무관계자인 제 3 자가 손해를 입게 되는 경우가 있다. 전자에 있어서 비장해야기자는 긴급상태에 있어서 경찰상 책임자이지만, 후자에 있어서 무관계자인 제 3 자는 경찰책임자가 아니다. 경찰의 책임 없는 처분으로 무관계자인 제 3 자가 손해를 입게 되면 재산권침해의 경우에는 수용적 침해에 따른 보상청구권(예: 경찰이 흉악범에 발사한 총격의 파편에 의한 제 3 자의 건물이 파손된 경우), 신체침해의 경우(예: 경찰이 흉악범에 발사한 총격의 파편에 의한 제 3 자의 부상의 경우)에는 희생보상청구권이 인정되어야 할 것이다.

2. 법적 근거

경찰의 책임 없는 처분으로 인하여 피해를 입은 무관계자인 제 3 자의 피해보상에 관해 직접 규정하는 헌법규정도 없고, 일반법도 없다. 그러나 경찰상 긴급상태의 경우와 마찬가지로 헌법의 여러 규정(제10조, 제11조, 제12조 제 1 항, 제23조, 제37조 제 2 항 등)의 종합적인 해석을 통해 보상청구권이 나온다고 볼 것이다(간접효력규정설). 경찰법에서 보상규정을 명시적으로 두는 것이 바람직하다.[2)]

---

1) Lisken/Denninger, Handbuch des Polizeirecht, L, 42.

2) 입법례로 바이에른경찰직무법 제70조(보상청구권) ② 제 7 조(사람의 행위로 인한 책임)와 제 8

Ⅳ. 경찰의 보조자에 대한 보상

경찰의 보조자에 대한 보상이란 사인이 경찰의 동의하에 경찰의 직무수행에 자발적으로 협력하다가 입은 피해에 대한 보상을 말한다. 이러한 보상은 경찰의 요청에 따라 경찰의 직무수행을 돕는 자가 비장해야기자보다 불리한 대우를 받아서는 아니 된다는 점에서 문제된다. 독일의 일부 란트에서는 경찰의 보조자에 대한 보상을 명시적으로 규정하고 있다. 이러한 보상규정이 없는 독일의 란트에서는 경찰의 보조자에 대하여는 비장해야기자에 대한 보상청구권도 인정되지 아니하고, 일반적인 희생보상청구권도 인정되지 아니한다고 한다. 협력의 임의성 내지 자발성으로 인해 경찰법상 보상이 문제되지 않는다는 것이다. 우리의 경우, 보상규정을 두어 효율적인 경찰사무수행을 도모하는 것도 의미가 있을 것이다.

Ⅴ. 경찰허가의 취소 · 철회와 보상

경찰상 허가처분이 상대방의 귀책사유가 없음에도 불구하고, 경찰행정청에 의해 취소 또는 철회되면, 이로 인해 상대방이 받는 피해는 보상되어야 한다. 우리의 경우, 이에 관해 개별법에서 규정하는 경우는 있으나, 이에 관한 일반법은 없다. 입법례에 따라서는 행정절차법에서 일반적인 규정을 두기도 한다 (예 : 독일행정절차법).

조(물건의 상태로 인한 책임)에 따른 책임을 부담하지 아니하는 자와 제10조에 따른 처분의 상대방이 아닌 자가 경찰처분으로 사망하거나 다치거나 또는 수인할 수 없는 피해를 입었을 때에도 제 1 항과 같다.

③ 사망의 경우에는 민법 제844조 제 2 항의 적용을 통해 부양권리자에게 보상하여야 한다.

④ 처분이 직접 사람의 보호 또는 피해자의 재산의 보호를 위한 것인 때에는 제 1 항 내지 제 3 항에 따른 보상청구권은 인정되지 아니한다.

제3절 사인의 비용상환 (경찰의 비용상환청구)

경찰기관은 위험방지사무를 위해 인적 · 물적 비용(예: 무단주차차량의 견인에 따르는 운전자의 보수, 보관에 소요되는 비용 등)을 지출하게 된다. 이러한 비용을 경찰비용이라 부르기로 한다. 경찰비용은 공적 시설(예: 터널 통행료)의 단순한 사용대가인 사용수수료와 다르다. 경찰의 위험방지작용으로 인해 발생되는 비용부담에 관한 경찰법상 일반규정을 찾아볼 수 없다. 학설과 판례가 정리하여야 한다.

Ⅰ. 장해야기자에 대한 상환청구권

1. 명문의 규정

법률에 근거가 있는 경우라면, 경찰은 장해야기자로 인해 경찰행정청에 생긴 비용의 상환을 청구할 수 있다. 한편, 헌법적 관점에서 본다면 경찰의 감시 · 안전유지활동은 헌법상 명령된 공적 임무인바, 그것은 일반납세자의 부담으로 해결되어야 할 것이라는 주장도 가능하다.[1] 이에 대하여 위험을 야기시킨 자의 행위가 상당한 경우에 일반납세자의 부담으로 해결하는 것은 정당하지 않다는 주장도 가능하다. 바람직한 것은 경찰상 비용부담에 관한 법률을 마련하는 일이다.

2. 대 집 행

대집행의 경우에는 행정대집행법이 정하는 바에 따라 비용상환을 청구할 수 있다. 대집행에 따른 경찰행정청의 상환청구권은 대집행이 적법한 경우에만 인정된다고 볼 것이다.[2] 대집행의 전제가 된 경찰상의 행위가 적법한 것인가는

1) Friauf, Polizei- und Ordnungsrecht, in: Schmidt-Aßann(Hg.), Besonderes Verwaltungsrecht, Rn. 205.

2) Götz, Allgemeines Polizei- und Ordnungsrecht S. 163; Schenke, Polizei- und Ordnungsrecht,

묻지 아니한다. 경찰의 대집행이 행정대집행법에 따른 것이 아닌 한, 그 비용의 상환을 청구할 수는 없다. 경찰관직무집행법 등에 행정대집행에 관한 특례 조항을 두는 것도 필요하다.

3. 직접강제 · 즉시강제

직접강제나 즉시강제의 경우에 경찰이 비용상환을 청구할 수 있다는 규정을 찾아보기는 어렵다. 법령에 규정이 없는 한, 비용상환의 청구는 인정되기 어렵다. 왜냐하면 통상적으로 경찰은 자신의 인적 물적 수단으로 위험방지사무를 처리할 수 있다고 보기 때문이다. 다만 통상의 비용을 능가하는 많은 비용이 드는 경우에는 예외적으로 의무자에게 비용을 부담시킬 수도 있을 것이다. 그러나 이러한 경우에 의무자에게 비용을 부담시키기 위해서는 법률의 근거가 필요하다. 한편, 독일의 경우에도 직접강제나 즉시강제로 발생하는 비용은 일반적으로 경찰부담으로 이해되고 있다.[1)]

4. 사적 집회에 따른 비용

(1) 문제상황

위험방지는 세금을 납부하는 국민들을 위한 국가의 핵심작용에 속한다. 따라서 위험방지를 위한 비용은 국가의 부담이다. 위험방지는 공익을 위한 것이므로, 그것이 시민을 위한다고 하여도 시민은 별도로 비용을 부담하지 아니한다. 국가는 국민의 기본권을 보장하고 또한 기본권행사를 보장하여야 한다. 그러나 사인이나 사적 단체의 의한 대규모집회에 경찰력을 투입함으로써 발생하는 비용을 누가 부담하는가의 경우에는 문제가 발생한다. 이에 관해서는 경찰권의 주체가 부담하여야 한다는 입법례(예: 독일의 Baden-Württemberg)도 있고,[2)] 평시에 통상적으로 투입되는 경찰력을 초과하여 투입된 경찰력으로 인한 비용은 집회의 주체가 부담토록 할 수 있다는 입법례(예: 독일의 Bayern)도 있다.[3)]

---

in: Steiner(Hrsg.), Besonderes Verwaltungsrecht, Rn. 355.

1) Gusy, Polizei- und Ordnungsrecht(8. Aufl.), § 4 Rn. 684; Pieroth/Schlink/Kniesel, Polizei- und Ordnungsrecht, § 21, Rn. 11ff.

2) Baden-Württemberg의 경우, 1991년 10월의 경찰법개정 이전까지는 Bayern과 유사하였다(Würtenberger/Heckman/Riggert, Polizeirecht in Baden-Württemberg, Rn. 909).

3) Tettinger, Besonderes Verwaltungsrecht/1, Rn. 517.

(2) 사 견

대단위의 상업적인 모임(상업목적을 수반하는 대규모 운동경기나 대중공연 등)의 경우에는 일정 비용(예: 도로경비에 따른 비용)을 주최자 측에 부담하게 하는 법률을 마련하는 것도 의미가 있을 것이다. 그러나 종교집회, 학술대회와 정치적 집회의 경우에는 주최자에게 비용을 부담시키는 입법은 곤란하다. 왜냐하면 이러한 집회에서 주최자는 경제적인 이익을 얻기 어렵기 때문이다.[1)]

| 참고 | 사인에 의한 경찰비용의 부담(독일의 경우)

(1) 최근 독일에서는 경찰비용의 부담책임에 관하여 경찰법의 전문가뿐만 아니라 정치현실에서도 공론화가 되고 있다고 한다. 엄청난 경찰비용의 발생을 초래한 대단위 집회(예: 분데스리가 축구대회, 야외 대중음악공연회)의 주최자에게 어떠한 전제조건하에서, 어떠한 근거하에서 비용을 부담하게 할 것인지의 논의가 공론화의 예에 해당한다. 금지된 집회와 시위에 참여한 자에게 그러한 집회와 시위에 경찰투입으로 발생되는 상당한 비용을 부담시킬 것인지의 여부에 대한 논의도 공론화의 예에 해당한다.

(2) 이러한 공론화는 공적 사무의 수행에 수반되는 비용의 증대를 수익자에게 부담시킴으로서 공재정의 건전화를 도모하는 것을 목적으로 하는 것으로 보인다. 이와 관련하여 경찰비용을 사인에 부담시키는 것은 헌법상 절대 허용될 수 없다는 논리는 성립되지 아니하지만, 모든 국민이 국가에 의한 기본적인 배려에 대한 대가로 이미 세금을 납부하고 있으므로 경찰상 위험방지의 핵심영역에서 소요되는 비용은 사인이 부담하는 수수료가 아니라 조세(세금)에 의하는 것이 원칙이라는 점, 따라서 경찰상 위험방지의 핵심영역을 벗어나는 영역에서는 입법자가 개인에게 귀속되는 급부에 상응하는 범위 안에서 사인에게 비용을 부담하게 하는 것은 허용될 수 있을 것이라는 지적이[2)] 설득력이 있어 보인다.

(3) 공론화의 주요 대상으로 ① 장해야기자 등의 비용부담책임(장해야기자 또는 외관상 장해야기자가 아닌 자가 위험을 제거한 경우, 장해야기자 또는 외관상 장해야기자는 위험방지에 소요된 경찰비용을 부담하여야 하는가?), ② 대규모 시위의 경우(시위주최자는 위험방지에 소요된 경찰비용을 부담하여야 하는가?), ③ 금지된 시위의 경우(시위주최자는 위험방지에 소요된 경찰비용을 부담하여야 하는가?), ④ 차량견인의 경우(차주는 차량견인에 소요된 경찰비용을 부담하여야 하는가?), 그리고 ⑤ 경보장치의 오작동의 경우(경보장치의 설치자는 경찰출동으로 인한 경찰비용을 부담하여야 하는가?) 등을 들 수 있다.

(4) 오스트리아연방안전경찰법은 안전경찰기관에 의해 특별한 서비스가 제공되는 경우에 감시수수료(Üerwachungsgebüren)를 징수할 수 있음을 규정하고 있다(동법 제5a조 제1항). 징수가 가능한 경우는 영리를 추구하거나, 입장객(방문객)에게 입장료를 징수하거나, 또는 누구나 참여할 수 있는 것이 아닌 행위에 대하여 특별한 서비스가 제공될 때이다. 물론 기본적인 사항은 행정규칙에 규정되어야 하고 아울러 감

1) Pieroth/Schlink/Kniesel, Polizei- und Ordnungsrecht, § 21 Rn. 21.
2) Lisken/Denninger, Handbuch des Polizeirecht, M, 23.

시를 받고자 하는 계획에 대하여 권한행정청으로부터 승인을 받아야 한다. 감시수수료제도는 교회와 종교단체, 정당과 오스트리아에 주재하는 외교공관에는 적용하지 아니한다(동법 제5a조 제2항). 수수료율은 평균비용을 기준으로 정한다(동법 제5a조 제3항). 감시수수료는 감시계획을 승인받은 사인이 부담한다(동법 제5b조 제3항). 감시가 제 3 자 의 잘못에 기인하였다면, 그 제 3 자가 수수료를 납부하여야 한다(동법 제5b조 제3항).

Ⅱ. 비장해야기자에 대한 상환청구권

비장해야기자는 원칙적으로 경찰행위로 인해 발생한 비용을 상환할 의무가 없다. 비장해야기자의 자신의 이익을 위해 경찰상의 처분이 가해졌더라도 마찬가지이다. 다만, 비장해야기자가 경찰상 처분으로 인해 부당이득을 하게 되는 경우에는 공법상 사무관리의 법리에 의해 상환의무를 부담한다고 볼 것이다.[1] 그리고 특별규정이 있다면, 그에 따라야 한다.

Ⅲ. 수수료(비용)의 예납문제

위험방지처분을 야기시킬 가능성이 있는 자에게 위험야기를 억제하기 위한 수단으로서 일정 금액의 수수료(비용)를 미리 예납하게 하는 방안에 대하여서도 검토할 필요가 있다(예: 위험물수송경호나 도난의 경보를 위한 기구의 그릇된 작동으로 인한 경찰출동의 경우의 보상문제 등).

---

1) Friauf, Polizei- und Ordnungsrecht, in: Schmidt-Aßann(Hrsg.), Besonderes Verwaltungsrecht, Rn. 206.

제 5 장 제주자치경찰특례

Ⅰ. 제주특별자치도와 자치경찰의 설치

1. 제주특별자치도의 설치

정부의 직할하에 제주특별자치도(이하 "제주자치도"라 한다)를 설치한다(제국법 제10조 제1항). 제주자치도의 관할구역은 종전의 제주도의 관할구역으로 한다(제국법 제10조 제2항).

2. 자치경찰제의 도입

제주특별자치도 설치 및 국제자유도시 조성을 위한 특별법(제국법)(2006. 7. 1. 시행)의 시행과 더불어 제주특별자치도에 자치경찰제가 도입되었다. 제주특별자치도에 자치경찰제가 도입됨으로써 우리나라에서도 국가경찰 외에 자치경찰을 갖게 되었다. 즉 2원적 경찰제도를 갖게 되었다.

Ⅱ. 자치경찰의 조직과 치안행정위원회

1. 자치경찰단

제주특별자치도 설치 및 국제자유도시 조성을 위한 특별법 제108조의 규정에 의한 자치경찰사무를 처리하기 위하여 제주자치도에 자치경찰단을 둔다(제국법 제106조 제1항). 자치경찰단의 조직 및 자치경찰공무원의 정원 등에 관한 사항은 도조례로 정한다(제국법 제106조 제2항).

2. 자치경찰단장

(1) 지 위

자치경찰단장은 도지사가 임명하며, 도지사의 지휘·감독을 받는다(제국법 제107조 제1항). 자치경찰단장은 자치총경으로 보한다. 다만, 도지사는 필요하다고 인정하는 경우에는 개방형직위로 지정하여 운영할 수 있다(제국법 제107조 제2항).

(2) 개방형직위

도지사는 자치경찰단장의 직위를 개방형직위로 지정하여 운영하는 경우에는 임용기간 만료일에 60세가 초과되지 아니하는 자로서 다음 각 호(1. 당해 자치경찰단장에 보할 수 있는 계급에 있거나 차하위계급에 있는 자로서 승진에 있어 제131조 제 5 항 및 제 6 항의 규정에 의한 계급별 최저근무연수를 경과한 자치경찰공무원, 2. 제 1 호에 상응하는 국가경찰공무원, 3. 제 1 호 또는 제 2 호에 해당하였던 자로서 퇴직한 날부터 2년이 경과되지 아니한 자, 4. 법관 · 검사 또는 변호사의 직에 5년 이상 근무한 자)의 어느 하나에 해당하는 자를 임용하여야 한다. 이 경우 미리 제127조의 규정에 의한 자치경찰공무원인사위원회의 심의 · 의결을 거쳐야 한다(제국법 제107조 제 1 항). 개방형직위로 지정 · 운영되는 자치경찰단장의 임용절차 · 임용기간 등에 관하여는 도조례로 정한다(제국법 제107조 제 4 항).

3. 치안행정위원회

(1) 설 치

제주자치도의 지방행정과 치안행정의 업무 협조 및 제 2 항 각 호의 사항의 심의 · 의결을 위하여 도지사 소속하에 치안행정위원회를 둔다(제국법 제113조 제 1 항). 치안행정위원회는 다음 각 호(1. 제110조 제 1 항의 규정에 의한 국가경찰과 자치경찰간 사무분담 및 사무수행방법에 관한 사항, 2. 제111조의 규정에 의한 자치경찰활동에 관한 목표의 수립 및 평가에 관한 사항, 3. 자치경찰의 운영에 대한 지원에 관한 사항, 4. 그 밖에 자치경찰의 운영에 관하여 치안행정위원회의 위원장이 부의하는 사항)의 사항을 심의 · 의결한다(제국법 제113조 제 2 항).

(2) 구 성

치안행정위원회는 위원장 1인과 당연직 위원 2인을 포함한 11인의 위원으로 구성하며, 위원장은 당연직 위원이 아닌 위원 중에서 호선한다(제국법 제114조 제 1 항).

(3) 위 원

(가) 자 격

당연직 위원은 다음 각 호(1. 제14조 제 2 항의 규정에 의한 부지사, 2. 제주자치도지방경찰청의 경무(警務)업무를 담당하는 과장)의 자로 한다(제국법 제114조 제 2 항). 당연직 위원이 아닌 위원은 다음 각 호(1. 법관 · 검사 또는 변호사의 자격이 있는 자, 2. 대학에서 법학 · 행정학 · 경찰학 또는 교육학을 담당하는 조교수 이상의 직에 있는 자, 3. 그 밖에 지역주민 가운데 지방행정 또는 경찰행정 등의 분야에 학식이나 경험이 풍부한 자)의 어느 하나에 해당하는 자 중에서 도지사가 위촉하되, 그 중 3인은 도의회가 추천한 자를, 3인은 제주자치도지방경찰청장이 추천한 자를 위촉한다(제국법 제114조 제 3 항). 다음 각 호(1. 「정당법」에 의한 정당의 당원, 2. 지방의회의원, 3. 「지방공무원법」 제31조 각 호의 어느 하나에 해당하는 자)의 어느 하나에 해당하는 자는 위원이 될 수 없다(제국법 제114조 제 4 항).

(나) 임 기

당연직 위원이 아닌 위원의 임기는 3년으로 하되, 1차에 한하여 중임할 수 있다. 다만, 당연직 위원의 임기는 그 직에 있는 동안 재임하고, 보궐위원의 임기는 전임자의 잔임기간으로 한다(제국법 제114조 제 5 항).

(4) 의결정족수 등

치안행정위원회는 제 1 항의 규정에 의한 재적위원 과반수의 출석과 출석위원 과반수의 찬성으로 의결한다(제국법 제114조 제 6 항). 그 밖에 치안행정위원회의 구성 · 운영 등에 관하여 필요한 사항은 도조례로 정한다. 이 경우 제주자치도지방경찰청장의 의견을 들어야 한다(제국법 제114조 제7항).

Ⅲ. 자치경찰사무

1. 사무의 종류

제주특별자치도 설치 및 국제자유도시 조성을 위한 특별법은 제주자치경찰단이 처리하는 사무(자치경찰사무)로 다음과 같이 주민의 생활안전활동에 관한 사무 등 4가지를 규정하고 있다(제국법 제108조).

(1) 주민의 생활안전활동에 관한 사무

주민의 생활안전활동에 관한 사무로 ① 생활안전을 위한 순찰 및 시설 운영, ② 주민참여 방범활동의 지원 및 지도, ③ 안전사고 및 재해재난 등으로부터의 주민보호, ④ 아동 · 청소년 · 노인 · 여성 등 사회적 보호가 필요한 자에 대한 보호 및 가정 · 학교폭력 등의 예방, ⑤ 주민의 일상생활과 관련된 사회질서의 유지 및 그 위반행위의 지도 · 단속의 사무가 있다(제국법 제108조 제1호).

(2) 지역교통활동에 관한 사무

지역교통활동에 관한 사무로 ① 교통안전 및 교통소통에 관한 사무, ② 교통법규위반 지도 · 단속, ③ 주민참여 지역교통활동의 지원 및 지도의 사무가 있다(제국법 제108조 제2호).

(3) 공공시설 및 지역행사장 등의 지역경비에 관한 사무

공공시설 및 지역행사장 등의 지역경비에 관한 사무의 구체적인 내용이 적시되고 있는 것은 아니다(제국법 제108조 제3호 참조). 공공시설이란 제주특별자치도와 그 소속기관 또는 그 출연기관 기타 이에 준하는 기관이 관리하는 공공시설을 말하고, 지역행사장이란 제주특별자치도와 그 소속기관 또는 그 출자기관 기타 이에 준하는 기관이 주관하는 행사장을 말한다.

(4) 사법경찰관리의 직무

「사법경찰관리의 직무를 행할 자와 그 직무범위에 관한 법률」에서 자치경찰공무원의 직무로 규정하고 있는 사법경찰관리의 직무(제국법 제108조 제4호)가 또한 자치경찰사무가 된다.

2. 국가경찰과 자치경찰간 사무분담의 협약

(1) 국가경찰과의 협약체결

제108조의 규정에 불구하고 동항 제 1 호 내지 제 3 호의 사무를 처리함에 있어서 국가경찰과 자치경찰간의 사무분담 및 사무수행방법은 도지사와 제주자치도지방경찰청장이 협약으로 정하고 이를 공표하여야 한다. 이 경우 도지사는 미리 제113조의 규정에 의한 치안행정위원회의 의견을 들어야 한다(제국법 제110조 제 1 항).

(2) 협약의 조정

제 1 항에 따라 협약을 체결함에 있어 협약당사자가 의견을 달리하여 협약이 체결되지 아니하는 경우에는 협약당사자의 신청에 의하여 경찰법 제 5 조에 따른 경찰위원회의 심의 · 의결을 거쳐 행정안전부장관이 조정한다. 다만, 협약이 체결되지 아니하는 상태가 지속되어 공익을 현저히 저해하여 조속한 조정이 필요하다고 인정되는 경우에는 협약당사자의 신청이 없는 때에도 경찰위원회의 심의 · 의결을 거쳐 행정안전부장관이 이를 조정할 수 있다(제국법 제110조 제 3 항). 제 3 항의 규정에 의하여 행정안전부장관이 협약의 체결을 조정한 때에는 이를 서면으로 지체없이 협약당사자에게 통보하여야 하며, 그 통보를 받은 협약당사자는 그 내용을 협약에 포함시켜야 한다(제국법 제110조 제 4 항).

3. 자치경찰활동의 목표 · 평가 및 운영

(1) 자치경찰활동의 목표와 평가

도지사는 매년 치안행정위원회의 의견을 들어 자치경찰활동의 목표를 수립하고 공표하여야 한다(제국법 제111조 제 1 항). 도지사는 제 1 항의 규정에 의한 목표를 기준으로 매년 자치경찰활동을 평가하고 치안행정위원회의 의견을 들어 그 결과를 공표하여야 한다(제국법 제111조 제 2 항).

(2) 자치경찰의 운영

도지사는 자치경찰의 조직 및 규모의 적정화와 운영의 합리화를 위하여 인력 및 장비 등의 운용계획을 수립하여야 한다(제국법 제112조 제 1 항). 도지사는 자치경찰사무의 처리에 필요한 사무소, 부기고 능의 시설물을 갖추어야 하고, 국가경찰과 항시 긴밀한 연락체계를 유지하여야 하며, 이를 위하여 유·무선 통신망 등의 설비를 갖추어야 한다(제국법 제112조 제 2 항).

Ⅳ. 자치경찰의 직무수행

1. 경찰관직무집행법의 준용

자치경찰공무원이 자치경찰사무를 수행함에 있어서는 「경찰관직무집행법」 제 3 조(불심검문), 제 4 조(보호조치 등), 제 5 조(위험발생의 방지), 제 6 조(범죄의 예방과 제지), 제 7 조(위험방지를 위한 출입), 제10조(경찰장비의 사용 등), 제10조의2(경찰장구의 사용), 제10조의3(분사기 등의 사용), 제10조의4(무기의 사용), 제11조(사용등록의 보관) 및 제12조(벌칙)의 규정을 준용한다(제국법 제115조 제 1 항). 제 1 항의 규정에 의하여 「경찰관직무집행법」을 준용함에 있어서는 ① "경찰관"은 "자치경찰공무원"으로 보며, ② 동법 제 3 조 제 2 항 전단 중 "경찰서 · 지구대 · 파출소 또는 출장소(이하 "경찰관서"라 하되, 지방해양경찰관서를 포함한다)"는 "경찰서 · 지구대 · 파출소 · 출장소 또는 자치경찰단 사무소"로 보고, 동조 제 6 항 중 "경찰관서"는 "경찰서 · 지구대 · 파출소 · 출장소 또는 자치경찰단 사무소"로 보며, 동법 제 4 조 제 1 항 각 호 외의 부분, 제 3 항 및 제 7 항 중 "경찰관서"는 각각 "자치경찰단 사무소"로 보고, 동법 제 4 조, 제 5 항 및 제 6 항 중 "소속 경찰서장 또는 지방해양경찰관서의 장"은 각각 "도지사"로 본다(제국법 제115조 제 2 항).

2. 무기와 장비의 사용

제115조의 규정에 의하여 준용되는 「경찰관직무집행법」 제10조의4의 규정에 불구하고 무기를 휴대 · 사용할 수 있는 자치경찰공무원은 도지사의 신청에 의하여 제주자치도지방경찰청장의 승인을 얻은 자에 한한다(제국법 제116조 제 1 항). 자치경찰공무원이 무기를 사용한 때에는 무기의 사용자 및 사용 일시 · 장소 · 대상 · 경위를 소속 자치경찰단장을 거쳐 즉시 제주자치도지방경찰청장에게 통보하여야 한다(제국법 제116조 제 2 항). 자치경찰공무원이 사용하는 경찰장비에는 표지를 부착하되, 국가경찰의 장비와 구별될 수 있도록 하여야 한다(제국법 제116조 제 3 항).

3. 범죄의 발견시 조치

(1) 사무의 인계

자치경찰공무원이 직무수행중에 범죄를 발견한 경우에는 범죄의 내용 또는 증거물 등을 소속 자치경찰단장을 거쳐 즉시 제주자치도지방경찰청장 또는 경찰서장(해양경찰서장을 포함한다)에게 통보하고 그 사무를 인계하여야 한다. 다만, 제108조 제 4 호의 직무에 속하는 범죄와 「경범죄처벌법」 제 7 조, 「도로교통법」 제163조에 따른 통고처분의 대상이 되는 범칙행위의 경우에는 그러하지 아니하다(제국법 제117조 제 1 항).

(2) 현행범인의 인도

자치경찰공무원이 현행범인을 발견하여 현장에서 체포한 경우에는 즉시 국가경찰공무원에게 인도하여야 한다. 다만, 제108조 제 4 호의 직무에 속하는 범죄의 현행범인의 경우에는 그러하지 아니하다(제국법 제117조 제 2 항). 제 2 항의 규정에 의하여 자치경찰공무원이 현행범인을 체포하는 경우에는 범죄사실의 요지, 체포의 이유와 변호인을 선임할 수 있음을 알려주고 변명할 기회를 주어야 한다(제국법 제117조 제 3 항).

Ⅴ. 경찰행정기관 상호간의 관계

1. 도지사와 제주자치도지방경찰청장의 관계

(1) 운영상황 및 계획의 상호통보

도지사와 제주자치도지방경찰청장은 경찰인력 및 장비 등의 효율적인 운영을 위하여 경찰인력 및 장비 등의 운영상황 및 계획을 상호통보하여야 한다. 이 경우 통보절차 및 방법 등에 관한 사항은 도조례로 정하되, 제주자치도지방경찰청장의 의견을 들어야 한다(제국법 제119조 제 3 항).

(2) 경찰통계의 통보

도지사는 당해 관할구역에서의 단속현황, 경찰장비보유현황 그 밖의 통계자료를 제주자치도지방경찰청장에게 통보하여야 한다(제국법 제120조).

(3) 조례 및 규칙 등의 통보

도지사는 자치경찰의 사무 및 운영에 관련된 조례나 규칙을 제정 · 개정 또는 폐지하는 때에는 조례안은 지방의회에서 이송된 날부터 10일 이내에, 규칙안은 공포예정 15일 전에 제주자치도지방경찰청장에게 전문을 첨부하여 통보하여야 한다(제국법 제121조).

(4) 자치경찰사무에 대한 감사

도지사는 제66조의 규정에 의하여 감사위원회가 자치경찰사무에 대한 감사를 하는 때에는 제주자치도지방경찰청장 또는 경찰서장에게 참여를 요청할 수 있다(제국법 제124조).

2. 국가경찰과 제주자치경찰의 관계

(1) 상호협조와 상호이용

국가경찰과 자치경찰은 치안행정의 연계성을 확보하고 지역특성에 맞는 치안서비스를 제공하기 위하여 자치경찰사무의 범위 안에서 필요한 정보와 기술을 제공하는 등 상호협조하여야 한다(제국법 제119조 제1항). 국가경찰과 자치경찰은 직무수행을 위하여 필요한 범위 안에서 유 · 무선의 통신망과 시설물을 상호이용할 수 있다(제국법 제119조 제2항).

(2) 재정지원

국가는 제주자치도가 자치경찰을 설치 · 운영하는데 필요한 경비를 지원할 수 있다(제국법 제122조).

(3) 시정명령의 특례

행정안전부장관은 자치경찰사무와 관련하여 「지방자치법」 제169조의 규정에 의한 시정명령을 하고자 하는 때에는 미리 경찰위원회의 의견을 들어야 한다(제국법 제123조 제1항). 행정안전부장관은 자치경찰사무와 관련한 도의회의 의결에 대하여 「지방자치법」 제172조의 규정에 의한 재의를 요구하고자 하는 때에는 미리 경찰위원회의 의견을 들어야 한다(제국법 제123조 제2항).

Ⅵ. 자치경찰공무원

1. 자치경칠공무원의 신분

(1) 계급구분

자치경찰공무원의 계급은 자치총경, 자치경정, 자치경감, 자치경위, 자치경사, 자치경장, 자치순경으로 구분한다(제국법 제125조).

(2) 정　　년

자치경찰공무원의 정년은 60세로 한다(제국법 제135조). 국가경찰공무원의 정년은 모두 60세이다(경공법 제24조).

(3) 복　　제

자치경찰공무원은 도조례가 정하는 바에 따라 제복을 착용하되, 국가경찰공무원의 제복과 구별될 수 있도록 하여야 한다(제국법 제118조).

2. 자치경찰공무원의 임용권자

도지사는 소속 자치경찰공무원의 임명 · 휴직 · 면직과 징계를 행하는 권한을 가진다(제국법 제126조). 대통령이 아니라 제주자치도의 도지사가 제주자치경찰공무원의 임용권을 갖는다는 것은 제주자치도의 자치경찰이 명목상의 자치경찰이 아니라 실질적인 자치경찰임을 제도적으로 보장하는 의미를 갖는다.

3. 자치경찰공무원인사위원회

(1) 설 치

제128조의 규정에 의한 자치경찰공무원의 인사에 관한 사항을 심의 · 의결하기 위하여 자치경찰공무원인사위원회(이하 "자치경찰인사위원회"라 한다)를 둔다(제국법 제127조 제 1 항). 자치경찰인사위원회 위원장은 제 3 항의 규정에 의한 위촉위원 중에서 호선한다(제국법 제127조 제 2 항). 자치경찰인사위원회의 구성 및 운영에 관한 사항은 「지방공무원법」 제 7 조, 제 8 조 제 2 항, 제 9 조(제 1 항 중 자치경찰인사위원회 위원장에 관한 사항을 제외한다), 제10조, 제10조의2, 제10조의3 및 제11조를 준용한다. 이 경우 "인사위원회"는 "자치경찰인사위원회"로, 「지방공무원법」 제 7 조 제 5 항 각 호 외의 부분 본문 중 "당해 지방자치단체의 공무원(국가공무원을 포함한다)"은 "자치경찰공무원 또는 국가경찰공무원"으로, 동항 제 3 호 중 "공무원(국가공무원을 포함한다)"은 "자치경찰공무원 또는 국가경찰공무원"으로 본다(제국법 제127조 제 3 항).

(2) 기 능

자치경찰인사위원회는 ① 자치경찰공무원 충원계획의 사전심의, ② 자치경찰공무원 각종 임용시험의 실시, ③ 도지사의 요구에 의한 자치경찰공무원의 보직관리기준 및 승진 · 전보임용기준의 사전의결, ④ 자치경찰공무원 승진임용의 사전심의, ⑤ 도지사의 요구에 의한 자치경찰공무원의 징계의결, ⑥ 도지사가 도의회에 제출하는 자치경찰공무원의 인사와 관련된 조례안 및 규칙안의 사전심의, ⑦ 자치경찰단장의 개방형직위의 지정 및 운영에 관한 사항, ⑧ 그 밖에 도지사가 자치경찰공무원의 인사에 관하여 부의하는 사항을 관장한다(제국법 제128조).

4. 자치경찰공무원의 임용과 교육

(1) 신규임용

(가) 공개경쟁시험

자치경찰공무원의 신규임용은 공개경쟁시험에 의하여 행한다(제국법 제129조 제1항). 공개경쟁시험에 의한 신규임용의 방식은 국가공무원인가 지방공무원인가를 불문하고 적용되는 공무원임용의 원칙적인 방식이다.

(나) 특별임용

다음 각 호(1. 국가경찰공무원을 그 계급에 상응하는 자치경찰공무원으로 임용하는 경우, 2. 퇴직한 자치경찰공무원 또는 국가경찰공무원을 퇴직한 날부터 2년 이내에 퇴직시에 재직한 계급 또는 그 계급에 상응하는 계급의 자치경찰공무원으로 재임용하는 경우, 3. 공개경쟁시험에 의하여 임용하는 것이 부적당한 경우에 임용예정직무에 관련된 자격증소지자를 임용하는 경우, 4. 관광지 · 환경기초시설 · 항만 · 자연공원 · 공공청사의 경비 등에 5년 이상의 근무실적 또는 연구실적이 있거나 전문지식을 가진 자를 임용하는 경우, 5. 「지방공무원법」 제41조의4의 규정에 의하여 재학 중 장학금을 받고 졸업한 자를 임용하는 경우, 6. 도서 · 벽지 등 특수지역에 근무할 자를 임용하는 경우, 7. 외국어에 능통한 자를 임용하는 경우)의 어느 하나에 해당하는 경우에는 특별임용시험에 의하여 자치경찰공무원을 신규임용(이하 "특별임용"이라 한다)할 수 있다(제국법 제129조 제2항). 제2항의 규정에 의한 특별임용에 있어서는 동일한 사유에 해당하는 다수인을 대상으로 제한경쟁의 방법에 의하여 임용할 수 있다(제국법 제129조 제3항). 제2항 제1호의 규정에 의하여 국가경찰공무원을 자치경찰공무원으로 임용하는 경우에는 특별임용시험을 거치지 아니할 수 있다(제국법 제129조 제4항). 제2항의 규정에 의하여 특별임용할 수 있는 자치경찰공무원의 계급, 임용예정직에 관련된 자격증의 구분, 근무실적 또는 연구실적, 전보제한 등에 관하여 필요한 사항은 도조례로 정한다(제국법 제129조 제5항).

(다) 시험실시기관 및 응시자격 등

도지사는 제128조 제2호의 규정에 불구하고 도조례가 정하는 바에 따라 각종 임용시험의 실시업무를 경찰청장 또는 제주자치도지방경찰청장에게 위탁할 수 있다(제국법 제132조 제1항). 제1항의 규정에 의한 각종 시험의 응시자격 · 시험방법 그 밖에 임용시험의 실시에 관하여 필요한 사항은 도조례로 정한다(제국법 제132조 제2항).

(2) 승진임용

자치경찰공무원의 승진은 바로 차하위계급에 있는 자치경찰공무원 중에서 근무성적 · 경력평정 그 밖의 능력의 실증에 의한다(제국법 제131조 제1항). 자치경찰공무원의 승진은 승진심사에 의한다. 다만, 자치경정 이하 계급에의 승진에 있어서는 도조례가 정하는 비율에 따라 승진시험을 병행할 수 있다(제국법 제131조 제2항). 도지사는 자치경정 이하의 자치경찰공무원에 대하여는 도조례가 정하는 바에 의하여 계급별로 승진대상자명부를 작성하여야 한다(제국법 제131조 제3항). 자치경찰인사위원회는 제3항의 규정에 의하여 작성된 승진대상자명부의 선순위자(제2항 단서의 규정에 의한 승진시험에 합격한 승진후보자를 제외한다) 순으로 도조례가 정하는 범위 안에서 승진후보자를 심사·선발하고, 승진후보자명부에 등재하여야 한다(제국법 제131조 제4항). 자치경찰공무원의 승진에 필요한 계급별 최저근무연수는 대통령령으로 정한다. 다만, 계급별 최저근무연수의 기간 계산에 있어서는 휴직기간·직위해제기간 및 징계처분기간을 포함하지 아니한다(제국법 제131조 제5항). 제5항의 규정에 의한 계급별 최저근무연수의 산입에 관한 사항, 승진의 제한 그 밖에 승진에 관하여 필요한 사항은 도조례로 정한다(제국법 제131조 제6항).

한편, 제131조 제2항에도 불구하고 해당 계급에서 일정기간 재직한 자에 대하여는 대통령령으로 정하는 바에 따라 자치경장·자치경사 및 자치경위로 근속승진임용을 할 수 있다(제국법 제131조의2 제1항).

⑶ 직권면직

도지사는 자치경찰공무원이 다음 각 호(1. 「지방공무원법」 제62조 제1항 제3호·제4호·제7호 및 제8호의 어느 하나에 해당하는 때, 2. 자치경찰공무원으로서 부적합할 정도로 직무수행능력 또는 성실성이 현저히 결여된 자로서 도조례가 정하는 사유에 해당된다고 인정되는 때, 3. 성격 또는 도덕적 결함으로 자치경찰공무원으로서의 직무를 수행하기 곤란하다고 인정되는 자로서 도조례가 정하는 사유에 해당된다고 인정되는 때)의 어느 하나에 해당하는 때에는 직권에 의하여 이를 면직시킬 수 있다(제국법 제134조 제1항). 도지사는 제1항의 규정에 의하여 면직시킬 경우에는 미리 자치경찰인사위원회의 의견을 들어야 한다. 다만, 제1항 제2호·제3호 및 지방공무원법 제62조 제1항 제7호의 규정에 의하여 면직시킬 경우에는 당해 자치경찰인사위원회의 동의를 얻어야 한다(제국법 제134조 제2항).

⑷ 징계의 절차

자치경찰공무원의 징계는 자치경찰인사위원회의 의결을 거쳐 도지사가 행한다(제국법 제136조 제1항). 징계요구를 한 도지사는 자치경찰인사위원회의 의결이 가볍다고 인정하는 때에는 그 처분을 하기 전에 당해 자치경찰인사위원회에 재의결을 요청할 수 있다. 이 경우에는 소속공무원을 대리인으로 지정할 수 있다(제국법 제136조 제2항).

⑸ 교육훈련

도지사는 모든 자치경찰공무원에게 균등한 교육훈련의 기회가 부여되도록 하여야 한다(제국법 제133조 제1항). 도지사는 치안활동과 관련된 전문지식·기술 및 활용능력을 높이기 위하여 자치경찰공무원이 소정의 교육과정을 이수하도록 하여야 한다. 이 경우 자치경찰공무원의 교육훈련을 도조례가 정하는 바에 따라 국가경찰의 교육훈련기관에 위탁할 수 있다(제국법 제133조 제2항). 도지사는 제2항 후단의 규정에 의하여 자치경찰공무원의 교육훈련을 위탁하고자 하는 경우에는 다음 연도에 자치경찰공무원 교육훈련계획을 수립하여 경찰청장에게 제출하여야 한다(제국법 제133조 제 3 항).

5. 국가경찰공무원과 자치경찰공무원간의 인사교류 등

경찰청장과 도지사는 자치경찰공무원의 능력을 발전시키고 국가경찰사무와 자치경찰사무의 연계성을 높이기 위하여 국가경찰과 자치경찰간 또는 다른 지방자치단체의 자치경찰 상호간에 긴밀한 인사교류가 될 수 있도록 노력하여야 한다(제국법 제130조 제 1 항). 도지사는 제 1 항의 규정에 의한 인사교류를 함에 있어서 매년 소속 자치경찰공무원 정원의 100분의 5의 범위 안에서 국가경찰 또는 소속을 달리하는 자치경찰조직에 근무할 수 있도록 해당임용권자와 협의를 거쳐 인사교류를 하여야 한다(제국법 제130조 제 2 항). 제 2 항의 규정에 의한 인사교류의 기준 · 방법 및 절차 등에 관하여 필요한 사항은 도조례로 정한다. 이 경우 제주자치도지방경찰청장의 의견을 들어야 한다(제국법 제130조 제 3 항).

6. 경찰공무원법의 준용

경찰공무원법 제 7 조, 제 9 조, 제10조, 제13조, 제14조, 제16조, 제18조, 제19조, 제21조 및 제23조의 규정은 자치경찰공무원의 인사 운영에 관하여 이를 준용한다(제국법 제137조 제 1 항). 제 1 항의 규정에 의하여 경찰공무원법을 준용함에 있어서는 다음 각 호(1. "경찰공무원"은 "자치경찰공무원"으로, "자치경찰공무원"은 "경찰공무원"으로, "경찰청장 또는 해양경찰청장"은 "도지사"로, "경무관"은 "자치총경"으로, "경정"은 "자치경정"으로, "경위"는 "자치경위"로 본다. 2. 동법 제10조 제 3 항 중 "국가공무원법 제68조"는 "「지방공무원법」 제60조"로 본다. 3. 동법 제14조 제 1 항 제 1 호 중 "국가공무원법 제40조의4 제 1 항 제 1 호 내지 제4호의 1"은 "「지방공무원법」 제39조의3 제 1 항 제 1 호 내지 제 4 호의 어느 하나"로 본다. 4. 동법 제23조 제 1 항 중 "국가공무원법 제71조 제 1 항 제 4 호"는 "「지방공무원법」 제63조 제 1 항 제 4 호"로, "동법 제72조 제 3 호"는"「지방공무원법」 제64조 제 4 호"로 본다)에 의한다(제국법 제137조 제 2 항).

사항색인

저자약력

서울대학교 법과대학 졸업
서울대학교 대학원 졸업(법학박사)
독일 Universität Tübingen, Universität Wuppertal,
미국 University of California at Berkeley 등에서 행정법연구
한국공법학회 회장(현 고문)
한국지방자치법학회 회장(현 명예회장)
주식백지신탁심사위원회 위원장 · 지방분권촉진위원회위원 · 민주화운동관련자명예회복및보상심의위원회위원 · 헌법재판소공직자윤리위원회위원 · 행정소송법개정위원회위원 · 행정자치부정책자문위원회위원 · 국무총리행정심판위원회위원 · 중앙분쟁조정위원회위원 · 중앙토지평가위원회위원 · 경찰혁신위원회위원 · 전국시장군수구청장협의회자문교수 · 서울특별시민간위탁운영평가위원회위원장 · 서울특별시강남구법률자문교수 등
사법시험 · 행정고시 · 입법고시 · 외무고시 · 지방고등고시 등 시험위원
이화여자대학교 법과대학 교수
현 연세대학교 법학전문대학원 · 법과대학 교수

저 서

헌법과 정치(법문사, 1986)
행정법원리(박영사, 1990)
판례행정법(길안사, 1994)
사례행정법(신조사, 1996)
행정법연습(신조사, 초판 1999, 제 8 판 2008)
신행정법연습(신조사, 초판 2009, 제 2 판 2011)
경찰행정법(박영사, 초판 2007, 제 3 판 2013)
신지방자치법(박영사, 초판 2009, 제 2 판 2013)
행정법원론(상)(박영사, 초판 1992, 제21판 2013)
행정법원론(하)(박영사, 초판 1993, 제21판 2013)
행정법특강(박영사, 초판 2002, 제12판 2013)
신행정법입문(박영사, 초판 2008, 제 6 판 2013)
공인노무사 행정쟁송법특강(박영사(공저), 초판 2011, 제 3 판 2013)
최신행정법판례특강(박영사, 초판 2011, 제 2 판 2012)
CASE 행정법특강(박영사(공저), 초판 2011, 제 2 판 2013)
로스쿨 객관식 행정법특강(박영사(공저), 2012)
기본 행정법(박영사, 2013)
기본 경찰행정법(박영사, 2013)

제 3 판
경찰행정법

초판발행 2007년 3월 20일
제 2 판발행 2010년 1월 15일
제 3 판인쇄 2013년 1월 5일
제 3 판발행 2013년 1월 15일

지은이 홍정선
펴낸이 안종만

편 집 김선민 · 문선미
기획/마케팅 조성호
표지디자인 최은정
제 작 우인도 · 고철민

펴낸곳 (주) 박영사
서울특별시 종로구 평동 13-31번지
등록 1959. 3. 11. 제300-1959-1호(倫
전 화 02)733-6771
f a x 02)736-4818
e-mail pys@pybook.co.kr
homepage www.pybook.co.kr
ISBN 978-89-6454-885-1 93360

정 가 32,000원